PREISTHEORIE

I. TEIL

Monopol- und Oligopoltheorie

2. Auflage

von

DR. WILHELM KRELLE

Professor an der Universität Bonn

1 9 7 6

J. C. B. MOHR (PAUL SIEBECK) TÜBINGEN

CIP-Kurztitelaufnahme der Deutschen Bibliothek

Krelle, Wilhelm
Preistheorie. – Tübingen: Mohr
ISBN 3-16-336872-7

Teil 1. Monopol- und Oligopoltheorie. –
2. Aufl. – 1976.

Printed in Germany
Satz: Rothfuchs, Dettenhausen
Druck: Gulde-Druck, Tübingen
Einband: Heinr. Koch, Tübingen

VORWORT

Die erste Auflage der „Preistheorie“ ist lange vergriffen. Sie wurde von den Fachkollegen positiv aufgenommen. Manche Gedanken daraus sind in den wirtschaftswissenschaftlichen Zeitschriften diskutiert und in andere Lehrbücher übernommen worden. Georges Bernard hat sie ins Französische übersetzt („Production, Demande, Prix“, Vol. I et II, Paris 1970). Trotzdem schien mir eine unveränderte oder nur wenig verbesserte Neuauflage nicht vertretbar. Andere Autoren haben zu dem Gebiet neue Beiträge geleistet, die berücksichtigt werden sollten, und auch die eigenen Gedanken sind nicht stehen geblieben. Das Buch ist daher vollständig neu geschrieben worden. Dabei wurde aus der alten „Preistheorie“ der produktionstheoretische Teil (nämlich das 3. Kapitel, Abschnitt I und II) herausgenommen und als I. Teil der Neuauflage der Preistheorie neu bearbeitet und gesondert veröffentlicht („Produktionstheorie“, Tübingen 1969). Hier folgt nun als II. Teil die eigentliche „Preistheorie“. Gegenüber den entsprechenden Kapiteln der 1. Auflage ist einiges weggefallen. Die Haushaltstheorie (4. Kapitel in der 1. Auflage) ist nicht in die 2. Auflage übernommen worden. Sie sollte ebenso wie die Produktionstheorie monographisch gesondert behandelt werden. Die Ausführungen dazu im 4. Kapitel der 1. Auflage sind zwar auch jetzt noch richtig, und, wie ich meine, als Einführung geeignet, aber vom jetzigen Standpunkt aus unvollständig. Die 2. Auflage der Preistheorie geht also von Angebots- und Nachfragefunktionen aus, ohne sie abzuleiten. Weggelassen wurde aus Raumgründen die Analyse der Konsequenzen anderer Zielsetzungen als der Gewinnmaximierung, außer an einigen Stellen, wo sich interessante Abweichungen von den Ergebnissen bei Gewinnmaximierung ergeben. Wer sich für die Auswirkungen anderer Zielsetzungen auf die Preise interessiert, müßte also in der 1. Auflage nachsehen. Die mehr zum Operations Research gehörigen Beispielsrechnungen für die optimale Preisplanung von Firmen (16. Kapitel in der 1. Auflage) wurden fortgelassen. Das Operations Research ist ein eigener Wissenschaftszweig geworden, und es ist bei der jetzigen Ausbreitung dieses Gebiets nicht notwendig, solche Rechnungen in eine Preistheorie zu übernehmen.

Gegenüber der 1. Auflage ist die dynamische Analyse und die spieltheoretische Behandlung des Oligopols in den Mittelpunkt gerückt worden. Hier wurden ja in der Zwischenzeit die Hauptfortschritte gemacht. Ein theoretisch geschlossenes Lehrgebäude der Preistheorie läßt sich, wenn überhaupt, nur von hier, nämlich von einem dynamischen, spieltheoretischen Ansatz aus aufbauen; alle übrigen Ansätze wären dann als Sonderfälle daraus abzuleiten. Das Buch läßt, wie ich glaube, trotz der verschiedenen mathematischen Werkzeuge, die benutzt wurden, den einheitlichen Grundansatz deutlich werden. Eine auch formal geschlossene Theorie wird noch einige Zeit auf sich warten lassen; diese 2. Auflage ist aber ein Schritt in diese Richtung. Neu gegenüber der 1. Auflage ist die Untersuchung der gesamtwirtschaftlichen Optimalität einer freien Preisbildung und die Behandlung der Preisbildung öffentlicher Unternehmungen (11. Kapitel). Diese Problemkomplexe werden bei dem Vordringen des staatlichen Einflusses im Wirtschaftsleben immer wichtiger. Um den Umfang des Buches in Grenzen zu halten, wurden dafür die Hinweise auf praktische Anwendungsfälle und die wirtschaftshistorischen Beispiele gegenüber der 1. Auflage stark gekürzt. Man darf wohl annehmen, daß den Personen, die sich mit der Preistheorie befassen, genügend Anwendungsfälle bekannt sind, um das theoretische Gerüst mit dem Fleisch und Blut anschaulicher Beispiele zu umkleiden. Aus dem gleichen Grund wurden die allgemeinen Ausführungen über Marktformen und Preisbildung (1. und 2. Kapitel der 1. Auflage) in der 2. Auflage zu einem kurzen, einleitenden 1. Kapitel zusammengefaßt.

Es war meine Absicht, mit dem Buch eine Gesamtübersicht über dieses Gebiet der Wirtschaftswissenschaften zu geben, aber auch eigene Überlegungen und Ideen zu diesem Gebiet vorzulegen. Die hier analysierten Preisbildungsmodelle sind auf zwei Weisen zu interpretieren: einerseits sollen sie insoweit, als die zugrunde gelegten Annahmen das jeweilige Untersuchungsobjekt genügend genau abbilden, eine Erklärung der Wirklichkeit liefern, andererseits sollen sie Firmen, die sich in einer durch die zugrunde gelegten Annahmen genügend genau approximierten Situation befinden, eine Basis für eine rationale Preisbildung bieten. Der erste Gesichtspunkt ist mehr volkswirtschaftlicher, der letztere mehr betriebswirtschaftlicher Art, wobei teilweise Operations Research-Methoden angewandt werden. Meines Erachtens sollte die Preistheorie (ebenso wie die Produktionstheorie) das Verbindungsstück von Volks- und Betriebswirtschaftslehre sein, so daß dann jedenfalls diese beiden Teile der Sozialwissenschaften „zusammenpassen" und sich gegenseitig befruchten. In diesem Sinne ist auch die 2. Auflage konzipiert.

Was den mathematischen Apparat angeht, so werden fast nur Hilfsmittel benutzt, die in der Regel im wirtschaftswissenschaftlichen Studium in Vorlesungen „Mathematik für Nationalökonomen" vermittelt werden, nämlich Differential- und Integralrechnung, lineare Algebra und Differenzen- und Differentialgleichungen. Da spieltheoretische Kenntnisse leider nicht so weit verbreitet sind, daß man sie hier voraussetzen könnte, wurden die hier benutzten Definitionen und Sätze in einem Anhang ausführlich erklärt. Dieser Anhang stellt eine Art kurzer Einführung in die Spieltheorie dar. Die Ableitungen wurden fast stets vollständig mit abgedruckt, um dem Leser die Nachprüfung zu erleichtern. Es schien mir günstiger, beim Druck etwas mehr Papier zu verbrauchen, als die Zeit von Lesern zur Nachprüfung unnütz zu beanspruchen. Wer nur am Ergebnis interessiert ist, kann solche unattraktiven Rechnungen ja überspringen. Ich habe mich aus dem gleichen Grund bemüht, die einzelnen Kapitel und Abschnitte so zu fassen, daß sie *einzeln* verständlich sind, und dafür lieber einige Wiederholungen in Kauf genommen. Allerdings habe ich nicht an allen Stellen alle mathematischen Voraussetzungen der Existenz der betreffenden Lösung wiederholt. Wenn irgendwo abgeleitet wird, wird angenommen, daß die betreffende

Funktion differenzierbar ist; wenn eine Matrix invertiert wird, wird angenommen, daß die Determinante nicht verschwindet; wenn ein Maximum oder Minimum durch Nullsetzen der ersten Ableitung bestimmt wird, wird angenommen, daß es existiert (also z. B. keine Randlösung vorliegt), daß die Bedingungen zweiter Ordnung erfüllt sind, daß die damit bestimmten Variablen im ökonomisch zulässigen Bereich liegen und (in der Regel), daß sie eindeutig bestimmt sind. Dies an allen Stellen jeweils erneut anzuführen, erschien mir überflüssig, und ich muß den Leser bitten, diese generellen Voraussetzungen zu akzeptieren. Fälle, wo sie nicht zutreffen, werden natürlich auch untersucht, aber eben nicht durchgehend. Vollständigkeit in diesem Sinne anzustreben, würde einerseits das Buch erheblich ausgeweitet und ihm einen anderen Charakter gegeben haben, andererseits auch eine andere theoretische Grundposition signalisieren. Im Grunde ist stets unterstellt, daß das Untersuchungsobjekt, nämlich die Preisbildung, so gestaltet ist, daß seine Abbildung auf ein mathematisches Modell und die weitere mathematische Behandlung dieses Modells die Wirklichkeit richtig simuliert. Wenn man z. B. in der Realität keine negativen Produktionsmengen beobachtet, so muß das Modell auch so beschaffen sein, daß seine Lösung nur nichtnegative Mengen enthält. Ich muß den Leser also bitten, das jeweils „Selbstverständliche" wo notwendig zu ergänzen.

Dem Sprachgebrauch im wirtschaftswissenschaftlichen Bereich folgend nenne ich eine Funktion $f(x) = a_0 + a_1 x$ linear, auch wenn $a_0 \neq 0$, statt affin linear, wie es dem heutigen Sprachgebrauch in der Mathematik entspricht. Zur Vereinfachung der Bezeichnungen habe ich an manchen Stellen, wo mir kein Irrtum möglich erscheint, auch statt der umständlichen, aber exakten Bezeichnung $f'(x)|_{x=\overline{x}}$ gesetzt: $f'(\overline{x})$. Die Schreibweise $y_i = f(x_i)$, $i \in A$, soll heißen, daß die betreffende Beziehung für *alle* i aus der Menge A gelten soll. Nur wo Zweifel entstehen hönnten, ist das Zeichen $\forall$ hinzugesetzt. Gelegentlich wird ein Variablennamen y auch als Funktionssymbol benutzt, um die vollständige Notation $y = f(x)$ abzukürzen.

Das Manuskript wurde von Wolfgang Eichhorn durchgesehen. Ich danke ihm sehr herzlich dafür; seinen zahlreichen Verbesserungsvorschlägen bin ich weitgehend gefolgt. Das Kapitel über mehrstufige Märkte hätte ohne sein Buch über dies Gebiet nicht geschrieben werden können und hat von seiner fortlaufenden Kritik daran sehr profitiert. Wir haben nicht in allem volle Übereinstimmung erreicht, und so sollten eventuelle Irrtümer dort nicht ihm angelastet werden. Ebenso habe ich Bernhard Korte und Walter Oberhofer für ihre Hilfe bei einigen mathematischen Problemen zu danken. Dieten Coenen, der schon wesentlich bei meinem Buch Präferenz- und Entscheidungstheorie mitgearbeitet hat, hat das Kapitel über spieltheoretische Ansätze in der Oligopoltheorie und den spieltheoretischen Anhang durchgesehen und durch Kritik und eigene Vorschläge die Verbesserung vieler Stellen ermöglicht. Teile des Manuskripts wurden von Volker Böhm, Jürgen Burgermeister und Egbert Dierker durchgesehen. Ich danke ihnen ebenfalls für ihre Kommentare und Kritiken. Ich habe an Hand des Manuskripts Vorlesungen im Frühjahrssemester 1970 an der University of Wisconsin, Madison/Wisconsin, und in den Wintersemestern 1970/71 und 1974/75 und in den Sommersemestern 1972 und

1976 an der Universität Bonn gehalten. Teile des Manuskripts wurden im Sonderforschungsbereich „Ökonometrie und Unternehmensforschung" an der Universität Bonn, vor dem Theoretischen Ausschuß des Vereins für Socialpolitik 1973 im Schloß Reisensburg und am Institut für Höhere Studien in Wien 1974 vorgetragen. Jedesmal gab es Anregungen, die sich in dem Manuskript niederschlugen. Damit hat das Manuskript wohl einen Grad von Reife erlangt, der eine Veröffentlichung gestattet. Verbleibende Fehler fallen natürlich mir allein zur Last.

Zu danken habe ich besonders weiter den früheren Assistenten am Lehrstuhl Horst Langer, Jörn Martiensen und Günter Sandermann für die Korrekturarbeiten, den studentischen Hilfskräften Frl. Profitlich und Frl. Acquistapace für das Übertragen des Manuskripts aus der Handschrift und Volkmar Liebig für die Anfertigung der Zeichnungen.

Die zum Teil sehr unangenehmen Verhältnisse an deutschen Universitäten in den Jahren der Anfertigung des Manuskripts haben Zeit und Kraft gekostet, die besser der wissenschaftlichen Arbeit zugute gekommen wären. Die wissenschaftliche Arbeit verlangt eine Umgebung, die Konzentration ermöglicht. Das herzliche Einvernehmen mit den wirtschaftswissenschaftlichen Kollegen sowie der Sonderforschungsbereich „Ökonometrie und Unternehmensforschung" an der Universität Bonn gaben zum Glück eine solche Umwelt ab. Trotzdem war eine wissenschaftliche Arbeit während des Semesters nur nachts und zum Teil über das Wochenende möglich. Der größte Teil der Arbeit entstand in einem Freisemester in den USA und in den Semesterferien zu Hause. In den Räumen der Universität ist keine Zeile geschrieben worden.

Der Dank am Ende gehört meiner Frau. Sie hat ohne viel Murren zu allem sonstigen Leid auch noch die Belastung tragen müssen, die die Konzentration des Mannes auf die Arbeit zu Hause mit sich bringt.

Bonn, Frühjahr 1976
Wilhelm Krelle

INHALTSVERZEICHNIS

Teil I

1. Kapitel

EINLEITUNG. MARKT UND PREISBILDUNG

Preise werden von Behörden oder von privaten Wirtschaftspersonen festgesetzt oder bilden sich auf Märkten. Um eine gedankliche Ordnung in die Vielfalt der Preisbildung zu bringen, muß man die Arten der Preisbildung systematisieren. Um dann die Preisbildung in jeder Kategorie dieses Systems zu erklären, muß man weiter vereinfachen, also Modelle bilden. So gehen wir im folgenden vor. Wir stellen zunächst ein System von Arten der Preisbildung und ein System von Arten von Märkten auf und erörtern die möglichen Zielsetzungen und Verhaltensweisen der Personen, aus deren Entscheidungen dann die Preise resultieren. Dabei setzen wir eine Kenntnis der Grundbegriffe der Nachfragetheorie wie Angebots- und Nachfragefunktionen, Elastizität usw. voraus.[1]

I. Abschnitt

Arten der Preisbildung

Preise werden entweder zwischen den beteiligten Parteien im Zuge der Transaktion eines Gutes selbst gebildet, dann sprechen wir von *freier Preisbildung,* oder sie werden von privaten, aber nicht unmittelbar beteiligten Wirtschaftspersonen oder öffentlichen Körperschaften festgelegt. Das nennen wir *Preisbindung. Freie Preisbildung* besteht somit, wenn der Preis durch eine oder beide am Kauf- bzw. Verkaufsakt *unmittelbar* beteiligte Wirtschaftspersonen aus eigenem Entschluß oder im Zusammenwirken mit der Marktgegenseite bestimmt wird oder wenn eine Marktorganisation den Preis nach gewissen Regeln aus dem Kauf- und Verkaufsverhalten der Marktteilnehmer herleitet. Bei *Preisbindung* können die unmittelbar am Kauf- bzw. Verkaufsakt Beteiligten den Preis nicht frei bestimmen.

---

1 Die 1. Auflage dieses Buches enthält auch eine Einführung in die Grundbegriffe der Nachfragetheorie.

A. *Freie Preisbildung*

Die *freie Preisbildung* kann sehr verschiedene Formen haben.

1. Einmal kann der *Verkäufer den Preis festsetzen* und dem Käufer die Wahl der zu kaufenden Menge freistellen. Das ist das übliche Verfahren beim Absatz von Massenwaren, jedenfalls in den meisten entwickelten Ländern.

1a. Ein Sonderfall dieser Form der Preisbildung liegt vor, wenn der *Verkäufer Preis und Menge festsetzt* und dem Käufer nur Annahme oder Ablehnung überläßt. *Ragnar Frisch*[1] und *Erich Schneider*[2] nennen den Verkäufer in diesem Fall Optionsfixierer und den Käufer Optionsempfänger. Man wird diese Form der Preisbildung häufig beobachten, wenn das Verkaufsobjekt eine Individualität ist (ein Grundstück, ein Bild, ein Restposten aus einer Fertigung usw.), ebenso im Falle eines „Verkäufermarktes", nämlich wenn zum geltenden Preis die Nachfrage das Angebot übersteigt.

2. Ebenso wie der Verkäufer kann aber natürlich auch der *Käufer den Preis festsetzen* und dem Verkäufer die Angebotsmenge überlassen. Das findet sich allerdings seltener.

2a. Die Sonderform der *Preis- und Mengenfestsetzung durch den Käufer* gibt es auch. Um mit *R. Frisch* und *Erich Schneider* zu sprechen: der Käufer ist jetzt Optionsfixierer, der Verkäufer Optionsempfänger. Ein Warenhaus kann etwa bei einem Lieferanten anfragen, ob er einen Posten von soundsoviel Stück einer bestimmten Ware zum Preis von je x Geldeinheiten zu liefern bereit ist und ihm nur Annahme oder Ablehnung des Kaufangebotes überlassen.

3. Der Preis kann sich auch in den Kaufverhandlungen zwischen Käufer und Verkäufer durch *Aushandeln* oder Feilschen bilden. Hier setzt keiner den Preis, sondern jeder sucht ein für ihn möglichst günstiges Übereinkommen zu erreichen. Dies ist eine vielfach übliche Art der Preisbildung.

4. Schließlich kann die Preisbildung einem *neutralen Apparat,* der zwischen den Marktparteien steht, überlassen werden, so daß weder Käufer noch Verkäufer den Preis bestimmen. Hierzu dienen Organisationen mit bestimmten Regeln wie die Effekten-, Produkten-, Metallbörsen und Auktionen. Hier bestimmen Anbieter und Nachfrager nur die Mengen, die sie zu gewissen Preisen verkaufen oder kaufen wollen, während der Preis nicht von ihnen, sondern „vom Markt", d. h. von der betreffenden Marktorganisation, nach bestimmten Regeln festgelegt wird.

Dies sind die Hauptarten der freien Preisbildung. Es sind bei weitem nicht alle praktisch vorkommenden Arten. Ein Kaufvertrag ist i. a. ein sehr kompliziertes Gebilde, bei dem alle Modalitäten wie Art und Qualität des Gutes, Liefer- und Zahlungsbedingungen, Kundendienst, Garantie, Eigentumsübergang usw. zu regeln

---

1 *Frisch,* Monopole, polypole, la notion de force dans l'économie politique, in: Festschrift für H. Westergaard, Kopenhagen 1933.

2 *Schneider, E.,* Einführung in die Wirtschaftstheorie, II. Teil, 5. Aufl., Tübingen 1958, S. 67.

sind. Jede dieser Einzelheiten kann wieder einseitig festgelegt, ausgehandelt oder der Fixierung durch eine neutrale Marktorganisation überlassen werden.

B. Preisbindung

1. Durch private Wirtschaftspersonen gebundene Preise

Preise können durch *Verabredungen* unter den Verkäufern oder Käufern gebunden werden. Solche Abreden können informell erfolgen („Frühstücks-Kartell") oder eine rechtlich verbindliche Form haben. Im Handwerk und den freien Berufen, besonders bei den Dienstleistungen, sind z. B. Preisfestsetzungen durch Berufs- und Standesorganisationen häufig.

Besteht ein marktregulierender Vertrag, so spricht man von *Kartellen,* und zwar, wenn dabei die Preise fixiert werden, von *Preiskartellen.* Kartelle mit einer gemeinsamen Verkaufsstelle nennt man *Syndikate.* Andere Formen von Kartellen sind *Gebiets-, Quoten-* und *Konditionen-Kartelle.* Sie befassen sich mit der Regelung von Absatzgebieten, Produktionsmengen, Liefer- und Kreditbedingungen, Werbung usw. Neben den *nationalen Kartellen* gibt es auch *internationale.* Ob Kartelle erlaubt sind oder nicht, ist in den verschiedenen Staaten unterschiedlich geregelt und war auch innerhalb der Staaten zeitlich verschieden.[1] Die meisten Kartelle sind Verkäuferkartelle. Einkaufskartelle sind relativ selten.

2. Staatlich gebundene Preise

Hier ist es eine Gebietsbehörde (Stadt, Land, Bund usw.) oder eine hierzu ermächtigte Körperschaft mehr oder weniger öffentlich-rechtlichen Charakters (die Zünfte im Mittelalter, die Preisüberwachungsstellen in Deutschland von 1934 bis 1949, die C. C. C. (Commodity Credit Corporation) für landwirtschaftliche Produkte in den USA usw.), die die Preise vorschreibt oder kontrolliert. Je nach Marktlage und lenkender Absicht der Preisbehörde handelt es sich dabei um *Mindest-, Höchst- oder Festpreise.* Ist der vorgeschriebene Preis zu weit vom Gleichgewichtspreis des Marktes entfernt, so daß sich unabsetzbare Produkte aufhäufen oder Nachfrage unbefriedigt bleibt, so ist eine Produktionskontrolle bzw. eine Bewirtschaftung der Güter, d. h. praktisch eine Verteilung durch irgendein Zuteilungssystem (Zuweisungen, Aufrufungen, Marken usw.) unvermeidlich. Ein immer wichtiger werdender Sonderfall staatlicher Preisbindung sind die Tarife für die Leistungen öffentlich-rechtlicher Versorgungsunternehmen wie Gas-, Elektrizitäts-, Wasserwerke, Nahverkehrsbetriebe, Bahn, Post usw.

---

1 In der 1. Aufl. dieses Buches, S. 19 ff, findet man einen Überblick hierüber.

C. *Preisbildung und Marktformen*

Welche Art der Preisbildung im Einzelfall realisiert wird, unterliegt nicht einfach dem freien Entschluß einer oder beider Marktparteien. Die bestehende Marktform engt den einzelnen Marktteilnehmer hierin so weit ein, daß wir jedenfalls die Arten der freien Preisbildung als durch die Marktformen weitgehend determiniert ansehen können. Besteht eine Börsenorganisation, so bleibt dem einzelnen praktisch nichts übrig, als die Preisbildung eben dieser Börse zu überlassen. Steht ein Verkäufer vielen Käufern gegenüber (gleichgültig, ob er der einzige Verkäufer der betreffenden Ware oder nur einer unter vielen ist) und handelt es sich um einen fortlaufenden Verkaufsprozeß, so ist die Preisfixierung durch den Verkäufer zur flüssigen und rationellen Abwicklung des Geschäfts praktisch die einzig mögliche Lösung. Der Verkäufer kann sich nicht in Verhandlungen über den Preis mit jedem der vielen Kunden einlassen, selbst wenn er dadurch vielleicht im Einzelfall „mehr herausholen" könnte.

Bei *einmaligen* Verkaufsvorgängen oder wenn auf jeder Marktseite nur ein Käufer und Verkäufer vorhanden ist, ergibt sich praktisch von selbst das Aushandeln des Preises.

Die Arten der *freien Preisbildung* sind also weitgehend durch die Marktformen bestimmt. Wir behandeln sie im übernächsten Abschnitt. Zunächst beschäftigen wir uns mit dem Markt ganz allgemein.

II. Abschnitt

Der Markt

Unter einem Markt versteht man den ökonomischen Ort des Austausches von bestimmten Gütern und Dienstleistungen. Der ökonomische Ort bedeutet dabei die Gesamtheit der Gelegenheiten, bei denen bestimmte Güter an einen bestimmten Abnehmerkreis verkauft werden. Gutsart und Abnehmerkreis können dabei enger oder weiter definiert werden. Je weiter wir die Gutsart definieren, deren Verkauf einen Markt konstituieren soll, und je mehr wir den Abnehmerkreis ausdehnen, auf den sich der Markt bezieht, um so seltener werden wir eine räumliche Konzentration des Marktes („Punktmarkt") finden. Auf Märkten kann *volle Markttransparenz* herrschen in dem Sinn, daß jeder Anbieter und jeder Nachfrager über die Angebots- bzw. Nachfragemengen jedes anderen Marktteilnehmers zu jedem möglichen Marktpreis informiert ist. Dies wird in der Theorie häufig angenommen, ist aber in der Praxis die Ausnahme.

Wenn auf Punktmärkten homogene Waren zu den gleichen Liefer- und Zahlungsbedingungen gehandelt werden und keine persönlichen Präferenzen zwischen einzelnen Käufern und Verkäufern bestehen, so spricht man von einem *vollkommenen Markt.* Ein vollkommener Markt ist also durch das Fehlen von örtlichen, zeitlichen und qualitätsmäßigen Unterschieden in der Ware und das Fehlen von persönlichen Präferenzen gekennzeichnet. Es ist nun ohne weiteres klar, daß auf vollkommenen Märkten zu einem Zeitpunkt *nur ein Preis* herrschen kann. Man nennt dies das *Jevonssche Indifferenzgesetz.*[1]

Märkte, denen auch nur ein Erfordernis an der „Vollkommenheit" fehlt, heißen *unvollkommene Märkte.* Bei weitem die meisten Märkte sind unvollkommene Märkte. Durch genügend weite Unterteilung nach dem Marktort, nach Qualitäten, Liefer- und Zahlungsbedingungen und Handelspartnern ist es aber immer möglich, einen unvollkommenen Markt in eine Reihe von kleinen, vollkommenen Märkten zu unterteilen, die man nach *Stackelberg*[2] *Elementarmärkte* nennt.

Es läge nun nahe, die Preistheorie als Theorie der Elementarmärkte aufzubauen. Leider ist das nicht möglich. Das Ergebnis auf einem Elementarmarkt ist fast immer abhängig von den Ergebnissen auf vielen anderen Elementarmärkten, und nur die *gemeinsame* Betrachtung aller dieser Märkte kann uns eine Antwort auf die Frage nach den Bestimmungsgründen der Preise auf *einem* Elementarmarkt geben.

Wir benutzen daher diesen Ansatz nicht. Dann bleibt das Problem: welche Märkte müssen wir gemeinsam betrachten, wenn wir an dem Ergebnis auf einem von ihnen interessiert sind? Oder: Lassen sich aus der allgemeinen Interdependenz aller Märkte einige vor-, neben- und nachgeordnete Märkte abgrenzen, so daß man das Ergebnis eines bestimmten Marktes erhält, ohne sämtliche Märkte in der Volkswirtschaft simultan betrachten zu müssen?

Märkte dieser Art wollen wir einen *Marktkomplex* nennen. Er ist gegenüber allen anderen Märkten der Volkswirtschaft dadurch abgegrenzt, daß die Verbindung zu ihnen innerhalb der Fühlbarkeitsgrenzen der beteiligten Marktparteien durch *Angebots- und Nachfragefunktionen bzw. Reaktionsfunktionen* vermittelt werden.[3] Jeder Markt ist dann in einen solchen Marktkomplex eingebettet.

Einstufige Märkte sind solche, bei denen die vor- und nachgeordneten Märkte durch Angebots- bzw. Nachfragefunktionen repräsentiert werden können und nicht simultan analysiert werden müssen. Andernfalls hat man *mehrstufige Märkte.*

---

1 *Jevons,* The Theory of Political Economy, 3rd. ed. London 1888, S. 90 ff.

2 *v. Stackelberg,* Grundlagen der theoretischen Volkswirtschaftslehre, Bern, 1948, S. 221.

3 In der 1. Aufl. dieses Buches ist hierauf näher eingegangen (S. 25 ff). Gemeint ist folgendes. Betrachtet man einen bestimmten Markt, so können die *vorgeordneten Märkte* der Rohprodukte, Maschinen, Arbeit usw., kurz: der Produktionsfaktoren durch *Angebotsfunktionen* repräsentiert werden, wenn solche (im Rahmen der Fühlbarkeit) existieren; die *nebengeordneten Märkte* von substitutiven oder komplementären Gütern durch *Reaktionsfunktionen* der auf diesen Märkten tätigen Firmen, wenn solche existieren; die *nachgeordneten Märkte* durch *Nachfragefunktionen* nach den Produkten des betrachteten Marktes, falls sie existieren. Existieren solche Funktionen (im Rahmen der Genauigkeit, mit der der Markt analysiert werden soll) nicht, so müssen die betreffenden vor-, neben- oder nachgeordneten Märkte gleichzeitig im einzelnen mit analysiert werden.

III. Abschnitt

Die Marktformen

1. Grundbegriffe: Nachfrageelastizität und -beweglichkeit, Nachfrageeinfluß, Konkurrenz.

Um die freie Preisbildung zu verstehen, müssen wir zwischen verschiedenen Marktformen unterscheiden. Hierzu werden einige Begriffe benötigt, die hier definiert werden.

Dabei legen wir die *Anbieterseite* zugrunde; für die Nachfrageseite ist alles analog. Es sei x_i die Nachfrage in einer Periode nach einem bestimmten Gut, das Firma i zum Preise p_i anbietet. Wir legen der Einfachheit halber Einproduktfirmen zugrunde. Es gebe n Firmen auf einem bestimmten (einstufigen) Markt, die homogene oder inhomogene Güter anbieten. Die Produktionsfunktionen, Faktorpreise, Preise aller übrigen Güter und Einkommen seien gegeben. Dann hängt nach der Theorie des allgemeinen Gleichgewichts die nachgefragte Quantität x_i bei Firma i von den Preisen aller n Firmen ab:[1]

$$(1.3.1) \qquad x_i = f_i(p_1, \ldots, p_n), \quad i = 1, \ldots, n.$$

$f_i(\cdot)$ heißt *Nachfragefunktion.*

Die Funktionen f_i werden als differenzierbar (nicht notwendig stetig differenzierbar) angenommen, und es gilt $x_i \in \mathbb{R}^1_+$. Falls es sich bei den Produkten der Firmen $1, \ldots, n$ um ein einziges homogenes Gut handelt, kann man für sie die Gesamtnachfrage x definieren:

$$(1.3.1a) \qquad x = \sum_{i=1}^{n} x_i = \sum_{i=1}^{n} f_i(p_1, p_2, \ldots, p_n) =: f(p_1, \ldots, p_n).$$

Wenn alle diese n Firmen den gleichen Preis verlangen, also $p_1 = \ldots = p_n =: \overline{p}$, schreiben wir (1.3.1a) als

$$(1.3.1b) \qquad x = F(\overline{p})$$

$\overline{p}$ heißt dann *Marktpreis.* Im weiteren Sinn bedeutet Marktpreis ein geeignet gewählter *Durchschnittspreis.* Sei φ eine Funktion, die einen Mittelwert aus ihren Argumenten definiert, so ist dann:

$$(1.3.1c) \qquad \overline{p} = \varphi(p_1, \ldots, p_n),$$

---

1 Allgemein ist p_i ein Vektor der marktstrategischen Entscheidungsgrößen der Firma i (z. B. Preis, Werbung, Lieferbedingungen). Der Einfachheit halber betrachten wir hier nur den Preis.

und im einfachsten Fall:

(1.3.1c') $\bar{p} := \sum_{i=1}^{n} \alpha_i p_i, \; \alpha_i > 0, \; \sum_{i=1}^{n} \alpha_i = 1,$

wobei α_i Gewichte sind; z. B. $\alpha_i = x_i/x$.

Man kann auch einen Marktpreis $\bar{p}_i$, gesehen von Firma i, nämlich den *Durchschnittspreis aller übrigen Firmen,* definieren. Sei φ_i diese Funktion, die den Mittelwert bildet, so ist also

(1.3.1d) $\bar{p}_i = \varphi_i(p_1, \ldots, p_{i-1}, p_{i+1}, \ldots, p_n),$

und im einfachsten Fall:

(1.3.1d') $\bar{p}_i := \sum_{\substack{j=1 \\ j \neq i}}^{n} \beta_j p_j, \quad \beta_j > 0, \quad \sum_{\substack{j=1 \\ j \neq i}}^{n} \beta_j = 1$

Nunmehr können wir verschiedene *Elastizitäten* definieren. Im Falle von (1.3.1b) heißt

(1.3.1e) $\epsilon_{x(\bar{p})} := \frac{dx}{d\bar{p}} \cdot \frac{\bar{p}}{x}$

die *Nachfrageelastizität* des Gutes mit Bezug auf den *Marktpreis;*
im Falle von (1.3.1a) ist

(1.3.1f) $\epsilon_{x(p_j)} := \frac{\partial x}{\partial p_j} \frac{p_j}{x} = \sum_{i=1}^{n} \frac{\partial f_i(\cdot)}{\partial p_j} \cdot \frac{p_j}{x}$

die *Nachfrageelastizität* des Gutes mit Bezug auf den *Preis* des j-ten Anbieters, $j \in \{1, \ldots, n\}$.
In diesem Fall ist

(1.3.1g) $\epsilon_{x_i(p_j)} := \frac{\partial x_i}{\partial p_j} \frac{p_j}{x_i}$

die *Elastizität der Nachfrage* bei der Firma i mit Bezug auf den Preis der Firma j, $i, j \in \{1, \ldots, n\}$. Diese Größen werden auch als *Preiselastizitäten* bezeichnet.[1] Falls $i \neq j$ spricht man von *Kreuz-Preis-Elastizität.*

Nunmehr definieren wir die *Beweglichkeit β_{ij} der Nachfrage*[2] für Firma i bezüg-

1 Die Definitionen sind hier ohne das Minuszeichen bei den Nachfrageelastizitäten mit Bezug auf den eigenen Preis angegeben. Wenn man in Übereinstimmung mit dem üblichen Sprachgebrauch bleiben will, muß man das Minuszeichen hier einführen. In der Literatur sind die Elastizitäten mit und ohne das Minuszeichen definiert. Wir werden in den folgenden Kapiteln die jeweils benutzte Definition angeben.

2 Diese Definition weicht geringfügig von der in der 1. Aufl. gegebenen ab. Die hier gegebene Definition erscheint zweckmäßiger.

lich der Preisänderung einer Firma j, kurz *Einzelbeweglichkeit der Nachfrage* genannt:

(1.3.2) $$\beta_{ij} := \frac{\partial f_i(\cdot)}{\partial p_j} \frac{p_j}{x} = \epsilon_{x_i}(p_j) \cdot \frac{x_i}{x} \quad \text{für } i, j \in \{1, \ldots, n\}, \; n \geqslant 2, i \neq j$$

mit x nach (1.3.1a).

Die Beweglichkeit der Nachfrage gibt also an, welcher Bruchteil der Gesamtnachfrage bei einer (kleinen) relativen Preisänderung einer Firma j zur Firma i hinzukommt oder sie verläßt. Im allgemeinen Fall ist β_{ij} eine Funktion aller Preise: $\beta_{ij} = \beta_{ij}(p_1, \ldots, p_n)$. Wenn man eine 1%-ige Preisänderung als „kleine" Änderung akzeptiert, so kann man dies auch so ausdrücken: die Einzelbeweglichkeit der Nachfrage gibt an, wieviel Prozent der Gesamtnachfrage zur Firma i hinzukommt oder von ihr fortbleibt, wenn Firma j ihren Preis um ein Prozent ändert.

Wir setzen ferner

(1.3.2a) $$\beta_{ii} := \frac{\partial f_i}{\partial p_i} \frac{p_i}{x} = \epsilon_{x_i}(p_i) \cdot \frac{x_i}{x}$$

β_{ii} ist die Beweglichkeit der Nachfrage mit Bezug auf eigene Preisänderungen. Dann gilt nach Definition:

(1.3.2b) $$\epsilon_x(p_j) = \sum_{i=1}^{n} \beta_{ij} :$$

Die Summe der Beweglichkeit der Nachfrage bei allen Firmen ist gleich der Preiselastizität der Nachfrage, immer bezüglich einer Preisänderung einer bestimmten Firma j.

Die *Beweglichkeit der Nachfrage* $\overline{\beta}_i$ für Firma i bezüglich Preisänderungen *aller* übrigen Firmen, kurz: *Gesamtbeweglichkeit der Nachfrage* genannt, ist im Falle, daß f_i nur vom Durchschnittspreis aller übrigen Firmen abhängt, definiert als:

(1.3.2c) $$\overline{\beta}_i := \frac{dx_i}{d\overline{p}_i} \frac{\overline{p}_i}{x} = \sum_{\substack{j=1 \\ i \neq j}}^{n} \frac{\partial f_i(\cdot)}{\partial p_j} \frac{dp_j}{d\overline{p}_i} \frac{\overline{p}_i}{x}$$

Im Falle $dp_j/p_j = d\overline{p}_i/\overline{p}_i, \forall j \in \{1, \ldots, n\}, j \neq i$ ist

(1.3.2d) $$\overline{\beta}_i = \sum_{\substack{j=1 \\ i \neq j}}^{n} \beta_{ij}$$

In diesem vereinfachten Fall gibt die Gesamtbeweglichkeit der Nachfrage also an, welcher Bruchteil der Gesamtnachfrage bei kleinen, aber gleichen relativen Preisänderungen aller übrigen Firmen zur Firma i hinzukommt oder sie verläßt. Sie ist gleich der Summe der Einzelbeweglichkeiten der Nachfrage der Firma i gegenüber allen übrigen Firmen.

Für $n = 2$ und $i \neq j$ stimmen Einzel- und Gesamtbeweglichkeit der Nachfrage überein.

Im allgemeinen Fall ist $\bar{\beta}_i$ eine Funktion aller Preise: $\bar{\beta}_i = \bar{\beta}_i(p_1, \ldots, p_n)$. „Beweglichkeit der Nachfrage" allgemein meint sowohl die Einzel- als auch Gesamtbeweglichkeit der Nachfrage.

Wir sprechen von *vollständiger Beweglichkeit der Nachfrage,* falls für jede fest vorgegebene, beliebig große Zahl M_i, $i \in \{1, \ldots, n\}$, gilt:

(1.3.2e) $$\forall M_i, i \in \{1, \ldots, n\} \; \forall \exists j \in \{1, \ldots, n\}, j \neq i, n \geqslant 2,$$

so daß entweder

(1.3.2.f) $$|\beta_{ij}| > M_i \text{ oder}$$
$$|\bar{\beta}_i| > M_i$$

oder beides. Dann übt die Preisänderung einer anderen Firma bzw. üben proportionale Preisänderungen aller übrigen Firmen eine über ein beliebig großes Maß hinausgehende Wirkung auf die Nachfrage bei der Firma i aus.

Unvollständige Beweglichkeit der Nachfrage soll heißen, daß weder (1.3.2e) noch (1.3.2f) erfüllt sind.

In der ersten Auflage dieses Buches (S. 38 ff.) wurden die Marktformen mit Hilfe des Begriffes der Beweglichkeit der Nachfrage definiert. Dies führt aber nur zu lokalen Bedingungen. Wir wollen im folgenden Unterabschnitt 2. hierfür globale Bedingungen formulieren und benötigen hierzu die Begriffe des *Nachfrageeinflusses* einer anderen Firma oder Firmengruppe auf die Firma i, der *Schwellen der Fühlbarkeit* und der *Konkurrenz.* Diese Begriffe sollen ohne Differenzierbarkeitsvoraussetzungen definiert werden. Dafür setzen wir von jetzt ab voraus, daß die Menge P der möglichen Preise $p_1, \ldots, p_n$ ein Produktraum $P_1 \times P_2 \times \ldots \times P_n$ ist und mit $P_i := \{p_i | p_{i,\min} \leqslant p_i \leqslant p_{i,\max}\}$. Die Preise können also unabhängig voneinander variiert werden, und es wird jeweils nur ein *praktisch relevanter Preisbereich* (zwischen $p_{i,\min}$ und $p_{i,\max}$) betrachtet.

Wir teilen die Menge $N := \{1, \ldots, n\}$, $n \geqslant 2$ aller Firmen in drei Teilmengen ein: die Firma $i \in N$, eine nichtleere Teilmenge $J \subset \{N - \{i\}\}$, die die Firma i nicht enthält, dagegen stets die Firma $j : j \in J$, und die (möglicherweise leere) Restmenge $-J \subset N$, so daß also $\{i\} \cup J \cup -J = N$, $\{i\} \cap J = \emptyset$, $J \cap -J = \emptyset$.

Es sei p_J der Preisvektor für Firmen von J, p_{-J} der Preisvektor der Restfirmen, so daß bei geeigneter Umbenennung $p = (p_i, p_J, p_{-J})$. Dann ist der *Nachfrageeinfluß* $|\Delta x_{i,J}|$ der Preise der Firmen der Teilmenge J *auf die Nachfrage* x_i definiert als

(1.3.3) $$|\Delta x_{i,J}| := |f_i(p) - f_i(\tilde{p})|, \; p, \tilde{p} \in P, \text{ mit } p := (p_i, p_J, p_{-J}),$$
$$\tilde{p} := (p_i, \tilde{p}_J, p_{-J})$$

Falls J nur aus einem Element besteht, nämlich der Firma j, schreiben wir $p = (p_i, p_j, p_{-j})$ und $\Delta x_{i,j}$. Der Nachfrageeinfluß der Menge J von Firmen auf die Firma i ist also die absolute Nachfrageänderung bei Firma i, wenn die Firmen in J ihre Preise von p_J auf $\widetilde{p}_J$ ändern und alle übrigen Firmen ihre Preise konstant halten.

Sei $Q_i(p)$ die Zielfunktion für Firma i, genannt *Gewinnfunktion*.[1] In der Regel wird Q_i konkav sein. Dann ist der *Nachfrageeinfluß* $|\Delta Q_{i,J}|$ der Preise der Firmen der Teilmenge J *auf den Gewinn* der Firma i definiert als

$$(1.3.3a) \qquad |\Delta Q_{i,J}| := |Q_i(p) - Q_i(\widetilde{p})|, \; p, \widetilde{p} \in P \text{ wie in } (1.3.3).$$

Es sei $\delta_i > 0$ eine Größe, die den Absolutwert einer Änderung der Nachfrage bei der Firma i angibt, unterhalb der Firma i eine Nachfrageänderung irrelevant erscheint. Sicher wird sich die Firma um ganz kleine Änderungen nicht kümmern, entweder, weil sie sie gar nicht bemerkt oder weil jede Reaktion mehr Kosten als Nutzen bringen würde. Wir nennen δ_i *die Schwelle der Fühlbarkeit* für Firma i *mit Bezug auf Nachfrageänderungen.* Ebenso gibt es eine *Schwelle der Fühlbarkeit* $\overline{\delta}_i$ *mit Bezug auf Gewinnänderungen.* Eine von beiden ist vorzugeben; dann ist im *Regelfall* jeweils die andere abzuleiten. Sei $\overline{\delta}_i$ vorgegeben und

$$(1.3.3b) \qquad \widetilde{P}_i := \left\{ p \;||\; Q_i(p) - Q_i(\widetilde{p})| = \overline{\delta}_i \right\}$$

$\widetilde{P}_i$ ist also die Menge aller der Preiskonstellationen, die gegenüber einer vorgegebenen Ausgangspreiskonstellation p bei der Firma i Gewinnänderungen genau in der Größe hervorbringen, die gerade für sie fühlbar sind. Dann ist δ_i eine Funktion von p und $\widetilde{p}_i$ und bestimmt durch

$$(1.3.3c) \qquad \delta_i(p, \widetilde{p}_i) := |f_i(p) - f_i(\widetilde{p}_i)| \text{ mit } \widetilde{p}_i \in \widetilde{P}_i,$$

und man darf als *Regelfall* annehmen, daß für alle $\hat{p} \in P$, so daß

$$(1.3.3d) \qquad \begin{aligned} &|Q_i(p) - Q_i(\hat{p})| \gtrless \overline{\delta}_i \text{ ist, auch gilt:} \\ &|f_i(p) - f_i(\hat{p})| \gtrless \delta_i(p, \hat{p}). \end{aligned}$$

Dann wäre

$$(1.3.3d') \qquad \delta_i = \inf.\ \delta_i(p, \hat{p}).$$

Sei umgekehrt δ_i vorgegeben und

---

1 Gewinn steht hier also als Synonym für Nutzen.

(1.3.3e) $\hat{P}_i := \left\{ p \,|\, |f_i(p) - f_i(\widetilde{p}_i)| = \delta_i \right\}$, und $\hat{p}_i \in \hat{P}_i$,

dann ist $\overline{\delta}_i$ eine Funktion von p und $\hat{p}_i$:

(1.3.3f) $\overline{\delta}_i (p, \hat{p}_i) := |Q_i(p) - Q_i(\hat{p}_i)|$ mit $\hat{p}_i \in \hat{P}_i$;

als *Regelfall* darf man annehmen, daß für alle $\overline{p} \in P$, so daß

(1.3.3g) $|f_i(p) - f_i(\overline{p})| \gtrless \delta_i$ ist, auch gilt:

$$|Q_i(p) - Q_i(\overline{p})| \gtrless \overline{\delta}_i (p, \overline{p})$$

und

(1.3.3g') $\overline{\delta}_i = \inf. \overline{\delta}_i (p, \overline{p})$.

Die Firma muß sich in der Regel für *einen* der beiden Schwellenwerte entscheiden.

Wir formulieren alles folgende so, daß offen bleibt, in welcher Weise die Firma verfährt.

Nunmehr können wir *Konkurrenz* definieren.

Es besteht für Firma i Konkurrenz zur Menge J von Firmen, falls es Preiskonstellationen p, $\widetilde{p} \in P$ gibt, so daß der Nachfrageeinfluß von J auf i auf oder über der Schwelle der Fühlbarkeit für Firma i liegt, und falls es keine echte Teilmenge J' von J gibt, für die das gleiche zutrifft.[1] Somit herrscht

(1.3.3h) *Konkurrenz* zwischen i und J (gesehen von Firma i)

$$\longleftrightarrow \exists\ p, \widetilde{p} \in P \text{ mit } p = (p_i, p_J, p_{-J}), \widetilde{p} = (p_i, \widetilde{p}_J, p_{-J})$$

$$\text{so daß } |\Delta x_{i,J}| \geqslant \delta_i \text{ oder } |\Delta Q_{i,J}| \geqslant \overline{\delta}_i$$

$$\text{und } \nexists\ J' \subset J \text{ mit } J' \neq J, \text{ so daß } |\Delta x_{i,J'}| \geqslant \delta_i \text{ oder } |\Delta Q_{i,J'}| \geqslant \overline{\delta}_i$$

Enthält die Menge J nur ein Element (und dann also nach Definition die Firma j), so ist in (1.3.3h) J durch j zu ersetzen, und man hat die Definition von Konkurrenz zwischen Firma i und j.

Man spricht von *vollständiger Konkurrenz* zwischen i und J, wenn jede noch so kleine gleichgerichtete Abweichung der Preise der Konkurrenten in J vom Preis der Firma i zu einem Nachfrage- bzw. Gewinneinfluß führt, der über der Schwelle der Fühlbarkeit liegt.

---

1 Der letzte Teil der Definition ist hinzugefügt, um auszuschließen, daß der Konkurrenzbegriff ausgedehnt wird auf eine Gruppe von „irrelevanten" Firmen, die etwa zu zwei Firmen hinzutritt, zwischen denen Konkurrenz besteht.

Somit besteht *vollständige Konkurrenz*, falls (1.3.3h) gilt und überdies folgendes.

Es sei J eine Menge, für die (1.3.3h) gilt, und $\tilde{p}_J = (\tilde{p}_{J1}, \ldots \tilde{p}_{JK})$ mit $\tilde{p}_{Jk} = \alpha_k p_i$, k = 1, . . . , K. Dann liegt *vollständige Konkurrenz* zwischen i und J vor, falls

$$\nexists\ \alpha_k \neq 1, \text{ alle } \alpha_k \text{ größer oder alle } \alpha_k \text{ kleiner als } 1,\ k = 1 \ldots K, \text{ so daß}$$

$$|\Delta x_{i,J}| < \delta_i \text{ bzw. } |\Delta Q_{i,J}| < \bar{\delta}_i \tag{1.3.3i}$$

Alle diese Definitionen können auf die *Nachfrageseite* übertragen werden, indem $f_i(\cdot)$ in (1.3.1) als *Angebotsfunktion* interpretiert wird.

2. Die Marktformen

Wie aus dem 1. Unterabschnitt zu ersehen, kann es beliebig komplizierte Marktkomplexe geben. Es ist nicht notwendig, eine Systematisierung aller möglichen Fälle als „Marktformen" zu versuchen. Vielmehr bezieht sich die folgende Systematisierung nur auf den Fall einstufiger Märkte und erfaßt auch dort nicht alle Fälle (z. B. nicht Netze oder Ketten von Oligopolen).

Wir unterscheiden drei Hauptmarktformen: *Monopol* (bzw. Monopson), *Oligopol* (bzw. Oligopson) und *Polypol* (bzw. Polypson). Oligopol und Polypol bei unvollständiger Konkurrenz faßt man auch als Marktformen der *unvollständigen Konkurrenz* zusammen;[1] das Polypol bei vollständiger Konkurrenz konstituiert dann die Marktform der *vollständigen Konkurrenz.* Wir benutzen aber die zuerst genannte Terminologie.

Um die Preisbildung analysieren zu können, muß man die Marktform auf jeder Seite kennen.

a. Das Monopol bzw. Monopson

Eine anbietende Firma i besitzt ein *Monopol*, wenn sie allein auf dem Markt ist (n=1) oder (bei n≥2), wenn sie keine Konkurrenz der anderen Firmen spürt. Nach (1.3.3h) hat somit Firma i ein *Monopol*, falls für $n \geqslant 2$ gilt:

$$\nexists\ p, \tilde{p} \in P \text{ und } \nexists\ J \subset \{N - \{i\}\}, \text{ so daß} \tag{1.3.4a}$$

1 Dieser Ausdruck ist zwar im wissenschaftlichen Schrifttum verbreitet, aber, wenn man den Wortsinn im Alltagsgebrauch nimmt, irreführend. Der Konkurrenzkampf im Oligopol kann erheblich schärfer sein als beim Polypol mit vollständiger Konkurrenz. „Vollständig" ist die Konkurrenz dort nur im Sinne eines bequemen theoretischen Modells.

$$|\Delta x_{i,J}| \geqslant \delta_i \text{ bzw. } |\Delta Q_{i,J}| \geqslant \bar{\delta}_i$$

Dies kann auch so formuliert werden:

(1.3.4b) Für $\forall\ p, \tilde{p} \in P$ und $\forall\ J \subset \{N - \{i\}\}$ gilt

$$|\Delta x_{i,J}| < \delta_i \text{ bzw. } |\Delta Q_{i,J}| < \bar{\delta}_i$$

Ein *Teilmonopol* liegt vor (mit Firma i als Teilmonopolisten), falls (in der Formulierung von (1.3.4b)) gilt:

(1.3.4c) Für $\forall\ p, \tilde{p} \in P$ und $\forall\ j \in \{N - \{i\}\}$ gilt

$$|\Delta x_{i,j}| < \delta_i \text{ bzw. } |\Delta Q_{i,j}| < \bar{\delta}_i,$$

und $\exists\ p, \tilde{p} \in P$, $\exists\ J \subset \{N - \{i\}\}$, so daß

$$|\Delta x_{i,J}| \geqslant \delta_i \text{ bzw. } |\Delta Q_{i,J}| \geqslant \bar{\delta}_i$$

In diesem Fall ist zwar das Verhalten jeder *einzelnen* anderen Firma für die Monopolfirma ohne Bedeutung, nicht aber das Verhalten von einer *Gruppe* von Firmen. Der Monopolist oder Teilmonopolist ist in der Regel eine „große" Firma, alle übrigen sind „kleine".

Man beachte, daß als Kriterium für die Konkurrenz die „Fühlbarkeit" der durch andere Firmen veranlaßten Nachfrage- bzw. Gewinnänderung gewählt wurde. Ist die Schwelle der Fühlbarkeit Null, so hat auch der Monopolist Konkurrenten. Jeder Produzent konkurriert letzten Endes mit jedem anderen um den Geldbeutel des Endverbrauchers. Wir können daher auch mit *Machlup*[1] definieren: Ein Monopolist ist jemand, der seine Konkurrenten nicht kennt.

Da sich ein Monopolist also um das Marktverhalten von Konkurrenten nicht zu kümmern braucht, hat er bei seiner Preis- und Absatzpolitik allein die Reaktion der Marktgegenseite zu beachten.

Für die *Nachfragefunktion des Monopolisten* i folgt aus (1.3.4b): Es gibt Funktionen $F_i(\cdot)$ und $\epsilon_i(\cdot)$, so daß

(1.3.4d) $x_i = f_i(p_1, \ldots, p_n) = F_i(p_i) + \epsilon_i(p_1, \ldots, p_n)$ mit $\epsilon_i(p) < \delta_i, \forall p \in P$

und somit

(1.3.4d') $x_i \approx F_i(p_i)$,

---

1 *Machlup*, The Economics of Sellers' Competition, Baltimore 1952, S. 111 ff.

wobei das Zeichen $\approx$ für alle praktischen Zwecke durch = ersetzt werden kann. Die *Gewinnfunktion* ist dann:[1]

(1.3.4e) $Q_i = Q_i(p_i)$

Kollektivmonopole sind solche, die durch Marktvereinbarungen (Kartelle, Syndikate, o.ä.) aller auf einem Markt sonst konkurrierenden Firmen entstehen. Firma i ist dann als Verband der Firmen aufzufassen, die sich auf dem Markt zusammengeschlossen haben.

Ein *Monopson* ist die entsprechende Marktform auf der Nachfrageseite. Die Definition ist analog.

b. Das Oligopol bzw. Oligopson

Ein (abgeschlossenes) *Oligopol* liegt vor, wenn in einer Gruppe von m Firmen, $m \geqslant 2$, $m \leqslant n$, jede Firma mit jeder anderen einzelnen konkurriert, dagegen die Firmen außerhalb dieser Gruppe keine Konkurrenz darstellen. Nach (1.3.3h) besteht somit ein (abgeschlossenes) *Oligopol* zwischen einer Menge $M \subset N$ von Firmen, wobei M mindestens zwei Elemente enthalten soll, falls,

1.

(1.3.5a) für $\forall\, i, j \in M,\ i \neq j,$

$\exists\, p, \tilde{p} \in P$ mit $p = (p_i, p_j, p_{-j}),\ \tilde{p} = (p_i, \tilde{p}_j, p_{-j}),$

gilt $|\Delta x_{i,j}| \geqslant \delta_i$ bzw. $|\Delta Q_{i,j}| \geqslant \bar{\delta}_i$.

2.

für $\forall\, K \subset \{N - M\}$, $\forall\, p, \tilde{p} \in P$ mit (bei geeigneter Umnumerierung der Firmen) $p = (p_i, p_K, p_{-K}),\ \tilde{p} = (p_i, \tilde{p}_K, p_{-K}),\ \forall\, i \in M$ gilt

(1.3.5b) $|\Delta x_{i,K}| < \delta_i$ bzw. $|\Delta Q_{i,K}| < \bar{\delta}_i$

Es besteht ein *Teiloligopol,* wenn es in der Menge M auch Firmen gibt, die mit den übrigen Firmen nicht einzeln, wohl aber in ihrer Gesamtheit konkurrieren. Wir haben also jetzt wenige „große" Firmen und einige „kleine" auf dem Markt, wobei die „Kleinen" nur in ihrer Gesamtheit für die Großen von Bedeutung sind. Somit gilt für ein *Teiloligopol:*

1 Hierbei sind, ebenso wie im vorigen Abschnitt, die Faktorpreise und Einkommen vorgegeben.

Es gibt nichtleere Mengen M_1 und M_2 mit $M_1 \cup M_2 = M$, so daß (1.3.5a) für M_1 gilt und außerdem:

(1.3.5c) Für $\forall\, p, \tilde{p} \in P$, $p = (p_i, p_k, p_{-k})$, $\tilde{p} = (p_i, \tilde{p}_k, p_{-k})$

$\forall\, i \in M_1, \forall\, k \in M_2$, ist

$|\Delta x_{i,k}| < \delta_i$ bzw. $|\Delta Q_{i,k}| < \bar{\delta}_i$ und $\exists\, J \subset M_2$, so daß

$|\Delta x_{i,J}| \geqslant \delta_i$ bzw. $|\Delta Q_{i,J}| \geqslant \bar{\delta}_i$ für $\forall\, i \in M_1$.

Ein *Oligopol* wird vorliegen, wenn nur wenige, etwa gleichgroße Firmen auf dem Markt sind, die sich gegenseitig kennen; ein *Teiloligopol,* wenn es außerdem kleine Firmen gibt, die zwar einzeln gegenüber den anderen bedeutungslos sind, insgesamt aber nicht.

In der Marktform des Oligopols hat es also ein Anbieter in der Hand, durch Veränderung seines Preises (oder wenn wir auf andere marktstrategische Variablen abstellen: der Liefer- und Zahlungsbedingungen, der Werbung o. ä.) Nachfrage von seinen Konkurrenten zu sich herüberzuziehen, und umgekehrt muß er bei entsprechenden Maßnahmen seiner Konkurrenten eine Abwanderung von Kunden befürchten. Der Oligopolist hat somit bei seiner Marktstrategie mindestens zwei Fronten im Auge zu behalten: die seiner Abnehmer und die seiner Konkurrenten. Beider Reaktionen sind zu berücksichtigen. Er beobachtet seine Konkurrenten und weiß, daß er von ihnen beobachtet wird. Seine Situation ist daher ungleich schwieriger als die eines Monopolisten, der es nur mit seinen Abnehmern zu tun hat.

Für die Nachfragefunktionen der Oligopolisten $1, \ldots, m$ (m = Zahl der Elemente von M) folgt aus (1.3.5a und b):

Es gibt Funktionen $G_i(\cdot)$ und $\epsilon_i(\cdot)$, so daß

(1.3.5d) $x_i = f_i(p_1, \ldots, p_n) = G_i(p_1, \ldots, p_m) + \epsilon_i(p_1, \ldots, p_n)$,

$i = 1, \ldots, m$,

geschrieben werden kann mit

$|\epsilon_i(p)| < \delta_i, \forall\, p \in P$

Somit gilt

(1.3.5d') $x_i \approx G_i(p_1, \ldots, p_m)$,

wobei statt $\approx$ das Gleichheitszeichen für alle praktischen Fälle gesetzt werden kann.

Die *Gewinnfunktionen* sind dann

(1.3.5e) $Q_i = Q_i (p_1, \ldots, p_m)$, $i = 1, \ldots, m$

Je nach der Zahl der Konkurrenten unterscheiden wir *Dyopole, Tripole, Tetrapole* usw.

Ein Sonderfall des Oligopols ist das *Kollektiv-Oligopol.* Hier sind die beteiligten Firmen $1, \ldots, m$ als Verbände aufzufassen.

Läßt man die Forderung (1.3.5b) fallen, so erhält man *nicht abgeschlossene Oligopole.* Unter ihnen sind häufig *Oligopolnetze* anzutreffen, nämlich nicht abgeschlossene Oligopole zwischen einer Menge $M_1, M_2, \ldots, M_g$ von Firmen, wo $M_h \cap M_k \neq \emptyset$, $h, k \in \{1, \ldots g\}$. Hier konkurriert jede Firma mit einer Anzahl von anderen in der Marktform des Oligopols, einige von diesen wieder mit anderen ebenfalls in der Marktform des Oligopols usf. Solche netzförmigen Oligopolstrukturen sind allerdings bisher kaum untersucht. Das Oligopol ist die vorherrschende Marktform in einer modernen Wirtschaft, aber auch die theoretisch schwierigste.

Ein *Oligopson* ist die entsprechende Konkurrenzsituation auf der Nachfrageseite.

c. Das Polypol bzw. Polypson

Innerhalb einer Menge N von Firmen $1, \ldots, n$, $n \geqslant 3$ liegt ein *Polypol* vor, wenn keine dieser Firmen mit einer anderen einzelnen konkurriert, wohl aber jede mit der Gesamtheit aller übrigen oder einer Untermenge davon. Somit besteht ein *Polypol,* falls gilt:

(1.3.6a) 1. $\forall\, p, \tilde{p} \in P$ und $\forall\, i, j \in N$, $i \neq j$

gilt

$|\Delta x_{i,j}| < \delta_i$ bzw. $|\Delta Q_{i,j}| < \bar{\delta}_i$

und

2. $\forall\, i \in N\ \exists\, p, \tilde{p} \in P$, $\exists\, J \subset \{N - \{i\}\}$, so daß

(1.3.6b) $|\Delta x_{i,J}| \geqslant \delta_i$ bzw. $|\Delta Q_{i,J}| \geqslant \bar{\delta}_i$

Ein *vollständiges Polypol* besteht, falls die Konkurrenz zwischen jedem Polypolisten und der Gesamtheit der übrigen oder einer Untermenge davon vollständig ist, d.h. falls (1.3.6a und b) und das folgende gelten.

Es sei J eine Menge, für die (1.3.6b) gilt, $p = (p_i, p_J, p_{-J})$, $\tilde{p} = (p_i, \tilde{p}_J, p_{-J})$, und $\tilde{p}_J = (\tilde{p}_{J1}, \ldots, \tilde{p}_{JK})$ mit $\tilde{p}_{Jk} = \alpha_k \cdot p_i$, $k = 1, \ldots, K$. Dann liegt ein *voll-*

ständiges Polypol vor, falls man für alle J, für die (1.3.6b) gilt, hat:

(1.3.6c) $\nexists\ \alpha_k \neq 1$, alle α_k größer oder alle α_k kleiner als 1, k = 1, . . . , K,

so daß

$|\Delta x_{i,J}| < \delta_i$ bzw. $|\Delta Q_{i,J}| < \overline{\delta}_i$

Jede noch so kleine gleichgerichtete Preisänderung der übrigen Polypolisten ist also für einen Polypolisten spürbar, und das gilt für alle.

Falls das Polypol nicht vollständig ist, spricht man von einem *unvollständigen Polypol.*

Ein *Teilpolypol* besteht, falls (1.3.6a und b) für eine echte Teilmenge $M \subset N$, $M \neq N$, gilt und wenn es außerhalb der Menge M noch mindestens eine andere Firma oder Firmengruppe gibt, die auf mindestens einen der Polypolisten einen fühlbaren Einfluß ausübt. Somit ist ein *Teilpolypol* definiert durch:

Es gelten (1.3.6a und b) für eine Menge $M \subset N$ und:

(1.3.6d) $\exists\ K \subset \{N - M\}$, $\exists\ i \in M$, $\exists\ p, \tilde{p} \in P$, so daß

$|\Delta x_{i,K}| \geqslant \delta_i$ bzw. $|\Delta Q_{i,K}| \geqslant \overline{\delta}_i$

Jetzt hat dieser Polypolist i nicht nur die übrigen Polypolisten, sondern auch die Firmen der Menge K im Auge zu behalten. Damit ein Polypol eintreten kann, müssen die einzelnen Firmen so zahlreich und relativ klein sein, daß die Wirkungen von Preisänderungen einer *einzelnen Firma* für jede *andere* Firma nicht fühlbar sind, während umgekehrt gemeinsame Preisänderungen *aller anderen Firmen* für jede *einzelne Firma* fühlbar sind.

Daraus folgt, daß bei der Marktform des Polypols keine Firma eine bestimmte andere Firma im Auge zu behalten braucht, wohl aber „den Markt", d.h. die Gesamtheit aller Konkurrenten als Kollektiv. Nach (1.3.6a – c) kann man vermuten, daß die Preise aller Firmen 1, . . . , n im Polypol nicht zu weit voneinander abweichen werden und daß es für jede einzelne Firma i im Rahmen ihrer Fühlbarkeitsgrenze genügt, für die „Gesamtheit aller übrigen Firmen" einen geeigneten Preisindex $\overline{p}_i$ zu verwenden. In diesem Fall läßt sich ein Polypol wie folgt charakterisieren:

Es existieren Funktionen $H_i(\cdot)$, $\varphi_i(\cdot)$ und $\epsilon_i(\cdot)$, so daß

(1.3.6e) $x_i = f_i(p_1, \ldots, p_n) = H_i(p_i, \overline{p}_i) + \epsilon_i(p_1, \ldots, p_n)$

mit $\epsilon_i(p_1, \ldots, p_n) < \delta_i,\ \forall\ p \in P$ und

$\overline{p}_i = \varphi_i(p_1, \ldots, p_{i-1}, p_{i+1}, \ldots, p_n),\ i = 1, \ldots, n$

Somit gilt angenähert

(1.3.6e') $$x_i \approx H_i(p_i, \overline{p}_i), \; i = 1, \ldots, n$$

wobei das ≈-Zeichen für alle praktischen Fälle durch das Gleichheitszeichen ersetzt werden kann.

In diesem Fall ist die *Gewinnfunktion:*

(1.3.6f) $$Q_i = Q_i(p_i, \overline{p}_i), \; i = 1, \ldots, n.$$

Das unvollständige Polypol und das Oligopol werden, wie früher erwähnt, auch manchmal als Marktform der *unvollständigen Konkurrenz* zusammengefaßt.

Chamberlin[1] hat für die Marktform, die hier mit unvollständiger Konkurrenz umschrieben wird, den Begriff *monopolistische Konkurrenz* eingeführt. Da er sich aber hauptsächlich mit der Marktform des unvollständigen Polypols befaßt, wird dieser Ausdruck manchmal nur auf letzteres bezogen. Hier herrscht also leider eine bedauerliche terminologische Unklarheit.

Das *Polypson* ist der Ausdruck für die dem Polypol analogen Verhältnisse auf der Nachfrageseite.

d. *Der Grad der potentiellen Konkurrenz oder die Offenheit des Marktes*

Neben den eben erklärten Marktformen ist manchmal noch der Grad der potentiellen Konkurrenz für eine Firma von Bedeutung. Wir verstehen darunter die subjektive Wahrscheinlichkeit, die eine Firma dem Auftreten neuer Konkurrenten zumißt.[2] Sie hängt von verschiedenen Faktoren ab, z.B. den rechtlichen oder finanziellen Schwierigkeiten, eine Produktion aufzunehmen. *Eucken*[3] bezeichnet den Grad der potentiellen Konkurrenz als *geschlossene* oder *offene Form* von Angebot und Nachfrage.

e. *Schlußbemerkungen zu den Marktformendefinitionen*

Die vollständige Konkurrenz wird oft als eine Art Normalfall angesehen, von der

1 *Chamberlin,* The Theory of Monopolistic Competition, 6th ed., Cambridge/Mass 1950.

2 *Machlup,* The Economics of Sellers' Competition, Baltimore 1952, S. 212 ff, nennt diese Wahrscheinlichkeit Pliopol (pliopoly) und erreicht damit eine verbale Analogie zu den Marktformen der aktiven Konkurrenz: Monopol, Oligopol, Polypol. Wir ziehen aber die Bezeichnung „Grad der potentiellen Konkurrenz" vor, die genau das sagt, um was es sich handelt.

3 *Eucken,* Die Grundlagen der Nationalökonomie, 6. Aufl., Berlin-Göttingen-Heidelberg 1950, S. 91 ff.

monopolistische und oligopolistische Abweichungen die Ausnahme bilden. Tatsächlich ist aber diese Marktform eher eine Ausnahme. Das beste Beispiel für sie geben immer noch die Effekten-, Devisen- und Warenbörsen ab und (soweit keine staatliche Preisregulierung besteht) die Märkte für landwirtschaftliche Produkte.

Einige Bemerkungen zur hier gegebenen *Definition von Monopol, Oligopol und Polypol* sind noch am Platze. Stehen die Schwelle der Fühlbarkeit und die Nachfragefunktion für jede Firma fest und handelt es sich um einen einstufigen, abgeschlossenen Markt, so ist nach den hier gegebenen Definitionen auch die Marktform bestimmt, in der sich jede Firma befindet, und zugleich in allen wesentlichen Fällen auch die spezielle Form der Nachfrage- und der Gewinnfunktion. Man könnte daher auch die Marktformen nach der Form der Nachfrage- oder Gewinnfunktionen definieren, nämlich:

Ein *Monopol* der Firma i besteht, falls die Nachfrage- oder Gewinnfunktion im Rahmen der Fühlbarkeit ist:

(1.3.7a) $$x_i = f_i(p_i) \text{ bzw. } Q_i = Q_i(p_i);$$

ein *Oligopol* unter n Firmen besteht, falls

(1.3.7b) $$x_i = f_i(p_1, \ldots, p_n) \text{ bzw. } Q_i = Q_i(p_1, \ldots, p_n),$$

$$\forall\, i \in \{1, \ldots, n\};$$

ein *Polypol* unter n Firmen besteht, falls

(1.3.7c) $$x_i = f_i(p_i, \bar{p}_i) \text{ bzw. } Q_i = Q_i(p_i, \bar{p}_i),$$

$$\forall\, i \in \{1, \ldots, n\}$$

für geeignet gewählte Preisindizes $\bar{p}_i = \varphi_i(p_1, \ldots, p_{i-1}, p_{i+1}, \ldots, p_n)$

Wir ziehen aber die vorher gegebenen ökonomischen Definitionen diesen (ihnen etwa entsprechenden) formalen vor.

Eine Firma kann sich über die Marktform, in der sie sich befindet, irren, z. B. die bestehende Konkurrenzbeziehung zu anderen Anbietern außer acht lassen. Das ändert aber an der faktisch bestehenden Marktform nichts.

Andere Autoren machen die Marktform vom *faktischen Verhalten* (z. B. *Erich Schneider*[1]) oder vom *Wissen* (z.B. *Machlup*[2]) oder von der *Zahl der Konkurrenten*

1 *Schneider, E.*, Einführung in die Wirtschaftstheorie II. Teil, 5. Aufl. Tübingen 1958, S. 60 ff.

2 *Machlup*, The Economics of Sellers' Competition, Baltimore 1952, S. 111 ff. und S. 351 ff.

(z. B. *Stackelberg*[1]) abhängig. Bei den ersten beiden Definitionen unterwirft man sich in der Analyse dem jeweiligen zufälligen irrationalen Meinen, Denken oder Verhalten irgendeiner Wirtschaftsperson. Verhält sich z. B. eine Firma in ihrer Preispolitik so, als ob die Marktstrategien der anderen Anbieter keinen Einfluß auf ihren Absatz hätten, obwohl das tatsächlich im Rahmen der Fühlbarkeit zutrifft, so besteht ein Monopol nach *Machlup* bzw. eine monopolistische Verhaltensweise im Sinne von *E. Schneider*. Nach unserer Definition besteht ein Oligopol, nur irrt die Firma. Die Abgrenzung der Marktformen nach der Zahl der Konkurrenten (bei einem Anbieter: Monopol, bei wenigen: Oligopol, bei vielen: Polypol) hat den Nachteil, daß der Übergang vom Oligopol zum Polypol davon abhängig gemacht wird, ob wenig oder viel Firmen auf dem Markt sind. Die Grenze zwischen wenig und viel ist aber nicht definiert.

In der ersten Auflage dieses Buches (S. 38 ff.) wurden die Marktformen mit Hilfe des Begriffes der Beweglichkeit der Nachfrage definiert. Mit den jetzigen Definitionen (1.3.2 – 2d) lauten sie: Firma i hat ein *Monopol* in einem Markt von n Firmen, falls die Nachfrage zwischen ihr und den übrigen Firmen nicht fühlbar beweglich ist, d. h. falls

$$(1.3.8a) \qquad |\beta_{ij}| < \delta_i\,, \quad |\bar{\beta}_i| < \delta_i\,, \forall\, j \in \{1, \ldots, n\}\;, j \neq i.$$

Es besteht ein abgeschlossenes *Oligopol* zwischen n Firmen, falls die Nachfrage zwischen jeder Firma und jeder anderen fühlbar beweglich ist, d. h. falls

$$(1.3.8b) \qquad |\beta_{ij}| \geqslant \delta_i\,, \forall\, i, j \in \{1, \ldots, n\}\;, \quad i \neq j.$$

Es besteht ein *Polypol* zwischen n Firmen, wenn die Nachfrage zwischen allen Firmen einzeln nicht fühlbar beweglich ist, dagegen die Nachfrage zwischen jeder einzelnen Firma und der Gesamtheit aller übrigen, d. h. falls:

$$(1.3.8c) \qquad |\beta_{ij}| < \delta_i, \forall\, i, j \in \{1, \ldots, n\}\;, i \neq j$$

und

$$(1.3.8d) \qquad |\beta_i| \geqslant \delta_i, \forall\, i \in \{1, \ldots, n\}\,.$$

Die jetzigen Definitionen sind Abwandlungen hiervon. Sie haben den Vorteil, auf einfache Weise die Gestalt der Nachfragefunktion in jeder Marktform bestimmen zu können, was sonst schwierig ist.

Die Marktformen sind oben mit Bezug auf die Wirkung von Preisänderungen definiert. Preisänderungen gehören sicher zu den wichtigsten marktstrategischen

---

3 *v. Stackelberg*, Grundlagen der theoretischen Volkswirtschaftslehre, Bern 1948, S. 185 und 206.

Maßnahmen und stehen in einer „Preistheorie“ natürlich im Vordergrund.

Sie sind aber nicht die einzigen. Man kann Marktformen auch bezüglich der anderen marktstrategischen Variablen (Werbung, Verkaufsbedingungen, Produktvariation usw.) analog definieren. Die Markformen können, wie gezeigt, allein durch die Art der Gewinnfunktionen $Q_i(\cdot)$ charakterisiert werden, wobei die Interpretation der Argumente (als Preise, Mengen, Werbung o. ä.) frei bleibt. Allerdings braucht sich eine Firma bezüglich der verschiedenen marktstrategischen Variablen nicht in derselben Marktform zu befinden.

IV. Abschnitt

Zielsetzung und Verhaltensweise

Liegt die Marktform fest, so sind die produktiven Gesetzmäßigkeiten, die Faktorkosten und Zielsetzung und Verhaltensweise der Firmen für die Preise auf einem Markt entscheidend. Die produktiven Gesetzmäßigkeiten werden in Form von *Produktionsfunktionen* erfaßt. Sie sind in einem gesonderten Buch, das zugleich den I. Teil dieser Preistheorie bildet, dargestellt.[1]

Wir gehen hierauf nicht näher ein. Die Faktorpreise sind entweder gegeben oder müssen selbst durch die Preistheorie erklärt werden. Die *Zielsetzungen* beruhen auf dem freien Entschluß der Entscheidungsträger. Sie können denkbar verschiedenartig und komplex sein. Z. B. kann eine Firma ihren alten Arbeiterstamm durchhalten, zugleich ihren Marktanteil um einen bestimmten Prozentsatz vergößern, einen gewissen Liquiditätsstatus aufrechterhalten und in diesem Rahmen ihren Gewinn maximieren wollen. Oder sie kann als ihr Ziel ansehen, immer das technisch fortschrittlichste Produkt anzubieten, dabei mit den Löhnen und Arbeitsbedingungen den Konkurrenten um einen gewissen Satz voraus zu sein und so als der sozialste Betrieb zu gelten und schließlich einen bestimmten absoluten Mindestgewinn (oder einen bestimmten Mindestgewinnsatz auf das eingesetzte Kapital) zu verdienen. Die Theorie kann nicht alle möglichen Kombinationen von Gesichtspunkten und Zielvorstellungen in ihren Auswirkungen auf die Preisbestimmung analysieren. Wir werden hier fast ausschließlich Gewinnmaximierung unter Respektierung der Existenz der Konkurrenten (also *wirtschaftsfriedliches Verhalten*) zugrunde legen.[2] Das kommt der Wirklichkeit, wenn man die „repräsentative Firma“ betrachtet, noch am nächsten.

Eigentlich sollte aus der Zielsetzung bei gegebener Marktform, Produktionsfunktion, gegebenen Faktorpreisen und Nachfragefunktionen, also bei Sicherheit auch das Produktions- und Preisverhalten der Firma folgen. Für das Monopol

---

1 *Krelle*, Produktionstheorie, Tübingen 1969.

2 In der 1. Aufl. dieses Buches wurden auch andere Zielsetzungen, auch solche kämpferischer Art, behandelt. Wer daran interessiert ist, sei auf die Ausführungen dort verwiesen.

und Polypol ist das auch relativ leicht zu zeigen. Beim Oligopol können nur spieltheoretische Ansätze hoffen, ohne weitere Voraussetzungen auszukommen. Die traditionellen Oligopoltheorien benötigen darüber hinaus noch Verhaltensannahmen, genannt Reaktionsfunktionen, nämlich Annahmen über die Reaktion der Konkurrenten auf eigene Aktionen. Wir bezeichnen diese Arten von Oligopoltheorien als heuristische Theorien, im Gegensatz zu Oligopoltheorien auf spieltheoretischer Grundlage.

In Spezialfällen werden auch noch weitere Verhaltensannahmen benötigt, z. B. über den Grad der Risikoscheu, über Schnelligkeit von Reaktionen, über Vornahme von Absprachen mit den Konkurrenten u. a. Wir führen solche Annahmen dann an den jeweiligen Stellen ein.

2. Kapitel

DAS MONOPOL[1]

Nach (1.3.4b) besitzt eine Firma ein Monopol, wenn der Einfluß der übrigen anbietenden Firmen und aller möglichen Gruppen (oder: Koalitionen) von solchen Firmen auf den Gewinn der betreffenden Firma unter der Schwelle der Fühlbarkeit für die betreffende Firma liegt.

Man kann das auch so formulieren: eine Firma besitzt ein Monopol, wenn sie keine Konkurrenten hat. Sie braucht bei ihrer Preispolitik dann nur die Reaktion der Abnehmer zu berücksichtigen, nicht die anderer Firmen der gleichen Marktseite.

Wir wollen im folgenden die einfachste Markteinbettung annehmen, die möglich ist: es existieren Angebots- und Nachfragefunktionen für Faktoren bzw. Endprodukte. In diesem Rahmen werden wir aber verschiedene Produktionsfunktionen und verschiedene Weiten des ökonomischen Horizonts zugrunde legen und die optimale Preis-, Produktions- und Werbepolitik für die Ein- und die Mehrprodukt-Unternehmung bei Sicherheit und bei Risiko ableiten.

Hierbei beginnen wir jeweils mit den theoretisch einfachsten Fällen und behandeln sie weitgehend anschaulich. Die komplizierteren – und daher wirklichkeitsnäheren – Fälle verlangen einen größeren mathematischen Aufwand. Es ist unmöglich, alle denkbaren Fälle zu erfassen. Dieses Kapitel gibt daher eine Art repräsen-

---

1 Die Literatur über dieses Problem ist zu groß, als daß sie hier zitiert werden könnte. Einen guten Überblick gibt *Hicks,* Annual Survey of Economic Theory: The Theory of Monopoly, Econometrica, Vol. III (1935) S. 1–20, mit vermehrten Anmerkungen, die die Literatur bis 1951 berücksichtigen, wieder abgedruckt in den Readings in Price Theory, London 1953, S. 361–383. Eine anschauliche Monographie über das Gebiet mit vielen Beispielen ist das Buch von *Machlup,* The Political Economy of Monopoly. Business, Labor and Government Policies, Baltimore 1952. Außer der Lehrbuchliteratur sind die folgenden Artikel zu erwähnen: *Bell, F. W.,* The effect of monopoly profits and wages on prices and consumers' surplus in U. S. manufacturing, S. 233–241 in: Western Economic Journal, 1968, June; *Berry, R. A.,* A note on welfare comparisons between monopoly and pure competition, S. 39–57 in: Manchester Sch. Econ. Soc. Stud., 1969, 37(1); *Graves, R. L., Telsen, L. G.,* An infinite-horizon discrete-time quadratic program as applied to a monopoly problem, S. 234–272 in: Econometrica, 1967, 35 (2); *Hempenius, A. L.,* Monopoly with random demand, Rotterdam University Press, 1970; *Smith, K. R.,* The effect of uncertainty on monopoly price, capital stock and utilization of capital, S. 48–59 in: Journal of Economic Theory, 1969, 1 (1); *Thompson, Russel, G., George, Melvin D., Brown, Perry L., Proctor, Michael S.,* Optimal production, investment, and output price controls for a monopoly firm of the Evans' type, S. 119–129, in: Econometrica, Vol. 39, 1971; *Wenders, J. T.,* Entry and monopoly pricing, S. 755–760 in: Journal of Pol. Econ., 1967, Oct.

tative Auswahl; wer diese Ansätze und Lösungen versteht, wird keine Schwierigkeiten haben, auch die hier nicht behandelten Fälle selbst zu lösen.

I. Abschnitt

Einperioden-Produktions-, Preis- und Werbeplanung einer Firma mit neoklassischer Produktionsfunktion bei Sicherheit.

1. Gewinnmaximierung einer Einproduktfirma

a. Mengenpolitik

Wir beginnen mit dem einfachsten Fall des Monopols, mit dem die Monopolanalyse durch Cournot[1] begonnen hat. Stellen wir uns eine Unternehmung vor, die ein Produkt für eine Vielzahl von Abnehmern herstellt, wobei sie selbst die Produktionsmenge festsetzt und den Preis sich so einspielen läßt, daß gerade diese produzierte Menge abgesetzt wird. Sie kennt keine Firma, mit der sie konkurriert; d.h. im Rahmen der in Frage kommenden Preisvariationen hat sie keine Reaktion von Produzenten gleicher oder substitutiver Güter zu befürchten bzw. solche Reaktionen haben keine fühlbaren Rückwirkungen auf ihren Absatz. Sie hat es also allein mit ihren Kunden und mit ihren Arbeitern, Rohstofflieferanten, eventuell Grund- und Hauseigentümern, Banken, dem Fiskus usw. zu tun. Das Verhalten der Kunden bei eigenen Preis-, Produkt- und Werbeänderungen ist aufgrund der Erfahrung in vergangenen Perioden abzuschätzen und in einer Absatz- oder Nachfragefunktion festgelegt, ebenso das Verhalten der Produktionsfaktoren in einer Bezugs- oder Angebotsfunktion. Die Produktionsfunktion der Firma ist neoklassisch, d.h. wir haben stetige Substituierbarkeit aller Faktoren und von Beginn an abnehmende Ertragszuwächse. Den Werbeaufwand hat die Firma bereits festgelegt; damit beschäftigen wir uns später. Von der Finanzlage her ist die Firma in ihren Entschließungen nicht eingeengt. Ihr Ziel ist der maximale Periodengewinn; Vorliebe für einzelne Lieferanten oder Abnehmer besteht nicht. Eine ins Gewicht fallende Unsicherheit ist weder bei der Produktions- noch bei den Absatz- und den Bezugsfunktionen vorhanden.

Das ist der einfachste Monopolfall, sozusagen das theoretische Grundmodell des Monopols, mit dem wir uns zunächst befassen wollen. Ist es realistisch? Können wir erwarten, einer solchen Firma einmal im praktischen Wirtschaftsleben zu begegnen? Sicher nicht zu häufig, und selten wird es sich um große Firmen mit weltbekannten Namen und großen Marktanteilen handeln, die man gewöhnlich am ehesten als „Monopolisten" anzusehen geneigt ist. Denn diese haben fast

---

1 *Cournot*, Untersuchungen über die mathematischen Grundlagen der Theorie des Reichtums, Übersetzung von Waffenschmidt, Jena 1924, V. Kapitel, S. 47 ff.

stets auch bedeutende Konkurrenten neben sich, seies es einige wenige große, ebenfalls weltbekannte in- oder ausländische Unternehmen (wie auf dem Chemie-, Automobil-, Erdölmarkt, um nur einige zu nennen) oder doch so zahlreiche kleinere Firmen, daß deren Reaktion *insgesamt* für den präsumptiven Monopolisten nicht gleichgültig sein kann. Viel eher findet man den „klassischen" Monopolfall bei mittleren oder kleinen Firmen in abgelegenen Gegenden. Ein Sägewerk in einem verkehrsmäßig schlecht erschlossenen Gebirgstal, das einzige Steinbruch- oder Ziegeleiunternehmen eines Gebietes ohne Wasserstraßen, eine Braunkohlengrube, sobald konkurrierende Braun- oder Steinkohlenzechen weit genug abliegen, die einzige „Handlung" in einem einsam gelegenen Dorf usw. mögen vielleicht ein Monopol im oben definierten Sinn haben; nicht, weil „objektiv" überhaupt keine Konkurrenz vorhanden ist, sondern weil die Firmen bei den in Frage kommenden Preisvariationen davon nichts merken und sie sie daher bei ihren Überlegungen nicht zu berücksichtigen brauchen.

Die Monopolanalyse trifft ebenfalls für alle Firmen zu, die zwar Konkurrenten besitzen, die aber als Preisführer anerkannt sind und sich daher auf bestimmte, proportionale Preisänderungen der Konkurrenten als Folge eigener Preisvariationen verlassen können. Sie ist nicht anwendbar für den eigentlichen Oligopolfall.

Die Theorie der Einproduktfirma ist auch für die Mehrproduktfirma bei Parallelproduktion und bei gemeinsamer Produktion anwendbar, sobald die gemeinsamen Faktoren nicht selten sind.[1] Die einzelnen Produktionen sind dann unabhängig voneinander. Die Theorie der Einproduktfirma hat also ein weiteres Anwendungsfeld, als die Bezeichnung zunächst vermuten läßt.

Das Problem, mit dem wir uns jetzt beschäftigen, ist: welche Menge wird eine wir oben geschilderte Monopolfirma produzieren und absetzen, wenn sie ihren Gewinn für die nächste Periode maximieren will?

Die Lösung ist seit Cournot[2] wohlbekannt. Wir bringen zunächst die *analytische Lösung* und dann graphische Veranschaulichungen.

Es sei x die Produktionsmenge, p der Preis und

$$x = x(p) \quad \text{mit } x'(p) < 0 \quad \text{und} \quad 0 \leqslant x \leqslant \bar{x} \quad \text{für} \quad \bar{p} \geqslant p \geqslant 0 \qquad (2.1.1)$$
$$\text{mit} \quad x(\bar{p}) = 0, \; x(0) = \bar{x}$$

die *Nachfragefunktion.* Sie wird hier als streng monoton fallenden Funktion angenommen.[3] $\bar{x}$ ist die Sättigungsmenge, $\bar{p}$ der prohibitive Preis.

An dieser Stelle werden wir keine weiteren Voraussetzungen über die Nachfragefunktion machen, also insbesondere zulassen, daß die zweite Ableitung ihr

---

1 Vgl. *Krelle,* Produktionstheorie, Tübingen 1969, S. 4.

2 *Cournot,* s. S. 24, Anm. 1.

3 Dabei sind dann stark inferiore Güter, für die das Giffen-Paradoxon gilt, nicht erfaßt, vgl. hierzu die 1. Aufl. dieses Buches, S. 132 und 184.

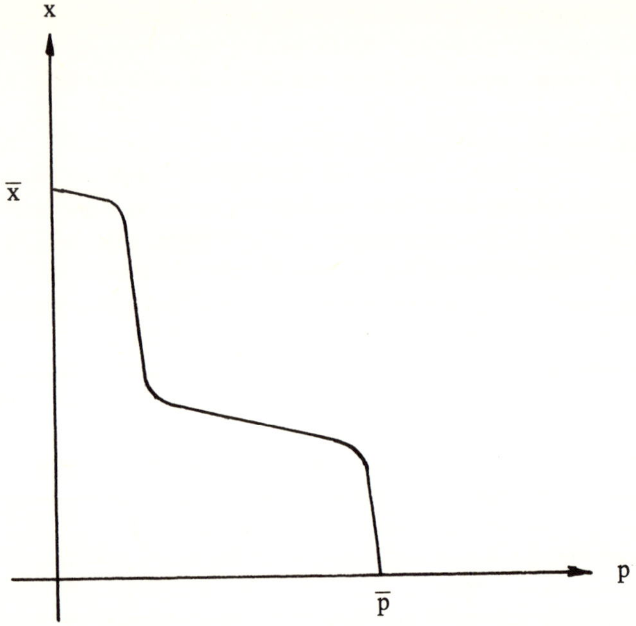

Fig. 2.1.1a

Vorzeichen ändert. Damit ist z. B. die Gutenbergsche doppelt geknickte Nachfragekurve mit erfaßt[1] (s. Figur 2.1.1a). Dies führt allerdings möglicherweise zu nicht konkaven[2] Erlösfunktionen und damit unter Umständen zu mehrfachen lokalen Extrema oder Randlösungen.

---

1 vgl. *Gutenberg*, Grundlagen der Betriebswirtschaftslehre, II. Bd., Berlin, Göttingen, Heidelberg 1955, Abb. 30 bis 32, S. 204–209.

2 Zur Bequemlichkeit des Lesers stellen wir hier einige Definitionen und Sätze zusammen. Zum Beweis der letzteren vgl. z. B. *Künzi* und *Krelle*, Nichtlineare Programmierung, Berlin, Göttingen, Heidelberg 1962, S. 29ff.

1. Eine *Punktmenge* K im $\mathbb{R}^n$ heißt *konvex*, wenn für irgend zwei Punkte x^1 und x^2 aus K auch $\lambda x^1 + (1-\lambda)x^2$, $0 < \lambda < 1$, zu K gehören.
2. Eine *Funktion* $y = f(x)$ mit $x = (x_1, \ldots, x_n)$ heißt *konvex* über einem konvexen Bereich K, wenn für irgend zwei Punkte x^1 und x^2 aus K gilt

$$f(\lambda x^1 + (1-\lambda)x^2) \leqslant \lambda f(x^1) + (1-\lambda)f(x^2) \text{ für } 0 < \lambda < 1.$$

Sie heißt ***streng konvex***, wenn hier $\leqslant$ durch $<$ ersetzt werden kann für $x^1 \neq x^2$.
Sie heißt (streng) *konkav*, wenn $-f(x)$ (streng) konvex ist.
3. $f(x)$ ist dann und nur dann konvex, wenn die Matrix $\left(\frac{\partial^2 f}{\partial x_i \partial x_j}\right)$ der zweiten Ableitungen positiv semidefinit ist für alle x, $i, j \in \{1, \ldots, n\}$. Ist diese Matrix positiv definit, so ist $f(x)$ streng konvex (hinreichend, nicht notwendig).
4. Eine reelle, n-reihige symmetrische Matrix A (d. h. eine Matrix mit $a_{ij} = a_{ji}$) ist positiv

Bei Geltung von (2.1.1) existiert eine *inverse Nachfragefunktion*

(2.1.2) $p = p(x)$ mit $p'(x) < 0$ in den gleichen Grenzen.

Die *Produktionsfunktion* sei neoklassisch:[1]

(2.1.3) $x = F(v_1, \ldots, v_n)$ mit $\frac{\partial F}{\partial v_i} > 0$, $\frac{\partial^2 F}{\partial v_i^2} < 0$ und

$x = 0$ für $v_i = 0, \forall i \in \{1, \ldots, n\}$.

Hierbei sind $v_i, \ldots, v_n$ die eingesetzten Mengen der Faktoren $1, \ldots, n$.
(2.1.3) stellt nicht sicher, daß die Produktionsfunktion konkav ist. In manchen Fällen wird man aber auch letzteres unterstellen dürfen. Dann gilt also außerdem (vgl. Anmerkung 2 Ziffer 3. auf S. 26):

(2.1.3a) die Matrix $\left(\frac{\partial^2 F}{\partial v_i \partial v_j}\right)$ ist negativ definit.

Die *Angebotsfunktionen der Faktoren* seien konkav:[2]

(2.1.4) $v_i = v_i(k_i)$ mit $v_i'(k_i) > 0$, $v_i''(k_i) \leqslant 0$

und $v_i \geqslant 0$ für $k_i \geqslant \bar{k}_i > 0$

Hierbei ist k_i der von der Firma für den Faktor i angebotene Preis pro Einheit.
Dann existiert auch eine *inverse Angebotsfunktion* der Faktoren:

(2.1.5) $k_i = k_i(v_i)$ mit $k_i'(v_i) > k_i''(v_i) \geqslant 0$

und $k_i(v_i)$ ist konvex.

---

semidefinit, falls $x'Ax \geqslant 0$ für alle x; sie ist positiv definit, falls $x'Ax > 0$ für alle $x \neq 0$.
5. Eine Matrix A nach 4. ist genau dann positiv definit, wenn die Reihe der Hauptabschnittsdeterminanten $|A_1| = a_{11}$, $|A_2| = \begin{vmatrix} a_{11} & a_{12} \\ a_{21} & a_{22} \end{vmatrix}, \ldots, |A_n| = |A|$ positiv ist. Sie ist genau dann positiv semidefinit vom Range r, wenn – eventuell nach gleichen Zeilen- und Spaltenvertauschungen – die ersten r Hauptabschnittsdeterminanten positiv, die übrigen n−r Null sind. A ist negativ definit, wenn die Hauptabschnittsdeterminanten abwechselnd negativ und positiv sind.
6. Ist A positiv definit, so ist auch A^{-1} positiv definit.

1 Dann sind die „fixen Faktoren", die in einer genau bestimmten Anzahl für die Produktion unabhängig vom Produktionsniveau oder jeweils für bestimmte Klassen von Produktionsniveaus vorhanden sein müssen (z. B. Boden), nicht oder nur approximativ erfaßt. Sie werden gesondert berücksichtigt.

2 Dies setzt voraus, daß die Monopolfirma auch auf dem Faktormarkt eine monopsonistische oder oligopsonistische Stellung hat. Bei vollständiger Konkurrenz auf dem Faktormarkt wäre k_i = const. und v_i nicht begrenzt. (2.1.4) existierte nicht; dafür wäre (2.1.5) durch k_i = const. zu ersetzen.

Der Gewinn Q der Firma ist dann:

(2.1.6) $$Q = px - \sum_{i=1}^{n} k_i v_i - \bar{K}$$

wobei $\bar{K}$ die fixen Kosten bedeutet.

Wir nehmen, wie gesagt, an, daß die Entscheidungsvariable der Firma bezüglich des Absatzes die *Produktionsmenge* ist; analog sollen auch die *Faktormengen* die Entscheidungsvariablen bezüglich der Faktornachfrage sein.

Die Substitution der inversen Nachfragefunktion (2.1.2), der inversen Angebotsfunktion (2.1.5) und der Produktionsfunktion (2.1.3) in (2.1.6) ergibt

(2.1.7) $$Q = p\,(F\,(v_1, \ldots, v_n)\,) \cdot F\,(v_1, \ldots, v_n) - \sum_{i=1}^{n} k_i\,(v_i) \cdot v_i - \bar{K}$$

Dies wird maximiert mit Rücksicht auf $v_1, \ldots, v_n$. Die notwendigen und, falls Q konkav ist, auch hinreichenden Bedingungen dafür sind

(2.1.8) $$\frac{\partial Q}{\partial v_i} = p \cdot \frac{\partial F}{\partial v_i} + x\,\frac{dp}{dx} \cdot \frac{\partial F}{\partial v_i} - k_i - v_i\,\frac{dk_i}{dv_i} = 0, \forall\, i \in \{1, \ldots, n\}$$

oder

(2.1.8a) $$p + x\,\frac{dp}{dx} = \frac{k_i + v_i dk_i \,/\, dv_i}{\partial F \,/\, \partial v_i}$$

Der Ausdruck auf der linken Seite ist der *Grenzerlös* E' (x); setzt man nämlich für den Erlös

$$E = p\,(x) \cdot x,$$

so ergibt sich gerade

(2.1.9) $$E'\,(x) = p + x \cdot \frac{dp}{dx}\,.$$

Für alle Vektoren $(v_1^*, \ldots, v_n^*)$, die (2.1.8) genügen, muß nach (2.1.8a) gelten:

(2.1.10) $$\frac{k_i + v_i dk_i \,/\, dv_i}{\partial F \,/\, \partial v_i} = \frac{k_j + v_j dk_j \,/\, dv_j}{\partial F \,/\, \partial v_j}\,, \;\forall\, i, j \in \{1, \ldots, n\}.$$

Der Zähler der linken Seite bedeutet die Grenzaufwendungen für den Faktor i, also die Mehrkosten bei zusätzlicher Verwendung einer (kleinen) Einheit dieses Faktors; der Nenner ist das Grenzprodukt des Faktors i. Damit bedeutet der *Ausdruck auf der rechten Seite* von (2.1.8a) die Mehraufwendungen für diejenige Menge irgendeines Faktors i, die notwendig sind, um eine (kleine) zusätzliche Einheit des Endprodukts zu produzieren, also die *Grenzkosten* $K'\,(x)\,\big|\,\bar{v}_i = \text{const}$, wenn nur der Faktor i variiert werden darf und alle übrigen Faktoren konstant bleiben:[1]

(2.1.11) $$K'(x)\Big|_{\bar{v}_i=\text{const}} = \frac{k_i + v_i dk_i / dv_i}{\partial F / \partial v_i}, \forall i \in \{1, \ldots, n\}$$

mit $x = F(v_1, \ldots, v_n)$.

Es ist nun einfacher, gleich von der *neoklassischen Kostenfunktion* K (x) der Firma auszugehen. Sie ergibt sich aus der *Minimalkostenkombination* für jede Produktionsmenge x; denn offensichtlich impliziert die Gewinnmaximierung immer auch die Kostenminimierung (aber nicht umgekehrt).

Es sind

(2.1.12) $$K = \sum_{i=1}^{n} k_i(v_i) \cdot v_i$$

die zu minimierenden Gesamtkosten, wobei die Produktionsmenge x vorgegeben ist, so daß nach der Produktionsfunktion gelten muß

(2.1.13) $$g: = x - F(v_1, \ldots, v_n) = 0.$$

K ist wegen (2.1.5) eine streng konvexe Funktion; für F setzen wir (2.1.3a) voraus, so daß F streng konkav, $-F$ also streng konvex ist.

Die zu minimierende Lagrange-Funktion ist $K + \lambda g$, λ ein Lagrangescher Multiplikator.

Die notwendigen und, da K und g konvex sind,[2] auch hinreichenden Bedingungen für das Minimum von (2.1.12) bei Geltung von (2.1.13) sind

(2.1.14) $$k_i + v_i \frac{dk_i}{dv_i} - \lambda \frac{\partial F}{\partial v_i} = 0, i \in \{1, \ldots, n\}.$$

oder

---

1 Aus (2.1.3) folgt $\frac{dx}{dK} = \sum_{i=1}^{n} \frac{\partial F}{\partial v_i} \frac{dv_i}{dK}$ und für
$\bar{v}_i := (v_1, \ldots, v_{i-1}, v_{i+1}, \ldots, v_n) = \text{const}$: $\frac{dx}{dK}\Big|_{\bar{v}_i = \text{const}} = \frac{\partial F}{\partial v_i} \frac{dv_i}{dK}$.
Aus $K = \sum_{i=1}^{n} k_i(v_i) \cdot v_i + \bar{K}$ folgt $\frac{dK}{dv_i} = k_i + v_i \frac{dk_i}{dv_i}$. Somit
ist $\frac{dx}{dK}\Big|_{\bar{v}_i = \text{const}} = \frac{\partial F / \partial v_i}{k_i + v_i dk_i/dv_i}$, woraus dann (2.1.11) folgt.

2 Daß unter diesen Voraussetzungen die Bedingungen (2.1.14 und 15) notwendig und hinreichend sind, ergibt sich aus den Kuhn-Tucker-Bedingungen; vgl. *Künzi* und *Krelle*, Nichtlineare Programmierung, Berlin, Göttingen, Heidelberg 1962, S. 55–66.

(2.1.15) $$\frac{k_i + v_i dk_i / dv_i}{\partial F / \partial v_i} = \lambda$$

λ hat also, wie bei (2.1.11) erklärt, die Bedeutung der *Grenzkosten* bei Variation nur eines Faktors:

(2.1.16) $$\lambda = K'(x)\big|_{\overline{v}_i = \text{const}}$$

(2.1.13) und (2.1.14) sind n+1 Gleichungen, die ausreichen können, die n+1 Unbekannten $v_1, \ldots, v_n$ und λ zu bestimmen. Die *Lösung* ist dann eine Funktion der vorgegebenen Produktionsmenge x. Ist sie eindeutig, was wir hier fordern, so lautet sie:

(2.1.17) $$v_i = f_i(x)$$

$$\lambda = \lambda(x)$$

Wir postulieren ferner, daß die Funktionen $k_i(v_i)$ und $F(v_1, \ldots, v_n)$ so beschaffen sind, daß in (2.1.17)

(2.1.17a) $$f_i'(x) > 0, \; f_i''(x) > 0, \; \lambda(x) > 0, \; \forall i \in \{1, \ldots, n\}.$$

(2.1.17a) läßt sich aus (2.1.12 und 13) ableiten, wenn beispielsweise die Faktorpreise k_i konstant sind und die Produktionsfunktion F die *Eigenschaft des nicht zunehmenden Bündelgrenzertrages* hat.[1]

In dem hier zugrunde gelegten allgemeineren Fall bleibt die Ableitung offen, so daß (2.1.17a) postuliert werden muß. (2.1.17a) ist aber ökonomisch sehr naheliegend, so daß im folgenden davon ausgegangen wird. Dann lautet die *neoklassische Kostenfunktion* nach (2.1.12):

(2.1.18) $$K(x) := \sum_{i=1}^{n} k_i(f_i(x)) \cdot f_i(x)$$

Die Grenzkosten sind:

(2.1.19a) $$K'(x) = \sum_{i=1}^{n} \left(k_i + v_i \frac{dk_i}{dv_i}\right) f_i'(x) > 0$$

---

1 Beweis bei *Selten*, Preispolitik der Mehrproduktenunternehmung in der statischen Theorie, Berlin, Heidelberg, New York 1970, S. 19 ff. Wir folgen ihm hier. Es sei $g(x, v_1, \ldots, v_n)$ wie in (2.1.13) definiert, und y und z seien (n+1)-elementige, nichtnegative Vektoren derart, daß jedes Element des einen Vektors dann Null ist, wenn das entsprechende Element des anderen Vektors positiv ist und jeder Vektor zumindest ein Nullelement besitzt. Falls für alle Paare von Skalaren α und β, für die $g((\overset{\circ}{x}, \overset{\circ}{v}_1, \ldots, \overset{\circ}{v}_n) + \beta z - \alpha y) = 0$ ist, eine stetige Funktion $\beta = \varphi(\alpha)$ mit $\frac{d^2\beta}{d\alpha^2} \leq 0$ und ein zusammenhängender Definitionsbereich von φ gilt, so soll dies nicht zunehmender Bündelgrenzertrag heißen.

und wegen

(2.1.19b) $K''(x) > 0$

ist K (x) streng konvex.

Da sich aus einer neoklassischen Produktionsfunktion und den Angebotsfunktionen der Faktoren nach (2.1.12 und 13) die neoklassische Kostenfunktion (2.1.18) ergibt, kann man alle Resultate auch auf ihrer Basis erhalten. Man hat dann einfach

(2.1.20) $Q(x) = p(x) \cdot x - K(x)$

zu maximieren mit Rücksicht auf x. Unter den hier gemachten Differenzierbarkeitsvoraussetzungen ist

(2.1.21) $E'(x) = K'(x)$

eine notwendige und $Q''(x) < 0$ zusammen mit (2.1.21) eine hinreichende Bedingung für die Existenz eines absoluten Gewinnmaximums für alle betrachteten x, mit E' (x) gemäß (2.1.9).

Ein Vergleich von (2.1.8a und 9) mit (2.1.19a und 21) zeigt, daß

(2.1.22) $$\sum_{i=1}^{n} (k_i + v_i \frac{dk_i}{dv_i})\, f_i'(x) = \frac{k_j + v_j dk_j / dv_j}{\partial F / \partial v_j}, \quad j \in \{1, \ldots, n\},$$

$$\text{also } K'(x) = K'(x)\big|_{\bar{v}_i = \text{const}}, \quad \forall\, i \in \{1, \ldots, n\}.$$

Die Bedingung (2.1.21) kann man auf verschiedene Weise mit Hilfe der Begriffe der *Nachfrageelastizität* und des *Monopolgrades* umformulieren. Wir definieren die *Preiselastizität* ϵ *der Nachfrage:*[1]

(2.1.23a) $$\epsilon := -\frac{dx(p)}{dp} \cdot \frac{p}{x},$$

wobei x (p) die Nachfragefunktion (2.1.1) ist. Entsprechend ist

(2.1.23b) $$\epsilon_x := -\frac{dp(x)}{dx} \cdot \frac{x}{p} = \frac{1}{\epsilon}$$

die *inverse Preiselastizität der Nachfrage,* mit p(x) nach (2.1.2). Der *Grenzerlös* E' (x) nach (2.1.9) läßt sich dann als

(2.1.24) $$E'(x) = p\,(1 - \frac{1}{\epsilon})$$

1 Das Minuszeichen wird hier eingefügt, damit die mathematische Definition mit dem normalen Sprachgebrauch übereinstimmt.

schreiben. Diese Beziehung heißt *Amoroso-Robinson-Relation.* Der *Lernersche Monopolgrad* μ ist die relative Überhöhung der Preise über die Grenzkosten:

$$(2.1.25) \qquad \mu := \frac{p - K'(x)}{p}$$

Aus (2.1.24) und (2.1.21) erhält man für den optimalen Preis bei $\epsilon \neq 1$:

$$(2.1.26) \qquad p = \frac{K'(x)}{1 - 1/\epsilon}$$

Er ist also umso höher, je höher die Grenzkosten und je niedriger die Preiselastizität der Nachfrage ist – ein unmittelbar einleuchtendes Ergebnis. Überdies muß $\epsilon > 1$ sein; andernfalls hätte man negative Preise. Andererseits hat man aus (2.1.21) und (2.1.9)

$$p - K'(x) = -x \cdot \frac{dp}{dx} ,$$

woraus nach Division durch p wegen (2.1.25) und (2.1.23b) folgt

$$(2.1.27) \qquad \mu = 1/\epsilon \quad \text{oder} \quad \mu \cdot \epsilon = 1 .$$

Das Gewinnmaximum der Einproduktfirma ist also auch dadurch charakterisiert, daß der Monopolgrad gerade invers zur Preiselastizität der Nachfrage wird, was ebenfalls intuitiv einsichtig ist.

Das Ergebnis der Monopolanalyse läßt sich leicht *graphisch veranschaulichen* und verbal erklären (Fig. 2.1.28).[1] p (x) ist die vorgegebene (inverse) Nachfragefunktion; sie schneidet die Koordinatenachsen in $\overline{p}$ bzw. $\overline{x}$. Der Einfachheit halber ist sie als Gerade gezeichnet; die Theorie setzt dies aber nicht voraus. Daraus ist die Erlöskurve E (x) = p (x) · x sofort zu konstruieren, ebenso die Grenzerlöskurve E' (x). Die Kostenkurve K (x), die man nach (2.1.18) aus der Kostenminimierung für jede Produktionsmenge erhalten hat, ist eingezeichnet, ebenso die daraus abzuleitende Grenzkostenkurve K' (x). Der Bereich positiven Gewinns Q ist an den Rändern schraffiert. Offensichtlich ist Q dort maximal, wo die Tangenten an die Erlöskurve E (x) und an die Kostenkurve K (x) parallel sind, d. h. wo E' (x) = K' (x) ist. Diese Tangenten sind in Fig. 2.1.28 bei den Punkten P_1 und P_2 angedeutet. Die Abszisse ist x*, und das ist die optimale Produktionsmenge. Der zugehörige Punkt C auf der Nachfragekurve ist der *Cournotsche Punkt* C. Seine Ordinate gibt den optimalen Preis p* an.

Offensichtlich kann man die optimale Produktionsmenge x* auch direkt dadurch erhalten, daß man den Schnittpunkt D von Grenzkosten- und Grenzerlöskurve sucht.

Da die Kostenkurve stets steigt, die Grenzkosten also überall positiv sind, wäh-

1 Die Gerade K (x_1) in Fig. 2.1.28 wird später benötigt und bleibt hier außer Betracht.

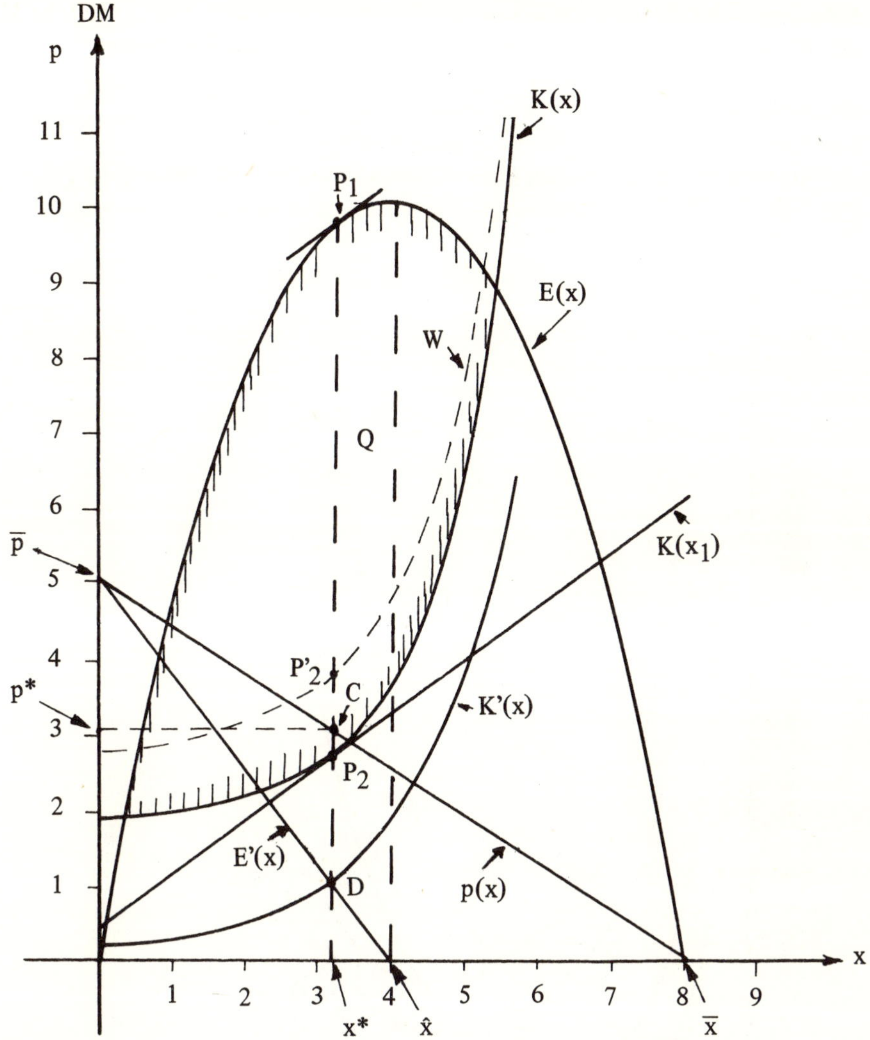

Fig. 2.1.28

rend die Grenzerlöse nach dem Erlösmaximum negativ werden, liegt die optimale Produktionsmenge x* immer unter derjenigen Menge x̂, die den Erlös maximiert, und zwar um so mehr, je früher und stärker die Grenzkosten zu steigen beginnen, d.h. je früher und stärker die Wirkung des Ertragsgesetzes einsetzt. Das hängt nun wieder von der Größe der fixen Anlagen (Grund und Boden, Gebäude, Maschinen usw.) ab: je umfangreicher sie sind, um so weiter wird die Wirkung des Ertragsgesetzes hinausgeschoben. Monopole sind also bei relativ zur Nachfrage kleinen Produktionsstätten und bei Unternehmern, die ihren Gewinn nicht zur

Erweiterung der Kapazität, sondern konsumptiv verwenden, besonders gefährlich.[1] Bei relativ großen Produktionsstätten (d.h. hohen fixen, geringen variablen Kosten) liegt der Cournotsche Punkt dagegen näher am Erlösmaximum, so daß die produktionshemmende Wirkung des Monopols geringer ist. Eine große Kapazität verlangt aus Gewinninteresse auch eine größere Produktion.

Man kann den Cournotschen Punkt C graphisch auch auf andere Weise erhalten (vgl. Fig. 2.1.29). Die Maximierungsaufgabe (2.1.20) läßt sich auch so schreiben:

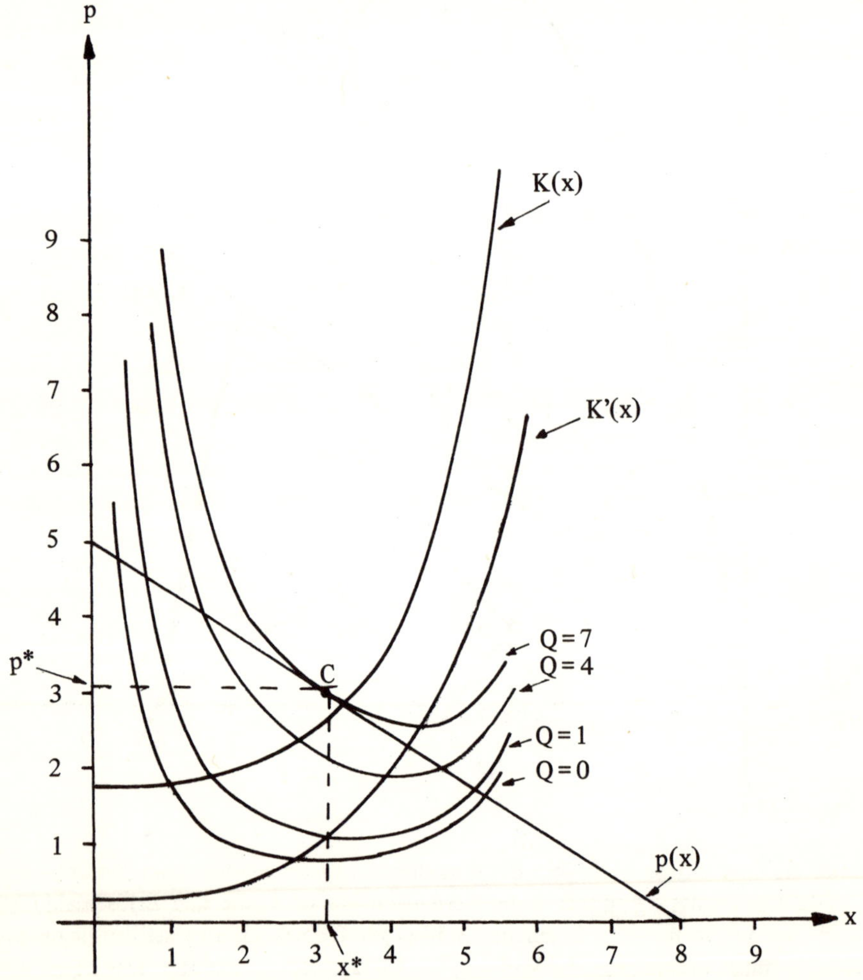

Fig. 2.1.29

1 „Gefährlich" im Sinne einer Einkommens- und Produktionsverzerrung zum Vorteil des Monopolisten.

(2.1.30) $$Q(x) = px - K(x) = \max_x!$$

unter der Nebenbedingung

(2.1.30a) $$p = p(x)$$

Zeichnen wir eine Schar von *Kurven gleichen Gewinns c* (oder Isoprofitlinien), so daß also Q (x) = c ist, wobei ihre Gleichung nach (2.1.30) lautet

(2.1.31) $$p = \frac{c + K(x)}{x} ,$$

so ist diejenige Produktion x* die Lösung unserer Problems, bei der die höchste Isoprofitlinie Q = c die Nachfragekurve p (x) berührt.

In Fig. 2.1.29 sind solche Isoprofitlinien aus der Kostenkurve K (x) nach (2.1.31) graphisch abgeleitet. Ihr Berührungspunkt mit der Nachfragekurve p (x) ist der Cournot-Punkt C.

b. Preispolitik

Eine Produktionsplanung und ein „Einspielenlassen" des Preises ist beim Monopol eher ungewöhnlich. Wirklichkeitsnäher sind eine *Preisplanung* und eine Produktion der Menge, die zu diesem Preis nachgefragt wird. Bei Sicherheit über die Nachfragefunktion läuft beides auf das gleiche hinaus. Trotzdem soll auch der Fall der Preisplanung hier kurz und anschaulich behandelt werden. Hierbei legen wir gleich die neoklassische Kostenfunktion (2.1.18) zugrunde. Der *Gewinn* Q der Firma ist dann

(2.1.32) $$Q(x) = px - K(x).$$

Bei Substitution der Nachfragefunktion (2.1.1) erhält man

(2.1.33) $$\tilde{Q}(p) := Q(x(p)) = px(p) - K(x(p)).$$

px(p) ist der Erlös E als Funktion des Preises:

(2.1.34) $$E(p) = px(p).$$

Maximierung von $\tilde{Q}(p)$ mit Rücksicht auf p ergibt die notwendige, und wenn $\tilde{Q}(p)$ konkav ist (z. B. falls $Q''(p) < 0$ ist, was in der Regel zutreffen wird), auch hinreichende Bedingung

oder

$$(2.1.35a) \qquad x + p \cdot x'(p) = K'(x) \cdot x'(p) \, ,$$

was auch als

$$(2.1.36) \qquad E'(p) = K'(p)$$

geschrieben werden kann. Der Grenzerlös mit Bezug auf den Preis (d. h. die Erlösänderung bei einer (kleinen) Preiserhöhung) muß also gleich den Grenzkosten mit Bezug auf den Preis (d. h. der Kostenänderung bei derselben (kleinen) Preiserhöhung) sein. Beide Größen sind negativ: die Erlöse und die Kosten nehmen am Punkt des Gewinnmaximums bei einer kleinen Preiserhöhung ab.

Die *Amoroso-Robinson-Relation* mit Bezug auf den Preis ist jetzt analog zu (2.1.24)

$$(2.1.37) \qquad E'(p) = x(1 - \epsilon),$$

der *Lernersche Monopolgrad* mit Bezug auf den Preis analog zu (2.1.25)

$$(2.1.38) \qquad \mu_p = \frac{x - K'(p)}{x}$$

Damit läßt sich (2.1.35) schreiben als

$$(2.1.39) \qquad x = \frac{K'(p)}{1 - \epsilon} \, , \quad \epsilon \neq 1 \, ,$$

oder

$$(2.1.40) \qquad \mu_p = \epsilon \text{ oder } \frac{\mu_p}{\epsilon} = 1 \, , \quad \epsilon \neq 0 \, ,$$

(vgl. 2.1.26 und 27). Der optimale Preis ist also auch dadurch bestimmt, daß die Produktionsmenge proportional den Grenzkosten mit Bezug auf den Preis ist, wobei der Proportionalitätsfaktor $1/(1-\epsilon)$ negativ sein muß, da K'(p) negativ ist und $x \geqslant 0$ sein muß. Somit folgt $\epsilon > 1$, wie schon bei (2.1.26). Die Produktionsmenge ist also umso größer, je elastischer die Nachfrage auf Preisänderungen reagiert. Am optimalen Preispunkt muß ferner der Lernersche Monopolgrad mit Bezug auf den Preis gleich der Preiselastizität der Nachfrage sein.

Fig. 2.1.41 zeigt die Situation bei Preispolitik graphisch; dabei sind dieselben Nachfrage- und Kostenfunktionen wie in Fig. 2.1.28 zugrunde gelegt, so daß die Lösung, der Cournotsche Punkt C, in allen diesen Figuren übereinstimmt. In Fig. 2.1.41 sind zunächst die Nachfragekurve x (p) und, daraus abgeleitet, die Erlöskurve E (p) und die Grenzerlöskurve E' (p) eingetragen. Ebenso sind die Kostenkurve K (x (p)), als K (p) geschrieben, und die daraus abgeleitete Grenzkosten-

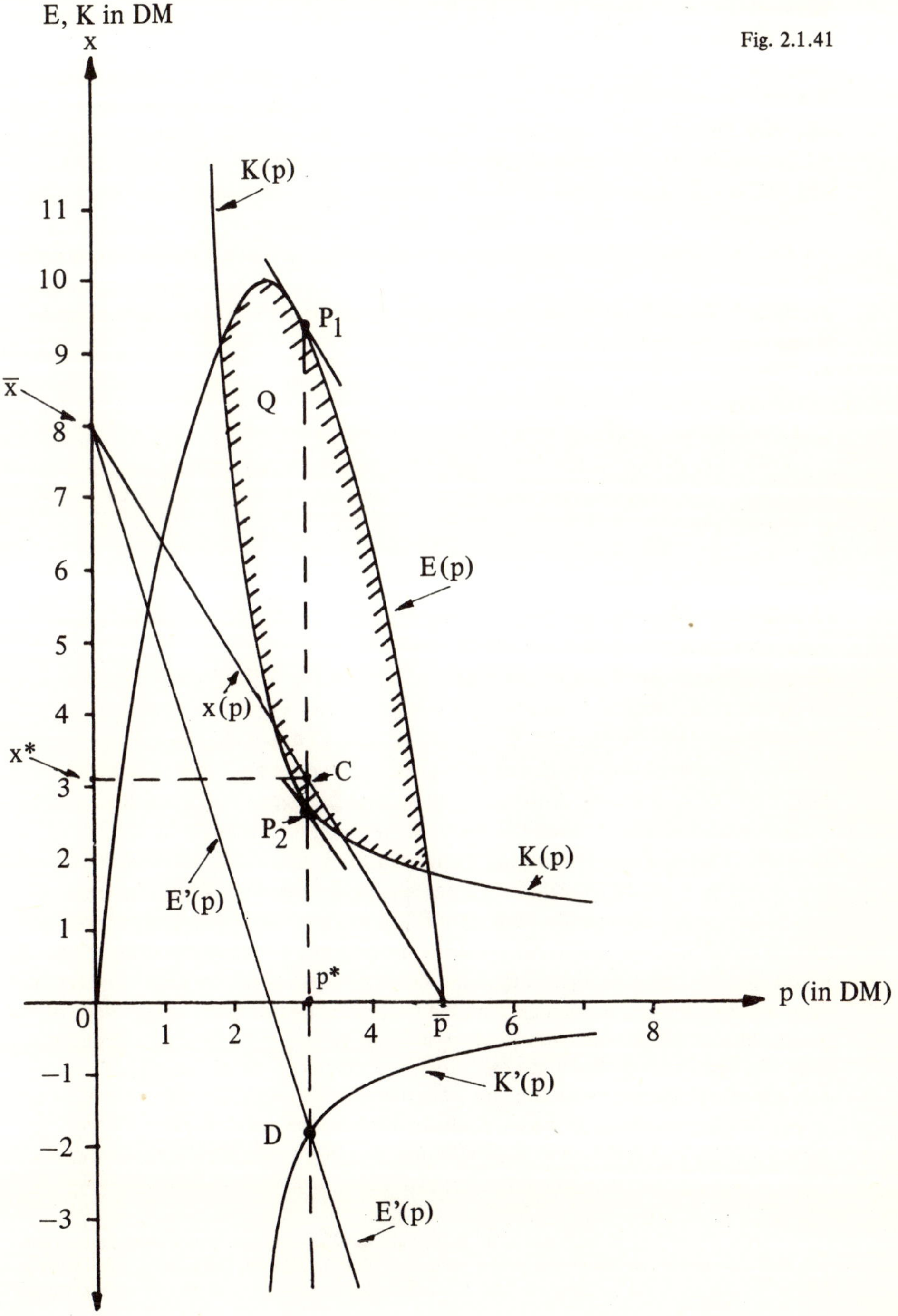
E, K in DM
x
K(p)
P1
Q
x̄
E(p)
x(p)
x*
C
P2
K(p)
E'(p)
p*
p (in DM)
p̄
K'(p)
D
E'(p)
0
1
2
4
6
8
11
10
9
8
7
6
5
4
3
2
1
−1
−2
−3

Fig. 2.1.41

kurve K' (p) gezeichnet. Der an den Rändern schraffierte Bereich gibt die positiven Gewinne Q an. Offensichtlich ist der Gewinn bei dem Preis maximal, bei dem die Tangenten an die Erlös- und die Kostenkurve parallel sind, was in den Punkten P_1 und P_2 zutrifft. Die Tangenten sind dort angedeutet. Damit sind der optimale Preis p*, der Cournotsche Punkt C und die optimale Produktionsmenge x* bestimmt. Zum gleichen Ergebnis kommt man natürlich, wenn man die Abszisse p* des Schnittpunktes D von Grenzerlös- und Grenzkostenkurve bestimmt.

Einproduktfirmen sind eher Ausnahmen. Ihre Analyse ist aber grundlegend für das Verständnis der Preisbildung, so daß sie hier gesondert und anschaulich behandelt wurden. Dabei wurde auf komplizierte Züge – wie die Werbepolitik – verzichtet. Wir behandeln sie im folgenden Unterabschnitt bei der Mehrproduktfirma.

2. Gewinnmaximierung einer Mehrproduktfirma.[1] *Werbung, Preisdiskriminierung, Produktdifferenzierung.*

a. Einführung

Zerfällt der Absatzmarkt einer Firma aus natürlichen Gründen in mehrere, voneinander getrennte Teilmärkte (z. B. kontinentaler Markt, Überseemarkt) oder kann eine solche Trennung künstlich herbeigeführt werden (z. B. durch sichere Kennzeichnung der Waren, Ausweispflicht der Käufer, Wiederverkaufsverbote u. a.), so ist oft eine Preisdifferenzierung für die Firma von Vorteil. Allerdings muß die Trennung der Märkte wirklich sichergestellt sein, so daß nicht die auf den teureren Markt verwiesenen Abnehmer sich doch „hinten herum" auf dem billigeren Markt eindecken können. Am sichersten schützt hiergegen die räumliche Trennung der Märkte. Die Transport-, Versicherungs- und Zollkosten für die Überführung der Ware aus dem Gebiet mit billigerem Preis in das mit höherem Preis müssen größer sein als die Preisdifferenz der Ware (gerechnet zu Verkaufspreisen in den betreffenden Gebieten), dann ist die Trennung effektiv. Bei Konsumgütern, die im Haushaltsbudget nur einen bescheidenen Posten einnehmen, genügt oft schon eine geringe räumliche Trennung der Verkaufsstellen, um eine Marktspaltung zu erreichen. Z. B. werden dieselben Körperpflegemittel in einem Wohndistrikt der wohlhabenderen Bevölkerungsschicht teurer verkauft als in einem der ärmeren Bevölkerung. Snob appeal und Bequemlichkeit der Reicheren machen hier die Marktspaltung wirksam. Im Beherbergungsgewerbe, bei der Getränke- und Genußmittelindustrie finden sich ähnliche Verhältnisse. Bier in einer Flasche mit Staniolkopf und Etikett, wie es gewöhnlich in „besseren" Restaurants serviert

---

1 Über dieses Gebiet informiert die hervorragende Monographie von *Selten,* Preispolitik der Mehrproduktenunternehmung in der statischen Theorie, Berlin, Heidelberg, New York 1970.

wird, kostet erheblich mehr als genau das gleiche Bier in einer gewöhnlichen Flasche; nur ist letzteres im gleichen Restaurant nicht zu haben.

Da die räumliche Trennung infolge der Transport- und Zollkosten die sicherste Marktspaltung bedeutet, finden sich Preisdiskriminierungen im Außenhandel häufig und zwar wegen der i. a. größeren Nachfrageelastizität auf dem Weltmarkt gegenüber dem Binnenmarkt in der Form eines Preisnachlasses gegenüber dem Ausland. Doch haben sie, wie gesagt, auch auf dem Binnenmarkt ihre Bedeutung. Wenn wir schon mehrere Märkte haben, ist es natürlich, auch gleich mehrere Produkte zu unterscheiden. In diesem Unterabschnitt wird also die Mehrproduktfirma gleich mit behandelt.

b. Die Nachfragefunktion

Wir stellen uns eine Firma vor, die n Produkte herstellt und jedes Produkt auf K Märkten absetzt.[1] Es sei

(2.1.42) $$x_{ik} = x_{ik}(p_{1k}, \dots, p_{nk}, w_{1k}, \dots, w_{nk}), \quad i \in \{1, \dots, n\}, \quad k \in \{1, \dots, K\}$$

die Nachfragefunktion nach Gut i auf dem Markt k. Hierbei sind p_{ik} bzw. w_{ik} der Preis bzw. die Werbeaufwendungen für Gut i auf dem Markt k. Die Menge der möglichen Preise und Werbeaufwendungen sei konvex und beschränkt:

(2.1.42a) $$0 \leqslant p_{ik} \leqslant \bar{p}_{ik} \quad , \quad 0 \leqslant w_{ik} \leqslant \bar{w}_{ik} \, .$$

Die Nachfrage hängt also von den Preisforderungen $p_{1k}, \dots, p_{nk}$ für alle n Produkte auf diesem Markt k ab, dagegen nicht von den Preisen auf anderen Märkten, ebenso von den Werbeaufwendungen $w_{1k}, \dots, w_{nk}$, jeweils in DM, für diese Produkte auf dem Markt k. Wir befassen uns hier nicht mit der optimalen Aufteilung des Werbebudgets w_{ik} auf die einzelnen Werbemedien (Fernsehen, Rundfunk, Zeitungsannoncen usw.) und mit dem Werbeprogramm im einzelnen; wir unterstellen, diese Probleme seien bereits gelöst.[2]

Die Nachfragefunktion (2.1.42) habe die folgenden Eigenschaften. Es sei

(2.1.42b) $$0 \leqslant x_{ik} \leqslant \bar{x}_{ik}$$

für alle Argumente im zulässigen Bereich (2.1.42a). Das bedeutet: die Nachfrage-

---

1 Der Einfachheit halber wählen wir die Bezeichnung so, daß jedes Produkt auf jedem der K Märkte theoretisch absetzbar ist – möglicherweise mit den Mengen Null.

2 Hierfür stehen mehrere Methoden zur Verfügung. Vgl. z. B. *Hilse,* Die Messung des Werbeerfolges, Tübingen 1971; *Fischerkoesen,* Experimentelle Werbeerfolgsprognose, Diss. Bonn 1966; *Balke,* Der Einfluß der Konkurrenzwerbung auf den Werbeerfolg, Diss. Bonn 1971.

menge x_{ik} liegt in einem konvexen und beschränkten Bereich (kann allerdings darin eine nichtkonvexe Menge sein) – eine ökonomisch unproblematische Annahme. Weiter sei:

$$\frac{\partial x_{ik}}{\partial p_{ik}} < 0; \frac{\partial x_{ik}}{\partial w_{ik}} > 0; \frac{\partial^2 x_{ik}}{\partial w_{ik}^2} > 0. \tag{2.1.42c}$$

Eigene Preiserhöhungen verringern also den Absatz des betreffenden Gutes,[1] eigene Werbemaßnahmen erhöhen ihn. Dabei gibt es aber einen abnehmenden Ertragszuwachs der Werbung. Über die anderen Ableitungen ist nichts Allgemeingültiges vorauszusetzen. Güter, für die $\frac{\partial x_{ik}}{\partial p_{jk}} > 0$, heißen preissubstitutiv, solche, für die $\frac{\partial x_{ik}}{\partial p_{jk}} < 0$ gilt, preiskomplementär. Insgesamt, d. h. für alle Ableitungen gemeinsam, lassen sich aber noch weitere Annahmen machen.

Offensichtlich können wir für alle praktisch wichtigen Fälle annehmen,[2] daß die Nachfrage nach einem Gut i auf einem Markt k zurückgeht, wenn *alle* Preise auf diesem Markt in irgendwelchen konstanten Proportionen angehoben und (oder) *alle* Werbeaufwendungen in gewissen Proportionen verringert werden. Damit würde für die Wirkung von Preisänderungen gelten:

$$\frac{dx_{ik}}{dt} = \sum_{j=1}^{n} \frac{\partial x_{ik}}{\partial p_{jk}} \mu_{jk} \frac{dp_{1k}}{dt} < 0, \forall i \in \{1, \ldots, n\} \tag{2.1.42d}$$
$$\forall k \in \{1, \ldots, K\}$$

für $dp_{1k}/dt > 0$, $\mu_{jk} > 0$, t ist als Zeit zu interpretieren, $p_{ik} = p_{ik}(t)$ sind beliebige Funktionen der Zeit. Hierbei ist

$$\frac{dp_{jk}}{dt} = \mu_{jk} \frac{dp_{1k}}{dt} \quad \text{gesetzt.}$$[3]

Für die Wirkung von Werbeänderungen hat man analog

$$\frac{dx_{ik}}{dt} = \sum_{j=1}^{n} \frac{\partial x_{ik}}{\partial w_{jk}} \lambda_{jk} \frac{dw_{1k}}{dt} < 0 \tag{2.1.42e}$$

$$\text{für } \frac{dw_{1k}}{dt} < 0, \lambda_{jk} > 0 \text{ und } \frac{dw_{jk}}{dt} = \lambda_{jk} \frac{dw_{1k}}{dt}$$

---

1 Damit werden stark inferiore Güter, für die das Giffen-Paradoxon zutrifft, ausgeschaltet; vgl. 1. Aufl. dieses Buches, S. 132 und 184. Das ist keine ins Gewicht fallende Einschränkung der Allgemeinheit.

2 Diese Annahme stimmt wieder nicht für so stark inferiore Güter, daß das Giffen-Paradoxon zutrifft.

3 Man kann die μ_j auch als Faktoren interpretieren, die Veränderungen in der Maßeinheit der Produkte Rechnung tragen; vgl. *Selten,* Preispolitik der Mehrproduktenunternehmung . . ., a.a.O., S. 25. Die folgenden Ausführungen über die Eigenschaften der Nachfragefunktion folgen weitgehend den Seltenschen Gedankengängen.

(2.1.42d und e) fordern also, daß es positive Zahlen μ_{jk} und λ_{jk} gibt, so daß

$$(2.1.42f) \qquad \sum_{j=1}^{n} \mu_{jk} \frac{\partial x_{ik}}{\partial p_{jk}} < 0 \text{ und } \sum_{j=1}^{n} \lambda_{jk} \left(- \frac{\partial x_{ik}}{\partial w_{jk}} \right) < 0$$

gilt.

Güter, für die $\partial x_{ik}/\partial p_{jk}$ positiv ist, heißen, wie früher erwähnt, *preissubstitutiv,* solche, für die es negativ ist, *preiskomplementär.* Ersteres ist wohl für die Produkte einer Firma als Regel anzusehen. Güter, für die $\partial x_{ik}/\partial w_{jk}$ negativ ist, sollen *werbesubstitutiv,* solche, für die es positiv ist, *werbekomplementär* genannt werden. Ersteres wird ebenfalls hier als Regel anzusehen sein. Die Ungleichungen (2.1.42f) bleiben, wenn es keine preis- und werbekomplementären Produkte gibt, unverändert, wenn man sie als

$$(2.1.42g) \qquad \sum_{\substack{j=1 \\ j \neq i}}^{n} \mu_{jk} \left| \frac{\partial x_{ik}}{\partial p_{jk}} \right| < \mu_{ik} \left| \frac{\partial x_{ik}}{\partial p_{ik}} \right| \quad \text{bzw.} \quad \sum_{\substack{j=1 \\ j \neq i}}^{n} \lambda_{jk} \left| - \frac{\partial x_{ik}}{\partial w_{jk}} \right| < \lambda_{ik} \left| - \frac{\partial x_{ik}}{\partial w_{ik}} \right|, \quad \forall i \in \{1, \ldots, n\}, \; \forall k \in \{1, \ldots, K\},$$

schreibt; gibt es solche Produkte, so werden sie dadurch verschärft. Gilt (2.1.42g), so sind die Matrizen A_k und B_k mit

$$(2.1.42h) \qquad A_k' := \begin{pmatrix} \frac{\partial x_{1k}}{\partial p_{1k}} & \cdots & \frac{\partial x_{1k}}{\partial p_{nk}} \\ \vdots & & \\ \frac{\partial x_{nk}}{\partial p_{1k}} & \cdots & \frac{\partial x_{nk}}{\partial p_{nk}} \end{pmatrix}, \qquad B_k' := \begin{pmatrix} -\frac{\partial x_{1k}}{\partial w_{1k}} & \cdots & -\frac{\partial x_{1k}}{\partial w_{nk}} \\ \vdots & & \\ -\frac{\partial x_{nk}}{\partial w_{1k}} & \cdots & -\frac{\partial x_{nk}}{\partial w_{nk}} \end{pmatrix}$$

solche mit *überwiegender Diagonale,* und, da alle Elemente der Hauptdiagonale negativ sind, solche mit *„überwiegend negativer Diagonale“.* Für sie gilt,[1] daß die Hauptabschnittsdeterminanten abwechselnd negativ und positiv sind, so daß A_k und B_k, wenn es sich um symmetrische Matrizen handelt, negativ definit sind, und daß, wenn sie den vollen Rang haben, die Nachfragefunktionen (2.1.42) für jeden Markt k bei *gegebenen Werbeaufwendungen* bzw. *bei gegebenen Preisen* eindeutig umkehrbar sind; d.h. es existieren *Preisfunktionen*

---

1 Vgl. hierzu *Selten,* a.a.O., S. 26 ff. und die dort angegebene Literatur. Eine solche Matrix wird auch *Hicks-Matrix* genannt.

(2.1.42i) $p_{ik} = p_{ik}(x_{1k}, \ldots, x_{nk} | w_{1k}, \ldots, w_{nk})$

und *Werbefunktionen*

(2.1.42k) $w_{ik} = w_{ik}(x_{1k}, \ldots, x_{nk} \mid p_{1k}, \ldots, p_{nk})$.

Übrigens kann man in (2.1.42f und g) bei geeigneter Normierung der Mengeneinheiten der Produkte alle μ_{jk} und λ_{jk} Eins setzen, und wir werden das später stets tun. Gilt nämlich (2.1.42f) für bestimmte μ_{jk}, so kann man die Mengeneinheiten so festsetzen, daß

$$x^*_{ik} = \mu_{ik} x_{ik}\,, \text{ also } p^*_{ik} = \frac{1}{\mu_{ik}} p_{ik}\,.$$

Dann ist $\frac{\partial x^*_{ik}}{\partial p^*_{jk}} = \mu_{ik}\mu_{jk} \frac{\partial x_{ik}}{\partial p_{jk}}$. Multipliziert man die erste Ungleichung in (2.1.42f) mit μ_{ik} durch, so sieht man, daß man sie durch $\sum_{j=1}^{n} \frac{\partial x^*_{ik}}{\partial p^*_{jk}} < 0$ ersetzen kann. Das entsprechende gilt für λ_{jk}.

Selten a.a.O. nimmt noch an, daß die Diagonalelemente von A_k' und B_k' auch spaltenweise überwiegen. Das heißt ökonomisch: wird *ein* Preis, z. B. der des Gutes j, auf dem Markt k erhöht, so soll es Wägungsziffern (= Verrechnungspreise) $\pi_{ik} > 0$ geben, so daß der Gesamtabsatz an *allen* Produkten, bewertet zu diesen Wägungsziffern, zurückgeht:

(2.1.42l) $$\sum_{i=1}^{n} \pi_{ik} \frac{\partial x_{ik}}{\partial p_{jk}} \cdot \frac{dp_{jk}}{dt} < 0, \qquad \forall\, j \in \{1, \ldots n\}, \quad \forall\, k \in \{1, \ldots, K\}$$

$$\text{für } \frac{dp_{jk}}{dt} > 0 \text{ und } \pi_{ik} > 0.$$

Analog soll es Wägungsziffern $\rho_{ik} > 0$ geben, so daß dasselbe für die Verringerung einer bestimmten Werbung j zutrifft:

(2.1.42m) $$\sum_{i=1}^{n} \rho_{ik} \frac{\partial x_{ik}}{\partial w_{jk}} \frac{dw_{jk}}{dt} < 0$$

$$\text{für } \frac{dw_{jk}}{dt} < 0, \quad \rho_{ik} > 0.$$

Diese Annahme ist vielleicht nicht so einleuchtend wie die erste, aber auch wohl zu akzeptieren. Damit erhält man die zu (2.1.42g) analogen Beziehungen

$$\sum_{\substack{i=1\\ i\neq j}}^{n} \pi_{ik} \left| \frac{\partial x_{ik}}{\partial p_{jk}} \right| < \pi_{jk} \left| \frac{\partial x_{jk}}{\partial p_{jk}} \right|$$

(2.1.42m) bzw.

$$\sum_{\substack{i=1\\i\neq j}}^{n} \rho_{ik} \left| -\frac{\partial x_{ik}}{\partial w_{jk}} \right| < \rho_{jk} \left| -\frac{\partial x_{jk}}{\partial w_{jk}} \right|.$$

Selten fordert sowohl (2.1.42g) als auch (2.1.42n), allerdings nur für die Preise, da er die Werbung nicht betrachtet; darüber hinaus sollen die Wägungsziffern π_{jk} mit den Proportionalitätsfaktoren μ_{jk} übereinstimmen. Somit:

$$\text{(2.1.42o)} \quad \sum_{\substack{j=1\\j\neq i}}^{n} \mu_{jk} \frac{1}{2} \left(\left| \frac{\partial x_{ik}}{\partial p_{jk}} \right| + \left| \frac{\partial x_{jk}}{\partial p_{ik}} \right| \right) < \mu_{ik} \left| \frac{\partial x_{ik}}{\partial p_{ik}} \right|.$$

$$\text{für } \mu_{jk} = \pi_{jk}.$$

Selten nennt dies „Überwiegen der unmittelbaren Preiswirkungen". Das ist natürlich schärfer als (2.1.42g) allein. Wir werden später nur die Bedingungen (2.1.42g) mit $\mu_{jk} = 1$ benötigen.

Wir definieren den *Gesamtabsatz* x_i (zugleich die Gesamtproduktion) des Gutes i durch:

$$\text{(2.1.43)} \quad x_i = \sum_{k=1}^{K} x_{ik}, \quad i \in \{1, \ldots, n\}.$$

c. Die Kostenfunktion

Die variablen *Produktionskosten* K seien in einer *neoklassischen Kostenfunktion* darstellbar:

$$\text{(2.1.44)} \quad K = K(x_1, \ldots, x_n) \text{ mit } \frac{\partial K}{\partial x_i} > 0, \frac{\partial^2 K}{\partial x_i^2} > 0.$$

Über die gemischten Ableitungen $\partial^2 K/\partial x_i \partial x_j$ kann man nichts Allgemeingültiges voraussetzen. Selten[1] nennt Güter i und j, für die $\partial^2 K/\partial x_i \partial x_j > 0$ gilt, *kostensubstitutional,* solche, für die $\partial^2 K/\partial x_i \partial x_j < 0$ gilt, *kostenkomplementär,* während bei $\partial^2 K/\partial x_i \partial x_j = 0$ die Kosten *unverbunden* sind. Gilt $\geqslant$ statt $>$ bzw. $\leqslant$ statt $<$, so heißen die Güter *schwach* kostensubstitutional bzw. – komplementär.

Es ist vernünftig anzunehmen, daß die gemischten zweiten Ableitungen im Absolutwert kleiner sind als die nicht gemischten:

$$\text{(2.1.44a)} \quad \left| \frac{\partial^2 K}{\partial x_i \partial x_j} \right| < \frac{\partial^2 K}{\partial x_i^2}, \forall\, i, j \in \{1, \ldots, n\}, i \neq j.$$

Wenn man auch über die Vorzeichen der gemischten Ableitungen generell nichts weiß, so läßt sich doch noch die Voraussetzung verantworten, daß die *Kostenfunk-*

1 *Selten,* Preispolitik der Mehrproduktenunternehmung . . . , a.a.O. S. 41.

tion konvex ist. Das ist nämlich für zwei Produkte bei Geltung von (2.1.44a) richtig,[1] und eine Verallgemeinerung auf n Produkte liegt nahe.

Die *Transportkosten* T_{ik} des Gutes i von der Produktionsstätte zum Markt k seien pro Gutseinheit $t_{ik} \geqslant 0$ für alle Gütermengen der Art i, also

(2.1.45) $$T_{ik} = t_{ik}x_{ik}$$

Die *Werbekosten* W sind

(2.1.46) $$W = \sum_{i=1}^{n} \sum_{k=1}^{K} w_{ik},$$

und die *fixen Kosten* seien $\bar{K}$.

Die Firma treibe *Preis- und Werbepolitik* auf allen Märkten.

d. Gewinn, Erlös, Extremalbedingungen 1. Ordnung

Der *Gewinn Q* der Firma ist dann

(2.1.47) $$Q = \sum_{i=1}^{n} \sum_{k=1}^{K} x_{ik}(p_{1k}, \ldots, p_{nk}, w_{1k}, \ldots, w_{nk}) \cdot p_{ik} - K(x_1(\cdot), \ldots, x_n(\cdot)) - \sum_{i=1}^{n} \sum_{k=1}^{K} [t_{ik}x_{ik}(\cdot) + w_{ik}] - \bar{K}$$

Hierbei ist der *Erlös E:*

(2.1.48) $$E = \sum_{i=1}^{n} \sum_{k=1}^{K} x_{ik}(p_{1k}, \ldots, p_{nk}, w_{1k}, \ldots, w_{nk}) \cdot p_{ik},$$

die Produktions- und Transportkosten K^R sind

(2.1.49a) $$K^R = K(x_1(\cdot), \ldots, x_n(\cdot)) + \sum_{i=1}^{n} \sum_{k=1}^{K} t_{ik}x_{ik}(\cdot) + \bar{K},$$

und die Werbekosten K^W sind

(2.1.49b) $$K^W = \sum_{i=1}^{n} \sum_{k=1}^{K} w_{ik}$$

Wenn wir voraussetzen, daß die *Erlösfunktion konkav* ist (was allerdings nicht aus den Ausnahmen (2.1.42a–g) über die Nachfragefunktion folgt; es dürfen z. B. auch keine „doppelt geknickten" Nachfragefunktionen nach Fig. 2.1.1a vorkommen), wenn wir voraussetzen, daß die *Transport- und Werbekostenfunktion* $\Sigma \Sigma\, t_{ik}x_{ik}(\cdot) + w_{ik}$ *konvex* ist (was aber nicht aus (2.1.42c) folgt), so wäre wegen der *Kosten-*

1 Es ist nämlich nach (2.1.44 und 44a) für $i,j \in \{1,2\}$ $$\begin{vmatrix} \frac{\partial^2 K}{\partial x_1^2} & \frac{\partial^2 K}{\partial x_1 \partial x_2} \\ \frac{\partial^2 K}{\partial x_2 \partial x_1} & \frac{\partial^2 K}{\partial x_2^2} \end{vmatrix} > 0.$$

konvexität die Gewinnfunktion Q eine konkave Funktion.[1] Das wird auch in vielen Fällen, aber nicht immer, zutreffen. Dann ist ein lokales Maximum der Gewinnfunktion zugleich das globale.

Die Firma will nun ihren Gewinn maximieren; ihre Aktionsparameter sind alle Preise p_{ik} und alle Werbeaufwendungen w_{ik}, $i \in \{1, \ldots, n\}$, $k \in \{1, \ldots, K\}$.

Notwendige und, wenn Q konkav ist, hinreichende Bedingungen für das Gewinnmaximum sind, Existenz vorausgesetzt:

$$(2.1.50) \qquad \frac{\partial Q}{\partial p_{ik}} = x_{ik} + \sum_{j=1}^{n} [p_{jk} - \frac{\partial K}{\partial x_j} - t_{jk}] \frac{\partial x_{jk}}{\partial p_{ik}} = 0$$

und

$$(2.1.51) \qquad \frac{\partial Q}{\partial w_{ik}} = \sum_{j=1}^{n} [p_{jk} - \frac{\partial K}{\partial x_j} - t_{jk}] \frac{\partial x_{jk}}{\partial w_{ik}} - 1 = 0,$$

$$\forall i \in \{1, \ldots, n\}, \quad \forall k \in \{1, \ldots, K\}.$$

In Matrizenschreibweise ist dies

$$(2.1.50a) \qquad x_k + A_k g_k = 0$$

$$(2.1.51a) \qquad B_k g_k = -1$$

mit A_k und B_k gemäß (2.1.42h), $x_k' = (x_{1k}, \ldots, x_{nk})$, $g_k' = (g_{1k}, \ldots, g_{nk})$ mit $g_{ik} = p_{ik} - \frac{\partial K}{\partial x_i} - t_{ik}$, $i \in \{1, \ldots, n\}$, O und –1 Spaltenvektoren mit soviel Komponenten O bzw. –1, wie jeweils benötigt. Die Gleichungen lassen sich natürlich auch anders schreiben[2] und im übrigen mit Hilfe des Begriffs des Nettoerlöses leicht interpretieren.

---

1 ***Selten,*** Preispolitik der Mehrproduktenunternehmung. . . , a.a.O., S. 44, zeigt, daß Q am Gewinnmaximum genau dann eine konkave Funktion in den $p_{1k}, \ldots, p_{nk}$ ist, wenn es auch eine konkave Funktion in den $x_{1k}, \ldots, x_{nk}$ ist.

2 Z. B. folgt aus (2.1.50) nach Division durch

$$\frac{\partial x_{ik}}{\partial p_{ik}} \neq 0: \quad (2.1.50b) \qquad x_{ik} \Big/ \frac{\partial x_{ik}}{\partial p_{ik}} + g_{ik} + \sum_{\substack{j=1 \\ j \neq i}}^{n} g_{jk} \frac{\partial x_{jk}}{\partial p_{ik}} \Big/ \frac{\partial x_{ik}}{\partial p_{ik}} = 0.$$

Dies legt nahe, nach den ***Optimalitätsbedingungen bei Mengenpolitik*** statt bei Preispolitik zu fragen. Sie stimmen hier wegen der eindeutigen Umkehrbarkeit der Nachfragebeziehungen (vgl. 2.1.42i) mit denen bei Preispolitik überein. Hält man die Werbung fest, so wird nämlich jetzt

$$Q = \sum_{i=1}^{n} \sum_{k=1}^{K} x_{ik} \cdot p_{ik} (x_{1k}, \ldots, x_{nk} \mid w_{1k}, \ldots, w_{nk}) - K(x_1, \ldots, x_n) -$$

$$\sum_{i=1}^{n} \sum_{k=1}^{K} [t_{ik} x_{ik} + w_{ik}] - \bar{K},$$

Der *Nettoerlös* E^{netto} ist

(2.1.52) $$E^{netto} = E - K^R.$$

Dann lassen sich die Bedingungen (2.1.50) und (2.1.51) schreiben:

(2.1.53) $$\frac{\partial E}{\partial p_{ik}} = \frac{\partial K^R}{\partial p_{ik}}$$ und (2.1.54) $$\frac{\partial E^{netto}}{\partial w_{ik}} = \frac{\partial K^w}{\partial w_{ik}} = 1$$

Der Grenzerlös mit Bezug auf den Preis p_{ik} (d.h. die Erlösänderung, wenn der Preis p_{ik} um eine (kleine) Einheit erhöht wird) muß also nach (2.1.53) gleich den Produktions- und Transport-Grenzkosten in Bezug auf diesen Preis sein (d.h. gleich der Kostenänderung, die durch die von der Preisänderung induzierte Produktionsänderung veranlaßt ist). Nach (2.1.54) muß der Netto-Grenzerlös der Werbung w_{ik} gleich den Grenzkosten der Werbung bezüglich der Werbeausgaben w_{ik} und dies für alle i und k gleich 1 sein.

Aus (2.1.54) können wir, da die rechte Seite unabhängig von i und k ist, schließen:

Der Netto-Grenzerlös der Werbung muß für alle Produkte und für alle Märkte gleich sein; andernfalls würde eine Reallokation der Werbung den gesamten Nettoerlös noch vergrößern können, so daß das Gewinnmaximum noch nicht erreicht wäre.

(2.1.50 und 51) sind 2nK Gleichungen, die genügen können, um die 2nK unbekannten Preise p_{ik} und Werbeaufwendungen w_{ik} zu bestimmen. Hierbei müssen die *Randbedingungen* (2.1.42a und b) sowie die *Nicht-Arbitrage-Bedingungen*

(2.1.55) $$t_{ikk'} \geqslant p_{ik'} - p_{ik} \geqslant 0, \forall\, k,k' \in \{1, \ldots, K\}, \; k \neq k',$$
$$k' \leftrightarrow p_{ik'} \geqslant p_{ik}$$

erfüllt sein. In (2.1.55) bedeutet $t_{ikk'}$ die Transferkosten einer Einheit des Gutes i vom Markt k zum Markt k'. Ein Preisunterschied $p_{ik'} - p_{ik} \geqslant 0$ des Gutes i vom Markt k' zum Markt k würde eine Arbitrage des Gutes vom billigeren Markt k zum teureren Markt k' hervorrufen, falls die Transferkosten von k zu k' nicht größer sind als dieser Preisunterschied. Erhält man eindeutige Werte für die w_{ik} und p_{ik} und sind (2.1.42a und b) und (2.1.55) erfüllt, so ist damit die Lösung des Problems erreicht. Sind die Bedingungen (2.1.42a oder b) oder (2.1.55) verletzt oder sind die Lösungen nicht eindeutig, muß man einen Programmierungs-

---

und die Marginalbedingungen erster Ordnung sind

(2.1.50c) $$\frac{\partial Q}{\partial x_{ik}} = p_{ik} - \frac{\partial K}{\partial x_i} - t_{ik} + \sum_{j=1}^{n} x_{jk} \frac{\partial p_{jk}}{\partial x_{ik}} = 0.$$

Das gleiche ergibt sich wegen $A_k \neq 0$ aus (2.1.50a) : $g_k = - A_k^{-1} x_k$.

ansatz wählen, nämlich diese Nebenbedingungen explizit einführen (wir zeigen dies unten für Walras-Leontief-Produktions-Funktionen) bzw. das globale Maximum zu erhalten suchen (was u. U. nicht leicht ist).

Die Bedingung (2.1.50) kann noch anders interpretiert werden, so daß die *optimale Preisdiskriminierung,* d. h. die unterschiedlichen Preise desselben Gutes auf verschiedenen Märkten, deutlicher wird.

Der Ausdruck in eckigen Klammern in (2.1.50)

$$(2.1.55a) \qquad g_{jk} := p_{jk} - \frac{\partial K}{\partial x_j} - t_{jk}$$

ist der *Netto-Stückerlös* von Gut j auf Markt k (unter Ausschluß der Werbekosten). Damit gibt

$$g_{jk} \frac{\partial x_{jk}}{\partial p_{ik}}$$

die Bewertung der Folgen einer Preissteigerung des Gutes i um eine (kleine) Einheit auf dem Markt k mit Bezug auf das auf dem gleichen Markt abgesetzte Gut j an, wobei eben der Netto-Stückerlös als Bewertungsgrundlage dient. Wir nennen dies die *Nettowirkung einer Preisänderung des Gutes i* auf den Erlös aus dem Absatz des Gutes j, jeweils am Markt k, oder kurz: die *Nettoerlöswirkung* auf Gut j im Markt k. Summiert man über alle j, so erhält man also die *gesamte Nettoerlöswirkung* einer Preisänderung des Gutes i auf dem Markt k, oder kurz: die *Grenz-Nettoerlöswirkung* $\eta(p_{ik})$ des Preises:

$$(2.1.56) \qquad \eta(p_{ik}) := - \sum_{j=1}^{n} g_{jk} \frac{\partial x_{jk}}{\partial p_{ik}} \quad .$$

Aus (2.1.50) erhält man dann:

$$(2.1.57) \qquad \frac{x_{ik}}{x_{jk'}} = \frac{\eta(p_{ik})}{\eta(p_{jk'})} \quad , \quad \forall\, i, j \in \{1, \ldots, n\}; k, k' \in \{1, \ldots, K\};$$

die Absatzmengen der Güter i und j auf den Märkten k und k' verhalten sich wie die Grenz-Nettoerlöswirkungen der Preise.

Den Begriff der *Grenz-Nettoerlöswirkung* $\eta(p_{ik})$ *der Preise* kann man sich noch wie folgt veranschaulichen. Die *Preiselastizität der Nachfrage* auf dem Markt k ist definiert durch:

$$(2.1.58a) \qquad \epsilon_{jik} := \begin{cases} -\dfrac{\partial x_{jk}}{\partial p_{ik}} \cdot \dfrac{p_{ik}}{x_{jk}} \text{, für } i = j \text{ (Preiselastizität)} \\[2ex] \dfrac{\partial x_{jk}}{\partial p_{ik}} \dfrac{p_{ik}}{x_{jk}} \text{, für } i \neq j \text{ (Kreuz-Preiselastizität)} \end{cases}$$

der *Lernersche Monopolgrad* durch

$$(2.1.58b) \qquad \mu_{jk} := \frac{g_{jk}}{p_{jk}} \; .$$

Damit wird nach (2.1.56):

$$(2.1.59) \qquad \eta(p_{ik}) = \mu_{ik} x_{ik} \epsilon_{iik} + \frac{1}{p_{ik}} \sum_{\substack{j=1 \\ j \neq i}}^{n} \mu_{jk} p_{jk} x_{jk} \epsilon_{jik} \; .$$

Die *Grenz-Nettoerlöswirkung* der Preise setzt sich also aus zwei Termen zusammen. Der erste ist, wie man durch Vergleich mit (2.1.27) sieht, am Gewinnmaximum gleich der Absatzmenge x_{ik} beim Einproduktmonopol, der zweite Term ist ein Korrekturfaktor, der die Abweichung der Absatzmenge von dieser „Norm" angibt. Die Abweichung ist positiv und umso größer, je kleiner der Preis p_{ik}, je größer die Monopolgrade μ_{jk} bei den übrigen Gütern, je mehr bei ihnen die preissubstitutiven Güterarten, für die $\epsilon_{jik} > 0$ ist, überwiegen gegenüber den preiskomplementären (mit $\epsilon_{jik} < 0$) und je höher deren Umsatz $p_{jk}x_{jk}$ ist. Das ist ebenfalls intuitiv einsichtig. – Aus (2.1.50 und 56) sieht man, daß am Gewinnmaximum die angebotene Menge x_{ik} gerade gleich der Grenz-Nettoerlöswirkung $\eta(p_{ik})$ einer (kleinen) Preisänderung sein muß.

Definiert man analog eine *Grenz-Nettoerlöswirkung* $\vartheta(w_{ik})$ *der Werbung* durch:

$$(2.1.60) \qquad \vartheta(w_{ik}) := \sum_{j=1}^{n} g_{jk} \frac{\partial x_{jk}}{\partial w_{ik}} \; ,$$

so läßt sich die Optimalitätsbedingung (2.1.51) für die Werbung wie folgt schreiben:

$$(2.1.61) \qquad \vartheta(w_{ik}) = \vartheta(w_{jk'}) = 1 \; , \; \forall\, i, j \in \{1, \ldots, n\}; \; k, k' \in \{1, \ldots, K\}$$

Die Werbeaufwendungen sind so auf die Produkte und Märkte zu verteilen, daß ihre Grenz-Nettoerlöswirkungen überall gleich und gleich Eins sind, d. h. daß sie genau die Werbekosten wieder hereinbringen.

Definiert man die *Werbeelastizität* durch

$$(2.1.62) \qquad \delta_{jik} := \frac{\partial x_{jk}}{\partial w_{ik}} \cdot \frac{w_{ik}}{x_{jk}} \; ,$$

so erhält man aus (2.1.51) nach Durchmultiplikation mit w_{ik} mit Hilfe von (2.1.58b):

$$(2.1.63) \qquad w_{ik} = \sum_{j=1}^{n} \mu_{jk} \delta_{jik} p_{jk} x_{jk}$$

Der optimale Werbeaufwand für Gut i auf Markt k ist gleich der Summe seiner Werbewirkungen bei allen Produkten. Jede Werbewirkung ist proportional dem Erlös $p_{jk}x_{jk}$ *aus dem Absatz dieses Produktes. Der Proportionalitätsfaktor ist das Produkt von Monopolgrad* μ_{jk} *und Werbeelastizität* δ_{jik}.

Aus (2.1.63) läßt sich auch w_{ik}/w_{jk} bestimmen, analog zu (2.1.57).

1. Vereinfachung. Niehans-Formel. Edgeworth-Paradoxon

Betrachten wir nur die *Verhältnisse auf einem Markt*, so können wir den Index k fortlassen. Mit Hilfe der *Preiselastizität der Nachfrage*

$$(2.1.64) \qquad \epsilon_{ji} := \begin{cases} -\dfrac{dx_j}{dp_i} \cdot \dfrac{p_i}{x_j} & \text{für } i = j \text{ (Preiselastizität)} \\[2ex] \dfrac{dx_j}{dp_i} \cdot \dfrac{p_i}{x_j} & \text{für } i \neq j \text{ (Kreuz-Preiselastizität)} \end{cases}$$

läßt sich der optimale Preis p_i nach (2.1.50) wie folgt ausdrücken. Aus (2.1.64) hat man $p_i \frac{\partial x_j}{\partial p_i} = - x_j \epsilon_{ji}$. Multipliziert man (2.1.50) mit p_i durch und löst nach p_i, so erhält man jetzt[1] für $\epsilon_{ii} \neq 1$:

$$(2.1.65) \qquad p_i = \frac{\partial K/\partial x_i + t_i}{1 - 1/\epsilon_{ii}} + \frac{1}{x_i (1 - \epsilon_{ii})} \sum_{\substack{j=1 \\ j \neq i}}^{n} [p_j - \frac{\partial K}{\partial x_j} - t_j] \, x_j \epsilon_{ji}$$

Diese sogenannte *Niehans-Formel*[2] besteht aus zwei Ausdrücken auf der rechten Seite. Läßt man den zweiten Ausdruck weg, so steht in (2.1.65) nach der Amoroso-Robinson-Relation:[3]

$$(2.1.66) \qquad E_i'(x_i) = K_i^{R\,\prime}(x_i)$$

$$\text{mit } K_i^{R\,\prime}(x_i) = \frac{\partial K}{\partial x_i} + t_i \text{, vgl. (2.1.49 und 52)}$$

Da dies die Bedingung für das Gewinnmaximum ist, besagt also der *erste Teil* von (2.1.65), daß der Preis in erster Näherung so gewählt werden sollte, als ob ein Einproduktmonopol bestünde. Dann kommt allerdings noch ein Korrekturfaktor in Gestalt des zweiten Summanden auf der rechten Seite von (2.1.65) hinzu, der die gegenseitige Nachfragebeeinflussung der Güter berücksichtigt. Er ist umso größer, je näher die Preiselastizität der Nachfrage nach dem Gut i bei Eins liegt, je stärker die Preise aller übrigen Güter über den Grenzkosten liegen, je mehr von ihnen

---

1 Aus (2.1.50) hat man zunächst

$$x_i p_i (1 - \epsilon_{ii}) = -(\frac{\partial K}{\partial x_i} + t_i) \, \epsilon_{ii} x_i + \sum_{\substack{j=1 \\ j \neq i}}^{n} [p_j - \frac{\partial K}{\partial x_j} - t_j] \, \epsilon_{ji} x_j,$$

woraus nach Division mit $x_i (1 - \epsilon_{ii})$ und Umwandlung die Niehans-Formel folgt.

2 *Niehans*, Preistheoretischer Leitfaden für Verkehrswirtschaftler, in: Schweiz. Archiv f. Verkehrswissenschaft und Verkehrspolitik, 11 (1956), S. 293–320; Bezeichnung nach *Selten*, Preispolitik der Mehrproduktenunternehmung . . . , a.a.O., S. 48.

3 Vgl. (2.1.24).

abgesetzt wird und je größer die Kreuzpreiselastizitäten der Nachfrage sind. Das ist intuitiv einsichtig.

Für die optimale Werbung ergibt sich nach (2.1.63):

$$(2.1.67) \qquad w_i = \sum_{j=1}^{n} \mu_j \delta_{ji} p_j x_j \ ,$$

was wie bei (2.1.63) zu interpretieren ist. Auch hier ist die optimale Werbung also gleich der Summe bestimmter Umsatzanteile aller Produkte.

Edgeworth[1] hat zuerst auf ein Phänomen aufmerksam gemacht, das kürzlich von Selten[2] ausführlich behandelt wurde. Im Gegensatz zur Einproduktunternehmung können bei der Mehrproduktunternehmung auch dann, *wenn die Gewinnfunktion (2.1.47) streng konkav ist und die unmittelbaren Preiswirkungen negativ sind und überwiegen im Sinne von (2.1.42o), die optimalen Preise aller Produkte sinken,* wenn eine zur Produktion eines Produktes proportionale Steuer aufgelegt wird. Allerdings nimmt auch die Produktionsmenge zumindest des Gutes ab, das mit der Steuer belastet wurde.

Da wir uns hier nicht mit Steuerwirkungen befassen, soll auf dieses *Edgeworth-Paradoxon* nur kurz eingegangen werden.

Der Gewinn Q vor der Steuer in (2.1.47) sei eine streng konkave Funktion in den $p_1, \ldots, p_n$ (die Werbung wird als konstant betrachtet) und die Matrix $\left(\frac{\partial^2 Q}{\partial p_i \partial p_j}\right)$ der zweiten Ableitungen sei negativ definit. Der Gewinn nach der Steuer sei $Q^* = Q - t_s x_s$, $s \in \{1, \ldots, n\}$, wenn auf das Produkt s eine Stücksteuer t_s aufgelegt wird. Die optimalen Preise sind jetzt durch das System

$$(2.1.68) \qquad \frac{\partial Q^*}{\partial p_i} = \frac{\partial Q}{\partial p_i} - t_s \frac{\partial x_s}{\partial p_i} = 0, \qquad \forall\, i \in \{1, \ldots, n\}$$

bestimmt. Die Lösung sind die optimalen Preise als Funktion von t_s:

$$(2.1.69) \qquad p_i = p_i\,(t_s)$$

(2.1.68) muß für alle t_s gelten, d.h. $\frac{\partial^2 Q^*}{\partial t_s \partial p_i} = 0$ bei Berücksichtigung von (2.1.69):

$$(2.1.70) \qquad \frac{\partial^2 Q^*}{\partial t_s \partial p_i} = \sum_{j=1}^{n} \frac{\partial^2 Q}{\partial p_i \partial p_j} \frac{dp_j}{dt_s} - \frac{dx_s}{dp_i} - t_s \sum_{j=1}^{n} \frac{\partial x_s}{\partial p_i \partial p_j} \frac{dp_j}{dt_s} = 0.$$

Der Einfachheit halber betrachten wir die Ausgangssituation, wo zuerst *keine* Stücksteuer bestand: $t_s = 0$. Dann schreibt sich (2.1.70):

---

1 *Edgeworth,* Theory of Monopoly, in: Papers Relating to Political Economy, Vol. I, London 1925, S. 111 ff., insbesondere S. 132.

2 *Selten,* Preispolitik der Mehrproduktenunternehmung . . . , a.a.O., S. 71 ff. Die folgenden Ausführungen hierzu folgen *Selten.* Weitere Einzelheiten sind dort nachzulesen.

(2.1.71) $$C \frac{dp}{dt_s} = \frac{dx_s}{dp} \text{ mit } C = \begin{pmatrix} \frac{\partial^2 Q}{\partial p_1^2} & \cdots & \frac{\partial^2 Q}{\partial p_1 \partial p_n} \\ \vdots & & \\ \frac{\partial^2 Q}{\partial p_n \partial p_1} & \cdots & \frac{\partial^2 Q}{\partial p_n^2} \end{pmatrix};$$

$$\frac{dp}{dt_s} = \begin{pmatrix} \frac{dp_1}{dt_s} \\ \vdots \\ \frac{dp_n}{dt_s} \end{pmatrix}; \quad \frac{dx_s}{dp} = \begin{pmatrix} \frac{\partial x_s}{\partial p_1} \\ \\ \frac{\partial x_s}{\partial p_n} \end{pmatrix}.$$

Da C negativ definit sein soll, ist

(2.1.72) $$\left(\frac{dp}{dt_s}\right)' C \frac{dp}{dt_s} < 0$$

für alle $\frac{dp}{dt_s} \neq 0$. Aus (2.1.71) folgt:

(2.1.73) $$\left(\frac{dp}{dt_s}\right)' C \frac{dp}{dt_s} = \left(\frac{dp}{dt_s}\right)' \frac{dx_s}{dp} .$$

Da links ein negativer Wert steht, können *alle* $\frac{dp_i}{dt_s}$ rechts negativ sein, solange nur zumindest *ein* $\frac{\partial x_s}{\partial p_i}$ positiv ist ($\frac{\partial x_s}{\partial p_s} < 0$ nach Voraussetzung), $i, s \in \{1, \ldots, n\}$.

2. Vereinfachung

Um zu noch einfacher zu interpretierenden Beziehungen zu kommen, die die *Preisdiskriminierung auf verschiedenen Märkten* beschreiben, müssen wir den *Ansatz vereinfachen.*

Anstelle der Nachfragefunktionen (2.1.42) legen wir jetzt die *Nachfragefunktion*

(2.1.74) $$x_{ik} = x_{ik}(p_{ik}, w_{ik})$$

$$\text{mit } \frac{\partial x_{ik}}{\partial p_{ik}} < 0, \quad \frac{\partial x_{ik}}{\partial w_{ik}} > 0, \quad \frac{\partial^2 x_{ik}}{\partial w_{ik}^2} < 0, \quad i \in \{1, \ldots, n\},$$
$$k \in \{1, \ldots, K\},$$

zugrunde, d. h. wir nehmen an, daß nur Preis und Werbung für das Gut i einen Einfluß auf den Absatz des Gutes i auf dem Markt k haben. Die notwendigen Bedingungen für das Gewinnmaximum sind dann anstelle von (2.1.50) und (2.1.51):[1]

1 Existenz und Eindeutigkeit des Maximums werden stets vorausgesetzt.

(2.1.75) $$\frac{\partial Q}{\partial p_{ik}} = x_{ik} + [p_{ik} - \frac{\partial K}{\partial x_i} - t_{ik}] \frac{\partial x_{ik}}{\partial p_{ik}} = 0$$

und

(2.1.76) $$\frac{\partial Q}{\partial w_{ik}} = [p_{ik} - \frac{\partial K}{\partial x_i} - t_{ik}] \frac{\partial x_{ik}}{\partial w_{ik}} - 1 = 0, \ \forall i \in \{1, \ldots, n\}, \ \forall k \in \{1, \ldots, K\}.$$

Dividiert man (2.1.75) durch $\frac{\partial x_{ik}}{\partial p_{ik}} < 0$, so erhält man

(2.1.77) $$p_{ik} + x_{ik} / \frac{\partial x_{ik}}{\partial p_{ik}} - t_{ik} = \frac{\partial K}{\partial x_i}.$$

Links steht hier der Grenzerlös nach Abzug der Grenz-Transportkosten mit Bezug auf den Preis des Gutes i auf Markt k, dividiert durch die Änderung des Absatzes des Gutes i bei Preiserhöhung dieses Gutes um eine (kleine) Einheit:

(2.1.78) $$\frac{d}{dp_{ik}} (E - T_{ik}) / \frac{\partial x_{ik}}{\partial p_{ik}} = p_{ik} + x_{ik} / \frac{\partial x_{ik}}{\partial p_{ik}} - t_{ik},$$

was wir als *Grenzerlös* (nach Abzug der Transportkosten) mit Bezug auf die Absatzmenge des Gutes i auf dem Markt k interpretieren können. Halten wir nämlich die Werbung fest, so ist

$$1 / \frac{\partial x_{ik}}{\partial p_{ik}} = \frac{\partial p_{ik}}{\partial x_{ik}}$$

die Ableitung der inversen Funktion $p_{ik} = p_{ik} (x_{ik}/w_{ik})$, die wegen (2.1.42i) existiert.

Mit $E_{ik} (x_{ik}) = x_{ik} \cdot p_{ik} (x_{ik}|w_{ik})$ läßt sich (2.1.77) schreiben als

(2.1.78a) $$E'_{ik} (x_{ik}) - t_{ik} = \frac{\partial K}{\partial x_i}.$$

Da die rechte Seite von (2.1.77) bzw. (2.1.78a) unabhängig von k ist, haben wir das *Ergebnis:*

Am Gewinnmaximum müssen die Grenzerlöse (nach Abzug der Transportkosten) jedes Gutes i mit Bezug auf die Absatzmenge auf allen Märkten gleich sein.
Somit:

(2.1.78b) $$E'_{ik} (x_{ik}) - t_{ik} = E'_{ik'} (x_{ik'}) - t_{ik'} = \frac{\partial K}{\partial x_i};$$

die Mehrlieferung einer Einheit des Gutes i muß nach Abzug der Transportkosten also auf allen Märkten die gleiche Erlösänderung bewirken.

Eine graphische Veranschaulichung von (2.1.78a) für den Fall zweier Märkte und eines Gutes ohne Transportkosten ist leicht möglich.

Fig. 2.1.79

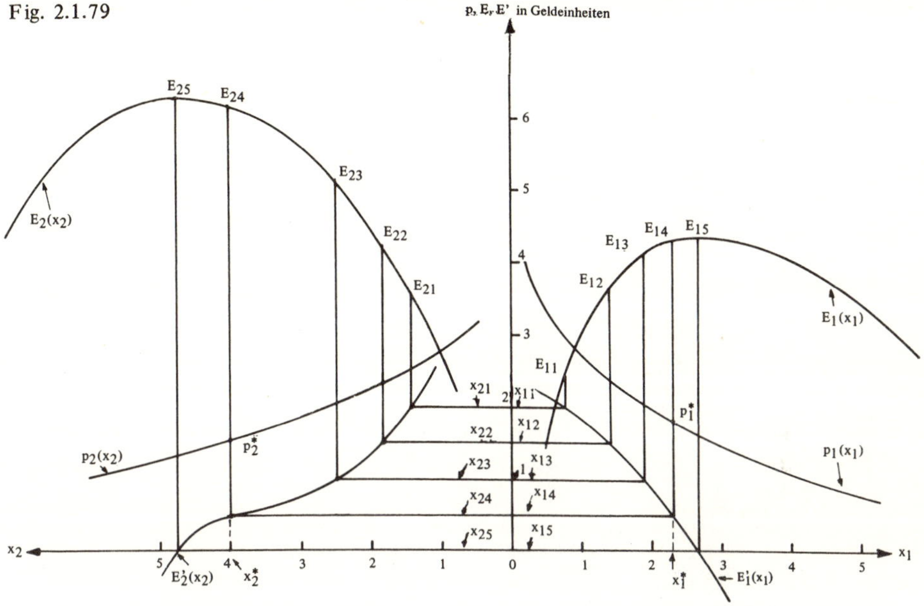

In *Fig. 2.1.79* ist auf der Ordinate nach rechts die Nachfrage x_1 auf dem Markt 1, nach links die Nachfrage x_2 auf dem Markt 2 abgetragen. Die gemeinsame Ordinate mißt die Preise und Erlöse, jeweils in DM. In den beiden Quadranten sind die inversen Nachfragefunktionen auf den beiden Märkten, $p_1(x_1)$ und $p_2(x_2)$, sowie die Erlösfunktionen $E_1(x_1)$ und $E_2(x_2)$ und die Grenzerlösfunktionen $E_1'(x_1)$ und $E_2'(x_2)$ eingetragen. Es werden nun die Erlöse E_1 und E_2 bestimmt, für die die Grenzerlöse gleich sind. Hierzu ziehen wir von der Ordinate aus waagerechte Geraden nach rechts und links, bis sie auf die Grenzerlöskurven treffen. Der waagerechte Abstand der Grenzerlöskurven gibt die Gesamtproduktionsmengen x_1 und x_2 an, für die die Grenzerlöse gleich sind. Lotet man von diesen Endpunkten auf die Erlöskurven hinauf, erhält man die Erlöse E_1 und E_2, für die bei der Gesamtproduktionsmenge x_1 und x_2 die Grenzerlöse gleich sind. Addiert man diese Erlöse $E_1 + E_2$ und trägt sie als Funktion von $x_1 + x_2$ in ein Koordinatensystem gemäß *Fig. 2.1.80* auf, so ist im Verein mit der Kostenkurve $K(x_1 + x_2)$ der Punkt des Gewinnmaximums in der üblichen Weise unmittelbar abzuleiten. In Fig. 2.1.80 liegt er bei $E_{14} + E_{24}$; die Gesamtproduktionsmenge ist dort $x_1^* + x_2^* = 6{,}3$. Für E_{14} und E_{24} lesen wir in Fig. 2.1.79 $x_2^* = 4$ und $x_1^* = 2{,}3$ sowie an den Nachfragekurven $p_2^* = 1{,}5$ und $p_1^* = 1{,}85$ ab. Damit ist das Problem graphisch gelöst.

Ebenso lassen sich jetzt die *Preisrelationen* eines Gutes i auf verschiedenen Märkten einfach bestimmen. Die Preiselastizität der Nachfrage ϵ_{ik} des Gutes i auf dem Markt k ist definiert

(2.1.81) $$\epsilon_{ik} = -\frac{\partial x_{ik}}{\partial p_{ik}} \cdot \frac{p_{ik}}{x_{ik}} .$$

Fig. 2.1.80

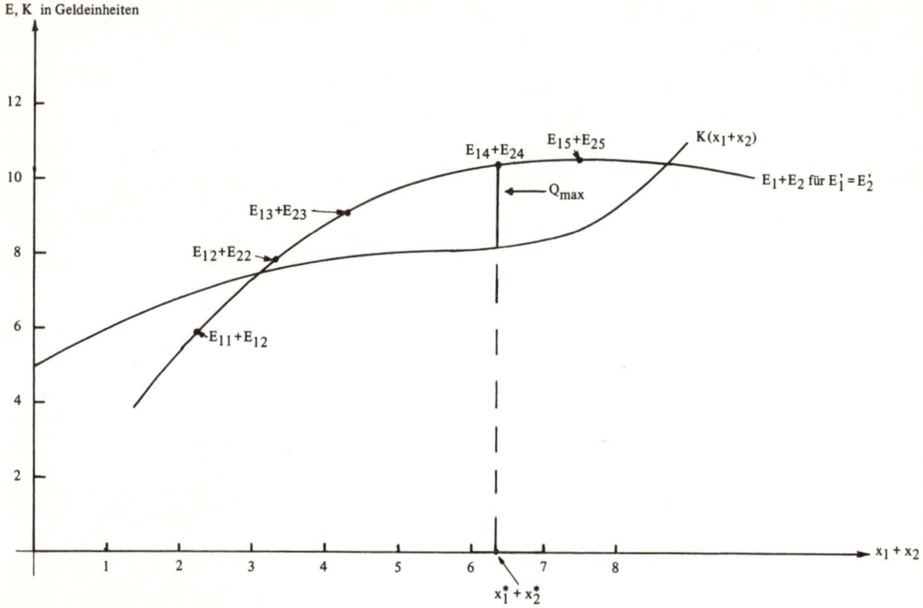

Damit schreibt sich (2.1.77)

$$(2.1.82) \qquad p_{ik} - \frac{p_{ik}}{\epsilon_{ik}} - t_{ik} = \frac{\partial K}{\partial x_i} \quad \text{für alle Märkte } k \in \{1, \ldots, K\}\,.$$

Da die rechte Seite von (2.1.82) unabhängig von k ist, ist die *optimale Preisdiskriminierung* für ein Produkt i auf den Märkten k und k' gegeben durch

$$(2.1.83) \qquad p_{ik} = \frac{(1 - 1/\epsilon_{ik'})}{(1 - 1/\epsilon_{ik})}\, p_{ik'} + \frac{t_{ik} - t_{ik'}}{1 - 1/\epsilon_{ik}}$$

Der Preis eines Gutes i auf einem Markt k ist also bei gegebenem Preis des gleichen Gutes auf einem Markt k' umso höher, je niedriger die Preiselastizität in k relativ zu der in k' ist und je höher der Transportkostenanteil am Preis in k relativ zu dem in k' ist.

Damit ist eine Erklärung für den häufig anzutreffenden Tatbestand geliefert, daß das gleiche Gut auf verschiedenen Märkten unterschiedliche Preise hat: zum Beispiel sind, wie gesagt, die Preise vieler Güter in Stadtbezirken mit ärmerer Bevölkerung (also mit elastischerer Nachfrage) billiger als in Wohnbezirken mit wohlhabenderer Bevölkerung (also mit starrerer Nachfrage); viele Güter werden auf dem Weltmarkt, wo die Nachfrageelastizität in der Regel größer ist, billiger angeboten als auf dem Inlandsmarkt. Mit Dumping hat das noch nichts zu tun.

Ebenso erklärt diese Theorie den *Hang zu Produktdifferenzierungen.* Gelingt es, durch kleine Abänderungen des Produkts, eventuell nur durch eine spezielle Verpackung, Namengebung o. ä., einen speziellen Markt für das Produkt mit geringerer Nachfrageelastizität als sonst zu schaffen, so liegt der optimale Preis höher und der Gesamtgewinn ist größer.

Für *Werbung* hat man analog aus (2.1.76) und (2.1.62):

$$\frac{w_{ik}}{w_{ik'}} = \frac{\delta_{ik} x_{ik} g_{ik}}{\delta_{ik'} x_{ik'} g_{ik'}} \quad . \tag{2.1.84}$$

Die Werbung auf dem Markt k ist also relativ größer, je größer die Werbeelastizität δ_{ik} und je größer der Nettoerlös $x_{ik} g_{ik}$ auf diesem Markt ist.

3. Vereinfachung

Gibt es (über die 1. Vereinfachung hinaus) *nur einen Markt für jedes Gut* (K = 1), so können wir die Marktbezeichnung fortlassen und die Transportkosten unter die Produktionskosten rechnen (formal: $t_{ik} = 0$ setzen). Dann wird aus (2.1.47):

$$Q = \sum_{i=1}^{n} x_i (p_i, w_i) p_i - K (x_1 (\ldots), \ldots, x_n (\ldots)) - \sum_{i=1}^{n} w_i - \overline{K} \tag{2.1.85}$$

und aus (2.1.75) und (2.1.76):

$$\frac{\partial Q}{\partial p_i} = x_i + [p_i - \frac{\partial K}{\partial x_i}] \frac{\partial x_i}{\partial p_i} = 0 \tag{2.1.86}$$

und

$$\frac{\partial Q}{\partial w_i} = [p_i - \frac{\partial K}{\partial x_i}] \cdot \frac{\partial x_i}{\partial w_i} - 1 = 0, \forall\, i \in \{1, \ldots, n\} \ . \tag{2.1.87}$$

(2.1.86) läßt sich (nach Division durch $\frac{dx_i}{dp_i}$) wie folgt interpretieren: der Grenzerlös mit Bezug auf die Produktionsmenge $p_i + x_i \,/\, \frac{\partial x_i}{\partial p_i}$ muß bei jedem Gut i gleich den Grenzkosten $\frac{\partial K}{\partial x_i}$ sein. (2.1.87) besagt wiederum, daß der Netto-Grenzerlös der Werbung $[p_i - \frac{\partial K}{\partial x_i}] \cdot \frac{\partial x_i}{\partial w_i}$ gleich den Grenzkosten der Werbung, nämlich 1 sein muß.

Nimmt man nur *ein Gut* an (n=1), so ist man, bis auf die Berücksichtigung der Werbung, wieder bei der Analyse des 1. Unterabschnitts angelangt. Fig. 2.1.28 veranschaulicht auch (2.1.86), wenn man zu den Kosten noch einen festen Betrag W der nach (2.1.87) optimal errechneten Werbeaufwendungen zuschlägt (siehe die gestrichelte Linie W dort), was am Ergebnis nichts ändert, da die Tangente in P_2' dieselbe Steigung wie die in P_2 hat. *Fig. 2.1.88a und b* illustrieren die Bestimmung der optimalen Werbung nach (2.1.87), wobei (2.1.87) in die Form

Fig. 2.1.88a

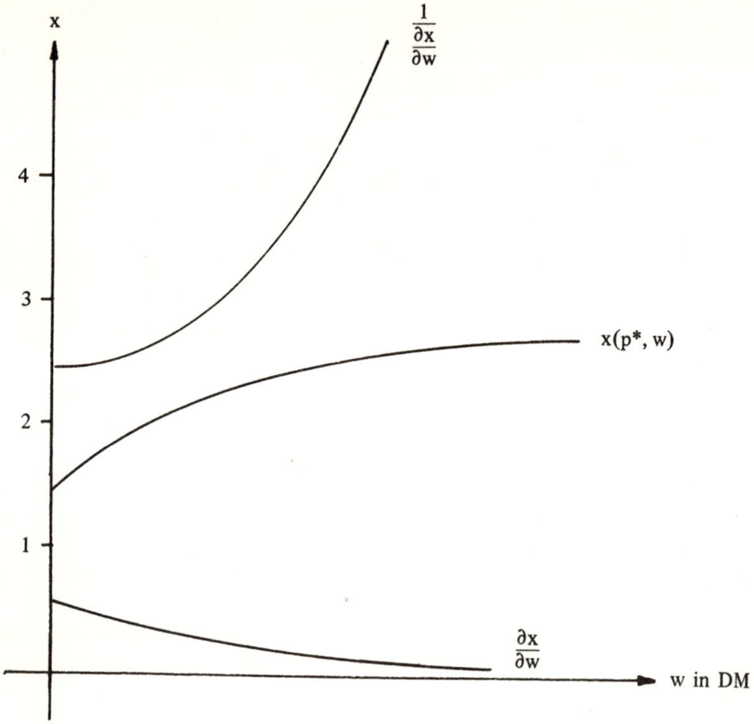

Fig. 2.1.88b

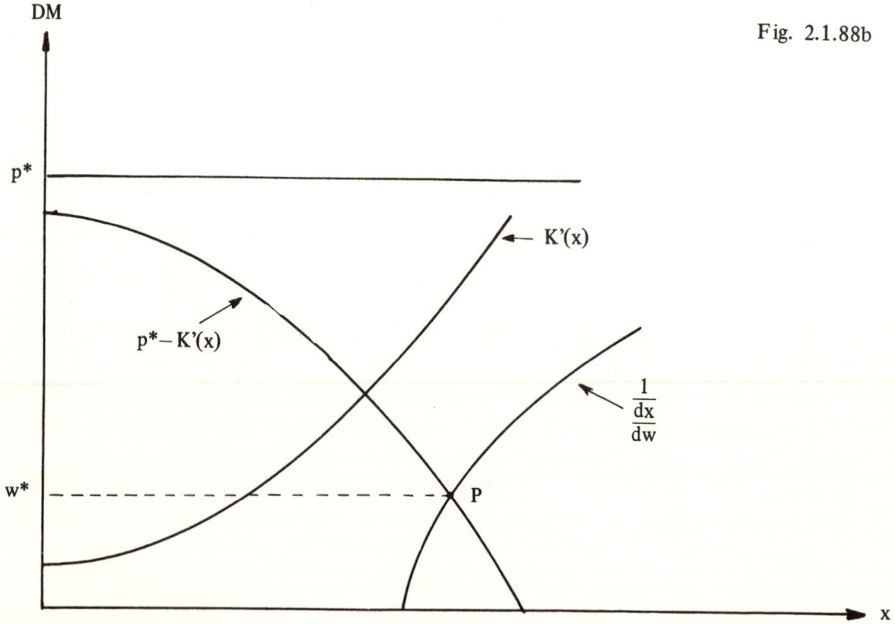

(2.1.89) $$p - \frac{dK}{dx} = 1/\frac{\partial x}{\partial w}$$

gebracht wurde. Fig. 2.1.88 a zeigt die Nachfragefunktion x = x (p*, w), wobei p* festgehalten wurde (z. B. auf der optimalen Höhe gemäß Fig. 2.1.28). Die Ableitung $\partial x/\partial w$ sowie deren reziproker Wert $1/\frac{\partial x}{\partial w}$ sind ebenfalls dort dargestellt. Letzterer ist in die Fig. 2.1.88b übertragen. Dort sind ebenfalls p* und K' (x) sowie p* – K' (x) eingetragen. Der Schnittpunkt P der Kurven $1/\frac{dx}{dw}$ und p*–K'(x) bestimmt den optimalen Werbeaufwand w*.

II. Abschnitt

Einperioden-Produktions-, Preis- und Werbeplanung einer Firma mit Walras–Leontief–Produktionsfunktion bei Sicherheit

Neoklassische Produktionsfunktionen mit ihrer stetigen Substituierbarkeit aller Faktoren sind bei Einzelfirmen in der modernen Wirtschaft eher die Ausnahme, jedenfalls, wenn wir die bestehenden Produktionseinrichtungen als gegeben annehmen, d. h. auf kurze Sicht. Die ist aber für die Preispolitik fast stets maßgebend. Es fällt schwer, außerhalb des Bereichs der Landwirtschaft überhaupt Beispiele für kurzfristig stetige Substituierbarkeit der Produktionsfaktoren zu finden. Nur für eine große Zahl von Firmen einer Branche ergeben sich durch die Zusammenfügung vieler Leontiefscher Produktionsfunktionen u. U. wieder „quasi-neoklassische" Produktionsfunktionen.[1] Da man für volkswirtschaftliche Untersuchungen oft zu Aggregierungen schreiten wird, ist die Beschäftigung mit neoklassischen Produktionsfunktionen, zumindest für Volkswirte, sehr wichtig. Aus diesem Grunde haben wir die Analyse des I. Abschnitts auf neoklassischen Produktionsfunktionen basiert. Vom Gesichtspunkt der Einzelfirma aus sind Walras-Leontief-Produktionsfunktionen, die feste Faktorproportionen voraussetzen, für den gegebenen Produktionsapparat die Regel.[2] Sie schließen ja auch verschiedene Produktionsmöglichkeiten für dasselbe Gut mit unterschiedlichen Faktorproportionen, also verschiedene Produktionsprozesse, nicht aus. Vorausgesetzt ist nur, daß bei jedem Prozeß eine bestimmte Produktionsvermehrung eine proportionale Vermehrung aller Produktionsfaktoren erfordert. Da man die verschiedenen Produktionsprozesse gleichzeitig und auf verschiedenem Niveau betreiben kann, gibt es zwischen ihnen, wenn man die Produktion als Ganzes betrachtet, auch stetige Übergänge.

Wir werden in diesem Abschnitt uns des *Instruments der Programmierung* bedienen, d. h. der Maximierung bzw. Minimierung einer Zielfunktion mit Ungleichungen als Nebenbedingungen. Das hätten wir schon im I. Abschnitt tun

1 Vgl. hierzu „Produktionstheorie", a.a.O., S. 40 und 41.

2 Vgl. „Produktionstheorie", a.a.O., III. Kapitel. Wir können die dortigen Ausführungen hier nicht wiederholen.

können; aber diese Methode steht bei Walras- Leontief-Produktionsfunktionen ganz im Vordergrund. Zur Vereinfachung der Bezeichnungen verwenden wir hier auch die Matrizenrechnung. Im I. Abschnitt haben wir die Differentialrechnung verwandt und angenommen, daß am Gewinnmaximum alle Randbedingungen automatisch erfüllt sind. Bei Walras-Leontief-Produktionsfunktionen kann das nicht angenommen werden.

Da sich manches hier wiederholt, werden wir uns auf die einfachsten Fälle beschränken, uns in der Interpretation der Ergebnisse kürzer fassen und bei der Einproduktfirma nur den Fall der Mengenpolitik behandeln. Dafür wird dann bei der Mehrproduktfirma Preispolitik angenommen und die Werbung als Aktionsparameter hinzugefügt.

1. Gewinnmaximierung einer Einproduktfirma. Mengenpolitik

Wir betrachten eine Firma, die ein Produkt 1 mit den Mengen x_1 produziert und zum Preis p_1 absetzt.[1] Der Einfachheit halber sei die *Nachfragefunktion* als linear angenommen:

(2.2.1) $$x_1 = c_0 - c_1 p_1, \quad c_0, c_1 > 0.$$

Die *inverse Nachfragefunktion* schreiben wir als

(2.2.2) $$p_1 = \bar{c}_0 - \bar{c}_1 x_1 \quad \text{mit} \quad \bar{c}_0 = \frac{c_0}{c_1} > 0, \bar{c}_1 = \frac{1}{c_1} > 0.$$

Die Firma kann das Produkt x_1 mit K Produktionsprozessen herstellen, die auch simultan anzuwenden sind; dabei werden m Faktoren mit den Mengen $v_1, \ldots, v_m$ benötigt; von ihnen stehen maximal die Mengen $\bar{v}_1, \ldots, \bar{v}_m$ zur Verfügung. Bei jedem Produktionsprozeß ist der Faktoreinsatz dem Endproduktausstoß proportional. Die Technologie kann also durch die Matrix

(2.2.3) $$A = \begin{pmatrix} a_{11} \cdots a_{1K} \\ \vdots \\ a_{m1} \cdots a_{mK} \end{pmatrix}$$

1 In diesem und den folgenden Abschnitten werden wir die Matrizenrechnung benutzen. Wir verwenden folgende Bezeichnungen: ein kleiner lateinischer Buchstabe (z. B. x, y, a . . .) bedeutet einen Spaltenvektor; der Zeilenvektor wird gestrichen (z. B. x', y', . . .). Skalare (ebenso wie Elemente des Vektors) bekommen untere Indizes (z. B. x_1, x_{11}). Eine Matrix wird mit einem großen lateinischen Buchstaben bezeichnet (z. B. A). A' ist die transponierte Matrix (Zeilen und Spalten sind vertauscht). 0 und 1 sind entweder Zahlen oder Vektoren mit soviel Nullen oder Einsen wie jeweils benötigt. I ist die Einheitsmatrix, $\hat{E}$ eine Matrix, deren Elemente nur Einsen sind.

beschrieben werden, wobei a_{ik} die Menge des Faktors i bedeutet, die die Firma für die Herstellung einer Einheit von x mit dem Verfahren k benötigt. Die a_{ik} heißen Produktionskoeffizienten oder input-Koeffizienten, die Matrix A die Input-Matrix. Jede Spalte der A-Matrix bestimmt die Faktorerfordernisse pro Einheit des Endproduktes bei einem bestimmten Verfahren.

Die mit dem Verfahren k (= k-te Spalte der Matrix A) hergestellte Produktionsmenge bezeichnen wir mit x_{1k}, so daß

(2.2.4) $$x_1 = \sum_{k=1}^{K} x_{1k}$$

Es sei $x = \begin{pmatrix} x_{11} \\ \vdots \\ x_{1K} \end{pmatrix}$ der Vektor der Produktionsmengen, $v = \begin{pmatrix} v_1 \\ \vdots \\ v_m \end{pmatrix}$ der Vektor der eingesetzten Faktoren und $\overline{v} = \begin{pmatrix} \overline{v}_1 \\ \vdots \\ \overline{v}_m \end{pmatrix}$ der Vektor der maximal zur Verfügung stehenden Faktormengen. Dann ist nach Definition dieser Größen

(2.2.5) $$v = Ax,$$

und die Produktionsmengen und das Verfahren sind so zu wählen, daß

(2.2.6) $$Ax \leqslant \overline{v}.$$

Der Einfachheit halber wollen wir annehmen, daß die Firma alle benötigten Mengen aller Faktoren i zum gleichen Preis k_i pro Einheit beziehen kann. Die Faktorpreise werden zum Vektor $k = \begin{pmatrix} k_1 \\ \vdots \\ k_m \end{pmatrix}$ zusammengefaßt.

Dann ist der Erlös E(x) der Firma

$$E(x) = (\overline{c}_0 - \overline{c}_1 \cdot \sum_{k=1}^{K} x_{1k}) \cdot \sum_{k=1}^{K} x_{1k}$$

oder in Matrixschreibweise

(2.2.7) $$E(x) = \overline{c}_0 \cdot 1'x - \overline{c}_1 \cdot x'\hat{E}x \quad \text{mit} \quad 1' = (11 \ldots 1),\ \hat{E} = \begin{pmatrix} 1 & \ldots & 1 \\ 1 & \ldots & 1 \end{pmatrix}$$

und die Kosten K(x) sind

$$K(x) = \sum_{i=1}^{m} \sum_{k=1}^{K} k_i a_{ik} x_{1k}$$

oder in Matrixschreibweise

(2.2.8) $$K(x) = k'Ax.$$

Der *Gewinn* Q (x) der Firma ist also

(2.2.9) $Q(x) = E(x) - K(x) = d'x - \bar{c}_1 x'\hat{E}x$ mit $d' = (\bar{c}_0 1' - k'A)$

Die *Programmierungsaufgabe,* deren Lösung das optimale Produktionsprogramm x^* ist, lautet also nach (2.2.9) und (2.2.6):

(2.2.10a) $Q(x) = d'x - \bar{c}_1 x'\hat{E}x = \max!$

(2.2.10b) $Ax - \bar{v} \leqslant 0$

(2.2.10c) $x \geqslant 0,$

letzteres, weil negative Produktionsmengen unsinnig sind.

Q ist nach unseren Voraussetzungen streng konkav, und die Nebenbedingungen sind lineare Ungleichungen. Nach der Theorie der Programmierung ist demnach die Lösung x^* eindeutig, und die notwendigen und in diesem Fall auch hinreichenden Lösungsbedingungen sind die *Kuhn-Tucker-Bedingungen.*[1] Um sie in der Normalform einer Minimierungsaufgabe zu verwenden, minimieren wir $-Q(x)$, statt Q (x) zu maximieren. Die Lagrange-Funktion ist dann

(2.2.11) $\Phi(x,\lambda) = -Q(x) + \lambda'(Ax - \bar{v}),\ \lambda' = (\lambda_1, \ldots, \lambda_m),$

und die *Kuhn-Tucker-Bedingungen* für die Lösung lauten

(2.2.12) $\frac{\partial \Phi}{\partial x} = -d + 2\bar{c}_1 \hat{E}x + A'\lambda \geqslant 0,\ x'\frac{\partial \Phi}{\partial x} = 0,\ x \geqslant 0$

1 Für eine allgemeine nichtlineare Programmierungsaufgabe der Art

$$F(x) = \min!$$
$$f_i(x) \leqslant 0 \quad , \quad \forall\, i \in \{1, \ldots, m\}$$
$$x \geqslant 0 \quad , \quad x = (x_1 \ldots, x_n),\ F \text{ und } f_i \text{ differenzierbar,}$$

lauten die Kuhn-Tucker-Bedingungen wie folgt. Man bildet die Lagrange-Funktion

$$\Phi(x,\lambda) = F(x) + \sum_{i=1}^{m} \lambda_i f_i(x),$$ λ_i vorläufig unbestimmte Lagrangesche Multiplikatoren.

Dann lauten die *Kuhn-Tucker-Bedingungen:*

$$\frac{\partial \Phi}{\partial x} \geqslant 0,\quad x'\frac{\partial \Phi}{\partial x} = 0,\ x \geqslant 0$$
$$\frac{\partial \Phi}{\partial \lambda} \leqslant 0,\quad \lambda'\frac{\partial \Phi}{\partial \lambda} = 0,\ \lambda \geqslant 0,\ \lambda = (\lambda_1, \ldots, \lambda_m).$$

Sie sind lokale Bedingungen, also notwendig für das Eintreten des Minimums; wenn F und alle f_i konvex sind, auch hinreichend. Vgl. hierzu z. B. *Künzi* und *Krelle,* Nichtlineare Programmierung, Berlin, Göttingen, Heidelberg 1962, S. 59 ff.

und

(2.2.13) $$\frac{\partial\Phi}{\partial\lambda} = Ax - \bar{v} \leqslant 0, \lambda' \frac{\partial\Phi}{\partial\lambda} = 0, \lambda \geqslant 0.$$

Sie sind ökonomisch zu interpretieren. Die erste Vektor-Ungleichung in (2.2.12) kann man bei Berücksichtigung von (2.2.3,7 und 8) ausführlich so schreiben:

(2.2.12a) $$\frac{\partial E}{\partial x_{11}} - \frac{\partial K}{\partial x_{11}} \leqslant a_{11}\lambda_1 + \ldots + a_{m1}\lambda_m$$

$$\vdots$$

$$\frac{\partial E}{\partial x_{1K}} - \frac{\partial K}{\partial x_{1K}} \leqslant a_{1K}\lambda_1 + \ldots + a_{mK}\lambda_m \,.$$

Die Lagrangeschen Multiplikatoren $\lambda_1, \ldots, \lambda_m$ haben nun, wie man schon an ihrer Dimension sieht,[1] die Bedeutung von *Preisen der Faktoren* 1, . . . , m; aber natürlich nicht der Marktpreise, die sind ja $k_1, \ldots, k_m$. Sie heißen daher *Schattenpreise* oder *Faktorwerte.* Wir kommen darauf gleich zurück. (2.2.12 und 12a) besagen also, daß der *Grenzgewinn bei jedem Produktionsverfahren kleiner oder gleich dem Wert der bei diesem Produktionsverfahren pro Einheit des Endprodukts verbrauchten Faktoren sein muß.* Dieser Wert heißt *Opportunitäts-Grenzkosten* des Verfahrens und gibt die Werteinbuße an, die man durch den Einsatz von Faktoren zur Mehrproduktion einer (kleinen) Einheit des Endprodukts mit diesem Produktionsverfahren auf sich nehmen muß dadurch, daß man diese Faktoren nunmehr nicht für ein anderes Produktionsverfahren einsetzen kann.

Nach der zweiten Gleichung in (2.2.12), die gleichbedeutend ist mit

(2.2.12b) $$x_{1k} \frac{\partial\Phi}{\partial x_{1k}} = 0 \,, \quad \forall\, k \in \{1, \ldots, K\},$$

wird das Produktionsverfahren k nicht angewandt (d. h. $x_{1k} = 0$), für das $\frac{\partial\Phi}{\partial x_{1k}} > 0$, d. h. für das der Grenzgewinn kleiner als die Opportunitäts-Grenzkosten ist. *Bei allen tatsächlich benutzten Verfahren i gilt also in (2.2.12a) das Gleichheitszeichen: der Grenzgewinn ist gleich den Opportunitäts-Grenzkosten.* Hierbei muß

---

1 Die Gleichung (2.2.12a) muß auch dimensionsmäßig stimmen. Die Dimension von Grenzerlösen und Grenzkosten ist $\frac{[DM] \,/\, [Zeiteinheit]}{[M.\,E.\,(x_1)]}$, wobei M. E. (x_1) die Mengeneinheit des Endprodukts x_1 bedeutet (Stück, kg, Liter usw.). Die Dimension des Produktionskoeffizienten a_{ik} ist $\frac{[M.\,E.\,(v_i)] \,/\, [Zeiteinheit]}{[M.\,E.\,(x_1)\,]}$, wobei M. E. (v_i) die Mengeneinheit des Faktors i bedeutet (z. B. Arbeitsstunden, Maschinenstunden, Kilowattstunden u. ä.). Damit (2.2.12a) dimensionsmäßig stimmt, muß λ_i die Dimension $\frac{[DM]}{[M.\,E.\,(v_i)]}$ haben, was aber gerade einen Faktorpreis bedeutet.

nach dem dritten Ausdruck in (2.2.12) $x \geqslant 0$ sein, was ökonomisch selbstverständlich ist.

Die zweite Serie von Kuhn-Tucker-Bedingungen (2.2.13) reproduziert in ihrem ersten Ausdruck nur die ursprünglichen Nebenbedingungen (2.2.10b); das bietet nichts Neues. Der zweite Ausdruck ist äquivalent mit

$$\text{(2.2.13b)} \qquad \lambda_i \frac{\partial \Phi}{\partial \lambda_i} = \lambda_i (a_{i1} x_{11} + \ldots + a_{iK} x_{1K} - \overline{v}_i) = 0, \; \forall\, i \in \{1, \ldots, m\},$$

und besagt also, daß der Schattenpreis λ_i des i-ten Faktors Null ist, wenn von ihm nicht die gesamte zur Verfügung stehende Menge bei der Produktion aufgebraucht wird, so daß ein unbenutzter Rest bleibt (d. h. wenn $a_{i1} x_{11} + \ldots + a_{iK} x_{1K} - \overline{v}_i < 0$ ist). Im Überfluß vorhandene Faktoren (wie z. B. Luft) haben den Schattenpreis Null, auch wenn sie für die Produktion noch so wichtig sind. Nur wenn alle Faktoren aufgebraucht werden (also wenn $a_{i1} x_{11} + \ldots + a_{iK} x_{1K} - \overline{v}_i = 0$), die Faktoren also knapp sind, kann ihr Schattenpreis ungleich Null sein. Der dritte Ausdruck in (2.2.13) besagt dann, daß der Schattenpreis nicht negativ sein kann, also, wenn er nicht Null ist, positiv sein muß.

Manche Lösungsverfahren für die Programmierungsaufgabe (2.2.10a–c) benutzen direkt die Kuhn-Tucker-Bedingungen. Es gibt aber auch andere Verfahren.[1] Jedenfalls sind die Kuhn-Tucker-Bedingungen am Lösungspunkt stets erfüllt.

Im I. Abschnitt haben wir angenommen, daß die Produktionsfaktoren (eventuell zu höheren Preisen) stets zu beschaffen waren. Sie waren also nicht knapp im hier verwandten Sinn, d. h. alle Schattenpreise $\lambda_1, \ldots, \lambda_m$ waren dort Null. Nehmen wir an, daß nur *ein* Produktionsverfahren tatsächlich angewendet wird, z. B. das Produktionsverfahren 1, so geht das System (2.2.12a) in

$$\text{(2.2.14)} \qquad \begin{aligned} &\frac{\partial E}{\partial x_{11}} - \frac{\partial K}{\partial x_{11}} = 0 \;, && x_{11} \geqslant 0 \\ &\frac{\partial E}{\partial x_{12}} - \frac{\partial K}{\partial x_{12}} < 0 \;, && x_{12} = 0 \\ &\vdots \\ &\frac{\partial E}{\partial x_{1K}} - \frac{\partial K}{\partial x_{1K}} < 0 \;, && x_{1K} = 0 \end{aligned}$$

über. Die erste Gleichung von (2.2.14) ist identisch mit der Cournotschen Bedingung (2.1.21) für die Einproduktfirma mit neoklassischer Produktionsfunktion. Damit ist der Anschluß an den vorigen Abschnitt erreicht.

Um das Ergebnis *graphisch zu veranschaulichen,* müssen wir vereinfachen.

---

1 Vgl. hierzu z. B. *G. B. Dantzig,* Lineare Programmierung und Erweiterungen, Berlin, Heidelberg, New York 1966; *Künzi* und *Krelle,* Nichtlineare Programmierung, Berlin, Göttingen, Heidelberg 1962; *Hadley,* Nonlinear and Dynamic Programming, Reading 1964; *Boot,* Quadratic Programming, Amsterdam 1964; *Abadie* (ed.), Nonlinear Programming, Amsterdam 1967; *ders.,* Integer and Nonlinear Programming, Amsterdam, London 1970.

1. Vereinfachung

Nehmen wir an, die Firma habe *nur ein Produktionsverfahren zur Verfügung.* Damit degeneriert die Matrix A zu einem Spaltenvektor a und der Vektor x zu dem Skalar x_1. Damit wird der *Erlös* $E(x_1)$ aus (2.2.7):

(2.2.15) $E(x_1) = \bar{c}_0 x_1 - \bar{c}_1 x_1^2$,

die Kosten $K(x_1)$ werden anstelle von (2.2.8):

(2.2.16) $K(x_1) = k'a\, x_1$

und die Programmierungsaufgabe (2.2.10a–c) wird:

(2.2.17a) $Q(x_1) = f \cdot x_1 - \bar{c}_1 x_1^2 = \max!$ mit $f = \bar{c}_0 - k'a$

(2.2.17b) $a\, x_1 - \bar{v} \leqslant 0$

(2.2.17c) $x_1 \geqslant 0$

Die *Kuhn-Tucker-Bedingungen* (2.2.12–13) werden jetzt

(2.2.18) $-f + 2\bar{c}_1 x_1 + a'\lambda \geqslant 0\,,\quad x_1(-f + 2\bar{c}_1 x_1 + a'\lambda) = 0,\ x_1 \geqslant 0,$

(2.2.19) $ax_1 - \bar{v} \leqslant 0,\ \lambda'(a x_1 - \bar{v}) = 0\,,\ \lambda \geqslant 0.$

Die erste Ungleichung in (2.2.18) können wir wieder wie in (2.2.12a) als

(2.2.18a) $E'(x_1) - K'(x_1) \leqslant a'\lambda$

schreiben. Wir werden hier 2 Fälle behandeln.

Fall 1

Nehmen wir an, (2.2.18a) sei als *Gleichung* erfüllt, so daß dann nach dem 2. Ausdruck in (2.2.18) auch x_1 positiv sein kann, und nehmen wir weiter an, alle Faktoren wären im Überschuß zu beschaffen, so daß die erste Ungleichung in (2.2.19) als *strikte Ungleichung* erfüllt ist. Dann sind nach dem 2. Term in (2.2.19) alle Schattenpreise $\lambda_1, \ldots, \lambda_m$ Null, so daß in diesem *Fall 1* (2.2.18a) einfach

$$E'(x_1) = K'(x_1)$$

wird. *Fig. 2.1.28* illustriert dies, wenn wir dort die Kostengerade $K(x_1)$ für $K(x)$

substituieren und überall x durch x_1 ersetzen. Das ergibt also nicht Neues. Die Lösung sei x_1^*.

Im *Fall 2*

soll ebenfalls (2.2.18a) als Gleichung erfüllt sein (andernfalls hätten wir ja den uninteressanten Fall einer Stillegung $x_1 = 0$), aber zumindest *eine* der Ungleichungen des ersten Terms in (2.2.19) soll als *Gleichung* erfüllt sein; nehmen wir an, es sei die erste. Der erste Term in (2.2.19) lautet jetzt also

$$\begin{aligned} &a_1 x_1 = \bar{v}_1 \\ (2.2.10) \qquad &a_2 x_1 < \bar{v}_2 \\ &\vdots \\ &a_m x_1 < \bar{v}_m \end{aligned}$$

Damit ist aber x_1 schon bestimmt, nämlich

$$(2.2.21) \qquad x_1 = \frac{\bar{v}_1}{a_1} ,$$

oder allgemein:

$$(2.2.22) \qquad x_1 = \min \left(\frac{\bar{v}_1}{a_1} , \frac{\bar{v}_2}{a_2} , \ldots , \frac{\bar{v}_m}{a_m} \right).$$

In Worten: der *Minimalfaktor*, der zuerst knapp wird, bestimmt die Produktionsmenge im Fall 2. Wir bezeichnen sie mit x_1^{**}.

Offensichtlich müssen jetzt alle Faktoren in einem festen Verhältnis stehen, nämlich

$$(2.2.23) \qquad \frac{v_i}{v_j} = \frac{a_i}{a_j} , \quad \forall\, i, j \in \{1, \ldots , m\} ,$$

und wo dieser Strahl in $\mathbb{R}^m$ mit den Koordinaten $v_1, \ldots , v_m$ den m-dimensionalen Quader $\{v | o \leqslant v_i \leqslant \bar{v}_i, \forall\, i \in \{1, \ldots , m\}\}$ durchbricht, liegt die Grenze der Produktionsmöglichkeit und damit jetzt die optimale Produktion.

Fig. 2.2.24 zeigt dies graphisch für den Fall nur zweier Faktoren v_1 und v_2. Der an den Rändern schraffierte Bereich gibt den möglichen Faktorbereich an, der Strahl S, der durch die Gleichung $v_1 = \frac{a_1}{a_2} v_2$ definiert ist, die bei dem Produktionsverfahren erforderlichen Faktorrelationen. Die gestrichelten rechten Winkel sind die *Walras-Leontief-Produktions-Funktion* in Parameter-Darstellung. Ihre Knicke liegen auf den Strahl S (Punkte P_1 bis P_3). Die dabei zu realisierenden Produktionsmengen sind dort angegeben.

Im hier betrachteten *Fall 2* ist $x_1 = 3$ optimal, wo der Strahl S den zulässigen Faktorbereich verläßt.

Fig. 2.2.24

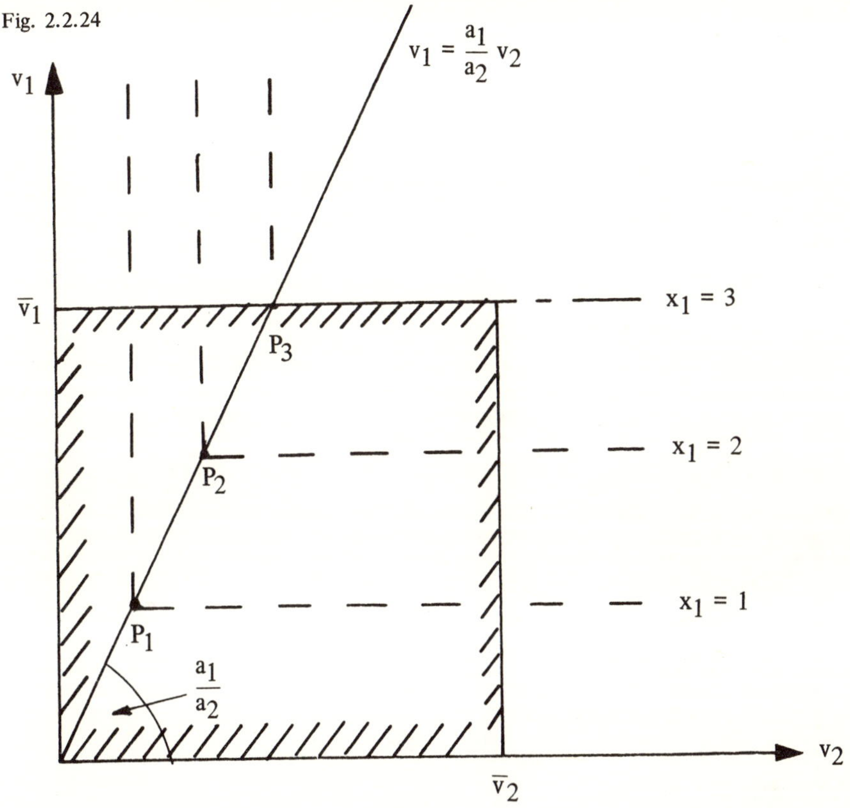

Wann trifft nun der Fall 1, wann der Fall 2 zu? Um das anschaulich zu machen, müssen wir weiter vereinfachen.

2. Vereinfachung

Wir nehmen an, die Firma habe *zwei Produktionsverfahren* zur Verfügung und benötige nur *2 Faktoren.* Die Nebenbedingungen (2.2.10b) lauten dann ausgeschrieben:

(2.2.25) $$a_{11} x_{11} + a_{12} x_{12} \leqslant \bar{v}_1$$

$$a_{21} x_{11} + a_{22} x_{12} \leqslant \bar{v}_2.$$

Die Zielfunktion Q (x) in (2.2.10a) sei konkav (was die Regel ist). Der *Fall 1,* wo kein Faktor selten ist, ist in *Fig. 2.2.26* dargestellt. Die *erste Nebenbedingung* in (2.2.25) verlangt, daß die Produktionsmengen x_{11} und x_{12} links von oder auf

Fig. 2.2.26

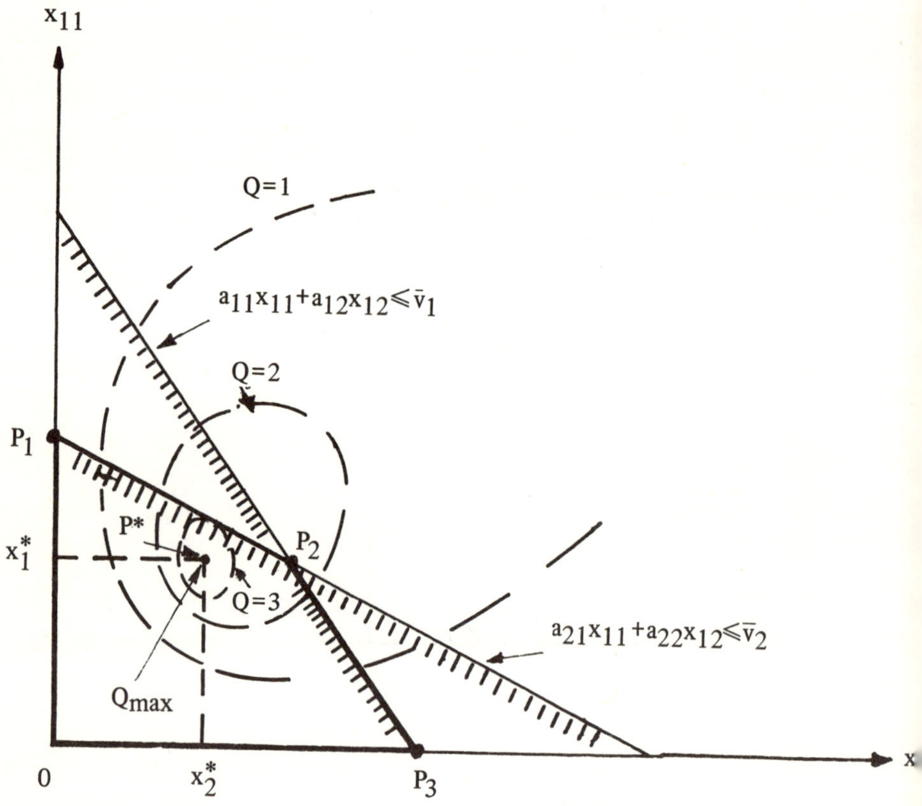

der entsprechend bezeichneten Geraden liegen, die *zweite Nebenbedingung* in (2.2.25) verlangt das entsprechende für die andere Gerade. Zusammen mit der Nichtnegativitätsbedingung muß die produktive Kombination (x_{11}, x_{12}) also in dem dick umrandeten *zulässigen Bereich* $OP_1P_2P_3$ liegen. Die Zielfunktion ist parametrisch dargestellt (gestrichelte Linien). Ihr Maximum Q_{max} liegt innerhalb des zulässigen Bereichs; der optimale Produktionspunkt P* fällt mit Q_{max} zusammen und bestimmt die Produktionsmengen x_1^* und x_2^*.

Im *Fall 2* (Fig. 2.2.27) sind alle Nebenbedingungen unverändert, nur die Zielfunktion ist sozusagen weiter nach außer verschoben: Q_{max} liegt nicht mehr im zulässigen Bereich. Vielmehr ist P** der gewinnmaximale zulässige Punkt; er bestimmt die optimalen Produktionsmengen x_1** und x_2**. Der zweite Faktor begrenzt die Produktion, der erste Faktor ist weiterhin im Überfluß vorhanden.

Fig. 2.2.27

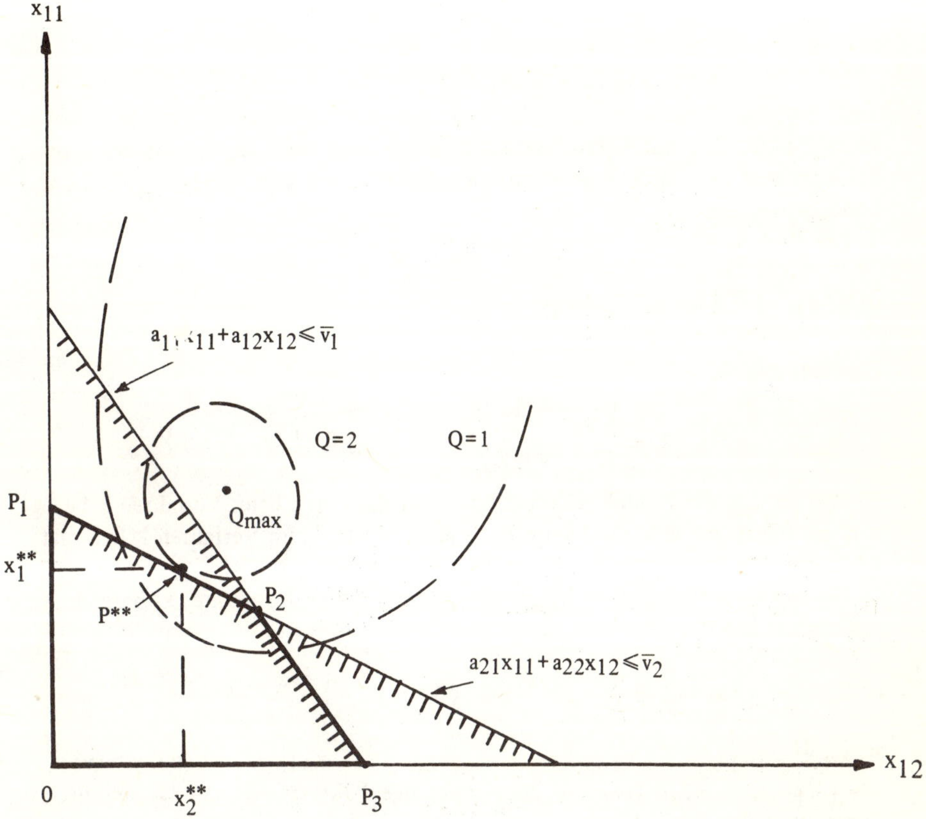

2. *Gewinnmaximierung einer Mehrproduktfirma. Preis- und Werbepolitik*

Wir betrachten eine Firma, die n Produkte mit den Mengen $x_1, \ldots, x_n$ herstellt. Sie betreibt Preis- und Werbepolitik. Die Preise sind mit $p_1, \ldots, p_n$ bezeichnet, die Werbeaufwendungen (in DM) für die Produkte mit $w_1, \ldots, w_n$. Jedes Produkt werde auf einem Markt abgesetzt.[1] Die *Nachfragefunktion* sei der Einfachheit halber als linear angenommen:[2]

(2.2.28) $$x = c + Cp + Dw, \text{ mit } x = \begin{pmatrix} x_1 \\ \vdots \\ x_n \end{pmatrix}, \quad p = \begin{pmatrix} p_1 \\ \vdots \\ p_n \end{pmatrix}, \quad w = \begin{pmatrix} w_1 \\ \vdots \\ w_n \end{pmatrix}$$

---

1 Wir verzichten hier auf die nochmalige Behandlung der Preis- und Produktdifferenzierung. Vgl. hierzu den I. Abschnitt dieses Kapitels.

2 In der Praxis wird man kaum mehr als lineare Approximationen der (unbekannten) Nachfragefunktion erhalten können.

$$c = \begin{pmatrix} c_1 \\ \vdots \\ c_n \end{pmatrix}, \quad C = \begin{pmatrix} c_{11} \cdots c_{1n} \\ \vdots \\ c_{n1} \cdots c_{nn} \end{pmatrix}, \quad D = \begin{pmatrix} d_{11} \cdots d_{1n} \\ \vdots \\ d_{n1} \cdots d_{nn} \end{pmatrix}$$

$$\text{mit } c > 0,\ c_{jj} < 0,\ d_{jj} > 0,\ j \in \{1, \ldots, n\}.$$

Jedes Produkt soll mit K Produktionsverfahren hergestellt werden können,[1] wobei insgesamt m verschiedene Produktionsfaktoren mit den Mengen $v_1, \ldots, v_m$ benötigt werden.

Die Technologie der Firma ist durch die *Input-Matrix:*

$$\text{(2.2.29)} \qquad \hat{A} = [A_1 \vdots \ldots \vdots A_n]$$

gegeben, mit

$$A_j = \begin{bmatrix} a_{j11} \cdots a_{j1K} \\ \vdots \\ a_{jm1} \cdots a_{jmK} \end{bmatrix}, \qquad j \in \{1, \ldots, n\}.$$

Hierbei ist a_{jik} der Produktionskoeffizient für das Gut j beim Verfahren k bezüglich des Faktors i, d. h. die Menge des Faktors i, die beim Verfahren k benötigt wird, um eine Einheit des Endprodukts j herzustellen.

Die mit dem Verfahren k hergestellte Menge des Endproduktes x_j bezeichnen wir mit x_{jk}, so daß

$$\text{(2.2.30)} \qquad x_j = \sum_{k=1}^{K} x_{jk}, \qquad j \in \{1, \ldots, n\}.$$

Es sei $\hat{x}' = (x_{11}, \ldots, x_{1K}, x_{21}, \ldots, x_{2K}, \ldots, x_{n1}, \ldots, x_{nK})$, $v' = (v_1, \ldots, v_m)$, $\bar{v}' = (\bar{v}_1, \ldots, \bar{v}_m)$. Dann ist die notwendige Faktormenge zur Herstellung von $\hat{x}$ bestimmt durch

$$\text{(2.2.31)} \qquad v = \hat{A}\,\hat{x},$$

und die Faktorbegrenzungen $\bar{v}$ verlangen, daß

$$\text{(2.2.32)} \qquad \hat{A}\,\hat{x} \leqslant \bar{v}$$

ist.

Nach (2.2.30) hat man

$$\text{(2.2.33)} \qquad x = \hat{I}\,\hat{x}, \quad \hat{I} = \begin{bmatrix} 11\ldots1 & & & \\ & 11\ldots1 & & \\ & & \ddots & \\ & & & 11\ldots1 \end{bmatrix} \quad \text{eine } n \times K \text{ Matrix.}$$

Der Einfachheit halber nehmen wir wieder fixe Preise $k' = (k_1, \ldots, k_m)$ für die m Faktoren an.

Der *Erlös* E (p,w) der Firma ist dann

$$E\,(p, w) = p'\,\hat{I}\,\hat{x} = p'\,(c + Cp + Dw), \qquad (2.2.34)$$

die *Produktionskosten* sind

$$K\,(\hat{x}) = k'\hat{A}\hat{x} + \overline{K}, \qquad (2.2.35)$$

wobei $\overline{K}$ die fixen Kosten bedeutet,

die *Werbekosten* sind

$$W = 1'w \qquad (2.2.36)$$

Der *Gewinn* der Firma ist also

$$Q\,(p,w,\hat{x}) = p'\,(c + Cp + Dw) - k'\,\hat{A}\,\hat{x} - \overline{K} - 1'w\ . \qquad (2.2.37)$$

Er soll maximiert werden unter den *Nebenbedingungen*

$$f: = c + Cp + Dw - \hat{I}\,\hat{x}\ \leqslant 0 \qquad (2.2.38a)$$

(dies besagt, daß nicht mehr abgesetzt werden kann als produziert wurde)

$$g: = \hat{A}\,\hat{x} - \overline{v}\ \leqslant 0 \qquad (2.2.38b)$$

(dies besagt, daß nicht mehr Faktoren verplant werden dürfen als verfügbar sind)

$$h: = w - \overline{w}\ \leqslant 0 \qquad (2.2.38c)$$

(dies besagt, daß eine vorgegebene Obergrenze $\overline{w} = \begin{pmatrix} \overline{w}_1 \\ \vdots \\ \overline{w}_n \end{pmatrix}$ der Werbeaufwendungen nicht überschritten werden soll).

Die Einfügung dieser Nebenbedingungen ist notwendig, weil die hier zugrunde gelegte lineare Nachfragefunktion (2.2.28) auch linear in der Werbewirkung ist, also die abnehmenden Ertragszuwächse der Werbung vernachlässigt. Die Obergrenze verhindert, daß der Werbeaufwand in der Lösung unendlich wird, was sinnlos ist. – Entsprechend kann man auch eine *Untergrenze* für die Werbung einsetzen. Wir verzichten hierauf.

$$p, w, \hat{x}\ \geqslant 0 \qquad (2.2.38d)$$

(dies sind die ökonomisch notwendigen Nichtnegativitätsbedingungen für Preise, Werbung und Produktionsmengen).

Die *Lagrange-Funktion* für die Programmierungsaufgabe (2.2.37, 38a–d) lautet:

(2.2.39) $\Phi(p,w,\hat{x}) = -Q(p,w,\hat{x}) + \kappa' f + \lambda' g + \mu' h,$

wobei $\kappa' = (\kappa_1, \ldots, \kappa_n)$, $\lambda' = (\lambda, \ldots, \lambda_m)$, $\mu' = (\mu_1, \ldots, \mu_m)$

Lagrangesche Multiplikatoren sind. Die *Kuhn-Tucker-Bedingungen,* die bei der Lösung p^*, w^*, $\hat{x}^*$ notwendig sind, lauten

(2.2.40a) $\frac{\partial \Phi}{\partial p} = -c - 2Cp - Dw + C'\kappa \geqslant 0, \quad p' \frac{\partial \Phi}{\partial p} = 0, \; p \geqslant 0$

(2.2.40b) $\frac{\partial \Phi}{\partial w} = -D'p + 1 + D'\kappa + \mu \geqslant 0, \quad w' \frac{\partial \Phi}{\partial w} = 0, \; w \geqslant 0$

(2.2.40c) $\frac{\partial \Phi}{\partial \hat{x}} = \hat{A}'k - \hat{I}'\kappa + \hat{A}'\lambda \geqslant 0, \quad \hat{x}' \frac{\partial \Phi}{\partial \hat{x}} = 0, \; \hat{x} \geqslant 0$

(2.2.40d) $\frac{\partial \Phi}{\partial \kappa} = f \leqslant 0, \; \kappa' f = 0, \; \kappa \geqslant 0$

(2.2.40e) $\frac{\partial \Phi}{\partial \lambda} = g \leqslant 0, \; \lambda' g = 0, \; \lambda \geqslant 0$

(2.2.40f) $\frac{\partial \Phi}{\partial \mu} = h \leqslant 0, \; \mu' h = 0, \; \mu \geqslant 0.$

Sie lassen sich ökonomisch interpretieren.[1] Hinweise für die *Bedeutung der Multiplikatoren* erhalten wir aus der Dimensionsbetrachtung der obigen Ungleichungen. Sie müssen ja nicht nur numerisch, sondern auch dimensionsmäßig stimmen. Hierzu schreiben wir zunächst (2.2.40a) nach (2.2.34) als

(2.2.41) $-\frac{\partial E}{\partial p} \geqslant - C'\kappa$

$\frac{\partial E}{\partial p}$ hat die Dimension $\frac{[\text{DM}]/[\text{Zeiteinheit}]}{[\text{DM}]}$, $C' = \begin{pmatrix} c_{11} \cdots c_{n1} \\ \vdots \\ c_{1n} \cdots c_{nn} \end{pmatrix}$ ist, wie man

an (2.2.28) sieht, die Matrix der partiellen Ableitungen der Nachfrage mit Rücksicht auf den Preis:

(2.2.42) $C' = \begin{pmatrix} \frac{\partial x_1}{\partial p_1} \cdots \frac{\partial x_n}{\partial p_1} \\ \vdots \\ \frac{\partial x_1}{\partial p_n} \cdots \frac{\partial x_n}{\partial p_n} \end{pmatrix},$

so daß die Dimension von $\frac{\partial x_i}{\partial p_j}$ ist: $\frac{[\text{M.E. }(x_i)]/[\text{Zeiteinheit}]}{[\text{DM}]}$.[2]

Somit hat das Element κ_i des Vektors κ die Dimension $\frac{[\text{DM}]}{[\text{M.E. }(x_i)]}$, bedeutet

1 Wir bringen nur einige wichtige Interpretationen.

2 M. E. (x_i) heißt: Mengeneinheit des Endproduktes i.

also einen *Preis* des Endproduktes x_j. Er heißt der Schattenpreis oder *Wert* des Endprodukts, und κ *ist also der Vektor dieser Schattenpreise der Endprodukte.*

Analog stellt man fest, daß λ *der Vektor der Schattenpreise der Faktoren* und μ *der Vektor der Schattenpreise der Werbung ist.*

Wir schreiben nun (2.2.40c) in der Form $\hat{I}\,\kappa \leqslant \hat{A}'(k + \lambda)$ oder ausführlich

$$\begin{bmatrix} \kappa_1 \\ \vdots \\ \kappa_1 \\ \hline \vdots \\ \hline \kappa_n \\ \vdots \\ \kappa_n \end{bmatrix} \leqslant \begin{bmatrix} a_{111} \cdots a_{1m1} \\ \vdots \\ a_{11K} \cdots a_{1mK} \\ \hline \vdots \\ \hline a_{n11} \cdots a_{nm1} \\ \vdots \\ a_{n1K} \cdots a_{nmK} \end{bmatrix} \begin{bmatrix} k_1 + \lambda_1 \\ \vdots \\ k_m + \lambda_m \end{bmatrix} \tag{2.2.43}$$

Nach (2.2.40c) muß für alle die Zeilen in (2.2.43) das Gleichheitszeichen gelten, die einer Produktion $\hat{x}_{jk}$ eine Endproduktes j mit dem Verfahren k zugeordnet sind, das tatsächlich angewandt wird ($\hat{x}_{jk} > 0$). Für alle derartigen j und k gilt also nach (2.2.43)

$$\kappa_j = a_{j1k}\,(k_1 + \lambda_1) + \ldots + a_{jmk}\,(k_m + \lambda_m). \tag{2.2.44}$$

Nun sind $\sum_{i=1}^{m} a_{jik} k_i$ die *Grenzkosten der Produktion:*

$$\frac{\partial K(\hat{x})}{\partial \hat{x}_{jk}} = \sum_{i=1}^{m} a_{jik} k_i \;. \tag{2.2.45}$$

$\sum_{i=1}^{m} a_{jik}\lambda_i$ sind die *Opportunitätsgrenzkosten* $\frac{\partial K^{opp}(\hat{x})}{\partial \hat{x}_{jk}}$, nämlich die Werte der Faktoren (gerechnet zu ihren Schattenpreisen), die bei der Produktion einer Einheit des Gutes j bei Verwendung des Produktionsverfahrens k verbraucht werden:

$$\frac{\partial K^{opp}(\hat{x})}{\partial \hat{x}_{jk}} = \sum_{i=1}^{m} a_{jik}\lambda_i. \tag{2.2.46}$$

Damit wird aus (2.2.44)

$$\kappa_j = \frac{\partial K(\hat{x})}{\partial \hat{x}_{jk}} + \frac{\partial K^{opp}(\hat{x})}{\partial \hat{x}_{jk}}, \qquad \forall\, j \in \{1, \ldots, n\} \quad \forall\, k \in \{1, \ldots, K\}. \tag{2.2.47}$$

In Worten: *Für die Produktionsverfahren k, die bei der Produktion des Endproduktes j tatsächlich angewandt werden, ist der Schattenpreis* κ_j *des Endproduktes gleich der Summe der Grenzkosten der Produktion und der Opportunitätsgrenzkosten; werden mehrere Verfahren angewandt, muß diese Summe für alle benutzten Verfahren gleich sein.*

Nach (2.2.42 und 47) ist dann (mit $\frac{\partial K}{\partial p_j} := \frac{\partial K(\hat{x})}{\partial \hat{x}_{jk}} \frac{\partial \hat{x}_{jk}}{\partial p_j}$ und analog für $\frac{\partial K^{opp}}{\partial p_j}$):

$$(2.2.48) \qquad C'_\kappa = \frac{\partial K}{\partial p} + \frac{\partial K^{opp}}{\partial p}$$

Damit wird aus (2.2.41):

$$(2.2.49) \qquad \frac{\partial E}{\partial p} - \frac{\partial K}{\partial p} \leqslant \frac{\partial K^{opp}}{\partial p}$$

(2.2.49) und damit (2.2.40a) besagen also: der *Grenzgewinn* (als Differenz von Grenzerlös und Grenzkosten) *mit Bezug auf den Preis muß bei jedem Endprodukt kleiner oder gleich den Opportunitäts-Grenzkosten der Produktion sein.* Aus (2.2.40a) ergibt sich, daß bei allen Endprodukten mit positivem Preis das Gleichheitszeichen in (2.2.49) gilt; der Grenzgewinn bei einer (kleinen) Preiserhöhung muß also gerade genau so groß sein wie der Wert der durch die Preiserhöhung eingesparten Faktoren.

(2.2.40b) läßt sich, da analog $D'_\kappa = \frac{\partial K}{\partial w} + \frac{\partial K^{opp}}{\partial w}$ und $1 = \frac{\partial W}{\partial w}$ ist, schreiben:

$$(2.2.50) \qquad \frac{\partial E}{\partial w} - \frac{\partial K}{\partial w} - \frac{\partial W}{\partial w} \leqslant \frac{\partial K^{opp}}{\partial w} + \mu \; .$$

Der Grenzgewinn mit Bezug auf die Werbung (d. h. der zusätzliche Erlös durch Erhöhung der Werbeaufwendungen um eine (kleine) Einheit, vermindert um die dadurch bedingten zusätzlichen Produktionskosten und die zusätzlichen Werbeaufwendungen) muß für jedes Endprodukt kleiner oder gleich der Summe der Opportunitäts-Grenzkosten der Produktion (mit Rücksicht auf die zusätzliche Werbung) und der Schattenpreise der Werbung sein. Letztere sind, wie man an (2.2.40f) sieht, nur für die Produkte positiv, bei denen die optimale Werbung gerade gleich der maximal vorgegebenen ist; andernfalls sind sie Null. Die Schattenpreise der Werbung geben den Wert an, den eine zusätzlich für die Werbung verwandte Geldausgabe für die Firma hat. Nach (2.2.40b) ist die Werbung für die Produkte Null, für die der Grenzgewinn der Werbung kleiner ist als die Summe der Opportunitäts-Grenzkosten der Produktion und des Schattenpreises der Werbung.

(2.2.40c) war bereits oben erklärt worden (vgl. (2.2.43–48)).

Die übrigen Kuhn-Tucker-Bedingungen (2.2.40d–f) wiederholen zunächst die ursprünglichen Nebenbedingungen und stellen dann fest, daß die Schattenpreise der Endprodukte bzw. der Faktoren bzw. der Werbung nur dann positiv sein können, wenn die hergestellten Endprodukte abgesetzt, die zur Verfügung stehenden Faktoren benutzt und die Werbegrenzen ausgeschöpft werden.

Eine numerische Lösung des Programms (2.2.37, 38a–d) macht auch bei hohen Zahlen von Endprodukten und Faktoren mit der jetzt zur Verfügung stehenden Computertechnik keine besonderen Schwierigkeiten.

1. Vereinfachung

Gibt es *für jedes Produkt nur ein Produktionsverfahren* (K=1), so vereinfachen sich die Kuhn-Tucker-Bedingungen und ihre Interpretation. Wir geben nur einige Hinweise. Die Technologie wird jetzt durch die Input-Matrix

(2.2.51) $$\hat{A}_1 = \begin{bmatrix} a_{11} \cdots a_{1n} \\ \vdots \\ a_{m1} \cdots a_{mn} \end{bmatrix}$$

dargestellt, wobei a_{ij} die Menge des Faktors i ist, die zur Produktion einer Einheit des Endprodukts j benötigt wird.

Die zu maximierende *Gewinnfunktion* ist jetzt, wenn wir Produktion = Absatz setzen:

(2.2.52) $$Q\,(p,w) = p'\,(c + Cp + Dw) - k'\hat{A}_1\,(c + Cp + Dw) - \overline{K} - 1'w.$$

Die *Nebenbedingungen* sind

(2.2.53a) $$g: = \hat{A}_1\,(c + Cp + Dw) - \overline{v} \leqslant 0$$

(2.2.53b) $$h: = w - \overline{w} \leqslant 0$$

(2.2.53c) $$l: = -c - Cp - Dw \leqslant 0$$

(dies muß hier hinzugefügt werden, um die Nichtnegativität der Produktionsmengen sicherzustellen)

(2.2.53d) $$p, w \geqslant 0,$$

und mit den Lagrangeschen Multiplikatoren $\lambda = (\lambda_1, \ldots, \lambda_m)$ und $\mu = (\mu_1, \ldots, \mu_n)$, $\nu = (\nu_1, \ldots, \nu_n)$ erhält man die Kuhn-Tucker-Bedingungen:

(2.2.54a) $$\frac{\partial \Phi}{\partial p} = -\,c - 2Cp - Dw + C'\,\hat{A}_1\,(k+\lambda) - C'\nu \geqslant 0, \quad p' \cdot \frac{\partial \Phi}{\partial p} = 0, \quad p \geqslant 0$$

(2.2.54b) $$\frac{\partial \Phi}{\partial w} = -\,D'p + 1 + D'\hat{A}'_1 \cdot (k+\lambda) - D'\nu + \mu \geqslant 0, \quad w'\,\frac{\partial \Phi}{\partial w} = 0, \quad w \geqslant 0$$

(2.2.55a) $$\frac{\partial \Phi}{\partial \lambda} = g \leqslant 0, \quad \lambda'\frac{\partial \Phi}{\partial \lambda} = 0, \quad \lambda \geqslant 0$$

(2.2.55b) $$\frac{\partial\Phi}{\partial\mu} = h \leqslant 0, \qquad \mu'\frac{\partial\Phi}{\partial\mu} = 0, \qquad \mu \geqslant 0$$

(2.2.55c) $$\frac{\partial\Phi}{\partial\nu} = l \leqslant 0, \qquad \nu'\frac{\partial\Phi}{\partial\nu} = 0, \qquad \nu \geqslant 0.$$

Ebenso wie oben stellt man fest, daß λ die Schattenpreise der Faktoren, μ die Schattenpreise der Werbung und ν die Schattenpreise der Nichtnegativität der Produktion sind.[1] Da analog wie oben der *Grenzerlös* mit Bezug auf den Preis

(2.2.56) $$\frac{\partial E}{\partial p} = -c - 2\,Cp - Dw,$$

die *Grenzkosten* mit Bezug auf den Preis

(2.2.57) $$\frac{\partial K}{\partial p} = C'\hat{A}'_1\,k,$$

die *Opportunitäts-Grenzkosten* mit Bezug auf den Preis

(2.2.58) $$\frac{\partial K^{opp}}{\partial p} = C'\hat{A}'_1\lambda$$

und die *Opportunitäts-Grenzerlöse der Nichtproduktion* mit Bezug auf den Preis

(2.2.59) $$\frac{\partial E^{opp}}{\partial p} = C'\nu$$

sind, läßt sich (2.2.54a) schreiben:

(2.2.60) $$\frac{\partial E}{\partial p} - \frac{\partial K}{\partial p} \leqslant \frac{\partial K^{opp}}{\partial p} - \frac{\partial E^{opp}}{\partial p};$$

für positive Preise gilt dabei nach (2.2.54a) das Gleichheitszeichen, und für positive Produktionsmengen ist nach (2.2.55c und 59) $\frac{\partial E^{opp}}{\partial p} = 0$. Für das Produkt j möge dies zutreffen. Für dieses lautet dann (2.2.60):

$$\frac{\partial E}{\partial p_j} - \frac{\partial K}{\partial p_j} = \frac{\partial K^{opp}}{\partial p_j},$$

was wie oben zu interpretieren ist.

(2.2.54b) läßt sich entsprechend schreiben:

(2.2.61) $$\frac{\partial E}{\partial w} - \frac{\partial K}{\partial w} - \frac{\partial W}{\partial w} \leqslant \frac{\partial K^{opp}}{\partial w} - \frac{\partial E^{opp}}{\partial w} + \mu,$$

und die Interpretation ist analog.

Man sieht, daß mit jeder Lösung einer Programmierungsaufgabe automatisch

---

1 Es könnte ja sein, daß der Gewinn noch größer wird, wenn man eine negative Produktion zuläßt.

duale Variablen anfallen, die bei einem Produktionsplanungs-Problem die Bedeutung von *Preisen* haben. Sie dürfen natürlich nicht mit den Marktpreisen verwechselt werden, können aber mit ihnen zusammenfallen und bei dezentralisierten Entscheidungen zur Koordinierung dieser Entscheidungen benutzt werden.[1]

III. Abschnitt

Dumping[2]

Unter Dumping versteht man ein außergewöhnliches, nicht regelmäßiges und dauerndes Angebot von Gütern unter einem Preis, der die Firma zu einer regelmäßigen Versorgung des Marktes veranlassen würde. Diese Güter sind aus irgendeinem Grund zuviel produziert und zum geplanten (etwa kostendeckenden) Preis nicht abzusetzen. Der Grund des Dumpings ist also eine vermeidbare oder unvermeidbare *Fehlplanung* der Firma, die zu einem zu hohen Bestand an Endprodukten geführt hat. Eine vermeidbare Fehlplanung ist z. B. eine falsche Annahme über die Nachfragefunktion, während bei Ausnutzung aller vorhandenen Information sehr wohl die richtige Nachfragefunktion der Produktion hätte zugrunde gelegt werden können. Unvermeidbar sind z. B. plötzliche landwirtschaftliche Überschüsse wegen einer Füllernte, ein Nachlassen der Nachfrage, weil plötzlich ein besseres Substitutionsprodukt auf den Markt kommt, so daß das Produkt der Firma veraltet ist, ein unvorhersehbarer Modewechsel u. ä.

Solche „überschüssigen" Produkte werden häufig auf einem anderen Markt (z. B. dem Auslandsmarkt) „gedumpt", d. h. ohne Rücksicht auf die Produktionskosten zu niedrigen Preisen „verschleudert", um jedenfalls noch einen Teil der Kosten wieder hereinzubekommen. „Dumping" unterscheidet sich von der Preisdifferenzierung

---

1 Vgl. *Krelle,* Produktionstheorie, Tübingen 1969, S. 173 ff.

2 Die hier gegebene Definition des Dumpings weicht von der Definition des GATT (Art. VI) ab. Die GATT-Definition ist sehr viel weiter. Nach ihr liegt Dumping vor, wenn der Auslandspreis einer Ware unter dem regulären Inlandspreis liegt, wobei offen bleibt, ob die Transportkosten einzurechnen sind oder nicht. Damit ist aber auch der normale Fall unterschiedlicher Nachfrageelastizitäten, der zu Preisdifferenzierungen führt, als „Dumping" klassifiziert, wenn die Nachfrageelastizität im Ausland größer, der Preis dort also niedriger ist. Ebenso gehören nach der GATT-Definition regelmäßige Verkäufe zu niedrigerem Preis im Ausland zum Dumping, die durch staatliche Subventionen oder steuerliche Exporterleichterungen oder durch Unterbewertung der eigenen Währung ermöglicht werden. Wir nehmen das Transportkosten-, Steuer-, Zoll- und Subventionssystem sowie die Wechselkurse als gegeben an und klassifizieren alle dadurch bedingten Preisunterschiede als *Preisdifferenzierung.* Bei ihr bleibt eine regelmäßige Versorgung der Märkte zu diesen differenzierten Preisen garantiert. *Dumping* ist nach der hier verwandten Definition eine „Verschleuderung" von anderweitig nicht unterzubringenden Waren; dabei ist keine regelmäßige Marktversorgung zu diesen Preisen möglich, obwohl die Preise möglicherweise noch über den Produktionskosten liegen. Dumping ist nach dieser Definition auch im Inland möglich.

dadurch, daß keine regelmäßige Marktversorgung beabsichtigt und möglich ist: es handelt sich (für die Firma jedenfalls) um einen „einmaligen" Vorgang – einmalig, bis irgendwann wieder einmal zufällig ein normal nicht absetzbarer Vorrat entsteht.

Dumping ist vom Gesichtspunkt der Firma, die den Überschuß hat, ein rationales Verfahren, vom Gesichtspunkt der Firmen, die den Markt, auf dem gedumpt wird, regulär mit entsprechenden Produkten beliefern, eine u. U. existenzbedrohende „Schmutzkonkurrenz"; denn offensichtlich kann keine Firma, die dies Produkt allein herstellt,[1] einer solchen Konkurrenz, die keine Produktionskosten zu rechnen braucht, standhalten; sie muß, wenn das Dumping lange genug dauert, zugrunde gerichtet werden. Andererseits denkt aber die dumpende Firma gar nicht an eine ständige Marktversorgung, so daß die eingestellte Produktion doch wieder aufgenommen werden muß. Es ist daher vernünftig, daß Staaten ihre Industrie gegen Dumping schützen. Dies führt allerdings dann, wie wir sehen werden, möglicherweise zu Gütervernichtungen, die gesamtwirtschaftlich sicher noch nachteiliger sind.

Die folgende Analyse legt eine *Einproduktfirma mit neoklassischer Produktionsfunktion* zugrunde, wobei wir aber gleich von der neoklassischen *Kostenfunktion* ausgehen. Die bereits produzierte und auf Lager liegende Menge sei $\bar{x}$. Die Nachfragefunktion des *normalen Marktes*, den wir uns als Inlandsmarkt vorstellen können, sei

$$(2.3.1) \qquad x_N = x_N(p_N) \qquad \text{mit } x'_N < 0 \text{ und}$$
$$x_N \geqslant 0 \text{ für } p_N \geqslant 0$$
$$\text{und } x_N = 0 \text{ für } p_N \geqslant \bar{p}_N > 0$$

Die *inverse Nachfragefunktion* sei

$$(2.3.2) \qquad p_N = p_N(x_N) \qquad \text{mit } p'_N < 0 \text{ und}$$
$$p_N \geqslant 0 \text{ für } x_N \geqslant 0$$

Die auf einem anderen Markt, den wir uns etwa als Auslandsmarkt vorstellen können, gedumpte Menge sei x_D. x_N und x_D sind die *Entscheidungsvariablen* der Firma. x_V sei die vernichtete Menge. Nach Definition ist also

$$(2.3.3) \qquad \bar{x} = x_N + x_D + x_V.$$

1 Handelt es sich um eine Mehrproduktfirma oder ein Handelsunternehmen, das viele Produkte absetzt, so gilt das nicht mehr: Unter-Kostenverkäufe eines Produktes können durch Überkosten-Verkäufe anderer Produkte auch ständig kompensiert werden. Dies kann durch sogenannte „Lockvogel"-Angebote bzw. „aggressives Marketing" ausgenutzt werden.

Die inverse Nachfragefunktion auf dem Dumpingmarkt sei

(2.3.4) $p_D = p_D(x_D)$

mit den analogen Eigenschaften wie (2.3.2).

Der *Erlös der Firma auf dem Normalmarkt* ist

(2.3.5) $E_N(x_N) = p_N(x_N) \cdot x_N$,

der auf dem *Dumping-Markt:*

(2.3.6) $E_D(x_D) = p_D(x_D) \cdot x_D$.

Die *Produktionskosten* sind eine Konstante:

(2.3.7) $\bar{K} = K(\bar{x})$,

die *Transport-, Zoll- und sonstigen Kosten des Warentransfers* auf dem Dumping-Markt sind

(2.3.8) $K_T = K_T(x_D)$, mit $K'_T > 0$

Der mit Rücksicht auf x_N und x_D zu maximierende *Gewinn* der Firma ist

(2.3.9) $Q(x_N, x_D) = E_N(x_N) + E_D(x_D) - \bar{K} - K_T(x_D)$.

Die notwendigen Bedingungen sind, wenn die Randbedingungen eingehalten sind:

(2.3.10) $\frac{\partial Q}{\partial x_N} = E'_N(x_N) = 0$,

(2.3.11) $\frac{\partial Q}{\partial x_D} = E'_D(x_D) - K'_T(x_D) = 0$

(2.3.10) besagt, daß zunächst der Normalmarkt bis zum Erlösmaximum beliefert wird. Die Lösung von (2.3.10) sei $x_N^* \geqslant 0$, und wir setzen voraus:

(2.3.12) $x_N^* \leqslant \bar{x}$.

(2.3.11) besagt, daß der Dumping-Markt solange beliefert wird, bis der Grenzerlös dort gleich den Grenz-Transferkosten ist; wenn letztere sehr klein sind, also bis zu einem sehr kleinen Grenzerlös. Die Lösung von (2.3.11) sei $x_D^* \geqslant 0$ und wir setzen voraus:

(2.3.13) $x_N^* + x_D^* \leqslant \bar{x}$.

Die *vernichtete Menge* ist also dann

$$x_V = \bar{x} - x_N^* - x_D^* \geqslant 0, \tag{2.3.14}$$

und man sieht, daß eine Verhinderung des Dumpings die Gütervernichtungen erhöht. Hier hat man also zwischen zwei Übeln – nämlich Dumping und Gütervernichtung – das kleinere zu wählen bzw. einen vom gesamtwirtschaftlichen Standpunkt aus optimalen Kompromiß zu finden. Hier kommt die Theorie der Subventionen ins Spiel (man kann ja die durch Dumping geschädigten Firmen subventionieren); wir gehen aber hierauf nicht ein.

Ist die Nebenbedingung (2.3.13) bei der Lösung von (2.3.10 und 11) nicht automatisch eingehalten, so können aus (2.3.10 und 11) nicht die gewinnmaximierenden Mengen x_N^* und x_D^* berechnet werden. Vielmehr muß (2.3.9) unter der Nebenbedingung (2.3.13), wobei dort die Sterne zu eliminieren sind, und den Nebenbedingungen $x_N \geqslant 0$, $x_D \geqslant 0$ maximiert werden, was auf die folgenden *Kuhn-Tucker-Bedingungen* führt:

$$-E_N' + \lambda \geqslant 0, \quad x_N \cdot (-E_N' + \lambda) = 0, \quad x_N \geqslant 0 \tag{2.3.15}$$

$$-E_D' + K_T' + \lambda \geqslant 0, \quad x_D \cdot (-E_D' + K_T' + \lambda) = 0, \quad x_D \geqslant 0 \tag{2.3.16}$$

$$x_N + x_D - \bar{x} \leqslant 0, \quad \lambda \cdot (x_N + x_D - \bar{x}) = 0, \quad \lambda \geqslant 0. \tag{2.3.17}$$

Der Lagrangesche Multiplikator λ hat, wie man mit Hilfe der Dimensionsanalyse festellt, die Bedeutung eines *Schattenpreises des Endprodukts.* Nach (2.3.17) ist der Schattenpreis Null, wenn ein Teil der Güter weder auf dem normalen, noch auf dem Dumping-Markt Absatz findet, also im Überfluß vorhanden ist und vernichtet werden muß. Ist $\lambda = 0$, so sind wir wieder bei unserer ersten Analyse: (2.3.16 und 17) sind dann mit (2.3.10 und 11) identisch. Ist $\lambda > 0$, so besagt (2.3.15), daß der Grenzerlös auf dem Normalmarkt gleich dem Schattenpreis des Produkts, nämlich λ sein muß, falls überhaupt eine positive Menge dort abgesetzt wird. Nur wenn dort überhaupt nichts abgesetzt wird, kann der Grenzerlös kleiner als der Schattenpreis des Endprodukts sein.

(2.3.16) sagt das Entsprechende für den Dumping-Markt, nur daß dies dort für den Netto-Grenzerlös (d. h. den Grenzerlös minus die Grenz-Transferkosten) zutrifft.

(2.3.10 und 11) lassen sich leicht graphisch veranschaulichen.

In *Fig. 2.3.18* sind die inverse Nachfragefunktion $p_N(x_N)$ des Normalmarktes (der Einfachheit halber als Gerade), die daraus abgeleitete Erlöskurve $E_N(x_N)$ und die Grenzerlöskurve E_N' angegeben. Nach (2.3.10) bestimmt das Erlösmaximum (Punkt P), wo der Grenzerlös Null ist, die optimale Liefermenge x_N^* auf dem Normalmarkt.

In *Fig. 2.3.19* sind dieselben Funktionen für den Dumpingmarkt dargestellt, zusätzlich noch die Kurve der Transferkosten $K_T(x_D)$ und deren Ableitung K_T'.

Fig. 2.3.18

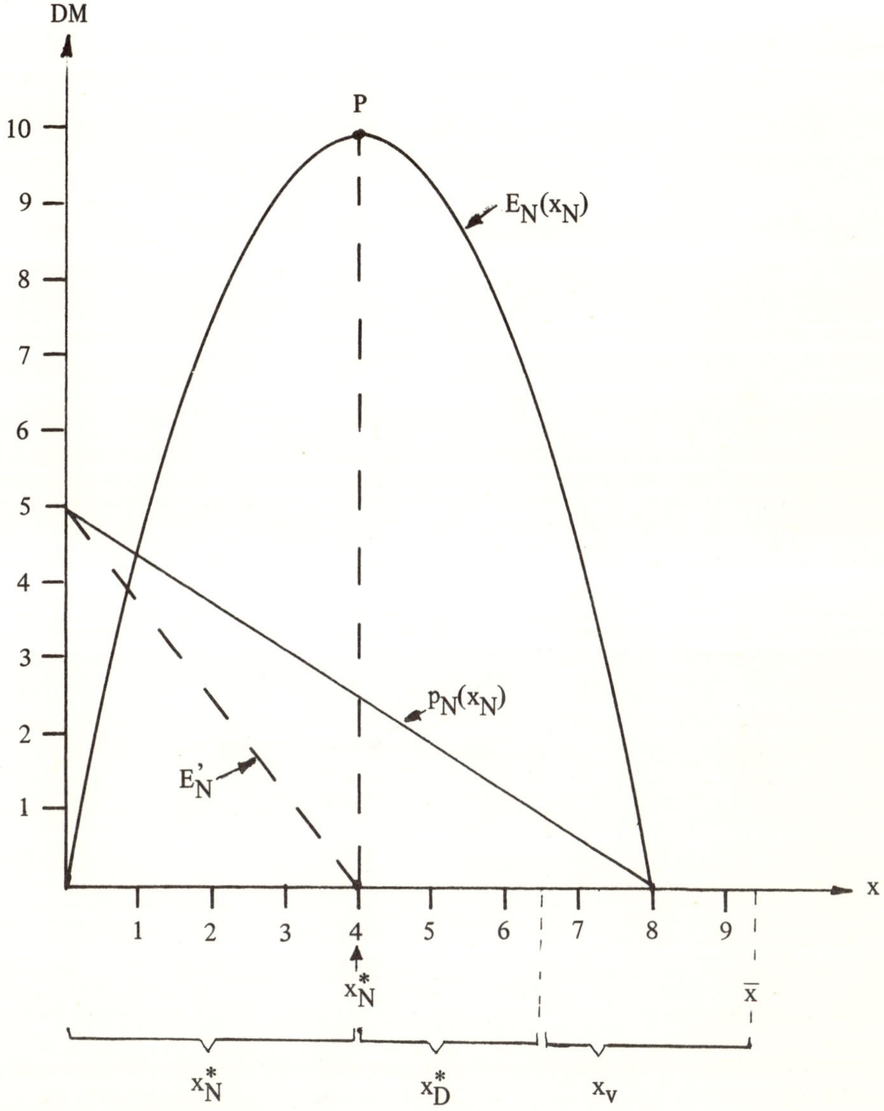

Nach (2.3.11) ist die optimale Liefermenge x_D^* dadurch bestimmt, daß Grenzerlöskurve E'_D und Grenz-Transferkurve K'_T sich schneiden (Punkt P_3), was dort eintritt, wo die Tangente an die Kurve E_D (x_D) parallel zur Tangente an die Kurve K_T (x_D) ist (Punkte P_1 und P_2). Dort ist der Nettoerlös (nämlich der Abstand von der E_D – zur K_T-Kurve) maximal.

Fig. 2.3.19

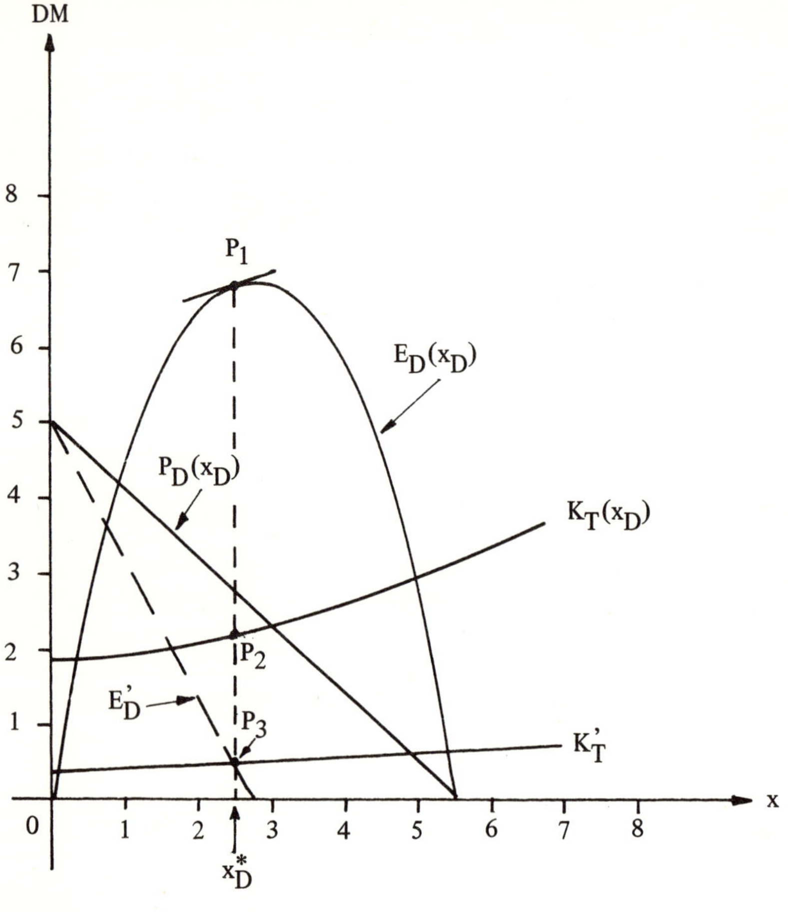

IV. Abschnitt

Mehrperioden- Produktions-, Vorrats-, Investitions- und Finanzplanung einer Mehrproduktfirma bei Sicherheit. Walras-Leontief-Produktionsfunktionen. Mengenpolitik, Gewinnmaximierung.

Bisher haben wir nur die Planung über eine Periode behandelt, z. B. über ein Jahr, wobei Nachfrage- und Kostenschwankungen während des Jahres ohne Bedeutung sind und der ökonomische Horizont gerade so weit ist wie diese Periode. Von jetzt ab lassen wir diese Voraussetzung fallen, halten aber daran fest, daß ein ökonomischer Horizont einer endlichen Zahl T von Perioden besteht, der eine Weiterkalkulation verbietet, obwohl die Firma selbst (voraussichtlich) weiterbestehen wird. Bis zur Periode T soll volle Sicherheit über alle Funktionen bestehen.

Diese etwas künstlichen Annahmen werden wir im nächsten Abschnitt korrigieren; dort wird die Unsicherheit berücksichtigt. Dieser Abschnitt ist die Vorbereitung dazu.

Mit der Mehrperioden-Analyse kommen neue Phänomene in den Blickpunkt. Die Produktion in einer Periode kann vom Absatz abweichen: die Vorratsinvestition muß geplant werden; die Produktionskapazitäten können verändert werden:[1] die Anlageinvestition ist zu planen; mit der Investitionsplanung ist das Finanzierungsproblem verknüpft: die Finanzplanung ist simultan zu behandeln. Um trotz dieser Komplizierungen die Analyse relativ einfach zu halten, verzichten wir hier auf die Behandlung der Werbeplanung und auf die Annahme mehrerer Produktionsverfahren für jedes Produkt; beides bietet hier gegenüber der Einperiodenplanung nichts prinzipiell Neues. Ebenso werden wir der Einfachheit halber lineare Nachfragefunktionen und vom Faktoreinsatz unabhängige Faktorpreise annehmen.

Eine Firma sei in der Lage, n Produkte mit den Mengen $x_{1t}, \ldots, x_{nt}$ in der Periode t zu produzieren. Der Preis p_{it}, zu dem sie jedes Produkt in der Periode t absetzen kann, sei eine lineare Funktion aller in dieser Periode auf den Markt gebrachten Mengen $y_{1t}, \ldots, y_{nt}$:

(2.4.1)
$$p_t = f_t + F_t y_t,$$
$$\text{mit } p_t = \begin{pmatrix} p_{1t} \\ \vdots \\ p_{nt} \end{pmatrix}, \quad f_t = \begin{pmatrix} f_{1t} \\ \vdots \\ f_{nt} \end{pmatrix}, \quad F_t = \begin{pmatrix} f_{11t} \ldots f_{1nt} \\ \vdots \\ f_{n1t} \ldots f_{nnt} \end{pmatrix},$$
$$y_t = \begin{pmatrix} y_{1t} \\ \vdots \\ y_{nt} \end{pmatrix},$$
$$f_{ijt} \text{ reelle Konstante für } i \neq j \text{ und } f_{iit} < 0, \ \forall i \in \{1, \ldots, n\}$$
$$\forall t \in \{1, \ldots, T\}.$$

Die Planung laufe bis zur Periode T. Für die Produktion werden m Faktoren mit den Mengen $v_{1t}, \ldots, v_{mt}$ benötigt. Die Input-Matrix in der Periode t sei A_t, so daß zwischen der Produktion x_t und den Faktormengen v_t die Beziehung besteht

(2.4.2)
$$v_t = A_t x_t, \quad v_t = \begin{pmatrix} v_{1t} \\ \vdots \\ v_{mt} \end{pmatrix}, \quad A_t = \begin{pmatrix} a_{11t} \ldots a_{1nt} \\ \vdots \\ a_{m1t} \ldots a_{mnt} \end{pmatrix}, \quad a_{ijt} \geq 0$$

1 Der Einfachheit halber nehmen wir die Lagerkapazität als gegeben an. Ihre Planung bringt gegenüber der Planung der Produktionskapazität theoretisch nichts Neues.

Die Faktorkosten pro Einheit seien $k'_t = (k_{1t} \ldots k_{mt})$. In der Periode t stehen die Faktormengen $\bar{v}'_t = (\bar{v}_{1t} \ldots \bar{v}_{mt})$ zur Verfügung, so daß

(2.4.3) $$A_t x_t \leqslant \bar{v}_t$$

gelten muß. $\bar{v}_t$ beschränkt die *Produktionskapazität* in der Periode t. Sie ergibt sich aus der Produktionskapazität der Investitionsgüter der verschiedenen Anschaffungsperioden. Es sei $b_{j\tau}$ die in der Periode τ investierte Menge des Faktors j, also $(b_{1\tau}, \ldots, b_{m\tau})$ das in der Periode τ gekaufte Faktorpaket;[1] es möge gleich in der Periode τ produktionsbereit sein. Von den in der Periode τ gekauften Faktormengen der Art j steht in der Periode t, $t \geqslant \tau$, der Bruchteil $r_{j\tau t} \geqslant 0$ zur Verfügung.

Wenn T_j die Zahl der Perioden ist, in denen ein Investitionsgut der Art j Leistungen abgibt, so ist

(2.4.4) $$\sum_{\vartheta=\tau}^{\tau+T_j} r_{j\tau\vartheta} = 1 \text{ und } r_{j\tau\vartheta} = 0, \quad \forall\, \vartheta > \tau + T_j$$

Die $r_{j\tau\vartheta}$ sind vorgegeben und werden zu einer Diagonalmatrix $R_{\tau t}$ zusammengestellt. Dann ist

(2.4.5) $$\bar{v}_t = \sum_{\tau=-\infty}^{t} R_{\tau t} b_\tau$$

mit
$$R_{\tau t} = \begin{bmatrix} r_{1\tau t} & & \\ & \ddots & \\ & & r_{m\tau t} \end{bmatrix}, \quad b_\tau = \begin{bmatrix} b_{1\tau} \\ \vdots \\ b_{m\tau} \end{bmatrix}, \qquad \forall\, t \in \{1, \ldots, T\}$$

Für laufend verbrauchte Faktoren j ist $r_{j\tau\tau} = 1$ und $r_{j\tau\vartheta} = 0$, $\forall\, \vartheta > \tau$

Schließlich gibt es ein „Minimalpaket" $\bar{b}_j$ von Faktoren der Art j, das gekauft werden muß, was sich als

(2.4.6) $$b_\tau \geqslant \bar{b}_\tau$$

ausdrücken läßt mit $$b_\tau = \begin{bmatrix} b_{1\tau} \\ b_{m\tau} \end{bmatrix}, \qquad \bar{b} = \begin{bmatrix} \bar{b}_1 \\ \bar{b}_m \end{bmatrix}.$$

Damit ist der Investitionsprozeß einschließlich des laufenden Faktorverbrauchs beschrieben.

---

1 Wir rechnen ein Investitionsgut mit der Zahl der Faktormengen (z. B. Maschinenstunden), die es im Laufe seiner Lebenszeit hergibt. Bei Sicherheit ist diese Zahl beim Kauf des Gutes bekannt.

Die *Ausgaben* für die Investition und für den laufenden Faktorverbrauch in der Periode t sind dann

(2.4.7) $k_t' b_t$

Der *Lagerbestand* $z_t' = (z_{1t}, \ldots, z_{nt})$ am Ende der Periode t ist

(2.4.8) $z_t = z_{t-1} + x_t - y_t$

Die *Lagerkapazität* $\bar{z}' = (\bar{z}_{1t}, \ldots, \bar{z}_{nt})$ sei exogen vorgegeben. Die Vorratsbeschränkung ist dann

(2.4.9) $z_t \leqslant \bar{z}_t$

Die *Lagerhaltungskosten* pro Einheit seien $l_t' = (l_{1t}, \ldots, l_{nt})$; insgesamt in der Periode t also:

(2.4.10) $l_t' \cdot z_t$

Natürlich kann in einer Periode nicht mehr abgesetzt werden, als auf Lager und produziert ist:

(2.4.11) $y_t \leqslant z_{t-1} + x_t$

Die *finanziellen Begrenzungen* der Entscheidungen der Firma liegen in der maximalen Verschuldung $\bar{d}_t$ in der Periode t; wir nehmen sie als exogen gegeben an. Somit muß für den Schuldenbestand d_t am Ende der Periode t gelten

(2.4.12) $d_t \leqslant \bar{d}_t$,

und die Liquiditätsbedingung in der Periode t ist

(2.4.13) $Q(t) + d_t - d_{t-1} \geqslant 0$,

wobei Q (t) den Überschuß der Einnahmen über die Ausgaben in der Periode t bedeutet.[1]

Die *Zinskosten* pro Schuldeneinheit und pro Periode t seien r_t, so daß die Zinskosten insgesamt in der Periode t

1 (2.4.13) impliziert, daß dieser Überschuß, wenn er positiv ist, in der gleichen Periode zur Rückzahlung von Schulden oder als Liquiditätsreserve verwandt wird. Diese Annahme ist nur eine unter vielen möglichen; die Finanzierungsentscheidungen können natürlich auch viel komplizierter sein. Vgl. hierzu *Albach*, Investition und Liquidität, Wiesbaden 1962.

(2.4.14) $r_t \cdot d_t$

sind.

Die fixen Kosten seien $\overline{K}$.

Das Ziel der Firma sei die Maximierung des auf die Gegenwart diskontierten Einnahmeüberschusses Q (t) für die Planungsperiode:

$$\overline{Q} = \sum_{t=1}^{T} Q(t) \cdot \rho^t,$$

wobei ρ der vorgegebene Diskontfaktor ist. Damit lautet die Planungsaufgabe:

(2.1.15) $$-\overline{Q} = -\sum_{t=1}^{T} Q(t) \cdot \rho^t$$

mit $$Q(t) = f_t' \cdot y_t + y_t' F_t' a_t - k_t' b_t - l_t' \left(z_o + \sum_{\tau=1}^{t} (x_\tau - y_\tau)\right) - r_t d_t - \overline{K}_t$$

soll minimiert werden mit Rücksicht auf die *Entscheidungsvariablen* x_t, y_t, b_t, d_t unter den Nebenbedingungen

(2.4.16) $$g_{1t} := A_t x_t - \sum_{\tau=-\infty}^{t} R_{\tau t} b_\tau \leqslant 0$$ (Kapazitätsbedingung)

(2.4.17) $$g_{2t} := -b_t + \overline{b}_t \leqslant 0$$ (Bedingung für minimale Faktorpakete)

(2.4.18) $$g_{3t} := z_o + \sum_{\tau=1}^{t} (x_\tau - y_\tau) - \overline{z}_t \leqslant 0$$ (Lagerbegrenzung)

(2.4.19) $$g_{4t} := \sum_{\tau=1}^{t} (y_\tau - x_\tau) - z_o \leqslant 0$$ (Absatzbegrenzung)

(2.4.20) $$g_{5t} := -Q(t) - d_t + d_{t-1} \leqslant 0$$ (Liquiditätsbegrenzung)

(2.4.21) $$g_{6t} := d_t - \overline{d}_t \leqslant 0$$ (Verschuldungsgrenze)

Es ist meist sinnvoll, noch *Endbedingungen* für die Produktionskapazität, die Lagerbestände und die Maximalverschuldung in der Endperiode vorzugeben, weil die Firma in der Regel nach der Endperiode T weiterexistieren soll und andernfalls, wie man annehmen darf, die Programmierung mit der Produktionskapazität und dem Lagerbestand Null und der maximalen Verschuldung enden würde. Die Endverschuldung kann durch entsprechende Festlegung von $\overline{d}_T$ reguliert werden, so daß wir hierfür keine besondere Nebenbedingung benötigen. Wir fügen also noch hinzu:

(2.4.22) $$g_{7t} := -\sum_{\tau=-\infty}^{T} R_{\tau T} b_\tau + \overline{\overline{v}}_T \leqslant 0, \quad \overline{\overline{v}}_T = \begin{pmatrix} \overline{\overline{v}}_{1T} \\ \vdots \\ \overline{\overline{v}}_{mT} \end{pmatrix}$$ vorgegeben

(2.4.23) $$g_{8t} := -z_0 - \sum_{\tau=1}^{T} (x_\tau - y_\tau) + \bar{\bar{z}}_T \leqslant 0, \quad \bar{\bar{z}}_T = \begin{pmatrix} \bar{\bar{z}}_{1T} \\ \vdots \\ \bar{\bar{z}}_{nT} \end{pmatrix} \text{ vorgegeben.}$$

Die *Anfangs*bedingungen des Lagerbestandes z_0, der früheren Investitionen b_0, b_{-1}, ... und der Verschuldung d_0 sind natürlich ebenfalls vorgegeben. Und schließlich müssen noch die *Nichtnegativitätsbedingungen* hinzugefügt werden, und alle Nebenbedingungen müssen für alle t gelten:

(2.4.24) $$x_t, y_t, b_t, d_t \geqslant 0, \quad \forall\, t \in \{1, \ldots, T\}.$$

Die Lösung der Programmierungsaufgabe (2.4.15–24) ergibt das optimale Produktions-, Absatz- (und damit Lagerhaltungs-), Investitions- und Finanzierungsprogramm.

Die *Kuhn-Tucker-Bedingungen* geben notwendige Bedingungen für die Lösung.

Die Lagrange-Funktion ist

(2.4.25) $$\Phi = -\bar{Q} + \sum_{t=1}^{T} \sum_{i=1}^{8} \lambda'_{it}\, g_{it},$$

wobei die λ'_{it} Vektoren von Lagrangeschen Vektoren sind mit der folgenden Bedeutung:[1]

$\lambda'_{1t} = (\lambda_{11t} \cdots \lambda_{1mt})$	die Schattenpreise der Faktoren (oder: die Schattenpreise der Produktionskapazitäten der Faktoren)
$\lambda'_{2t} = (\lambda_{21t} \cdots \lambda_{2mt})$	die Schattenpreise der Paketgliederung der Faktoren, d. h. die Kosten dafür, daß Faktorleistungen „en bloc" eingekauft werden müssen
$\lambda'_{3t} = (\lambda_{31t} \cdots \lambda_{3nt})$	die Schattenpreise der Lagerkapazität für die Endprodukte
$\lambda'_{4t} = (\lambda_{41t} \cdots \lambda_{4nt})$	die Schattenpreise der Endprodukte
$\lambda'_{5t} = (\lambda_{51t})$	der Schattenpreis der Liquidität (oder: der Wert einer zusätzlichen baren Geldeinheit)
$\lambda'_{6t} = (\lambda_{61t})$	der Schattenpreis der Verschuldungsgrenze

Dies gilt für alle Perioden $t \in \{1, \ldots, T\}$.

1 Wegen der Ableitung dieser Bedeutungen vgl. den II. Abschnitt dieses Kapitels, Anm. 1 zu Ungleichung (2.2.12a) und Gleichung (2.2.42).

$\lambda'_{7T} = (\lambda_{71T} \ldots \lambda_{7mt})$ die Schattenpreise der Faktorbestände am Ende der Planungsperiode T

$\lambda'_{8T} = (\lambda_{81T} \ldots \lambda_{8nT})$ die Schattenpreise der Endproduktbestände am Ende der Planungsperiode T

Die *Kuhn-Tucker-Bedingungen* sind dann

$$(2.4.26) \qquad \frac{\partial \Phi}{\partial x_t} = \sum_{\tau=t}^{T} l_\tau \rho^\tau + A'_t \lambda_{1t} + \sum_{\tau=t}^{T} (\lambda_{3\tau} + \lambda_{5\tau} l_\tau) - \sum_{\tau=t}^{T} \lambda_{4\tau} - \lambda_{8T} \geqslant 0$$

$$(2.4.26a) \qquad x'_t \frac{\partial \Phi}{\partial x_t} = 0\,, \quad x_t \geqslant 0\,,$$

oder

$$(2.4.26') \qquad \frac{\partial E^{opp}}{\partial x_t} - \frac{\partial K_L}{\partial x_t} - \frac{\partial K^{opp}}{\partial x_t} \leqslant 0$$

mit

$\frac{\partial E^{opp}}{\partial x_t} = \sum_{\tau=t}^{T} \lambda_{4\tau} + \lambda_{8T}$ den *Opportunitäts-Grenzerlösen* aus der Mehrproduktion einer (kleinen) Einheit jedes Endproduktes; sie sind die Summe der Schattenpreise dieser Produkte von der Periode t zur Periode T und der Schattenpreise der Endprodukt-Vorräte am Ende der Periode T;

$\frac{\partial K_L}{\partial x_t} = \sum_{\tau=t}^{T} l_\tau \rho^\tau$ den auf die Gegenwart *diskontierten Grenz-Lagerkosten* durch zusätzliche Produktion einer (kleinen) Einheit jedes Produktes in der Periode t

$\frac{\partial K^{opp}}{\partial x_t} = A'_t \lambda_{1t} + \sum_{\tau=1}^{T} (\lambda_{3\tau} + \lambda_{5\tau} l_\tau)$

den *Opportunitäts-Grenzkosten* der Produktion, der Lagerung und der Finanzierung einer zusätzlichen (kleinen) Einheit der Endprodukte.

(2.4.26 und 26a) besagen also, daß nur *solche Produkte produziert werden, bei denen die Opportunitäts-Grenzerlöse gleich den gesamten Grenzkosten (einschl. Opportunitäts-Grenzkosten)* sind.

Weitere Kuhn-Tucker-Bedingungen sind:

(2.4.27) $$\frac{\partial \Phi}{\partial y_t} = -(f_t + 2F_t y_t) \cdot \rho^t - \sum_{\tau=t}^{T} l_\tau \rho^\tau - \sum_{\tau=t}^{T} \lambda_{3\tau} + \sum_{\tau=1}^{T} \lambda_{4\tau} - \lambda_{5t}(f_t + 2F_t y_t) - \sum_{\tau=1}^{T} \lambda_{5\tau} l_\tau + \lambda_{8T} \geqslant 0$$

(2.4.27a) $$y_t' \frac{\partial \Phi}{\partial y_t} = 0, \qquad y_t \geqslant 0$$

oder

(2.4.27') $$\frac{\partial E}{\partial y_t} + \frac{\partial E^{opp}}{\partial y_t} - \frac{\partial K^{opp}}{\partial y_t} \leqslant 0$$

mit

$$\frac{\partial E}{\partial y_t} = (f_t + 2F_t y_t)\,\rho^t + \sum_{\tau=t}^{T} l_\tau \rho^\tau$$

den *auf die Gegenwart diskontierten Netto-Grenzerlösen* aus dem Mehrabsatz einer (kleinen) Einheit jedes Produktes; sie setzen sich aus den eigentlichen Grenzerlösen und den Einsparungen an Lagerkosten bis zum Ende der Planungsperiode zusammen;

$$\frac{\partial E^{opp}}{\partial y_t} = \lambda_{5t}(f_t + 2F_t y_t) + \sum_{\tau=t}^{T} \lambda_{3\tau} + \lambda_{5\tau} l_\tau$$

den *Opportunitäts-Grenzerlösen des Absatzes;* sie setzen sich aus dem Liquiditäts-Grenzerlös in der Periode t, der Einsparung an Werten der Lagerungskapazität und an Lagerfinanzierung (bewertet zu Schattenpreisen der Liquidität) zusammen;

$$\frac{\partial K^{opp}}{\partial y_t} = \sum_{\tau=1}^{T} \lambda_{4\tau} + \lambda_{8T}$$

den *Opportunitätsgrenzkosten des Mehrabsatzes* einer (kleinen) Einheit, nämlich der Summe der Schattenpreise der Produkte in der Zukunft, vermehrt um den Wert des Bestandes einer zusätzlichen (kleinen) Einheit am Ende der Planungsperiode.

(2.4.27 und 27a) besagen also, daß *nur solche Produkte abgesetzt werden, bei denen die gesamten Grenzerlöse (tatsächliche und Opportunitäts-Grenzerlöse) gleich den Opportunitäts-Grenzkosten sind.*

Weitere Kuhn-Tucker-Bedingungen sind

(2.4.28) $$\frac{\partial \Phi}{\partial b_t} = k_t \cdot \rho^t - \sum_{\tau=t}^{T} R_{t\tau}' \lambda_{1\tau} - \lambda_{2t} + \lambda_{5t} k_t - R_{tT}' \lambda_{7T} \geqslant 0\,,$$

(2.4.28a) $$b_t' \frac{\partial \Phi}{\partial b_t} = 0\,;\; b_t' \geqslant 0$$

oder

(2.4.28') $$\frac{\partial E^{opp}}{\partial b_t} - \frac{\partial K}{\partial b_t} - \frac{\partial K^{opp}}{\partial b_t} \leqslant 0$$

mit

$$\frac{\partial E^{opp}}{\partial b_t} = \sum_{\tau=t}^{T} R'_{t\tau}\lambda_{1\tau} + \lambda_{2t} + R'_{tT}\lambda_{7T}$$ den *Opportunitäts-Grenzerlösen aus einer Vergrößerung der Kapazität;* sie setzen sich aus dem Wert der Vergrößerung der Kapazität um eine (kleine) Einheit, dem Wert des „en bloc"-Kaufs der Faktoren und dem Wert einer zusätzlichen (kleinen) Faktorbestandseinheit am Ende der Periode zusammen

$$\frac{\partial K}{\partial b_t} = k_t \cdot \rho^t$$ den *auf die Gegenwart diskontierten Grenzkosten* der Faktoren

$$\frac{\partial K^{opp}}{\partial b_t} = \lambda_{5t}k_t$$ den *Opportunitäts-Grenzkosten der Faktorkäufe,* d. h. den Schattenkosten der Liquidität, die für den Kauf der Faktoren hat aufgewandt werden müssen.

(2.4.28 und 28a) besagen also, daß *nur dann Faktoren gekauft werden, wenn ihre Opportunitäts-Grenzerlöse gerade so groß sind wie ihre gesamten Grenzkosten; letztere setzen sich aus den tatsächlichen diskontierten Grenzkosten und den Opportunitäts-Grenzkosten zusammen.*

Schließlich gehören noch zum ersten Satz der Kuhn-Tucker-Bedingungen:

(2.4.29) $$\frac{\partial \Phi}{\partial d_t} = r_t \cdot \rho^t + \lambda_{5t}r_t - \lambda_{5t} + \lambda_{6t} \geqslant 0$$

(2.4.29a) $$d_t \cdot \frac{\partial \Phi}{\partial d_t} = 0 \text{ , } d_t \geqslant 0$$

oder

(2.4.29') $$\frac{\partial E^{opp}}{\partial d_t} - \frac{\partial K}{\partial d_t} - \frac{\partial K^{opp}}{\partial d_t} \leqslant 0$$

mit

$$\frac{\partial E^{opp}}{\partial d_t} = \lambda_{5t}$$ dem *Opportunitäts-Grenzerlös* der Schuldenaufnahme, d. h. dem Wert einer zusätzlichen Geldeinheit

$$\frac{\partial K}{\partial d_t} = r_t\rho^t$$ den *auf die Gegenwart diskontierten Grenzkosten* der Schuldenaufnahme

$\frac{\partial K^{opp}}{\partial d_t} = \lambda_{5t} r_t + \lambda_{6t}$ den *Opportunitäts-Grenzkosten der Schuldenaufnahme,* d. h. der Werteinbuße durch den Liquiditätsverlust durch die Zinszahlung und den Schattenpreis der Verschuldung.

(2.4.29 und 29a) besagen also, daß *Schulden nur dann bestehen dürfen, wenn der Opportunitäts-Grenzerlös der Schuldenaufnahme so groß ist wie die gesamten Grenzkosten der Schuldenaufnahme.*

Der zweite Satz der Kuhn-Tucker-Bedingungen, der hier nicht wiedergegeben wird, wiederholt zunächst alle Nebenbedingungen (2.4.16–23) und stellt dann fest, daß alle Schattenpreise λ nicht negativ sein dürfen und dann null sein müssen, wenn die zugehörige Beziehung in (2.4.16–23) als strikte Ungleichung erfüllt ist. Die Schattenpreise der Faktoren sind also in allen den Perioden t Null, in denen nach (2.4.16) mehr Faktoren verfügbar sind als benötigt werden; die Schattenpreise der „en bloc"-Einkäufe der Faktoren sind Null, wenn es optimal ist, tatsächlich *mehr* von den Faktoren zu kaufen als die minimal mögliche Menge usw.

Wie man sieht, sind auch hier die Kuhn-Tucker-Bedingungen ökonomisch verstehbar, und wenn man sich in ihre Bedeutung vertieft – über die Andeutungen hinaus, die hier gegeben werden konnten – , erhält man interessante Einblicke in die Gesetzmäßigkeiten einer Mehrperioden-Planung.

Vereinfachung

Ist der ökonomische Horizont nur eine Periode (T = 1) weit, sind die Faktoren genau für eine Periode einzukaufen ($R_{11} = I$, $R_{\tau 1} = 0 \;\forall \tau \in \{0, -1, \ldots\}$), ist die Vorratsänderung Null ($x_1 = y_1$, so daß (2.4.18 und 19) fortfallen) und bestehen keine Finanzierungsgrenzen und keine Endbedingungen (so daß (2.4.20 –23) fortfallen), so wird aus der Programmierungsaufgabe (2.4.15–23) der Ansatz für die Einperioden-Gewinnmaximierung einer Mehrprodukten-Unternehmung bei Mengenpolitik

(2.4.30) $$Q = f'x + x'Fx - k'Ax - \overline{K} = \max_x !$$

(2.4.31) $$Ax \leqslant \overline{b}$$

(2.4.32) $$x \geqslant 0,$$

den wir im folgenden Abschnitt zunächst weiterbehandeln, wenn wir die *Unsicherheit* über zukünftige Größen berücksichtigen.

V. Abschnitt

Die Mehrproduktfirma bei Unsicherheit. Gewinnmaximierung, Walras-Leontief-Produktionsfunktionen. Mengenpolitik

„Unsicherheit" heißt, daß einige oder alle Daten des Problems, z.B. die numerischen Werte der Parameter, nicht genau bekannt sind. Dies wird in der Praxis die Regel sein, und insofern sind die vorigen Abschnitte nur als Vorbereitung auf diesen Abschnitt aufzufassen. Wegen des Rechenaufwandes, der mit den meisten Unsicherheitsproblemen verbunden ist, wenn man eine optimale Lösung erhalten will, wird man sich trotzdem auch in vielen praktischen Fällen mit Annahmen über die numerischen Werte der Parameter des Problems zufrieden geben, so daß die vorigen Abschnitte ihren Wert auch für die Praxis behalten.

„Unsicherheit" kann in zwei Formen[1] vorliegen: dem Fall des *Risikos,* bei dem die *Wahrscheinlichkeitsverteilung* der Parameter bekannt ist, und dem Fall der *eigentlichen Unsicherheit,* wo diese Verteilung nicht bekannt ist. Wir behandeln hier nur den Risikofall,[2] der auch praktisch der bei weitem wichtigste ist.

1. Optimale Entscheidungen bei Risiko

Es ist nicht selbstverständlich, was bei einer vorgegebenen Zielfunktion (z.B. bei Gewinnmaximierung) als „optimal" im Risikofall gelten soll. Um hier weiterzukommen, muß man axiomatisch vorgehen. Es gibt verschiedene Axiomatiken des rationalen Risikoverhaltens:[3] eine, deren Grundidee von v. Neumann und Morgenstern stammt, steht aber ganz im Vordergrund.[4] Wir akzeptieren auf der Basis der folgenden Definitionen die im folgenden angegebenen fünf Axiome.

Definitionen:

Es sei $C = (u, p)$ mit $0 \leqslant p \leqslant 1$, u beliebig, ein Zahlenpaar, genannt *Chance;* anschaulich: die Wahrscheinlichkeit p, einen (meßbaren) Nutzen u zu erhalten. Weiter sei $\alpha = \{(u_1, p_1); \ldots; (u_n, p_n)\}$ mit $p_i \geqslant 0$, $\sum_{i=1}^{n} p_i = 1$, u_i beliebig, $i \in \{1, \ldots, n\}$, ein *Chancenbündel.* $\sim$ bedeutet: gleichgeschätzt, $\succ$ vorgezogen. Dann sollen die folgenden Axiome gelten:

---

1 Diese Terminologie stammt von *Knight,* Risk, Uncertainty and Profits, Boston, New York 1921, Kap. VII, S. 197–232, und ist weitgehend akzeptiert.

2 Bei wirklicher Unsicherheit gibt es keine rationale Entscheidung: wo sozusagen alles möglich ist, ohne daß Wahrscheinlichkeiten existieren, hört jede Kalkulation auf. Existieren jedenfalls Grenzen der Unsicherheit, so kann man noch eine Axiomatik des rationalen Verhaltens aufstellen; vgl. *Krelle,* Präferenz- und Entscheidungstheorie, Tübingen 1968, S. 175 ff.

3 Vgl. *Krelle,* Präferenz- und Entscheidungstheorie, a.a.O., S. 138 ff.

4 Vgl. *Krelle,* Präferenz- und Entscheidungstheorie, a.a.O., Axiomensystem A, S. 138 ff. Die folgenden Behauptungen sind dort bewiesen.

1. Nullchancenaxiom

$$\{ (u, O); C_1; \ldots ; C_n \} \sim \{ C_1; \ldots ; C_n \}$$

Eine „Nullchance“ (u, o) kann in jedem Chancenbündel gestrichen werden, ohne dessen Wertschätzung zu ändern.

2. Wahrscheinlichkeitsdominanz

In den Chancenbündeln

$\alpha = \{ (u_1, p_1); \ldots ; (u_n, p_n) \}$ und $\beta = \{ (u_1, q_1); \ldots ; (u_n, q_n) \}$

gelte $u_1 \leqslant u_2 \leqslant \ldots \leqslant u_n$.

Falls $\sum_{i=1}^{k} p_i \leqslant \sum_{i=1}^{k} q_i \;\; \forall\, k \in \{ 1, \ldots , n \}$, so gilt $\alpha \gtrsim \beta$.

Unterscheiden sich zwei Chancenbündel nur dadurch, daß die Wahrscheinlichkeitsmasse bei einem Chancenbündel zu größerem Nutzen hin verschoben ist, so wird dieses Chancenbündel vorgezogen.

3. Nutzenstetigkeit

Der Nutzen u kann alle Zahlen zwischen zwei vorgegebenen Zahlen annehmen.

4. Wahrscheinlichkeits-Stetigkeit

Die Wahrscheinlichkeiten können alle Zahlen zwischen 0 und 1 annehmen.

5. Unabhängigkeitsaxiom:

Sei $\alpha = \{ C_1; \ldots ; C_k; C_{k+1}; \ldots ; C_n \}$ und $\beta = \{ C_1; \ldots ; C_k; D_{k+1}; \ldots ; D_m \}$ und $\alpha \sim \beta$. Dann soll auch

$$\widetilde{\alpha} \sim \widetilde{\beta} \text{ sein mit } \widetilde{\alpha} = \{ \widetilde{C}_1; \ldots ; \widetilde{C}_k; C_{k+1}; \ldots ; C_n \}$$

$$\text{und } \widetilde{\beta} = \{ \widetilde{C}_1; \ldots ; \widetilde{C}_k; D_{k+1}; \ldots ; D_m \}$$

In äquivalenten Chancenbündeln mit zum Teil übereinstimmenden Chancen können also die übereinstimmenden Chancen gegen beliebige andere, ebenfalls übereinstimmende, ausgewechselt werden, ohne die Äquivalenz zu beeinträchtigen.

Aus diesen Axiomen folgt die Existenz einer beliebigen, streng monoton steigenden Funktion $\varphi(u)$, genannt *Risikopräferenzfunktion,* derart, daß ein Chancenbündel $\alpha = \{(u_1, p_1), \ldots, (u_n, p_n)\}$ einem Chancenbündel $\beta = \{(v_1, q_1), \ldots, (v_m, q_m)\}$ dann und nur dann vorgezogen oder gleichgeschätzt wird: $\alpha \gtrsim \beta$, falls

$$(2.5.1) \qquad \sum_{i=1}^{n} \varphi(u_i)\, p_i \geqslant \sum_{j=1}^{m} \varphi(v_j)\, q_j\,.$$

Ist $\varphi(u)$ konvex, so spricht man von *Risikofreude,* ist es konkav, von *Risikoscheu,* ist es linear, von *Normalverhalten gegenüber dem Risiko.* Letzteres ist identisch mit dem Prinzip der *Gewinnerwartung,* wenn u als *Gewinn* interpretiert wird (vgl. *Fig. 2.5.2*).

Diese Theorie liegt den folgenden Ausführungen zugrunde.

Fig. 2.5.2

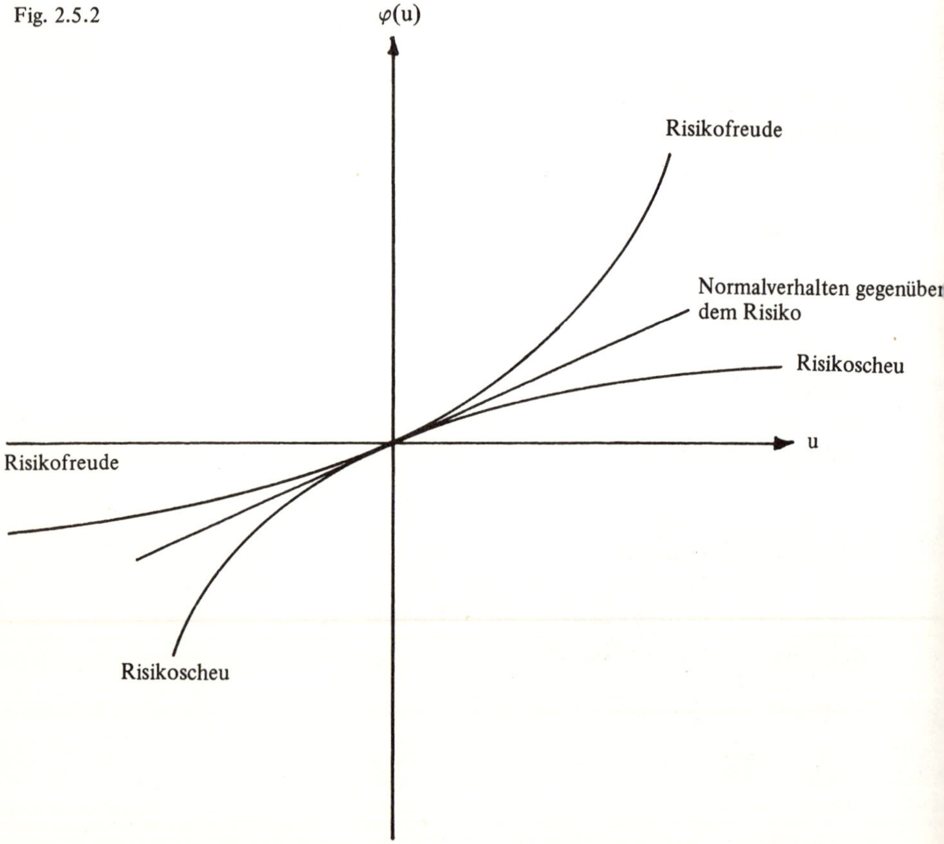

2. Einperiodenplanung

Bei *Sicherheit* wäre die Programmierungsaufgabe jetzt wie in (2.4.30–32):

(2.5.3) $$Q = f'x + x'Fx - k'Ax - \overline{K} = \max_{x}!$$

(2.5.4) $$Ax \leqslant b$$

(2.5.5) $$x \geqslant 0\,,$$

wobei $x = \begin{pmatrix} x_1 \\ \vdots \\ x_n \end{pmatrix}$ der Vektor der Produktionsmengen

$p = \begin{pmatrix} p_1 \\ \vdots \\ p_n \end{pmatrix}$ der Vektor der Endproduktpreise

$p = f + Fx$ die inverse Nachfragefunktion (vgl. (2.4.1))

$k' = (k_1 \dots k_m)$ der Vektor der Faktorpreise

$A = \begin{pmatrix} a_{11} \dots a_{1n} \\ \vdots \\ a_{m1} \dots a_{mn} \end{pmatrix}$ die Input-Matrix

$b = \begin{pmatrix} b_1 \\ \vdots \\ b_m \end{pmatrix}$ der Vektor der maximal verfügbaren Faktormengen

ist.

Q ist dann der *Gewinn* der Firma.

Bei *Risiko* sind alle oder einige Elemente von f, F, k, A, $\overline{K}$, b stochastisch. Je nachdem, welche Elemente stochastisch sind und wie eine mögliche Verletzung von Nebenbedingungen behandelt werden soll, müssen wir *verschiedene Fälle* unterscheiden.

a. *Nur Elemente, die allein in der Zielfunktion vorkommen, also Elemente von f, F, k, K sind stochastisch, dagegen nicht Elemente, die auch oder allein in den Nebenbedingungen vorkommen (also nicht die Elemente von A und b).*

Wir nehmen an, es existieren *diskrete Wahrscheinlichkeitsverteilungen* für f, F, k und $\overline{K}$, und diese Verteilungen seien statistisch *unabhängig*. Es seien

$$(f(i), w_i)\,,\; i \in \{1, \dots, I\},\; w_i \geqslant 0,\; \sum_{i=1}^{I} w_i = 1$$

$$(F(j), v_j)\,,\; j \in \{1, \dots, J\},\; v_j \geqslant 0,\; \sum_{j=1}^{J} v_j = 1$$

(2.5.6)
$$(k(h), r_h),\ h \in \{1, \ldots, H\},\ r_h \geqslant 0,\ \sum_{h=1}^{H} r_h = 1$$
$$(\bar{K}(l), s_l),\ l \in \{1, \ldots, L\},\ s_l \geqslant 0,\ \sum_{l=1}^{L} s_l = 1$$

diese Wahrscheinlichkeitsverteilungen. Ein *Zustand* ζ ist eine Realisation aller dieser Zufallsgrößen. Es gibt $z = I \cdot J \cdot H \cdot L$ mögliche Zustände. Wir bezeichnen einen bestimmten Zustand[1] mit $\zeta = (f_\zeta, F_\zeta, k_\zeta, \bar{K}_\zeta)$. Er tritt ein mit der Wahrscheinlichkeit $W_\zeta = w_\zeta \cdot v_\zeta \cdot r_\zeta \cdot s_\zeta \geqslant 0$. Es ist $\sum_{\zeta=1}^{z} W_\zeta = 1$. Der *Gewinn* Q_ζ ist also

(2.5.7)
$$Q_\zeta = f'_\zeta x + x' F_\zeta x - k'_\zeta Ax - \bar{K}_\zeta,$$

und er tritt ein mit der Wahrscheinlichkeit W_ζ, $\zeta \in \{1, \ldots, z\}$.

Die Firma muß sich nun über ihre *Risikowilligkeit* klar werden, d. h. eine *Risikopräferenzfunktion* $\varphi(Q)$ festlegen. Ist dies geschehen, so ist das optimale Produktionsprogramm durch die Lösung der folgenden Aufgabe bestimmt:

(2.5.8)
$$\sum_{\zeta=1}^{z} \varphi(Q_\zeta) \cdot W_\zeta = \sum_{\zeta=1}^{z} \varphi(f'_\zeta x + x' F_\zeta x - k'_\zeta Ax - \bar{K}_\zeta) \cdot W_\zeta = \max_x!$$

(2.5.9)
$$Ax \leqslant b$$

(2.5.10)
$$x \geqslant 0.$$

Dies ist wegen der linearen Nebenbedingungen eine relativ einfach lösbare nichtlineare Programmierungsaufgabe; es gibt mehrere Lösungsverfahren dafür.[2] Natürlich kann man wieder die *Kuhn-Tucker-Bedingungen* aufstellen und interpretieren. Wir verzichten hierauf.

Im Falle einer *linearen Risikopräferenzfunktion,* d. h. bei Normalverhalten gegenüber dem Risiko, hat man nach (2.5.8) einfach die *Gewinnerwartung* zu maximieren. Bei Abweichung vom Normalverhalten wählt man häufig $\varphi(Q) = Q^\alpha$, mit $0 < \alpha < 1$: Risikoscheu bzw. $\alpha > 1$:Risikofreude; oder $\varphi(Q) = Q + \alpha Q^2$ für $Q \leqslant \bar{Q}$; oder $\varphi(Q) = \log Q$ für $Q > 0$.

b. Auch die Elemente in den Nebenbedingungen sind stochastisch.

Zusätzlich zu (2.5.6) hat man jetzt noch die als unabhängig angenommenen Wahrscheinlichkeitsverteilungen

---

1 Der Index ζ bezeichnet diejenige Realisation der Zufallsvariablen, die zu dem Zustand ζ führt. Die Gleichbezeichnung von Index und Zustand kann wohl nicht zu Irrtümern führen.

2 Vgl. hierzu z. B. *Künzi* und *Krelle,* Nichtlineare Programmierung, Berlin, Göttingen, Heidelberg 1962; *Abadie* (Editor), Nonlinear Programming, Amsterdam 1967; *derselbe* Integer and Nonlinear Programming, Amsterdam, London 1970.

$$(2.5.11)\qquad \begin{aligned} &(A(c), g_c),\ c \in \{1, \ldots, C\},\ g_c \geqslant 0,\ \sum_{c=1}^{C} g_c = 1 \\ &(b(d), q_d),\ d \in \{1, \ldots, D\},\ q_d \geqslant 0,\ \sum_{d=1}^{D} q_d = 1 \end{aligned}$$

Ein *Zustand* ζ ist jetzt eine bestimmte Realisation der Vektoren und Matrizen $f(i)$, $F(j)$, $k(h)$, $\overline{K}(l)$, $A(c)$, $b(d)$. Es gibt $Z = I \cdot J \cdot H \cdot L \cdot C \cdot D$ mögliche Zustände. Ein bestimmter Zustand wird mit $\zeta = (f_\zeta, F_\zeta, k_\zeta, \overline{K}_\zeta, A_\zeta, b_\zeta)$ bezeichnet; er tritt mit der Wahrscheinlichkeit $\hat{W}_\zeta = w_\zeta \cdot v_\zeta \cdot r_\zeta \cdot s_\zeta \cdot g_\zeta \cdot q_\zeta$ ein, und es ist $\sum_{\zeta=1}^{Z} \hat{W}_\zeta = 1$.

Der allgemeine *Ansatz* ist dann:

$$(2.5.12)\qquad \sum_{\zeta=1}^{Z} \varphi(\hat{Q}_\zeta) \cdot \hat{W}_\zeta = \max_x!$$

mit $\qquad \hat{Q}_\zeta = f'_\zeta x + x' F_\zeta x - k'_\zeta A_\zeta x - \overline{K}_\zeta$

unter den Nebenbedingungen

$$(2.5.13)\qquad A_\zeta x \geqslant b_\zeta$$

$$(2.5.14)\qquad x \geqslant 0.$$

Jetzt können aber unter Umständen auch Realisationen der Zufallsgrößen in den Nebenbedingungen (also Realisationen der Elemente von A und b) eintreten, die die Nebenbedingungen verletzen. Was soll dann geschehen? Das ist nicht eindeutig zu beantworten, und so müssen wir verschiedene Möglichkeiten in Betracht ziehen.

1. Möglichkeit: die Nebenbedingungen dürfen unter keinen Umständen verletzt werden.

Dann wird alles wieder relativ einfach: es dürfen nur solche Produktionsprogramme ins Auge gefaßt werden, bei denen eine Verletzung der Nebenbedingungen mit Wahrscheinlichkeit Null eintritt. Hierzu konstruieren wir eine Input-Matrix $\overline{A}$ aus den größtmöglichen Realisationen jedes Elementes aller Matrizen $A_1, \ldots, A_Z$. Sei $\overline{a}_{ij}$ das charakteristische Element von $\overline{A}$, $a_{ij\zeta}$ das charakteristische Element der Matrix $A_\zeta, \zeta \in \{1, \ldots, Z\}$, so ist also

$$(2.5.15)\qquad \overline{a}_{ij} = \max(a_{ij1}, \ldots, a_{ijZ})$$

Analog konstruieren wir einen Vektor $\overline{b}$, der aus den kleinsten Elementen aller

Vektoren $b_1, \ldots, b_Z$ besteht. Sei $\overline{b}_j$ das charakteristische Element von b_ζ, $\zeta \in \{1, \ldots, Z\}$, so ist also

$$\overline{b}_j = \min (b_{j1}, \ldots, b_{jZ}) . \tag{2.5.16}$$

Dann lautet die Programmierungsaufgabe

$$\sum_{\zeta=1}^{Z} \varphi (\hat{Q}_\zeta) \hat{W}_\zeta = \max_x !, \quad \hat{Q}_\zeta \text{ wie in (2.5.12)} \tag{2.5.17}$$

$$\overline{A}x \leqslant \overline{b} \tag{2.5.18}$$

$$x \geqslant 0. \tag{2.5.19}$$

Damit sind wir wieder beim Fall a), wo die Elemente in den Nebenbedingungen stochastisch sind.

Die Lösung ist aber so restriktiv, daß sie der Situation in den wenigsten Fällen gerecht wird: mit Rücksicht auf einige meist außerordentlich unwahrscheinliche, ungünstige Kombinationen der Elemente von A_ζ und b_ζ werden Produktionsprogramme unterlassen, die mit größter Wahrscheinlichkeit ausführbar sind und meist erheblich größeren Gewinn bringen. Extreme Risikoscheu ist in der Regel keine gute Politik.

2. Möglichkeit: die Nebenbedingungen dürfen verletzt werden, es entstehen dadurch aber Nachteile in Form höherer Kosten.

Dies ist wohl als Regelfall anzusehen. Aber auch hier gibt es wieder verschiedene Möglichkeiten: die Firma muß z. B. Konventionalstrafen zahlen bei Nichtlieferung, oder sie muß die fehlenden Produkte bei Konkurrenten zu höheren Preisen beschaffen, oder sie muß die *fehlenden Faktoren mit höheren Kosten zukaufen.* Wir behandeln hier nur den letzteren Fall, der im Ansatz etwas schwieriger ist.

Die höheren Faktorpreise, zu denen man die fehlenden Faktoren beschaffen kann, seien ebenfalls nur als Wahrscheinlichkeitsverteilung

$$(\overline{k}(e), t_e), \quad e \in \{1, \ldots, E\}, \; t_e \geqslant 0, \; \sum_{e=1}^{E} t_e = 1 \tag{2.5.20}$$

bekannt. Ein Zustand ζ ist nunmehr eine bestimmte Realisation der Vektoren und Matrizen $f(i)$, $F(j)$, $k(h)$, $\overline{K}(l)$, $A(c)$, $b(d)$, $\overline{k}(e)$, und es gibt $\overline{Z} = I \cdot J \cdot H \cdot L \cdot C \cdot D \cdot E$ mögliche Zustände. Ein bestimmter Zustand wird mit $\zeta = (f_\zeta, F_\zeta, k_\zeta, \overline{K}_\zeta, A_\zeta, b_\zeta, \overline{k}_\zeta)$ bezeichnet,[1] und er tritt mit der Wahrscheinlichkeit $\overline{W}_\zeta = w_\zeta \cdot v_\zeta \cdot r_\zeta \cdot s_\zeta \cdot g_\zeta \cdot q_\zeta \cdot t_\zeta$ ein; es ist $\sum_{\zeta=1}^{\overline{Z}} \overline{W}_\zeta = 1$.

1 Index und Zustand werden wie früher wieder gleich bezeichnet. Das kann wohl zu keinen Mißverständnissen führen.

Es sei $A_\zeta = \begin{pmatrix} a_{11\zeta} \cdots a_{1n\zeta} \\ \vdots \\ a_{m1\zeta} \cdots a_{mn\zeta} \end{pmatrix}$ die Input-Matrix

$a'_{j\zeta} = (a_{j1\zeta} \cdots a_{jn\zeta})$ der j-te Zeilenvektor von A_ζ

$b_\zeta = \begin{pmatrix} b_{1\zeta} \\ \vdots \\ b_{m\zeta} \end{pmatrix}$ der Vektor der verfügbaren Faktormengen

$k_\zeta = \begin{pmatrix} k_{1\zeta} \\ \vdots \\ k_{m\zeta} \end{pmatrix}$ der Vektor der Faktorpreise im Zustand ζ.

Falls die Nebenbedingungen bei dem gewählten Produktionsprogramm x erfüllt sind, d. h. falls

(2.5.21) $A_\zeta x \leqslant b_\zeta$,

gilt der Faktorpreis-Vektor k_ζ. Falls die Nebenbedingung für den j-ten Faktor verletzt wird, d. h. falls

(2.5.22) $a'_{j\zeta} x > b_{j\zeta}$,

muß von diesem Faktor die fehlende Menge $a'_{j\zeta} \cdot x - b_{j\zeta}$ zum höheren Preis $\overline{k}_{j\zeta}$ zugekauft werden.

Wir definieren nun Umschaltvariablen $\delta_{j\zeta} = \begin{cases} 0 \\ 1 \end{cases}$ und $\overline{\delta}_{j\zeta} = \begin{cases} 0 \\ 1 \end{cases}$ derart, daß

(2.5.23)
$$\begin{aligned} &\delta_{j\zeta} = 1, \text{ falls } a'_{j\zeta}\, x \leqslant b_{j\zeta}; \text{ dann muß aber } \overline{\delta}_{j\zeta} = 0 \text{ sein} \\ &\delta_{j\zeta} = 0, \text{ falls } a'_{j\zeta} x > b_{j\zeta}; \text{ dann muß aber } \overline{\delta}_{j\zeta} = 1 \text{ sein.} \end{aligned}$$

Jetzt läßt sich die *Zielfunktion* schreiben:

(2.5.24) $$\sum_{\zeta=1}^{\overline{Z}} \varphi\,(\overline{Q}_\zeta)\, \overline{W}_\zeta = \max!$$

mit

(2.5.24a) $$\overline{Q}_\zeta = f'_\zeta x + x' F_\zeta x - \sum_{j=1}^{m} \delta_{j\zeta}\, k_{j\zeta}\, a'_{j\zeta} \cdot x - \sum_{j=1}^{m} \overline{\delta}_{j\zeta}\, [k_{j\zeta} b_{j\zeta} + \overline{k}_{j\zeta}\, (a'_{j\zeta} x - b_{j\zeta})] - \overline{K}_\zeta$$

Die Bedingungen (2.5.23) lassen sich auch so formulieren:

(2.5.25) $\delta_{j\zeta} + \bar{\delta}_{j\zeta} = 1$

(2.5.26) $\delta_{j\zeta} \cdot (a'_{j\zeta}x - b_{j\zeta}) \leqslant 0$

(2.5.27) $-\bar{\delta}_{j\zeta} \cdot (a'_{j\zeta}x - b_{j\zeta}) \leqslant 0.$

Außerdem gelten die Bedingungen

(2.5.28) $\delta_{j\zeta} = \begin{cases} 0 \\ 1 \end{cases}; \quad \bar{\delta}_{j\zeta} = \begin{cases} 0 \\ 1 \end{cases}, \quad \forall j \in \{1, \ldots, m\}$

$x \geqslant 0 \qquad \forall \zeta \in \{1, \ldots, \bar{Z}\}$

Die ursprünglichen Nebenbedingungen (2.5.18) für die Faktorbegrenzungen fallen weg, da ja die Faktoren zugekauft werden können.

(2.5.24–28) ist eine gemischt-ganzzahlige nichtlineare Programmierungsaufgabe, deren Lösung nicht leicht[1] und bei hoher Zahl von Variablen und Zuständen mit den jetzigen Hilfsmitteln meist unmöglich ist. Immerhin kann man Annäherungslösungen erhalten.

Wenn man sich mit einer Approximation zufrieden gibt, kann man auch von den ganzzahligen Variablen loskommen; aber natürlich bleibt das Programmierungsproblem nichtkonvex, d.h. es existieren möglicherweise mehrere lokale Extrema. (2.5.24a) kann angenähert werden durch

(2.5.29) $\bar{\bar{Q}}_{\zeta} = f'_{\zeta}x + x'F_{\zeta}\,x - \bar{K}_{\zeta} - \sum_{j=1}^{m} \Big\{ k_{j\zeta}a'_{j\zeta}x + [(\bar{k}_{j\zeta} - k_{j\zeta})\,a'_{j\zeta}x + (k_{j\zeta} - \bar{k}_{j\zeta})\,b_{j\zeta}] \cdot \delta_{j\zeta}(x) \Big\}$

mit

(2.5.29a) $\delta_{j\zeta}(x) = \dfrac{1}{1+e^{-c\xi_{j\zeta}}}$ mit $\xi_{j\zeta} = a'_{j\zeta}x - b_{j\zeta}$ und $c \gg 0$.

Dann ist $\delta_{j\zeta}(x) \approx \begin{cases} 0 \text{ für } \xi_{j\zeta} < 0 \\ 1 \text{ für } \xi_{j\zeta} > 0. \end{cases}$

Fig. 2.5.29b zeigt den Graph der logistischen Funktion (2.5.29a). Der Fehler, der gemacht wird, besteht darin, daß für $\xi_{j\zeta} = 0$ die Kosten für den Faktor j

---

1 Vgl. hierzu z. B. *Abadie* (Editor), Integer and Nonlinear Programming, Amsterdam und London 1970; *Hammer* und *Rudeanu*, Boolean Methods in Operations Research, Berlin, Heidelberg, New York 1968; *Künzi* und *Krelle*, Nichtlineare Programmierung, Berlin, Göttingen, Heidelberg 1962; *Ueing*, Zwei Lösungsmethoden für nichtkonvexe Programmierungsprobleme, Diss. Bonn 1971; *Korte, Krelle, Oberhofer*, Ein lexikographischer Suchalgorithmus zur Lösung allgemeiner ganzzahliger Programmierungsaufgaben, Unternehmensforschung 13 (1969), S. 73–98, 171–192 und 14 (1970) S. 228 ff.

Fig. 2.5.29b

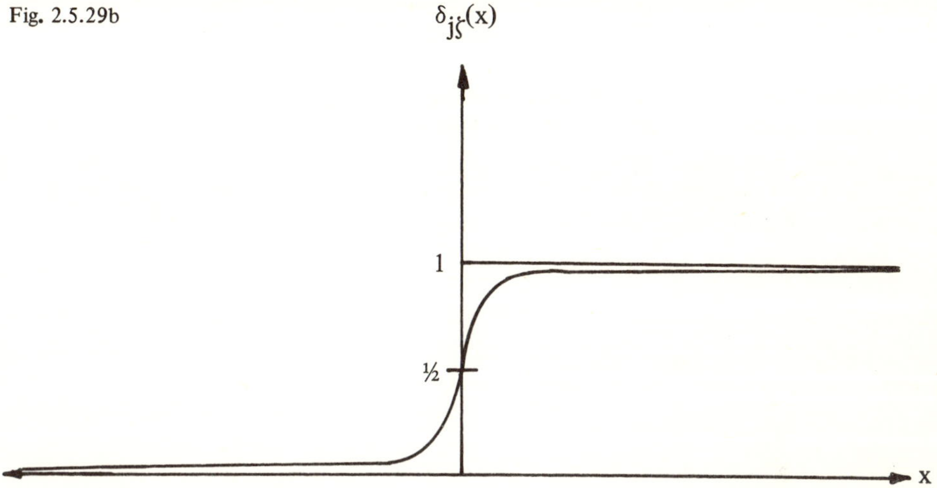

nicht $k_{j\zeta}$, sondern ½ $(k_{j\zeta} + \bar{k}_{j\zeta})$ sind. Der Fehler wird schnell unbedeutend, je mehr $\xi_{j\zeta}$ von Null abweicht.

3. Möglichkeit: Das Produktionsprogramm kann nach Realisierung der Zufallsvariablen noch umgestellt werden; die Umstellung ist aber mit Kosten verbunden.[1]

Stellen wir uns vor, daß eine gewisse Flexibilität in der Produktionsplanung besteht: man braucht an einem einmal beschlossenen Produktionsprogramm nicht festzuhalten, sondern kann es, wenn man feststellt, daß man nicht genug Faktoren einer bestimmten Art erhält oder daß der spezifische Faktorverbrauch oder die Nachfrage anders ist als erwartet usw., noch ändern.

Sei x^* das ursprüngliche Produktionsprogramm und x_ζ das Produktionsprogramm, zu dem man übergeht, wenn der Zustand ζ sich realisiert. Die Umstellungskosten seien proportional dem Quadrat der Abweichung von x^* und x_ζ.[2] Die nxn Matrix der Umstellungskosten beim Übergang vom Produktionsprogramm x^* zu x_ζ sei ebenfalls stochastisch:

1 Vgl. *Krelle,* Linear Programming under Uncertainty, Referat auf der 21. Europäischen Tagung der Econometric Society in Amsterdam, 10.–12. Sept. 1959, unveröffentlichtes Manuskript.

2 Es ist möglich, verschiedene Umstellungskosten für Herauf- und Herabsetzen der Produktion in Betracht zu ziehen; vgl. hierzu die in der vorigen Anmerkung zitierte Arbeit. Dort ist auch ein numerisches Beispiel durchgerechnet.

(2.5.30) $(U(e), t_e), e \in \{1, \ldots, E\}, \; t_e \geqslant 0, \; \sum_{e=1}^{E} t_e = 1.$

In der Regel wird U eine Diagonalmatrix sein.

Ein *Zustand* ζ ist definiert als eine bestimmte Realisation der Vektoren und Matrizen f(i), F(j), k(h), $\overline{K}(l)$, A(c), b(d), u(e), und es gibt $\widetilde{Z} = I \cdot J \cdot K \cdot L \cdot C \cdot D \cdot E$ mögliche Zustände. Ein bestimmter Zustand wird mit $\zeta = (f_\zeta, F_\zeta, k_\zeta, \overline{K}_\zeta, A_\zeta, b_\zeta, U_\zeta)$ bezeichnet,[1] und er tritt ein mit der Wahrscheinlichkeit $\widetilde{W}_\zeta = w_\zeta \cdot v_\zeta \cdot r_\zeta \cdot s_\zeta \cdot g_\zeta \cdot q_\zeta \cdot t_\zeta$.

Damit wird die Programmierungsaufgabe

(2.5.31) $$\sum_{\zeta=1}^{\widetilde{Z}} \varphi(\widetilde{Q}_\zeta) \cdot \widetilde{W}_\zeta = \max_{x^*, x_1, \ldots, x_{\widetilde{Z}}}!$$

mit

(2.5.31a) $$\widetilde{Q}_\zeta = f_\zeta' x_\zeta + x_\zeta' F_\zeta x_\zeta - k_\zeta' A_\zeta x_\zeta - \overline{K}_\zeta - (x_\zeta - x^*)' U_\zeta (x_\zeta - x^*)$$

unter den Nebenbedingungen

(2.5.32) $$A_\zeta x_\zeta \leqslant b_\zeta, \quad \zeta \in \{1, \ldots, \widetilde{Z}\}$$

(2.5.33) $$x_\zeta, x^* \geqslant 0$$

Es ist möglich, diesen Ansatz mit dem vorherigen zu kombinieren, also auch hier Überschreitungen der Faktorbegrenzungen mit zusätzlichen Kosten zuzulassen.

4. Möglichkeit: In den Nebenbedingungen sind nur die Faktorbegrenzungen stochastisch und zwar normalverteilt: Zufallsbeschränkte Programmierung (chance constrained programming).

Jetzt sollen die Elemente der Input-Matrix A mit Sicherheit bekannt sein; die Elemente des Vektors b, der die Grenzen der Beschaffungsmöglichkeit von Faktoren angibt, sollen einer Normalverteilung folgen. Also:

(2.5.34) $$b = \begin{pmatrix} b_1 \\ \vdots \\ b_m \end{pmatrix}$$ mit b_j normalverteilt mit Mittelwert μ_j und Varianz σ_j^2, $j \in \{1, \ldots, m\}$

Die Firma gibt nun die Wahrscheinlichkeiten π_j in den Grenzen $1 > \pi > 0$ vor,

1 Auch hier werden wieder Index und Vektor gleich bezeichnet, da wohl kein Irrtum möglich ist.

mit der die Nebenbedingungen eingehalten werden müssen.[1] Dann lassen sich die $\bar{b}_j$ durch

(2.5.34a) $$\bar{b}_j = \mu_j - t(\pi_j) \cdot \sigma_j, \quad j \in \{1, \ldots, m\},$$

so bestimmen, daß bei der Programmierung mit dem nichtstochastischen Vektor

$$\bar{b} = \begin{pmatrix} \bar{b}_1 \\ \vdots \\ \bar{b}_m \end{pmatrix}$$ die Nebenbedingungen

(2.5.35) $$Ax \leqslant \bar{b}$$

genau mit den vorgegebenen Wahrscheinlichkeiten $(\pi_1, \ldots, \pi_m)$ eingehalten werden.

Man entnimmt $t(\pi)$ aus einer Tabelle der Normalverteilung.[2] Dort ist die Wahrscheinlichkeitsdichte $\psi(t) = \frac{1}{\sqrt{2\pi}} e^{-\frac{t^2}{2}}$ der normalverteilten Zufallsgröße $t = \frac{y-\mu}{\sigma}$ tabelliert, wobei y die Realisation, μ das arithmetische Mittel und σ die Standardabweichung bedeutet. Ebenso ist dort tabelliert $\alpha(t) = \int_{-t}^{t} \psi(\tau)d\tau$. $t(\pi)$ ist also dadurch bestimmt, daß $\pi = 0{,}5 + \frac{\alpha(t)}{2}$ ist (vgl. *Fig. 2.5.36 a und b*).

Fig. 2.5.36a

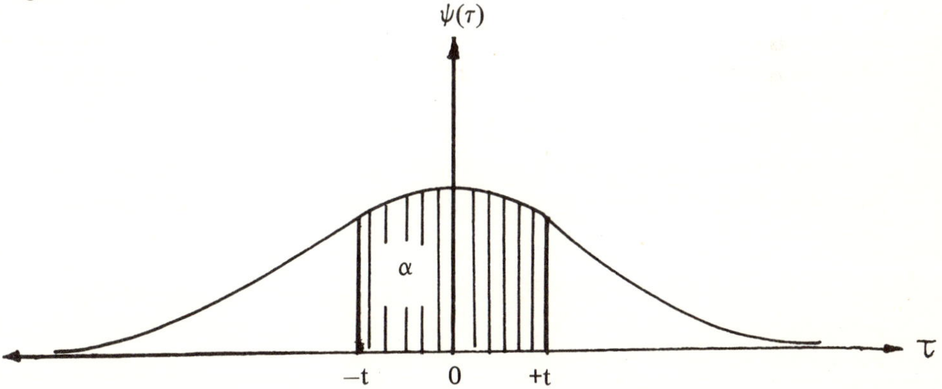

1 Vom Standpunkt der im 1. Unterabschnitt skizzierten Theorie des optimalen Verhaltens bei Risiko ist das kein optimales Verfahren: die Wahrscheinlichkeiten, mit denen die Nebenbedingungen verletzt werden dürfen, müssen als ***Ergebnis*** erscheinen und dürfen nicht irgendwie vorgegeben werden. Dieses Verfahren ist daher als ***heuristisch*** einzustufen. Es ist aber einfach und erfreut sich deswegen ziemlicher Beliebtheit.

2 Z. B. *Burington* and *May*, Handbook of Probability and Statistics, Sandusky, Ohio, 1953, S. 267 ff.

Fig. 2.5.36b

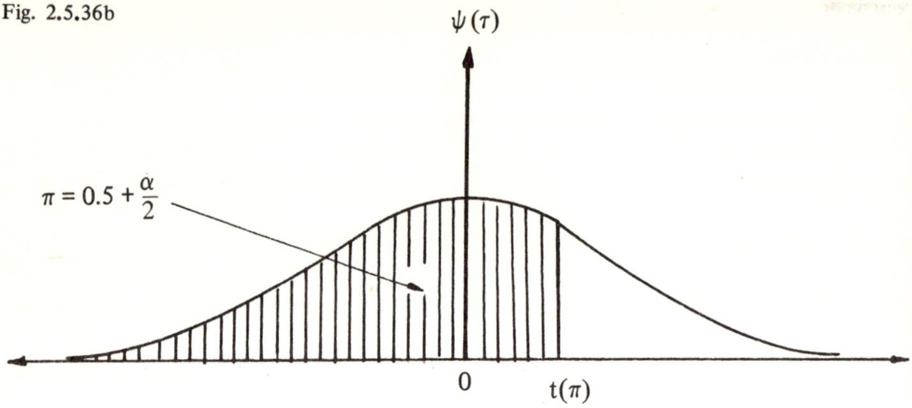

Die folgende Tabelle gibt für einige Werte von π die Größen von $t(\pi)$ an

(2.5.36c)

vorgegeben π =	0,8	0,9	0,95	0,99
somit $\frac{\alpha}{2} = \pi - 0{,}5$ =	0,3	0,4	0,45	0,49
nach Tabelle: $t(\pi)$ =	0,84	1,29	1,65	2,33

Damit ist ein Überblick über die Möglichkeiten der Planung über eine Periode bei Risiko gegeben. Wie man sieht, ist die Unsicherheit in der Form des Risikos kein Hindernis für die Produktions- und Preisplanung, wenn auch der Rechenaufwand zum Teil erheblich erhöht wird.

Es ist bemerkenswert, daß die fixen Kosten $\overline{K}$, die bei der Planung bei Sicherheit keine Rolle spielen, bei Risiko von Bedeutung sind: sie erscheinen stets in der Zielfunktion.

3. Mehrperiodenplanung

Wir gehen aus von der *Mehrperiodenplanung bei Sicherheit,* also vom Ansatz (2.4.15 –24). Alle Elemente der Vektoren und Matrizen

(2.5.37) $$f_t, F_t, k_t, l_t, r_t, \overline{K}_t, A_t, R_{tt}, R_{t-1,t}, \ldots, \overline{b}_t, \overline{z}_t, \overline{d}_t$$

(also alle Größen außer den vorgegebenen Anfangs- und Endbedingungen und den Entscheidungsgrößen) sollen jetzt einer diskreten Wahrscheinlichkeitsverteilung unterliegen für alle $t \in \{1, \ldots, T\}$.

Eine bestimmte Realisation i_t aller Zufallsgrößen in (2.5.37) in der Periode t nennen wir ζ_{ti_t}. Da wir diskrete Wahrscheinlichkeitsverteilungen angenommen haben, gibt es eine endliche Zahl solcher Realisationen.

Wie im vorherigen Unterabschnitt muß spezifiziert werden, was bei einer möglichen Verletzung der Nebenbedingungen geschieht. Wenn wir (wie in dem vorigen Unterabschnitt 2, 2., 3. Möglichkeit) annehmen, daß *nach* der Realisation der Zufallsgrößen noch eine Möglichkeit des Zukaufs etwa fehlender Faktoren, der Aufnahme etwa notwendiger zusätzlicher Kredite usw. möglich ist, wenn auch zu höheren Kosten (so daß die begrenzenden Nebenbedingungen fortfallen), bietet die Mehrperiodenplanung nichts prinzipiell Neues. Wir wollen aber hier den schwierigeren Fall betrachten, in dem die Nebenbedingungen voll wirksam sind. Damit werden Produktion, Lagerhaltung, Absatz, verfügbare Faktormengen und aufgenommene Kredite selbst Zufallsgrößen. Die *Entscheidungen* beziehen sich auf die *Planung* dieser Größen, die realisierten Größen können davon abweichen und zwar in der Regel[1] nur nach unten.

Die Mehrperiodenplanung bei Unsicherheit ist damit äquivalent der *Steuerung eines stochastischen Prozesses.* Hierüber gibt es eine ausgedehnte Literatur.[2] Das Gebiet ist in voller Entwicklung. Wir bringen hier nur den Ansatz für eine *endliche Zahl von Entscheidungsmöglichkeiten.* Die Zeit wird stets diskret, d. h. in Perioden eingeteilt, angenommen.

Die Entscheidungen der Firma sind die *Plangrößen* von Produktion x_t, Absatz y_t, Faktorkäufen b_t und Kreditaufnahmen d_t in der Periode t, $t \in \{1, \ldots, T\}$. Eine bestimmte *geplante Entscheidung* j_t in Periode t wird zu einem Entscheidungsvektor $e'_{tj_t} = (x_t, y_t, b_t, d_t)$ zusammengefaßt. Alle Elemente des Vektors e_{tj_t} sollen nur *endlich viele Werte* annehmen dürfen (d.h. alle Plangrößen können nur in bestimmten *diskreten* Werten realisiert werden, und es gibt Unter- und Obergrenzen dafür). Somit haben wir bei geeigneter Normierung:

(2.5.37a) $$\underline{e}_t \leqslant e_{tj_t} \leqslant \overline{e}_t, \quad t \in \{1, \ldots, T\},$$

alle Elemente von $\underline{e}_t$, e_{tj_t}, $\overline{e}_t$ ganzzahlig.

Es kann sein, daß die geplanten Entscheidungen e_{tj_t} nicht realisierbar sind (z.B. weil man nicht genug Produktionsfaktoren, genug Kredite usw. erhält). Die *ausgeführten Entscheidungen* sind also Zufallsgrößen $e^{(i_t)}_{tj_t}$, wobei in der Regel

1 Dies erscheint realistisch, zumindest für die Auftragsfertigung.

2 Vgl. z.B. *G. C. Chow,* Analysis and Control of Dynamic Economic Systems, New York, London, Sidney, Toronto 1975. *Ch. Schneeweiß,* Regelungstechnische Stochastische Optimierungsverfahren in der Unternehmensforschung und Wirtschaftstheorie, Habil. Schrift Bonn 1971. Dort ist auch die weitere Literatur angegeben. Vgl. hierzu auch *Ch. Schneeweiß,* Anwendung der Wienerschen Filtertheorie auf Probleme der Produktion und Lagerhaltung, Z. f. Unternehmensforschung 13 (1969) *ders.:* Optimale Produktionsglättung, O. R. Verfahren VIII (1970), *ders.:* Smoothing Production by Inventory – an Application of the Wiener Filtering Theory, Management Science (1971)

(2.5.38) $$e^{(i_t)}_{tj_t} \leqslant e_{tj_t}$$

Wir wollen im folgenden annehmen, daß $e^{(i_t)}_{tj_t}$ eindeutig durch e_{tj_t} und ζ_{ti_t} bestimmt ist, so daß wir es nicht mehr gesondert aufführen.

Ein bestimmter Zustand ξ_t des Systems am Anfang der Periode t ist dann durch alle vorhergegangenen Entscheidungen und alle Realisationen der Zufallsgrößen beschrieben:

(2.5.39) $$\xi_t = (e_{1j_1}, \zeta_{1i_1}, \ldots, e_{t-1,j_{t-1}}, \zeta_{t-1,i_{t-1}})$$

Es gibt nach unseren Annahmen nur endlich viele solcher Zustände für jede Periode t, und da über endlich viel Perioden programmiert wird, nur endlich viele Zustände des Systems überhaupt.

Damit ist das Problem auf ein *endliches Einpersonenspiel gegen die Natur* zurückgeführt. Es ist rekursiv lösbar.[1] In extensiver Form dargestellt, hat das Problem (für den Fall nur zweier Entscheidungsmöglichkeiten der Firma und der Natur, d. h. einer diskreten Wahrscheinlichkeitsverteilung von ζ_t mit nur zwei Elementen) den Spielbaum der *Fig. 2.5.40.*

Fig. 2.5.40

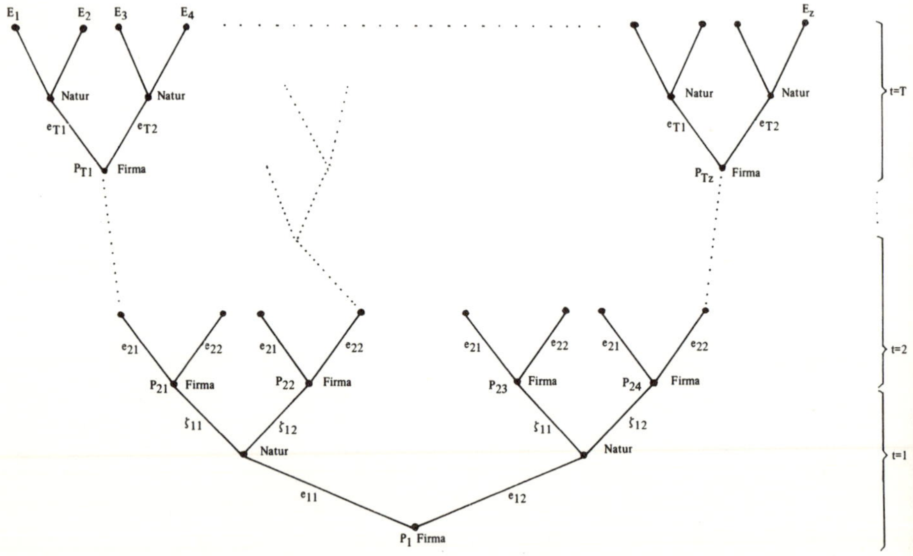

1 Der Rechenaufwand ist allerdings beträchtlich und oft prohibitiv, so daß praktisch nur Probleme mäßiger Dimension oder solche mit vereinfachten Besonderheiten gelöst werden können.

Die Firma hat zu Beginn (am Punkt P_1) zu entscheiden, ob sie e_{11} oder e_{12} wünscht. Darauf läßt die Natur (der Zufall) die Parametergrößen ζ_{11} oder ζ_{12} realisieren. An den Punkten $P_{21} \ldots P_{24}$ hat die Firma daraufhin die in der ersten Periode realisierte Differenz von Einnahmen und Ausgaben (kurz: Gewinn) $Q_1(e_{1j_1}, \zeta_{1i_1})$ verdient, falls die Firma ihre Entscheidung j_1 und die Natur ihre Entscheidung i_1 in der Periode 1 gefällt haben, $j_1, i_1 \in \{1, 2\}$. Zugleich hat sich die Firma wiederum zwischen e_{21} und e_{22} zu entscheiden. So geht der Prozeß fort bis zum Ende der Periode T, wo an den Endpunkten $E_1, \ldots, E_Z$ die Gesamtgewinne $Q_\kappa (e_{1j_1}, \zeta_{1i_1}, \ldots, e_{Tj_T}, \zeta_{Ti_T})$ ausgezahlt werden, $\kappa \in \{1, \ldots, Z\}$.

Die Wahrscheinlichkeiten w_{ti_t}, daß die Natur die Größe ζ_{ti_t} in der Periode t eintreten läßt, sind vorgegeben.

Fig. 2.5.41

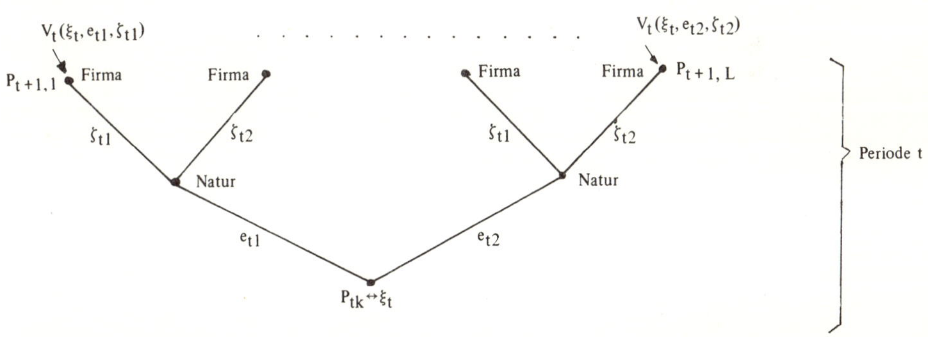

Man betrachte nun einen beliebigen Punkt P_{tk} am Anfang der Periode t, bei dem die Firma am Zuge ist, $t \in \{1, \ldots, T\}$, $k \in \{1, \ldots, z\}$. Er ist durch den Zustand ξ_t des Systems charakterisiert. Am Ende der Periode t, an den Punkte $P_{t+1,1} \ldots P_{t+1,L}$ (vgl. Fig. 2.5.41), hat die Firma, wenn sie die Entscheidung j_t und die Natur die Entscheidung i_t getroffen hat, eine Position, die durch den bisherigen verdienten Gewinn $Q_t(\xi_t, e_{tj_t}, \zeta_{ti_t})$ sowie ein Sicherheitsäquivalent $S_t(\xi_t, e_{tj_t}, \zeta_{ti_t})$ für alle zukünftigen Gewinne (bzw. Verluste) bis zur Periode T charakterisiert ist, insgesamt also durch:

(2.5.42) $$V_t(\xi_t, e_{tj_t}, \zeta_{ti_t}) = Q_t(\ldots) + S_t(\ldots).$$

$(\xi_t, e_{tj_t}, \zeta_{ti_t})$ definiert wieder einen neuen Zustand ξ_{t+1} am Anfang der Periode t+1:

(2.5.42a) $$\xi_{t+1} = (\xi_t, e_{tj_t}, \zeta_{ti_t}).$$

Sei J_t die Menge der möglichen Entscheidungen der Firma und I_t die Menge der möglichen Entscheidungen der Natur in der Periode t. Dann wird die Firma nach der zu Anfang dieses Kapitels gegebenen Theorie am Punkt P_{tk} die Entscheidung treffen, für die

(2.5.43)
$$\sum_{i_t \in I_t} \varphi(V_t(\xi_t, e_{tj_t}, \zeta_{ti_t}) \cdot w_{ti_t} = \max_{e_{tj_t} \in J_t}!$$

Die $Q_t(\ldots)$ sind durch das Problem unmittelbar festgelegt, die $S_t(\ldots)$ sind rekursiv zu errechnen. Für t=T ist nämlich $S_t=0$, so daß für die letzte Periode $V_T(\ldots) = Q_T(\ldots)$ und allgemein

(2.5.44)
$$V_t(\xi_t, e_{tj_t}, \zeta_{ti_t}) = Q_t(\xi_t, e_{tj_t}, \zeta_{ti_t}) +$$
$$+ \varphi^{-1}[\max_{e_{t+1} \in J_{t+1}} \sum_{i_{t+1} \in I_{t+1}} \varphi(V_{t+1}(\xi_{t+1}, e_{t+1}, \zeta_{t+1, i_{t+1}}) \cdot \rho]$$
$$\text{mit } \xi_{t+1} = (\xi_t, e_{tj_t}, \zeta_{ti_t}), \quad \forall\, t \in \{1, \ldots, T\}\ .$$

$\varphi^{-1}(\ldots)$ ist das *Sicherheitsäquivalent* für alle zukünftigen Gewinne, abdiskontiert mit $\rho < 1$ auf die Vorperiode. Nach der zu Anfang gegebenen Risikotheorie ist nämlich ein Chancenbündel $\{(u_1, w_1); \ldots; (u_n, w_n)\}$ äquivalent einem einzigen, mit Sicherheit zu erhaltenden Betrag von U, so daß das Chancenbündel also jetzt $\{(U, 1)\}$ ist, falls (und nur falls)

(2.5.45)
$$\sum_{i=1}^{n} \varphi(u_i) \cdot w_i = \varphi(U)$$

oder

$$U = \varphi^{-1}(\sum_{i=1}^{n} \varphi(u_i) \cdot w_i)$$

Da optimale Entscheidungen auch in der Zukunft zugrunde gelegt werden, folgt (2.5.44).

Mit (2.5.43 und 44) sind die optimalen Entscheidungen rekursiv zu errechnen, sobald die $Q_t(\xi_t, e_{tj_t}, \zeta_{ti_t})$ für alle $\xi_t, j_t, i_t, t \in \{1, \ldots, T\}$ vorgegeben sind. Wir zeigen das an einem Beispiel (s. *Fig. 2.5.46*), wobei wir auf die Abdiskontierung verzichten. Die Firma und die Natur haben jeweils zwei Entscheidungen, und der Planungshorizont ist 2 Perioden. Die Gewinne nach jeder Periode sind jeweils an den Punkten angegeben, bei denen die Firma am Zuge ist, sowie an den Endpunkten; am Anfangspunkt hat die Firma den Gewinn 0. Nur der linke Zweig des Spielbaumes ist voll ausgeführt. Die Wahrscheinlichkeiten für die Zufallszüge seien jeweils ½. Die Risikopräferenzfunktion sei $\varphi(u) = \sqrt{u}$; die Firma ist also risikoscheu. Man beginnt bei der letzten Periode. Die an den Entscheidungskanten e_{21}, e_{22} in gestrichelten Rechtecken angegebenen Zahlen sind die Werte von $\sum_{i=1}^{2} \varphi(u_i) \cdot w_i$; z. B. ganz links: $\frac{1}{2}\sqrt{0} + \frac{1}{2}\sqrt{2} = 0{,}71$ usw. Die größte Zahl bestimmt die Entscheidung. Die betreffenden optimalen Kanten sind dick ausgezogen. Die Sicherheitsäquivalente von den Endpunkten der 1. Periode sind damit bekannt; z. B. für den Punkt P_1 ganz links, bei dem die Firma am Ende der 1.

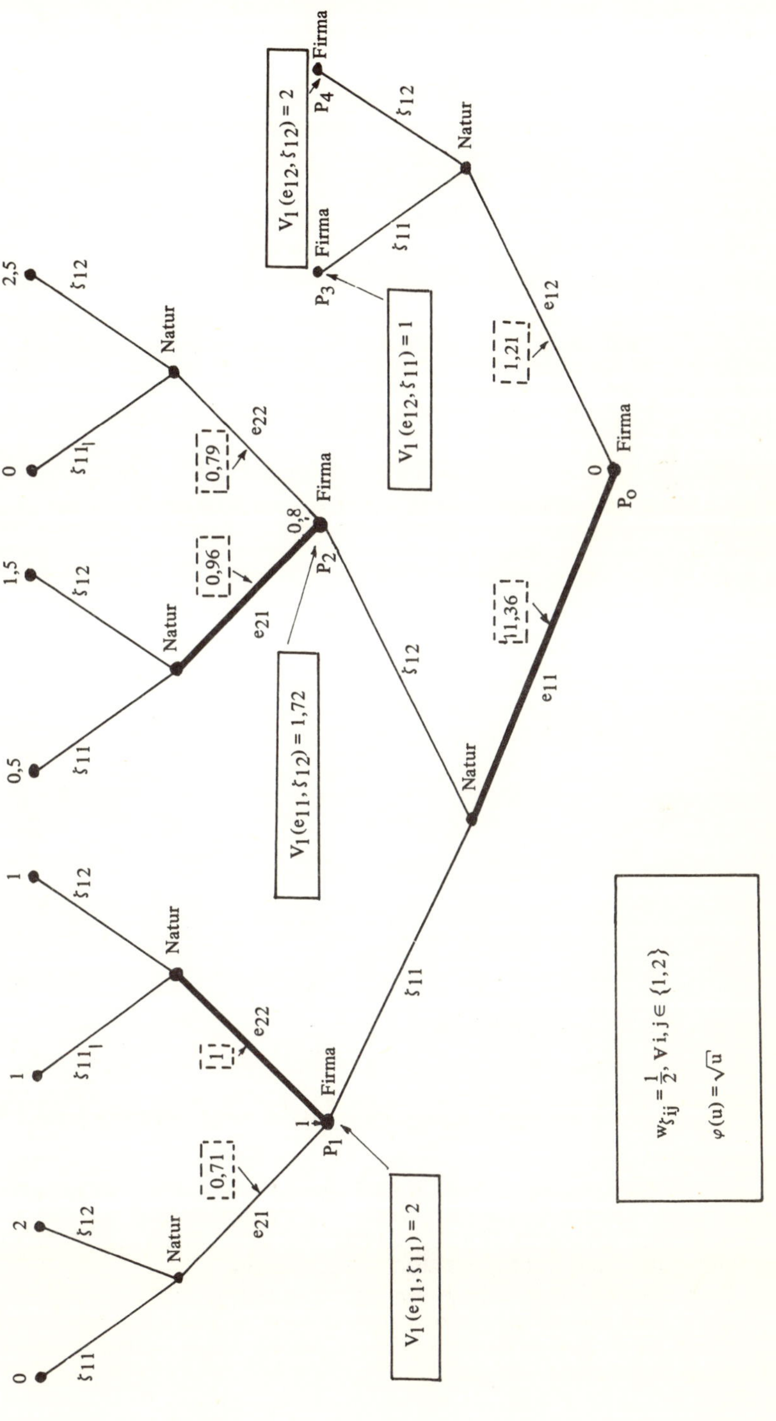
Firma
Natur
P_o
P_1
P_2
P_3
P_4
e_11
e_12
e_21
e_22
ζ_11
ζ_12
0
1
2
0,5
1,5
2,5
0,8
0,71
1
0,96
0,79
11,36
1,21
V_1(e_11, ζ_11) = 2
V_1(e_11, ζ_12) = 1,72
V_1(e_12, ζ_11) = 1
V_1(e_12, ζ_12) = 2
w_ζij = 1/2, ∀ i, j ∈ {1, 2}
φ(u) = √u

Fig. 2.5.46

Periode den Gewinn 1 macht: $S_1(e_{11}, \zeta_{11}) = \sqrt{1} = 1$. Damit sind die Gesamt-Sicherheitsäquivalente $V_1(\ldots)$ an diesen Punkten P_1, P_2 zu errechnen; z. B. für den eben behandelten Punkt P_1: $V_1(e_{11}, \zeta_{11}) = 1 + 1^2 = 2$; am Punkt P_2: $V_1(e_{11}, \zeta_{12}) = 0{,}8 + 0{,}96^2 = 1{,}72$. Die entsprechenden Zahlen sind umrandet, auch für den Ast des Baumes ganz rechts, der sonst nicht wiedergegeben ist.

Damit erhält man die in durchbrochene Rechtecke gesetzten Gewinnziffern für die erste Entscheidung der Firma; die Firma entscheidet sich also am Punkt P_1 für e_{11} und hat damit eine Gesamt-Gewinnerwartung von 1,36. Die dick ausgezogenen Linien in *Fig. 2.5.46* zeigen an, welches jeweils die optimale Entscheidung der Firma für jede vorhergehende Zufallsentscheidung der Natur ist.

Damit ist das Prinzip erklärt. In Wirklichkeit ist die Errechnung der optimalen Entscheidungen nach (2.5.43 und 44) nicht so einfach; die durch (2.5.38) bedingten Nebenbedingungen sind in Betracht zu ziehen. Wir wollen jedenfalls den Ansatz für ein zu (2.4.15–24) analoges Planungsproblem hier angeben. Die Lösung ist, wie gesagt, praktisch nur für nicht zu umfangreiche Probleme zu errechnen.

Es sei ξ_t ein nach (2.5.39) definierter Anfangspunkt der Periode t, bei dem die Firma am Zuge ist.[1] Für jeden solchen Punkt hat die Firma, beginnend mit $t = T$ und rückwärts fortschreitend, die folgende Aufgabe zu lösen:[2]

(2.5.47) $$\overline{Q}_t = \sum_{i \in I_t} \varphi\,(V_t(\xi_t, e_{tj}, \zeta_{ti}) \cdot w_{ti} = \max_{e_{tj} \in J_t}!$$

mit $$V_t(\xi_t, e_{tj}, \zeta_{ti}) = Q_t(\xi_t, e_{tj}, \zeta_{ti}) + \varphi^{-1}\,[V_{t+1}(\xi_{t+1}, e_{t+1,j}, \zeta_{t+1,i}) \cdot \rho]$$

$$\xi_{t+1} = (\xi_t, e_{tj}, \zeta_{ti}),$$

(2.5.47a) $$Q_t(\xi_t, e_{tj}, \zeta_{ti}) = \begin{cases} f'_{ti}y_{ti} + y'_{ti}F'_{ti}y_{ti} - k'_{ti}b_{ti} - l'_{ti}(z_{t-1,i} \\ +x_{ti} - y_{ti}) - r_{ti}d_{ti} - \overline{K}_{ti}, \text{ falls} \\ Q_t(\xi_t, e_{tj}, \zeta_{ti}) + d_{ti} - d_{t-1,i} \geqslant 0 \\ L_{ti}, \text{ falls } Q_t(\xi_t, e_{tj}, \zeta_{ti}) + d_{ti} - d_{t-1,i} < 0. \end{cases}$$

---

1 Eine Entscheidung ζ_{ti_t} der Natur in der Periode t ist hierbei durch eine bestimmte Realisation der folgenden stochastischen Matrizen, Vektoren und Skalare definiert: f_t, F_t, k_t, l_t, r_t, $\overline{K}_t$, $\overline{z}_t$, $\overline{b}_t$, R_{Tt}, $\overline{p}_t$, $\overline{k}_t$, K_T^b, K_T^z. Sie sind bereits oben (in Gl. (2.4.15–23)) definiert bzw. werden unten (in Gl. (2.5.54 und 55)) noch erklärt.

2 Der Einfachheit halber lassen wir von jetzt ab den Zeitindex t an den Entscheidungsindizes j und i fort. Daher ist z.B. für $z_{t-1,i}$ stets zu lesen: $z_{t-1,i_{t-1}}$, d.h. diese Realisation i bezieht sich auf die Vorperiode, während z. B. x_{ti} als x_{ti_t} zu lesen ist. Beide Realisationen brauchen also nicht übereinzustimmen.

Der Gewinn in Periode t ist also gleich der Differenz von Einnahmen und Ausgaben, solange die Firma liquide ist, d.h. solange $Q_t(\xi_t, e_{tj}, \zeta_{ti}) + d_{ti} - d_{t-1,i} \geqslant 0$; andernfalls gleich dem Liquidationsgewinn L_{ti}, der unten definiert wird. Dies gilt jeweils für einen bestimmten Zustand $(\xi_t, e_{tj}, \zeta_{ti})$ des Systems in der Periode t.

Die Zufallsgrößen x_{ti}, y_{ti}, z_{ti}, b_{ti}, d_{ti} hängen wie folgt von den Entscheidungen x_t, y_t, b_t, d_t der Firma ab:

(2.5.48) $$x_{ti} \leftrightarrow \begin{cases} x_t, \text{ falls } A_{ti}x_t \leqslant \overline{v}_{ti} \\ A_{ti}(I - \alpha_{ti}D_t)\, x_t \leqslant \overline{v}_{ti} \text{ und } \alpha_{ti} = \min\limits_{\alpha_t \geqslant 0} A_{ti}(I - \alpha_t D_t) \leqslant \overline{v} \end{cases}$$

mit $$\overline{v}_{ti} = \sum_{\tau=-\infty}^{t} R_{\tau ti} b_{\tau i} \; .$$

Hier wird also vorausgesetzt, daß es, wenn es wegen Nichtverfügbarkeit von Faktoren unmöglich ist, ein geplantes Produktionsprogramm x_t zu realisieren, gewisse Relationen d_{jt} gibt, die in der

Diagonalmatrix $$D_t = \begin{bmatrix} d_{1t} & & \\ & \ddots & \\ & & d_{nt} \end{bmatrix}$$

zusammengestellt sind, um die die Produktionen gekürzt werden. Natürlich wird nur soviel gekürzt, wie unumgänglich ist; d.h. der Proportionalitätsfaktor α_{ti} der Kürzungen ist der kleinste, der gerade noch die Produktion zuläßt.[1]

(2.5.49) $$y_{ti} = \begin{cases} y_t, \text{ falls } z_{t-1} + x_{ti} \geqslant y_t \\ z_{t-1,i} + x_{ti}, \text{ falls } z_{t-1,i} + x_{t-1} < y_t. \end{cases}$$

Dies besagt, daß der Absatz in der Periode t nicht größer sein kann als der Vorrat am Ende der Periode t–1 und die tatsächliche Produktion in der Periode t.

(2.5.50) $$z_{ti} = z_{t-1,i} + x_{ti} - y_{ti}$$

Dies definiert die Lagerhaltung der nächsten Periode.

(2.5.51) $$z_{ti} \leqslant \overline{z}_{ti}$$

1 Hier sind auch andere Ansätze denkbar; es kommt ganz auf den Spezialfall an. Jedenfalls muß man sich Gedanken darüber machen, *welche* Produktion gekürzt werden soll oder aus technischen Gründen unmöglich ist, wenn das gesamte Produktionsprogramm nicht realisierbar ist.

Hier wird die Einhaltung der Lagerkapazität gefordert. Letztere ist ebenfalls stochastisch angenommen

$$(2.5.52) \qquad b_{ti} = \begin{cases} b_t, \text{ falls } b_t \geqslant \bar{b}_{ti} \\ \bar{b}_{ti}, \text{ falls } b_t < \bar{b}_{ti} \end{cases}$$

Das Minimal-Faktorenpaket, das in der Periode t gekauft werden muß, ist stochastisch: man kennt die Leistungsfähigkeit zukünftiger Maschinen nicht genau.

$$(2.5.53) \qquad d_{ti} = \begin{cases} d_t, \text{ falls } d_t \leqslant \bar{d}_{ti} \\ \bar{d}_{ti}, \text{ falls } d_t > \bar{d}_{ti} \end{cases}$$

Die Kreditaufnahme ist nach oben begrenzt, die genaue Grenze ist allerdings nicht vorher bekannt.

Damit sind die Ausdrücke (2.4.15–21) umformuliert. Es fehlt noch die Definition des Liquiditätserlöses bzw. -verlustes L_{ti}, wenn die Firma zahlungsunfähig wird. Es ist

$$(2.5.54) \qquad L_{ti} = -\, d_{t-1,i} - \bar{K}_{ti} + \bar{p}'_{ti}\, z_{t-1,i} + \bar{k}'_{ti}\, \bar{v}_{ti} + \epsilon_{ti}$$

Der Liquiditätserlös bzw. -verlust ist gleich der Verschuldung am Ende der Vorperiode $-d_{t-1,i}$, den fixen Kosten der Periode t, nämlich $-\bar{K}_{ti}$, dem Erlös aus dem Verkauf der Lagerbestände an Fertigwaren, die zum Preis $\bar{p}'_{ti}$ angesetzt werden (eine Zufallsgröße), also: $\bar{p}'_{ti} z_{t-1,i}$, dem Erlös aus dem Verkauf der Betriebsanlagen, die zum Preis $\bar{k}'_{ti}$ angesetzt werden: $\bar{k}'_{ti}\bar{v}_{ti}$, und einer Zufallsgröße ϵ_{ti}, die man als „Wert der Firma", „goodwill" o.ä. interpretieren kann.

Bei den *Endbedingungen* (2.4.22 und 23) ist eine Verletzung nicht auszuschliessen. Infolgedessen müssen *Strafkosten* für die Verletzung festgelegt werden, die gleich dem geschätzten Nachteil für die Firma sind, wenn die Endbedingungen unter- oder überschritten werden. Wir nehmen quadratisch steigende Kosten an. Für die Endperiode T müssen somit in $Q_T(\ldots)$ von (2.5.47a) zusätzlich die Terme

$$(2.5.55) \qquad \tilde{b}'_{Ti}\, K^b_{Ti}\, \tilde{b}_{Ti} + \tilde{z}'_{Ti}\, K^z_{Ti}\, z_{Ti}$$

$$\text{mit} \qquad \tilde{b}_{Ti} = -\sum_{0=-\infty}^{T} R_{\tau Ti} + \bar{\bar{v}}_T$$

$$\text{und} \qquad \tilde{z}_{Ti} = -\, z_{T-1,iT-1} - x_{TI} + y_{Ti} + \bar{\bar{Z}}_T$$

eingefügt werden, wobei K^b_{Ti} und K^z_{Ti} Diagonalmatrizen mit den entsprechenden Kostensätzen bedeuten. Auch diese Kostensätze sind stochastisch.

Schließlich muß für die Entscheidungsvariablen gelten

$$\underline{x}_t \leqslant x_t \leqslant \overline{x}_t,\ \underline{y}_t \leqslant y_t \leqslant \overline{y}_t,\ \underline{b}_t \leqslant b_t \leqslant \overline{b}_t,\ \underline{d}_t \leqslant d_t \leqslant \overline{d}_t, \quad (2.5.56)$$
$$x_t, y_t, b_t, d_t \text{ ganzzahlig,}$$

d. h. es sind nur endlich viele Entscheidungen zwischen gewissen Unter- und Obergrenzen möglich.

(2.5.47–56) ist eine nichtlineare ganzzahlige Programmierungsaufgabe. Sie ist für jeden Punkt ξ_t des Entscheidungsbaumes zu lösen, beginnend mit ξ_T; wie man sieht, eine langwierige und nur für eine nicht zu große Zahl möglicher Zustände praktisch lösbare Aufgabe.

VI. Abschnitt

Dynamische Angebots- und Nachfragefunktionen

Stellen wir uns vor, ein Monopolist sieht sich einer in vollständiger Konkurrenz befindlichen Nachfrage gegenüber, die auf Preisveränderungen durch spekulative Mehr- oder Mindernachfrage reagiert, so daß die Nachfragefunktion durch eine Differenzen- oder Differentialgleichung beschrieben werden muß. Sein ökonomischer Horizont ist so weit, daß er die Preis- und Produktionspolitik für mehrere Perioden im voraus planen kann. Die Preissetzung in einer vorhergehenden Periode hat jetzt Einfluß auch auf den Absatz der nächsten Periode. Welches ist die optimale Preis- und Produktionspolitik des Monopolisten für alle Perioden bis zum ökonomischen Horizont, wenn er den Gesamtgewinn über alle Periode hinweg maximieren will? [1] Gesucht ist jetzt also eine ganze Zeittabelle von Preisen und Produktionsmengen, die zu einem nach der Zielsetzung optimalen Gesamtergebnis führt; im kontinuierlichen Fall wird daraus eine Funktion, die den optimalen Preis und die Momentanproduktion in jedem Zeitpunkt angibt.

Wir werden ebenfalls den komplizierteren Fall kurz behandeln, in dem nicht nur die Nachfragefunktion nach dem Endprodukt, sondern auch die Angebotsfunktionen der Faktoren dynamisch sind. Dann hängt die optimale Faktorenkombination in jeder Periode auch von der Preis- und Produktionspolitik der vorhergehenden Periode ab. Im übrigen aber beschränken wir uns auf die Einproduktfirma, die Preisstrategie betreibt,[2] und nehmen an, daß Kapazitäts- oder Finanzierungsgrenzen

1 *Förstner* und *Henn,* Dynamische Produktionstheorie und Lineare Programmierung, Meisenheim/Glan 1957, nennen dies Gewinnmaximierung im großen, im Gegensatz zur Gewinnmaximierung im kleinen, wenn der Gewinn jeder Periode einzeln maximiert werden soll. Für letzteres gilt die statische Preistheorie weiter, so daß wir uns damit nicht beschäftigen.

2 Ein Monopol, das Mengenstrategie auf einer Produktenbörse treibt und mehrere Perioden übersehen kann, ist wohl eine zu seltene Ausnahme, als daß sich eine Beschäftigung damit hier lohnen würde.

nicht wirksam werden.[1] Alle wesentlichen Züge des Problems treten auch so schon hervor.

Wir unterscheiden den diskontinuierlichen und den kontinuierlichen Fall.

1. Diskontinuierlicher Fall. Nur die Nachfragefunktion ist dynamisch

Die Nachfrage x_t bei dem Monopolisten in einer Periode t hänge von dem Preis p_t der gleichen Periode und dem Preis p_{t-1} der vorhergehenden Periode ab:

$$x_t = x_t(p_t, p_{t-1}) \text{ mit } \frac{\partial x_t}{\partial p_t} < 0. \tag{2.6.1}$$

Die Kostenfunktion $K_t(x_t)$ sei konkav. Die Firma erstrebe den maximalen diskontinuierlichen Gesamtgewinn über die Perioden 1, 2, . . . , T:

$$Q = \sum_{t=1}^{T} [x_t p_t - K_t(x_t)] \cdot q_t = \max! \tag{2.6.2}$$

mit $q_t = \left(\frac{1}{1+i}\right)^t$ einem Diskontierungsfaktor; i ist der gewählte Zinssatz in Bruchform.

Welches sind die optimalen Preise in den Perioden 1 bis T?[2] Hierzu substituieren wir (2.6.1) in (2.6.2) und setzen die partiellen Ableitungen nach p_t null:

$$\frac{\partial Q}{\partial p_t} = [x_t + p_t \frac{\partial x_t}{\partial p_t} - \frac{dK_t}{dx_t}\frac{\partial x_t}{\partial p_t}]\, q_t + [p_{t+1}\frac{\partial x_{t+1}}{\partial p_t} - \frac{dK_{t+1}}{dx_{t+1}}\frac{\partial x_{t+1}}{\partial p_t}]\, q_{t+1} = 0, t \in \{1, 2, \ldots T\} \tag{2.6.3}$$

Dies ist ein System von T Gleichungen mit den T Unbekannten $p_1, \ldots, p_T$. Damit sind (bei gegebenem Ausgangspreis p_o) die optimalen Preise $p_1, \ldots, p_T$ zu errechnen. Hat man sich vergewissert, daß man es bei dieser Lösung tatsächlich mit einem Maximum zu tun hat[3] und nicht etwa mit einem Minimum, so ist die Aufgabe gelöst.

Läßt sich etwas über den Charakter der Lösung etwa im Vergleich zur Gewinnmaximierung nur in einer Periode sagen? Nur bedingt. Der erste Klammerausdruck in (2.6.3) gibt die übliche Gewinnmaximierungs-Bedingung Grenzerlös = Grenzkosten für eine Periode t wieder, diesmal auf den Preis statt auf die Pro-

1 Sonst müßten wir zu einem Programmierungsansatz übergehen.

2 Wir behandeln hier nur den Fall $T \geqslant 2$. Ist T = 1, so „vergißt" die Firma sozusagen laufend, daß sie selbst ja auch den Preis in der Vorperiode gesetzt hat. Es entsteht eine Differenzengleichung der Preisbestimmung. Das ist der Marktform des Monopols weniger angemessen als der der unvollständigen Konkurrenz, wo viele kleine Firmen nebeneinander existieren. Wir behandeln diesen Fall daher dort.

3 Dies trifft z. B. zu, wenn Q nach (2.6.2) eine quadratische Form und diese negativ definit ist.

duktionsmenge bezogen. Wenn man etwas über das Vorzeichen des zweiten Klammerausdrucks sagen könnte, wüßte man, ob der Preis in der Periode t jetzt, wo man alle Perioden von 1 bis T im Auge hat, größer oder kleiner ist als bei Abstellung auf die Periode allein. Schreiben wir den zweiten Klammerausdruck in der Form

$$\frac{\partial x_{t+1}}{\partial p_t} \quad [p_{t+1} - \frac{dK_{t+1}}{dx_{t+1}}] \; q_{t+1},$$

so sehen wir, daß es auf das Vorzeichen von $\frac{\partial x_{t+1}}{\partial p_t}$ ankommt, da $p_{t+1} - \frac{dK_{t+1}}{dx_{t+1}} \geqslant 0$ und $q_{t+1} > 0$ sein müssen. Dies Vorzeichen ist aber in (2.6.1) nicht festgelegt.

a) Es wird negativ sein, wenn die Spekulation überwiegt, daß der einmal in Gang befindliche Preistrend sich fortsetzen wird, so daß es vorteilhaft ist, die Nachfrage bei Preissenkung soweit wie möglich hinauszuschieben, bei Preissteigerung möglichst sofort zu kaufen. Im linearen Fall würde dann (2.6.1) lauten:

(2.6.4) $$x_t = a_o - a_1 p_t + a_2 (p_t - p_{t-1}) \quad \text{mit } a_o, a_1, a_2 > 0$$

$$a_1 - a_2 > 0$$

oder

$$x_t = a_o - (a_1 - a_2)\, p_t - a_2 p_{t-1}$$

Jetzt ist also $\frac{\partial x_t}{\partial p_{t-1}} < 0$

b) Es wird positiv sein, wenn die Spekulation überwiegt, daß es sich bei der Preisbewegung nur um eine kurzfristige Gelegenheit handelt, die man schnell ausnutzen muß. Z. B. wird die Arbitrage bei Preissenkung Nachfrage aus anderen Orten transferieren, um von dieser Gelegenheit zu profitieren. Jetzt würde die Nachfragegleichung im linearen Fall lauten:

(2.6.5) $$x_t = a_o - a_1 p_t - a_2 (p_t - p_{t-1}) \text{ mit } a_o, a_1, a_2 > 0,$$

so daß $\frac{\partial x_t}{\partial p_{t-1}} > 0.$

Im Fall a) folgt aus (2.6.3), daß für $q_t = 1$, $E_t' = x + p_t \frac{\partial x_t}{\partial p_t}$, $K' = \frac{dK_t}{dx_t} \cdot \frac{\partial x_t}{\partial p_t}$:

$$E_t' - K_t' \geqslant 0,$$

d. h. mehrperiodische Gewinnmaximierung führt zu gleicher oder geringerer Produktion und zu gleichen oder höheren Preisen als die einperiodische, ist also in der Regel zum Nachteil der Konsumenten. Im Fall b) folgt genau das umgekehrte.

Ein analoges Ergebnis erhält man bei Mengenstrategie eines Monopolisten auf einer Produktenbörse.[1]

Ein Beispiel mag das Gesagte verdeutlichen. Die Nachfragefunktion sei

$$x_t = 10 - 0{,}5p_t - 0{,}1p_{t-1} \tag{2.6.9}$$

Die Kostenfunktion des Monopolisten sei

$$K_t = 10 + 0{,}5x_t + 0{,}1x_t^2 \tag{2.6.10}$$

oder bei Substituierung von (2.6.9)

$$K_t = 25 - 1{,}25p_t - 0{,}25p_{t-1} + 0{,}01p_tp_{t-1} + 0{,}025p_t^2 + 0{,}001p_{t-1}^2 \tag{2.6.10}$$

---

1 Die inverse Nachfragefunktion lautet:

$$p_t = p_t\,(x_t, x_{t-1}), \tag{2.6.6}$$

d. h. der Marktpreis hängt von den auf den Markt gebrachten Mengen dieser und der vergangenen Periode ab. Die partielle Ableitung von (2.6.2) nach x_t ist jetzt:

$$\frac{\partial Q}{\partial x_t} = \left[p_t + x_t\frac{\partial p_t}{\partial x_t} - \frac{dK_t}{dx_t}\right] q_t + \left[x_{t+1}\frac{\partial p_{t+1}}{\partial x_t}\right] q_{t+1} = 0, \tag{2.6.7}$$

$$\text{da } \frac{dK_{t+1}}{dx_t} = 0, \qquad t \in \{1, 2, \ldots, T\}.$$

Der erste Klammerausdruck ist wieder die bekannte Bedingung: Grenzerlös = Grenzkosten in der Periode t. Der zweite Klammerausdruck ist, wenn man

$$\frac{\partial p_{t+1}}{\partial x_t} < 0$$

nimmt, ebenfalls negativ. Dies ist analog dem obigen Fall a): Die Nachfrager glauben, daß sich ein bestimmter Trend in der Anlieferung des Monopolisten fortsetzen wird und halten daher, wenn der Trend steigend war und damit der Preis fallend, mit ihrer Nachfrage zurück. Schreiben wir (2.6.7) in der Form

$$p_t + x_t\frac{\partial p_t}{\partial x_t} + x_{t+1}\frac{\partial p_{t+1}}{\partial x_t} \cdot \frac{q_{t+1}}{q_t} = \frac{dK_t}{dx_t}, \tag{2.6.8}$$

so folgt, daß der Grenzerlös der Periode t größer ist als die Grenzkosten. Die Produktionsmenge ist jetzt also kleiner als bei einperiodischer Gewinnmaximierung: die Voraussicht des Produzenten schadet dem Konsumenten! Und das wegen

$$\frac{q_{t+i}}{q_t} = \frac{1}{1+i}$$

um so mehr, je kleiner der gewählte Diskontsatz ist. Auf diesen Zusammenhang haben zuerst *Förstner* und *Henn,* Dynamische Produktionstheorie und Lineare Programmierung, Meisenheim 1957, S. 50, aufmerksam gemacht. Doch auch hier gibt es den umgekehrten Fall b), bei dem $\frac{\partial p_{t+1}}{\partial x_t} > 0$ ist und dann auch die Folgerungen entsprechend umgekehrt sind.

Der rechnerische Zinssatz sei 5% (i = 0,05), der Ausgangspreis sei $p_o = 9$, und der Monopolist will seinen Gewinn über 2 Perioden maximieren (t = 1,2). Aus (2.6.3) wird dann

$$\frac{\partial Q}{\partial p_1} = [x_1 - 0{,}5p_1 - (-1{,}25 + 0{,}01p_o + 0{,}05p_1)] \frac{1}{1{,}05} + [-0{,}1p_2 - (-0{,}25 + 0{,}01p_2 + 0{,}002p_1)] \left(\frac{1}{1{,}05}\right)^2 = 0 \qquad (2.6.11)$$

$$\frac{\partial Q}{\partial p_2} = [x_2 - 0{,}5p_2 - (-1{,}25 + 0{,}01p_1 + 0{,}05p_2)] \left(\frac{1}{1{,}05}\right)^2 = 0$$

Setzen wir hier $p_o = 9$ und (2.6.9) für x_1 und x_2 ein und sammeln die Glieder, so erhalten wir

$$\begin{aligned} 1{,}00181p_1 + 0{,}09977p_2 &= 9{,}99817 \\ 0{,}09977p_1 + 0{,}95237p_2 &= 10{,}20397 \end{aligned} \qquad (2.6.12)$$

Die Lösung ergibt auf zwei Stellen abgerundet $p_1 = 9{,}01$; $p_2 = 9{,}77$ und somit nach (2.69) $x_1 = 4{,}60$; $x_2 = 4{,}21$.

Wie man sieht, ist jetzt eine zuerst geringe, dann stärkere Preissteigerung für die Firma von Vorteil.

Der diskontierte Gesamtgewinn ist nach (2.6.2) ebenfalls abgerundet Q = 50,46. Hätte die Firma ihre Preispolitik nur immer für eine Periode bestimmt, so wäre nur jeweils der 1. Klammerausdruck in (2.6.3) und in der 1. Gleichung von (2.6.11) zu berücksichtigen gewesen, wobei als p_o für die zweite Periode der errechnete Preis der ersten Periode einzusetzen ist. Es ergibt sich auf diese Weise

$$p_1 = 9{,}77 \quad \text{und } x_1 = 4{,}21$$
$$p_2 = 9{,}69 \quad \text{und } x_2 = 4{,}18$$

Diskontieren wir beide Gewinne auf den Anfang der Periode 1 zurück. so erhalten wir jetzt

$$Q = 50{,}17$$

Dieser Gewinn ist natürlich geringer oder höchstens gleich demjenigen bei simultaner Kalkulierung über beide Perioden. Will der Monopolist seinen Gewinn über 3 Perioden maximieren, so errechnen sich die optimalen Preise und Produktionsmengen mit dem gleichen Verfahren zu:

$$p_1 = 9{,}08 \qquad x_1 = 4{,}60$$
$$p_2 = 8{,}99 \qquad x_2 = 4{,}59$$
$$p_3 = 9{,}77 \qquad x_3 = 4{,}21$$

Jetzt ist also eine zweimalige Veränderung des Preistrends vorteilhaft: zuerst steigert der Monopolist den Preis leicht von 9 auf 9,08, senkt ihn dann wieder auf 8,99, um ihn am Ende kräftig auf 9,77 anzuheben.

Der diskontierte Gesamtgewinn dieser 3 Perioden ist jetzt

$$Q = 73{,}76$$

Hätte die Firma ihre Preispolitik nur jeweils für eine Periode optimal bestimmt, so würden Preise und Produktionsmengen der ersten beiden Perioden wie früher

$$p_1 = 9{,}77 \qquad x_1 = 4{,}21$$

$$p_2 = 9{,}69 \qquad x_2 = 4{,}18$$

sein und für die 3. Periode

$$p_3 = 9{,}70 \qquad x_3 = 4{,}19$$

Der diskontierte Gesamtgewinn der 3 Perioden ist jetzt

$$Q = 73{,}25,$$

also geringer als bei simultaner Errechnung.

Man prüft leicht nach, daß es sich bei allen diesen Werten tatsächlich um Maxima handelt und nicht etwa um Minima. Die quadratische Form (2.6.2) ist bei Einsetzung unserer Zahlenwerte negativ definit.

Wie man aus den Beispielen sieht, liegen Preisveränderungen bei dynamischen Nachfragefunktionen durchaus im Interesse des Monopolisten. Er kann damit die dynamische Marktcharakteristiken zu seinem Vorteil ausnutzen.

2. Diskontinuierlicher Fall. Auch die Angebotsfunktionen sind dynamisch

Wie zu Anfang dieses Abschnitts ausgeführt, hängt jetzt die optimale Faktorkombination nicht nur von der Produktionsmenge, sondern auch von der Preispolitik der Firma ab und ist daher ebenfalls zu bestimmen. Wir können nicht mit der Kostenfunktion $K_t(x_t)$ beginnen, sondern müssen bis zur Produktionsfunktion zurückgehen. Da diesem Fall wohl mehr theoretische Bedeutung zukommt, werden wir uns kürzer fassen.

Die Angebotsmenge v_{jt} des Faktors j in der Periode t hänge von den Preisen k_{jt} und k_{jt-1} ab, die der Monopolist in dieser und der vergangenen Periode zu zahlen bereit ist bzw. war:

(2.6.13) $v_{jt} = v_{jt} (k_{jt}, k_{jt-1})$.

Es gebe insgesamt m Faktoren: $j \in \{1,2, \ldots m\}$.
Die Produktionsfunktion sei

(2.6.14) $x_t = x_t (v_{1t}, v_{2t}, \ldots, v_{mt}), \quad t \in \{1, 2, \ldots T\}$

Die Nachfragefunktion nach dem Endprodukt sei wieder durch (2.6.1) beschrieben, und die Firma will ihren diskontierten Gesamtgewinn Q über T Perioden maximieren:

(2.6.15) $$Q = \sum_{t=1}^{T} [x_t p_t - \sum_{j=1}^{m} k_{jt} v_{jt}] q_t = \max!$$

Hierbei muß aber (2.6.14) als Nebenbedingung erfüllt sein. Wir bilden die Lagrange-Funktion

(2.6.16) $$L = Q + \sum_{t=1}^{T} \lambda_t (x_t - x_t (v_{1t}, v_{2t}, \ldots v_{mt})),$$

wobei λ_t Lagrangesche Multiplikatoren sind, und maximieren sie mit Rücksicht auf p_t, k_{jt} und λ_t:

(2.6.17) $$\frac{\partial L}{\partial p_t} = [x_t + p_t \frac{\partial x_t}{\partial p_t}] q_t + [p_{t+1} \frac{\partial x_{t+1}}{\partial p_t}] q_{t+1} + \lambda_t \frac{\partial x}{\partial p_t} + $$
$$+ \lambda_{t+1} \frac{\partial x_{t+1}}{\partial p_t} = 0$$
$$\frac{\partial L}{\partial k_{jt}} = [-v_{jt} - k_{jt} \frac{\partial v_{jt}}{\partial k_{jt}}] q_t + [-k_{jt+1} \frac{\partial v_{jt+1}}{\partial k_{jt}}] q_{t+1} -$$
$$- \lambda_t \frac{\partial x_t}{\partial v_{jt}} \frac{\partial v_{jt}}{\partial k_{jt}} - \lambda_{t+1} \frac{\partial x_{t+1}}{\partial v_{jt+1}} \frac{\partial v_{jt+1}}{\partial k_{jt}} = 0$$
$$\frac{\partial L}{\partial \lambda_t} = x_t - x_t (v_{1t}, v_{2t}, \ldots v_{mt}) = 0, \quad t \in \{1, 2, \ldots T\},$$
$$j \in \{1, 2, \ldots m\}.$$

(2.6.17) sind zusammen 2T + mT Gleichungen, die genügen können, um die T Preise p_t, die T Multiplikatoren λ_t und die $m \cdot T$ Preise k_{jt} zu bestimmen.

3. Schlußbemerkungen zum diskontinuierlichen Fall

Bei allen diesen Berechnungen ist vorausgesetzt, daß ein Maximum wirklich existiert. Die Systeme (2.6.3) und (2.6.17) könnten ebensogut das Minimum des Gesamtgewinns liefern oder überhaupt nicht lösbar sein, weil sie einen Widerspruch enthalten. Alles dies muß bei praktischen Berechnungen eingehend geprüft werden. Hier genügen uns die notwendigen Bedingungen für das Maximum. Die Frage nach irgendeiner „Stabilität des Gleichgewichts" ist hier fehl am Platz, da es ja kein unkontrollierter Mechanismus ist, der das Ergebnis zustande bringt, sondern die bewußte Aktion des Monopolisten. Dagegen könnte man fragen, wann für alle Perioden der gleiche optimale Preis resultiert, wann also der Monopolist keine Interessen an abweichenden Preisfestsetzungen in verschiedenen Perioden hat. Schreiben wir (2.6.12) allgemein in Matrix-Form

$$Ap = b,$$

so ist für $|A| \neq o$:

$$p = A^{-1}b.$$

Damit alle Elemente des Vektors p übereinstimmen, muß für irgend zwei Zeilen a_j' und a_i' der Matrix A^{-1}

$$a_j'b = a_i'b \text{ oder } (a_j' - a_i')\, b = 0,$$

d. h. die Differenz zweier Zeilen in A^{-1} muß zum Vektor b orthogonal sein. Dies ist, besonders wenn man sich die komplizierte Bauart von A^{-1} vor Augen hält, eine sehr spezielle Bedingung. Man wird daher im allgemeinen verschiedene Preise in den Perioden erwarten dürfen.

4. Kontinuierlicher Fall. Nur die Nachfragefunktion ist dynamisch

Hier wollen wir nur die Nachfragefunktion dynamisch annehmen. Die Momentankosten seien K (x (t)). x (t) bedeutet dabei die Momentanproduktion im Zeitpunkt t. Statt (2.6.1) gilt jetzt die Nachfragefunktion

(2.6.18) $$x(t) = x(p(t), \dot{p}(t))$$

T sei der Planungshorizont, t_o der Planungsanfang. Der diskontierte Gesamtgewinn Q des Planungszeitraumes ist dann

(2.6.19) $$Q = \int_{t_o}^{T} [x(t) \cdot p(t) - K(x(t))]\, q(t)\, dt$$

mit $q(t) = e^{-\rho t}$, wobei ρ durch $1 + i = e^{\rho}$ bestimmt ist. i bedeutet wieder den Zinssatz in Bruchform. Gesucht ist jetzt eine Funktion p (t), die Q zu einem Maximum macht. Dies ist ein Problem der Variationsrechnung. Wir setzen zur Abkürzung für den diskontierten Momentangewinn

(2.6.20) $$f(p, \dot{p}, t) := [x(t) \cdot p(t) - K(x(t))] \cdot q(t)$$

Die gesuchte Funktion p (t) muß, wenn sie durch einen festen Anfangspunkt $p(t_o)$ und einen festen Endpunkt p (T) gehen soll, der Euler-Gleichung

$$(2.6.21)\qquad \frac{\partial f}{\partial p} = \frac{d}{dt}\left(\frac{\partial f}{\partial \dot{p}}\right)$$

genügen.[1]

In unserem Fall nimmt (2.6.21) die Form an

$$(2.6.22)\qquad x(t) + p\frac{\partial x}{\partial p} - \frac{dK}{dx}\frac{\partial x}{\partial p} = -\rho\left(p\frac{\partial x}{\partial \dot{p}} - \frac{dK}{dx}\frac{\partial x}{\partial \dot{p}}\right) + \frac{d}{dt}\left(p\frac{\partial x}{\partial \dot{p}} - \frac{dK}{dx}\frac{\partial x}{\partial \dot{p}}\right)$$

Unter den Lösungen dieser Differentialgleichung sind – Existenz vorausgesetzt – die gesuchten Funktionen p (t), vorausgesetzt, daß sie den Gewinn maximieren und nicht z. B. minimieren, was jeweils überprüft werden muß;[2] denn (2.6.22) ist eine notwendige Bedingung 1. Ordnung für das Eintreten eines Extremums. Ob ein Maximum oder Minimum resultiert, ergibt sich aus der Anlage der Aufgabe. Die Lösung hängt sowohl vom vorgegebenen Anfangspreis $p(t_o)$ ab, was natürlich ist, als auch vom vorher gewählten Endpreis p (T), was der Sachlage nicht angemessen ist. Denn letzterer ist in der Regel nicht vorgegeben, sondern selbst erst zu bestimmen. Hat man p (t) als Funktion des Endpreises p (T) bestimmt, so kann man dies in (2.6.19) einsetzen und erhält Q als Funktion von p (T).

$\frac{\partial Q}{\partial p(T)} = 0$ für $\frac{\partial^2 Q}{\partial p(T)^2} < 0$ gibt dann den optimalen Endpreis p (T) und damit die Endlösung des Problems, falls diese Lösung nichtnegative und endliche Preise oder Mengen ergibt. Andernfalls muß man andere Optimalitätskriterien verwenden, die auch bei unendlichem Zeithorizont eine Entscheidung gestatten, was ein „besseres" und ein „schlechteres" Preis- und Produktionsprogramm ist.

Haben wir eine linear von p (t) und $\dot{p}$ (t) abhängige Nachfragefunktion

$$(2.6.23)\qquad x(t) = a_o + a_1 p(t) + a_2\dot{p}(t) \quad \text{mit } a_1 < 0$$

und eine quadratische Kostenfunktion

$$(2.6.24)\qquad K(t) = b_o + b_1 x(t) + b_2 x(t)^2 \quad \text{mit } b_1, b_2 > 0,$$

---

1 Die Ableitung findet sich z. B. bei *Allen*, Mathematik für Volks- und Betriebswirte, Berlin 1956, S. 549 ff. Ausführliche Darstellungen der Variationsrechnung findet man bei *Carathéodory*, Variationsrechnung und partielle Differentialgleichungen 1. Ordnung, Leipzig und Berlin 1935 oder *Courant* und *Hilbert*, Methoden der mathematischen Physik, I. Bd., Berlin 1931.

2 Eine hinreichende Bedingung für das Eintreten eines Maximums ist nach *Legendre* $\frac{\partial^2 f}{\partial \dot{p}^2} < 0$, für das Eintreten eines Minimums $\frac{\partial^2 f}{\partial \dot{p}^2} > 0$.

so wird nach (2.6.20)

$$f(p, \dot{p}, t) = [(a_o p + a_1 p^2 + a_2 p\dot{p}) - (\bar{b}_o + \bar{b}_1 p + \bar{b}_2 \dot{p} + \bar{b}_3 p^2 + \bar{b}_4 p\dot{p} + \bar{b}_5 \dot{p}^2)]\ e^{-\rho t} \tag{2.6.25}$$

mit:

$$\bar{b}_o = b_o + b_1 a_o + b_2 a_o^2$$

$$\bar{b}_1 = b_1 a_1 + 2 b_2 a_o a_1$$

$$\bar{b}_2 = b_1 a_2 + 2 b_2 a_o a_2$$

$$\bar{b}_3 = a_1^2 b_2$$

$$\bar{b}_4 = 2 a_1 a_2 b_2$$

$$\bar{b}_5 = a_2^2 b_2,$$

und die Eulergleichung (2.6.21) bzw. (2.6.22) nimmt die Form an:

$$\ddot{p} - \rho\dot{p} + c_1 p + c_2 = 0 \tag{2.6.26}$$

$$\text{mit } c_1 = \frac{\rho a_2 (1 - 2 a_1 b_2) - 2 a_1 (a_1 b_2 - 1)}{2 a_2^2 b_2} \tag{2.6.27}$$

$$c_2 = \frac{a_o - 2 a_o a_1 b_2 - a_1 b_1 - (a_2 b_1 + 2 a_o a_2 b_2)}{2 a_2^2 b_2}$$

Setzen wir

$$\bar{p} = -\frac{c_2}{c_1}, \tag{2.6.28}$$

so kann (2.6.26) als

$$\ddot{p} - \rho\dot{p} + c_1 (p - \bar{p}) = 0 \tag{2.6.29}$$

oder mit $p^* = p - \bar{p}$ als

$$\ddot{p}^* - \rho\dot{p}^* + c_1 p^* = 0 \tag{2.6.30}$$

geschrieben werden. Dies ist eine homogene lineare Differentialgleichung 2. Ordnung. Bei ihrer Lösung sind drei Fälle zu unterscheiden.

Fall 1:

(2.6.31) $$\frac{\rho^2}{4} - c_1 > 0$$

Dann ist die Lösung, wie man durch Einsetzen nachprüft,

(2.6.32) $$p^* = \bar{c}_1 \, e^{\left(\frac{\rho}{2} + \sqrt{\frac{\rho^2}{4} - c_1}\right)t} + \bar{c}_2 \, e^{\left(\frac{\rho}{2} - \sqrt{\frac{\rho^2}{4} - c_1}\right)t},$$

wobei $\bar{c}_1$ und $\bar{c}_2$ Konstante sind, die aus den Randbedingungen bestimmt werden.

Alle Wurzeln in (2.6.31 und 32) sind reell und positiv zu nehmen. Unter Berücksichtigung der Definition von p^* können wir (2.6.32) auch als

(2.6.33) $$p = \bar{p} + \bar{c}_1 \, e^{\left(\frac{\rho}{2} + \sqrt{\frac{\rho^2}{4} - c_1}\right)t} + \bar{c}_2 \, e^{\left(\frac{\rho}{2} - \sqrt{\frac{\rho^2}{4} - c_1}\right)t}$$

schreiben.

Wird keine Diskontierung vorgenommen ($\rho = 0$) und ist (2.6.31) weiter erfüllt, so gelten (2.6.32) bzw. (2.6.33) mit $\rho = 0$ weiter. Die Lösung der jetzt geltenden Differentialgleichung

(2.6.34) $$\ddot{p} + c_1 (p - \bar{p}) = 0 \text{ mit } c_1 < 0 \text{ ist}$$
$$p = \bar{p} + \bar{c}_1 \, e^{\sqrt{-c_1}\,t} + \bar{c}_2 \, e^{-\sqrt{-c_1}\,t}$$

Bei den üblichen dynamischen Verhältnissen ($a_1 < 0$, $b_2 > 0$, vgl. 2.6.23 und 24) ist nach (2.6.27) bei $\rho = 0$ die Bedingung $c_1 < 0$ sicher erfüllt, während bei $\rho > 0$ keine allgemeine Aussage möglich ist. Nur in Ausnahmefällen könnte $c_1 = 0$ sein. Bei $\rho = 0$ befinden wir uns dann weiterhin im Fall 1 (vgl. (2.6.31)). Die Lösung der jetzt noch verbleibenden Differentialgleichung $\ddot{p} - \rho\dot{p} = 0$ ist

(2.6.35) $$p = \bar{p} + \bar{c}_1 e^{\rho t} + \bar{c}_2$$

Wie man sieht, bestehen die Lösungen im allgemeinen aus zwei sich überlagernden e-Funktionen, im Ausnahmefall (2.6.35) aus einer einzigen. Wegen $\rho \geqslant 0$ (man kann sich eine Aufdiskontierung zukünftiger Gewinne kaum vorstellen) ist mindestens einer der Potenzexponenten positiv. Wir erhalten also (eventuell erst nach einmaliger Umkehrung des Preistrends)[1] eine instabile Preisentwicklung nach oben oder unten, je nachdem, ob $\bar{c}_1$ bzw. $\bar{c}_2$ positiv oder negativ ist.

---

1 Differenziert man (2.6.33) nach t und setzt die Ableitung Null, so sieht man, daß diese Bedingung höchstens für einen Zeitpunkt t erfüllt sein kann. Es gibt also höchstens einen Umkehrpunkt des Preistrends, und von ihm ab steigt oder sinkt der Preis ständig.

Fall 2:

$$\frac{\rho^2}{4} - c_1 = 0 \tag{2.6.36}$$

Die Lösung ist jetzt

$$p = \bar{p} + (\bar{c}_1 + \bar{c}_2 t)\, e^{\frac{\rho}{2} t}, \tag{2.6.37}$$

wobei die $\bar{c}_1$ und $\bar{c}_2$ wieder aus den Anfangsbedingungen zu bestimmende Konstanten sind.

Die Lösung (2.6.37) zeigt ähnliche Merkmale wie die im Fall 1: es gibt (eventuell erst nach einmaliger Umkehrung des Preistrends) einen instabilen Prozeß.

Für $\rho = 0$ (keine Diskontierung zukünftiger Gewinne) müßte jetzt bei Geltung von (2.6.36) $c_1 = 0$ sein, was, wie bei Fall 1 ausgeführt, unter normalen Verhältnissen nicht denkbar ist. Immerhin wollen wir auch für diesen Sonderfall die Lösung angeben. Sie lautet, wie man durch einfache Integration der jetzt noch verbleibenden Differentialgleichung $\ddot{p} = 0$ sieht:

$$p = \bar{p} + \bar{c}_1 t + \bar{c}_2, \tag{2.6.38}$$

wobei $\bar{c}_1$ und $\bar{c}_2$ die aus den Anfangsbedingungen zu bestimmenden Konstanten bedeuten.

Fall 3:

$$\frac{\rho^2}{4} - c_1 < 0 \tag{2.6.39}$$

Die Wurzelausdrücke in den Potenzexponenten von (2.6.33) werden jetzt imaginär. Eine Lösung ist dann, wie man ebenfalls durch Einsetzen nachprüft,

$$p = \bar{p} + \bar{c}_1\, e^{\left(\frac{\rho}{2} + i\sqrt{c_1 - \frac{\rho^2}{4}}\right)t} + \bar{c}_2\, e^{\left(\frac{\rho}{2} - i\sqrt{c_1 - \frac{\rho^2}{4}}\right)t} \tag{2.6.40}$$

mit $i = \sqrt{-1}$ und $\bar{c}_1$ und $\bar{c}_2$ aus den Anfangsbedingungen zu bestimmenden Konstanten.

Wir setzen zur Abkürzung

$$r = \frac{\rho}{2} \qquad q = \sqrt{c_1 - \frac{\rho^2}{4}} \tag{2.6.41}$$

Dann wird (2.6.40)

$$p = \bar{p} + \bar{c}_1\, e^{(r+iq)t} + \bar{c}_2\, e^{(r-iq)t} \tag{2.6.42}$$

Nach Euler ist

$$e^{i\varphi} = \cos\varphi + i\sin\varphi$$

und $$e^{-i\varphi} = \cos\varphi - i\sin\varphi$$

Somit ist $$\frac{1}{2}(e^{i\varphi} + e^{-i\varphi}) = \cos\varphi$$

und $$\frac{1}{2i}(e^{i\varphi} - e^{-i\varphi}) = \sin\varphi$$

Setzen wir also in (2.6.42) $\bar{c}_1 = \bar{c}_2 = \frac{1}{2}$, so erhalten wir als eine Lösung

(2.6.43) $$p = \bar{p} + e^{rt}\cos qt,$$

setzen wir $\bar{c}_1 = \frac{1}{2i}$, $\bar{c}_2 = -\frac{1}{2i}$, so erhalten wir als zweite, unabhängige Lösung

(2.6.44) $$p = \bar{p} + e^{rt}\sin qt$$

Eine Linearkombination dieser Lösungen ist die allgemeine Lösung:

(2.6.45) $$p = \bar{p} + e^{rt}(\bar{c}_1\cos qt + \bar{c}_2\sin qt),$$

wobei die $\bar{c}_1$ und $\bar{c}_2$ wieder aus den Anfangsbedingungen zu bestimmen sind.

Bei $r > 0$ (d. h. bei Diskontierung zukünftiger Gewinne) gibt es also sinusförmige Preisschwankungen mit stets wachsender Amplitude, also ebenfalls einen instabilen Prozeß.

Man kann (2.6.45) auch als reine Sinusschwingungen mit stets wachsender Amplitude darstellen. Man erhält dann[1]

(2.6.46) $$p = \bar{p} + A\,e^{rt}\sin(qt + \epsilon)$$

mit $$A = \sqrt{\bar{c}_1^2 + \bar{c}_2^2}$$

1 Wir setzen die Lösung (2.6.46) an. Nach dem Additionstheorem des sinus ist jetzt $p = \bar{p} + Ae^{rt}(\sin qt \cdot \cos\epsilon + \cos qt \cdot \sin\epsilon) = \bar{p} + Ae^{rt}\sin\epsilon\cos qt + Ae^{rt}\cos\epsilon\sin qt$. Andererseits gilt (2.6.45). Der Koeffizientenvergleich zeigt $\bar{c}_1 = A\sin\epsilon$; $\bar{c}_2 = A\cos\epsilon$; Quadrierung und Addition ergeben: $A^2(\sin^2\epsilon + \cos^2\epsilon) = \bar{c}_1^2 + \bar{c}_2^2$, also wegen $\sin^2\epsilon + \cos^2\epsilon = 1$: $A = \sqrt{\bar{c}_1^2 + \bar{c}_2^2}$. Ebenso folgt aus $\sin\epsilon = \frac{\bar{c}_1}{A} = \frac{\bar{c}_1}{\sqrt{\bar{c}_1^2 + \bar{c}_2^2}}$,

also $\epsilon = \arcsin\frac{\bar{c}_1}{\sqrt{\bar{c}_1^2 + \bar{c}_2^2}}$, $\cos\epsilon = \frac{\bar{c}_2}{A} = \frac{\bar{c}_2}{\sqrt{\bar{c}_1^2 + \bar{c}_2^2}}$, also $\epsilon = \arccos\frac{c_2}{\sqrt{\bar{c}_1^2 + \bar{c}_2^2}}$

$$\epsilon = \text{arc cos} \frac{\bar{c}_2}{\sqrt{\bar{c}_1^2 + \bar{c}_2^2}} = \text{arc sin} \frac{\bar{c}_1}{\sqrt{\bar{c}_1^2 + \bar{c}_2^2}}$$

Das sind Schwingungen gleicher Periode $\frac{2\pi}{p}$ mit (bei $r > 0$) stets zunehmender Amplitude und der Phasenverschiebung ϵ (= Phase im Zeitpunkt $t = 0$).

Bei $\rho = 0$ müßte jetzt im Fall 3 nach (2.6.39) $c_1 > 0$ sein, was aber, wie bei Fall 1 erörtert, kaum vorkommen kann. Für $\rho = 0$ ist also nur der Fall 1 anzunehmen.

Trotzdem wollen wir auch hier die Lösung für $\rho = 0$ und $c_1 > 0$, also die Lösung der Differentialgleichung $\ddot{p} + c_1 (p-\bar{p}) = 0$ mit $c_1 > 0$ hinschreiben:

(2.6.47) $\quad p = \bar{p} + \bar{c}_1 \cos qt + \bar{c}_2 \sin qt,$

wobei $q = \sqrt{c_1}$ positiv genommen wird (vgl. (2.6.41); bzw.

(2.6.48) $\quad p = \bar{p} + A \sin (qt + \epsilon)$

mit A und ϵ wie bei (2.6.46).

Die Lösung ist also jetzt eine reine ungedämpfte Sinusschwingung (harmonischer Oszillator).

Damit sind alle denkbaren Fälle behandelt.

Wie gezeigt, ist der *Fall 1 die Regel;* die Fälle 2 und 3 sind mehr oder weniger unwahrscheinliche Ausnahmen. (2.6.33) ist also die Lösung für $\rho \neq 0$, d.h. praktisch für Abdiskontierung späterer Gewinne; (2.6.34) die Lösung für $\rho = 0$, d.h. bei gleicher Bewertung späterer und gegenwärtiger Gewinne.

In beiden Fällen besteht die optimale Preispolitik, wie man daraus erkennt, daß die Nullsetzung der ersten Ableitung höchstens *einen* Wert für p (t) ergeben kann, entweder

a) in einer ständigen Preissteigerung oder
b) in einer ständigen Preissenkung oder
c) in einer Preissteigerung für eine gewisse Zeit, die dann in eine sich ständig fortsetzende Preissenkung übergeht,
d) in einer Preissenkung für eine gewisse Zeit, die dann in eine sich ständig fortsetzende Preissteigerung übergeht.

Hierbei ist aber auch zu berücksichtigen, daß die optimale Preisgestellung, wie sie durch die Funktionen (2.6.28–47) beschrieben wird, nur zwischen dem fest vorgegebenen Anfangspreis $p\ (t_0)$ und dem fest vorgegebenen Endpreis $p(T)$ Geltung hat (vgl. die Bedingungen für die Geltung der Euler Gleichung (2.6.21) oben). Der „Schwanz“ der Funktionen, der zu beliebig hohen bzw. niedrigen Preisen führt, ist ohne Bedeutung.

Während der Anfangspreis $p\ (t_0)$ auch in der Praxis als gegeben angenommen werden kann, ist, wie früher bereits gesagt, der Endpreis $p(T)$ in der Regel nicht vorgegeben. Er sollte vielmehr ebenfalls optimal bestimmt werden. Hierzu legen wir den Regelfall 1 mit $\rho \neq 0$ zugrunde und drücken die Lösung p (t) in (2.6.33) als Funktion des Endpreises p(T) aus. Nur die Konstanten $\overline{c}_1$ und $\overline{c}_2$ sind von p (T) als einer Randbedingung abhängig. Für den Anfangszeitpunkt t_o und den gegebenen ökonomischen Horizont T erhält man:

(2.6.49) $$\overline{c}_1 = - \frac{p\,(T)}{B} + \frac{C}{B}$$

$$\overline{c}_2 = \frac{p\,(T)}{B} - \frac{D}{B}$$

mit $$B = e^{r_2 T} - e^{r_1 T}$$

(2.6.50) $$C = (p\,(t_o) - \overline{p})\, e^{r_2 T} + \overline{p}$$

$$D = (p\,(t_o) - \overline{p})\, e^{r_1 T} + \overline{p}$$

$$r_1 = \frac{\rho}{2} + \sqrt{\frac{\rho^2}{4} - c_1}$$

$$r_2 = \frac{\rho}{2} - \sqrt{\frac{\rho^2}{4} - c_1}$$

Damit wird (2.6.33) jetzt

(2.6.51) $$p\,(t, p(T)) = \overline{p} + \left(- \frac{p(T)}{B} + \frac{C}{B}\right) e^{r_1 t} + \left(\frac{p(T)}{B} - \frac{D}{B}\right) e^{r_2 t}$$

Wir schreiben den diskontierten Momentangewinn (2.6.25) in der Form:

(2.6.52) $$f\,(p, \dot{p}, t) = [-b_o + (a_o - \overline{b}_1)\, p + (a_1 - \overline{b}_3) p^2 - \overline{b}_2 \dot{p} - \overline{b}_5\, \dot{p}^2 + (a_2 - \overline{b}_4)\, p\dot{p}]\; e^{-\rho t}$$

und setzen p, p^2, $\dot{p}$, $\dot{p}^2$, $p\dot{p}$ gemäß (2.6.51) hier ein.

Wenn wir die erste Ableitung des Integrals

(2.6.53) $$Q\,(p\,(T)) = \int_{t_o}^{T} f\,(p, pt)\; dt$$

nach p (T) Null setzen, erhalten wir den besten (oder schlechtesten) Endpreis p (T) und damit den maximalen (oder minimalen) Gesamtgewinn.

(2.6.54) $$\frac{dQ\,(p\,(T))}{dp\,(T)} = 0 \qquad \text{bei} \quad \frac{d^2Q}{dp\,(T)^2} < 0$$

zeigt den optimalen Endpreis p (T) an.

Wir erhalten aus (2.6.54) eine Bestimmungsgleichung der Form

(2.6.55) $$p\,(T) = \frac{M}{N} \quad ,$$

wobei M und N längere Ausdrücke sind.[1]

$\frac{d^2Q}{dp\,(t)^2} < 0$ geht dann in $N < 0$ über.

Ein Beispiel mag den Rechengang verdeutlichen.

Die zum diskontinuierlichen Fall analoge Nachfragefunktion sei (vgl. 2.6.9)

(2.6.56) $\quad x\,(t) = 10 - 0{,}6\,p\,(t) + 0{,}1\dot{p}(t),$

die Kostenfunktion ebenso wie (2.6.10)

(2.6.57) $\quad K\,(t) = 10 + 0{,}5x\,(t) + 0{,}1x\,(t)^2$

oder bei Substitution von (2.6.56)

(2.6.58) $\quad K\,(t) = 25 - 1{,}5p + 0{,}25\dot{p} + 0{,}036p^2 - 0{,}012p\dot{p} + 0{,}001\dot{p}^2$

Der Zinssatz sei wieder 5% (i = 0,05), so daß $\rho = 0{,}04879$.

Bei diesen Zahlenwerten ist nach (2.6.27) und (2.6.28) abgerundet

$$c_1 = -\,633{,}268$$

$$c_2 = 5743{,}901$$

$$\overline{p} = 9{,}07025$$

Da $\frac{\rho^2}{4} > c_1$ befinden wir uns im Regelfall 1 (vgl. (2.6.31)).

Wenn der Anfangspreis im Zeitpunkt null $p\,(t_o) = 9$ ist, die Planungsperiode die Länge 1 hat (T=1) und der Endpreis ebenfalls 9 sein soll ($p\,(T) = 9$), so ergeben sich für $\overline{c}_1$ und $\overline{c}_2$ nach (2.6.49) die Werte (abgerundet)

$$\overline{c}_1 = -\,0{,}80764 \cdot 10^{-12}$$

$$\overline{c}_2 = -\,0{,}07025\ ,$$

so daß die Lösung nach (2.6.51)

(2.6.59) $\quad p\,(t) = 9{,}07025 - 0{,}80764 \cdot 10^{-12} \cdot e^{25{,}18922t}$

$\qquad - 0{,}07025\, e^{-25{,}14043t}$

1 Die Ausdrücke sind in der 1. Auflage dieses Buches S. 584 angegeben.

wird. Der diskontierte Gewinn ist jetzt abgerundet

(2.6.60) $Q = 26{,}3397$ Einheiten.

Fig. 2.6.61 zeigt den optimalen Preisverlauf nach (2.6.59) graphisch.

Fig. 2.6.61

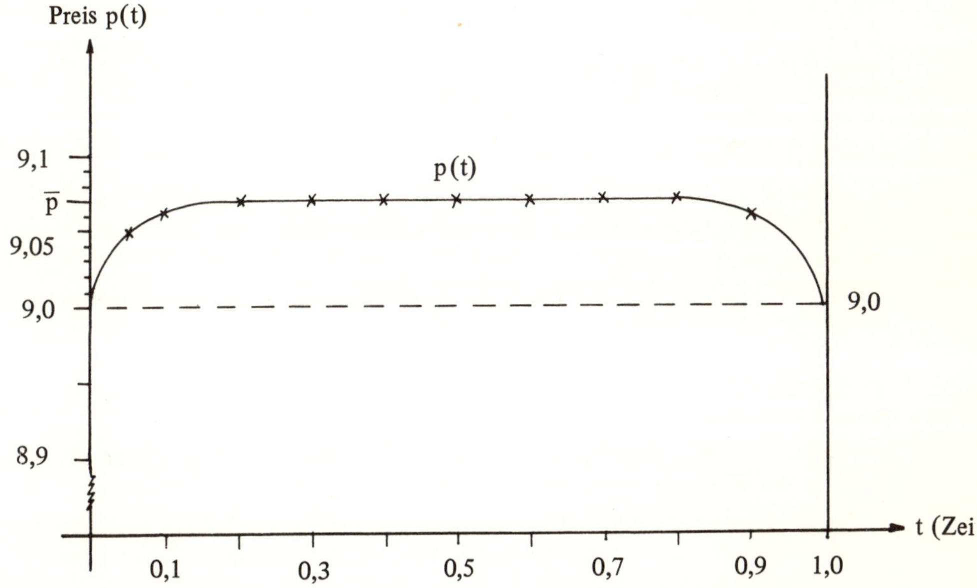

Wie man sieht, ist es für den Monopolisten vorteilhaft, seinen Preis relativ schnell bis zum Gleichgewichtswert $\bar{p} = 9{,}07$ zu steigern und ihn erst kurz vor Ende der Periode wieder auf den vorgegebenen Wert $p\,(T) = 9$ fallen zu lassen. Wie es sein muß, zeigt die Lösung nur eine Trendumkehr.

Hätte die Firma den Preis auf dem Ausgangsniveau $p\,(o) = 9$ konstant gelassen (gestrichelte Gerade in Fig. 2.6.61), so betrüge ihr diskontierter Gesamtgewinn nur 26,0441 Einheiten. Dies zeigt – ebenso wie weitere Überlegungen –, daß der errechnete Preisverlauf (2.6.59) tatsächlich zum Maximum und nicht etwa zum Minimum des Gewinns führt.[1]

1 Die Legendresche Bedingung ist nach (2.6.21)

$$\frac{\partial^2 f}{\partial \dot{p}^2} = -2\bar{b}_5 e^{-\rho t} < 0$$

da $\bar{b}_5 = a_2^2 b_2 > 0$ für steigende Kostenzuwächse ($b_2 > 0$)

Nun ist der Endpreis p (T) aber in Wirklichkeit nicht vorgegeben, sondern ebenfalls zu bestimmen. Wenn wir hierzu den oben entwickelten Formelapparat verwenden, ergibt sich ein Endpreis von p (T) = 0,22 Einheiten, ein erstaunlicher und nicht plausibler Wert. Die Untersuchung der zweiten Ableitung zeigt auch sofort, daß wir es hier mit einem Minimum statt mit einem Maximum zu tun haben; der optimale Endpreis ist vielmehr unendlich, was sinnlos ist. Die einfache Differentialgleichung (2.6.23) ist offensichtlich keine in jeder Hinsicht vernünftige Beschreibung des Nachfrageverhaltens. Hinzu kommt, daß durch unser Rechenverfahren negative Produktionsmengen und Preise nicht ausgeschlossen werden. In jedem Fall bedarf daher die Anwendung des oben entwickelten Formelapparates sorgfältiger Überlegungen.

5. Schlußbemerkungen zum kontinuierlichen Fall

Die Euler-Gleichung (2.6.21) bzw. (2.6.22) gibt nur eine notwendige Bedingung für den gewinnmaximalen Preisverlauf p (t), keine hinreichende. Die Existenz eines Maximums muß vorher sichergestellt werden, sonst erhält man möglicherweise einen Preisverlauf p (t), der den Gesamtgewinn minimiert. Bei komplizierteren Funktionen ist das unter Umständen nicht einfach. Bei zunehmenden Kostenzuwächsen und einer negativ geneigten Nachfragekurve (wie in obigem Beispiel) ist die Maximumeigenschaft des Ergebnisses aber leicht nachzuprüfen.

Die dynamische Monopoltheorie dieses Abschnitts ist übrigens ein Spezialfall des turnpike-Theorems der Wachstumstheorie. Hierauf kann in diesem Zusammenhang nicht weiter eingegangen werden.

Ebenso wie im diskontinuierlichen Fall hat der Begriff der Stabilität des Gleichgewichts keine Anwendung hier. Dafür können wir natürlich die verwandte Frage stellen, wann ein konstanter Preis und damit auch eine konstante Momentanproduktion resultiert. Aus (2.6.33) und (2.6.38) sehen wir, daß hierfür $\rho = 0$, $c_1 = 0$ und $\bar{c}_1 = 0$ sein muß. Aus (2.6.27) folgt, daß bei $\rho = 0$ die Größe c_1 nur für $a_1 b_2 = 1$ verschwinden kann. Das bedeutet aber: bei wie üblich negativ geneigter Nachfragekurve ($a_1 < 0$) müssen die Kostenzuwächse abnehmen ($b_2 < 0$); bei positiv geneigter Nachfragekurve ($a_1 > 0$), was bei Gegenständen, die wegen ihres Preises gekauft werden, vorkommen kann (snob appeal), aber auch bei sehr stark inferioren Güter (Giffen-Paradoxon), müssen die Kostenzuwächse dagegen wie bei der klassischen Kostenfunktion zunehmen ($b_2 > 0$). Der Neigungsgrad der Nachfragekurve und der Grad des Kostenzuwachses müssen darüber hinaus gerade reziprok sein, und außerdem muß der Anfangspreis gerade gleich dem Endpreis sein, so daß $\bar{c}_1 = 0$. Diese Bedingungen sind so speziell, daß man einen konstanten Preis als Lösung nicht wird erwarten können.

Eine Erweiterung dieser Theorie auf den Fall dynamischer Angebotsfunktionen und Mehrprodukt-Unternehmen findet sich im Buch von Förstner und Henn.[1] Allerdings behandeln sie ausschließlich die Mengenstrategie des Monopolisten bei einer inversen Nachfragefunktion analog zu (2.6.6). Bei Allen[2] finden sich ebenfalls Gedanken über dieses Gebiet und weitere Literaturhinweise. In allen praktischen Fällen wird man aber wohl die in diesem Kapitel angegebenen Programmierungsansätze verwenden.

---

1 *Förstner* und *Henn,* Dynamische Produktionstheorie und Lineare Programmierung, Meisenheim 1957.

2 *Allen,* Mathematik für Volks- und Betriebswirte, Berlin 1956, S. 453 ff. und S. 556 ff.

3. Kapitel

DAS OLIGOPOL
ÜBERSICHT ÜBER OLIGOPOLTYPEN UND -THEORIEN[1]

Nach (1.3.5a) besteht ein Oligopol unter n Firmen, $n \geqslant 2$, wenn der Gewinneinfluß jeder Firma auf jede andere über der Grenze der Fühlbarkeit liegt. Man kann das auch so ausdrücken: es besteht ein Oligopol, wenn die Nachfrage zwischen den Anbietern von Gütern für jede Firma fühlbar beweglich ist. Dann spüren alle Oligopolfirmen die Auswirkungen der Änderung einer marktstrategischen Variablen (z. B. des Preises, der Werbung, der Anliefermenge o. ä.) durch eine von ihnen. Die Konsequenz ist, daß jede Firma bei ihren Entscheidungen mit Reaktionen der Konkurrenzfirmen rechnen muß und umgekehrt jede Firma in der Regel auf Änderungen marktstrategischer Variablen der anderen Firmen reagieren wird. Jede Firma muß also nicht nur die Reaktion der Abnehmer, sondern auch die unabhängigen Aktionen und die Reaktionen der Konkurrenten bei ihren Entscheidungen berücksichtigen. Die Oligopolfirmen beobachten also die Politik ihres Konkurrenten ebenso wie die Entwicklung der Nachfrage, und jede Firma weiß, daß sie von ihren Konkurrenten beobachtet wird. Es ist klar, daß eine Analyse dieser Marktform erheblich schwieriger ist als die eines Monopols oder des vollkommenen Polypols, weil ja die Aktion jeder Firma von der erwarteten Reaktion der übrigen Firmen abhängt, diese Reaktion, weil die Firmen die Abhängigkeit kennen, aber wiederum von den Aktionen, so daß ein interdependentes Geflecht von Beziehungen und möglicherweise ein regressus ad infinitum von Erwartungen entsteht (nämlich: 1. Erwartungen, wie die Konkurrenten reagieren werden, 2. Erwartungen der Konkurrenten über die Erwartungen der betreffenden Firma, wie sie reagieren werden, 3. Erwartungen der betreffenden Firma über 2. usw.).

---

1 Die wichtigste Literatur über das Oligopolproblem wird später zitiert. Einen guten Überblick geben:
Gutenberg, Grundlagen der Betriebswirtschaftslehre, Bd. I und II, Berlin 1955; *Schneider, E.,* Einführung in die Wirtschaftstheorie, II. Teil, Tübingen; *Ott,* Grundzüge der Preistheorie, Göttingen 1968; *Ott* (Hrsg): Preistheorie, Köln u. Berlin 1965; *Richter, Rudolf,* Preistheorie, Wiesbaden 1963; *Brandt, Karl,* Preistheorie, Ludwigshafen 1960; *Krelle,* Preistheorie, Tübingen und Zürich 1961; *Stigler,* The Theory of Price, N. Y. 1949 und spätere Auflagen, *Henderson-Quandt,* Mikroökonomische Theorie, Berlin und Frankfurt 1967 (deutsche Übersetzung von „Microeconomic Theory", 1958).

Das Oligopol ist die für das Verständnis der jetzigen Wirtschaft wichtigste Marktform, einmal, weil es gerade auf den wichtigsten Märkten industrieller Massengüter sehr häufig anzutreffen ist, zum zweiten, weil auch in der Marktform der unvollkommenen Konkurrenz (d. h. des Polypols bei unvollständiger Beweglichkeit der Nachfrage) ähnliche Verhältnisse herrschen, so daß viele Ergebnisse der Oligopolanalyse auch dort anwendbar sind. Und beide Marktformen zusammen erfassen den größten Teil aller Märkte überhaupt.

Das Dyopol ist die einfachste Form des Oligopols: zwei Anbieter konkurrieren um den gleichen Kundenkreis. In dieser einfachen Form kommt es zwar nicht allzu häufig vor, aber die höheren Oligopolformen, mit denen wir es in der Praxis zu tun haben, zeigen doch weitgehend ähnliche Charakteristiken wie das Dyopol; das macht seine Hauptbedeutung aus. Alle wesentlichen Merkmale oligopolistischer Marktformen sind bereits im Dyopol angelegt und dort, in der einfachsten Ausprägung des Oligopols, am leichtesten abzuleiten. Wir werden daher auf die Analyse der Dyopolsituation besondere Sorgfalt verwenden. Trotzdem können natürlich nicht alle möglichen Fälle in Betracht gezogen werden. Dies Buch ist kein Kochbuch mit fertigen Rezepten zur Beurteilung aller konkreten Situationen. Wohl aber soll es den denkenden Bearbeiter anleiten, wie er in seinem Fall vorzugehen hat, und dem Wirtschaftspolitiker einen Anhalt für die Beurteilung oligopolistischer Marktformen als ganzes und für die darin wirksamen Kräfte im einzelnen geben. Wenn auch, wie gesagt, die Hauptbedeutung der Dyopolanalyse darin liegt, ein Modell für komplizierte Marktkonfigurationen abzugeben, so kommen doch Dyopole in der wirtschaftlichen Wirklichkeit noch häufig genug vor, um diese Analyse auch an sich interessant zu machen.

Die American Can Co. und die Continental Can Co. beherrschten 1939 zusammen 83,7% des gesamten amerikanischen Konservenbüchsen-Marktes, in den Rest teilten sich viele kleine Firmen, von denen die größte 4% Marktanteil hatte.[1] Die National Sead Co. und die E. I. du Pont de Nemours & Co. produzierten 1939 73645 to Titanium von insgesamt 82940 in den USA. Die übrigen Produzenten wurden ebenfalls von diesen beiden Firmen kontrolliert.[2] Die General Electric und Westinghouse Co. erzeugten 85% aller Glühlampen.[3] In der Schweiz nehmen Maggi und Knorr eine weit überragende Stellung auf dem Suppenmarkt ein.[4]

Auch bei mittleren und kleineren Unternehmen besonders im Einzelhandel gibt es Dyopolsituationen: die zwei einzigen Kolonialwarengeschäfte einer abgelegenen Siedlung, zwei benachbarte Tankstellen auf einer einsamen Straße, die

---

1 Vgl. The Structure of the American Industry, herausgegeben von *Walter Adams*, rev. ed. New York 1954.

2 Siehe *Stelzer*, Selected Antitrust Cases, Homewood/Ill. 1955.

3 Siehe *Handler*, Cases and other Materials on Trade Regulation, Brooklyn 1951, S. 324ff.

4 Siehe *Stoffel*, Die Absatzprobleme der schweizerischen Suppenindustrie, Dissertation St. Gallen, Einsiedeln 1957 (vgl. 1. Aufl. der „Preistheorie" S. 245 ff.).

zwei Fuhrunternehmen oder Möbelspeditionen einer kleinen Stadt sind Beispiele dafür.

Wir werden im folgenden immer die Existenz einer Nachfragefunktion für die Produkte der Oligopolisten annehmen; d. h. wir setzen voraus, daß die Abnehmer der beiden Konkurrenten so zahlreich sind, daß sie von beiden als Kollektiv betrachtet werden. Ebenso nehmen wir Angebotsfunktionen der Faktoren an, so daß jeder Oligopolist die Kosten als Funktion der Produktionsmenge errechnen kann. Ist das nicht der Fall, so kompliziert sich die Analyse erheblich.

Dieses Kapitel gibt einen Überblick über die Typen von Oligopolen, die man in der Realität findet oder finden könnte, und die Typen von Oligopoltheorien, die bisher entwickelt wurden oder entwickelt werden könnten.
Leider sind viele Theorien über Oligopoltypen ausgearbeitet, die man in der Realität nicht oder nur in Ausnahmefällen findet, während die Theorie über die weit überwiegenden Oligopoltypen eher unterentwickelt ist. Wir werden in den nächsten Kapiteln – mit etwas schlechtem Gewissen, weil die Theorie dafür da ist, die Wirklichkeit zu erklären,und nicht um ihrer selbst willen – trotzdem auch diese Teile der Oligopoltheorie bringen, weil immerhin einige Analogieschlüsse möglich sind und weil sie als Muster und Hilfe bei der weiteren Ausarbeitung der Theorie über die praktisch wichtigen Oligopoltypen dienen können.

1. Abschnitt

Typen von Oligopolen

1. Die vier Haupttypen des Oligopols für Einproduktfirmen mit Preisen und Mengen als marktstrategischen Variablen; Wirtschaftsfriedliches Verhalten; Gewinnmaximierung

In der wirtschaftlichen Wirklichkeit gibt es eine Fülle verschiedener Oligopoltypen. Es kann nicht Aufgabe der Theorie sein, jeden möglichen Einzelfall zu analysieren, obwohl natürlich bei der betriebswirtschaftlichen Anwendung der Theorie die Besonderheiten jedes Falles besonders aufmerksam untersucht und durch Anpassung der allgemeinen Theorie an den jeweiligen Sonderfall berücksichtigt werden müssen. Für den einfachsten Fall, wo jede Firma nur ein Produkt herstellt und wo nur Preise und Mengen als strategische Variablen in Betracht gezogen werden, hat sich eine Klassifikation der Oligopoltypen nach der Homogenität des Gutes und nach den benutzten marktstrategischen Variablen als zweckmäßig erwiesen. Damit erhält man mit dieser Beziehungsweise die folgende Vierfach-Klassifikation:

Tabelle 3.1.1

Produkte \ marktstrategische Variable	Menge	Preis
homogen	homogenes Oligopol, Mengenpolitik. Oligopoltyp B	homogenes Oligopol, Preispolitik. Oligopoltyp C
inhomogen	inhomogenes Oligopol, Mengenpolitik. Oligopoltyp D	inhomogenes Oligopol, Preispolitik. Oligopoltyp A

Die Bezeichnungsweise dieser vier theoretischen Hauptfälle ist in der Literatur nicht einheitlich, und außerdem sind die Fälle von sehr unterschiedlicher praktischer Relevanz. Wir geben im folgenden einige Kommentare zu diesen Haupttypen.

A. Inhomogenes Oligopol. Preispolitik

Dies ist der praktisch weitaus wichtigste Fall. Mehrere Firmen stellen ein substituierbares, aber (zumindest nach dem Urteil der Abnehmer) ökonomisch nicht identisches Produkt her und bieten es mit Hilfe einer eigenen Absatzorganisation an einen weitgehend gleichen Kundenkreis an, wobei sie den Preis fixieren und sich in der Produktionsmenge der Nachfrage anpassen. Alle weitbekannten Oligopolfälle sind von diesem Typ: in der Automobilbranche, bei den Fernsehapparaten, Waschmitteln, Zigaretten, beim Pulverkaffee, im Schiffbau, im Schwermaschinenbau, in der Computerindustrie usw., wo die betreffenden Firmen jedem, der sich mit Wettbewerbspolitik befaßt (und sogar dem größten Teil der Bevölkerung), mit Namen bekannt sind.

Die Güter sind inhomogen (oder die Märkte sind unvollkommen), d. h., wie früher erklärt: die Güter sind physisch verschieden, es gibt persönliche Präferenzen, räumliche oder zeitliche Unterschiede, was die Lieferungs- und Zahlungsbedingungen anbelangt, und der Abnehmer hat keine volle Marktkenntnis. Hierbei braucht nur eines dieser Merkmale zuzutreffen, um die Inhomogenität zu konstituieren. Mit dem Begriff der Beweglichkeit der Nachfrage ist dieser Oligopoltyp dadurch charakterisiert, daß die Nachfrage unvollständig beweglich ist.

Die Autoren, die auf diesem Gebiet mit eigenen Lösungsvorschlägen hervorgetreten sind, sind vor allem: Launhardt und Hotelling, Stackelberg, Fellner, Baumol, Heertje, Sweezy (ähnlich: Stigler und Efroymson), Krelle (ähnlich: Ott). Außerdem lassen sich manche generelle Ansätze insbesondere spieltheoretischer

Art, die zwischen Preis- und Mengenpolitik nicht unterscheiden, hier eingruppieren. Wir behandeln diese Ansätze in einem gesonderten Kapitel später.

B. Homogenes Oligopol. Mengenpolitik

In diesem Fall stellen alle Oligopolfirmen ein homogenes Produkt her und setzen es auf einem vollkommenen Markt ab (sie produzieren also physisch identische Güter und setzen sie auf einem Markt ab, auf dem es keine persönlichen Präferenzen und keine räumlichen oder zeitlichen Unterschiede gibt und auf dem alle Marktteilnehmer volle Marktübersicht haben). Das ist aber nur bei börsenmäßigen Marktorganisationen, also bei Produktenbörsen und Auktionen, vorstellbar, wo die Güter standardisiert sind und sich ein Preis für jedes Gut aufgrund von Angebot und Nachfrage bildet.

In der hier verwandten Terminologie handelt es sich um ein Oligopol bei vollständig beweglicher Nachfrage.

Kann man erwarten, diesen Oligopoltyp in der Wirklichkeit vorzufinden? Es wird sicher nicht die Regel sein, daß es mehreren großen Anbietern gelingt, einen so großen Teil des Gesamtangebots auf Produktenbörsen oder Auktionen zu kontrollieren, daß ein Oligopol entsteht. Auf Effektenbörsen trifft man dies öfter an; wir befassen uns aber nicht mit den Besonderheiten der Geld- und Kapitalmärkte. Produktenbörsen werden organisiert, um einer Vielzahl von Anbietern und Nachfragern zu dienen. Die Oligopolisten werden eine eigene Absatzorganisation, die ihnen eine direkte Preispolitik gestattet, sicher vorziehen. Trotzdem kommen oligopolähnliche Situationen auf Börsen vor, nachdem sie einmal existieren, wenn etwa mehrere Finanzgruppen einen großen Teil des Angebots zeitweilig oder für länger unter ihre Kontrolle gebracht haben. Das Problem für die Oligopolisten ist jetzt das folgende. Den Preis ihrer Produkte können sie nicht mehr direkt bestimmen. Er bildet sich aufgrund des Gesamtangebotes aller Oligopolisten und aufgrund der Gesamtnachfrage durch den Börsenmechanismus. Dagegen können die Konkurrenten durch Regulierung ihrer Angebotsmenge den Preis beeinflussen. Welche Angebotsmenge wird nun jeder auf den Markt werfen, so daß er seine Zielsetzung am besten verfolgt? Als Zielsetzung werden wir wieder die reine Gewinnmaximierung annehmen.

Ein wenig Überlegung zeigt schon, daß manches analog der unter A behandelten Marktorganisation ist. An Stelle der Preispolitik ist die Mengenpolitik getreten. Setzten die Dyopolisten früher ihre Preise fest und überließen der Kundschaft die zu kaufende Menge, so bestimmen sie jetzt die abzusetzende Menge und überlassen der Konkurrenz der Käufer den sich einspielenden Preis. Es gibt aber doch eine wesentliche Besonderheit: der Preis kann nicht mehr wie früher für die Oligopolisten verschieden sein. Dieser gemeinsame Preis hängt von der Summe der Anlieferungen aller Oligopolisten ab; es gibt keine Einzel-Nachfragefunktion für jeden Oligopolisten. Damit ist die Analyse theoretisch einfacher, und das ist wohl auch der Grund, weshalb dieser Oligopoltyp schon früh untersucht wurde (Cournot 1838) und sich weiterhin bei den Theoretikern einer sonst schwer erklärbaren Vorliebe erfreut. Wir werden, um der historischen Entwicklung zu folgen, anders als in der 1. Auflage dieses Buches ebenfalls mit der Analyse dieses Oligopoltyps beginnen.

Die Autoren, die hier selbständige Lösungen angeboten haben, sind vor allem Cournot, Stackelberg, Bowley, Krelle (ähnlich Ott). Die spieltheoretischen Lösungen behandeln wir wieder gesondert in einem Kapitel.

C. Homogenes Oligopol. Preispolitik

Hier ist wieder vollständige Beweglichkeit der Nachfrage zwischen den Oligopolfirmen angenommen. Jedoch existiert diesmal keine börsenartige Organisation des Absatzes, vielmehr hat jede Firma ihren Absatz selbst zu organisieren und verlangt einen Preis für ihr Produkt. Die Produkte sind aber homogen, d. h. eine noch so kleine Preisdifferenz bewirkt eine völlige Abwanderung der Kundschaft von der teureren zur billigeren Firma. Damit sind Preisunterschiede bei gleichen Produkten ausgeschlossen, solange keine Kapazitätsbegrenzungen ins Spiel kommen. Senkt einer den Preis, muß der andere sofort folgen, weil er sich sonst vom Markt ausschließen würde. Aus dem gleichen Grund kann auch keiner den Preis selbständig erhöhen, solange der Konkurrent die „übergelaufene" Kundschaft noch beliefern kann und will.

Ist eine solche Marktsituation realistisch? In dieser Schroffheit, mit *unendlicher* Beweglichkeit der Nachfrage, wohl kaum, dagegen als Annäherung an die Lage bei *sehr großer* Beweglichkeit der Nachfrage durchaus. Sie findet sich insbesondere bei standardisierten Artikeln des Massenkonsums wie Zigaretten, Teigwaren, Tee, Waschmitteln und standardisierten Produktionsmitteln wie Kohle, Heizöl, Benzin, Baumaterialien usw., sobald die Anbieter räumlich nahe genug beisammen liegen oder die Transportkosten ausgeglichen werden und die übrigen Lieferbedingungen die gleichen sind. Auf diesen Märkten finden wir dann auch am häufigsten die Preisbindung der zweiten Hand und Produzentenkartelle oder Preisführerschaft, eben, weil die Preisreduktion eines einzigen alle übrigen zum Folgen zwingt und ihnen damit „den Markt verdirbt".

Die Analyse dieses Oligopols datiert schon weit in der Geschichte der Wirtschaftswissenschaften zurück. Bertrand, Edgeworth, Shubik, Krelle haben eigene Lösungen vorgeschlagen. Wir werden diesen Oligopoltyp, der historischen Entwicklung folgend, an zweiter Stelle untersuchen. Die spieltheoretischen Ansätze folgen in einem gesonderten Kapitel.

D. Inhomogenes Oligopol. Mengenpolitik

Hierfür lassen sich in der wirtschaftlichen Wirklichkeit kaum Beispiele aufweisen. Wenn jede Firma schon ein individuelles Produkt einem großen anonymen Abnehmerkreis anbietet, so ist die Verwendung des Preises als marktstrategische Variable vom Standpunkt einer Rationalisierung des Absatzes aus zwingend geboten. Auch theoretisch hat sich niemand mit diesem Oligopoltyp befaßt. Im folgenden werden daher nur drei Oligopoltypen A bis C untersucht.

2. *Weitere Differenzierungen der Haupttypen des Oligopols*

Die Hauptklassifikation in vier Typen kann die Wirklichkeit selbstverständlich nur sehr ungefähr wiedergeben. Es finden sich noch andere, ebenfalls wichtige Unterscheidungsmerkmale, so daß jeder Haupttyp nach den folgenden Merkmalen weiter unterteilt werden kann.

1. Zielsetzungen

Im Rahmen des wirtschaftsfriedlichen Verhaltens stehen im Vordergrund:

a) die Gewinnmaximierung
b) Gewinnmaximierung, sobald ein gewisser Mindestabsatz (bzw. Marktanteil) erreicht ist
c) Absatzmaximierung (bzw. Vergrößerung des Marktanteils), sobald ein gewisser Mindestgewinn erreicht ist.

Alle diese Zielsetzungen können sich auf eine Periode oder auf mehrere Perioden beziehen, also längerfristig sein. Im letzteren Fall kann man „Gewinn" durch „Ausschüttungen" ersetzen.

„Wirtschaftsfriedliches Verhalten" heißt, daß die Existenz und die Entscheidungsfreiheit der Konkurrenten als gegeben hingenommen werden und jede Firma nur in diesem Rahmen die eigene Zielsetzung verfolgt.

Stattdessen sind aber auch kämpferische Verhaltensweisen möglich, nämlich

a) die ruinöse Konkurrenz, d. h. das Ziel, die Konkurrenzfirmen vom Markt auszuschalten, um die Monopolstellung zu erreichen;
b) der Kampf um das Überleben, wenn der Markt für alle anbietenden Firmen zu klein ist, so daß eine oder einige ausscheiden müssen, damit die übrigen existieren können;
c) die wirtschaftliche Nötigung, d. h. der Einsatz der marktstrategischen Instrumente, um die übrigen Anbieter zu einem bestimmten Verhalten zu zwingen.[1]

---

1 In der ersten Auflage des Buches ist als Grenzfall und schwächste Form des Kampfes auch die Herausforderung angeführt. Wir rechnen sie jetzt dem wirtschaftsfriedlichen Verhalten zu.

Man kann, nach dem Vorbild von Shubik, auch die langfristige Gewinnmaximierung als Zielsetzung annehmen, bei der alle Mittel erlaubt sind und nur der erwartete diskontierte Gesamtgewinn über die Verhaltensweise entscheidet. Dies ist sicher der allgemeinste und theoretisch bedeutendste Ansatz. Trotzdem ist die gesonderte Behandlung der obigen Spezialfälle ebenfalls von Interesse, weil dadurch die Gesichtspunkte, die im Einzelfall zu beachten sind, schärfer herauskommen.

Wir werden im folgenden bei allen Haupttypen des Oligopols die wirtschaftsfriedliche Gewinnmaximierung als Zielsetzung zugrunde legen.

Bei den praktisch wichtigsten Oligopoltypen A und B (heterogenes Oligopol, Preispolitik und homogenes Oligopol, Mengenpolitik) werden wir auch auf kämpferische Verhaltensweisen eingehen.[1]

2. Andere marktstrategische Variablen

Preis- und Produktionsmenge sind zwar wichtige Instrumente, aber durchaus nicht die einzigen. Werbung, Produktvariation und die dazugehörige Forschung und Entwicklung, Veränderung der Absatzorganisation, Anlage- und Vorratsinvestitionen u. a. sind ebenfalls wichtige Mittel der Unternehmenspolitik im Oligopol. Wir werden sie nur bei dem wichtigsten Oligopoltyp A (heterogenes Oligopol, Preispolitik) in Betracht ziehen.

3. Verabredungen

Die Oligopolisten können ihre Preis- und Absatzpolitik (ebenso wie ihre Politik in Bezug auf die anderen oben genannten marktstrategischen Variablen) untereinander informell absprechen oder, wenn es die Rechtsordnung zuläßt, bindende Verträge hierüber abschließen, also Kartelle oder Syndikate bilden. Wir werden bezüglich der Kooperation unterscheiden:

a) stillschweigende Befolgung gewisser Verhaltensweisen, insbesondere: die Preisführerschaft
b) Absprachen ohne Ausgleichszahlungen zwischen den Oligopolisten
c) Absprachen mit Ausgleichszahlungen.

Nach außen handelt das Oligopol im Fall c) vollständig, in den Fällen a) und b) weitgehend wie ein Kollektivmonopol. Damit wird die Monopoltheorie anwendbar. Was hinzukommt, ist die Aushandlung der Anteile der einzelnen Oligopolfirmen am Gesamtgewinn. Hierfür ist die Aushandlungstheorie zuständig.

---

1 In der ersten Auflage des Buches sind die anderen oben genannten wirtschaftsfriedlichen Zielsetzungen und die kämpferischen Verhaltensweisen auch bei den übrigen Oligopoltypen behandelt.

Wir werden im folgenden das nichtkooperative Verhalten zugrunde legen. Nur beim Oligopoltyp A (heterogenes Oligopol, Preispolitik) behandeln wir die Kooperationsformen a) bis c), wobei wir aber das Aushandlungsproblem soweit wie möglich hier ausklammern, um es im 9. Kapitel im einzelnen zu analysieren.

4. Signifikante Größenunterschiede der Oligopolfirmen. Verbindung mit anderen Marktformen.

Gibt es neben dem oder den Oligopolisten noch eine mehr oder weniger große Zahl von relativ kleinen Anbietern, deren Einzel- oder Gesamtreaktion für jeden Oligopolisten unerheblich ist, so spricht man von einem *Teiloligopol.* Hierbei sind zwei Fälle zu unterscheiden:

a) die Kleinen sind auch insgesamt gegenüber den Großen so klein, daß die Wirkungen ihrer Preis-, Produktions- und Werbepolitik unter die Schwelle der Fühlbarkeit für die Großen fällt;
b) die Kleinen sind zwar einzeln klein in diesem Sinne gegenüber dem oder den Großen, nicht aber in ihrer Gesamtheit.

Wir werden Teiloligopole später kurz behandeln.

5. Firmeninterne Unterschiede

Die Oligopolanalyse kann je nach den internen Daten der Oligopolfirmen zu verschiedenen Ergebnissen kommen. Man muß zumindest unterscheiden:

a) ob Kapazitätsgrenzen wirksam werden oder nicht
b) ob finanzielle Beschränkungen eine Rolle spielen oder nicht
c) welche Produktionsfunktionen vorliegen; hierbei sind vor allem die Haupttypen: neoklassische und Walras-Leontief-Produktionsfunktionen zu unterscheiden
d) wie die Marktformen auf den Faktormärkten sind
e) bei langfristigen Zielsetzungen: welcher Art der technische Fortschritt ist und wie er durch Forschungsaufwendungen beeinflußt werden kann.

Die Wirksamkeit von Kapazitätsgrenzen wird bei allen Oligopoltypen, die übrigen Unterschiede werden nur beim Oligopoltyp A berücksichtigt.

6. Der Informationsstand der Oligopolisten

Die Oligopolisten können mehr oder weniger gut über die Gesamtsituation, d. h. über ihre eigene Lage und die der Konkurrenten, informiert sein. Bei vollständiger

Unkenntnis hört natürlich jede Theorie auf, und man kann dem betreffenden Management nur raten, sich besser zu informieren.

Wir werden hier nur zwei Fälle betrachten

a) Vermeintliche oder wirkliche Kenntnis der Gesamtsituation
b) Jeder Oligopolist kennt nur eine Wahrscheinlichkeitsverteilung über die Situation der Gegenspieler. Diesen Fall behandeln wir beim spieltheoretischen Ansatz.

Damit ist die Fülle dessen, was man in der Wirklichkeit vorfinden kann, umrissen. Es ist klar, daß jede Theorie nur Ausschnitte – und auch diese nur vereinfacht – bieten kann. Dieser Abschnitt sollte klar machen, welche Ausschnitte hier geboten werden.

2. Abschnitt

Typen von Oligopoltheorien

Die Oligopoltheorien lassen sich ebenso klassifizieren wie die Oligopoltypen. Wir werden im folgenden unterscheiden:

a) *nach den Annahmen über die Verhaltensweisen der Konkurrenten:*
   1. Heuristische (oder empirische)
   2. normative Oligopoltheorien.

Erstere nehmen die Reaktionen der Konkurrenten auf Änderungen der marktstrategischen Variablen einer Firma als empirisch oder theoretisch gegeben an. Sie unterscheiden sich durch eben diese Annahmen. Letztere suchen diese Reaktionen aus Optimalitätsüberlegungen abzuleiten, oder sie lassen den gesamten Aktions- und Reaktionsprozeß unbestimmt und leiten nur das *Ergebnis* aus allgemeinen Postulaten ab. Sie gehen also, zumindest wenn sie Reaktionsfunktionen ableiten können, weiter, und sicher wird die „endgültige" Oligopoltheorie, wenn sich einmal eine solche aus den jetzigen Versuchen entwickeln sollte, von diesem Typ sein. Normative Theorien sind fast ausschließlich spieltheoretischer Art. Sie leiten die tatsächlichen und gleichzeitig optimalen Reaktionsfunktionen aus weitergehenden, allgemeineren, spieltheoretischen Überlegungen ab, d. h. sie fragen: wie *sollten* die Firmen j auf Preisänderungen der Firma i reagieren, wenn sie rational handeln, nämlich z. B. ihren eigenen Gewinn maximieren wollen.

Weiterhin müssen wir die Theorien unterscheiden:

b) *nach der Behandlung der Zeit* in:
   1. statische
   2. dynamische Theorien

Wir werden im folgenden beide Theorietypen benutzen.

Schließlich muß man unterscheiden

c) *nach dem Informationsstand der Firmen:*
   1. Theorien bei Sicherheit
   2. Theorien bei Unsicherheit.

Letztere behandeln den Fall, wo den Beteiligten eine Reihe von Daten des Problems nicht mit Sicherheit bekannt sind. Alle bisher entwickelten empirischen Theorien fallen unter die Kategorie 1 (Sicherheit), ebenso fast alle normativen Theorien. Wir werden aber für die Oligopoltypen A und B auch den Fall der Unsicherheit behandeln.

Damit hat man einen Überblick, welche Fälle in der Wirklichkeit zu unterscheiden sind und welche theoretischen Instrumente im folgenden benutzt werden.

Wir beginnen mit der Analyse des Oligopoltyps B (Homogenes Oligopol, Mengenstrategie), weil er theoretisch am einfachsten ist und historisch am Anfang steht, gehen dann zum Oligopoltyp C über (Homogenes Oligopol, Preisstrategie) und behandeln zum Schluß den praktisch wichtigsten Fall, nämlich den Oligopoltyp A (Inhomogenes Oligopol, Preisstrategie).

4. Kapitel

HOMOGENES OLIGOPOL, MENGENSTRATEGIE: OLIGOPOLTYP B oder: MENGENKONKURRENZ BEI ABSATZ AUF EINER PRODUKTENBÖRSE. HEURISTISCHE THEORIEN

Wie im vorhergehenden Kapitel ausgeführt, ist dieser Oligopoltyp kaum in der Wirklichkeit vorzufinden. Trotzdem gibt es mehr Theorien über diesen Typ als über irgendeinen anderen, einmal, weil es der historische Zufall wollte, daß Cournot die Oligopoltheorie gerade mit diesem Typ begann, und zum anderen, weil dieser Oligolpoltyp leichter zu analysieren ist als andere: es gibt ja nur *einen* Preis für die Produkte der Oligopolisten.

Wir beginnen aus den gleichen Gründen die Oligopolanalyse mit diesem Oligopoltyp. Zunächst bringen wir den allgemeinen analytischen Rahmen und die zugehörigen graphischen Veranschaulichungen für alle Theorien dieses Typs. Dann werden die wichtigsten Lösungen, die sich in der Literatur finden, vorgeführt. Die letzte dieser Lösungen ist die, die ich in der 1. Auflage dieses Buches vorgeschlagen habe, mit einigen Erweiterungen. Ich halte sie – in dem Rahmen, in dem einfache, heuristische Theorien überhaupt Lösungen sein können – für diejenige mit dem größten Erklärungswert. Bei den meisten Lösungen werden die statische und eine dynamische Version gebracht. Hierbei ist stets wirtschaftsfriedliches Verhalten vorausgesetzt.

1. Abschnitt

Allgemeiner Ansatz

A. Analytische Behandlung

Wir stellen uns n Firmen vor, die homogene Produkte mit den Mengen $x_1, \ldots, x_n$ auf einem gemeinsamen Markt (z. B. einer Produktenbörse) absetzen, wobei die Voraussetzungen des Oligopols gegeben seien (allseitig fühlbarer Preiseinfluß von Anlieferungen einer Firma). Der sich bildende gemeinsame Preis sei p, die *Nachfragefunktion* auf dem Gesamtmarkt

(4.1.1) $p = p(\xi)$ mit $\xi := x_1 + x_2 + \ldots + x_n$

Jede Firma habe eine *Kostenfunktion*

(4.1.2) $K_i = K_i(x_i)\,,\quad i \in \{1, \ldots, n\}\,,\ K_i'(x_i) > 0,\ K_i''(x_i) > 0\,,$

so daß der Gewinn der Firma i

(4.1.3) $Q_i = p(x_1 + \ldots + x_n)\,x_i - K_i(x_i)$

ist. Wir nehmen im folgenden stets an, daß $p(\cdot) - K_i(\cdot)$ eine konkave Funktion ist, so daß es nur ein globales Maximum gibt, und daß dies bei nicht negativen $x_1, \ldots, x_n$ eintritt. Die Nachfrage- und Kostenfunktionen seien allen Oligopolisten bekannt. Wegen der oligopolistischen Interdependenz muß jede Firma i damit rechnen, daß die anderen Firmen j auf Änderungen der Anliefermengen reagieren.

Sei $x_j^{(i)}$ die Anliefermenge der Firma j, die nach Ansicht der Firma i von einer Ausgangs-Konstellation $\overset{*}{x}_1, \ldots, \overset{*}{x}_n$ aus resultiert, wenn die Firma i ihre Anliefermenge auf x_i festlegt. Hierbei können gegenseitige Beeinflussungen der Firmen $1, \ldots, i-1, i+1, \ldots, n$ als Folge der Anlieferänderung der Firma i enthalten sein. Wir schreiben diese Beziehung als

(4.1.4) $x_j^{(i)} = \overset{*}{x}_j + r_j^{(i)}(x_i - \overset{*}{x}_i, \overset{*}{x}_1, \ldots, \overset{*}{x}_n) =: \bar{r}_j^{(i)}(x_i, \overset{*}{x}_1, \ldots, \overset{*}{x}_n),$

$\forall\, i, j \in \{1, \ldots, n\},\ i \neq j$

Hierbei heißt $r_j^{(i)}(\cdot)$ die *Reaktionsfunktion.* Für sie gilt

(4.1.4a) $r_j^{(i)}(0, \overset{*}{x}_1, \ldots, \overset{*}{x}_n) = 0,$

da ohne Lieferänderung der Firma i auch keine Reaktion der Firma j erfolgt.

Als *Lösung* des statischen Oligopolproblems wird nun die Menge der Ausgangs-Lieferungen $(\overset{*}{x}_1, \ldots, \overset{*}{x}_n)$ angesehen, von denen aus kein Oligopolist es vorteilhaft findet, seine Anlieferungen zu ändern.

An der Lösung gilt also:

(4.1.5) $x_i = \overset{*}{x}_i\,,\quad x_j^{(i)} = \overset{*}{x}_j = x_j$ und $r_j^{(i)}(\cdot) = 0$

Setzen wir zur Vereinfachung der Schreibweise $\partial r_i^{(i)}/\partial x_i := 1$, so gilt also am vorgestellten Gewinnmaximum notwendig:

(4.1.6) $p(x_1 + \ldots + x_n) + x_i \dfrac{dp(\cdot)}{d\xi} \sum_{j=1}^{n} \dfrac{\partial r_j^{(i)}(\cdot)}{\partial x_i} - \dfrac{dK_i(x_i)}{dx_i} = 0\,,\quad i \in \{1, \ldots, n\}.$

Offensichtlich ist $\frac{\partial \bar{r}_j^{(i)}}{\partial x_i} = \frac{\partial r_j^{(i)}}{\partial x_i}$, so daß (4.1.6) auch in dieser Form geschrieben werden kann. Bei Einbeziehung der Rückwirkungen der Lieferänderung einer Firma innerhalb der Gruppe der übrigen Oligopolisten auf alle übrigen Firmen dieser Gruppe, die bei einigen Oligopoltheorien angenommen wird, werden wir auch dx_j/dx_n schreiben.

Die *Reaktionsfunktionen* $r_j^{(i)}(\cdot)$ in (4.1.4) und ihre Ableitungen sind nun nicht aus der Nachfragefunktion und den Kosten- und Gewinnfunktionen abzuleiten. Die heuristischen Theorien behandeln sie daher ebenso wie Kosten- und Nachfragefunktionen, d. h. sie nehmen irgendeine aus der Empirie abgeleitete Form für sie an. Dann bestimmen die n Gleichungen (4.1.6) simultan die n optimalen Anlieferungen $\overset{*}{x}_1, \ldots, \overset{*}{x}_n$ – falls das System eine eindeutige Lösung für nichtnegative $\overset{*}{x}_1, \ldots, \overset{*}{x}_n$ hat, was wir annehmen wollen.[1]

Am Lösungspunkt $\overset{*}{x}_1, \ldots, \overset{*}{x}_n$ glaubt jede Firma i, ihr Gewinnmaximum aufgrund der von ihr unterstellten Reaktionsfunktionen der übrigen Firmen erreicht zu haben. Sie hat also keine Veranlassung, ihre Anliefermenge $\overset{*}{x}_i$ zu ändern, und das gilt für alle Firmen. Spieltheoretisch handelt es sich im Falle, daß jeder frei über seine Anliefermenge entscheidet, also $\partial r_j^{(i)}(\cdot)/\partial x_i = 0$, $i \neq j$, um den *Gleichgewichtspunkt* im Sinne von Nash. Ist $\partial r_j^{(i)}/\partial x_i \neq 0$, $i \neq j$, so kann man die Lösung als Quasi-Gleichgewichtspunkt in einem Quasi-Spiel auffassen, in dem jede Firma meint, alle übrigen hätten nur je eine Strategie, nämlich die durch ihre Reaktionsfunktion festgelegte, während sie selbst über ein Kontinuum von Strategien, nämlich ihre möglichen Anliefermengen, verfügt.

Die verschiedenen heuristischen Theorien unterscheiden sich durch die Annahme über $\frac{\partial r_j^{(i)}(\cdot)}{\partial x_i}$.

Aus (4.1.1) erhält man den Marktpreis, nachdem die Lösungsmengen $\overset{*}{x}_1, \ldots, \overset{*}{x}_n$ berechnet sind.

Trotz (4.1.5) sind die heuristischen Theorien i. a. nicht in sich konsistent. Die *tatsächliche Reaktionsfunktion,* wie sie sich aufgrund des Verhaltens aller nach (4.1.6) ergibt, ist i. a. verschieden von der mit (4.1.4) vorgestellten. Streicht man in (4.1.6) die i-te Gleichung, setzt $\partial r_i^{(j)}(\cdot)/\partial x_j = 0$, $j \in \{1, \ldots, n\}$, $j \neq i$, und löst dies System von n-1 Gleichungen, so erhält man, falls dies System eindeutig lösbar ist, die eigentlichen Reaktionsfunktionen g_j, gegeben die Vorstellungen aller übrigen Firmen über die Reaktionsfunktionen:

$$x_j = g_j(x_i), \quad j \in \{1, \ldots, n\}, j \neq i \tag{4.1.6a}$$

---

1 Das ist natürlich nicht selbstverständlich. Auftretende Komplikationen können hier nicht behandelt werden.

I. a. wird $g_j(\cdot) \neq \overline{r}_j^{(i)}(\cdot)$ sein. Dasselbe gilt für „Quasi-Reaktionsfunktionen", die entstehen, wenn man die Verschiebung der Lösung $\overset{*}{x}_1, \ldots, \overset{*}{x}_n$ bei Parameteränderungen betrachtet.

Im allgemeinen Fall liegt also ein Irrtum aller Beteiligten vor: jeder meint, die Anliefermenge des anderen sei von der seinen funktional abhängig, und er könne frei über seine eigene Anliefermenge verfügen. Ein im Grunde spieltheoretisches Problem ist also als reines Maximumproblem mißverstanden. Das gilt für alle heuristischen Theorien. Wenn wir sie überhaupt weiterverfolgen, müssen wir diese Form von Irrtum akzeptieren.

Es ist zweckmäßig, hier gleich einige weitere Beziehungen abzuleiten, die wir später benötigen.

a) Liegen alle Anliefermengen $x_1, \ldots, x_{i-1}, x_{i+1}, \ldots, x_n$ fest, d. h. ist $\frac{dr_j^{(i)}}{dx_i} = 0, \forall\, i, j \in \{1, \ldots, n\}, i \neq j$ in (4.1.4), so ist die optimale Anliefermenge der Firma i bestimmt durch

$$G_i: = \frac{\partial Q_i}{\partial x_i} = p + x_i \frac{dp}{d\xi} - \frac{dK_i}{dx_i} = 0, \tag{4.1.7}$$

was, wenn $p + x_i \frac{dp}{d\xi} - \frac{dK_i}{dx_i}$ streng monoton in x_i ist, in der Form

$$x_i = F_i(x_1, \ldots, x_{i-1}, x_{i+1}, \ldots, x_n) \tag{4.1.8}$$

geschrieben werden kann.

Für n = 2 ist $\{(x_1, x_2) | x_2 \geqslant 0, x_1 = F_1(x_2)\}$ bzw. $\{(x_1, x_2) | x_1 \geqslant 0, x_2 = F_2(x_1)\}$ die *Kammlinie* für Firma 1 bzw. 2 in der graphischen Darstellung unten. Sie gibt die optimale Anliefermenge der Firma i an, wenn die Anliefermengen der anderen Firmen festliegen. x_i ist in der Regel eine fallende Funktion von x_j, $i \neq j$, $i, j \in \{1, 2\}$:

$$\frac{dx_i}{dx_j} = -\frac{\partial G_i/\partial x_j}{\partial G_i/\partial x_i} = -\frac{dp/d\xi + x_i d^2p/d\xi^2}{2dp/d\xi + x_i d^2p/d\xi^2 - d^2K_i/dx_i^2} \tag{4.1.9}$$

Nach den üblichen Voraussetzungen der Nachfrage- und Kostentheorie ist

$$dp/d\xi < 0, \quad d^2K_i/dx_i^2 > 0 \text{ und natürlich } x_i \geqslant 0. \tag{4.1.10}$$

Fraglich ist das Vorzeichen von $d^2p/d\xi^2$: die Nachfragefunktion kann konvex oder konkav sein.

Ist

$$dp/d\xi + x_i d^2p/d\xi^2 < 0, \tag{4.1.11a}$$

d. h. ist die Nachfragefunktion konkav oder jedenfalls nicht zu stark konvex, oder gilt folgendes:

(4.1.11b) falls $dp/d\xi + x_i d^2p/d\xi^2 > 0$, so $-\frac{dp}{d\xi} + \frac{d^2K_i}{dx_i^2} < \frac{dp}{d\xi} + x_i \frac{d^2p}{d\xi^2}$,

d. h. ist im umgekehrten Fall die Konvexität der Nachfragefunktion groß genug, so folgt

$$\frac{\partial x_i}{\partial x_j} < 0. \tag{4.1.12}$$

Stackelberg nennt diesen Markttyp, bei dem in der graphischen Darstellung die Kammlinien zur gegnerischen Mengenachse geneigt sind, $\alpha\alpha$. Das ist als *Regelfall* anzusehen. Falls die Kammlinien von der gegnerischen Mengenachse fortweisen, hat man den Fall $\beta\beta$.

b) Der geometrische Ort, wo sich die Isoprofithyperflächen berühren,

$$L_i := Q_i - c_i = 0 \tag{4.1.13}$$

ist im Dyopolfall (n = 2) dadurch bestimmt, daß die Neigungen aller Isoprofitkurven nach jeder Richtung hin übereinstimmen:

$$\frac{dx_k}{dx_l} = -\frac{\partial L_i/\partial x_l}{\partial L_i/\partial x_k} = -\frac{\partial L_j/\partial x_l}{\partial L_j/\partial x_k}, \ \forall\, i, j, k, l \in \{1, 2\}, k \neq l \tag{4.1.14}$$

Allgemein gilt: da es am geometrischen Ort der Berührungspunkte der Isoprofitlinien Änderungen $dx_1, \ldots, dx_n$ gibt, bei denen sich die Gewinne aller Firmen nicht ändern, gilt für ihn:

$$\begin{aligned} dQ_1 &= \frac{\partial Q_1}{\partial x_1} dx_1 + \ldots + \frac{\partial Q_1}{\partial x_n} dx_n = 0 \\ &\vdots \\ dQ_n &= \frac{\partial Q_n}{\partial x_1} dx_1 + \ldots + \frac{\partial Q_n}{\partial x_n} dx_n = 0, \end{aligned}$$

was bekanntlich nur eine Lösung hat, wenn die Jakobische Determinante Null wird:

$$\begin{bmatrix} \frac{\partial Q_1}{\partial x_1} & \cdots & \frac{\partial Q_1}{\partial x_n} \\ \vdots & & \vdots \\ \frac{\partial Q_n}{\partial x_1} & \cdots & \frac{\partial Q_n}{\partial x_n} \end{bmatrix} = 0 \tag{4.1.15}$$

Für n = 2 kann die Äquivalenz von (4.1.14) und (4.1.15) leicht nachgerechnet werden. Man erhält dann beidemal bei Ausführung der Differentiation

$$\frac{dx_1}{dx_2} = - \frac{x_2 \cdot p'(\xi) + p - K_2'(x_2)}{x_2 \cdot p'(\xi)} = - \frac{x_1 \cdot p'(\xi)}{x_1 \cdot p'(\xi) + p - K_1'(x_1)}, \tag{4.1.16}$$

wobei $x_i \cdot p'(\xi) + p - K_i'(x_i) \neq 0$.

Die rechte Gleichung definiert eine (in der Praxis algebraische) Beziehung zwischen x_1 und x_2. Unter speziellen Voraussetzungen (z.B. daß Preis und Kosten linear in den x_i sind) kann man über die Lösung brauchbare Aussagen machen, nämlich, daß es eine Lösungskurve gibt, die im zulässigen Bereich $x_i \geqslant 0$, $p_i \geqslant 0$ in zwei Teilkurven zerfällt:

$$\begin{aligned} x_1 &= H(x_2) \\ x_1 &= T(x_2) \end{aligned}, \tag{4.1.17}$$

von denen die erste die *Maximallinie* oder *Pareto-Optimalitätslinie*, die zweite die *Minimallinie* oder die optimale *Drohungskurve* (optimal threat curve) genannt wird. Die erste Kurve verbindet alle Punkte (= Anliefermengen), bei denen irgendeine Änderung der Anliefermengen zumindest einen, möglicherweise aber auch beide schlechter stellt,[1] die zweite Kurve verbindet alle diejenigen Punkte, bei denen in einer Umgebung dieser Punkte immer für einen Dyopolisten gilt, daß jede Änderung der Anliefermengen, die seine Gewinnhöhe aufrechterhält, den anderen schlechter stellt.[2]

Allgemein ist die *Maximalhyperfläche* als die Menge aller pareto-optimalen Punkte definiert. Alle Punkte $(Q_1, \ldots, Q_n)$, für die $\sum_{i=1}^{n} Q_i$ ein Maximum mit Bezug auf $(x_1, \ldots, x_n)$ wird, heißen *pareto-optimal*. Somit muß für sie gelten:

$$Q_i = \max_{x_1, \ldots, x_n}! \tag{4.1.17a}$$

unter den Nebenbedingungen vorgegebener Gewinne für alle übrigen Firmen:

$$Q_j - c_j = 0, \ \forall\, i, j \in \{1, \ldots, n\}, \ i \neq j. \tag{4.1.17b}$$

Notwendig gilt an der Lösung, wenn sie existiert und keine Randlösung ist:

$$\sum_{j=1}^{n} \lambda_j \frac{\partial Q_j}{\partial x_k} = 0, \ \ \forall\, i, j, k \in \{1, \ldots, n\}, \ \lambda_i := 1, \tag{4.1.17c}$$

---

1 (4.1.16) ist nämlich auch die notwendige Bedingung dafür, daß für irgendeine vorgegebene Gewinngröße des einen der andere Dyopolist seinen Gewinn maximiert.

2 (4.1.16) ist nämlich auch die notwendige Bedingung dafür, daß für irgendeine vorgegebene Gewinngröße des einen der Gewinn des anderen minimiert wird.

wobei die $\lambda_1, \ldots, \lambda_{i-1}, \lambda_{i+1}, \ldots, \lambda_n$ Lagrangesche Multiplikatoren sind. Damit (4.1.17a) eine Lösung hat, muß die Determinante der $\frac{\partial Q_j}{\partial x_k}$ verschwinden, d.h. (4.1.15) muß gelten. Letztere Determinantengleichung ist also auf der Maximalhyperfläche erfüllt. Die *optimale Drohungs-Hyperfläche* ist als die Menge aller Punkte definiert, bei der für vorgegebene Gewinne aller übrigen Firmen der Gewinn einer Firma minimiert wird. In (4.1.17a) ist also der max-Operator durch den min-Operator zu ersetzen; sonst bleibt alles unverändert. Damit bleiben auch die notwendigen Bedingungen (4.1.17c) und damit (4.1.15) unverändert.

Für das *Dyopol* zeigt ein Vergleich der Gleichungen (4.1.16) für die Maximal- und die Minimallinie mit der Gleichung (4.1.7) für die Kammlinie, daß für gleiche Anlieferungen x_j des Konkurrenten die Maximallinie *stets unterhalb der Kammlinie* F_i, die *Minimallinie* oberhalb der Kammlinie verläuft und niemals mit ihr zusammenfällt, wobei „unterhalb" bedeutet: bei kleineren Anliefermengen x_i. Bei der Maximallinie ist nämlich $x_i p'(\xi) + p - K_i'(x_i) > 0$, bei der Minimallinie < 0, und dies eben zeigt das an.

c) Der geometrische Ort der Anliefermengen, die für einen Oligopolisten i optimal sind, wenn der Marktpreis p als gegeben betrachtet wird, ist die *Grenzkostenfunktion*

(4.1.17d) $$\left(\frac{dQ_i}{dx_i}\right)_{p=\text{const.}} = p - K_i'(x_i) = 0$$

Tatsächlich ist der Preis p natürlich nicht gegeben, sondern hängt von der Liefermenge aller Oligopolisten ab.

Im *Mengenraum* können wir die *analoge Grenzkostenfunktion* ableiten, indem wir fragen, welche Anliefermengen aller Oligopolisten vom Gesichtspunkt eines Oligopolisten i aus optimal wären, wenn ein bestimmter Marktpreis p vorgegeben ist und der Oligopolist i seinen Gewinn maximieren will. Dies führt auf die Aufgabe:

(4.1.18) $$Q_i(x_1, \ldots, x_n) = \max!, \text{ wobei } p(x_1 + \ldots + x_n) - \overline{p} = 0.$$

Die Lösung dieser Aufgabe führt mit $\xi = x_1 + \ldots + x_n$ auf

(4.1.18a) $$\frac{\partial Q_i}{\partial x_j} + \lambda \frac{dp}{d\xi} = 0\,,$$

λ ein Lagrangescher Multiplikator, so daß

(4.1.18b) $$\frac{\partial Q_i}{\partial x_i} = \frac{\partial Q_i}{\partial x_j}\,, \quad \forall\, i, j \in \{1, \ldots, n\}$$

sein muß. Löst man diese Gleichung nach x_i, so erhält man die *Grenzkostenfunktion im Mengenraum*[1]

1 Die Funktion heißt deswegen Grenzkostenfunktion, weil bei gegebenem Marktpreis die optimale Anliefermenge durch p=K' bestimmt ist (vgl. (4.1.17d)) und weil somit (4.1.19) gerade diese Menge angibt.

(4.1.19) $\quad x_i = \bar{K}_i'(x_1, \ldots, x_{i-1}, x_{i+1}, \ldots, x_n).$

Sie ist eine abnehmende Funktion von $x_j, j \neq i$:

$$\frac{dx_i}{dx_j} < 0^1.$$

Liefern alle Konkurrenten die Mengen x_i an, so daß $p(x_1, \ldots, x_n) = K_i'$, $\forall\, i \in \{1, \ldots, n\}$, so ist, falls er existiert, der Polypolpunkt C* realisiert (auch *effizienter Punkt* genannt, wegen gewisser gesamtwirtschaftlicher Optimalitätseigenschaften[2]). Er liegt auf der Minimalkurve oder optimalen Drohungskurve T (4.1.17). Ist nämlich $p = K_1' = K_2'$, so ist die Gleichung der optimalen Drohungskurve (4.1.16), wie man sofort sieht, identisch erfüllt. Daß er nicht auf der Maximallinie liegt, sieht man daraus, daß es, ausgehend von C*, d.h. von $p = K_1' = K_2'$, Mengenänderungen gibt, die *beide* besser stellen, nämlich *alle* gemeinsamen, gleichzeitigen Verringerungen der Anliefermengen:

$$\frac{dQ_i}{dx_i}\frac{dx_i}{dt} = x_i\left[\frac{dp}{d\xi}\frac{dx_i}{dt}\left(1+\frac{dx_i}{dx_j}\right)\right] + \frac{dx_i}{dt}\left[p - K_i'(x_i)\right] > 0, \ \forall\, i \in \{1, 2\},$$

für $\frac{\partial p}{\partial x_i} = \frac{dp}{d\xi}, \frac{dp}{d\xi} < 0; \ p - K_i' = 0, \ \frac{dx_i}{dt} < 0$ und $\frac{dx_i}{dx_j} > 0.$

Somit liegt C* auf der Minimallinie T.

Damit sind die wichtigsten Beziehungen aufgestellt. Im folgenden Abschnitt werden sie graphisch veranschaulicht.

B. Graphische Veranschaulichung

Zunächst werden wir wieder den Gewinn jeder Firma als Funktion der Produktmenge graphisch ableiten. Das geschieht in Fig. 4.1.20. Dort sind im 2. und 4. Quadranten die Kurven konstanten Gewinns für die Firmen 1 und 2 eingezeichnet. K_1' bzw. K_2' sind die Grenzkostenkurven und F_1 und F_2 die Kammlinien. Es gibt nur einen einzigen Markt, eben die Produktenbörse, und natürlich auch nur eine einzige, gemeinsame Nachfrage und einen einzigen Preis p. Die Nachfragekurve des Gesamtmarktes ist mit $N_{x_2=0}$ bezeichnet und im 2. Quadranten der

---

1 Die implizite Ableitung von $F := \frac{\partial Q_i}{\partial x_i} - \frac{\partial Q_i}{\partial x_j}$, $i \neq j$, ergibt (mit $\frac{\partial Q_i}{\partial x_i} = p + x_i\frac{dp}{d\xi} - K'(x_i)$; $\frac{\partial Q_i}{\partial x_i} = x_i\frac{dp}{d\xi}$):

$$\frac{dx_i}{dx_j} = -\frac{\partial F/\partial x_j}{\partial F/\partial x_i} = -\frac{dp/d\xi}{2dp/d\xi - K''(x_i)} < 0 \text{ wegen (4.1.1 und 2).}$$

2 Dann hat man nämlich eine optimale Faktorkombination im Sinne der Gleichgewichtstheorie (notwendig, nicht hinreichend).

Fig. 4.1.20 für die Firma 1 eingezeichnet. Die gleiche Gesamt-Nachfragekurve gilt natürlich auch für den Produzenten 2 : $N_{x_1=0}$ im 4. Quadranten stimmt mit $N_{x_2=0}$ im 2. Quadranten überein.

Fig. 4.1.20

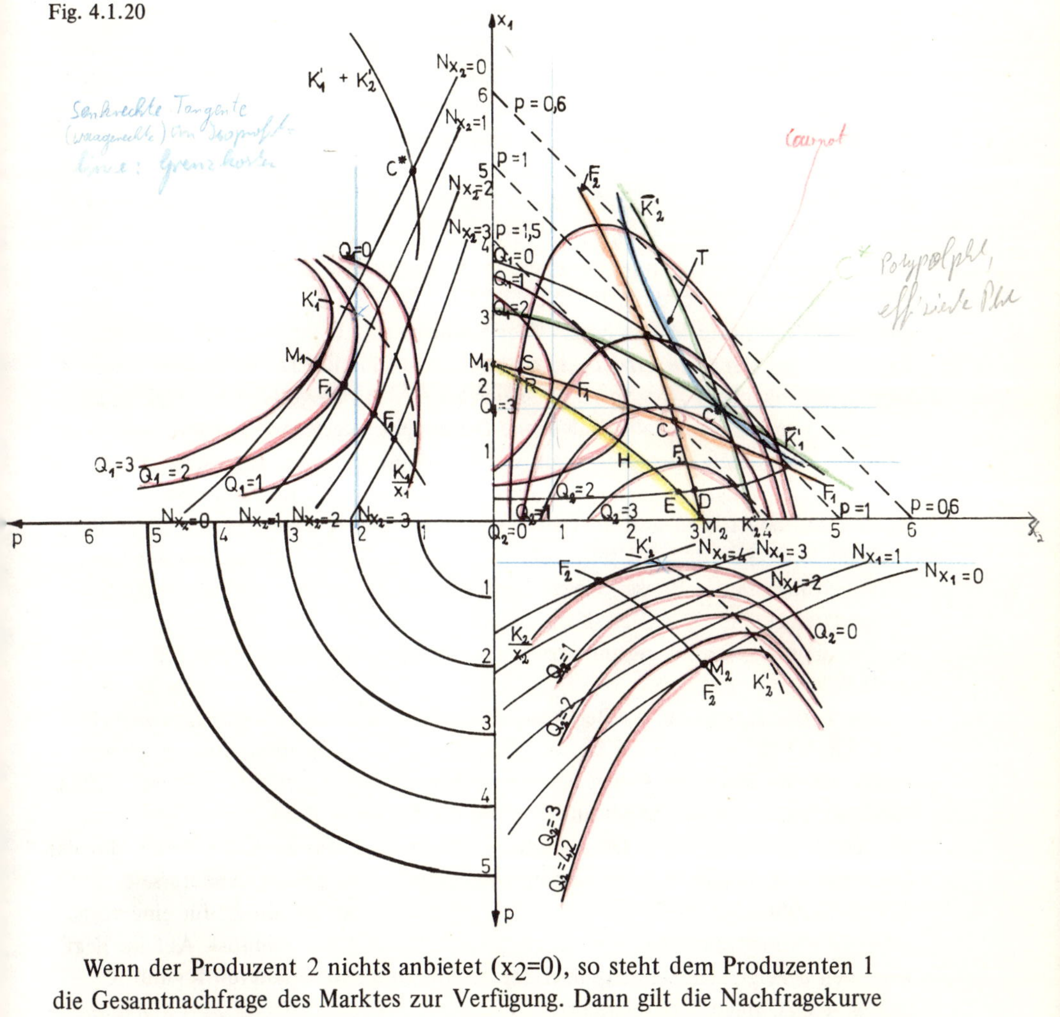

Wenn der Produzent 2 nichts anbietet (x_2=0), so steht dem Produzenten 1 die Gesamtnachfrage des Marktes zur Verfügung. Dann gilt die Nachfragekurve $N_{x_2=0}$ im 2. Quadranten der Fig. 4.1.20. Bietet der Produzent 2 eine Mengeneinheit an, so verschiebt sich die Nachfragekurve für 1 genau um eine Mengeneinheit nach unten zu $N_{x_2=1}$. So entstehen die „Quasi-Nachfragekurven" $N_{x_2=1}$, $N_{x_2=2}$ usw. für den Produzenten 1 und entsprechend $N_{x_1=1}$, $N_{x_1=2}$, . . . für den Produzenten 2.[1] Die Tangentenpunkte der Kurven gleichen Gewinns (Isoprofitkurven)

1 „Quasi-Nachfragekurven" deswegen, weil eine eigentliche Nachfragekurve für keinen der beiden einzeln existiert, sondern eben nur für den Gesamtmarkt.

mit diesen Quasi-Nachfragekurven (d. h. die Punkte maximalen Gewinns für eine gegebene Angebotsmenge des Konkurrenten) bilden die *Kammlinien* F_1 für den Produzenten 1 und F_2 für den Produzenten 2 im Preis-Mengenraum des Produzenten. Die Grenzkostenkurven K'_1 und K'_2 sind die geometrischen Orte der senkrechten Tangenten (für Firma 1) bzw. waagerechten Tangenten (für Firma 2) an die Isoprofitkurven im 2. und 4. Quadranten. Damit haben wir in den Graphiken des 2. und 4. Quadranten wieder eine Darstellung des Gewinns jedes Produzenten als Funktion der eigenen Angebotsmenge und der des Konkurrenten gewonnen und übertragen sie in den 1. Quadranten, der den Mengenraum darstellt. Die Kurven gleichen Gewinns bilden dort Höhenschichtlinien mit F_1 und F_2 als Kammlinien. F_1 ist hier die Verbindungslinie der Punkte auf den Kurven konstanten Gewinns für 1, die eine senkrechte Tangente haben; F_2 verbindet die Punkte der Kurven konstanten Gewinns für 2, die eine waagerechte Tangente besitzen. Sie geben die optimalen Produktionsmengen für jeden von ihnen an, wenn der andere eine ganz bestimmte Menge liefert. Der Schnittpunkt C der beiden Kammlinien F_1 und F_2 ist der *Cournot-Punkt,* weil er die Lösung des Dyopols nach Cournot angibt (vgl. nächsten Abschnitt). Zugleich ist er der einzige Gleichgewichtspunkt im Sinne von Nash im Falle, daß keine Drohungen angewandt werden, weil, wenn einer an dieser Liefermenge festhält, der andere nicht davon abweichen kann, ohne sich selbst zu schädigen. Auch die *Grenzkostenkurven* K'_1 und K'_2 sind in den 1. Quadranten übertragen und dort als $\overline{K}'_1$ bzw. $\overline{K}'_2$ bezeichnet. Man kann den Preis auch im 1. Quadranten ablesen, wenn man, wie in Fig. 4.1.20 angedeutet, die „Geraden konstanter Preise" einzeichnet. Sie teilen vom 1. Quadranten gleichseitige Dreiecke ab. Die Grenzkostenkurven $\overline{K}'_1$ und $\overline{K}'_2$ im 1. Quadranten verbinden dann die Berührungspunkte dieser Geraden konstanter Preise mit den Isoprofitlinien.

Die Verbindungslinie der Berühungspunkte der Kurven gleichen Gewinns (Isoprofitlinien) ist einerseits die *Maximallinie* (oder Pareto-Optimalitätslinie) H; auf ihr ist der Gewinn einer Firma bei vorgegebener Gewinngröße der anderen Firma maximal; auf ihr liegen somit alle Punkte, die für beide Produzenten besser sind als irgend ein Punkt nicht auf der Linie; auf ihr liegt also auch der Punkt, der den Gesamtgewinn beider Firmen zusammengenommen maximiert. Andererseits gibt es eine Berührungslinie T, die optimale Drohungskurve; auf ihr ist für eine vorgegebene Gewinngröße einer Firma der Gewinn der anderen minimal. Auf ihr liegt, wie oben gezeigt, der Schnittpunkt der beiden Grenzkostenkurven $\overline{K}'_1$ und $\overline{K}'_2$, in Fig. 4.1.20 mit C* bezeichnet.

C* ist der Polypolpunkt, weil, wenn keiner Einfluß auf den Preis hätte, jeder Produzent gerade soviel anbieten würde, daß dieser Punkt realisiert wird. Shubik[1] nennt ihn *effizienten Punkt,* weil bei polypolistischer Marktform überall gerade eine effiziente Faktorallokation in der Volkswirtschaft erreicht wird.

---

1 *Shubik,* Strategy and Market Structure, New York, London 1959 S. 76.

Zur Vervollständigung sind noch einige andere ausgezeichnete Punkte in Fig. 4.1.20 angegeben.

Beliefert Dyopolist 1 allein den Markt, so wird er seinen Monopolpunkt M_1 realisieren, wenn er seinen Gewinn maximieren will. Er produziert also 2,2 Einheiten, und der Preis ist 2,5. Beliefert 2, der den günstigeren Kostenverlauf hat, allein den Markt, ist es für ihn am vorteilhaftesten, M_2 zu realisieren, also 3 Einheiten anzubieten, so daß der Preis 2 beträgt. M_2 ist der Monopolpunkt für 2. Zugleich ist es auch der Punkt des höchsten gemeinsamen Gewinns M. Wie man sich schnell überzeugt, steigt der Gesamtgewinn beider auf der Maximallinie H ständig, je mehr man die Produktion des teureren Produzenten 1 einschränkt und dafür die des billigeren 2 ausdehnt. Bei einem Kollektivmonopol (oder in der Terminologie der Theorie der Spiele: bei einer Koalition mit Kompensationszahlungen) würde also jetzt der Betrieb 1 überhaupt stillgelegt.

Fig. 4.1.21

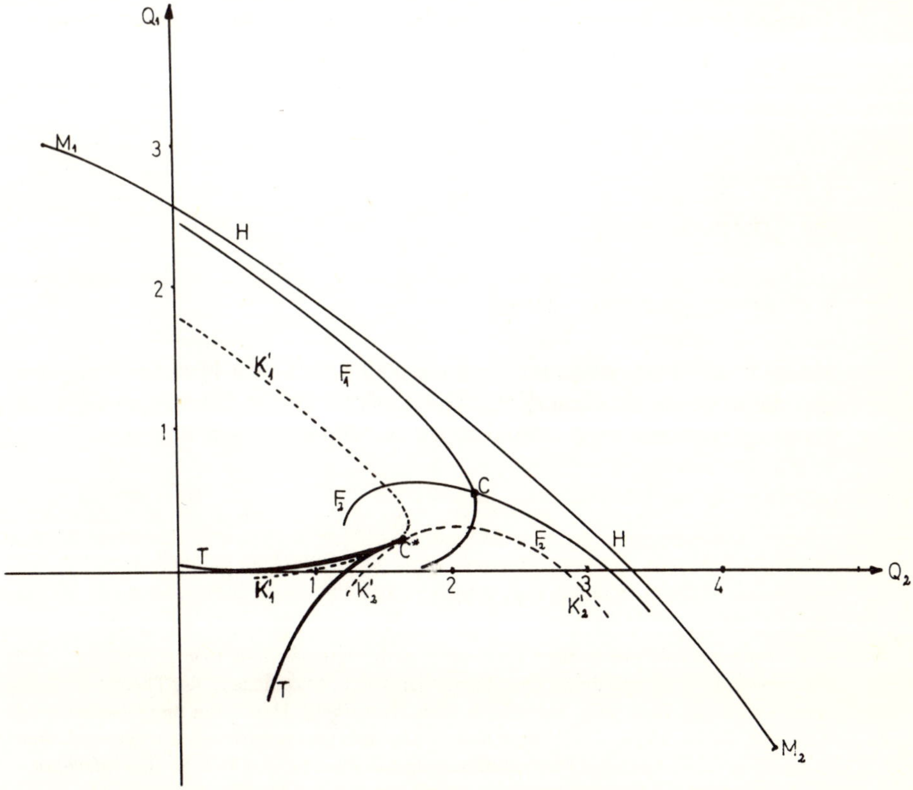

C* ist, wie gesagt, der Polypolpunkt oder der effiziente Punkt, wenn man will. Hat keiner einen Einfluß auf den Preis, so produziert jeder so viel, daß die Grenzkosten gleich dem geltenden Preis sind. Im 2. Quadranten sind die Grenzkostenkurven der beiden Produzenten addiert (Kurve $K'_1 + K'_2$; als Ordinatenmaßstab ist nunmehr die *Gesamt*-Produktionsmenge zu denken). Der Schnittpunkt dieser Gesamtangebotskurve mit der Gesamtnachfragekurve $N_{x_2=0}$ ergibt jetzt den Polypolpunkt C*. Im 1. Quadranten der Fig. 4.1.20 ist der gleiche Punkt C* durch den Schnittpunkt der beiden Grenzkostenkurven bestimmt. Wir sehen: 1 produziert dann 1,6 Einheiten, 2 produziert 3,3 Einheiten, und der Preis ist 1,15.

Für manche Zwecke ist es günstig, vom Güterraum, der im 1. Quadranten der Fig. 4.1.20 dargestellt ist, zum Gewinnraum überzugehen. Fig. 4.1.21 ist die entsprechende Umzeichnung des 1. Quadranten der Fig. 4.1.20. Der Übersichtlichkeit halber sind nicht alle Kurven voll eingezeichnet; aus dem gleichen Grund sind gewisse kleinere Verzerrungen in Kauf genommen. Alle Kurven sind ebenso wie in Fig. 4.1.20 bezeichnet. Wie man sieht, verläuft die Maximalkurve H ähnlich wie im Güterraum. Die optimale Drohungskurve T hat hier beim Polypolpunkt C* eine Spitze. Die Grenzkostenkurven K'_1 und K'_2 gehen durch C*. Die Kammlinien F_1 und F_2 schneiden sich im Cournot-Punkt C.

Damit ist die Dyopolsituation graphisch veranschaulicht, und wir wenden uns den verschiedenen heuristischen Lösungvorschlägen zu.

2. Abschnitt

Die Cournot-Lösung

A. Cournots statischer Ansatz[1]

Wie im 1. Abschnitt ausgeführt, machen die heuristischen Theorien Annahmen über die Reaktionsfunktion $r_j^{(i)}(\cdot)$ in (4.1.14), so daß die Ableitungen $\partial r_j^{(i)}(\cdot)/\partial x_i$ in (4.1.6) bestimmt werden können. Die Annahme Cournots ist nun

$$(4.2.1) \qquad \partial r_j^{(i)}(\cdot)/\partial x_i = 0\,, \quad \forall\, i \neq j\,, \quad i, j \in \{1, \ldots, n\}$$

Das bedeutet: jeder Produzent glaubt, daß der andere an seiner bisherigen Angebotsmenge festhält, gleichgültig, was er selbst tut. Jeder bietet dann die Menge an,

1 *Cournot,* Recherches sur les principes mathématiques de la théorie des richesses, Paris 1838, deutsch: Untersuchungen über die mathematischen Grundlagen der Theorie des Reichtums, Jena 1924, Kap. VIII. Vgl. hierzu auch *Stackelberg,* Marktform und Gleichgewicht, Wien und Berlin 1934, S. 21 ff; *Richter,* Das Konkurrenzproblem im Oligopol, Berlin 1954, S. 13ff; *Fellner,* Competition among the Few, N. Y. 1949, S. 56ff; *Machlup,* The Economics of Sellers' Competition, Baltimore 1952, Kap. 12.

die seinen Gewinn unter dieser Voraussetzung maximiert. Eine notwendige Bedingung zur Berechnung dieser Menge ist dann nach (4.1.6) im allgemeinen Fall:[1]

$$\text{(4.2.2)} \qquad \frac{\partial Q_i}{\partial x_i} = p + x_i \frac{dp}{d\xi} - \frac{dK_i}{dx_i} = 0 , \quad \forall\, i \in \{1, \ldots, n\},$$

$$\xi = x_1 + \ldots + x_n$$

Existiert genau eine Lösung $(x_1^*, \ldots, x_n^*)$ dieses Systems von n Gleichungen in den n Unbekannten $x_1, \ldots, x_n$ derart, daß $Q_i(x_1^*, \ldots, x_n^*) = \max\limits_{x_i \geqslant 0} Q_i(x_1^*, \ldots, x_{i-1}^*, x_{i+1}^*, \ldots, x_n^*)$, $\forall\, i \in \{1, \ldots, n\}$, so nennt man $(x_1^*, \ldots, x_n^*)$ den *Cournot-Punkt* bzw. die *Cournot-Lösung* dieses Oligopolmodells.

Nach (4.1.7) geben die Gleichungen (4.2.2) nichts anderes als die *Kammlinien* wieder. Die Cournot-Lösung ist also der Schnittpunkt der Kammlinien.

Im Dyopolfall läßt sich das Ergebnis graphisch veranschaulichen. In Fig. 4.1.20 bleibt nach Cournots Annahmen jeder auf seiner Kammlinie F_1 bzw. F_2, und ihr Schnittpunkt C ist der einzige Gleichgewichtspunkt, der *Cournotsche Dyopolpunkt.*

Die Cournotsche Theorie gestattet, in einfacher Weise die Wirkung einer verstärkten Konkurrenz durch Zunahme der Zahl der Oligopolisten zu erkennen, wenn alle Konkurrenten die gleichen Kostenfunktionen haben.[2]

Aus (4.2.2) wird dann:

$$\text{(4.2.3)} \qquad p + x_i p'(\xi) - K'(x_i) = 0 , \quad \forall\, i \in \{1, \ldots, n\}$$

Da alle Firmen jetzt gleich sind, ist

$$\text{(4.2.4)} \qquad x_i = \frac{1}{n}\xi , \quad \xi = \sum_{i=1}^{n} x_i. \text{ Weiter sei } x = (x_1, \ldots, x_n)'.$$

Dies in (4.2.3) eingesetzt und alle Gleichungen dort addiert ergibt

$$\text{(4.2.5)} \qquad np + \xi p'(\xi) = nK'\left(\frac{\xi}{n}\right), \text{ und somit}$$

$$\text{(4.2.6)} \qquad p = -\frac{\xi}{n} p'(\xi) + K'\left(\frac{\xi}{n}\right) \text{ und}$$

$$\text{(4.2.7)} \qquad \xi = -\frac{n\left[p - K'\left(\frac{\xi}{n}\right)\right]}{p'(\xi)}$$

Wenn $p'(\xi)$ konstant ist oder monoton fällt (beachte: $\mathbf{p'}(\xi) < 0$) und wenn $K'(\frac{\xi}{n})$ ebenfalls konstant ist oder monoton mit $\frac{\xi}{n}$ wächst und wenn $p > K'(\frac{\xi}{n})$ ist –

---

1 *Cournot* nimmt vereinfachend Produktion ohne Kosten an. Wir fügen hier, um die *Cournot*sche Analyse nicht allzu wirklichkeitsfremd erscheinen zu lassen, die Kosten ein.

2 *Cournot* hat ohnehin, wie gesagt, alle Kosten als gleich, nämlich sogar Null angenommen.

alles nicht unvernünftige Annahmen –, dann steigt die Gesamt-Produktionsmenge ξ bei gleichem Preis mit zunehmender Zahl n der Marktteilnehmer.[1] Die Konsumenten haben den Vorteil von der stärkeren Konkurrenz der Anbieter. Oder anders ausgedrückt: die gleiche Produktionsmenge wird bei höherer Zahl der Konkurrenten zu niedrigerem Preis angeboten.

Im Fall *linearer Nachfrage- und Kostenfunktionen* läßt sich das Ergebnis besonders einfach darstellen. Die Nachfragefunktion des Gesamtmarktes (4.1.1) sei jetzt

(4.2.8) $$p = a_o - a_1\xi \,, \quad \xi = \sum_{i=1}^{n} x_i \,, \quad a_o, a_1 > 0$$

Die Kostenfunktion (4.1.2) sei für alle Firmen linear, aber verschieden:

(4.2.9a) $$K_i = b_{oi} + b_{1i}x_i, \quad \forall\, i \in \{1, \ldots, n\}, \; b_o, b_1 > 0.$$

Dann wird (4.2.2):

$$-\,2a_1x_i + a_o - b_{1i} - a_1 \sum_{\substack{j=1 \\ j\neq i}}^{n} x_j = 0 \,, \quad \forall\, i \in \{1, \ldots, n\},$$

oder in Matrixschreibweise

(4.2.9b) $$a_1 Ax = a - b$$

$$\text{mit } x = \begin{pmatrix} x_1 \\ \vdots \\ \vdots \\ x_n \end{pmatrix}, \quad A = \begin{pmatrix} 2 & 1 & \ldots & 1 \\ 1 & 2 & \ldots & 1 \\ \vdots & & & \\ 1 & 1 & \ldots & 2 \end{pmatrix}, \quad a-b = \begin{pmatrix} a_o - b_{11} \\ \vdots \\ \vdots \\ a_o - b_{1n} \end{pmatrix}$$

Für $|A| \neq 0$ ist die Lösung

(4.2.9c) $$x = \frac{1}{a_1}\, A^{-1}\,(a-b)$$

$$\text{mit } A^{-1} = \begin{pmatrix} \frac{n}{n+1} & -\frac{1}{n+1} & \ldots & -\frac{1}{n+1} \\ -\frac{1}{n+1} & \frac{n}{n+1} & \ldots & -\frac{1}{n+1} \\ \vdots & & & \\ -\frac{1}{n+1} & -\frac{1}{n+1} & \ldots & \frac{n}{n+1} \end{pmatrix}$$

---

1 Wir schreiben (4.2.7) in der Form $G\,(\xi, n) := \xi + \frac{n[p(\xi) - K'(\frac{\xi}{n})}{p'\,(\xi)} = 0$. Dann ist

$$\frac{d\xi}{dn} = -\,\frac{\partial G\,(\cdot)/\partial n}{\partial G\,(\cdot)/\partial x} = -\,\frac{[1/p'\,(\xi)]\;[p\,(\xi) - K'\,(\frac{\xi}{n}) - nK''\,(\frac{\xi}{n})\,(-\,\frac{\xi}{n^2})]}{1 + \frac{n}{p'\,(\xi)^2}\left\{p'\,(\xi)\,[p'\,(\xi) - K''\;(\frac{\xi}{n})\,\frac{1}{n}] - [p\,(\xi) - K'\,(\frac{\xi}{n})\;p''\,(\xi)]\right\}}$$

> 0 wegen $p\,(\xi) - K'\,(\frac{\xi}{n}) \geqslant 0$, $p'\,(\cdot) < 0$, $K'\,(\cdot) > 0$, $K''\,(\cdot) > 0$, $p''\,(\cdot) < 0$, $\xi > 0$, $n > 0$.

Für das Dyopol (n=2) ergibt dies

(4.2.9d) $$x_i = \frac{a_o - 2b_{1i} + b_{1j}}{3a_1}$$

Setzen wir *gleiche Kostenfunktionen* voraus, so wird (4.1.2) jetzt

(4.2.10) $$K_i = b_o + b_1 \frac{\xi}{n}\ ,\ \frac{\xi}{n} = x_i\ ,\quad \forall\, i \in \{1, \ldots, n\},\ b_o, b_1 > 0$$

Dann wird (4.2.3)

$$p - a_1 \cdot \frac{\xi}{n} - b_1 = 0$$

und somit bei Berücksichtigung von (4.2.8):

(4.2.10a) $$\xi = \frac{n}{n+1} \cdot \frac{a_o - b_1}{a_1}\ ;\ a_o > b_1$$

Eingesetzt in (4.2.8) hat man

(4.2.10b) $$p = \frac{a_o}{n+1} + \frac{n}{n+1}\, b_1$$

$\xi_{konk} = \frac{a_o - b_1}{a_1}$ ist die Menge, die abgesetzt wird, wenn alle Firmen so anbieten, daß Preis=Grenzkosten ist; $p_{konk} = b_1$ ist dann dieser Konkurrenzpreis. Wie man sieht, steigt die Angebotsmenge ξ mit steigender Zahl n der Marktteilnehmer, und der Marktpreis p fällt entsprechend. Fig. 4.2.11 veranschaulicht (4.2.10a und b) und gibt einige Zahlenwerte für $x(\nu)$ und $p(\nu)$, wenn ν die Zahl der Konkurrenten ist. Für $\nu \to \infty$ geht $\xi \to \xi_{konk}$ und $p \to p_{konk}$.

Fig. 4.2.11

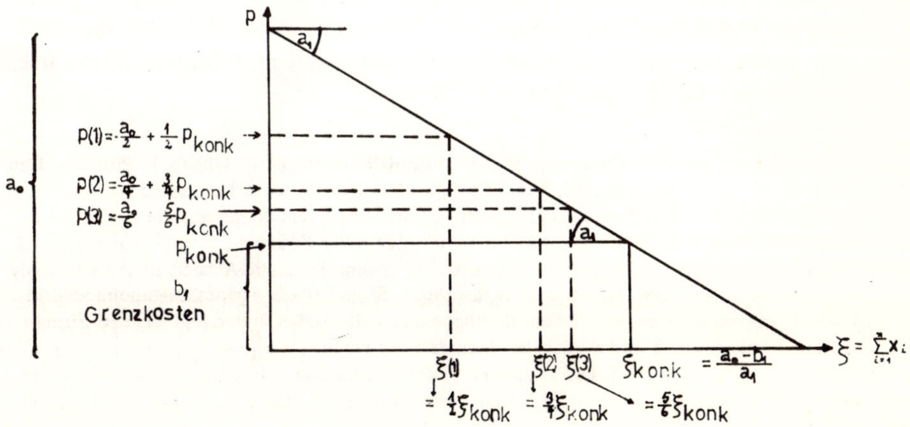

Wie ist dies Ergebnis zu beurteilen? So schön und einleuchtend es zunächst aussieht: es hängt in seinem Realitätsgehalt von der Richtigkeit der Prämissen ab. Und diese sind in höchstem Grade fragwürdig, um nicht zu sagen: einfach falsch. Wenn die Cournotsche Lösung nicht von Anfang an realisiert ist (dann bleibt sie natürlich trotz des Irrtums jedes Oligopolisten über das Verhalten der übrigen bestehen), so kann sie nur eintreten, wenn jeder Oligopolist, trotz ständiger gegenteiliger Erfahrung, stets weiter annimmt, die übrigen halten ihre Angebotsmengen konstant. Soviel Irrtum (oder: so wenig Lernfähigkeit) ist Unternehmern nicht zuzutrauen. Damit wird auch das abgeleitete Ergebnis nicht eintreten, es sei denn, es sei zufällig schon realisiert, was aber zu unwahrscheinlich ist, um Beachtung zu verdienen.

Trotz dieses offensichtlichen unzureichenden Realitätsgehaltes zur Erklärung der Situation im Oligopol erfreut sich die Cournotsche Theorie weiterhin einiger Beliebtheit. Man kann die Theorie allerdings auch als Erklärung der *Situation im unvollständigen Polypol auffassen.* Dann muß die Zahl n der Marktteilnehmer so groß sein, daß die Auswirkungen der Anlieferpolitik eines einzelnen auf die übrigen unter deren Fühlbarkeitsgrenze liegt. Dann sind die Verhaltensannahmen wieder plausibel.

Die Cournotsche Theorie ist mehrfach dynamisiert worden. Wir bringen im folgenden einige Dynamisierungen, ohne ihnen für das eigentliche Oligopol besondere praktische Bedeutung beizumessen. Sie gehören eigentlich mehr zur Theorie des unvollständigen Polypols.

B. Cournot-Dynamisierungen

1. Theocharis[1]

In einer kurzen Notiz zeigte Theocharis, daß die einfachste Dynamisierung des Cournot-Modells bei linearen Nachfrage- und Kostenfunktionen zu Instabilität führt, wenn mehr als 2 Oligopolisten existieren. Führt man diskrete Zeitperioden t ein, so wird die *Nachfragefunktion* jetzt

---

1 *Theocharis,* On the Stability of the Cournot Solution of the Oligopoly Problem, Rev. of Ec. Stud. XXVII (2), No. 73, Feb. 1960, S. 133–134. Obwohl *Theocharis* nur eine kurze und unvollständige Notiz über das Problem brachte, sollte sein Name mit diesem Problem verbunden bleiben. Er war der erste, der dies Problem der Cournot-Dynamisierung ernsthaft aufgriff. *Theocharis* hat in einem zweiten Artikel „Some Dynamic Aspects of the Oligopoly Problem", Jahrb. f. Nat. Ök. u. Stat. 178 (1965), S. 354 ff ein eigenes Oligopolmodell in Fortführung seiner Cournot-Dynamisierung entwickelt. Dabei unterstellt er, daß Firma i annimmt, Firma j liefere in der nächsten Periode t die Quantität $x_{jt}^{(i)} = z_{ij}x_{jt-1}$ an, mit $z_{ij} \geqslant 0$, $i, j \in \{1, \ldots, n\}$, $i \neq j$. Die z_{ij} heißen Erwartungskoeffizienten. Im Cournot-Fall sind alle $z_{ij} = 1$. Hinreichend für die Stabilität dieses Modells ist, daß $\sum_j z_{ij} < 2$, $i = 1, \ldots, n$.

(4.2.12) $$p_t = a_o - a_1 \sum_{i=1}^{n} x_{it}\,, \quad a_o, a_1 > 0,$$

wobei x_{it} die Anliefermenge des Oligopolisten i in der Periode t bedeutet. Die *Kostenfunktionen* seien

(4.2.13) $$K_{it} = b_{io} + b_{i1} x_{it}\,, \quad b_{io}, b_{i1} \geqslant 0\,, \quad \forall\, i \in \{1, \ldots, n\}.$$

Jeder Oligopolist erwartet, daß die anderen die Anliefermenge konstant halten, so daß der erwartete Marktpreis p_{it}^E für den Oligopolisten i wird:

(4.2.14) $$p_{it}^E = a_o - a_1 (x_{1t-1} + \ldots + x_{i-1,t-1} + x_{it} + x_{i+1,t-1} + \ldots + x_{n,t-1}), \ \forall\, i \in \{1, \ldots, n\}$$

Jeder Oligopolist sucht unter dieser Voraussetzung seinen Gewinn

(4.2.15) $$Q_{it} = p_{it}^E \cdot x_{it} - K_{it}$$

zu maximieren, was auf das System von linearen Differenzengleichungen 1. Ordnung

(4.2.16) $$\frac{\partial Q_{it}}{\partial x_{it}} = a_o - 2a_1 x_{it} - a_1 x_{1,t-1} - \ldots - a_1 x_{i-1,t-1} - a_1 x_{i+1,t-1} - \ldots - a_1 x_{n,t-1} - b_{i1} = 0\,, \quad \forall\, i \in \{1, \ldots, n\}$$

führt.

In Matrixschreibweise:

(4.2.17) $$Ax_t - Bx_{t-1} - d = 0$$

mit

$$A = \begin{bmatrix} -2a_1 & & \\ & \ddots & \\ & & -2a_1 \end{bmatrix}, \quad B = \begin{bmatrix} 0 & a_1 & \ldots & a_1 \\ a_1 & 0 & \ldots & a_1 \\ \vdots & & & \\ a_1 & \ldots & \ldots & 0 \end{bmatrix}$$

$$d = \begin{bmatrix} b_{11} - a_o \\ \vdots \\ b_{n1} - a_o \end{bmatrix}, \quad x_t = \begin{bmatrix} x_{1t} \\ \vdots \\ x_{nt} \end{bmatrix}$$

oder

(4.2.18) $x_t = Dx_{t-1} + e$

$$\text{mit } D := A^{-1}B = \begin{bmatrix} 0 & -\frac{1}{2} \dots & -\frac{1}{2} \\ -\frac{1}{2} & 0 \dots & -\frac{1}{2} \\ \vdots & & \\ -\frac{1}{2} & -\frac{1}{2} \dots & 0 \end{bmatrix} =: \begin{bmatrix} d_{11} \dots d_{1n} \\ \vdots \\ d_{n1} \dots d_{nn} \end{bmatrix}$$

$$\text{und } e = \begin{bmatrix} -\frac{b_{11}-a_o}{2a_1} \\ \vdots \\ -\frac{b_{n1}-a_o}{2a_1} \end{bmatrix}$$

Die Lösung von (4.2.18) ist eine Linearkombination aller Lösungen des homogenen Systems $x_t = Dx_{t-1}$ und einer speziellen Lösung des inhomogenen Systems. Mit dem Ansatz $x_{it}/x_{it-1} = \lambda$, also $x_{it} = \lambda \cdot g_i \cdot f(t)$, $x_{it-1} = g_i \cdot f(t)$, wobei λ und g_i vorläufig unbestimmte Konstanten und $f(t)$ eine vorläufig unbekannte Funktion der Zeit ist, wird der homogene Teil von (4.2.18) nach einigen Umwandlungen

$$\text{(4.2.19)} \qquad Eg := \begin{bmatrix} d_{11}-\lambda & d_{12} \dots & d_{1n} \\ d_{21} & d_{22}-\lambda \dots & d_{2n} \\ \vdots & & \\ d_{n1} & d_{n2} & d_{nn}-\lambda \end{bmatrix} \begin{bmatrix} g_1 \\ \vdots \\ g_n \end{bmatrix} = 0 ,$$

was nur lösbar ist, wenn die Determinante von E gleich

$$|E| = \pi_o\lambda^n + \pi_1\lambda^{n-1} + \dots + \pi_n = 0$$

ist, wobei die π_i Konstanten sind, die von d_{ij} abhängen.

In unserem Fall wird daraus

$$|E| = \begin{vmatrix} -\lambda & -\frac{1}{2} \dots & -\frac{1}{2} \\ -\frac{1}{2} & -\lambda \dots & -\frac{1}{2} \\ \vdots & & \\ -\frac{1}{2} & -\frac{1}{2} \dots & -\lambda \end{vmatrix} = 0$$

Die Wurzeln dieser Gleichung sind, wie man leicht nachprüft,

$$\lambda_1 = \frac{1}{2}, \quad \lambda_2 = -\frac{n-1}{2},$$

wobei λ_1 mit der Multiplizität n–1 auftritt.

Die Lösung des inhomogenen Systems wird, wie man durch Lösung von (4.2.17) für $x_t = x_{t-1}$ feststellt:

$$x_{it} = \frac{a_o - nb_{i1} + \sum_{j=1, j\neq i}^{n} b_{j1}}{(n+1)a_1}$$

Die allgemeine Lösung des Gesamt-Systems wird damit

$$(4.2.20) \qquad x_{it} = c_{1i}\left(\frac{1}{2}\right)^t + c_{2i}\left(-\frac{n-1}{2}\right)^t + \frac{a_o - nb_{i1} + \sum_{j=1, j\neq i}^{n} b_{j1}}{(n+1)a_1},$$

wobei (wegen der Multiplizität der ersten Wurzel) $c_{1i} = c_{1io} + c_{1i1}\, t + \ldots + c_{1i,\, n-1} t^{n-2}$ zu setzen ist. Alle c sind Konstanten, die von den Anfangsbedingungen abhängen. $c_{1i}\left(\frac{1}{2}\right)^t$ geht nach 0 für $t \to \infty$, unabhängig von den Werten von $c_{1io}, \ldots c_{1i,\, n-1}$.

Setzt man gleiche Kostenfunktionen voraus ($b_{i1} = b_{j1} = b_1$), so wird der letzte Term $\frac{a_o - b_1}{(n+1)a_1}$, so daß (4.2.20) die statische Cournot-Lösung (4.2.10) (mit $x = nx_{it}$) erreicht – wenn x_{it} zu diesem Term konvergiert. Leider tut es das nur für $n \leqslant 2$, da $-\frac{n-1}{2}$ die Werte $-\frac{1}{2}, -1, -\frac{3}{2} \ldots$ ergibt für n = 2, 3, 4 . . . . Der stationäre Zustand wird also bei mehr als zwei Marktteilnehmern niemals erreicht, wenn nicht die Anfangsbedingungen zufällig so sind, daß $c_{2i} = 0$; das Cournot-Oligopol, auf diese Weise dynamisiert, ist unstabil für mehr als 2 Firmen im Markt.

J. W. Friedman[1] behandelt den Differenzengleichungs-Ansatz ebenfalls kurz für das Dyopol, wobei er auch nichtlineare Nachfrage- und Kostenfunktionen mit erfaßt. Anstelle von (4.2.18) ergibt sich dann

$$(4.2.20a) \qquad \begin{aligned} x_{1t} &= f_1(x_{2t-1}) \\ x_{2t} &= f_2(x_{1t-1}) \end{aligned}$$

f_1 und f_2 sind die *Reaktionsfunktionen.* Wenn sie wie in Fig. 4.2.20b verlaufen, konvergiert das System (4.2.20a) bei einperiodischer Gewinnmaximierung zur Cournot-Lösung $C = (x_1^*, x_2^*)$. Zu Einzelheiten vgl. Kapitel 7, II. Abschnitt.

2. *F. M. Fisher, Mc Manus und Quandt*[2]

Sowohl Fisher als auch Mc Manus und Quandt führen mit Recht aus, daß es noch

---

1 *Friedman, J. W.*, Reaction Functions and the Theory of Dyopoly, Review of Economic Studies 35 (1968), S. 257 ff.

2 *Fisher, F. M.*, The Stability of the Cournot Oligopoly Solution: the Effects of Speeds of Adjustment and Increasing Marginal Cost, Rev. of Ec. Stud. XXXVIII (2) No. 76, Feb. 1961, S. 125–135. *Mc Manus* and *Quandt*, Comments on the Stability of the Cournot Oligopoly Model, Rev. of Ec. Stud. XXVIII (2) No. 76 (1961), S. 136–139.

Fig. 4.2.20b

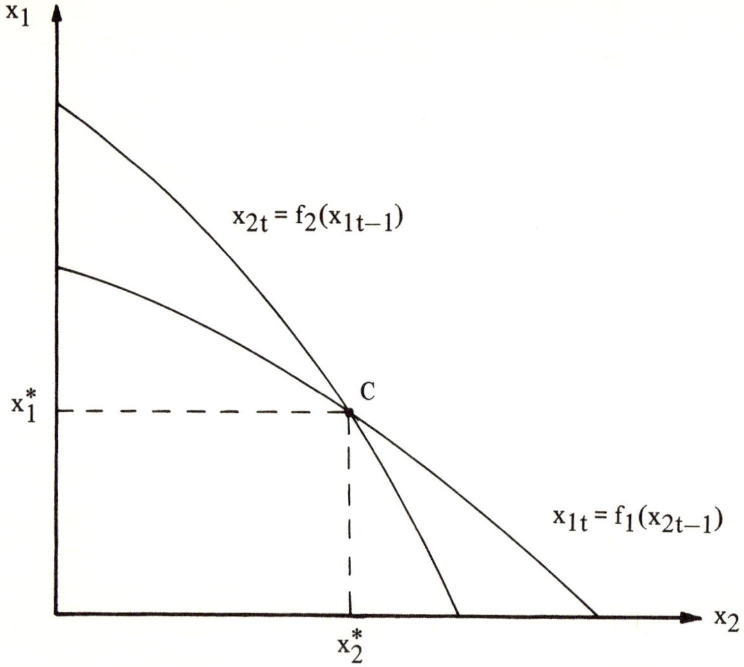

nicht gegen ein statisches Modell spricht, wenn *eine bestimmte Dynamisierung* sich als unstabil erweist. Sie führen andere Dynamisierungen ein, deren Lösungen zur Cournot-Lösung auch bei mehr als 2 Oligopolisten konvergieren. Da ihre Ideen im wesentlichen übereinstimmen, können wir sie gemeinsam behandeln. Ein *Ausweg* aus der Instabilität ist, zunehmende Grenzkosten einzuführen, ein anderer, langsamere Angleichungsgeschwindigkeiten anzunehmen. Weiterhin kann man Differential- statt Differenzengleichungen verwenden.

Zunehmende *Grenzkosten* werden durch die Kostenfunktion[1]

(4.2.21) $$K_{it} = b_{io} + b_{i1}x_{it} + \frac{1}{2}b_2 x_{it}^2\ , \quad b_{io}, b_{i1}\ , b_2 \geqslant 0$$

wiedergegeben. Damit wird jetzt (4.2.16) zu:

(4.2.22) $$\frac{\partial Q_{it}}{\partial x_{it}} = a_o - 2a_1 x_{it} - a_1 \sum_{\substack{j=1\\ j\neq i}}^{n} x_{jt-1} - b_{i1} - b_2 x_{it} = 0$$

1 Man beachte, daß für alles folgende eine gleiche *Krümmung* der Kostenfunktion angenommen wurde; b_2 ist gleich für alle Oligopolisten.

oder (vgl. (4.2.17))

$$\hat{A}x_t - Bx_{t-1} - d = 0 \quad \text{mit } \hat{A} = \begin{bmatrix} -2a_1-b_2 & & \\ & \ddots & \\ & & -2a_1-b_2 \end{bmatrix}$$

Somit wird (4.2.18) ersetzt durch

(4.2.23) $$x_t = \hat{D}x_{t-1} + \hat{e}$$

$$\text{mit } \hat{D} = \begin{bmatrix} 0 & -\frac{a_1}{2a_1+b_2} & \cdots & -\frac{a_1}{2a_1+b_2} \\ -\frac{a_1}{2a_1+b_2} & 0 & \cdots & -\frac{a_1}{2a_1+b_2} \\ \vdots & & & \\ -\frac{a_1}{2a_1+b_2} & -\frac{a_1}{2a_1+b_2} & \cdots & 0 \end{bmatrix}, \quad \hat{e} = \begin{bmatrix} -\frac{b_{11}-a_o}{2a_1+b_2} \\ \cdot \\ \cdot \\ \cdot \\ -\frac{b_{n1}-a_o}{2a_1+b_2} \end{bmatrix}$$

Damit $x_t \geqslant 0$ möglich ist, muß $a_o \geqslant b_{i1}$, damit $\partial^2 Q_{it}/\partial x_{it}^2 < 0$ wird, muß $2a_1 + b_2 > 0$, $\forall\, i \in \{1, \ldots, n\}$ sein.

Langsamere Angleichung bedeutet, daß die von Theocharis angenommenen Werte von x_t, die jetzt als x_t^* bezeichnet werden, nicht in einem Schritt erreicht werden, sondern daß man in ihrer Richtung nur einen gewissen Bruchteil der Gesamtstrecke zurücklegt. Für (4.2.23) schreiben wir jetzt

(4.2.24) $$x_t^* = \hat{D}x_{t-1} + \hat{e}$$

In Richtung dieser Werte x_t^* wird jeweils von x_{t-1} aus um den Bruchteil K der nach Theocharis notwendigen Gesamtänderung fortgeschritten; d. h.

(4.2.25) $$x_t - x_{t-1} = K(x_t^* - x_{t-1}),\ K = \begin{bmatrix} k_1 & & \\ & \ddots & \\ & & k_n \end{bmatrix}, 0 < k_i < 1,$$
$$\forall\, i \in \{1, \ldots, n\}$$

Damit hat man

(4.2.26) $$x_t = Fx_{t-1} + f \quad \text{mit } F = K(\hat{D} - I) + I \text{ und } f = K\hat{e}$$

Die Autoren beweisen unter anderem, daß die charakteristischen Wurzeln λ_i von $K(\hat{D}-I)$ alle reell und negativ sind und daß die im Absolutwert größte Wurzel λ_n, im Fall, daß alle Angleichungsgeschwindigkeiten gleich sind ($k_i = k_j = k$), den Wert $\lambda_n = -k\,\frac{(n+1)\cdot a_1+b_2}{2a_2 + b_2}$ hat. Somit haben die charakteristischen Wurzeln π_i von F den Wert $\lambda_i + 1$, und die Stabilitätsbedingung für (4.2.26) wird

(4.2.27) $$0 > \lambda_i > -2.$$

Da alle λ_i ohnehin negativ sind, interessiert nur die rechte Ungleichung. Für den Fall, daß alle Angleichungsgeschwindigkeiten gleich sind ($k_i = k_j = k$), erhält man so als Stabilitätsbedingung:

(4.2.28) $$k < 2 \frac{2a_1 + b_2}{(n+1)\,a_1 + b_2}.$$

Bei Theocharis ist $b_2 = 0$ und $k = 1$, so daß hieraus $1 < \frac{4}{n+1}$ wird.

Dies erklärt die Unstabilität für $n > 2$ im Falle sofortiger Angleichung. Im kontinuierlichen Fall wird aus (4.2.26):

(4.2.29) $$\dot{x} = K(\hat{D}x + \hat{e} - x) = K(\hat{D} - I)\,x + K\hat{e}.$$

Wie bereits gesagt, sind die charakteristischen Wurzeln von $K(\hat{D} - I)$ alle reell und negativ, so daß dies System stets stabil ist, auch für $b_2 = 0$, unabhängig von der Zahl der Oligopolisten.

3. Heertje[1]

Heertje dynamisiert das Cournot-Dyopol, indem er annimmt, beide Dyopolisten würden ihre vorhergehende Gewinnänderung allein ihrer *eigenen* vorhergehenden Anlieferänderung zuschreiben und entsprechend dieser Erfahrung ihre *jetzigen* Anliefermengen so ändern, daß ihr Gewinn steigt. Dabei sollen beide Dyopolisten auf gleiche Erfahrungen in der Vergangenheit *gleich* reagieren. Diese Hypothesen führen auf den Ansatz:

(4.2.30) $$x_{it} = x_{it-1} + \alpha \frac{Q_{it-1} - Q_{it-2}}{x_{it-1} - x_{it-2}}, \quad \forall\, i \in \{1, 2\}, \alpha > 0.$$

Dabei geht Heertje von linearen Nachfrage- und Kostenfunktionen aus, die für die beiden Dyopolisten gleich sind, so daß nach (4.2.12) und (4.2.13) mit $b_{io} = b_o$, $b_{i1} = b_1$ der Gewinn Q_{it} wird:

(4.2.31) $$Q_{it} = (a_o - b_1)\,x_{it} - a_1(x_{1t} + x_{2t})\,x_{it} - b_o, \quad \forall\, i \in \{1, 2\}$$

Setzt man dies in (4.2.30) ein und nimmt an, Firma i glaube, daß Firma j *tatsächlich* in den Rechnungsperioden t–1 und t–2 ihre Anliefermenge konstant gehalten habe:

---

1 *Heertje,* Quelques remarques sur la dynamisation de la théorie de l'oligopole, Economie appliquée, 1962, p. 38 ff.

(4.2.32) $x_{jt-1} = x_{jt-2}\ ,\ j \in \{1, 2\}, j \neq i,$

so erhält man ein System linearer Differenzengleichungen 2. Ordnung:

(4.2.33) $$x_t - C_1x_{t-1} - C_2x_{t-2} - c = 0$$

$$\text{mit } x_t = \begin{bmatrix} x_{1t} \\ x_{2t} \end{bmatrix},\ C_1 = \begin{bmatrix} 1-\alpha a_1 & -\alpha a_1 \\ -\alpha a_1 & 1-\alpha a_1 \end{bmatrix},\ C_2 = \begin{bmatrix} -\alpha a_1 & 0 \\ 0 & -\alpha a_1 \end{bmatrix}$$

$$c = \begin{bmatrix} -\alpha(a_o-b_1) \\ -\alpha(a_o-b_1) \end{bmatrix},$$

dessen Stabilitätseigenschaften man untersuchen kann.

Wie ist dieser Ansatz zu beurteilen? Im Rahmen des allgemeinen Fehlers des Cournot-Ansatzes, die Reaktion der Gegenseite mehr oder weniger zu mißachten, ist der Ansatz (4.2.30) sicher ein Fortschritt. Unschön ist, daß für beide Oligopolisten die *gleiche* Reaktion auf Erfahrungen der Vergangenheit unterstellt wurde (gleiches α für 1 und 2 in (4.2.30)), vor allem aber, daß entgegen der offensichtlichen Kenntnis von beiden angenommen wird, die Gegenseite hätte *in der Vergangenheit* die Anliefermengen nicht geändert (Gleichung (4.2.32)). Das ist in (4.2.30) nicht impliziert, sondern eine zusätzliche und wirklichkeitsfremde Annahme, die offensichtlich nur gemacht wurde, um zu dem linearen System (4.2.33) zu kommen; andernfalls wäre das System nichtlinear geworden. Durch (4.2.32) hat der ursprünglich schöne Ansatz viel von seiner Anziehungskraft verloren, und man wird den folgenden Stabilitätsüberlegungen nurmehr ein theoretisches Interesse entgegenbringen können.

Zunächst sieht man, daß das System (4.2.33), falls es konvergiert, zur Cournot-Lösung konvergiert. Setzt man dort $x_t = x_{t-1} = x_{t-2}$, so erhält man die Cournot-Lösung für das Dyopol $x_{it} = \frac{1}{3}\ \frac{a_o-b_1}{a_1}$. Dies ist zugleich eine spezielle Lösung des inhomogenen Systems (4.2.33). Die allgemeine Lösung des zu (4.2.33) gehörigen homogenen Systems (d. h. (4.2.33) mit c=0) erhält man in diesem Fall sehr einfach durch die Substitution $y_t := x_{1t} - x_{2t}$. Nach (4.2.32) ergibt das die homogene Differenzengleichung 1. Ordnung $y_t = (1-\alpha a_1)\,y_{t-1}$ mit der Lösung $y_t = \lambda^t y_o$ mit $\lambda = 1-\alpha a_1$. Bei Rücksubstitution von $x_{1t} = x_{2t} + \lambda^t(x_{10}-x_{20})$ in die 1. Gleichung von (4.2.31) und von $x_{2t} = x_{1t} - \lambda^t(x_{10} - x_{20})$ in die 2. Gleichung von (4.2.31) erhält man die (bis auf das Minuszeichen rechts und die Bezeichnung der Firmen) identischen Gleichungen:

(4.2.34)
$$x_{2t} + (2\alpha a_1-1)\,x_{2t-1} + \alpha a_1 x_{2t-2} = -\alpha a_1\lambda^{t-2}(x_{10} - x_{20}) + \alpha(a_o - b_1)$$

$$x_{1t} + (2\alpha a_1-1)\,x_{1t-1} + \alpha a_1\, x_{1t-2} = \alpha a_1\lambda^{t-2}(x_{10}-x_{20}) + \alpha(a_o - b_1)$$

Wir schreiben die letzte dieser Gleichungen als

(4.2.35) $$x_t + c_1 x_{t-1} + c_2 x_{t-2} = d_o + d_1 \lambda^t$$

mit $c_1 = 2\alpha a_1 - 1,\ c_2 = \alpha a_1,\ d_o = \alpha(a_o - b_1),\ d_1 = \alpha a_1 \lambda^{-2}$

und setzen (was realistisch erscheint) voraus:

$$\frac{c_1^2}{4} \neq c_2,\ 1 + c_1 + c_2 \neq 0,\ 1 + c_1 \cdot \lambda^{-1} + c_2 \cdot \lambda^{-2} \neq 0.$$

Dann ist die allgemeine Lösung der *homogenen Gleichung* (4.2.35):

$$x_t = A_1 \lambda_1^t + A_2 \lambda_2^t$$

mit A_1, A_2 = Konstanten, die auch von den Anfangsbedingungen abhängen,

$$\lambda_1 = -\frac{c_1}{2} + \sqrt{\left(\frac{c_1}{2}\right)^2 - c_2}$$
$$\lambda_2 = -\frac{c_1}{2} - \sqrt{\left(\frac{c_1}{2}\right)^2 - c_2}$$ [1]

und eine spezielle Lösung der *inhomogenen Gleichung* (4.2.35):

$$x_t = g_o + g_1 \cdot \lambda^t \text{ mit } g_o = \frac{d_o}{1 + c_1 + c_2}$$
$$g_1 = \frac{d_1}{1 + c_1\lambda^{-1} + c_2\lambda^{-2}}.$$

Die *allgemeine Lösung* von (4.2.35) ist also

(4.2.36) $$x_t = A_1 \lambda_1^t + A_2 \lambda_2^t + g_1 \lambda^t + g_o$$

Hierbei ist $g_o = \frac{1}{3}\,\frac{a_o - b_1}{a_1}$ die Cournot-Lösung für das Oligopol, und man sieht, daß die *Stabilitätsbedingung* ist:

$$|\lambda_1| < 1,\ |\lambda_2| < 1,\ |\lambda| < 1.$$

Damit verlassen wir die *Cournot-Lösungen des Oligopols.* Sie setzen alle, wenn es sich wirklich um ein *Oligopol* im Sinne der Definition handelt, ein naives Mißverständnis der tatsächlichen Situation auf allen Seiten voraus, das man unter vernünftigen Menschen nicht finden wird. Obwohl jeder Oligopolist merkt, daß sein Ver-

---

1 Im Falle $\left(\frac{c_1}{2}\right)^2 - c_2 < 1$ sind λ_1 und λ_2 konjugiert komplex. Dann sind A_1 und A_2 ebenfalls komplex. Wir gehen hierauf nicht näher ein. Vgl. hierzu z. B. *Ott,* Einführung in die dynamische Wirtschaftstheorie, Göttingen 1963, S. 86 ff.

halten sich für den anderen fühlbar auswirkt, so daß er darauf reagieren wird, ebenso wie seine eigene Situation selbst vom Verhalten des anderen abhängt, ignoriert jeder doch diese gegenseitige Abhängigkeit vollständig oder zum Teil. Somit könnten wir den ganzen Abschnitt über das Cournot-Dyopol fortlassen oder als rein theoretische Übung ohne praktische Bedeutung auffassen? Nicht, wenn wir, wie schon früher gesagt, die Cournot-Lösung und ihre Varianten als *Modell der Übergangssituation zum Polypol* auffassen, wo der Einfluß der Anlieferpolitik einer Firma auf die Konkurrenten relativ gering ist, so daß er approximativ mißachtet werden kann. Es wäre besser, diesen ganzen Abschnitt dem Kapitel über das Polypol einzugliedern. Wir lassen aber die traditionelle Eingliederung in das Oligopol bestehen.

3. Abschnitt

Stackelbergs asymmetrisches Oligopol[1]

A. Statischer Ansatz

Bei Stackelberg verhält sich im Dyopolfall nur *ein* Dyopolist wie bei Cournot und nimmt die Anliefermenge des Konkurrenten als gegeben an; der andere merkt das und maximiert unter dieser Voraussetzung seinen Gewinn. Der erste Dyopolist hält die *Abhängigkeitposition*, der zweite die *Unabhängigkeitsposition*. An Hand der Fig. 4.3.1, die eine vereinfachte Wiedergabe der Fig. 4.1.20 ist, läßt

Fig. 4.3.1

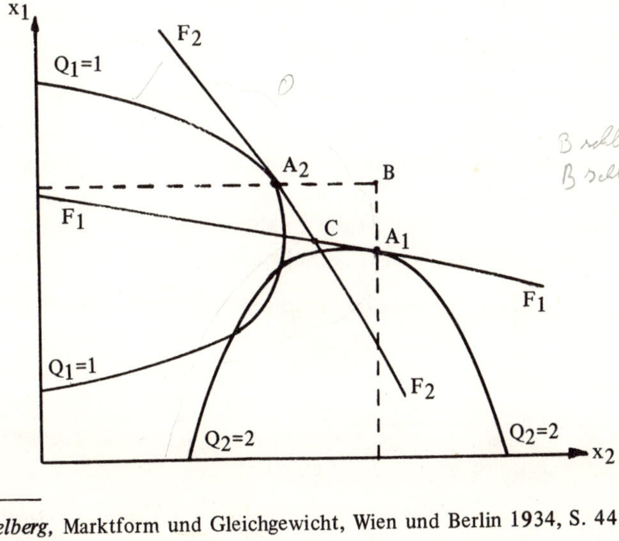

1 *Stackelberg*, Marktform und Gleichgewicht, Wien und Berlin 1934, S. 44 ff. Vgl. auch dort Anm. 1, S. 48.

sich die Situation am einfachsten verstehen. Z. B. nehme 1 irrigerweise an, 2 halte seine Angebotsmenge konstant und reagiere nicht auf irgendeine Maßnahme von ihm. 1 sucht unter dieser Voraussetzung seinen Gewinn zu maximieren, bleibt also immer auf seiner Kammlinie F_1. 1 hält jetzt die *Abhängigkeitsposition,* 2 erkennt das, sucht nun auf der Kammlinie F_1 den Punkt, der seinen Gewinn maximiert, nämlich A_1, und bietet die entsprechende Menge an. 2 realisiert dann seine *Unabhängigkeitsposition.*

A_1 in Fig. 4.3.1 ist der Stackelbergsche Lösungspunkt des asymmetrischen Dyopols mit 2 in der Unabhängigkeitsposition und 1 in der Abhängigkeitsposition; A_2, wenn 1 und 2 ihre Positionen vertauschen. Hier steht jeder Oligopolist in der Unabhängigkeitsposition besser als in der Abhängigkeitsposition. Ist die Neigung der Kammlinien nicht wie in Fig. 4.3.1 wiedergegeben (Markttyp $\alpha\alpha$ nach Stackelberg, der den Regelfall darstellt), sondern wie in Fig. 4.3.2 (Markttyp $\beta\beta$), so ist die Interessenlage umgekehrt: der in der Abhängigkeitsposition befindliche Oligopolist steht besser.

Fig. 4.3.2

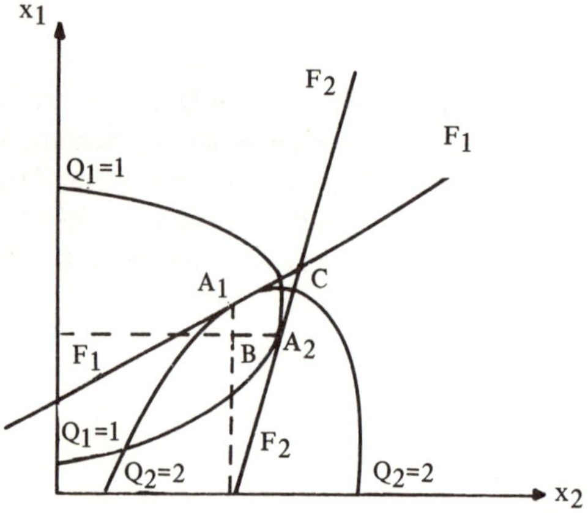

Das Stackelbergsche asymmetrische Oligopol läßt sich analytisch auch auf den Fall von n Oligopolisten erweitern, wenn n–1 Oligopolisten die Abhängigkeitsposition und der n-te Oligopolist die Unabhängigkeitsposition hält. Nach (4.1.7) gilt für die n–1 abhängigen Oligopolisten:[1]

$$(4.3.3) \qquad \frac{\partial Q_i}{\partial x_i} = p + x_i \frac{dp}{d\xi} - \frac{dK_i}{dx_i} = 0$$

oder analog zu (4.1.8)

$$(4.3.4) \qquad x_i = G_i(x_1, \ldots, x_{i-1}, x_{i+1}, \ldots, x_n), \quad \forall\, i \in \{1, \ldots, n-1\}$$

Die Lösung dieses Systems ist, wenn sie existiert,

1 Es wird angenommen, daß jeder abhängige Oligopolist die Anliefermengen aller übrigen Oligopolisten (ob abhängig oder nicht) als gegeben ansieht.

(4.3.4a) $x_i = F_i(x_n)$

Der Graph von F_i ist (im zweidimensionalen Fall) die *Kammlinie* des abhängigen Oligopolisten i (vgl. die Figuren 4.3.1 und 4.3.2). Der unabhängige n-te Oligopolist maximiert nun seinen Gewinn unter der zutreffenden Annahme der Reaktion der abhängigen Oligopolisten, wie in (4.3.4) angegeben. Nach (4.1.6) gilt also für ihn (mit $F_n(x_n) = x_n$):

(4.3.5) $$\frac{dQ_n}{dx_n} = p + x_n \frac{dp}{d\xi} \sum_{j=1}^{n} \frac{dF_j(\cdot)}{dx_n} - \frac{dK_n}{dx_n} = 0.$$

Aus (4.3.3) lassen sich die $\frac{dF_j(\cdot)}{dx_n}$ auch direkt ableiten. Dies ist für das Dyopol bereits in (4.1.9) geschehen. Die n Gleichungen (4.3.4 und 5) genügen bei entsprechenden Annahmen über die Funktionen p, K, F_j zur eindeutigen Bestimmung der n Unbekannten $x_1, \ldots, x_n$, im 2-dimensionalen Fall zur Bestimmung der Punkte A_1 bzw. A_2 in den Figuren 4.3.1 und 2.

Wenn wir eine lineare Nachfragekurve wie in (4.2.8), nämlich

(4.3.6) $$p = a_o - a_1 \sum_{i=1}^{n} x_i, \quad a_o, a_1 > 0, a_o > a_1,$$

und lineare Kostenkurven ähnlich wie in (4.2.9), aber möglicherweise von Firma zu Firma verschieden, nämlich

(4.3.7) $$K_i = b_{io} + b_{i1} x_i, \quad \forall i \in \{1, \ldots, n\}, \quad b_{io}, b_{i1} > 0$$

annehmen, so wird (4.3.3) für die ersten n–1 *abhängigen Oligopolisten:*

(4.3.8) $$-a_1 \sum_{\substack{j=1 \\ j \neq i}}^{n} x_j - 2a_1 x_i + a_o - b_{i1} = 0, \quad \forall i \in \{1, \ldots, n-1\}$$

oder

$$\tilde{A} x^{n-1} = \tilde{b} + a\, x_n$$

$$\text{mit } \tilde{A} = \begin{bmatrix} -2a_1 & -a_1 & \ldots & -a_1 \\ -a_1 & -2a_1 & \ldots & -a_1 \\ \vdots & & & \\ -a_1 & -a_1 & \ldots & -2a_1 \end{bmatrix}, \quad x^{n-1} = \begin{bmatrix} x_1 \\ \vdots \\ x_{n-1} \end{bmatrix},$$

$$\tilde{b} = \begin{bmatrix} b_{11} & -a_o \\ \vdots & \\ b_{n-1,1} & -a_o \end{bmatrix}, \quad a = \begin{bmatrix} a_1 \\ \vdots \\ a_1 \end{bmatrix}.$$

Die Produktion der abhängigen Oligopolisten hängt also wie folgt von der Produktionsmenge des Unabhängigen ab:

(4.3.9)
$$x^{n-1} = \widetilde{A}^{-1}\widetilde{b} + \widetilde{A}^{-1} a\, x_n = \begin{bmatrix} \frac{1}{na_1}\sum_{j=1}^{n-1} b_{j1} - \frac{b_{11}}{a_1} + \frac{a_o}{na_1} \\ \vdots \\ \frac{1}{na_1}\sum_{j=1}^{n-1} b_{j1} - \frac{b_{n-1,1}}{a_1} + \frac{a_o}{na_1} \end{bmatrix} - \begin{bmatrix} \frac{1}{n} \\ \vdots \\ \frac{1}{n} \end{bmatrix} x_n,$$

wobei

$$\widetilde{A}^{-1} = \begin{bmatrix} -\frac{n-1}{na_1} & \frac{1}{na_1} & \dots & \frac{1}{na_1} \\ \frac{1}{na_1} & -\frac{n-1}{na_1} & \dots & \frac{1}{na_1} \\ \vdots & & & \\ \frac{1}{na_1} & \frac{1}{na_1} & \dots & -\frac{n-1}{na_1} \end{bmatrix}.$$

Der n-te Oligopolist ist der *Unabhängige.* Für ihn gilt jetzt nach (4.3.5)

(4.3.10)
$$a_o - a_1 \sum_{i=1}^{n} x_i - a_1 x_n \sum_{i=1}^{n} \frac{dF_i(\cdot)}{dx_n} - b_{n1} = 0.$$

Hierbei sind für $x_1, \dots, x_{n-1}$ die Lösungen (4.3.9) einzusetzen, so daß

$$\sum_{i=1}^{n-1} x_i = \frac{n-1}{na_1} \sum_{j=1}^{n-1} b_{j1} - \frac{1}{a_1} \sum_{j=1}^{n-1} b_{j1} + \frac{n-1}{n} \frac{a_o}{a_1} - \frac{n-1}{n} x_n .$$

Von dort bestimmt man auch: $\frac{dF_i(\cdot)}{dx_n} = -\frac{1}{n}$, $i \in \{1, \dots, n-1\}$.

So erhält man aus (4.3.10) als *Lösung für den unabhängigen Oligopolisten:*

(4.3.11)
$$x_n = \frac{1}{2a_1} \left[\sum_{j=1}^{n} b_{j1} - (n+1) b_{n1} + a_o\right]$$

und damit auch nach (4.3.9) für die *abhängigen Oligopolisten:*

(4.3.12)
$$x_i = \frac{1}{n} \frac{1}{2a_1} \left[\sum_{j=1}^{n} b_{j1} + (n-1) b_{n1} - 2n b_{i1} + a_o\right], \quad i \in \{1, \dots, n-1\}.$$

Wenn wir gleiche Grenzkosten für alle Oligopolisten annehmen ($b_{j1} = b_1$, $\forall j \in \{1, \dots, n\}$), so werden die Formeln leicht einsichtig. Für den *unabhängigen Oligopolisten* n erhält man aus (4.3.11):

(4.3.13)
$$x_n = \frac{a_o - b_1}{2a_1},$$

für die *abhängigen Oligopolisten* aus (4.3.12)

(4.3.14)
$$x_i = \frac{1}{n} \frac{a_o - b_1}{2a_1}, \quad i \in \{1, \dots, n-1\}.$$

Das *Gesamtangebot* ist

(4.3.15) $$\xi = \sum_{i=1}^{n} x_i = (2 - \frac{1}{n}) \frac{a_o - b_1}{2a_1},$$

der *Marktpreis*

(4.3.16) $$p = a_o - (2 - \frac{1}{n}) \frac{a_o - b_1}{2}.$$

Der *Gewinn* des *unabhängigen Oligopolisten* ist

(4.3.17) $$Q_n = \frac{1}{4n\,a_1} (a_o - b_1)^2 - b_{no},$$

der Gewinn jedes *abhängigen Oligopolisten*

(4.3.18) $$Q_i = \frac{1}{4n^2 a_1} (a_o - b_1)^2 - b_{io}, \quad i \in \{1, \ldots, n-1\}.$$

Zum Vergleich: ein *Monopolist* mit den gleichen Grenzkosten würde auf diesem Markt die Gesamtmenge $\xi = \frac{a_o - b_1}{2a_1}$ anbieten, der *Marktpreis* wäre $p = a_o - \frac{a_o - b_1}{2}$ und der Gewinn $Q = \frac{(a_o - b_1)^2}{4a_1} - b_o$. Wie man sieht, gehen die obigen Formeln für den Unabhängigen für n=1 in die Monopolformel über. Für $n \to \infty$ geht der Preis nach den Grenzkosten: $p = b_1$, die Gesamtangebotsmenge wird $\xi = \frac{a_o - b_1}{a_1}$, gleich der Polypol-Angebotsmenge. Davon bietet der Unabhängige genau die Hälfte an, alle übrigen teilen sich in den Rest.

Fig. 4.3.19

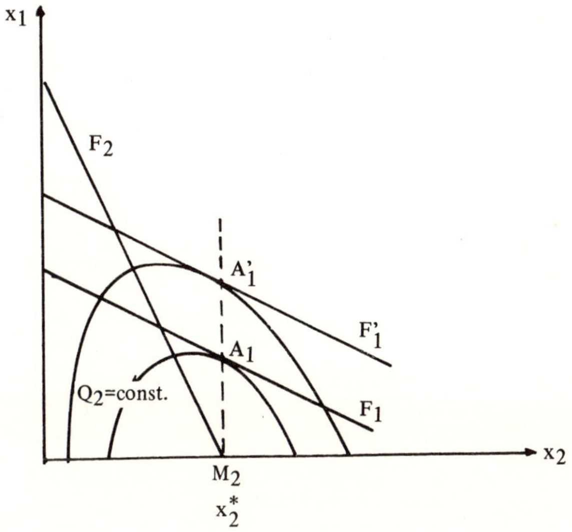

Das *Ergebnis* ist für die Abnehmer ähnlich demjenigen des Cournot-Dyopols: mit zunehmender Zahl der Oligopolisten geht der Preis herunter und das Angebot steigt. Die interne Situation zwischen den Oligopolisten ist aber jetzt anders: der *Unabhängige* bietet, unabhängig von der Zahl der Konkurrenten, stets die Monopolmenge an, die *Abhängigen* teilen sich sozusagen den Rest, und wenn ihre Zahl zunimmt, treiben sie den Preis bis zum Grenzkostenniveau herunter. Der Unabhängige erhält den Löwenanteil an Absatz und Gewinn.[1]

Fig. 4.3.19 zeigt die Situation, wenn der Oligopolist 2 der Unabhängige und der Oligopolist 1 der Abhängige ist. F'_1 ist eine Kammlinie für 1, wenn noch mehr abhängige Oligopolisten existieren. Wie man sieht, bleibt die optimale Angebotsmenge für 2 gleich: die Punkte A_1 und A'_1 haben die gleiche Abzisse, nämlich die des Monopolpunktes M_2. Die Angebotsmenge ist stets x_2^*. Das gilt aber nur bei linearen Kosten- und Nachfragekurven.

Fig. 4.3.20 gibt die *gesamtwirtschaftliche Situation beim Stackelberg-Oligopol* wieder, analog zu Fig. 4.2.11 beim Cournot-Dyopol. Es handelt sich um eine graphische Veranschaulichung von (4.3.15 und 16).

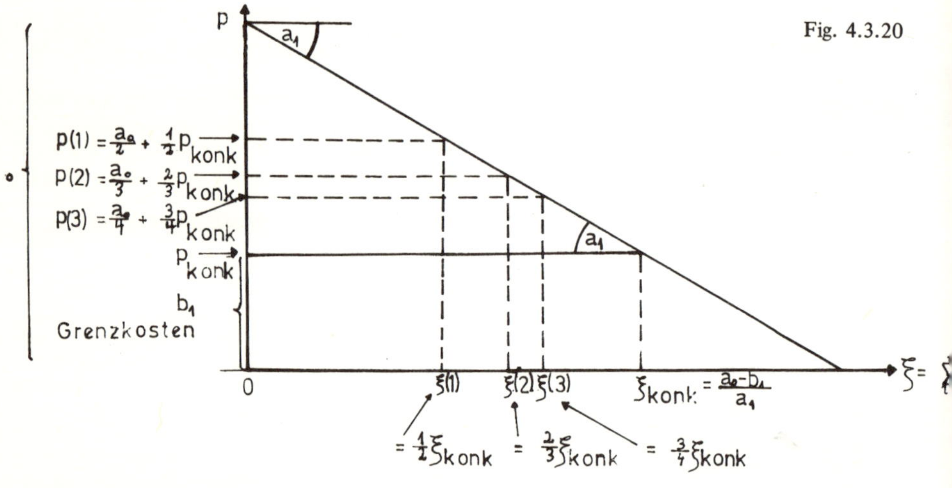

Fig. 4.3.20

$\xi(\nu)$ bedeutet die Gesamtangebotsmenge, wenn ν Firmen auf dem Markt sind, $p(\nu)$ der sich dann ergebende Marktpreis. Beim Vergleich mit Fig. 4.2.11 sieht man, daß im Stackelberg-Oligopol der Marktpreis bei gleicher Zahl der Oligopolisten niedriger und das Gesamtangebot größer ist als im Cournot-Dyopol.[2]

Trotz des kleinen gesamtwirtschaftlichen Vorteils, den das Stackelberg-Oligopol gegenüber dem Cournot-Dyopol hat, ist es wegen der mit wachsender Zahl der

1 Jedenfalls hier im linearen Fall bei gleichen Grenzkosten. Wie früher erörtert, braucht das nicht immer so zu sein.

2 Dies gilt für lineare Nachfrage- und lineare (und gleiche) Kostenfunktionen für $n \geqslant 2$; vgl. hierzu (4.3.15) und (4.2.10a).

Oligopolisten immer stärker werdenden Diskrepanz zwischen dem Unabhängigen, der dann noch der „Große" ist, und den vielen „Abhängigen" als sozial ungünstig zu beurteilen. Für diesen Stackelberg-Fall, den man als *Teiloligopol* eines großen Oligopolisten gegenüber der *Gesamtheit* vieler „kleiner" Oligopolisten betrachten kann, gibt das Stackelberg-Oligopol ein vernünftiges Modell. Dann verschwinden auch die Ungereimtheiten des Stackelberg-Dyopols, wo einer immer fälschlicherweise glaubt, der Unabhängige reagiere nicht auf seine Lieferpolitik, obwohl er das doch tut. Sobald derjenige, der sich in der Abhängigkeitsposition befindet, seinen Irrtum einsieht, ist es natürlich mit der Asymmetrie-Lösung vorbei. Denn es stimmt ja gar nicht, daß der andere seine Angebotsmenge konstant hält; nicht dies ist sein Ziel, vielmehr die Gewinnmaximierung. Bei Veränderung der Angebotsmenge reagiert der Konkurrent auch. Das wird der in der Abhängigkeitsposition befindliche bald merken und es sich zunutze machen. Er kann bei einer Situation wie in Fig. 4.3.1 und bei wirtschaftsfriedlichem Verhalten zumindest die Erreichung des Punktes C erzwingen. Bei einer Ausnahmesituation wie in Fig. 4.3.2 wird der in der Unabhängigkeitsposition befindliche Oligopolist bald merken, daß sie zu seinem Nachteil ist. Wenn der andere allerdings an seinem Irrtum festhält, kann er nichts tun – außer ihn aufklären. Das wird er nun mit großer Wahrscheinlichkeit tun, und dann ist das Gleichgewicht vorbei. So oder so: als Dyopolmodell im eigentlichen Sinn ist das Stackelbergsche Modell nicht akzeptabel. Anders steht es aber beim Teiloligopol. Bei vielen „kleinen" Oligopolisten ist die Annahme, daß der „Größere" sich nicht um die Lieferpolitik eines „Kleinen" kümmert – im Rahmen einer gewissen Grenze der Fühlbarkeit – richtig. Hier liegt der Irrtum darin, daß die „Kleinen" nicht merken, daß der Große doch die *Gesamtheit* ihrer Reaktionen berücksichtigt. Aber das ist schon eher vorstellbar und entschuldbar; vor allem ist es schwer für den einzelnen „Kleinen", ohne Verabredung mit den anderen „Kleinen" sich allein anders zu verhalten. Bei *vielen* Oligopolisten, von denen der eine groß und alle übrigen sehr klein sind, so daß ein *Teiloligopol* besteht, und bei homogenen Produkten, die auf einem gemeinsamen Markt abgesetzt werden, ist das Stackelbergsche Oligopol also ein passendes Modell. Nur wird man solche Marktsituationen selten antreffen.

B. Dynamischer Ansatz

Wie andere statische Theorien kann auch das Stackelbergsche Oligopol auf verschiedene Weise dynamisiert werden.

a) Übersieht der unabhängige Oligopolist die Situation vollständig und weiß er, daß die abhängigen Oligopolisten sich so verhalten, daß der Angleichungsprozeß konvergiert, so kann er gleich die endgültige Menge anbieten, d. h. diejenige, die für ihn optimal ist, nachdem alle Einspielungsvorgänge vorbei sind. Tut er das und hält er während der ganzen „Einspielungszeit" an dieser Menge fest, so ist die Situation für die übrigen abhängigen Oligopolisten dieselbe wie beim Cournot-Oligopol. Die Konvergenzbedingungen sind also wie dort: bei nur zwei abhängigen Oligopolisten konvergiert der Mengenänderungsprozeß immer; falls es mehr als zwei derartige Oligopolisten gibt, muß man ansteigende Grenzkosten oder langsamere Anpassung oder beides voraussetzen.

b) Übersieht der unabhängige Oligopolist die Situation nicht vollständig, aber doch soweit, daß er die später erfolgende Reaktion der abhängigen Oligopolisten auf eigene Mengenänderungen gleich mitberücksichtigt, so konvergiert der Prozeß bei einer linearen Nachfrage- und Kostenfunktion nur für 3 oder weniger Oligopolisten.

Die Nachfragefunktion sei wie in (4.3.6), die Kostenfunktion wie in (4.3.7) vorgegeben. Damit wird (4.3.3) für die *abhängigen Oligopolisten* 1, 2, . . . , n–1:

(4.3.21) $$Ax_t^{n-1} = Bx_{t-1}^{n-1} + ax_{n,t-1} + d$$

$$\text{mit } A = \begin{bmatrix} -2a_1 & & \\ & \ddots & \\ & & -2a_1 \end{bmatrix}, \quad B = \begin{bmatrix} 0 & a_1 & \dots & a_1 \\ a_1 & 0 & \dots & a_1 \\ \vdots & & & \\ a_1 & a_1 & \dots & 0 \end{bmatrix}, \quad a = \begin{bmatrix} a_1 \\ \vdots \\ a_1 \end{bmatrix}$$

$$d = \begin{bmatrix} b_{11} - a_o \\ \vdots \\ b_{n-1} - a_o \end{bmatrix}, \quad x_t^{n-1} = \begin{bmatrix} x_{1,t} \\ \vdots \\ x_{n-1,t} \end{bmatrix}$$

oder

(4.3.22) $$x_t^{n-1} = A^{-1}Bx_{t-1}^{n-1} + x_{n,\,t-1}A^{-1}a + A^{-1}d$$

$$\text{mit } A^{-1} = \begin{bmatrix} -\frac{1}{2a_1} & & \\ & \ddots & \\ & & -\frac{1}{2a_1} \end{bmatrix}, \quad A^{-1}B = \begin{bmatrix} 0 & -\frac{1}{2} & \dots & -\frac{1}{2} \\ -\frac{1}{2} & 0 & \dots & -\frac{1}{2} \\ \vdots & & & \\ -\frac{1}{2} & -\frac{1}{2} & \dots & 0 \end{bmatrix}$$

$$A^{-1}a = \begin{bmatrix} -\frac{1}{2} \\ \vdots \\ -\frac{1}{2} \end{bmatrix}, \quad A^{-1}d = \begin{bmatrix} -\frac{1}{2a_1}(b_{11} - a_o) \\ \vdots \\ -\frac{1}{2a_1}(b_{n-1,\,1} - a_o) \end{bmatrix}.$$

Der unabhängige Oligopolist n kennt (4.3.22), berücksichtigt aber darüber hinaus auch noch die *spätere* Reaktion des anderen Oligopolisten auf seine eigene Mengenänderung.[1] Wir stellen uns also vor, der Oligopolist n bestimmt seine Absatzmenge

1 Die Annahme ist notwendig, damit das dynamische Stackelberg-Oligopol, wenn es konvergiert, auf den Wert des statischen Stackelberg-Oligopols konvergiert. Vgl. hierzu Abschnitt c. unten.

$x_{n,t-1}$ am Ende der Periode t–2 so, daß er, wenn die Oligopolisten 1, . . . , n–1 in der Periode t–1 diese Absatzmenge beobachten und in der Periode t darauf reagiert haben, er *dann* (unter Konstanthaltung seiner Absatzmenge, also $x_{nt} = x_{n,t-1}$ in der Periode t und in allen folgenden Perioden, wenn er nichts mehr ändert) seinen Gewinn maximiert. Dies scheint eine vernünftige Periodisierung im Sinne der Stackelbergschen Grundidee zu sein.

Mit

$$Q_{nt} = (a_o - a_1 \sum_{i=1}^{n} x_{it})\, x_{nt} - b_{no} - b_{n1} x_{nt}$$

bestimmt der Oligopolist n am Ende der Periode t–2 seine Absatzmenge $x_{n,t-1}$ so, daß

$$\frac{dQ_{nt}}{dx_{nt}} = 0 \text{ mit } x_{nt} = x_{n,t-1},$$

was auf

$$a_o - a_1 x_{nt} - a_1 \sum_{i=1}^{n-1} x_{it} - a_1 x_{nt} \sum_{i=1}^{n} \frac{dx_{it}}{dx_{n,t-1}} \cdot \frac{dx_{n,t-1}}{dx_{nt}} - b_{n1} = 0$$

führt. Hierbei ist nach (4.3.22) und wegen $x_{nt} = x_{n,t-1}$:

$$\text{(4.3.22a)} \qquad \frac{dx_{it}}{dx_{n,t-1}} \cdot \frac{dx_{n,t-1}}{dx_{nt}} = 1 - \frac{n-1}{2}.$$

Nach (4.3.22) ist weiterhin

$$\sum_{i=1}^{n-1} x_{it} = -\frac{n-2}{2} \sum_{i=1}^{n-1} x_{i,t-1} + \frac{n-1}{2} x_{n,t-1} + \frac{n-1}{2a_1} a_o - \frac{1}{2a_1} \sum_{i=1}^{n-1} b_{i1}.$$

Der unabhängige Oligopolist n hat nunmehr nach (4.3.5) seine Menge x_{nt} so festzusetzen, daß

$$a_o - a_1 \sum_{i=1}^{n} x_{it} - a_1 x_{nt} \sum_{i=1}^{n} \frac{dx_i}{dx_n} - \frac{dK_n}{dx_n} = 0$$

wird. Substituiert man hier die oben errechneten Größen, so erhält man[1]

$$\text{(4.3.23)} \qquad -a_1 \frac{5-n}{2} x_{nt} = -a_1 \frac{n-2}{2} \sum_{i=1}^{n-1} x_{i,t-1} - a_1 \frac{n-1}{2} x_{n,t-1} + \frac{n-3}{2} a_o - \frac{1}{2} \sum_{i=1}^{n} b_{i1} + \frac{3}{2} b_{n1}.$$

(4.3.23) bildet zusammen mit (4.3.21) das folgende Differenzengleichungssystem:

---

1 Offensichtlich hat man hier $n \neq 5$ vorauszusetzen. Wir werden sehen, daß man sogar $n \leqslant 3$ voraussetzen muß.

(4.3.24) $\bar{A}x_t = \bar{B}x_{t-1} + \bar{d}$

mit

$$\bar{A} = \begin{bmatrix} -2a_1 & & & \\ & \ddots & & \\ & & -2a_1 & \\ & & & -\frac{(5-n)a_1}{2} \end{bmatrix},$$

$$\bar{B} = \begin{bmatrix} 0 & a_1 & \dots & a_1 \\ a_1 & 0 & \dots & a_1 \\ a_1 & a_1 & \dots 0 & a_1 \\ \frac{(n-2)a_1}{2} & -\frac{(n-2)a_1}{2} & \dots & -\frac{(n-1)a_1}{2} \end{bmatrix}$$

$$\bar{d} = \begin{bmatrix} b_{11} - a_o \\ \vdots \\ b_{n-1,1} - a_o \\ \frac{3}{2} b_{n1} - \frac{1}{2}\sum_{i=1}^{n} b_{i1} + \frac{n-3}{2}\, a_o \end{bmatrix}$$

$$x_t' = (x_{1t}, \dots, x_{nt})$$

oder

(4.3.25) $x_t = Fx_{t-1} + f\,,\;\; F = \bar{A}^{-1}\bar{B}\,,\;\; f = \bar{A}^{-1}\,\bar{d}$

mit

$$\bar{A}^{-1} = \begin{bmatrix} -\frac{1}{2a_1} & & & \\ & \ddots & & \\ & & -\frac{1}{2a_1} & \\ & & & -\frac{2}{(5-n)a_1} \end{bmatrix}$$

$$F = \begin{bmatrix} 0 & -\frac{1}{2} & \dots & -\frac{1}{2} \\ -\frac{1}{2} & 0 & \dots & -\frac{1}{2} \\ \vdots & & & \\ -\frac{1}{2} & -\frac{1}{2} & 0 & -\frac{1}{2} \\ \frac{n-2}{5-n} & \frac{n-2}{5-n} & \frac{n-2}{5-n} & \frac{n-1}{5-n} \end{bmatrix}$$

$$f = \begin{bmatrix} -\frac{1}{2a_1}(b_{11}-a_o) \\ \vdots \\ -\frac{1}{2a_1}(b_{n-1,1} - a_o) \\ -\frac{2}{(5-n)a_1}\left(\frac{3}{2} b_{n1} - \frac{1}{2}\sum_{i=1}^{n} b_{i1} + \frac{n-3}{2}\, a_o\right. \end{bmatrix}$$

Die Wurzeln der charakteristischen Gleichung

$$|\bar{E}| = \begin{vmatrix} -\lambda & -\frac{1}{2} & \dots & -\frac{1}{2} & -\frac{1}{2} \\ -\frac{1}{2} & -\lambda & \dots & -\frac{1}{2} & -\frac{1}{2} \\ \vdots & & & & \\ -\frac{1}{2} & -\frac{1}{2} & \dots & -\lambda & -\frac{1}{2} \\ \frac{n-2}{5-n} & \frac{n-2}{5-n} & \dots & \frac{n-2}{5-n} & \frac{n-1}{5-n} - \lambda \end{vmatrix} = 0$$

sind $\lambda_1 = 0$ (einfache Wurzel)

$\lambda_2 = \frac{1}{2}$ ((n–2)-fache Wurzel)

$\lambda_3 = \frac{n^2 - 5n + 8}{2(5-n)}$ (einfache Wurzel),

so daß sich für die Wurzeln bis n=4 folgende Tabelle ergibt

für n =	2	3	4
λ_1 =	0	0	0
λ_2 =	1/2	1/2	1/2
λ_3 =	1/3	1/2	2

wobei λ_2 die Multiplizität n–2 hat.

Damit der Prozeß konvergiert, muß der Absolutwert der größten Wurzel kleiner als 1 sein. Wie man sieht, konvergiert der Prozeß nur für $n \leqslant 3$. Die allgemeine Lösung von (4.3.24) ist

$$x_{it} = c_{1i}(\lambda_2)^t + c_{2i}(\lambda_3)^t + \begin{cases} \frac{1}{n \cdot 2a_1}\left[\sum_{j=1}^{n} b_{j1} + (n-1)b_{n1} - 2nb_{i1} + a_o\right] & \text{für } i = 1, \dots, n-1 \\ \frac{1}{2a_1}\left[\sum_{j=1}^{n} b_{j1} - (n+1)b_{n1} + a_o\right] & \text{für } i = n, \end{cases} \quad (4.3.26)$$

wobei $c_{1i} = c_{1io} + c_{1i1}t + \dots + c_{1i,n-1}t^{n-2}$ ist. Die c sind Konstanten, die von den Anfangsbedingungen abhängen.

Wie man sieht, sind die Konvergenzbedingungen bei dieser einfachen, aber naheliegenden Form der Anpassung ziemlich restriktiv. Man kann aber auch hier, ähnlich wie F. M. Fisher, Mc Manus und Quandt im Fall des Cournot-Dyopols, *verzögerte Anpassung* und (oder) *steigende Grenzkosten* einführen und damit die Elemente der F-Matrix in (4.3.25) so reduzieren, daß Konvergenz eintritt. Der Gedankengang ist analog wie dort.

c. Berücksichtigt der unabhängige Oligopolist die später erfolgende Reaktion der abhängigen nicht sofort, sondern maximiert seinen Gewinn auf Grund ihrer jeweils für die nächste Periode gegebenen Liefermengen, setzt man also in (4.3.22a) $\sum_{i=1}^{n} \frac{dx_i}{dx_n} = 1$, so konvergiert der Prozeß *nicht* mehr zu den stationären Werten des Stackelberg-Oligopols. Es ist also eigentlich nicht gerechtfertigt, diesen Prozeß noch als Stackelberg-Dynamisierung zu bezeichnen. Wir behandeln ihn daher nur kurz.

Für die *abhängigen Oligopolisten* bleiben (4.3.21–22) bestehen. Für den *Unabhängigen* erhält man statt (4.3.10):

$$a_o - a_1 \sum_{i=1}^{n} x_{it} - a_1 x_{nt} - b_{n1} = 0,$$

was bei Substitution der früher errechneten Größe $\sum_{i=1}^{n-1} x_{it}$ statt auf (4.3.23) auf

$$(4.3.27) \qquad -2a_1 x_{nt} = -a_1 \frac{n-2}{2} \sum_{i=1}^{n-1} x_{i,t-1} - a_1 \frac{n-1}{2} x_{n,t-1} - \frac{1}{2} \sum_{i=1}^{n} b_{i1} + \frac{n-3}{2} a_o + \frac{3}{2} b_{n1}$$

führt.

Aus (4.3.21) und (4.3.27) ergibt sich das System linearer Differenzengleichungen 1. Ordnung, das den Prozeß bestimmt:

$$(4.3.28) \qquad A\, x_t = \overline{B} x_{t-1} + \overline{d}$$

mit

$$A = \begin{bmatrix} -2a & & \\ & \ddots & \\ & & -2a \end{bmatrix}$$

wie beim Cournot-Oligopol (vgl. (4.2.17), $\overline{B}$ und $\overline{d}$ wie in (4.3.24). Falls die Prozesse konvergieren, d.h. $x_t = x_{t-1}$, konvergiert (4.3.25) gegen $\overline{x} = (I - \overline{A}^{-1}\overline{B})^{-1}\, \overline{A}^{-1}\overline{d}$, den statischen Stackelberg-Oligopolwert, während (4.3.28) gegen $\overline{\overline{x}} = (I - A^{-1}\overline{B})^{-1} A^{-1}\overline{d}$ konvergiert. Beide sind, außer für n=1 (den hier nicht interessierenden Monopolfall) verschieden. Das mit (4.3.28) unterstellte Verhalten liegt dem Stackelbergschen Grundgedanken wohl ferner. Wir verfolgen es daher hier nicht weiter.

Natürlich kann man noch andere Dynamisierungen einführen. Doch ist der zusätzliche Erkenntniswert wahrscheinlich geringer als der Aufwand an Mühe.

4. Abschnitt

Das Bowley-Dyopol[1]

Bowley behandelt in seinem Buch das homogene Dyopol mit Mengenstrategie, allerdings nur ganz kurz. Nachdem er das Problem in ähnlicher Form wie in (4.1.6) für lineare Nachfrage- und Kostenfunktionen und für nur 2 Oligopolisten richtig gestellt hat, kapituliert er vor der Festlegung der Reaktionsfunktionen. Er schreibt: „To solve these equations (nämlich die Gleichungen (4.1.6) in unserer Analyse) we should need to know x_2 as a function of x_1, and this depends on what each producer thinks the other is likely to do. There is likely to be oscillation in the neighbourhood of the price given by the equation:

marginal price for each = selling price,

unless they combine and arrange what each shall produce as to maximize their combined profit".

Stackelberg[2] interpretiert dies so, als ob *jeder* Dyopolist annimmt, der andere verhalte sich wie in der Abhängigkeitsposition, d. h. für den *anderen* gelte eine Reaktionsfunktion wie (4.3.4). Dann ergibt sich als Lösung der „Bowley-Punkt" B in Fig. 4.3.1 bzw. 4.3.2. In Fig. 4.3.1 ist der Bowley-Punkt B *für beide* schlechter als der Cournot-Punkt C und schlechter als die Stackelbergschen Asymmetrielösungen A_1 und A_2. Bei wirtschaftsfriedlichem Verhalten, das wir hier immer voraussetzen, ist nicht anzunehmen, daß beide lange in ihrem doppelten Irrtum beharren; jeder wird seinen eigenen Vorteil wahrnehmen (der hier auch der Vorteil des Konkurrenten ist) und mit der Angebotsmenge zurückgehen. Damit würde zumindest der Punkt C erreicht.

Im Fall der Fig. 4.3.2 ist der Bowleysche Punkt B für jeden besser als seine Unabhängigkeitsposition A_2 bzw. A_1 und besser als der Cournot-Punkt C. Ist er also einmal erreicht, so ist das Erstreben der Unabhängigkeitsposition Unfug.

Man wird kaum annehmen können, soviel Irrtum bei Firmen auf einmal anzutreffen. Falls allerdings der Bowley-Punkt B im außergewöhnlichen Markttyp $\beta\beta$ (in Fig. 4.3.2 dargestellt) durch Zufall einmal realisiert ist, so wird er bleiben. In allen anderen Fällen werden die Firmen bald ihren kostspieligen Irrtum einsehen und ihn korrigieren. B kann dann nicht als Lösung akzeptiert werden.

Bowley hat aber kaum die Stackelbergsche Interpretation im Auge gehabt. Was er wahrscheinlich meinte, ist, daß sich die Anliefermengen am Ende irgendwo in der Nähe des Punktes C* in Fig. (4.1.20) bewegen werden, so daß jeder zu dem geltenden Marktpreis die für ihn dann optimale Menge absetzt; d. h. für jeden gilt: Preis = Grenzkosten. Und das wäre ein vernünftiger Vorschlag zur Lösung des Problems, wenn man die Interdependenz der Entscheidungen beim Oligopol mißachten könnte. Gerade das aber geht nicht.

Wir gehen auf diesen Fall nicht näher ein.

1 *Bowley,* Mathematical Groundwork of Economics, Oxford 1924, S. 38.

2 *Stackelberg,* Marktform und Gleichgewicht, a.a.O. S. 48.

5. Abschnitt

Eine eigene Oligopoltheorie für den Oligopoltyp B[1]

A. Statische Version

1. Grundlegende Hypothesen

In der ersten Auflage dieses Buches habe ich eine heuristische Dyopollösung für alle Dyopoltypen vorgeschlagen, die auf folgenden Grundideen beruht:

1. dem *status quo* kommt eine besondere Bedeutung zu: jeder sucht seine bisherige Gewinnposition gegenüber Aktionen des Gegenspielers zu verteidigen;
2. es wird zwischen *Aktionen* und *Reaktionen* unterschieden;
3. jede *Aktion* erfolgt mit dem Ziel der Gewinnmaximierung, wobei die *Reaktion* des Gegenspielers in Betracht gezogen wird;
4. eine *Reaktion* erfolgt auf eine Aktion nur, wenn die eigene Gewinnposition durch die Aktion des anderen verschlechtert wird, und dann so, daß diese alte Gewinnposition wiederhergestellt wird. Ist dies nicht möglich, so geht die Reaktion soweit wie möglich in diese Richtung. Wird die eigene Gewinnposition durch eine Aktion des anderen verbessert oder bleibt sie unverändert, erfolgt keine Reaktion. Diese Verhaltensweise wurde als *Normalreaktion* bezeichnet. Daneben wurde eine schärfere Reaktion (d.h. der Versuch, die eigene Gewinnposition bei der Reaktion zu verbessern) in Betracht gezogen („Neigung zur Vergeltung") und eine schwächere Reaktion („Neigung zur Nachgiebigkeit").[2] In diesem Abschnitt legen wir nur die *Normalreaktion* zugrunde.
5. Ziff. 1–4 und die Nachfrage- und alle Kostenfunktionen (diese u.U. nur zum Teil, vgl. Ziff. a. unten) sind allen Oligopolisten bekannt, jeder weiß, daß dies allen bekannt ist, und jeder handelt entsprechend.

Im Rahmen dieser Hypothese werden 2 Fälle unterschieden:

a) jeder vermeidet solche Aktionen, die den anderen (nach der Reaktion) definitiv schlechter stellen, aus Furcht davor, einen Kampf zu provozieren, und jeder zieht (aus Informations- und Sicherheitsgründen) nur jeweils „kleine" Aktionen, d.h. kleine Änderungen seiner Anliefermenge in Betracht. Dies wird als *Normalaktion* bei wirtschaftsfriedlichem Verhalten angesehen;

b) es sind auch beliebig große Aktionen zugelassen, darunter auch solche, die den anderen (nach der Reaktion) definitiv schlechter stellen; das wurde als *Herausforderung* bezeichnet.[3] Wir behandeln hier beide Möglichkeiten.

Die Auszeichnung des status quo und die Unterscheidung von Aktion und Reaktion tragen implizit der *Unsicherheit* und dem *Risiko* und explizit der *Interdepen-*

---

1 *Krelle*, Preistheorie. Tübingen und Zürich 1961, S. 254 ff. und S. 339 ff.

2 ebenda, S. 277ff.

3 ebenda, S. 258.

denz der Entscheidungen Rechnung. In einer Oligopolsituation, bei der jeder durch eine Aktion des anderen in seinem Gewinninteresse verletzt werden kann, scheint es vernünftig anzunehmen, daß jeder zuerst einmal „seine Position verteidigt" und daß der andere das weiß. In diesem Rahmen wird allerdings jeder seinen eigenen Gewinn maximieren wollen.[1] Die Annahmen 1. bis 4. erscheinen mir plausibel und – im Rahmen des wirtschaftsfriedlichen Verhaltens – vernünftig, jedenfalls der Situation angemessener als die sonst in der Literatur vorzufindenden heuristischen Annahmen. Aber es bleiben natürlich heuristische Annahmen. Sie sind nicht abgeleitet, sondern werden als „plausibel" vorausgesetzt.

2. Graphische Lösung für den Dyopolfall

Wir behandeln hier zunächst den Fall der *Normalaktion* und der *Normalreaktion.* Man betrachte hierzu Fig. 4.5.1. Die *Reaktionslinien*

$$\frac{dx_j}{dx_i}\ , i, j \in \{1, 2\}, i \neq j$$

(vgl. (4.1.4–5)) folgen bei Heraufsetzung der Angebotsmenge durch 1 den Kurven konstanten Gewinns bzw. der Kammlinie F_2; denn nur bei solchem Verhalten kann der Gewinn, falls möglich, aufrechterhalten und, falls dies nicht möglich ist,

1 Es ist behauptet worden, daß durch die Unterscheidung von Reaktion und Aktion die beiden Dyopolisten ungleich behandelt werden, oder daß diese Annahmen sogar in sich widersprüchlich sind; vgl. *Seitz,* Bemerkungen zur Dyopoltheorie Krelles, Zeitschrift für Nat. Ökonomie und Stat., Bd. 174, S. 430 ff. und meine Erwiderung hierauf ‚Unbestimmtheitsbereich beim Dyopol, dieselbe Zeitschrift, Bd. 175 (1963), S. 232 ff. Ein Widerspruch in den Annahmen besteht nicht, die diesbezüglichen Vermutungen beruhen auf einem Rechenfehler. *Ott* meint, daß die Unterscheidung von Aktion und Reaktion ein Widerspruch zum Gewinnmaximierungsprinzip bedeutet (Grundzüge der Preistheorie, Göttingen 1968, S. 239).

Beide verbleibenden Argumente (die Ungleichbehandlung der Dyopolisten und das Verlassen des Gewinnmaximierungsprinzips) wären richtig, wenn man das Modell als dynamisches Modell auffassen würde, bei dem jeder Dyopolist nur einen Zug hat. Dann würde in der Tat nur dem ersten Dyopolisten zugebilligt, seinen Gewinn zu maximieren, während der zweite, reagierende Dyopolist nur seinen bisherigen Gewinn aufrechterhalten darf (wenn er kann). So ist es aber nicht. Das Modell ist statisch: gefragt wird nach den Mengenkombinationen, bei denen *keiner* seine Anliefermenge ändert, vorausgesetzt, der andere verhielte sich wie in der Reaktionshypothese angenommen. Natürlich kann man diese Reaktionshypothese auch ändern, z. B. hier, wie *Ott* a.a.O. vorschlägt, ebenfalls Gewinnmaximierung annehmen. Das ändert prinzipiell nichts, weil bei allen heuristischen Theorien, also auch bei dieser, die Reaktionshypothese im Grunde willkürlich ist. Sie müßte ja wegen der Interdependenz der Entscheidungen der Dyopolisten spieltheoretisch abgeleitet werden, aber das geschieht hier nicht. Man kann das Modell auch so verstehen: Jeder Dyopolist ist jederzeit frei, eine Aktion mit dem Ziel der Gewinnmaximierung zu beginnen. Er wird das nur tun, wenn er *nach* der Reaktion des anderen besser steht. Die Reaktion dabei ist „defensiv" (d. h. die eigene Position wird verteidigt), die Aktion stets „offensiv" (d. h. die bestmögliche Position wird angestrebt). Dies ist – im Rahmen einer heuristischen Theorie – kein Widerspruch zum Gewinnmaximierungsprinzip.

Fig. 4.5.1

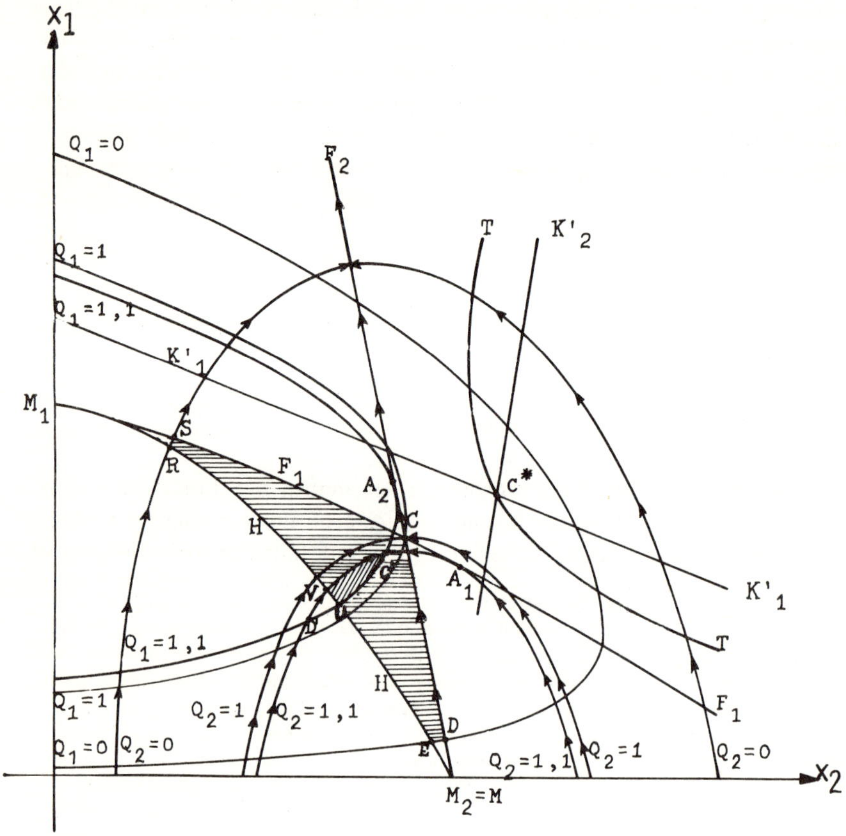

doch so weit wie möglich an den alten Stand angenähert werden. Diese Reaktionslinien von 2 sind als Pfeile in Fig. 4.5.1 eingezeichnet. Bei Herabsetzung der Angebotsmenge durch 1 reagiert 2 gar nicht, weil sich sein Gewinn dadurch auf jeden Fall vermehrt. Die Reaktionslinien verlaufen also senkrecht nach unten (in Fig. 4.5.1 nicht eingezeichnet). Gleichgewicht für 1 herrscht nur dort, wo die Reaktionslinien von 2 zu Punkten niedrigeren Gewinns von 1 zeigen. Das ist überall in dem sphärischen Dreieck zwischen den Kammlinien F_1 und F_2 und der Maximallinie (oder Pareto-Optimalitätslinie) H der Fall. Durch entsprechende Überlegungen findet man, daß der gleiche Bereich auch für 2 Gleichgewichtsgebiet ist.

Von diesem Gebiet fallen noch die Teile aus, in denen einer der beiden Verluste macht, so daß nur das waagerecht schraffierte Gebiet CDERS als Gleichgewichtszone übrigbleibt.

Bei Zulassung von *Herausforderungen,* d.h. Aktionen, die den anderen definitiv schlechter stellen, fallen die Ecken dieses Gebiets aus. Denn die Erreichung der Punkte A_1 bzw. A_2 ist von je einem der beiden Konkurrenten zu erzwingen. 2 braucht sich also keine schlechtere Lage als die in A_1 gefallenzulassen, 1 keine schlechtere als die in A_2. Damit bleibt als Gleichgewichtsgebiet bei Zulassung von Herausforderungen nur die schräg schraffierte Zone C'VU in Fig. 4.5.1 übrig. Jeder Punkt ist hier ein Gleichgewichtspunkt. Keiner der Dyopolisten wird bei vollständiger Kenntnis hier seine Angebotsmenge verändern, da er bei der Reaktion des Konkurrenten zur Verteidigung seines Gewinns am Ende schlechter dasteht als vorher. Ebenso ist die Maximallinie H ohne Verabredung nicht zu erreichen, wenn sich beide nicht zufällig darauf befinden. Denn der Konkurrent würde einer Herabsetzung der Angebotsmenge nicht folgen (ohne Folgen steht er sich ja besser), und der Vorangehende würde sich selbst schädigen.

Es kann sein, daß sich die durch A_1 und A_2 gehenden Isoprofitlinien von 2 und 1 schneiden. Dann gibt es im Fall von Herausforderungen kein Gleichgewichtsgebiet, vielmehr einen ständigen Wechsel zwischen A_1 und A_2. Dieser Wechsel kann übrigens auch eintreten, wenn das Gleichgewichtsgebiet nicht erreicht wird. Dies zeigt aber wohl mehr die Begrenzung unserer heuristischen Annahmen und ist kein passendes Modell der Wirklichkeit. An ständigen Angebots- und Preisschwankungen kann aus leicht verständlichen Gründen der Pflege der Nachfrage keiner der beiden Konkurrenten ein Interesse haben: ständige Angebots- und Preisschwankungen verärgern die Abnehmer und reduzieren das Nachfrageniveau. Und außerdem besteht bei einer fortlaufenden Politik der bewußten Schädigung des anderen immer die Gefahr der Provozierung von Kampfstrategien auf der Gegnerseite, und daran wird im allgemeinen keiner ein Interesse haben.

Bei anderer Neigung der Kammlinien wie in Fig. 4.5.2 (Markttyp $\beta\beta$ nach Stackelberg) gehören A_1 und A_2 mit zum Gleichgewichtsgebiet, so daß auch bei Herausforderungen Angebotsschwankungen ausscheiden.

Wir müssen uns noch davon überzeugen, daß im Lösungsraum bei dem sich herausbildenden Preis die Dyopolisten ein Interesse haben, auch die gesamte Nachfrage zu befriedigen. D.h. die Angebotsmenge jedes Produzenten muß bei dem geltenden Preis kleiner oder gleich derjenigen sein, für die der Preis gleich den Grenzkosten ist. In der Fig. 4.5.1 trifft das für das Gebiet unterhalb und links der Grenzkostenkurven K'_1 und K'_2 zu. Dort liegt aber gerade unser Lösungsraum. Diese Bedingung schränkt ihn also nicht weiter ein.

Lassen wir *Verabredungen von Mengenherabsetzungen* (aber keine Zahlung von Kompensationen) zu, so bleibt nur noch der Bereich RE bzw. VU auf der Maximallinie H als Lösungsgebiet übrig.

Bei *Kompensationszahlungen* erhalten wir nur einen einzigen Lösungspunkt M auf der Maximallinie H, nämlich denjenigen, bei dem der Gesamtgewinn beider zusammengenommen maximal ist. In unserem Beispiel (Fig. 4.5.1) ist das der Monopolpunkt M_2 des Produzenten 2. Bei Kompensationszahlungen würde also der Betrieb 1 stillgelegt, und 2 würde den Gesamtmarkt allein versorgen.

Fig. 4.5.2

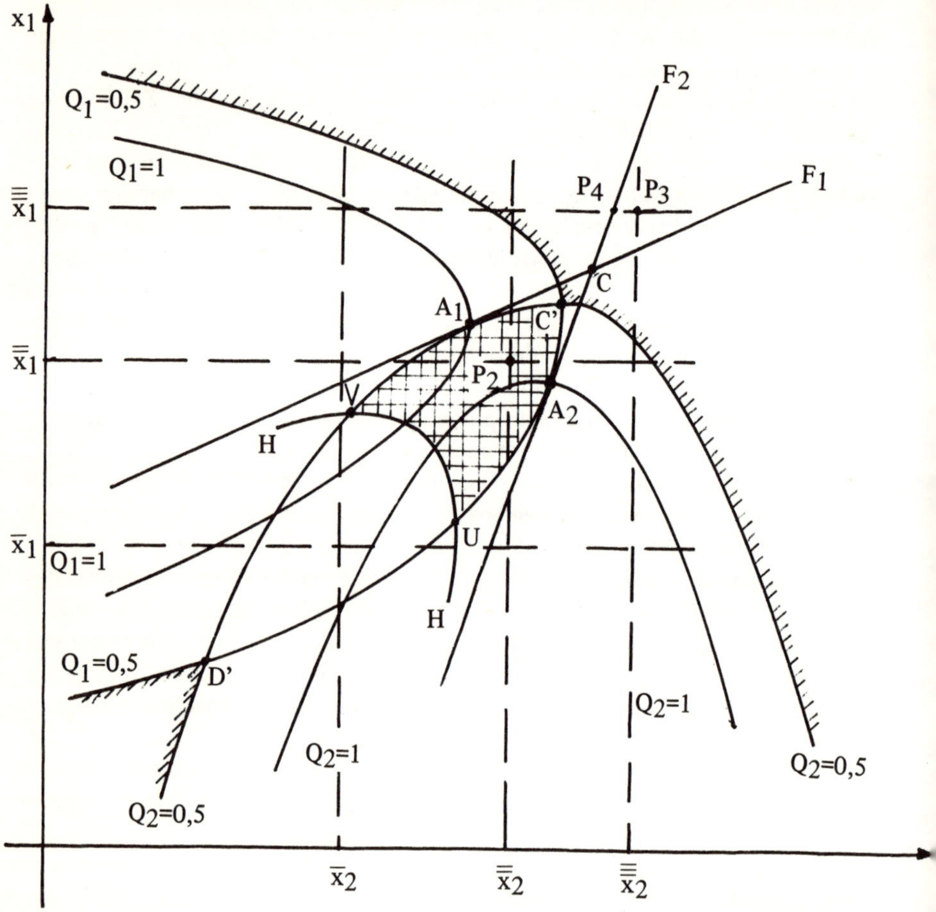

3. *Übergang zum Polypol*

Es ist interessant, sich zu überlegen, was beim Übergang zum *Polypol* geschieht. Aus Fig. 4.1.20 wird jetzt Fig. 4.5.3. Die verschiedenen Quasi-Nachfragekurven fallen nunmehr zusammen (denn das Angebot des Konkurrenten hat ja jetzt keinerlei spürbaren Einfluß auf die mögliche eigene Absatzmenge), und die resultierende einzige Quasi-Nachfragekurve verläuft parallel zur Mengenachse bei dem geltenden Preis. Die Kammlinien fallen dann mit den Grenzkostenkurven zusammen: Der Cournot-Punkt C wandert zum Polypolpunkt C* im 1. Quadranten der Fig. 4.1.20 und Fig. 4.1.21, und das ist der einzige Lösungspunkt, der jetzt von unserer Lösungsfigur noch übrig bleibt. Fig. 4.5.3 zeigt unsere beiden Konkurrenten in der Marktform des Polypols, unter der Voraussetzung also, daß ihre Produktionsmenge ein ganz kleiner Teil der Gesamt-Angebotsmenge an der Produktenbörse ist.

N im 2. und 4. Quadranten ist jetzt die Quasi-Nachfragefunktion für beide. Die Kurven konstanten Gewinns sind zu Geraden degeneriert, die aufeinander senkrecht stehen. Eine Maximallinie H als geometrischer Ort der Berührungspunkte der beiden Kurvenscharen existiert nicht. C* ist der Schnittpunkt der Geraden maximalen Gewinns für 1 und 2 und der einzige Lösungspunkt.

Fig. 4.5.3

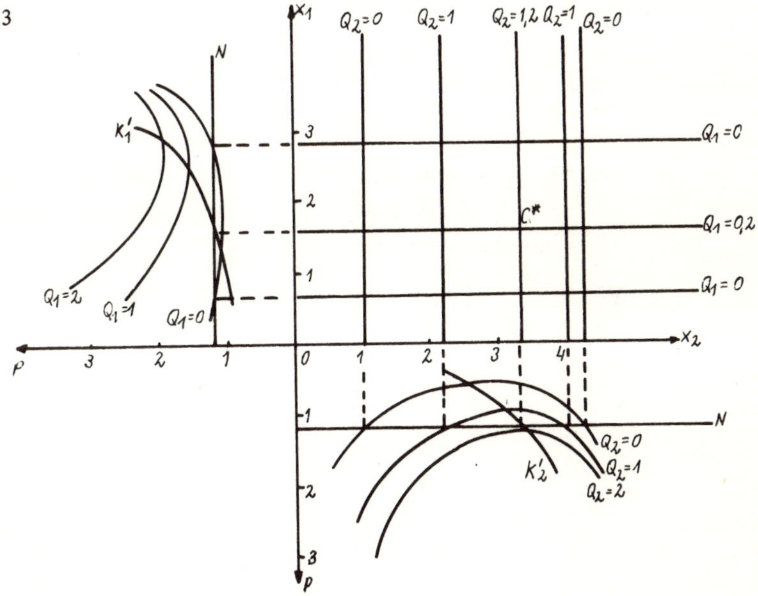

4. *Analytische Lösung für den Oligopolfall. Statik*

a. Normalaktion und -reaktion

Wir beginnen mit dem Fall der *Normalaktion* und der *Normalreaktion*. Dann brauchen wir nur die *Umgebung* eines Punktes zu betrachten, um festzustellen, ob es sich um einen *Gleichgewichtspunkt* im oben definierten Sinn handelt oder nicht, d. h. ob einer der Oligopolisten ein Interesse an einer Änderung seiner Anliefermenge hat oder nicht. Hierbei bleiben wir weiter im Bereich der Statik; wir interessieren uns nur für den Gleichgewichtscharakter von Punkten und nicht dafür, was geschieht, wenn ein Nichtgleichgewichtspunkt realisiert ist. Dies wird im nächsten Unterabschnitt untersucht. Bei der analytischen Behandlung brauchen wir uns nicht auf 2 Konkurrenten zu beschränken. Es gebe n Oligopolisten. Jeder suche in einer *Aktion* durch Änderung seiner Anliefermenge seinen Gewinn zu maximieren. Hierbei kalkuliert er aber die Reaktionen seiner Konkurrenten mit ein. Er wird also nur dann eine Aktion unternehmen, wenn er nach der Reaktion der Konkurrenten besser steht als im Ausgangspunkt. Nur solche Aktionen sind zugelassen, die keinen Konkurrenten (nach der Reaktion) schlechter stellen als im Ausgangspunkt.

Betrachten wir die Situation an einem realisierten Ausgangspunkt $x^* = (x_1^*, \ldots x_n^*)$ und in dessen unmittelbarer Umgebung vom Standpunkt des Oligopolisten n. Eine Vergrößerung der Anliefermenge x_n schädigt stets alle übrigen Oligopolisten, eine Verkleinerung begünstigt sie stets.

Die *Normalreaktion* ist daher nach den Hypothesen des 1. Unterabschnitts

$$\frac{dx_i}{dx_n} = \begin{cases} 0 & , \text{ für } x_n \in (0, x_n^*] \\ -\sum_{j=1}^{n-1} \hat{g}_{ij}, & \text{für } x_n \in [x_n^*, \infty), \quad i \in \{1, \ldots, n-1\}. \end{cases} \tag{4.5.4}$$

Der zweite Teil von (4.5.4) ist, wie unten gezeigt wird, die Bedingung dafür, daß alle übrigen Oligopolisten durch geeignete Reaktion dx_i/dx_n ihre alte Gewinnposition wieder erreichen. Es muß nämlich dann gelten:

$$\frac{dQ_i}{dx_n} = \sum_{j=1}^{n} \frac{\partial Q_i}{\partial x_j} \frac{dx_j}{dx_n} = 0 \ , \quad i \in \{1, \ldots, n-1\}$$

oder mit

$$\frac{dp}{dx} = \frac{dp}{dx_n} = \frac{dp}{dx_i}$$

$$G \frac{dx^{n-1}}{dx_n} = g \tag{4.5.5}$$

$$\text{mit } G = \begin{bmatrix} x_1 \frac{dp}{dx} + p - K_1' & x_1 \frac{dp}{dx} & \ldots & x_1 \frac{dp}{dx} \\ x_2 \frac{dp}{dx} & x_2 \frac{dp}{dx} + p - K_2' & \ldots & x_2 \frac{dp}{dx} \\ \vdots & & & \\ x_{n-1} \frac{dp}{dx} & x_{n-1} \frac{dp}{dx} & \ldots & x_{n-1} \frac{dp}{dx} + p - K_{n-1}' \end{bmatrix}$$

$$\frac{dx^{n-1}}{dx_n} = \begin{bmatrix} \frac{dx_1}{dx_n} \\ \vdots \\ \frac{dx_{n-1}}{dx_n} \end{bmatrix} \qquad g = \begin{bmatrix} -x_1 \frac{dp}{dx} \\ \vdots \\ -x_{n-1} \frac{dp}{dx} \end{bmatrix}$$

oder nach Division durch $x_i \frac{dp}{dx}$:

$$\hat{G}\frac{dx^{n-1}}{dx_n} = \hat{1}$$

mit

$$\hat{G} = \begin{bmatrix} \frac{x_1 dp/dx+p-K_1'}{x_1\, dp/dx} & 1 & \dots & 1 \\ \vdots & & \ddots & \\ 1 & 1 & \dots & \frac{x_{n-1}\, dp/dx+p-K_{n-1}'}{x_{n-1}\, dp/dx} \end{bmatrix}$$

$$\hat{1} = \begin{bmatrix} -1 \\ \vdots \\ -1 \end{bmatrix}$$

Damit erhält man die Reaktionen

$$\frac{dx^{n-1}}{dx_n} = \hat{G}^{-1}\,\hat{1}\,.$$

Sei $\hat{g}_{ij}$ das Element von $\hat{G}^{-1}$ in der i-ten Zeile und j-ten Spalte, $i,j \in \{1, \dots, n-1\}$, so ergibt sich die 2. Zeile von (4.5.4). Um das Vorzeichen der $\hat{g}_{ij}$ beurteilen zu können, machen wir die vereinfachende Annahme, daß alle n–1 Firmen in ihren Grenzkostenfunktionen und Produktionsmengen übereinstimmen. Dann wird[1]

$$\hat{G} = \begin{bmatrix} \lambda & 1 & \dots & 1 \\ 1 & \lambda & \dots & 1 \\ \vdots & & & \\ 1 & 1 & \dots & \lambda \end{bmatrix} \quad \text{mit } \lambda = \frac{x_i dp/dx + p-K_i'}{x_i dp/dx}\,, \ \forall\, i \in \{1, \dots, n-1\}$$

$$x_i dp/dx \neq 0,$$

1 Allgemein ist für eine n x n Matrix $A = \begin{bmatrix} a & b & \dots & b \\ b & a & \dots & b \\ \vdots & & & \\ b & b & \dots & a \end{bmatrix}$

$$A^{-1} = \begin{bmatrix} c & d & \dots & d \\ d & c & \dots & d \\ \vdots & & & \\ d & d & \dots & c \end{bmatrix} \quad \text{mit} \quad c = \frac{-a-(n-2)b}{(n-1)\,b^2 - a^2 - (n-2)ab} \qquad d = \frac{b}{(n-1)\,b^2 - a^2 - (n-2)ab}$$

Sind die Matrizen A und A^{-1} von der Größe (n–1) x (n–1), so ist

$$c = \frac{-a-(n-3)\,b}{-a^2+(n-2)\,b^2-(n-3)ab}$$

$$d = \frac{b}{-a^2+(n-2)\,b^2-(n-3)ab}$$

und (bei n–1 Zeilen und Spalten, falls $(n-2)-\lambda^2-(n-3)\lambda \neq 0$):

$$\hat{G}^{-1} = \begin{bmatrix} \mu\,\nu \,\ldots\, \nu \\ \nu\,\mu \,\ldots\, \nu \\ \vdots \\ \nu\,\nu \,\ldots\, \mu \end{bmatrix} \qquad \text{mit} \quad \mu = \frac{-\lambda-(n-3)}{(n-2)-\lambda^2-(n-3)\lambda}$$

$$\nu = \frac{1}{(n-2)-\lambda^2-(n-3)\lambda}$$

Damit wird

$$\sum_{j=1}^{n-1} \hat{g}_{ij} = \mu + (n-2)\nu = \frac{-\lambda+1}{(n-2)-\lambda^2-(n-3)\lambda} \tag{4.5.5a}$$

In der Bestimmungsgleichung für λ ist der Nenner für $x_i > 0$ auf jeden Fall negativ, der Zähler positiv für $x_i < F_i(x_1, \ldots, x_{i-1}, x_{i+1}, \ldots, x_n)$ nach (4.1.8), also links der Kammlinie F_2 in den Graphiken 4.1.20 oder 4.3.1 mit i=2. Somit ist $\lambda < 0$ in diesem Bereich, und für $\lambda < 0$ und n = 2 bzw. $\lambda < -1$ und n=3 bzw. $\lambda < -2$ und n=4 usw. ist

$$\sum_{j=1}^{n-1} \hat{g}_{ij} < 0.$$

Dies werden wir im folgenden annehmen.

Der Oligopolist n wird nun vom Punkt x aus *keine Änderungen* in der Nähe des realisierten Punktes vornehmen, sobald

$$\frac{dQ_n}{dx_n}\,dx_n = [p + x_n \frac{dp}{dx} \sum_{j=1}^{n} \frac{dx_j}{dx_n} - K'_n(x_n)]\,dx_n \leqslant 0 \tag{4.5.6}$$

für alle möglichen dx_n, d.h. nach (4.5.4), sobald

$$p + x_n \frac{dp}{dx} - K'_n(x_n) \geqslant 0 \quad \text{für } x_n \in (0, x_n^*]\text{, bzw.} \tag{4.5.6a}$$

$$p + x_n \frac{dp}{dx}\,(1 - \sum_{i=1}^{n-1}\sum_{j=1}^{n-1} \hat{g}_{ij}) - K'_n(x_n) < 0 \quad \text{für } x_n \in [x_n^*, \infty). \tag{4.5.6b}$$

Gelten (4.5.6a und b) für alle Oligopolisten n simultan, so werden in diesem Bereich alle Mengenänderungen überhaupt unterlassen, und es entsteht insoweit ein *Gleichgewichtsbereich.* Dieser Bereich hat bei den üblichen Annahmen über Nachfrage- und Kostenfunktionen stets innere Punkte. Wir nennen einen solchen Bereich einen *ausgedehnten Bereich.* Jeder Punkt in diesem ausgedehnten Bereich ist ein Gleichgewichtspunkt. Das läßt sich so zeigen. Es gelte

$$p(x_1 + \ldots + x_n) + x_i \frac{dp(x_1 + \ldots + x_n)}{dx} - K'_i(x_i) = 0 \tag{4.5.7a}$$

$$\forall\, i \in \{1, \ldots, n\} \qquad \text{für } x_1 = (\overline{x}_1, \ldots, \overline{x}_{n-1}, x_{n1}),$$

sowie

(4.5.7b) $$p(x_1 + \ldots + x_n) + x_i \frac{dp(x_1 + \ldots + x_n)}{dx} \left(1 - \sum_{i=1}^{n-1} \sum_{j=1}^{n-1} \hat{g}_{ij}\right) - K_i'(x_i) = 0$$

$$\forall\, i \in \{1, \ldots, n\} \qquad \text{für } x_o = (\bar{x}_1, \ldots, \bar{x}_{n-1}, x_{no}).$$

Wegen $\sum_{i=1}^{n-1} \sum_{j=1}^{n-1} \hat{g}_{ij} < 0$ und der Annahmen (4.1.1 und 2) über die Nachfrage- und Kostenfunktionen muß $x_{no} < x_{n1}$ sein. Dann gilt für jede Angebotsmenge $x_{no} < \bar{x}_n < x_{n1}$ wegen $\frac{dp}{dx} < 0$, $\frac{d^2K_i}{dx_i^2} \geqslant 0$, $\frac{d}{dx_n} \sum_{i=1}^{n-1} \sum_{j=1}^{n-1} \hat{g}_{ij} < 0$ für $\lambda < 0$ mit den oben angegebenen Obergrenzen, und bei $\frac{d^2p}{dx^2} = 0$[1] im gesamten Bereich $x_{no} < \bar{x}_n < x_{n1}$, nicht nur in einer Umgebung eines bestimmten Punktes, wie man leicht nachprüft:[2]

---

1 Dies ist hinreichend, aber nicht notwendig. Über die 2. Ableitung der Nachfragefunktion kann man allgemein nichts voraussetzen; es ist aber vernünftig anzunehmen, daß sie im absoluten Wert klein ist. Null ist daher eine zulässige Approximation; aber genügend kleine positive oder negative Werte ändern das Ergebnis nicht.

2 Für $x_{no} < \bar{x}_n < x_{n1}$ ist nach diesen Voraussetzungen

(4.5.8) $$p(\bar{x}_1 + \ldots + \bar{x}_{n-1} + x_{no}) > p(\bar{x}_1 + \ldots + \bar{x}_n) > p(\bar{x}_1 + \ldots + \bar{x}_{n-1} + x_{n1})$$

$$\frac{dp(\bar{x}_1 + \ldots + \bar{x}_{n-1} + x_{no})}{dx} = \frac{dp(\bar{x}_1 + \ldots \bar{x}_n)}{dx} = \frac{dp(\bar{x}_1 + \ldots + \bar{x}_{n-1} + x_{n1})}{dx} < 0$$

und somit

$$x_i \frac{dp(\bar{x}_1 + \ldots + \bar{x}_n)}{dx} \begin{cases} = \bar{x}_i \dfrac{dp(\bar{x}_1 + \ldots + \bar{x}_{n-1} + x_{no})}{dx} = \bar{x}_i \dfrac{dp(\bar{x}_1 + \ldots + \bar{x}_{n-1} + x_{n1})}{dx} & \text{für } i \neq n \\ \left.\begin{array}{l} < \bar{x}_i \dfrac{dp(\bar{x}_1 + \ldots + \bar{x}_{n-1} + x_{no})}{dx} \\ > \bar{x}_i \dfrac{dp(\bar{x}_1 + \ldots + \bar{x}_{n-1} + x_{n1})}{dx} \end{array}\right\} & \text{für } i = n \end{cases}$$

Außerdem:

$$K_i'(\bar{x}_i) = \begin{cases} K_i'(\bar{x}_i) & \text{für } i \neq n \\ \left.\begin{array}{l} > K_i'(x_{no}) \\ < K_i'(x_{n1}) \end{array}\right\} & \text{für } i = n \end{cases}$$

Weiterhin ist $\frac{d}{dx_n} \sum_{i=1}^{n-1} \sum_{j=1}^{n-1} \hat{g}_{ij} < 0$ wegen $\frac{d}{d\lambda} \Sigma\Sigma \hat{g}_{ij} < 0$ und $\frac{d\lambda}{dx_n} > 0$, so daß $\frac{d}{dx_n} \Sigma\Sigma \hat{g}_{ij} = \frac{d}{d\lambda} \Sigma\Sigma \hat{g}_{ij} \frac{d\lambda}{dx_n} < 0$. Aus (4.5.7a und b) folgen dann (4.5.9a und b).

(4.5.9a) $$p(\bar{x}_1 + .. + \bar{x}_{n-1} + \bar{x}_n) + \bar{x}_i \frac{dp(\bar{x}_1 + .. + \bar{x}_{n-1} + \bar{x}_n)}{dx} - K_i'(\bar{x}_i) > 0, \quad \forall i \in \{1, ..., n\}$$

und

(4.5.9b) $$p(\bar{x}_1 + .. + \bar{x}_{n-1} + \bar{x}_n) + \bar{x}_i \frac{dp(\bar{x}_1 + .. + \bar{x}_{n-1} + \bar{x}_n)}{dx} (1 - \sum_{i=1}^{n-1} \sum_{j=1}^{n-1} \hat{g}_{ij}) - K_i'(x_i) < 0, \quad \forall i \in \{1, ..., n\}$$

Man kann sich die Bedeutung von (4.5.6a und b) auch am Dyopol veranschaulichen. Nach (4.1.7) ist (4.5.6a) die Kammlinie (oder: –hyperfläche) für den Oligopolisten n, falls dort das Gleichheitszeichen gilt. (4.5.6a) sagt also, daß *Mengenherabsetzungen unterhalb der Kammlinie unterlassen werden,* wobei unterhalb heißt: für kleinere Angebotsmengen x_n des Oligopolisten n bei gegebenen Angebotsmengen der Konkurrenten. (4.5.6b) wird im Dyopolfall, wenn das Gleichheitszeichen gilt, nach einigen Umformungen identisch mit (4.1.16) und gibt also bei $p + x_n \frac{dp}{dx} - K_n'(x) > 0$ die Maximallinie (oder: -hyperfläche) an. Für den Dyopolfall können wir also (4.5.6b) dahingehend interpretieren, daß *Mengenheraufsetzungen oberhalb der Maximallinie unterlassen werden.* Für $n > 2$ ist aber (4.5.6b) (bei Geltung des Gleichheitszeichens) nicht mehr die Maximallinie, wie man durch Vergleich mit (4.1.15) feststellt. Fig. 4.5.10 zeigt den Grund anschaulich.

Fig. 4.5.10

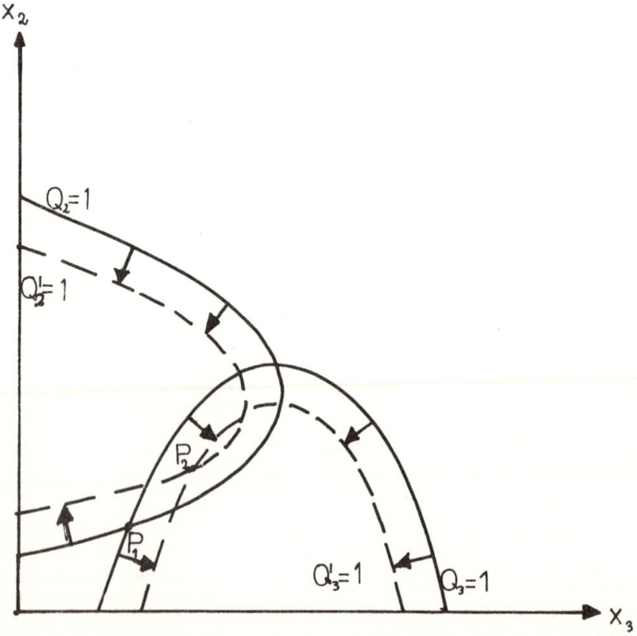

Durch eine vergrößerte Angebotsmenge des Oligopolisten 1 ziehen sich die Isoprofitlinien der Oligopolisten 2 und 3 sozusagen zurück (vgl. die Pfeile in Fig. 4.5.10). War bisher der Punkt P_1 realisiert, so müssen nun beide nach der Reaktionshypothese sich zum Punkt P_2 bewegen. Das ist aber nicht notwendig ein Berührungspunkt der beiden Isoprofitlinien. Es kann durchaus sein, daß P_2, was den Oligopolisten 1 angeht, ein Gleichgewichtspunkt ist.

Um die Analogie zum Dyopolfall herzustellen, kann man (4.5.6b) (mit dem Gleichheitszeichen) als *Quasi-Maximallinie des Oligopolisten n gegenüber einem Quasidyopolisten* auffassen, wobei der Quasidyopolist die Gesamtheit der anderen Oligopolisten $\{1, \ldots, n-1\}$ repräsentiert.

Für die Maximallinie im Dyopol gilt nach (4.1.16)

$$\frac{x_2 p'(x) + p - K_2'(x_2)}{x_2 p'(x)} = \frac{x_1 p'(x)}{x_1 p'(x) + p - K_1'(x_1)} .$$

Aus (4.5.6b) erhält man für n=2 das gleiche, da dann nach (4.5.5)

$$\sum_{i=1}^{n-1} \sum_{j=1}^{n-1} \hat{g}_{ij} = \hat{g}_{11} = \frac{x_1\, dp/dx}{x_1\, dp/dx + p - K_1'} \quad \text{wird.}$$

Für den Quasidyopolisten 1 mit $\overline{x}_1 = \sum_{i=1}^{n-1} x_i$ hat man also Grenzkosten $\overline{K}_1$ so zu bestimmen, daß

$$\sum_{i=1}^{n-1} \sum_{j=1}^{n-1} \hat{g}_{ij} = \frac{\overline{x}_1\, dp/dx}{\overline{x}_1\, dp/dx + p - \overline{K}_1'} \quad \text{wird.}$$

Dann geht (4.5.6b) in die Formel für die Maximallinie gegenüber dem Quasi-Dyopolisten mit der Angebotsmenge x und den Grenzkosten K' über.

Damit ist der äquivalente Dyopolfall konstruiert, allerdings nur einseitig für den Oligopolisten n. Wie im 1. Abschnitt gezeigt, verläuft die Maximallinie stets unterhalb der Kammlinie (vgl. Fig. 4.1.20). Nach (4.5.6a und b) unterläßt Oligopolist n im ganzen Bereich zwischen beiden Linien alle Mengenänderungen, sowohl nach oben als auch nach unten. Gilt dasselbe für *alle* Oligopolisten, so entsteht ein Gleichgewichtspunkt oder -bereich. Da alle Maximallinien *stets* unterhalb aller Kammlinien verlaufen, muß eine nicht leere unendliche Punktmenge existieren, wo jeder Oligopolist jede Bewegung unterläßt. Damit ist die Bedeutung von (4.5.6a und b) auch in der Dyopolanalogie erklärt.

Von dem so gefundenen theoretischen Gleichgewichtsgebiet fallen aus ökonomischen Gründen unter Umständen noch Teile (oder sogar der gesamte Bereich) aus. Damit ein Gleichgewicht bestehen bleiben kann, darf keine Firma Verluste machen:

(4.5.11) $\quad Q_i \geqslant 0, \; i \in \{1, \ldots, n\}.$

Der dann bei Geltung von (4.5.6a und b) und (4.5.11) (eventuell) übrig bleibende Gleichgewichtsbereich ist eine *statische Lösung des Oligopolproblems.*

b. Herausforderungen

„Herausforderung" heißt, wie früher erklärt, eine Lieferänderung (= Aktion), die beliebig groß sein kann und die Konkurrenten (oder eine Untermenge von ihnen) auch nach ihrer Reaktion unter Umständen definitiv schlechter stellt. Wir behandeln diesen Fall relativ kurz, weil ihm wohl wenig praktische Bedeutung zukommt. Oligopolisten gleicher Größe und Finanzkraft werden sich solche Aktionen auf die Dauer nicht gefallen lassen, und damit hört das wirtschaftsfriedliche Verhalten, das wir hier zugrundelegen, auf.

Während die im 1. Unterabschnitt erklärte Reaktionshypothese für den Dyopolfall auch jetzt noch eindeutig bleibt, trifft das für den Oligopolfall nicht mehr zu. Im Oligopolfall kann sich die Schädigung der Konkurrenten durch die Aktion eines Oligopolisten, sagen wir des Oligopolisten n, je nach der Reaktion der anderen Oligopolisten verschieden verteilen, und verschiedene Reaktionen können sich wieder auf den Oligopolisten n verschieden auswirken.

Im Rahmen einer heuristischen Theorie muß man hier Annahmen machen. Wir nehmen an, daß, falls die Oligopolisten $1, \ldots, n-1$ durch eine Aktion des Oligopolisten n definitiv geschädigt werden, ihre Reaktion so ist, daß sich dieser Gesamtverlust V in gewissen Proportionen $\alpha_1^{(n)}, \ldots, \alpha_{n-1}^{(n)}$ auf sie verteilt. Natürlich versuchen sie dann, den Verlust V durch Reaktion zu minimieren. Wie dies im einzelnen zustande kommt, ob sie sich dazu verabreden oder ob ein akzeptierter „Verhaltensstandard" dieser Art existiert und woher dieser stammt, bleibt hier offen. Das ist eine Schwäche dieser Theorie.

Seien $Q_{io}(x_{1o}, \ldots, x_{no})$, $i \in \{1, \ldots, n-1\}$, ihre Gewinne vor der Aktion des Oligopolisten n, sei $\bar{x}_n$ die Liefermenge des Oligopolisten n nach seiner Aktion, so sind ihre Reaktions-Anliefermengen $x_1, \ldots, x_{n-1}$ somit durch die Lösung der Aufgabe:

$$V = \min! \tag{4.5.12}$$

$$G_i := Q_{io} - Q_i(x_1 \ldots, x_{n-1}, \bar{x}_n) - \alpha_i^{(n)} V = 0, \tag{4.5.12a}$$

$$\forall\, i \in \{1, \ldots, n-1\}\ , 0 \leqslant \alpha_i^{(n)} \leqslant 1\ ,\ \sum_{i=1}^{n-1} \alpha_i^{(n)} = 1,$$

bestimmt, sobald $V \geqslant 0$.

Mit $L = V + \sum_{i=1}^{n-1} \lambda_i G_i = \min!$, λ_i Lagrangesche Multiplikatoren, erhält man als notwendige und hinreichende Bedingungen für die Lösung von (4.5.12), wenn wie stets $Q_i(\cdot)$ konkav vorausgesetzt und Randlösungen ausgeschlossen werden:

$$\begin{aligned} \frac{\partial L}{\partial V} &= 1 - \sum_{i=1}^{n-1} \lambda_i \alpha_i^{(n)} = 0 \\ \frac{\partial L}{\partial x_j} &= - \sum_{i=1}^{n-1} \lambda_i \frac{\partial Q_i}{\partial x_j} = 0\ , \quad j \in \{1, \ldots, n-1\}\ , \end{aligned} \tag{4.5.13}$$

was bei Ausführung der Differentiation zu

(4.5.14) $G'\lambda = 0$ führt

mit

$$G' = \begin{bmatrix} p + x_1\frac{dp}{dx} - K_1'(x_1) & x_2\frac{dp}{dx} & \cdots\cdots & x_{n-1}\frac{dp}{dx} \\ x_1\frac{dp}{dx} & p + x_2\frac{dp}{dx} - K_2'(x_2) & \cdots\cdots & x_{n-1}\frac{dp}{dx} \\ \vdots & \vdots & & \vdots \\ x_1\frac{dp}{dx} & x_2\frac{dp}{dx} & \cdots\cdots & p + x_{n-1}\frac{dp}{dx} - K_{n-1}'(x_{n-1}) \end{bmatrix}$$

$$\lambda = \begin{bmatrix} \lambda_1 \\ \lambda_2 \\ \vdots \\ \lambda_n \end{bmatrix}$$

(4.5.12a und 13) sind 2(n–1)+1 Gleichungen, mit deren Hilfe die 2(n–1)+1 Unbekannten $x_1, \ldots, x_{n-1}, \lambda_1, \ldots, \lambda_{n-1}, V$ bestimmt werden können. Nach den gemachten Voraussetzungen hat das System eine eindeutige Lösung im nichtnegativen reellen Bereich. Wir schreiben sie für die x als

(4.5.15) $x_i = x_{i1}^{(n)}(x_n|\alpha_1^{(n)}, \ldots, \alpha_{n-1}^{(n)})$, $\forall i \in \{1, \ldots, n-1\}$.

Dies sind die Reaktionsfunktionen für $V > 0$.

Ergibt die Lösung von (4.5.12) $V \leqslant 0$, so erhält man aus der Lösung des Systems

(4.5.16) $Q_{io} = Q_i(x_1, \ldots, x_{n-1}, \bar{x}_n)$, $\forall i \in \{1, \ldots, n-1\}$,

die Reaktionsfunktion

(4.5.17) $x_i = x_{io}^{(n)}(x_n)$.

(4.5.15 und 17) stimmen für $V = 0$ überein.

Oligopolist n bestimmt also im Falle, daß er Herausforderungen seiner Konkurrenten mit in Erwägung zieht, seine Anliefermenge x_n so, daß

(4.5.18) $Q_n(x_1, \ldots, x_n) = \max!$,

wobei $x_i = x_{i\delta}^{(n)}(x_n|\alpha_1^{(n)}, \ldots, \alpha_{n-1}^{(n)})$

(4.5.18a) $$\delta = \begin{cases} 0, \text{ falls } V \leqslant 0 \\ 1, \text{ falls } V > 0 \end{cases}$$

Für (4.5.18) ist notwendig

(4.5.19) $$\frac{\partial Q_n}{\partial x_n} = p + x_n \frac{dp}{dx} \left(1 - \sum_{j=1}^{n-1} \frac{dx_{j\delta}^{(n)}}{dx_n}\right) - K_n'(x_n) = 0$$

bei Geltung von (4.5.18a).

Die Lösung von (4.5.19) sei $\bar{x}_n = \bar{x}_n(\alpha_1^{(n)}, \ldots, \alpha_{n-1}^{(n)})$. Offensichtlich besteht ein Gleichgewicht bezüglich des Oligopolisten n, wenn die Lösung $\bar{x}_n$ gleich der Ausgangsmenge x_n ist:

(4.5.20) $$x_n = \bar{x}_n(\alpha_1^{(n)}, \ldots, \alpha_{n-1}^{(n)}) ,$$

d.h. wenn $\frac{dx_n}{dt} = 0$. An dieser Stelle gelten dann natürlich auch die lokalen Gleichgewichtsbedingungen (4.5.6a und b). Gelten die zu (4.5.20) analogen Beziehungen:

(4.5.21) $$x_j = \bar{x}_j(\alpha_1^{(j)}, \ldots, \alpha_{j-1}^{(j)}, \alpha_{j+1}^{(j)}, \ldots \alpha_n^{(j)}), \quad \forall j \in \{1, \ldots, n\} ,$$

so ist der Punkt x_j ein theoretischer Gleichgewichtspunkt; ist auch (4.5.11) erfüllt, so ist er ein Gleichgewichtspunkt überhaupt.

Wie man sieht, hängt die Eigenschaft eines Punktes als Gleichgewichtspunkt von den Verlust-Verteilungssätzen $\alpha_1, \ldots, \alpha_n$ ab. Sie müssen bekannt sein, wenn die Reaktionsfunktion bekannt sein soll. Das ist aber eine schwerwiegende und nicht gerechtfertigte Annahme. In Wirklichkeit wird man verschiedene Verteilungssätze α in Betracht ziehen müssen und jeden mit einer Wahrscheinlichkeit versehen. Statt (4.5.18) ist die *Gewinnerwartung* bei jeder Aktion, unter Zugrundelegung dieser Wahrscheinlichkeitsverteilung der Reaktionen zu maximieren. Dies führt aber zu keinen wesentlich anderen Ergebnissen, so daß wir diese Gedanken hier nicht weiterverfolgen.

Leider existieren, wie bereits im Unterabschnitt 3. ausgeführt, nicht immer Gleichgewichtspunkte im Sinne von (4.5.21). Fig. 4.5.22 (analog zu Fig. 4.5.10) zeigt ein Gegenbeispiel für den Dyopolfall.

Die Lösung von (4.5.18) für n=1 führt zum Punkt A_2, für n=2 zum Punkt A_1. Ein Gleichgewichtspunkt oder -gebiet existiert nicht, weil sich die beiden Isoprofitkurven Q_1=const. und Q_2=const., die durch A_2 bzw. A_1 gehen, nicht berühren oder schneiden. Die dynamische Analyse ergibt, daß es zu ständigen Schwankungen zwischen A_1 und A_2 kommt. Dem kann man aber keinen Erklärungswert für die Wirklichkeit beimessen: solche Schwankungen sind in der Wirklichkeit nicht zu beobachten. Wir sagen also besser: hier versagt dies einfache Modell.

Aber dies ist als Ausnahmefall zu werten. In Fällen der Fig. 4.5.1 und 4.5.2 gibt es Gleichgewichtsgebiete auch bei Herausforderungen.

Fig. 4.5.22

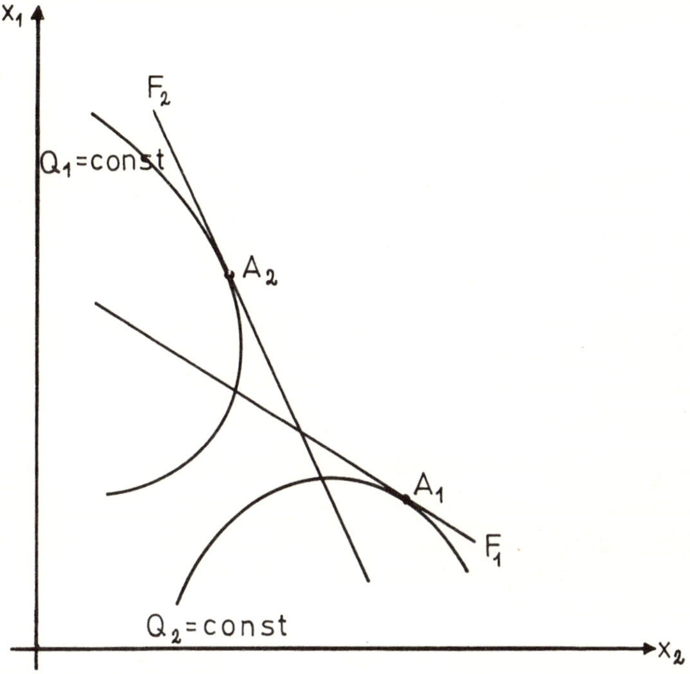

B. Dynamisierung. Herausforderungen sind zugelassen

Wir behandeln hier nur den allgemeinen Fall, wo Herausforderungen zugelassen sind.[1] Es ist definiert

1. x_i^t = : *Aktion* des Oligopolisten i in Periode t,
   falls a. t=1 und $x_i^1 \neq x_i^0$
   oder b. x_j^{t-1} ist eine Reaktion *und* $x_i^t \neq x_i^{t-1}$
   oder c. $x_j^{t-1} = x_j^{t-2}$ *und* $x_i^t \neq x_i^{t-1}$,
   $\forall j \in \{1, .., n\}, i \in \{1, ..., n\}, i \neq j$

2. x_i^t = : *Reaktionen* des Oligopolisten i in Periode t,
   falls x_j^{t-1} eine Aktion war und falls $x_i^t \neq x_i^{t-1}$

3. x_i^t = : *Keine Aktion und keine Reaktion,*
   falls $x_i^{t-1} = x_i^t$.

---

1 Die folgenden Ausführungen variieren eine Dynamisierung der im Abschnitt A vorgestellten statischen Oligopoltheorie durch *Burgermeister*, Gleichgewichtsstrategien im Dyopol, Diss. Bonn 1970. Den Fall der Normalaktion und -reaktion behandeln wir ausführlich beim Oligopoltyp A und verzichten daher hier auf eine Analyse.

Folgende *Verhaltensregeln* gelten:

1. Jeder Oligopolist ist in allen Perioden t frei, eine *Aktion* zu beginnen, in denen keine Aktion eines anderen Oligopolisten j in Periode t−1 vorausgegangen ist (in diesem Fall steht ihm nur eine oder keine Reaktion frei), sowie in Periode 1.

2. Wünscht mehr als ein Oligopolist eine Aktion zu beginnen, so hat jeder die gleiche Chance, bei der gewünschten Aktion der erste zu sein und zum Zuge zu kommen. Es ist immer nur *eine* Aktion *eines* Oligopolisten i in einer Periode zugelassen.

3. Dagegen sind Reaktionen aller übrigen Oligopolisten j auf eine Aktion eines Oligopolisten i, $i \neq j$, in der gleichen (nächsten) Periode zugelassen; jede Reaktion auf eine Aktion irgend eines Oligopolisten in der Peridoe t *muß* in der Periode t+1 erfolgen.

4. Keine Aktion und keine Reaktion sind jederzeit zugelassen.

Diesen Verhaltensregeln liegt die Vorstellung zugrunde, daß in oligopolistischen Situationen Änderungen des status quo eine bedeutende Entscheidung sind und daß die Wahrscheinlichkeit, daß zwei Firmen solche Entscheidungen genau zum gleichen Zeitpunkt treffen, null ist. Jede Firma trifft also ihre Aktions-Entscheidung in Kenntnis der vorausgegangenen Aktions- und Reaktionsentscheidungen aller übrigen. Dagegen erfolgen Reaktionen in der Regel rasch. Die gegenseitige Koordination der Reaktionen im Falle von mehr als 2 Oligopolisten ist in der Reaktionshypothese, wie sie unten erklärt wird, gleich eingebaut.

Die *Zielsetzung* für jede Aktion ist die *Gewinnmaximierung* unter Einrechnung der *Reaktion* aller übrigen in der nächsten Periode. Dies ist vernünftig, wenn der Zustand *nach* der Reaktion ein Gleichgewichtszustand ist, so daß die Periode t, in der die Aktion, und die Periode t+1, in der die Reaktion erfolgt, zu vernachlässigen sind gegenüber allen folgenden Perioden, in denen der Zustand nach der Reaktion erhalten bleibt.

Die *Reaktion* aller übrigen Oligopolisten erfolgt wieder so, daß alle übrigen ihre frühere Gewinnposition durch die Reaktion wiederherstellen, bzw., wenn dies nicht möglich ist, soweit wie möglich in diese Richtung gehen, wobei die Verlustverteilung vorherbestimmt ist.

Setzt man in (4.5.12–17): $x_i = x_{it+1}$, $\bar{x}_n = x_{nt}$, $V = V_{t+1}$, $\lambda_i = \lambda_{it+1}$, so erhält man für die *Reaktionsfunktionen* des Oligopolisten $i \in \{1, \ldots, n-1\}$ auf eine Aktion des Oligopolisten n in Periode t analog zu (4.5.15 u. 17):

$$x_{it+1} = x^{(n)}_{i,\, t+1,\delta}\,(x_{nt} | \alpha^{(n)}_1, \ldots, \alpha^{(n)}_{n-1}), \text{ wobei} \tag{4.5.23}$$

$$\delta = \begin{cases} 0, \text{ falls } V_{t+1} \leqslant 0 \\ 1, \text{ falls } V_{t+1} > 0 \end{cases} \tag{4.5.23a}$$

Eine *Aktion* wird, falls sie nach den obigen Regeln erlaubt ist, vom Oligopolisten n angestrebt, falls (analog zu (4.5.19)) die Lösung von

$$(4.5.24) \qquad p(x_{1,t+1} + \ldots + x_{n,t+1} + x_{nt}) + x_{nt}\frac{dp}{dx}\left(1 - \sum_{j=1}^{n-1} \frac{dx^{(n)}_{j,t+1,\delta}}{dx_{nt}}\right) - K'_n(x_{nt}) = 0$$

ein x_{nt} ergibt, so daß

$$(4.5.25) \qquad Q(x_{nt}) > Q(x_{n,t-1}),$$

wobei für $x_{i,t+1}$ und $dx^{(n)}_{j,t+1,\delta}/dx_{nt}$ die Werte nach (4.5.23) einzusetzen sind.

Damit erhält man eine der folgenden Sequenzen:

a) $[x_{1o}, \ldots, x_{no}]$, $[x_{1o}, \ldots, x_{no}], \ldots$.

Hier ist es für *keinen* vorteilhaft, eine Aktion zu beginnen. Solche Punkte *können* existieren (vgl. den doppelt schraffierten Bereich in Fig. 4.5.1 und 4.5.2), brauchen aber nicht (vgl. Fig. 4.5.22).

b) $[x_{1o}, \ldots, x_{no}]$, $[x_{1o}, \ldots x_{i-1,o}, x_{i1}, x_{i+1,o}, \ldots x_{no}]$,

$[x_{12}(x_{i1}), \ldots, x_{i-1,2}(x_{i1}), x_{i1}, x_{i+1,2}(x_{i1}), \ldots, x_{n2}(x_{i1})], \ldots$

Hier ist es für *einen* Oligopolisten i oder für mehrere nach (4.5.24) vorteilhaft, eine Aktion zu beginnen. Im letzteren Fall wird der Oligopolist i durch Zufallsprozeß ausgewählt.[1] Er beginnt mit der Aktion, die anderen reagieren, und von da ab findet es keiner mehr vorteilhaft, eine weitere Aktion zu beginnen. *Ein* Punkt des Gleichgewichtsgebietes ist *in einem Zuge* erreicht; welcher es ist, hängt davon ab, wer mit der Aktion beginnt. Z.B. wird in Fig. 4.5.2 von allen Punkten mit $Q_i < 1$, $i \in \{1, 2\}$, (die Ränder dieses Gebietes sind schräg schraffiert) entweder der Punkt A_1 erreicht (wenn 2 zuerst handelt) oder A_2 (wenn 1 zuerst handelt). Beide werden in einem Schritt (d.h. mit einer Aktion und Reaktion) mit der Wahrscheinlichkeit 1/2 erreicht, und beide sind Gleichgewichtspunkte, so daß die Bewegung dort aufhört. Vom gesamten Bereich $Q_2 < 1$, $Q_1 \geqslant 1$ (das ist der Bereich mit den Begrenzungen (von oben links angefangen): Linie Q_1 = 1 bis C', Q_2 = 1 von C' bis D' und Q_1 = 1 bis zum Rand in Fig. 4.5.2) wird in einem Schritt A_1, vom gesamten Bereich $Q_2 \geqslant 1$, $Q_1 < 1$ (das ist der Bereich mit den Begrenzungen (von unten rechts angefangen): Q_2 = 1 bis C', Q_1 = 1 von C' bis D', Q_2 = 1 bis zum Rand der Fig. 4.5.2) wird in einem Schritt der Punkt A_2 erreicht. Vom Bereich $Q_2 \geqslant 1$, $Q_1 \geqslant 1$, soweit er nicht Gleichgewichtsgebiet ist (d.h. in Fig. 4.5.2: vom Bereich D'VU aus) wird in einem Schritt ein Punkt auf der Maximallinie H zwischen V und U erreicht; welcher, hängt davon ab, wer zuerst mit einer Aktion beginnt, so daß hier wieder Wahrscheinlichkeiten ins Spiel

---

1 Man kann sich vorstellen: er ist der cleverste, am schnellsten in seinen Entschlüssen, übersieht die Situation am ehesten o.ä.

kommen. Das *Innere* des doppelt schraffierten Bereichs in Fig. 4.5.2 wird niemals von außen erreicht. Ist aber ein Punkt am Rande erreicht, so kann man sozusagen in das Innere wandern, indem der ganze Gleichgewichtsbereich sich so verschiebt, daß der realisierte Punkt jetzt im Innern liegt, weil die Kosten- und Nachfragefunktionen sich verschieben.

In einer Situation wie in Fig. 4.5.2 treffen also a) und b) für den gesamten Bereich zu: entweder keiner beginnt eine Aktion, weil der realisierte Punkt im Gleichgewichtsgebiet liegt, oder Randpunkte des Gleichgewichtsgebietes werden in einem Schritt erreicht.

Die letzte Möglichkeit ist eine Sequenz mit Zyklen:

c) $[x_{1o}, \ldots, x_{no}], [x_{1o}, \ldots, x_{i-1,o}, x_{i1}, x_{i+1,o}, \ldots, x_{no}],$

$[x_{12}(x_{i1}), \ldots, x_{i-1,2}(x_{i1}), x_{i1}, x_{i+1,2}(x_{i1}), \ldots, x_{n2}(x_{i1})],$

$[x_{12}, \ldots, x_{j-1,2}, x_{j3}, x_{j+1,2}, \ldots, x_{n2}],$

$[x_{14}(x_{j3}), \ldots, x_{j-1,4}(x_{j3}), x_{j3}, x_{j+1,4}(x_{j3}), \ldots, x_{n4}(x_{j3})],$

$[x_{14}, \ldots, x_{j-1,4}, x_{i5}=x_{i1}, x_{i+1,4}, \ldots, x_{n4}], \ldots$

Wegen $x_{i5}=x_{i1}$ beginnt der Zyklus mit dem 2. Punkt von neuem. Hier wechseln sich die Aktionen von i und j jeweils ab. Es kann aber auch sein, daß der Zyklus wechselt, indem andere Oligopolisten Aktionen beginnen, so daß verschiedene Zyklen möglicherweise von verschiedener Länge entstehen, von denen jeder mit einer gewissen Wahrscheinlichkeit realisiert wird.

Fig. 4.5.1 enthält ein Beispiel dafür. Der doppelt schraffierte Bereich ist ein Gleichgewichtsbereich gemäß a). Vom Bereich D'VU wird der Bereich VU auf der Maximallinie gemäß b) in einem Schritt erreicht, wobei der spezielle Punkt auf der Linie VU vom Ausgangspunkt sowie davon abhängt, wer mit der Aktion beginnt. Von allen anderen Punkten aus wird jeweils in einem Schritt A_1 oder A_2 erreicht, und dann folgt ein ständiger Wechsel zwischen A_1 und A_2. Es läßt sich zeigen, daß sich das *Gleichgewichtsgebiet ausdehnt,* wenn die *Reaktion* der übrigen Oligopolisten auf die Aktion eines von ihnen *schärfer* wird in dem Sinn, daß sie denjenigen, der eine Aktion beginnt, durch ihre Reaktion „bestrafen“ wollen, indem sie ihn in eine schlechtere Gewinnsituation versetzen. Ebenso läßt sich zeigen, daß bei *Unsicherheit* über die Verlustverteilungsziffern $\alpha_1, \ldots, \alpha_n$, also bei Unsicherheit über die Reaktion der Konkurrenten, und *Risikoscheu* das Gleichgewichtsgebiet sich ausdehnt, während es bei Risikofreudigkeit schrumpft. Doch gehen wir hierauf nicht näher ein.

C. Gesamtergebnis

Das wesentliche Ergebnis dieser Oligopolanalyse ist, daß es in der Regel nicht einen einzigen Gleichgewichtspunkt, sondern einen *ausgedehnten Gleichgewichtsbereich* gibt, in dem die Gleichgewichtspunkte dicht an dicht liegen, und daß die Randpunkte dieses Gleichgewichtsbereiches von anderen Ausgangspunkten sehr schnell („in einem Schritt") erreicht werden. Von da ab sind die eigentlichen Aktionsparameter (hier: die Liefermengen) sozusagen „eingefroren": Kosten- und Nachfrageverschiebungen in weiten Bereichen werden keine Angebotsänderungen zu Folge haben. Der Gleichgewichtspunkt liegt zwischen der Maximallinie H, auf der der Monopolpunkt ist, und dem Polypolpunkt C, so daß wir sagen können: beim Oligopol liegen unter den gemachten Modellannahmen die Preise „irgendwo" zwischen Monopol- und Konkurrenzpreis. Wo sie dort liegen, ist historisch zufällig. Sie sind dort „eingefroren", bis der ganze Gleichgewichtsbereich sich durch Kosten-, Nachfrage- oder Technologieänderungen genügend weit verschoben hat, so daß der realisierte Punkt außerhalb des Gleichgewichtsbereiches zu liegen kommt.

Dem ebenfalls möglichen Ergebnis eines ständigen Schwankens der Anliefermengen ist keine praktische Bedeutung zuzumessen. Hier zeigt sich die Begrenzung dieses heuristischen Modells.

5. Kapitel

HOMOGENES OLIGOPOL, PREISSTRATEGIE: OLIGOPOLTYP C. ODER: PREISKONKURRENZ BEI EINZELABSATZ UND VOLL BEWEGLICHER NACHFRAGE. HEURISTISCHE THEORIEN

Wie im 3. Kapitel bereits ausgeführt, ist dieser Oligopoltyp der am wenigsten wirklichkeitsnahe. Man wird kaum erwarten, vollständig substitutive Produkte auf einem Markt angeboten zu sehen, wobei der Preis als Aktionsparameter benutzt wird. Immerhin gibt es doch Situationen, die als ähnlich angesehen werden können: der Öl- oder Kohlemarkt, der Markt einigermaßen standardisierter landwirtschaftlicher Produkte und ähnliche Märkte, bei denen die Differenzierung der Produkte unerheblich ist und die einzelnen Firmen doch Preispolitik betreiben. Man kann diesen Oligopoltyp als Modell für Oligopolsituationen auf solchen Märkten betrachten. Außerdem ist das hier zum erstenmal auftretende Phänomen der zu bestimmten Preisen nicht befriedigten Nachfrage, der *Übernachfrage,* an sich interessant und für gewisse ökonomische Situationen (bei Preisstop und Bewirtschaftung in Kriegs- und Notzeiten) wichtig. Aus diesem Grund beschäftigen wir uns mit diesem Oligopoltyp, wenn auch nur relativ kurz. Insbesondere verzichten wir auf Dynamisierungen der statischen Modelle.

1. Abschnitt

Allgemeiner Ansatz

1. Analytische Behandlung

Die Schwierigkeit – und der Reiz – bei der Analyse dieses Oligopoltyps liegen in der komplizierten Nachfragefunktion, der sich jeder Oligopolist konfrontiert sieht. Das liegt daran, daß man realistischerweise annehmen muß, daß die Produktionskapazität *eines* Oligopolisten nicht ausreicht, um die Nachfrage des Gesamtmarktes zu dem laufenden Preis zu befriedigen, sondern daß dazu die Produktionskapazitäten *aller* Oligopolisten benötigt werden. Und doch hat es jeder Oligopolist in der Hand, durch eine ganz kleine Preisunterschreitung der Konkurrenten die Gesamtnachfrage auf sich zu ziehen. Die aber kann er gar nicht befriedigen, so daß die unbefriedigte Nachfrage doch auf die Oligopolisten, die einen höheren

Preis verlangen, angewiesen sind. Es ist vernünftig anzunehmen, daß die zu dem niedrigen Preis nicht befriedigten Nachfrager ihr Glück zunächst bei dem Oligopolisten mit dem nächst höheren Preis versuchen, die dort nicht befriedigten Nachfrager wieder zu dem Oligopolisten mit dem nächst höheren Preis übergehen usw. Am Ende können jetzt Nachfrager übrig bleiben, die zu *keinem* Preis zum Zuge kommen.

Um diese Situation analytisch zu erfassen, verwenden wir folgende Bezeichnungen.

Es gebe n Oligopolisten 1, . . . , n, die für das homogene Produkt, das sie alle herstellen, die Preise $p_1, \ldots, p_n$ verlangen und dabei die Mengen $x_1^*, \ldots, x_n^*$ an die Kunden liefern. Die beim Oligopolisten i nachgefragte Menge sei x_i, und natürlich ist $x_i^* \leqslant x_i$: der Lieferant i kann einen Teil der auf ihn zukommenden Nachfrage oder alle unbefriedigt lassen. Die Produktionskapazität $\overline{x}_i$ des Oligopolisten i kann *ökonomisch* oder *technisch* definiert sein. *Im ersten Fall* nehmen wir *steigende Grenzkosten* an: $K_i''(x_i) > 0$. Dann hat der Oligopolist i bei einem von ihm aus irgendwelchen Gründen gesetzten oder akzeptierten Preis p_i das Interesse daran, die Liefermenge auszudehnen, bis

$$p_i = K_i'(\overline{x}_i),$$

d. h. bis

$$(5.1.1) \qquad \overline{x}_i = \overline{x}_i(p_i) = K_i'^{-1}(p_i) \text{ mit } \frac{d\overline{x}_i}{dp_i} > 0.$$

(5.1.1) ist nur definiert für p_i in den Grenzen $K_i'(0) \leqslant p_i \leqslant K_i'(\infty)$. Für $0 \leqslant p_i < K_i'(0)$ soll $\overline{x}_i = 0$ sein.

Im zweiten Fall können auch *konstante Grenzkosten* bestehen ($K_i''(x_i) = 0$). Dann ist $\overline{x}_i$ die technisch bestimmte maximale Produktionsmenge für $p_i \geqslant K_i'$ und gleich Null für $p_i < K_i'$.

In jedem Fall gilt

$$(5.1.2) \qquad x_i^* \begin{cases} \leqslant x_i(\ldots) \\ \leqslant \overline{x}_i(\ldots), \end{cases}$$

d. h. die tatsächliche Liefermenge x_i^* wird einerseits durch die Nachfrage x_i, andererseits durch die ökonomische oder technische Kapazität $\overline{x}_i$ begrenzt.

Die n Oligopolisten werden in m Klassen eingeteilt, $m \leqslant n$, so, daß alle Oligopolisten der gleichen Klasse den gleichen Preis verlangen.

Es sei

$I_1 \subseteq \{1, \ldots, n\}$ eine Untermenge der Indexmenge 1, . . . , n, die die Indizes derjenigen Oligopolisten enthält, die den *niedrigsten* Preis p_{o1} verlangen. Diese Untermenge enthalte z_1 Indizes (d. h. z_1 Oligopolisten verlangen den niedrigsten Preis p_{o1}), $z_1 \geqslant 1$, ganz.

$I_2 \subseteq \{\{1, \ldots, n\} - I_1\}$ eine Untermenge der verbleibenden Indexmenge, so daß I_2 die Indizes derjenigen Oligopolisten enthält, die den zweitniedrigsten Preis p_{o2} verlangen. Diese Untermenge enthalte z_2 Indizes, $z_2 \geqslant 0$, ganz.

$\vdots$

$I_m = \{\{1, \ldots, n\} - I_1 - \ldots - I_{m-1}\}$ die Menge der Indizes derjenigen Oligopolisten, die den höchsten Preis p_{om} verlangen. Es gebe z_m solcher Indizes, $z_m \geqslant 0$, ganz.

$X = \sum_{i=1}^{n} x_i$ die Gesamtnachfrage und $X^* = \sum_{i=1}^{n} x_i^*$ die Gesamt-Liefermenge.

Wir wollen annehmen, daß sich eine eventuell vorhandene Übernachfrage im Verhältnis der Kapazitäten auf die einzelnen Oligopolisten, die den gleichen Preis verlangen, verteilt und daß bei Unternachfrage die Kapazitäten aller Oligopolisten, die den gleichen Preis verlangen, im gleichen Verhältnis weniger ausgenutzt werden.

Für einen gemeinsamen Preis p_{ok} sei der relative Teil des Oligopolisten i an der Gesamtkapazität der k-ten Preisklasse

(5.1.3) $$\alpha_i(p_{ok}) = \frac{\overline{x}_i(p_{ok})}{\sum_{i \in I_k} \overline{x}_i(p_{ok})}, \quad i \in I_k, \; 0 \leqslant \alpha_i \leqslant 1, \; k \in \{1, \ldots, m\}$$

Das Verhältnis von Gesamt-Kapazität der k-ten Preisklasse zur Gesamtnachfrage beim Preis p_{ok} sei

(5.1.4) $$\beta(p_{ok}) = \frac{\sum_{i \in I_k} \overline{x}_i(p_{ok})}{X(p_{ok})}$$

Die Nachfrage x_i beim Oligopolisten i hängt von den Preisen p und den Produktionskapazitäten $\overline{x}$ aller Oligopolisten ab:

(5.1.5) $$x_i = x_i(p_1, \ldots, p_n, \overline{x}_1, \ldots, \overline{x}_n), \quad \forall\, i \in \{1, \ldots, n\}$$

Wir schreiben für die Gesamtnachfrage, die auf alle Oligopolisten zukommt, die den niedrigsten Preis verlangen, mit $p = \min(p_1, \ldots p_n)$:

(5.1.6) $$X(p) = \sum_{i \in I_1} x_i(\ldots)$$

$X(p)$ ist die Nachfragekurve des Gesamtmarktes für den Preis p. Sie ist unabhängig von den tatsächlichen Liefermengen $x_1^*, \ldots, x_n^*$.

Die Eigenschaften der Nachfragefunktion (5.1.6) lassen sich am besten beschreiben, wenn man die seit Chamberlin[1] übliche Unterscheidung trifft:

a) Nachfrage beim Oligopolisten i, wenn nur der Oligopolist i allein seinen Preis ändert und alle übrigen an ihrem Preis festhalten. Wir nennen dies: die *Nachfragefunktion bei partieller Preisvariation* (bei Chamberlin: dd'-Kurve),

---

1 *Chamberlin*, The Theory of Monopolistic Competition, 6 th ed., Cambridge/Mass. 1950, S. 91.

b) Nachfrage beim Oligopolisten i, wenn alle Oligopolisten denselben Preis verlangen und ihn gemeinsam variieren. Wir nennen dies die *Nachfragefunktion bei totaler Preisvariation* (bei Chamberlin: DD'-Kurve).

Wir beginnen mit der *partiellen Preisvariation.* Hier können wir die Eigenschaften der Nachfragefunktion (5.1.6) nunmehr folgendermaßen charakterisieren:

(5.1.7a) $$x_i(p_{o1}) = \alpha_i(p_{o1}) \cdot X(p_{o1}),\ \forall\ i \in I_1,$$

d.h. jeder der z_1 *Niedrigstpreis-Oligopolisten* i erhält den Nachfrageanteil, der seinem Kapazitätsanteil entspricht. Damit wird die Nachfragemenge

(5.1.7b) $$X^b(p_{o1}) = \min \left\{X(p_{o1}, \sum_{i \in I_1} \bar{x}_i(p_{o1})\right\}$$

befriedigt, und jeder Oligopolist $i \in I_1$ liefert die Menge

(5.1.7c) $$x_i^*(p_{o1}) = \min \left\{x_i(p_{o1}),\ \bar{x}_i(p_{o1})\right\}.$$

Die Nachfragemenge

(5.1.7d) $$X^{nb}(p_{o1}) = \begin{cases} X(p_{o1}) - \sum_{i \in I_1} \bar{x}_i(p_{o1}), & \text{falls dies positiv ist,} \\ 0 & \text{sonst} \end{cases}$$

bleibt unbefriedigt.

Falls $X^{nb}(p_{o1}) = 0$ ist, so ist die Nachfragemenge bei allen Oligopolisten, die höhere Preise verlangen, Null.

Allgemein:

(5.1.7e) $$x_\kappa = 0, \text{ falls } X^{nb}(p_{ok}) = 0,\ \kappa \in \left\{I_{k+1} \cup \ldots \cup I_m\right\}$$

Die nicht befriedigte Nachfrage wird zum Teil auch bereit sein, den höheren Preis p_{o2} zu zahlen. Wir bezeichnen diesen Teil mit $X^{nb}(p_{o2}|p_{o1})$. Welcher Teil das sein wird, ist nicht mit Sicherheit zu sagen. Es kommt darauf an, ob die Niedrigstpreis-Oligopolisten vorwiegend solche Nachfrager versorgen, die zu einem höheren Preis nicht mehr kaufen würden, oder ob bei ihnen auch solche bedient werden, die durchaus willig sind, auch einen höheren Preis zu zahlen.

Zwei Hypothesen liegen nahe:

1. *pessimistische Hypothese:*[1] diejenigen, die die höchsten Preise zu zahlen bereit sind, schaffen es nichtsdestoweniger, bei den Niedrigstpreis-Oligopolisten zuerst zum Zuge zu kommen. In diesem Fall ist

(5.1.7f) $$X^{nb}(p_{o2}|p_{o1}) = \begin{cases} X(p_{o2}) - X^b(p_{o1}), & \text{falls dies positiv,} \\ 0 & \text{sonst} \end{cases}$$

---

1 *Shubik* und *Shapley,* Price Strategy Oligopoly with Product Variation, Kyklos XXII (1969), S. 30 ff legen sie zugrunde.

2. *Gleichverteilungshypothese:* alle Nachfrager, die verschieden hohe Preise zu zahlen bereit sind, sind bei der befriedigten Nachfrage entsprechend ihrem Anteil an der Gesamtnachfrage vertreten. Dann hat man

(5.1.7g) $$X^{nb}(p_{o2}|p_{o1}) = X(p_{o2}) \cdot \frac{X^{nb}(p_{o1})}{X(p_{o1})} \; .$$

Fig. 5.1.8 zeigt den Unterschied: im zweiten Fall kommt *mehr* unbefriedigte Nachfrage $X^{nb}(p_{o1}|p_{o2})$ auf die Oligopolisten, die den höheren Preis p_{o2} verlangen, zu als im ersten Fall.

Fig. 5.1.8

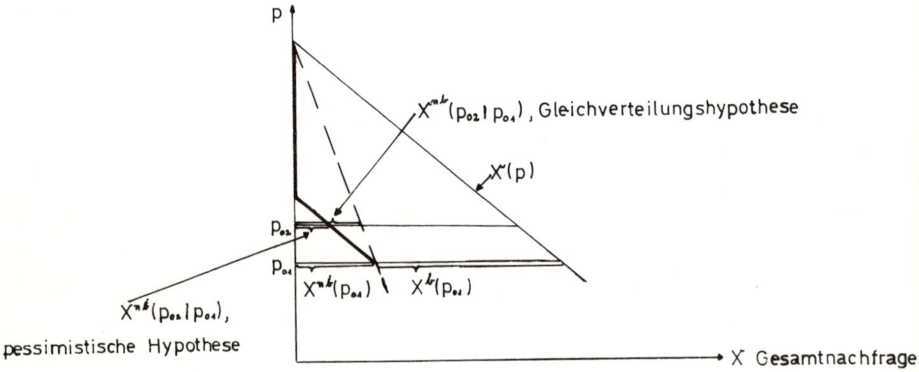

Für die *Höherpreis-Oligopolisten* mit den Indizes der Menge I_2, die den Preis p_{o2} verlangen, gilt nunmehr analog:

(5.1.9a) $$x_i = \alpha_i(p_{o2}) \cdot X^{nb}(p_{o2}|p_{o1}) \; , \quad \forall\, i \in I_2$$

(5.1.9b) $$X^b(p_{o2}) = \min \left\{ X^{nb}(p_{o2}|p_{o1}) \; , \sum_{i \in I_2} \bar{x}_i(p_{o2}) \right\}$$

(5.1.9c) $$x_i^*(p_{o2}) = \min \left\{ x_i(p_{o2}), \bar{x}_i(p_{o2}) \right\}$$

(5.1.9d) $$X^{nb}(p_{o2}) = \begin{cases} X^{nb}(p_{o2}|p_{o1}) - X^b(p_{o2}), & \text{falls dies positiv ist,} \\ 0 & \text{sonst} \end{cases}$$

(5.1.9e) Falls $X^{nb}(p_{o2}) = 0$, so $x_k = 0, \;\; k \in \{ I_3 \cup \ldots \cup I_m \}$

Es ist

(5.1.9f) *im pessimistischen Fall:*

$$X^{nb}(p_{o3}|p_{o2}) = \begin{cases} X(p_{o3}) - X^b(p_{o1}) - X^b(p_{o2}), & \text{falls dies positiv i} \\ 0 & \text{sonst,} \end{cases}$$

(5.1.9g) *im Gleichverteilungsfall:*

$$X^{nb}(p_{o3}|p_{o2}) = X(p_{o3})\,\frac{X^{nb}(p_{o2})}{X(p_{o2})}\,.$$

So fährt man fort bis entweder

(5.1.10a) $$X^{nb}(p_{o,g}|p_{o,g-1}) = 0\ ,\quad 2 \leqslant g \leqslant m \leqslant n,\ \text{ganz},$$

dann ist auch

$$X^{nb}(p_{o,h}|p_{o,h-1}) = 0\ ,\quad \forall\, h > g,\ \text{ganz},$$

oder bis

(5.1.10b) $$X^{nb}(p_{om}) > 0.$$

Dann bleibt auch am Ende eine unbefriedigte Nachfrage bestehen.

Die Nachfragefunktion (5.1.5) für den Oligopolisten i, wenn er den Preis p_i verlangt, alle übrigen Oligopolisten an ihren Preisen $p_{o1}, \ldots, p_{om}$ festhalten und die Produktionskapazitäten $\overline{x}_1, \ldots, \overline{x}_n$ nach (5.1.1) oder fest vorgegeben sind, ist dann eine Funktion mit Unstetigkeitsstellen bei $p_{o1}, \ldots, p_{om}$. Wir geben sie hier für die *pessimistische Hypothese* an:

(5.1.11) $$x_i = x_i(p_i, p_{o1}, \ldots, p_{om}, \overline{x}_1, \ldots, \overline{x}_n) = \begin{cases} X(p_i) \text{ für } p_i < p_{o1}, \\ \alpha_i(p_{o1}) \cdot X(p_{o1}) \text{ für } p_i = p_{o1}, \text{ d.h. } i \in I_1 \\ X^{nb}(p_i|p_{o1}) \text{ für } p_{o1} < p_i < p_{o2},\ i \notin I_1{}^{1} \\ \alpha_i(p_{o2}) \cdot X^{nb}(p_{o2}|p_{o1}) \text{ für } p_i = p_{o2}, \text{ also } i \in I_2 \\ \vdots \\ \alpha_i(p_{om}) \cdot X^{nb}(p_{om}|p_{o,m-1}) \text{ für } p_i = p_{om}, \text{ d.h. } i \in I_m \\ X^{nb}(p_i|p_{om}) \text{ für } p_{om} < p_i \end{cases}$$

---

1 Man beachte, daß, falls der Oligopolist i sich entschließt, einen höheren Preis als p_{o1} zu verlangen, die Indexmenge I_1 der Oligopolisten, die den niedrigeren Preis p_{o1} verlangen, sich um 1 verringert. $X^{nb}(p_i)$ und $X^{nb}(p_i|p_{o1})$ haben also an der Stelle p_{o1} eine Unstetigkeitsstelle.

Um eindeutige Lösungen auch an den Rändern der Unstetigkeitsstellen zu erreichen, wollen wir die Funktion (5.1.11) so abändern, daß

(5.1.11a) $p_{ok} < p_i < p_{ok+1}$ ersetzt wird durch

$p_{ok} + \epsilon \leqslant p_i \leqslant p_{ok+1} - \epsilon$

für ein fest vorgegebenes, beliebig kleines $\epsilon > 0$.

Die Funktion ist dann in den Bereichen $p_{ok} \pm \epsilon$ mit Ausnahme am Punkt p_{ok} selbst nicht definiert; Preise p im Bereich $p_{ok} - \epsilon < p < p_{ok}$ und $p_{ok} < p < p_{ok} + \epsilon$ sind sozusagen verboten.

Für die Gleichverteilungshypothese erhält man entsprechende Formulierungen wie (5.1.11).

Fig. 5.1.12 zeigt die Nachfragefunktion (5.1.11) graphisch in vereinfachter Form, Fig. 5.1.13 die entsprechende Nachfragefunktion für die Gleichverteilungshypothese. Die isolierten Punkte für $p_i = p_{ok}$, $k \in \{1, 2, 3\}$, sind nicht eingezeichnet. Die waagerechten Teile sind zur Veranschaulichung und Vereinfachung durchgezogen. Wenn man diese Vereinfachung fortläßt, ergibt sich an jeder der waagerechten Abschnitte in der Fig. 5.1.12 und Fig. 5.1.13 eine Situation wie in Fig. 5.1.14 für den Oligopolisten 1.

Fig. 5.1.12

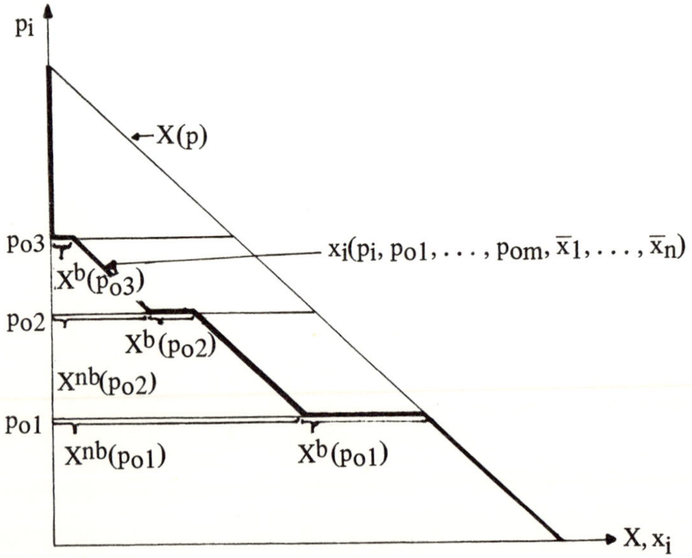

Hier ist angenommen, daß alle übrigen Oligopolisten den Preis p_{o1} verlangen.

Fig. 5.1.13

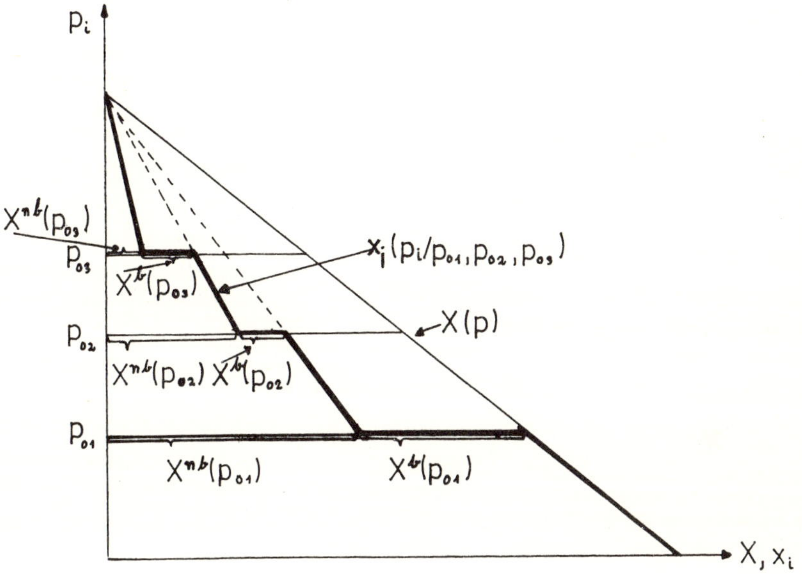

Fig. 5.1.14

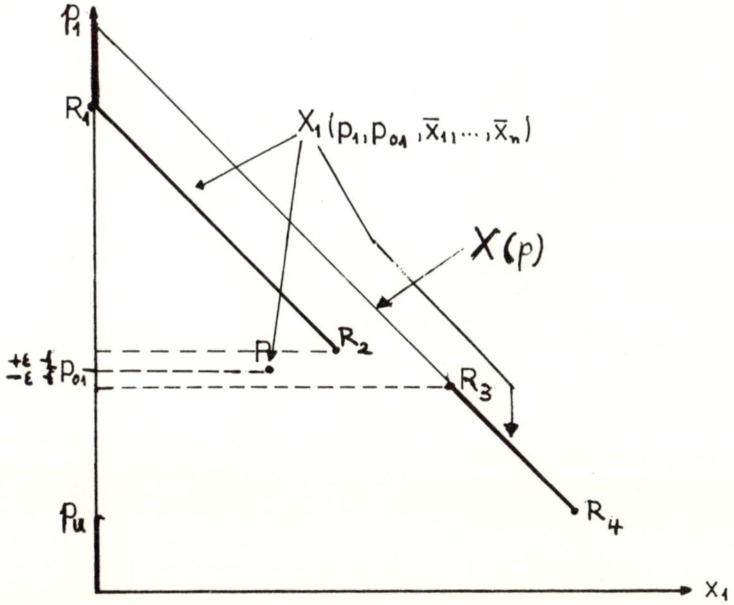

Die Figur ist so gezeichnet, als ob 4 Oligopolisten existieren, wobei die Kapazitätsgrenzen

$$\overline{x}_1 : \overline{x}_2 : \overline{x}_3 : \overline{x}_4 = \frac{3}{4} : \frac{1}{4} : \frac{1}{4} : \frac{1}{4} \quad \text{für } p_i = p_{o1}$$

und $\overline{x}_1(p_1) = 0$ für $p_1 \leqslant p_u$ ist.

Die Nachfragekurve für den Oligopolisten 1 besteht aus den Geraden R_1R_2 und R_3R_4, aus dem isolierten Punkt P und aus den Teilen der p-Achse über R_1 und unter p_u.

Für den Fall *totaler Preisvariation* (so daß alle Oligopolisten stets den gleichen Preis verlangen) hat die Nachfragefunktion (5.1.5) für den Oligopolisten i, wie man aus (5.1.11) entnimmt, die Form:

(5.1.15) $$x_i = x_i(p, \overline{x}_1, \ldots, \overline{x}_n) = \alpha_i(p) \cdot X(p)$$

$$\text{mit } p = p_1 = \ldots = p_n$$

Die Funktion ist an den Nullstellen der $\overline{x}_i$ nicht differenzierbar. Es existieren aber noch die rechts- und linksseitigen Ableitungen. Fig. 5.1.16 und 17 zeigen die Nachfragefunktion (5.1.15) bei totaler Preisvariation für den Fall dreier Oligopolisten. In Figur 5.1.16 ist die Aufteilung der Gesamtnachfrage zu ersehen, wenn man die

Fig. 5.1.16

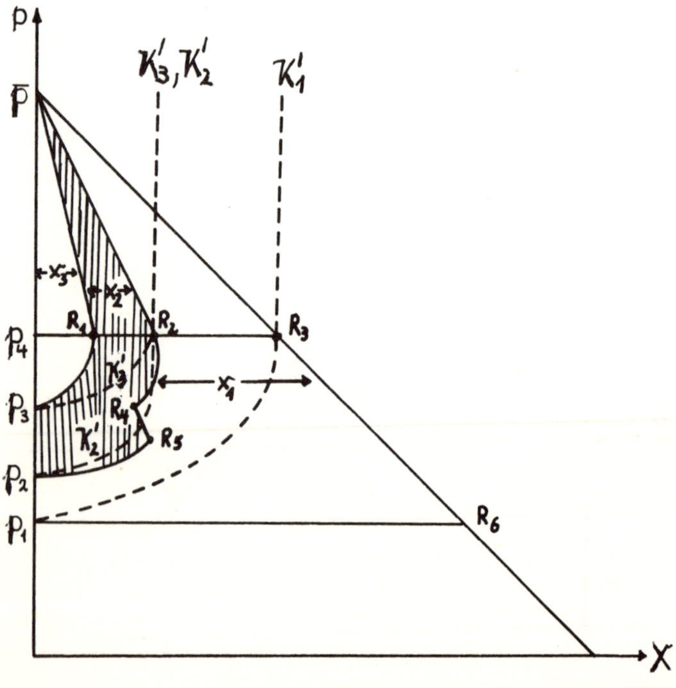

Fig. 5.1.17

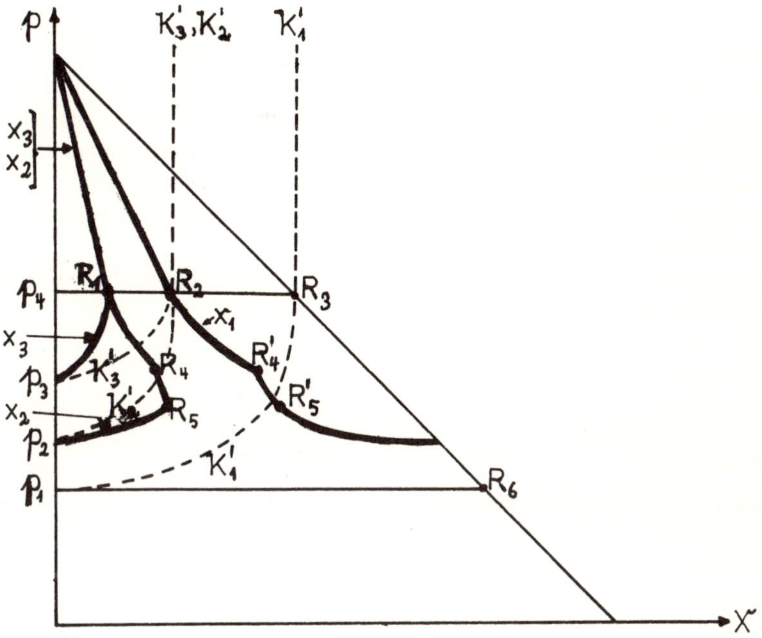

Nachfragemengen für jeden Oligopolisten horizontal mißt. Vom höchsten Preis $\bar{p}$ bis p_1 teilt sich die Gesamtnachfrage im Verhältnis der Kapazitäten, nämlich von $\bar{p}$ bis p_4 im Verhältnis 1 : 1 : 2 auf die Oligopolisten auf. Bei niedrigeren Preisen geht die Nachfrage beim Oligopolisten 3 mit den höchsten Grenzkosten K'_3 zunächst zurück, so daß seine Lieferkapazität prozentual so ausgenutzt wird wie die der anderen. Ab p_3 hört das Angebot des Oligopolisten 3 auf, und bis p_2 teilen sich 1 und 2 in die Gesamtnachfrage im Verhältnis ihrer Kapazitäten.

Zwischen R_4 und R_5 in Fig. 5.1.16 ist das Verhältnis gerade 1 : 2. Von da ab erhält der kostengünstige Oligopolist 1 relativ und absolut immer mehr Nachfrage. Ab p_2 fällt ihm die Gesamtnachfrage zu. Nach unserer Festsetzung in (5.1.11) hört die Nachfrage bei einem Oligopolisten i auf, wenn seine Liefermöglichkeit erschöpft ist, so daß die Nachfragekurve x_1 in R_6 endet.

Die Nachfrage x_2 beim Oligopolisten 2 ist in Fig. 5.1.16 schraffiert. Alle drei Nachfragekurven sind in Fig. 5.1.17 übertragen. Sie addieren sich stets zur Gesamtnachfrage X(p) auf. Die entsprechenden Punkte sind gleich bezeichnet. Wie man an (5.1.11) und anschaulich an den Figuren 5.1.12 bis 14 sieht, ist die Nachfragefunktion bei partieller Preisvariation an den Punkten $p_{o1}, p_{o2}, \ldots, p_{om}$ unstetig und nicht differenzierbar. Die Nachfragefunktion bei totaler Preisvariation (5.1.15) ist zwar stetig, aber in der Regel dort nicht differenzierbar, wo das Angebot einer Firma aufhört (vgl. Fig. 5.1.17). Aber stets exisitieren noch rechts-

und linksseitige Ableitungen. Es ist somit nicht möglich, den Punkt des Gewinnmaximums dadurch zu charakterisieren, daß die ersten partiellen Ableitungen verschwinden. Vielmehr muß man die allgemeine Bedingung ansetzen, daß die linksseitige Ableitung nicht negativ und die rechtsseitige Ableitung nicht positiv ist, und dabei muß man die verschiedenen lokalen Maxima, die auf den verschiedenen Kurvenabschnitten existieren können, vergleichen, um das maximum maximorum und damit den optimalen Preis für die Firma i zu erhalten.

Somit ist für den Oligopolisten i die *folgende Aufgabe* zu lösen.

I. *Feststellung aller lokalen Extrema* bei Zugrundelegung der Nachfragefunktion (5.1.11 und 11a).

a) Für die *stetigen und im Innern differenzierbaren Segmente* k der Nachfragefunktion, d. h. für die Bereiche

$$p_{o,k-1} + \epsilon \leqslant p_i \leqslant p_{ok} - \epsilon, \qquad (5.1.18)$$
$$k \in \{1, \ldots, m+1\}, \text{ wobei } p_{oo} = 0,\ p_{o,m+1} = \infty,$$

hat man die Aufgabe zu lösen:

$$(5.1.19)\qquad Q^*_{ik}(p_1, \ldots, p_{i-1}, p_{i+1}, \ldots, p_n, \bar{x}_1, \ldots, \bar{x}_n) := \max\,[p_i x_i^* - K_i(x_i^*)].$$

Hierbei ist das Maximum mit Bezug auf p_i und x_i^* in den Grenzen $p_{o,k-1} + \epsilon \leqslant p_i \leqslant p_{ok} - \epsilon$ und $0 \leqslant x_i^* \leqslant \min\{\bar{x}_i(p_i), x_i(p_i, p_{o1}, \ldots, p_{om}, \bar{x}_1, \ldots, \bar{x}_n)\}$ zu nehmen.

Dies ergibt die *möglicherweise optimalen Preise*[1]

$$(5.1.20)\qquad p_i = f_{ik}(p_1, \ldots, p_{i-1}, p_{i+1}, \ldots, p_n),\quad k \in \{1, \ldots, m+1\}.$$

b. Für die *Unstetigkeitsstellen* $p_{o1}, \ldots, p_{om}$ der Nachfragefunktion hat man

$$(5.1.21)\qquad Q_i^{*(k)}(p_1, \ldots, p_{i-1}, p_{i+1}, \ldots, p_n, \bar{x}_1, \ldots, \bar{x}_n) := p_{ok} \cdot x_i^*(p_{ok}) - K_i(x_i^*(p_{ok})),\quad k \in \{1, \ldots, m\}$$

und als möglicherweise optimale Preis $p_{o1}, \ldots, p_{om}$.

II. *Feststellung des globalen Extremums* als Funktion der Preise der anderen Oligopolisten.

1 Es ist natürlich nicht gesagt, daß (5.1.20) für i = 1, 2, . . . , n eine Lösung hat. Wir betrachten hier *allein* den Oligopolisten i.

Es sei

(5.1.22) $$Q_i^{**}(p_1, \ldots, p_{i-1}, p_{i+1}, \ldots, p_n, \overline{x}_1, \ldots, \overline{x}_n) := \max \left\{ Q_{i1}^*(\ldots), \ldots, Q_{im+1}^*(\ldots), Q_i^{*(1)}(\ldots), \ldots, Q_i^{*(m)}(\ldots) \right\}$$

für $i \in \{1, \ldots, n\}$.

Damit erhält man die *global optimalen Preise* p_i für jede Preiskonstellation der übrigen Oligopolisten als p_i-Wert, der $Q_i^{**}(\ldots)$ liefert:

(5.1.23) $$p_i = f_i(p_1, \ldots, p_{i-1}, p_{i+1}, \ldots, p_n, \overline{x}_1, \ldots, \overline{x}_n).$$

Die Menge der Punkte p_i nach (5.1.23) bildet in der graphischen 2-dimensionalen Veranschaulichung die *Kammlinie* für das homogene Oligopol bei Preispolitik. Sie ist ja die Menge der optimalen Preispunkte p_i für jede *gegebene* Konstellation der übrigen Preise.

Gibt es Preiskonstellationen $(p_1^*, \ldots, p_n^*)$, so daß

(5.1.24) $$p_i^* = f_i(p_1^*, \ldots, p_{i-1}^*, p_{i+1}^*, \ldots, p_n^*, \overline{x}_1, \ldots, \overline{x}_n) \ \forall\, i \in \{1, \ldots, n\},$$

so bilden sie einen Nash-Gleichgewichtspunkt und sind das Analogon zur Cournot-Lösung im Oligopoltyp B. Solche Preiskonstellationen des statischen Oligopolproblems dieses Typs heißen *Bertrand-Lösung.*

Hierbei wird dann allerdings (fälschlicherweise) angenommen, jede Firma könnte ihren Preis verändern, ohne eine Reaktion der anderen Firmen befürchten zu müssen. Eine Lösung sollte aber diese Reaktionen berücksichtigen. Wir kommen später hierauf zurück. Im folgenden geben wir zunächst einige Einzelheiten zur Lösung der Teilaufgabe (5.1.19) an.

aa. *Die Maximierung in Bezug auf* x_i^* *:*

Für vorgegebene p_i hat man $p_i, x_i^* - K_i(x_i^*)$ auf dem Intervall $[0, \min\{\overline{x}_i, x_i\}]$ zu maximieren. Sind $\xi_1, \ldots, \xi_r$ diejenigen Punkte dieses Intervalls, für die die Ableitung von $p_i, x_i^* - K_i(x_i^*)$ verschwindet, dann muß man unter den Werten $0, \xi_1 \ldots, \xi_r, \min\{\overline{x}_i, x_i\}$ denjenigen suchen, der den maximalen Wert von $p_i, x_i^* - K_i(x_i^*)$ liefert. Man erhält so die optimalen x_i^* als Funktion der vorgegebenen p_i:

(5.1.25) $$x_i^* = x_{ik}^*(p_i) \text{ für } p_{o,k-1} + \epsilon \leqslant p_i \leqslant p_{o,k} - \epsilon.$$

bb. *Die Maximierung in Bezug auf* p_i *:*

Wir haben jetzt $p_i \cdot x_{ik}^*(p_i) - K_i(x_{ik}^*(p_i))$ auf dem Intervall $[p_{o,k-1} + \epsilon, p_{o,k} - \epsilon]$

zu maximieren. Sind $\pi_1, \ldots, \pi_s$ diejenigen Punkte dieses Intervalls, für die die Ableitung $p_i \cdot x_{ik}^*(p_i) - K_i(x_{ik}^*(p_i))$ nach p_i nicht definiert ist oder verschwindet, dann muß man unter den Werten $p_{o,k-1} + \epsilon, \pi_1, \ldots, \pi_s, p_{o,k} - \epsilon$ denjenigen suchen, der den maximalen Wert von $p_i \cdot x_{ik}^*(p_i) - K_i(x_{ik}^*(p_i))$ liefert.

Die Figuren 5.1.26 und 27 sollen die Maximierung mit Bezug auf x_i^* und p_i nach (5.1.19 und 21) illustrieren. Sie geben zwei verschiedene Oligopolfälle, betrachtet von Firma i aus, wieder. Alle übrigen Firmen haben ihre Preise auf p_{o1} und p_{o2} festgelegt. Die Nachfragefunktion für Firma i besteht jeweils aus zwei linearen Nachfragesegmenten und aus den isolierten Punkten T_1 bzw. T_2. Außerdem sind die Kurven konstanten Gewinns Q_i=const. und die Grenzkostenkurven K_i', die gleichzeitig die ökonomischen Kapazitätsgrenzen $\bar{x}_i$ sind, eingezeichnet.

Fig. 5.1.26

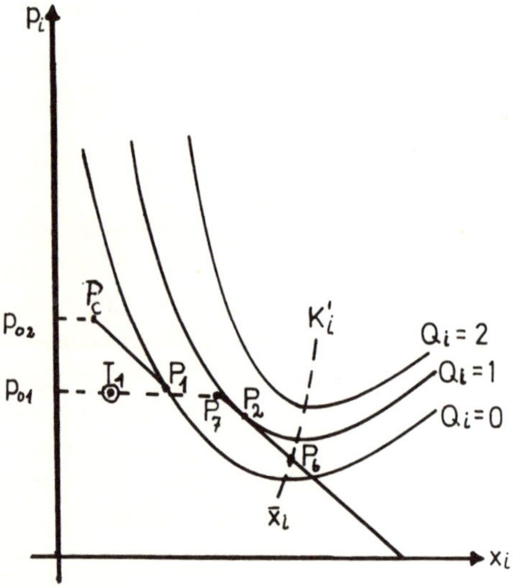

Fig. 5.1.27

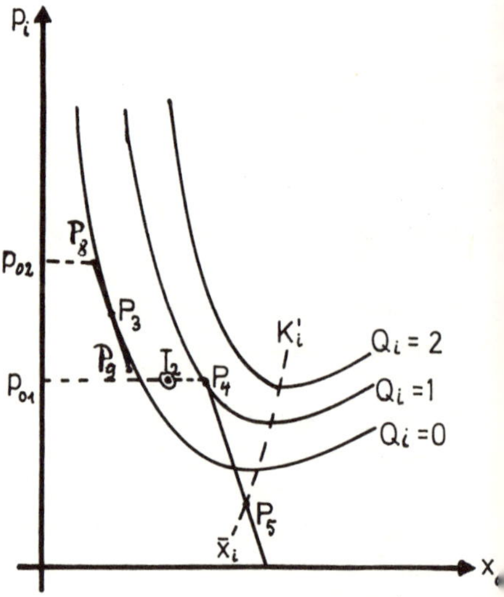

Die Maximierung mit Bezug auf die Liefermenge x_i^* ergibt, von niedrigen Preisen angefangen, Liefermengen, die zunächst der Grenzkostenkurve folgen bis zum Schnittpunkt mit der Nachfragekurve (Punkt P_6 bzw. P_5) und darauf der Nachfragefunktion folgen.

Die Maximierung mit Bezug auf den Preis p_i ergibt im Fall der Fig. 5.1.26 die lokalen Extrema P_o, P_1, T_1, P_7, P_2, P_6. Das globale Gewinnmaximum davon ist, wie man sieht, P_2. Analog ergibt sich im Fall der Fig. 5.1.27 der Punkt P_4 als globales Maximum.

Wir kommen nun auf das Problem der *Reaktionsfunktionen* zurück. Wie bereits in früheren Kapiteln ausgeführt, kann man wegen der oligopolistischen Interdependenz, die bei diesem Oligopoltyp geradezu auf die Spitze getrieben ist, nicht mehr annehmen, daß die übrigen Oligopolisten auf Preisänderungen eines

Konkurrenten nicht reagieren. Sie verlieren ja u. U. ihre gesamte Nachfrage! Die Reaktionsfunktionen müssen also berücksichtigt werden. Im Rahmen der heuristischen Theorie lassen sich hierüber aber nur ad hoc-Annahmen machen; mit der bisherigen Theorie sind die Reaktionsfunktionen nicht abzuleiten.

Nehmen wir an, die *Reaktionsfunktionen* $r_j^{(i)}$ aller übrigen Firmen j seien in der Vorstellung der Firma i analog zu (4.1.4) gegeben durch

(5.1.28) $$p_j^{(i)} = p_j^* + r_j^{(i)}(p_i - p_i^*, p_1^*, \ldots, p_n^*) = : \bar{r}_j^{(i)}(p_i, p_1^*, \ldots, p_n^*)$$

mit

(5.1.28a) $$r_j^{(i)}(0, p_1^*, \ldots, p_n^*) = 0.$$

Hierbei bedeutet $p_j^{(i)}$ der Preis, der nach Ansicht der Firma i von der Firma j verlangt wird, wenn von einer Ausgangsituation $p_1^*, \ldots, p_n^*$ aus die Firma i ihren Preis auf p_i festsetzt. $r_j^{(i)}(\cdot)$ ist die Reaktionsfunktion der Firma j, gesehen von der Firma i.

Um (hier uninteressanten) Komplikationen der Formulierung aus dem Weg zu gehen, die daher stammen, daß Preise in einer ϵ-Umgebung anderer Preise „verboten" sind, sollen die Reaktionsfunktionen bereits so definiert sein, daß bei jedem beliebigen Preis der Firma i niemals Preise p_j in der nach (5.1.11a) „verbotenen" ϵ-Umgebung anderer Preise liegen. Damit ist dasselbe für den Lösungspunkt $p_1^*, \ldots, p_n^*$ sichergestellt.

Als *Lösung* des statischen Oligopolproblems wird die Menge der Ausgangspreise $p_1^*, \ldots, p_n^*$ angesehen, von denen kein Oligopolist bei den von ihm vorgestellten Reaktionsfunktionen abweicht.

An der Lösung gilt also:

(5.1.29) $$p_i^* = p_i\,,\quad p_j^{(i)} = p_j^* = p_j\,,\quad r_j^{(i)}(\cdot) = 0 \quad i, j \in \{1, \ldots, n\}, i \neq j.$$

Wir setzen zur Vereinfachung der Schreibweise $\partial r_i^{(i)} / \partial p_i : = 1$.

Falls eine Lösung $p_1^*, \ldots, p_n^*$ an differenzierbaren Stellen der Nachfragefunktion $x_i(\cdot)$ nach (5.1.11) und der Reaktionsfunktion $r_j^{(i)}(\cdot)$ nach (5.1.28) liegt, erhält man sie analog zu (5.1.19) durch Nullsetzung der 1. Ableitung der Gewinnfunktion:

(5.1.30) $$Q_i(p_1, \ldots, p_n, \bar{x}_1, \ldots, \bar{x}_n) : = p_i \cdot x(p_1, \ldots, p_n, \bar{x}_1, \ldots, \bar{x}_n) - \\ - K_i(x_i(\cdot))$$

unter Berücksichtigung von (5.1.29), also durch Lösung des Systems

(5.1.31) $$x_i(p_1, \ldots, p_n, \bar{x}_1, \ldots, \bar{x}_n) + (p_i - \frac{dK_i(\cdot)}{dx_i}) \cdot \sum_{j=1}^{n} \frac{\partial x_i}{\partial p_j} \frac{\partial r_j^{(i)}(\cdot)}{\partial p_i} \doteq 0,$$
$$i \in \{1, \ldots, n\}.$$

Da aber weder die $x_i(\cdot)$ noch die $r_j^{(i)}(\cdot)$ überall differenzierbar sind, müssen wir allgemein anders formulieren.

Es sei

$$(5.1.32) \qquad \Delta P_i := \{(p_i - p_i^*) \mid p_i \geq 0 \text{ und } p_i \geq p_j + \epsilon \text{ oder } p_i \leq p_j - \epsilon \text{ oder } p_i = p_j, \ \forall j \in \{1, \ldots, n\}\}, \quad i \in \{1, \ldots, n\},$$

die Menge der zulässigen Preisänderungen des Oligopolisten i vom Ausgangspunkt p_i^* aus, und

$$(5.1.33) \qquad \Delta p_j(\Delta p_i) := \begin{cases} \bar{r}_j^{(i)}(p_i^* + \Delta p_i, p_1^*, \ldots, p_n^*) - p_j^* \text{ mit } \Delta p_j \in \Delta P_j, \\ \text{falls } i \neq j \\ \Delta p_i, \quad \text{falls } j = i \qquad i, j \in \{1, \ldots, n\}, \end{cases}$$

die durch die Preisänderung $\Delta p_i \in \Delta P_i$ bei der gegebenen Reaktionsfunktion angenommene Preisänderung Δp_j des Oligopolisten j.

Dann ist die Gewinnänderung der Firma i als Folge einer Preisänderung dieser Firma bei den angenommenen Reaktionsfunktionen:

$$(5.1.34) \qquad \Delta Q_i(\Delta p_i) := Q_i(p_1^* + \Delta p_1(\Delta p_i), \ldots, p_n^* + \Delta p_n(\Delta p_i), \bar{x}_1, \ldots, \bar{x}_n) - Q_i(p_1^*, \ldots, p_n^*, \bar{x}_1, \ldots, \bar{x}_n).$$

Ein *Lösungspunkt* $p_1^*, \ldots, p_n^*$ mit $p_j^* \geq 0, j \in \{1, \ldots, n\}$ ist dann dadurch definiert, daß

$$(5.1.35) \qquad \Delta Q_i(\Delta p_i) \leq 0, \quad \forall \Delta p_i \in \Delta P_i, \forall i \in \{1, \ldots, n\}.$$

Falls keine Reaktionsfunktionen $r_j^{(i)}(\cdot)$ in (5.1.28) existieren, so daß $\Delta p_j(\Delta p_i) = 0$, falls $j \neq i$ (= Nichtreaktion), ergibt sich aus (5.1.35) gerade die Bertrand-Lösung (5.1.24).

Damit ist eine *allgemeine Theorie* dieses Oligopoltyps C aufgestellt. Leider ist sie einigermaßen kompliziert, so daß man nicht einfach sehen kann, ob Lösungen im Sinne der Optimalitätsbedingungen (5.1.35) existieren. Wir werden im folgenden Fälle kennenlernen, in denen Lösungen existieren, und andere, wo das nicht zutrifft.

2. Graphische Veranschaulichung für den Dyopolfall

Fig. 5.1.36 zeigt die Nachfragefunktion $X(p)$ des Gesamtmarktes und die bei partieller Preisvariation daraus abgeleiteten Nachfragefunktionen $x_1(p_1, p_{ok}, \bar{x}_1, \bar{x}_2)$ für den Dyopolisten 1, wenn 2 verschiedene Preise $p_{ok}, p_{ok} \in \{p_{2o}, \ldots, p_{24}\}$ verlangt, sowie die Nachfragefunktionen $x_1(p, \bar{x}_1, \bar{x}_2)$, falls

Fig. 5.1.36

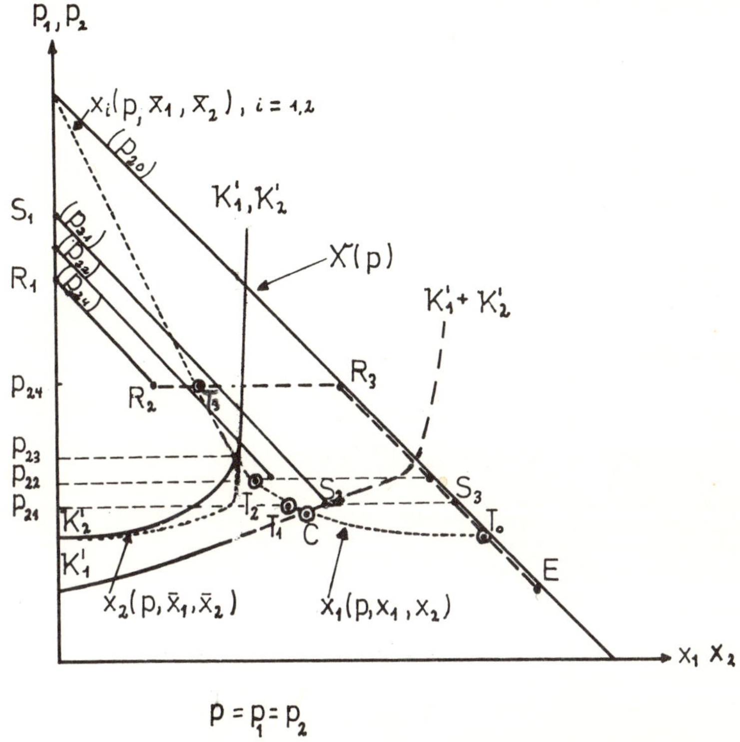

$p_1 = p_2$ ist (gepunktet). Als Kapazitätsgrenzen sind die Grenzkostenkurven K'_1 und K'_2 der beiden Firmen eingezeichnet, als Kapazitätsgrenze des Gesamtmarktes ihre Summe $K'_1 + K'_2$. Keine Firma, die ihren Gewinn maximieren will, wird für einen Preis, auch wenn sie ihn selbst setzt, mehr als die Menge anbieten, deren Grenzkosten gleich diesem Preis sind.

Die Nachfragekurven $x_1(p_1, p_{ok}, \bar{x}_1, \bar{x}_2)$ bestehen aus einem oberen Segment, wo $p_1 > p_2$, (z.B. S_1S_2 für $p_{ok} = p_{21} = p_2$; dies Segment ist mit (p_{21}) bezeichnet), einem isolierten Punkt, an dem die beiden Preise übereinstimmen (z.B. T_1 für $p_{ok} = p_{21} = p_2 = p_1$), und einem unteren Segment, wo $p_1 < p_2$ (z.B. S_3E für $p_{ok} = p_{21} = p_2$).

Entsprechend gehört zum Preis $p_2 = p_{24}$ die Nachfragekurve für 1, die aus R_1R_2, dem isolierten Punkt T_3 und R_3E besteht. Alle isolierten Punkte liegen auf der gepunkteten Nachfragelinie für gleiche Preise.

Damit ist die Nachfragesituation gekennzeichnet.

Offensichtlich kann nur dort ein Gleichgewichtspunkt eintreten, wo beide Firmen *simultan* ihre Gewinne maximieren oder zu maximieren glauben. Um diesen Punkt (wenn er existiert) oder diese Punkte bestimmen zu können, muß man *Annahmen über die Reaktionsfunktion* machen, nämlich darüber, was jede Firma über die Reaktion der anderen Firma auf eigene Preisveränderungen zugrunde legt. Nehmen wir jetzt (nur der Illustration halber) an, daß die Reaktionsfunktionen $p_1 = p_2$ sind: jede Firma folgt der anderen, wenn diese ihren Preis ändert. Dann kann es nur einen Gleichgewichtspunkt geben, wenn die Isogewinnlinien der beiden Firmen die Nachfragekurven für gleiche Preise, x_1 (p, x_1, x_2) und x_2 (p, x_1, x_2) beim gleichen Ordinatenwert tangieren: beide Firmen haben (trotz verschiedener Kostenfunktion) bei der angenommenen Reaktionsfunktion dort ihr Gewinnmaximum.

Fig. 5.1.37

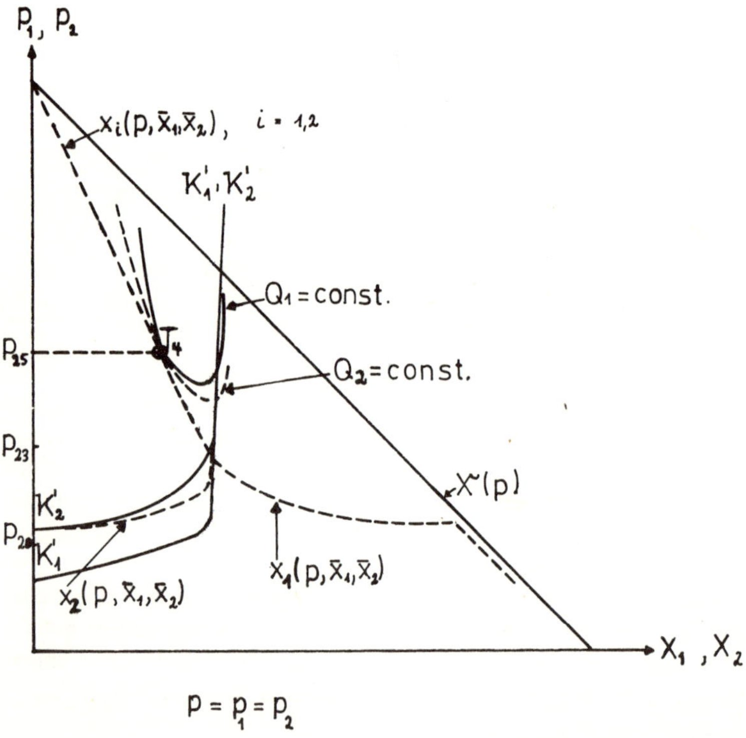

Fig. 5.1.37 zeigt eine solche Situation für die Firmen, deren Nachfrage in Fig. 5.1.36 dargestellt wurde. Am Punkte T_4 berühren die beiden Isogewinnlinien Q_1=const. und Q_2=const die gepunktete Nachfragelinie für gleiche Preise. Dies ist aber offensichtlich ein Ausnahmefall. Berühren die Scharen von Isogewinnlinien die gepunkteten Nachfragelinien an verschiedenen Punkten, so gibt es kein Gleichgewicht. Selbst in diesem einfachen Fall der Reaktionsfunktion $p_1=p_2$ existiert also bei steigenden Grenzkosten in der Regel kein Gleichgewichtspunkt.

2. Abschnitt

Das Bertrand-Oligopol[1]

Hier wird, ähnlich wie von Cournot beim Oligopoltyp B, angenommen, jeder Oligopolist würde von der Voraussetzung ausgehen, daß die übrigen auf seine Preisänderungen nicht reagieren würden. Reaktionsfunktionen $r_j^{(i)}(\cdot)$ nach (5.1.28) existieren nicht, so daß für alle n Oligopolisten im Falle (5.1.31) gilt:

$$\frac{\partial r_j^{(i)}(\cdot)}{\partial p_i} = 0\,,\ \forall j,i \in \{1, \ldots, n\},\ j \neq i \qquad (5.2.1a)$$

und im allgemeinen Fall (5.1.33):

$$\Delta p_j(\Delta p_i) = \begin{cases} 0 \text{ für } j \neq i \\ \Delta p_i \text{ für } j = i\,. \end{cases} \qquad (5.2.1b)$$

Weiter wird vorausgesetzt, daß alle Firmen gleiche *Kostenfunktionen* mit konstanten Grenzkosten und fixen Kosten Null haben:

$$K_i(x_i) = c \cdot x_i\,,\quad \forall\, i \in \{1, \ldots, n\}. \qquad (5.2.2)$$

---

1 *Bertrands* Besprechung von *Cournots* „Recherches sur les principes mathématiques de la théorie des richesses“ im Journal des Savants 1883, S. 499 ff, wieder abgedruckt in *Lutfallas* Ausgabe von Cournot, Recherches . . . , Rivière 1938; vgl. hierzu *Fellner,* Competition among the Few, N. Y. 1949, S. 78 ff, *Rudolf Richter,* Das Konkurrenzproblem im Oligopol, Berlin 1954, S. 16 und *Machlup,* The Economics of Sellers' Competition, Baltimore 1952, S. 37ff. Das oben als Bertrand-Oligopol bezeichnete Modell ist eine einfache Erweiterung einer von *Bertrand* in der erwähnten Besprechung von *Cournot* vorgeschlagenen „Verbesserung“ der Cournotschen Dyopollösung. *Bertrand* mißversteht *Cournot* und meint, dieser habe Preise und Mengen verwechselt, während *Cournot* eben nur das Mengenoligopol behandelt hat. Die wenigen Sätze von *Bertrand* hierzu seien hier wiedergegeben (a.a.O., S. 503): Sie beziehen sich auf zwei Produzenten von Mineralwasser gleicher Qualität. Die Produktionskosten sind Null.

„Cournot suppose“ (was, wie gesagt, ein Mißverständnis ist), „que l'un des concurrents baissera ses prix pour attirer a lui les acheteurs, et que l' autre, pour les ramener, les baissants à son tour davantage, ils ne s'arrêteront dans cette voie que lorsque chacun d'eux . . . ne gagnerait plus rien à abbaisser ses prix. Une objection péremptoire se présente: dans cette hypothese aucune solution n'est possible, la baisse n'aurait pas de limite; quel que soit en effet le prix commun adopté, si l'un des concurrents abaisse seul le sien, il attire à lui . . . la totalité de la vente et il doublera sa recette si son concurrent le laisse faire. “ Das heißt also (bei wohlwollender Interpretation): Wenn die Grenz- und Durchschnittskosten der beiden Produzenten gleich sind (nämlich Null), das Produkt homogen, jeder den Markt allein voll versorgen kann und bei gleichem Preis eine Marktteilung im Verhältnis 50 : 50 eintritt, ist der Gleichgewichtspreis gleich den Grenz- und Durchschnittskosten, nämlich Null (so muß man wohl das „aucune solution n'est possible“ interpretieren). – Die im Text gemachten Annahmen sind einfache Erweiterungen hiervon.

Und schließlich wird angenommen, daß die *exogenen Produktionskapazitäten* $\overline{x}_i$ *aller Firmen so groß sind,* daß Kapazitätsgrenzen niemals ins Spiel kommen, d. h. also, daß jede Firma *einzeln die Gesamtnachfrage befriedigen kann,* sobald ihr Preis nicht unter den Grenzkosten liegt:

$$(5.2.3) \qquad \overline{x}_i \geqslant X(p_i) \quad \text{für } p_i \geqslant c.$$

Der Einfachheit halber wollen wir auch annehmen, daß alle Produktionskapazitäten der Firmen gleich seien, obwohl dies für das Ergebnis, was den Preis anbelangt, keine Rolle spielt:

$$(5.2.4) \qquad \overline{x}_i = \overline{x}.$$

Mit diesen Annahmen ist die einzige Lösung, genannt *Bertrand-Lösung:*

$$(5.2.5) \qquad p = \overline{c}\,, \text{ mit } \overline{c} := c + \overline{\epsilon} \quad \text{und } o \leqslant \overline{\epsilon} < \epsilon\,, \quad \epsilon \text{ nach (5.1.11a)},$$

$$p = p_1 = \ldots = p_n,$$

so daß

$$(5.2.6) \qquad x_i = x = \frac{1}{n}\, X(p) = \frac{1}{n}\, \overline{x}$$

Damit ist $Q_i = Q = \overline{\epsilon}\, \frac{1}{n} X(p) =: \hat{\epsilon} \geqslant 0$.

Die Preise stimmen (bis auf eine nicht negative Größe kleiner als ϵ) mit den Grenzkosten überein, jede Firma befriedigt den n-ten Teil der Gesamtnachfrage, nutzt den n-ten Teil ihrer Gesamtkapazität aus und hat den Gewinn Null oder $\hat{\epsilon} > 0$. Dies ist die *Polypollösung* für diesen Fall. Daß (5.2.5) die einzige Lösung ist, sieht man daran, daß (5.1.34) nur dort für alle Oligopolisten erfüllt ist.

Beweis:

Man prüft leicht nach, daß nach (5.1.30) und (5.2.2):

$$(5.2.7) \qquad Q_i(p_1, \ldots, p_n, \overline{x}_1, \ldots, \overline{x}_n) = \begin{cases} (p_i - c)\frac{1}{n_i}\, X(p_i) \text{ für } p_i \leqslant \\ \min\{p_1, \ldots, p_{i-1}, p_{i+1}, \ldots, p_n\} \\ \text{mit } n_i\text{: Zahl der Oligopolisten, die} \\ \text{den Preis } p_i \text{ verlangen} \\ \\ 0 \text{ für } p_i > \min\{p_1, \ldots, p_{i-1}, \\ \quad p_{i+1}, \ldots, p_n\}, i \in \{1, \ldots, n\} \end{cases}$$

Damit ergibt sich nach (5.1.33–34) für $c \leqslant p^* \leqslant c + \bar{\epsilon}$ und $X(p^*) > 0$: $\Delta Q_i(\Delta p_i) \leqslant 0$, $\forall \Delta p_i \in \Delta P_i$.

Somit ist p^* eine Lösung. Es ist die einzige, weil, wie man leicht nachrechnet, sich für beliebige zulässige[1] $p_1 \leqslant p_2 \ldots \leqslant p_n$, so daß nicht alle $p_1 = \ldots = p_n = p$ sind, mit p nach (5.2.5) stets ergibt:

$$\Delta Q_j(\Delta p_j) > 0, \; j \in \{1, \ldots, n\}.$$

Übrigens sieht man leicht, daß (5.2.5) noch Lösung bleibt, wenn die Kapazitäten nur noch so groß sind, daß irgendwelche n–1 Firmen zu allen Preisen, die gleich oder größer sind als die Grenzkosten, die Gesamtnachfrage befriedigen können. (5.2.7) gilt dann weiter. Nur ist dies möglicherweise nicht mehr die einzige Lösung.

Im Fall (5.1.31) der Differenzierbarkeit von Nachfrage- und Reaktionsfunktionen läßt sich die Bertrand-Lösung auch als Grenzwert bei immer stärkerer Homogenisierung der Güter ableiten, wenn man von „fast homogenen" Gütern ausgeht.

Es sei also in (5.1.31) nach der Bertrand-Hypothese $\partial r_j^{(i)}(\cdot)/\partial p_i = 0$, $\forall i, j \in \{1, \ldots, n\}$, $i \neq j$, und $\partial x_i/\partial p_i < 0$. Dann erhält man aus (5.1.31) nach Division durch $\partial x_i/\partial p_i$

$$p_i + \frac{x_i}{\partial x_i/\partial p_i} = \frac{dK_i(x_i)}{dx_i}. \tag{5.2.7a}$$

Wenn wir zu homogenen Gütern übergehen,[2] so geht $\partial x_i/\partial p_i \to -\infty$, so daß

$$p_i = K_i'(x_i), \quad i \in \{1, \ldots, n\} \tag{5.2.7b}$$

resultiert, wie in (5.2.5) mit $\bar{\epsilon} = 0$.

Ohne Kapazitätsbeschränkungen muß $p_i = p$ gelten, weil wegen der Homogenität der Güter $x_i = 0$ für $p_i > p_j$, das Oligopol aber aus n produzierenden Firmen bestehen soll.

Anschaulich kann man sich die Lösung an Fig. 5.2.8 klarmachen.

Hier sind 4 Firmen mit gleichen Grenzkosten c (die zugleich die Durchschnittskosten sind) angenommen. Die Kurven konstanten Gewinns, die für alle Firmen gleich sind, sind eingezeichnet, ebenso die Kapazitätsgrenze $\bar{x}_i$ und die Gesamtkapazitätsgrenze $\bar{X}$. X (p) ist die Markt-Nachfragekurve, $x_i = x_i(p_i, p, \bar{x}_1, \ldots, \bar{x}_n)$ die Nachfragekurve für jeden Oligopolisten, wenn er den Preis p_i und alle übrigen den Preis $p = c$ verlangen. Sie besteht aus den Strecken R_1R_2 und R_3R_4 und dem isolierten Punkt T_1. Es ist unmittelbar ersichtlich, daß T_1 der beste

1 Zulässig heißt, daß (5.1.11a) gilt: Preise eines Oligopolisten in einer ϵ-Umgebung von Preisen anderer Oligopolisten sind „verboten". Nur *gleiche* Preise sind dort zugelassen.

2 Genauer: wenn wir eine Folge von Modellen betrachten, bei denen die Zahl der Oligopolisten, ihr Verhalten und ihre Kostenfunktionen gleich bleiben, ihre Nachfragefunktionen sich aber so ändern, daß $\partial x_i/\partial p_i \to -\infty$.

Fig. 5.2.8

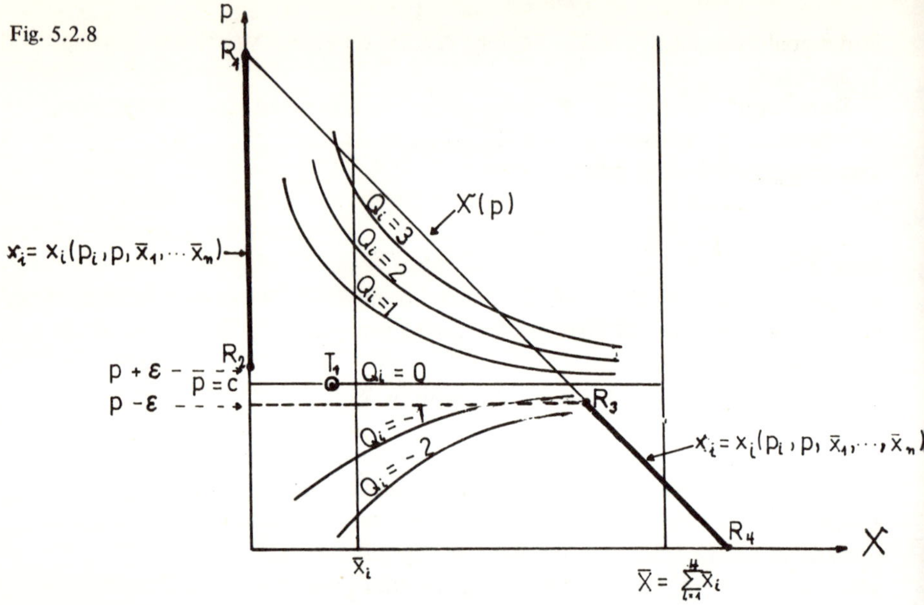

Punkt auf der Nachfragekurve für jeden Oligopolisten i ist; überall woanders steht er schlechter oder jedenfalls nicht besser. Alle Punkte auf R_1R_2 sind allerdings gewinnmäßig ebensogut, nämlich $Q_i = 0$, aber dort ist $x_i = 0$, d.h. er ist aus dem Geschäft heraus. Solange er im Markt bleibt, ist T_1 der beste Punkt.

Den Prozeß selbst, der zu dieser Lösung führt, kann man wie folgt beschreiben. Da jeder glaubt, der andere halte seinen jetzigen Preis fest ohne Rücksicht auf eigene Preisveränderungen, lohnt es sich natürlich für jeden, seinen Konkurrenten zu unterbieten, solange der Preis der anderen über den Grenzkosten liegt, die zulässige minimale Preisunterbietung ϵ klein genug und die eigene Kapazität nicht voll ausgenutzt ist. Er würde ja den ganzen Markt dadurch für sich gewinnen. Der Konkurrent muß aber dann folgen, um sich überhaupt im Markt zu halten, und dann beginnt das Spiel von neuem. Am Ende landen beide am Polypolpreis $p = 0$ in Fig. 5.2.8, und das ist der einzige Gleichgewichtspunkt. Denn eine weitere Preissenkung würde sich für keinen lohnen, selbst wenn er den ganzen Markt dazugewinnen könnte, weil eine Produktionsausdehnung über den jetzigen Stand bei diesem Preis oder gar einem niedrigeren den Gewinn (der ohnehin hier Null ist) nicht vermehren, sondern verringern würde.

Wie ist die Bertrand-Lösung zu beurteilen? Das eindeutige Gleichgewicht ist bei Bertrand durch Annahme eines ständigen, unkorrigierbaren und unentschuldbaren Irrtums aller Produzenten erreicht: jeder glaubt, der andere reagiere *nicht* auf eigene Preissenkungen, obwohl jeder Versuch das Gegenteil beweist. Außerdem muß Bertrand noch gleiche und konstante Grenzkosten aller Produzenten voraussetzen. Das alles ist so wirklichkeitsfremd, daß wir dieser Theorie wohl keinen großen Erklärungswert zubilligen können.

3. Abschnitt

Das Edgeworth-Dyopol[1]

Edgeworth hält die Bertrand-Hypothese (5.2.1) der Nichtreaktion der übrigen auf Preisänderungen eines Konkurrenten aufrecht, läßt aber alle übrigen Annahmen fallen. Insbesondere sind also verschiedene und zunehmende Grenzkosten und wirksame Kapazitätsbeschränkungen angenommen. Damit wird das Problem natürlich außerordentlich kompliziert. Um es wieder zu vereinfachen, betrachtet Edgeworth das *Dyopol* (n=2).

Es gilt jetzt festzustellen, ob das Problem (5.1.18–21) eine Lösung (p_1^*, p_2^*) hat, so daß nach (5.1.24)

$$(5.3.1) \qquad p_1^* = f_1(p_2^*) \text{ und } p_2^* = f_2(p_1^*),$$

d. h. ob es eine Preiskonstellation (p_1^*, p_2^*) gibt, bei der beide Firmen simultan ihren Gewinn maximieren, wenn jede die Nichtreaktion der anderen auf eigene Preisänderungen zugrunde legt.

Edgeworth hat gezeigt, daß es im allgemeinen keine solchen Preiskonstellationen gibt, so daß *keine Lösung existiert.* Man sagt auch: *das Edgeworth-Dyopol ist gleichgewichtslos.*

Wir zeigen dies hier graphisch, indem wir die Funktionen f_1 und f_2 in (5.1.24) konstruieren.

Fig. 5.3.2 gibt die Kurven konstanten Gewinns Q_1 = const. für die Firma 1, die beiden Grenzkostenkurven K'_1 und K'_2 und die Nachfragekurven $x_1(p_1, p_2, \bar{x}_2)$ nach (5.1.11) an. Der zu der betreffenden Nachfragekurve gehörende Preis p_{21}, . . . , p_{24} ist jeweils dort vermerkt. Man sucht die optimalen Preise p_1 für 1, gegeben ein bestimmter Preis p_2 von 2, und findet sie, wenn man mit ganz niedrigen Preisen von 2 beginnt, zunächst als die Tangentenpunkte 0, 1, 2 an die Nachfragekurven. Punkt 0 entspricht dem Monopolpreis p_{1mon}.

Die Gewinnlinie Q_1 = 1 berührt nun dieselbe Nachfragekurve sowohl links ihres Knickes bei 2, als auch rechts ihres Knickes bei 2*; d. h. eine ganz kleine Preisunterbietung, so daß 2 jetzt auf der Grenzkostenkurve K'_1 produziert, ist jetzt genau so gut wie der weit höhere Preis, der zum Punkt 2 gehört.

Zwischen 2 und 2* liegt eine Sprungstelle. Bei weiteren Preiserhöhungen von 1 ist es für 2 optimal, den Preis ebenfalls zu erhöhen, aber stets um ϵ unterhalb des Preises von 2 zu bleiben. Der Preispunkt folgt zunächst der Grenzkostenkurve bis zur Gesamtnachfragekurve X (p) und geht auf ihr zum Monopolpreis zurück (Punkte 3,4 in Fig. 5.3.2). Dies definiert die Funktion $p_1 = f_1(p_2)$.

---

1 *Edgeworth,* La teoria del monopolio, Giornale degli Economisti, XV, 1897 und „Papers Relating to Political Economy", Vol. I, London 1925. Vgl. auch *Fellner,* Competition among the Few, New York 1949, S. 80 ff und *Machlup,* The Economics of Sellers' Competition, Baltimore 1952, S. 380 ff.

Fig. 5.3.2

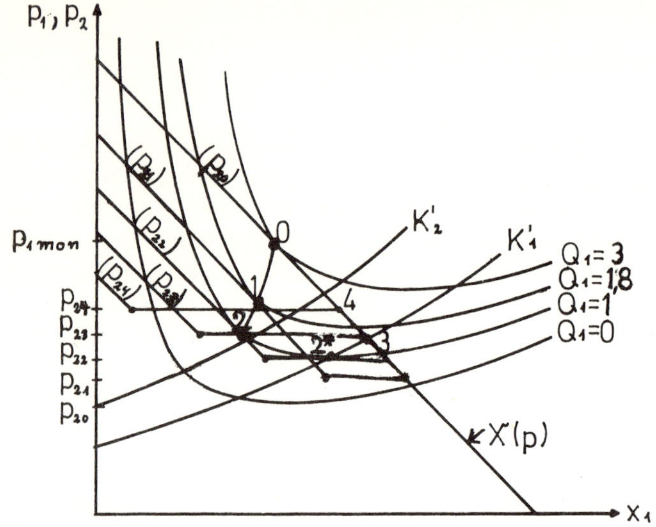

In Fig. 5.3.3 hat man dasselbe für den Dyopolisten 2. Man sieht, sein optimaler Preis bei Steigerungen von p_1 von 0 an folgt der Kurve 0', 1', 2', 3', 4'. 4' ist äquivalent zu 4*, zwischen beiden liegt eine Sprungstelle. Dann folgt p_2 den Punkten 5', 6' zurück zu 0'. Dies definiert die Funktion $p_2=f_2(p_1)$.

Diese Funktionen $p_1 = f_1(p_2)$ und $p_2 = f_2(p_1)$ sind in Fig. 5.3.4 graphisch dargestellt. Wie man sieht, schneiden sie sich nirgends; an ihrem Kreuzungspunkt

Fig. 5.3.3

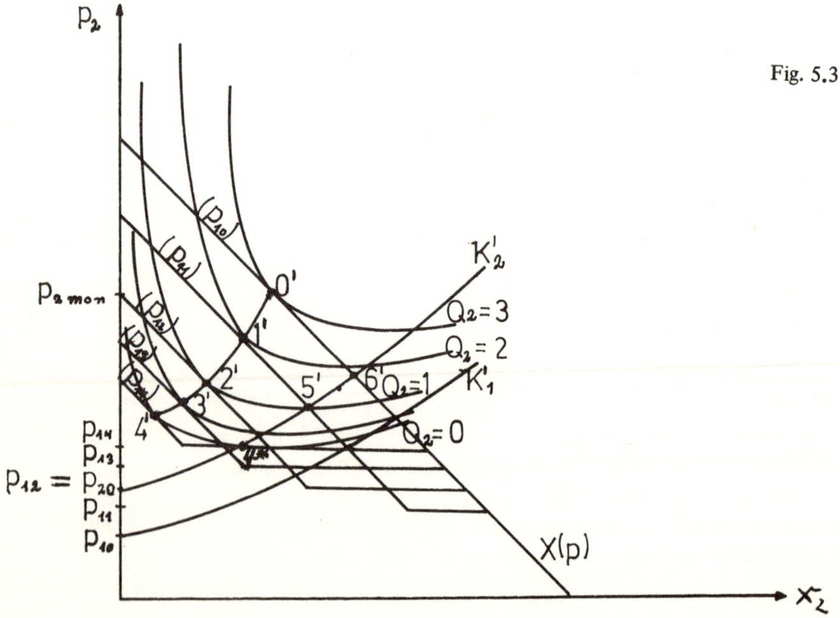

Fig. 5.3.4

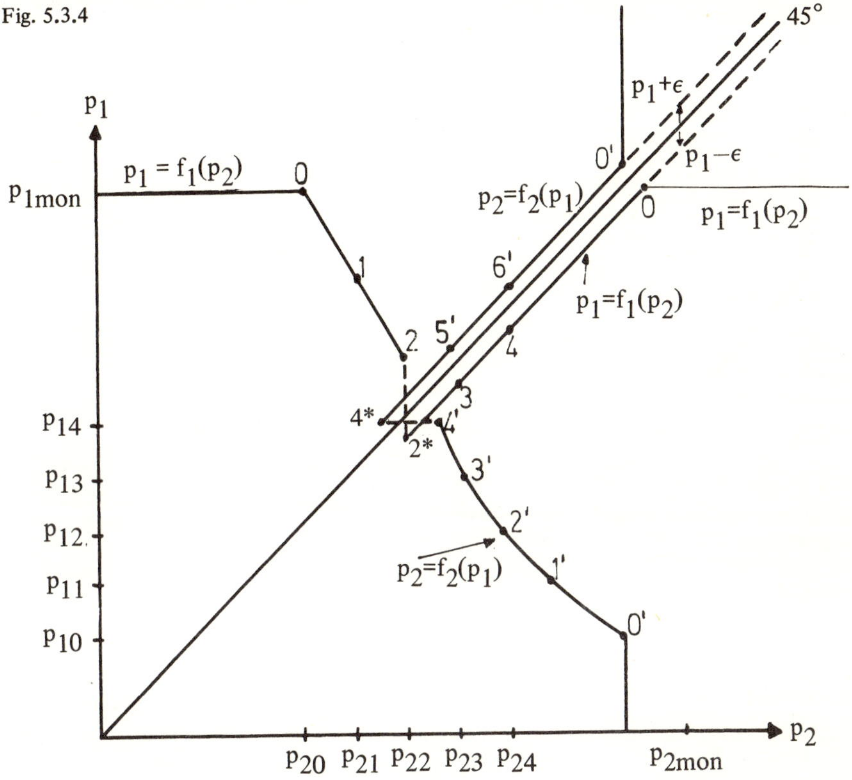

liegt eine Unstetigkeitsstelle. Es gibt also keine Preiskonstellation (p_1^* , p_2^*), bei der beide simultan ihren Gewinn maximieren, wenn sie die zugrundegelegten Kosten- und Nachfragefunktionen haben und beide der Illusion unterliegen, der andere reagiere auf eigene Preisänderungen nicht.

Diese *Situation der Gleichgewichtslosigkeit* kann man als Regelfall ansehen, wenn die Grenzkostenfunktionen verschieden, aber stetig und differenzierbar sind. Sie trifft aber keineswegs *immer* ein.

Fig. (5.3.5) zeigt einen Fall, wo die Grenzkostenfunktionen verschieden sind, die Kurven konstanten Gewinns aber über weite Bereiche so flach verlaufen (d. h. die Durchschnittskosten dort etwa proportional der Produktionsmenge abnehmen), daß alle besseren Punkte im „verbotenen" Bereich $\pm \epsilon$ liegen, praktisch: die notwendigen Preis- und Gewinnänderungen infinitesimal sind und daher unterlassen werden.

Das tritt ein, obwohl keine Firma den Markt voll versorgen kann. Beim gemeinsamen Preis p liefern die Firmen 1 und 2 die durch die Punkte T_1 und T_2 bestimmten Mengen, versorgen den Markt voll und nutzen ihre durch K'_1 und K'_2 bestimmten Kapazitäten je zu 5/6 aus. Ihre Nachfragekurven (aufgrund ihrer Illusion der

Fig. 5.3.5

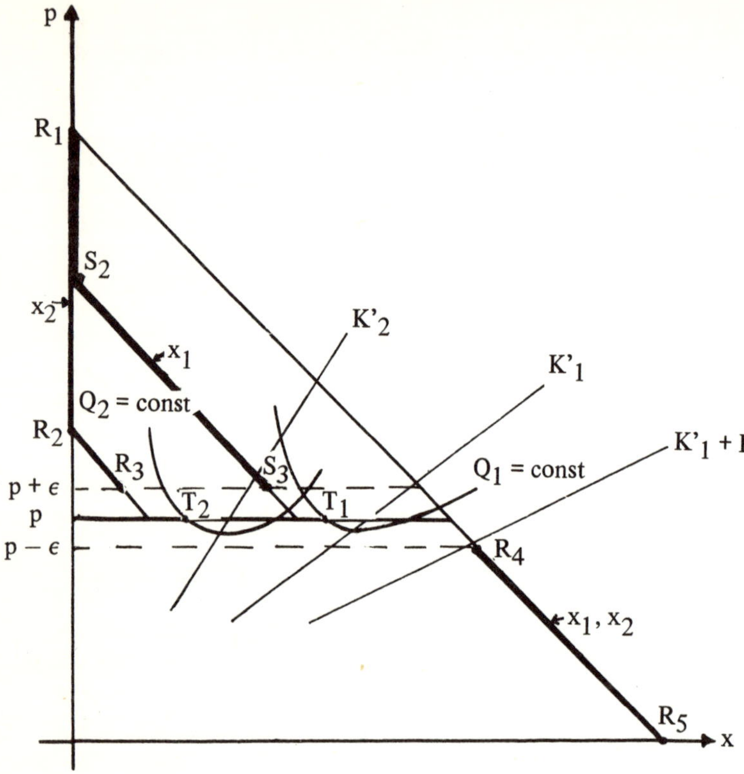

Nichtreaktion des Konkurrenten) sind mit x_1 bzw. x_2 bezeichnet und bestehen für 1 aus den Strecken $R_1S_2S_3$ und R_4R_5 und dem isolierten Punkt T_1, für 2 aus den Strecken $R_1R_2R_3$ und R_4R_5 und dem isolierten Punkt T_2. Wie man sieht, findet bei dem eingezeichneten Verlauf der Kurven konstanten Gewinns Q_1=const. bzw. Q_2=const. keine Firma einen besseren Punkt als T_1 bzw. T_2 auf ihren Nachfragekurven, und dies ist also zumindest *ein* Gleichgewichtspunkt. Vielleicht existieren auch noch andere.

Fig. (5.3.6) zeigt einen anderen Fall, wo trotz der Edgeworthschen Annahmen ein Gleichgewichtspunkt bei gleichen Preisen existiert. Diesmal haben die Kurven konstanten Gewinns „Knicke", wo sie die Grenzkostenkurve schneiden, leicht erklärbar aus einem Knick der Durchschnittskurve an ihrem Minimum. Es gibt sozusagen *eine* bei weitem kostengünstigste Produktionsmenge. Diesmal sind keine Überkapazitäten beim Preis p angenommen. Die Unstetigkeitsstellen sind nicht gezeichnet. Die Bezeichnungen in Fig. (5.3.6) sind die gleichen wie in Fig. (5.3.5), so daß sich eine Erklärung erübrigt.

Wie man sieht, ist nicht jedes „Edgeworth-Dyopol" gleichgewichtslos.

Man kann sich die ökonomische Situation der Gleichgewichtslosigkeit beim Edgeworth-Dyopol wie folgt klarmachen. Bei einem zu niedrigen Preis ist der eine

Fig. 5.3.6

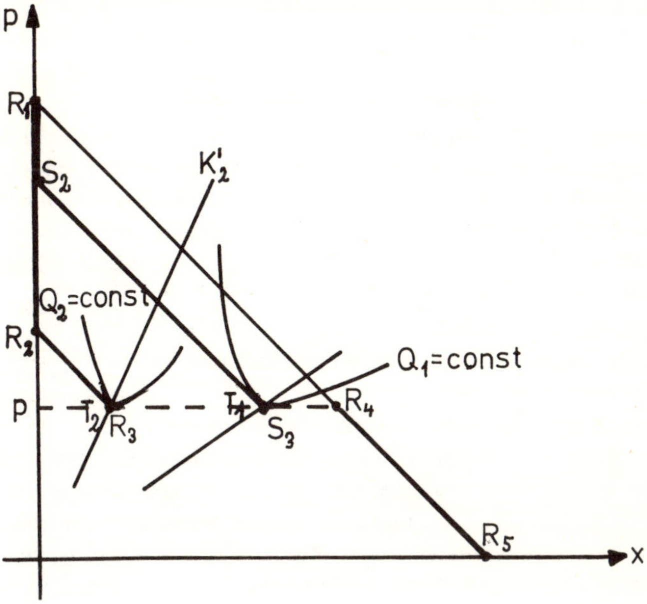

Oligopolist nicht mehr willens, die gesamte Nachfrage zu befriedigen. Die unbefriedigten Nachfrager sind nun bereit, auch höhere Preise zu zahlen, um doch noch kaufen zu können. Von einer gewissen Größe dieser unbefriedigten Nachfrage an ist es für den anderen Dyopolisten vorteilhaft, sich dies zunutze zu machen und seinen Preis wieder drastisch zu erhöhen. Er beutet sozusagen die „Notlage" der zu dem niedrigeren Preis unbefriedigt gebliebenen Nachfrager aus. Dann aber ist es für den anderen auch günstig zu folgen. Und sind beide mit ihren Preisen wieder oben, sieht es für jeden – unter der irrtümlichen Annahme, der andere halte den Preis konstant – wieder so aus, als zahle sich eine Unterbietung aus. Auf diese Weise kommen beide wieder in tiefe Preisbereiche, Nachfrage bleibt unbefriedigt, und das Spiel beginnt von neuem.

Damit gibt es kein Gleichgewicht, sondern die Preise pendeln ständig zwischen einer Ober- und Untergrenze, und zwar so, daß sie langsam, Zug um Zug, immer tiefer gehen und dann mit einem Ruck auf das hohe Ausgangsniveau zurückzuschlagen.

An Hand der Fig. (5.3.7) können wir den Prozeß im einzelnen verfolgen. Sie entspricht den Fig. (5.3.5) und (5.3.6), nur ist diesmal von der Gleichverteilungshypothese ausgegangen (vgl. Fig. 5.1.8).

Die Nachfragekurven X (p) (in beiden Quadranten gleich) geben die Gesamt-Nachfrage des Marktes wieder. Q_{1max} bzw. Q_{2max} sind Monopolpunkte für 1 bzw. 2, wenn der andere etwa durch hohe Preise vom Markt ausgeschaltet ist. Die strichpunktierten Linien $N(p_1 = p_2)$ sind die Nachfragekurven, wenn beide denselben Preis verlangen.

Nehmen wir jetzt an, beide Firmen verlangen zu Anfang den übereinstimmenden Preis $p1_o = p2_o$ und teilen sich daher den Markt. Die realisierten Produktionspunkte sind $\bar{P}1_o$ und $\bar{P}2_o$. Plötzlich fällt es einem von beiden, sagen wir dem *Konkurrenten* 2, ein, daß er durch Unterbietung des anderen, wobei keine Reaktion zugrunde gelegt wird, seinen Gewinn erhöhen könne. Denn senkt 2 seinen Preis von $p2_o$ auf $p21$, während 1 auf $p1_o$ verbleibt, so fällt ihm die ganze Nachfrage zu. Davon wird er soviel befriedigen, wie für ihn am vorteilhaftesten ist. Der beste Produktionspunkt für den Preis $p21$ ist nun der Punkt $\bar{P}^*21$ auf der Grenzkostenkurve, und der ist für ihn erheblich besser als der bisherige Punkt $\bar{P}2_o$. Also senkt 2 seinen Preis auf $p21$, produziert am Punkt P^*21 und läßt die Nachfrage $N21$ unbefriedigt.

Natürlich merkt 1, daß er seine Kundschaft verliert. Aber er verliert durchaus nicht alle, da ja 2 die Nachfragemenge $N21$ unbefriedigt gelassen hat. Davon wird ein Teil auch trotz des höheren Preises bei 1 kaufen. Wieviel das sein wird, hängt davon ab, ob die unbefriedigt gebliebenen Nachfrager gerade die sind, die durch den billigen Preis neu angelockt wurden und also keine höheren Preise zahlen, oder diejenigen, die hohe und z. T., wie die Nachfragekurve zeigt, erheblich höhere Preise zu zahlen bereit wären. Wahrscheinlich werden sie sich in irgendeinem Verhältnis aus beiden zusammensetzen. Wir haben diesmal angenommen, daß drei Viertel der von 2 unbefriedigt gelassenen Nachfrage auch zu dem höheren Preis bei 1 zu kaufen bereit ist. Somit verbleibt N^*_{21} als Nachfrage bei 1, und dessen Produktionspunkt ist $\hat{P}1_o$. Was soll 1 nun tun? Zur Debatte stehen 3 Möglichkeiten: 1. Preissenkung auf das Niveau von 2; dann wird der Punkt $\bar{P}11$ erreicht; 2. Unterbietung von 2 durch Preissenkung auf $p12$; dann ist der Punkt P^*12 zu erreichen; 3. eine Preiserhöhung zur weiteren Ausbeutung der Zwangslage der auf ihn angewiesenen Kunden. Nehmen wir an, deren Nachfragekurve sei N_o (in Fig. 5.3.7) gepunktet). Wie man sieht, führt das aber zu geringeren Gewinnen als im Ausgangspunkt $\hat{P}1_o$, kommt also nicht in Frage.

Ein Vergleich der Punkte $\bar{P}11$ und P^*12 zeigt, daß letzterer der günstigere ist. Also wird 1 den Preis auf $p12$ senken und 2 unterbieten.

Auch 2 verliert aber jetzt nicht seine ganze Kundschaft, da 1 die Nachfragemenge $N12$ unbefriedigt gelassen hat. Davon soll ihm wieder N^*12 verbleiben, so daß 2 auf den Punkt $\hat{P}21$ gelangt. Nun hat 2 die gleichen Möglichkeiten zu überlegen: Preissenkung auf das Niveau von 1, so daß $\bar{P}22$ erreicht wird, Unterbietung von 1 etwa mit dem Preis $p23$, dann wird P^*23 erreicht, oder Preiserhöhung. Letzteres scheidet bei der angenommenen Nachfragekurve $N1$ (in Fig. 5.3.7 gepunktet) der ihm verbleibenden Nachfrager aus, da alle Punkte auf dieser Nachfragekurve $N1$ ungünstiger sind als der Ausgangspunkt $\hat{P}21$. Von den ersten Alternativen ist P^*23 am günstigsten. Also wird 1 unterboten und der Preis $p23$ angekündigt. Die unbefriedigt gebliebene Nachfrage ist $N23$, wovon 1 etwa wieder N^*23 zufällt. 1 erreicht damit den Punkt $\hat{P}12$ und hat wieder 3 Möglichkeiten gegeneinander abzuwägen: Preissenkung auf das gleiche Niveau von 2 (Punkt $\bar{P}13$), Unterbietung von 2 (Punkt P^*14) oder Preissteigerung. Die

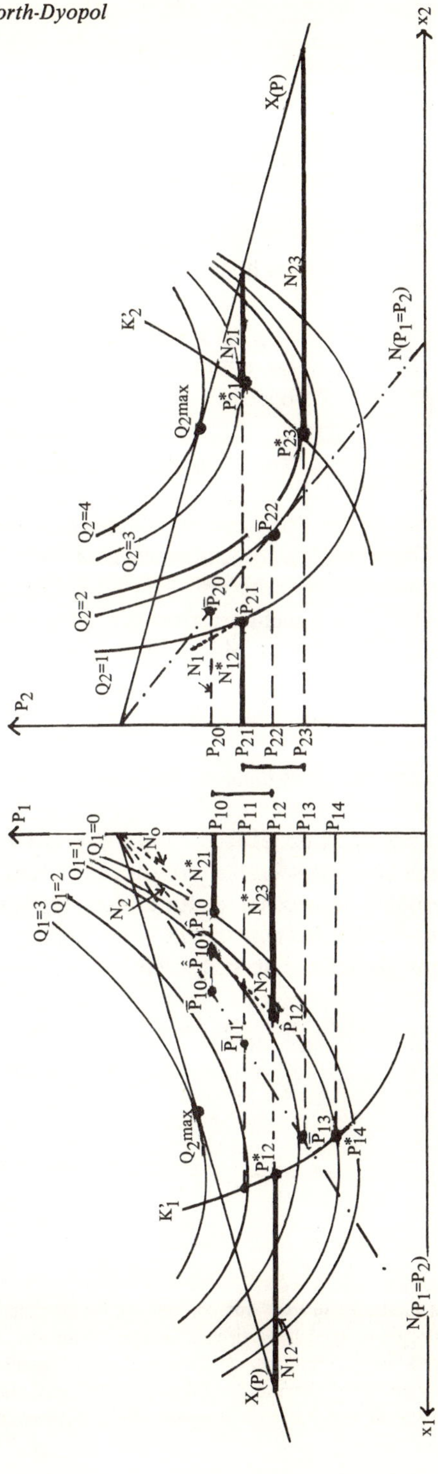
X(P)
K'2
N21
N23
Q2max
P*21
P*23
Q2=4
Q2=3
Q2=2
Q2=1
P22
P20
P21
N1
N*12
N(P1=P2)
P2
P20
P21
P22
P23
x2
P1
P10
P11
P12
P13
P14
Q1=0
Q1=1
Q1=2
Q1=3
N0
N*21
N2
N*23
P11
P12
P13
P*14
P*12
Q2max
K'1
N12
X(P)
x1

Fig. 5.3.7

Nachfragekurve der bei 1 verbliebenen Nachfrager sei N_2 (in Fig. 5.3.7 gepunktet). Der günstigste Punkt darauf ist $\hat{\hat{P}}_{10}$, und dieser Punkt ist besser als $\overline{P}13$ und auch als P^*_{14}. Also wird 1 jetzt nicht mehr mit einer Preissenkung reagieren, sondern im Gegenteil mit einer Preiserhöhung auf p_{1o}, womit das Ausgangsniveau für 1 wieder erreicht ist.

Was tut nun 2? Sein jetziger Punkt ist unverändert P^*_{23}. Durch die Preiserhöhung von 1 sind aber jetzt auch höhere Punkte auf seiner Grenzkostenkurve für ihn erreichbar geworden. Der beste davon ist P^*_{21}, d. h. eine leichte Unterbietung von 1, denn der Punkt $\overline{P}_{2o}$ bei Preiserhöhung auf das gleiche Niveau wie 1 ist schlechter als P^*_{21}. Also erhöht auch 2 jetzt seinen Preis auf p_{21}, wodurch aber 1, ebenso wie in der gleichen Situation früher, auf $\hat{P}_{1o}$ zurückgeworfen wird. Jetzt ist es aber, ebenso wie früher in der gleichen Situation, für 1 wieder vorteilhaft zu unterbieten, und so beginnt der Zirkel von vorn. Das Ergebnis sind also ständige Preisschwankungen bei 1 zwischen p_{1o} und p_{12}, bei 2 zwischen p_{21} und p_{23} (siehe die Striche an den Preisachsen in Fig. 5.3.7).

Wie ist nun das Edgeworth-Dyopol zu beurteilen? Es ist theoretisch interessant insofern, als sich hier unter sehr einfachen Voraussetzungen eine Gleichgewichtslosigkeit ergibt, die man nicht erwartet hat.[1] Aber eben diese Voraussetzungen sind im höchsten Grade dubios. Man wird wohl kaum bei zwei Firmen so viel Dummheit vereinigt sehen, niemals zu merken, daß der Konkurrent eben doch mit dem Preis reagiert und man sich am Ende durch ständiges Unterbieten schlechter stellt als vorher.

Dies ist bei vollständiger Beweglichkeit der Nachfrage so offensichtlich und selbstverständlich, daß es von niemand übersehen werden kann. Man wird daher kaum erwarten, ein Edgeworthsches Dyopol in der Praxis anzutreffen. Aus diesem Grund wird auch auf eine spezielle analytische Fassung verzichtet.[2] Die manchmal bei Oligopolen zu beobachtenden starken Preisausschläge entspringen Kampfsituationen und deren Beendigung und sind nicht im Edgeworthschen Sinn als Unstabilität dieser Marktform an sich zu erklären.

---

1 Jedenfalls dann nicht, wenn man nur von den ökonomischen Voraussetzungen ausgeht und nicht z. B. von einer spieltheoretischen Interpretation des Ansatzes. Von daher betrachtet sind Gleichgewichtspunkte in reinen Strategien eher Ausnahmen als die Regel.

2 Eine einfache dynamische Version des Edgeworth-Dyopols findet man bei *Heertje,* A Dynamic Interpretation of Edgeworth's Dyopoly Model, Kyklos XXIV (1971), S. 113 ff.

4. Abschnitt

Eine eigene Oligopoltheorie für den Oligopoltyo C[1]

Der Hauptkritikpunkt gegenüber den Theorien von Bertrand und Edgeworth ist, daß sie jedem Oligopolisten die Ansicht unterstellen, die übrigen Oligopolisten würden auf eigene Preisänderungen nicht reagieren, obwohl dies doch der Sachlage vollständig unangemessen ist und durch jeden Versuch widerlegt wird. Im vorigen Kapitel habe ich beim Mengenoligopol die analoge wirklichkeitsfremde Annahme der Nichtreaktion durch eigene, wie ich glaube, wirklichkeitsnähere, aber doch auch heuristische Annahmen ersetzt.[2] Dieselben Annahmen werden im folgenden gemacht; allerdings wirken sie sich bei diesem Oligopoltyp anders aus. Gegenüber einer Preissenkung eines Konkurrenten kann nämlich im relevanten Bereich die eigene Gewinnposition nicht verteidigt werden: sie verschlechtert sich dort unweigerlich. Aus diesem Grund formulieren wir die *Grundannahmen* jetzt wie folgt:

1. Es wird zwischen *Aktionen* und *Reaktionen* unterschieden.
2. Jede Aktion erfolgt mit dem Ziel der Gewinnmaximierung, wobei die *Reaktion* des Gegenspielers in Betracht gezogen wird. Jeder Oligopolist ist jederzeit frei, mit einer Aktion zu beginnen.
3. Eine *Reaktion* erfolgt auf eine Aktion nur, wenn die eigene Gewinnposition durch die Aktion des anderen verschlechtert wird, und dann so, daß der frühere Zustand gegenüber dem agierenden Oligopolisten soweit wie möglich wieder hergestellt wird. Dies ist so zu verstehen, daß Oligopolisten, die den gleichen Preis wie der agierende Oligopolist forderten, bei Preissenkungen dort, wo die Kapazität zur Befriedigung der Gesamtnachfrage mehr als ausreicht, folgen – dies stellt nämlich die gleichen Nachfrage-Relationen wieder her –, während sie andernfalls geschädigt sind. Wird durch die Aktion eines Oligopolisten die Gewinnposition eines Konkurrenten verbessert oder bleibt sie unverändert, so erfolgt keine Reaktion. Eine solche Verhaltensweise wird hier als *Normalreaktion* bezeichnet. Sie erscheint zunächst relativ kompliziert, wenn man sich aber in die Lage von Oligopolisten versetzt, ganz natürlich.
4. Hypothesen 1–3 sowie die Nachfrage- und die Kostenfunktionen (letztere u. U. nur zum Teil, vgl. Ziff. a) unten) sind jedem Oligopolisten bekannt; jeder weiß, daß dies allen bekannt ist, und jeder handelt danach.

---

1 *Krelle,* Preistheorie, 1. Auflage, Tübingen und Zürich 1961, S. 355 ff. Dort wurde allerdings nur das Dyopol behandelt, und die Verhaltensannahmen dort weichen von den jetzt zugrunde gelegten etwas ab, so daß die Ergebnisse nicht voll übereinstimmen. Dort wurde vorausgesetzt, daß, solange die Kapazität *beider* Firmen zur Befriedigung der Nachfrage ausreicht, die Firma mit dem niedrigeren Preis ihre Kapazität soweit ausdehnen kann, daß sie notfalls auch den Gesamtmarkt *allein* versorgen kann. Dies wird hier nicht angenommen.

2 Vgl. Kapitel 4, 5. Abschnitt.

Im Rahmen dieser Hypothesen kann man wieder 2 Fälle unterscheiden:

a) Jeder zieht bei seinen Aktionen nur *kleine Preisänderungen* in Betracht, etwa, weil ihm die Verhältnisse nur in einer Umgebung des jeweils realisierten Punktes bekannt sind und er das Risiko, das mit Änderungen in unbekannte Bereiche hinein verbunden ist, scheut. Wir bezeichnen dies wieder als *Normalreaktion* bei wirtschaftlichem Verhalten. Wir werden uns hier ausschließlich mit diesem Fall befassen.
b) Es sind alle möglichen Aktionen zugelassen.

Wir beginnen mit der *analytischen Lösung für n Oligopolisten.* Später folgt eine *graphische Lösung* mit einer anschaulichen Erörterung.

1. Analytische Lösung

Zunächst müssen die *Reaktionshypothesen* genau formuliert werden. Die bisher von den n Oligopolisten geforderten Preise seien $p_{o1}, \dots p_{om}$, wobei die Indexmenge I_k zu den Oligopolisten gehört, die den Preis p_{ok} verlangen, $k \in \{1, \dots, m\}$. Es seien wieder Preise in einer Umgebung ϵ von allen p_{ok} verboten:

$$p_i \notin \{p \mid p - \epsilon < p_{ok} < p + \epsilon\}, \quad \forall\, i \in \{1, \dots, n\}, \quad \forall\, k \in \{1, \dots, m\}.$$

Dann wird für die Reaktionsfunktionen (5.1.33) angenommen:

$$(5.4.1) \qquad \frac{\Delta p_j(\Delta p_i)}{\Delta p_i} = 1,$$

$\Delta p_i \in \Delta P_i$ nach (5.1.32), falls $\Delta p_i < 0$ und falls

$$\sum_{j \in I_k} \bar{x}_j > \sum_{j \in I_k} x_j, \quad i, j \in I_k$$

Alle Oligopolisten j, die den gleichen Preis wie der agierende Oligopolist i verlangen (nämlich p_{ok}), werden bei Preissenkungen dem Oligopolisten genau folgen, solange die Gesamtkapazität $\sum_j \bar{x}_j$, bestimmt durch (5.1.1), die Gesamtnachfrage $\sum_j x_j$, bestimmt nach (5.1.11), bei dem betreffenden Endpreis p_j (so daß $\Delta p_j := p_j - p_j^*$) übersteigt.

$$(5.4.2) \qquad \frac{\Delta p_j}{\Delta p_i} = 0\,,$$

falls $\Delta p_i > 0$ oder falls $\Delta p_i < 0$ und $\sum_{j \in I_k} \bar{x}_j \leqslant \sum_{j \in I_k} x_j$, $i, j \in \{1, \dots, n\}$, $i \neq j$

(5.4.1) und (5.4.2) lassen auch infinitesimale Änderungen $\frac{dp_j}{dp_i}$ zu, falls nicht die Unstetigkeitsstellen $p_{ok} \pm \epsilon$ erreicht werden.

Fig. 5.4.3

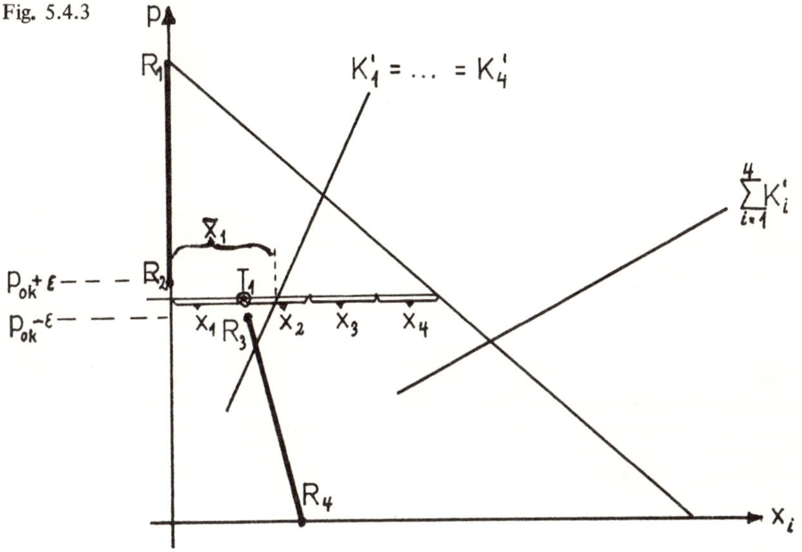

Fig. 5.4.3 zeigt die Nachfragekurve für den Oligopolisten 1 unter Berücksichtigung dieser Reaktionsfunktion für den Fall, daß $\sum_{j \in I_k} \bar{x}_j > \sum_{j \in I_k} x_j$ (andernfalls bleibt sie gegenüber den früheren Abschnitten unverändert). Wie man sieht, ist die Illusion fortgefallen, als ob ein Oligopolist durch Preissenkung stets den Gesamtmarkt für sich gewinnen und die anderen ausschalten könne. Die Nachfragekurve besteht aus den Strecken R_1R_2 und R_3R_4 und dem isolierten Punkt T_1.

Dargestellt ist der Fall, wo 4 Oligopolisten mit gleichen Grenzkostenkurven K'_i existieren und zum Preis p_{ok} jeder Oligopolist 2/3 seiner Kapazität $\bar{x}_i$ ausnutzt. Der Unterschied zur Annahme der Nichtreaktion ist beim Vergleich mit Fig. 5.2.8 zu sehen.

Wir betrachten nun einen Preisbereich $\underline{p} \leqslant p \leqslant \bar{p}$. Die *Obergrenze* $\bar{p}$ ist dadurch definiert, daß sie mit dem niedrigsten Preis min $(\bar{p}_1, \ldots, \bar{p}_n)$ zusammenfällt, bei dem ein Oligopolist i seinen Gewinn maximiert unter der Nebenbedingung, daß alle übrigen Oligopolisten immer den gleichen Preis verlangen, also bei Preisänderungen folgen. Hierbei ist

(5.4.4) $$\bar{p}_i \leftarrow \max_{p_i} Q_i(p_1, \ldots, p_n, \bar{x}_1 \ldots, \bar{x}_n) \text{ mit } p_1 = \ldots = p_i = \ldots = p_n.$$

Nach (5.1.15) ist die notwendige Bedingung hierfür

(5.4.4a) $$Q'_i = x_i + [p_i - K'_i(x_i)] \frac{dx_i}{dp_i} = 0$$

$$\text{mit } \frac{dx_i}{dp_i} = \alpha_i(p_i)\,\frac{dX(p_i)}{dp_i} + X(p_i)\,\frac{d\alpha_i(p_i)}{d(p_i)}.$$

Hier ist α_i (p_i) der Anteil der Firma i an der Gesamtkapazität aller Firmen und $X(p_i)$ die Gesamtnachfrage, jeweils zum Preis p_i. Da $\frac{dx_i}{dp_i} \neq 0$, kann man für $\overline{p}_i$ schreiben:

(5.4.4b) $$\overline{p}_i = -\,x_i \,/\, \frac{dx_i}{dp_i} + K_i'(x_i), \quad \text{mit } \frac{dx_i}{dp_i} \text{ nach (5.4.4a).}$$

Da $p_i(x_i)$ eine monoton fallende Funktion von x ist und $p_i(o) > K_i'(o)$ anzunehmen ist, muß mit $K_i'' \geqslant 0$ und $d^2x_i/dp_i^2 = 0$ ein $\overline{p}_i$ gemäß (5.4.4b) existieren.
Da alle Firmen ihre Preise voraussetzungsgemäß stets gleich halten, spielt die „verbotene“ ϵ-Umgebung keine Rolle.

Fig. 5.4.5

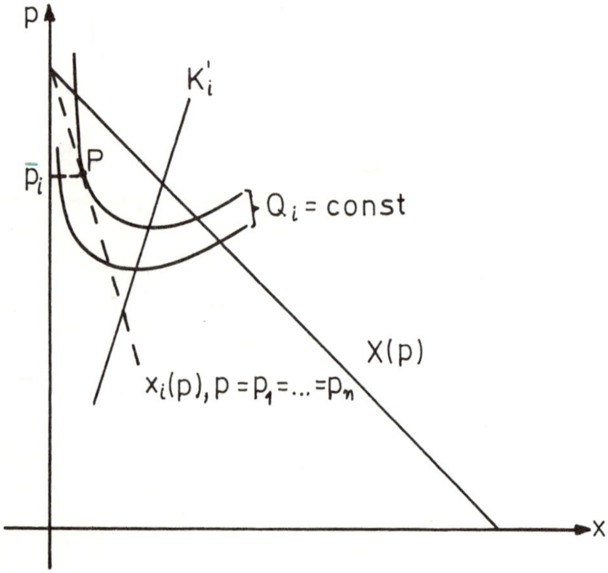

Fig. 5.4.5 zeigt die Bestimmung von $\overline{p}_i$ graphisch.

$x_i(p)$ ist die Nachfragefunktion für Firma i, wenn alle Firmen den gleichen Preis verlangen. Offensichtlich ist dann der Preis $\overline{p}_i$, der durch den Tangentenpunkt P bestimmt wird, optimal. $\overline{p}$ ist dann durch

(5.4.6) $$\overline{p} = \min(\overline{p}_1, \ldots, \overline{p}_n)$$

definiert. Für alle $p_i < \overline{p} - \eta$, $\eta > 0$, beliebig klein, und $p_1 = \ldots = p_i = \ldots = p_n$ gilt dann offensichtlich

(5.4.7) $$Q_i' := x_i + [p_i - K_i'(x_i)]\,\frac{dx_i}{dp_i} > 0, \quad \forall\, i \in \{1, \ldots, n\}.$$

(5.4.7) gilt auch noch für die linksseitige Ableitung am Punkt $p_i = \overline{p}$.

Alle Firmen werden also, da sie nach der Reaktionshypothese (5.4.1) sicher sind, daß die Konkurrenten bei Preisherabsetzungen folgen werden, solange $\sum_{j=1}^{n} \overline{x}_j(p) > X(p)$ ist, für $p \leqslant \overline{p}$ eine *Preisherabsetzung unterlassen,* wenn am Ausgangspunkt p alle den gleichen Preis verlangen. Für $\sum_{j=1}^{n} \overline{x}_j(p) \leqslant X(p)$ kommt nach der Reaktionshypothese (5.4.2) eine Preisherabsetzung ohnehin nicht in Frage. Somit wird im Bereich $p \leqslant \overline{p}$ überhaupt jede Preisherabsetzung unterlassen, sobald einmal an einem Punkt $p^* \leqslant \overline{p}$ alle Firmen den gleichen Preis verlangen.

Die *Untergrenze* $\underline{p}$ des betrachteten Preisbereiches ist gleich dem höchsten Preis $\max(\underline{p_{o1}}, \ldots, \underline{p_{on}})$, zu dem es einer der Oligopolisten i vorteilhaft findet, den mit allen übrigen Oligopolisten gemeinsamen Preis $\underline{p_{oi}}$ zu verlassen und die nicht befriedigte Restnachfrage zu einem höheren Preis auszubeuten.

$\underline{p_{oi}}$ ist hierbei der maximale Preis p_{oi} aller übrigen Firmen, bei dem es Firma i gerade noch vorteilhaft findet (bzw. indifferent ist), ihren Preis p_i auf dem Niveau p_{oi} der übrigen Firmen zu belassen, statt ihn auf $p_i^* \geqslant p_{oi} + \epsilon$ festsetzen. Somit[1]

$$\text{(5.4.8a)} \qquad \underline{p_{oi}} = \max \left\{ p_{oi} \mid Q_i(p_i^* | p_{oi}) \geqslant Q_i(p_{oi}), \; p_i^* \leftarrow \max_{p_i} Q_i(p_i \mid p_{oi}) \text{ und } p_i^* \geqslant p_{oi} + \epsilon \right\},$$

falls die Menge $\{ p_{oi} | \ldots \}$ nicht leer ist.

Hierbei ist $Q_i(p_i^* | p_{oi}) := Q_i(p_1, \ldots, p_n, \overline{x}_1, \ldots, \overline{x}_n)$ nach (5.1.31) mit $p_{oi} := p_1 = \ldots = p_{i-1} = p_{i+1} = \ldots = p_n$ und $Q_i(p_{oi}) = Q_i(p_i^* | p_{oi})$ mit $p_i = p_{oi}$.

Falls die Menge $\{ p_{oi} | \ldots \}$ in (5.4.8a) leer ist, so soll p_{oi} definiert sein durch

$$\text{(5.4.8b)} \qquad \underline{p_{oi}} = \min \left\{ p_{oi} | Q_i(p_i^* | p_{oi}) \geqslant Q_i(p_{oi}), \; p_i^* \leftarrow \max_{p_i} Q_i(p_i | p_{oi}) \text{ und } p_i^* < p_{oi} + \epsilon \right\}.$$

Diese Menge $\{ p_{oi} | \ldots \}$ ist sicher nicht leer, wenn die entsprechende Menge in (5.4.8a) leer ist.

Fig. 5.4.9 zeigt die Bestimmung von $\underline{p_{oi}}$ im Fall (5.4.8a) graphisch. Die Strecken $R_1R_2R_3$ und R_4R_5 und der isolierte Punkt T_i illustrieren die Nachfragefunktion für i, wenn die anderen Oligopolisten den Preis p_{oi} verlangen. Sie befriedigen die Nach-

---

1 Hierbei ist, wie ökonomisch vernünftig ist, vorausgesetzt, daß für niedrigere p_{oi} eher eine Tendenz zur Preisüberbietung durch Firma i besteht als für hohe p_{oi}. Falls es ein maximales p_{io} gibt, so daß $Q_i(p_i^* | p_{oi}) = Q_i(p_{oi})$ und $p_i^* \geqslant p_{oi} + \epsilon$, so soll also für alle $\hat{p}_{oi} > p_{oi}$ die Menge $\{ p_{oi} | \ldots \}$ nach (5.4.8a) leer sein. max $\{ \ldots \}$ bedeutet das maximale Element dieser Menge.

Fig. 5.4.9

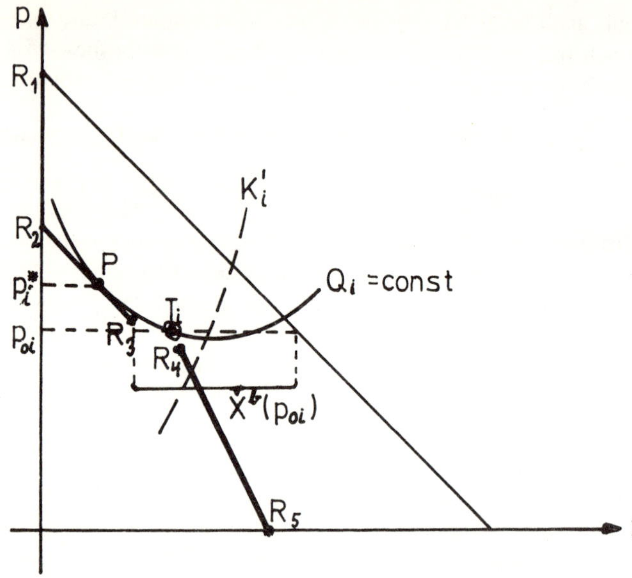

frage $X^b(p_{oi})$. Gesucht ist derjenige Preis p_{oi}, bei dem die durch T_i gehende Isoprofitkurve Q_i = const. gerade die obere Nachfragestrecke R_2R_3 berührt (Punkt P). Dies bestimmt simultan p_i^* und $p_{oi} \cdot p_i^*$ ist hier ohne Interesse.

Wir definieren nun die Untergrenze $\underline{p}$:

$$\underline{p} = \max \{ \underline{p_{o1}}, \ldots, \underline{p_{on}} \}. \tag{5.4.10}$$

Nach der Reaktionshypothese (5.4.2) folgen die Konkurrenten nicht bei Preisheraufsetzungen. Nach (5.4.8a und b) ist für alle $p^* > \underline{p}$ in der Schreibweise von (5.1.32 und 33)

$$\Delta Q_i (\Delta p_i) < 0 \text{ für } \forall \; \Delta p_i \in \Delta P_i \text{ und } \Delta p_i > 0 \tag{5.4.11}$$

$$\text{mit } \Delta p_j (\Delta p_i) = \begin{cases} 0, \text{ falls } j \neq i, \\ \Delta p_i, \text{ falls } i = j \quad i, j \in \{1, \ldots, n\}. \end{cases}$$

Alle Firmen werden also für $p \geqslant \underline{p}$ eine Preisherabsetzung unterlassen, wenn am Ausgangspunkt p alle den gleichen Preis verlangen. Falls nun $\overline{p} > \underline{p}$ ist, so sind *alle* Preise p im Bereich

$$\underline{p} \leqslant p \leqslant \overline{p}, \tag{5.4.12}$$

bei denen $p_1 = \ldots = p_n$ ist, Lösungen, denn in diesem ganzen Bereich sind mit (5.4.7) und (5.4.11) die Lösungsbedingungen (5.1.34) für Preisherauf- und -herabsetzungen erfüllt. *Jeder Preispunkt in diesem Bereich stellt, wenn alle Oligopolisten diesen Preis verlangen, ein stabiles Gleichgewicht dar.*

Fig. 5.4.13

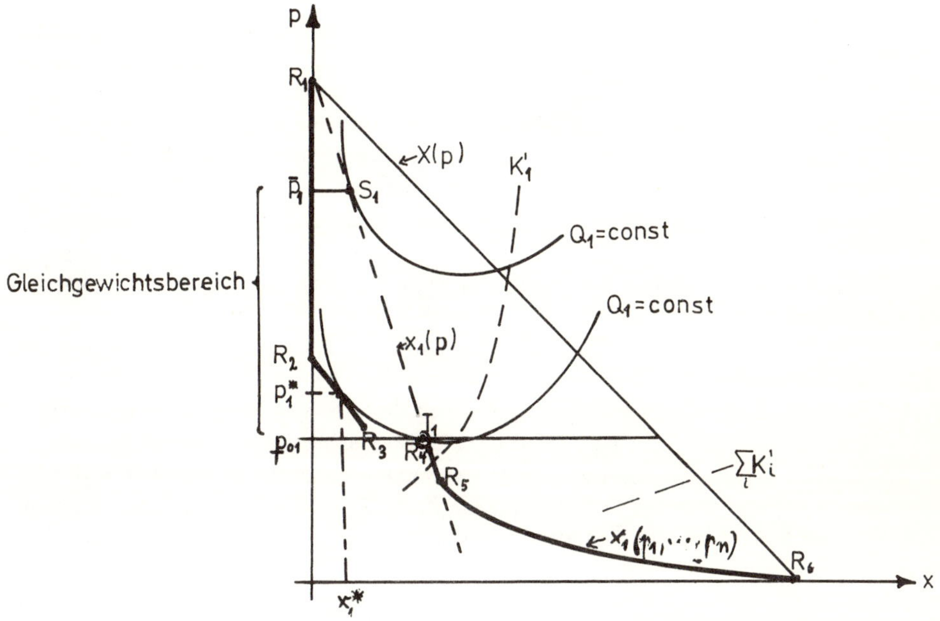

Es gibt nun sicher Oligopolfälle, für die $\overline{p} > \underline{p}$. Dies ist als *Regelfall* anzusehen. Für jede Firma i, für die (5.4.8a) gilt, hat man nämlich $\overline{p}_i > \underline{p}_{oi}$, weil es durch gemeinsame Preiserhöhungen von $\underline{p}_{oi}$ aus, wo $Q_i(p_i^* | p_{oi}) = \overline{Q}_i(p_{oi})$ ist, stets möglich ist, den Gewinn der Firma i zu vergrößern, nachdem schon eine *alleinige* Preiserhöhung auf p_i^* den Gewinn unverändert läßt.

Wenn also alle Firmen die gleichen oder jedenfalls nicht allzu verschiedene Kostenfunktionen haben, ist die Bedingung $\overline{p} > \underline{p}$ sicher erfüllt.

Wir haben damit das *Gesamtergebnis:* Beim Oligopoltyp C gibt es in der Regel einen ausgedehnten Gleichgewichtsbereich $\underline{p} \leqslant p \leqslant \overline{p}$, in dem jeder Preispunkt p, wenn er einmal von allen Oligopolisten erreicht ist, von keinem wieder verlassen wird.

2. Graphische Lösung. Anschauliche Darstellung

Die *Verhaltensannahmen,* die wir zugrundegelegt und zu Anfang dieses Abschnittes begründet haben, sind: jeder folgt bei Preisherabsetzungen eines Konkurrenten, solange die Kapazität aller Firmen die Gesamtnachfrage übersteigt; er würde ja sonst Nachfrage verlieren und damit Gewinneinbußen erleiden. In allen anderen Fällen, insbesondere bei Preisherabsetzungen, folgt er nicht, weil er dadurch nicht geschädigt wird. Jeder sucht unter Zugrundelegung dieser Reaktionen seines Gegenspielers seinen Gewinn zu maximieren.

Fig. 5.4.13 zeigt die Situation graphisch für den aus zeichnerischen Gründen vereinfachten Fall, daß alle Firmen die gleichen Kostenfunktionen haben (in Fig. 5.4.13 sind 3 Firmen angenommen). X(p) ist die Gesamtnachfragekurve des Marktes, K'_1 die Grenzkostenkurve für Firma 1, Q_1 = const. Kurven konstanten Gewinns für Firma 1. Alle Funktionen für die Firma 1 treffen auch für die übrigen Firmen zu. Nehmen wir an, alle verlangten zu Anfang einen sehr hohen Preis oberhalb $\overline{p}_1$. Dann ist es für jede Firma von Vorteil, den Preis auf $\overline{p}_1$ zu senken. Sie weiß ja, daß die anderen Firmen folgen werden, so daß sie sich auf der Nachfragekurve x_1 (p), wo alle den gleichen Preis verlangen, bewegt. Der gewinngünstigste Punkt hierauf ist S_1, was zum Preis $\overline{p_1}$ führt. Oberhalb von $\overline{p_1}$ kann kein Gleichgewicht existieren. Unterhalb von $\overline{p}_1$ werden dagegen alle Preissenkungen unterlassen.

Ist der gemeinsame Ausgangspreis $\underline{p}_{o1}$, so ist es für Firma 1 ebenso vorteilhaft, bei diesem Preis p_{o1} zu bleiben wie auf den Preis p_1^* zu erhöhen. Die anderen würden ja darauf nicht reagieren, weil sie nicht geschädigt sind. Die Nachfragekurve x_1 $(p_1, \ldots, p_n)$, wenn die Firma 1 ausgehend von $\underline{p}_{o1}$ ihren Preis verändert, wird nach unserer Reaktionshypothese durch die Strecken $R_1R_2R_3$ und $R_4R_5R_6$ sowie durch den isolierten Punkt T_1 wiedergegeben (letzteres, weil wir annehmen, daß Preisänderungen von einem gemeinsamen Ausgangspunkt absolut genommen größer als ϵ sein müssen, ϵ eine beliebig kleine vorgegebene positive Zahl). Hier wird Firma 1 gerade noch beim gemeinsamen Preis $\underline{p}_{o1}$ verbleiben. Wäre der gemeinsame Ausgangspreis niedriger als $\underline{p}_{o1}$, so wäre eine Preiserhöhung für 1 vorteilhaft; es besteht kein Gleichgewicht. Wäre es höher, so kommt eine Preiserhöhung von einem gemeinsamen Ausgangspreis aus für Firma 1 gar nicht in Frage.

Bei allen gemeinsamen Ausgangspreisen zwischen $\overline{p}_1$ und $\underline{p}_{o1}$ wird also keine Firma irgendeine Preisänderung vornehmen. Das gilt auch, wenn die Firmen verschiedene Kostenfunktionen haben, zwischen einer Obergrenze $\overline{p}$, die gleich dem Minimum aller Obergrenzen $\overline{p}_i$ ist, und einer Untergrenze $\underline{p}$, die gleich dem Maximum aller Untergrenzen $\underline{p}_{oi}$ ist. Im Regelfall ist $\overline{p} > \underline{p}$, so daß ein ausgedehnter Gleichgewichtsbereich besteht, der die Lösung des statischen Problems darstellt.

5. Abschnitt

Übergang zu inhomogenen Gütern

Die Unstetigkeitsstellen in der Nachfragefunktion bei vollständig homogenen Gütern sind für die Analyse unbequem und entsprechen nicht der Realität. Es liegt daher nahe, von „etwas“ inhomogenen Gütern auszugehen und den Fall der homogenen Güter als Grenzfall zu erfassen.

Ein solcher Ansatz stammt von Shapley und Shubik.[1] Wir folgen ihnen hier.[2] Es sei

$$(5.5.1) \qquad \bar{p} = \frac{1}{n} \sum_{i=1}^{n} p_i$$

der Durchschnittspreis aller n Oligopolisten,

$$(5.5.2) \qquad \bar{x} = \frac{1}{n} \sum_{i=1}^{n} x_i$$

die durchschnittliche Liefermenge,

$$(5.5.3) \qquad X^* = \sum_{i=1}^{n} x_i$$

die Gesamtliefermenge.

Die durchschnittliche Nachfragekurve sei

$$(5.5.4) \qquad \bar{x} = \frac{a}{2b} - \frac{1}{2b}\,\bar{p}, \text{ so daß}$$

$$(5.5.4a) \qquad \bar{p} = a - 2b\bar{x}.$$

Die Abweichung vom Durchschnittsabsatz, den ein Oligopolist i erreichen kann, wenn er mit seinem Preis vom Durchschnittspreis abweicht, sei

$$(5.5.5) \qquad x_i - \bar{x} = -\frac{n}{2\epsilon}(p_i - \bar{p}),$$

wobei ϵ eine kleine positive Zahl ist, die ein Maß für die Inhomogenität der Güter darstellt. Sie ist für alle Oligopolisten gleich. Somit hat man für die Nachfragefunktion für die Firma i:

$$(5.5.6) \qquad x_i = \frac{a-\bar{p}}{2b} - \frac{n}{2\epsilon}(p_i - \bar{p}).$$

Die Kostenfunktion sei für alle gleich und linear:

$$(5.5.7) \qquad K_i = c\, x_i$$

---

1 *Shapley* und *Shubik*, Price Strategy Oligopoly with Product Variation, Kyklos XXII (1969), 6. Aufl., S. 30 ff.

2 Trotz Bedenken über die Annahmen und das Verfahren: *Shapley* und *Shubik* nehmen an, daß die Firmen zwar verschiedene Produkte produzieren, aber trotzdem alle die gleiche Kostenfunktion haben, und sie addieren die verschiedenen Produkte auf – alles Annahmen, die nur bei minimal differenzierten Produkten zulässig erscheinen. Ebenso setzen sie voraus, jeder Oligopolist glaube, er könne seinen Preis ohne Reaktion des anderen verändern, was der Oligopolsituation nicht angemessen ist.

und es gebe für jede Firma eine gleiche Kapazitätsgrenze:

(5.5.8) $\overline{x}_i = x\,,\quad \forall\, i \in \{1, \ldots, n\}.$

Der Gewinn der Firma i ist dann

(5.5.9) $Q_i = (p_i - c) \cdot x_i.$

Wenn die Kapazitätsgrenze nicht wirksam ist, so daß alle Firmen den gleichen Preis p verlangen, erhält man aus (5.5.9) und (5.5.6) durch $\frac{\partial Q_i}{\partial p} = 0$:

(5.5.10) $$p = \frac{n(n-1)\,bc + \epsilon(na + c)}{n(n-1)\,b \;+ \epsilon(n+1)}$$

Hieraus ersieht man:

a) Für $n \to \infty$ geht $p \to c$: Wenn die Zahl der Firmen steigt, wird asymptotisch der Konkurrenzpreis, der gleich den Grenzkosten ist, erreicht.
b) Für $\epsilon \to 0$ geht $p \to c$, unabhängig von der Zahl n der Firmen: Wenn die Inhomogenität der Güter verschwindet und genügend Kapazität vorhanden ist, so daß alle den gleichen Preis verlangen, wird ebenfalls der Konkurrenzpreis erreicht. Dies ist der *Bertrand-Fall* (s. o.).

Wenn die Kapazitätsgrenze wirksam ist, so daß jede Firma auch bei höherem Preis als dem der Konkurrenten noch Nachfrage hat, gibt es u. U. kein Gleichgewicht. Man betrachte die Firma 1. Die übrigen Firmen nutzen ihre Kapazität voll aus, so daß

(5.5.11) $$\sum_{i=1}^{n} x_i = X^* = (n-1)\,\overline{x} + x_1.$$

Aus (5.5.6) erhält man

(5.5.12) $$p_i = a - \frac{2b}{n} X^* - \frac{2\epsilon}{n} x_i + \frac{2\epsilon}{n^2} X^*.$$

Setzt man hier (5.5.11) ein, ergibt sich für i=1:

(5.5.13) $$p_1 = a - \frac{2(n-1)}{n} b\overline{x} + \frac{n-1}{n^2} 2\epsilon\overline{x} - \frac{2}{n} \left(b + \epsilon - \frac{\epsilon}{n}\right) x_1.$$

Dies ist die Nachfragekurve, der sich Firma 1 jetzt gegenübersieht, solange die übrigen Firmen an der Grenze ihrer Kapazität sind.[1] Setzt man dies, aufgelöst nach x_1, in (5.5.9) ein und bildet

---

1 In Fig. 5.4.13 ist (5.4.13) die Gleichung der Strecke R_2R_3 der Nachfragekurve.

$$\frac{\partial Q_1}{\partial p_1} = 0 ,$$

so erhält man als Lösung[1]

$$x_1 = \frac{a - c + \frac{2(n-1)}{n}\left(\frac{\epsilon}{n} - b\right)\overline{x}}{\frac{4}{n}\left(b + \epsilon\frac{n-1}{n}\right)} . \qquad (5.5.14)$$

Damit hat Firma 1 den Gewinn

$$Q_1 = \frac{\left[a - c + 2\frac{n-1}{n}\left(\frac{\epsilon}{n} - b\right)\overline{x}\right]^2}{\frac{8}{n}\left[b + \epsilon\left(\frac{n-1}{n}\right)\right]} . \qquad (5.5.15)$$

während sie, wenn sie den gleichen Preis wie die übrigen Firmen verlangt,[2] den Gewinn

$$Q_1^o = \frac{2n(a-c)^2[n(n-1)b + \epsilon]}{2b\,[\epsilon(n+1) + n(n-1)b]^2} \qquad (5.5.16)$$

hat.

Setzt man $Q_1 = Q_1^o$, so läßt sich die Gleichung nach $\overline{x}$ lösen, und man erhält den Minimalwert $\overline{x}_{min}$ der Kapazität $\overline{x}$, bei dem gerade noch alle Firmen den gleichen Preis verlangen, bei dem Gleichgewicht besteht. Bei geringerer Kapazität als $\overline{x}_{min}$ existiert kein Gleichgewicht.

Shapley und Shubik errechnen

$$\overline{x}_{min} = \frac{n^2(a-c)}{2(n-1)(nb-\epsilon)}\left[1 - \frac{2}{n}\frac{\sqrt{2n\,[bn + \epsilon(n-1)]\,[n(n-1)b+\epsilon]}}{\epsilon(n+1) + n(n-1)b}\right] , \qquad (5.5.17)$$

woraus man als Spezialfälle erhält

a) für undifferenzierte Produkte ($\epsilon = 0$):

$$\overline{x}_{min} = \frac{n^2(a-c)}{2(n-1)nb} \text{ , somit für den Dyopolfall } n = 2 : \overline{x}_{min} = \frac{a-c}{b},$$

d.h.: jeder muß den ganzen Markt versorgen können.[3]

b) für festes ϵ und $n \to \infty$ (Übergang zur vollständigen Konkurrenz):

$\overline{x}_{min} \to \frac{a-c}{2b}$, d.h. jeder braucht nur noch die Hälfte des Marktes versorgen zu können.

Shapley und Shubik schließen hieraus, daß im Preis-Oligopol Unstabilität herrscht, es sei denn, es sei genügend Überkapazität vorhanden.

---

1 In Fig. 5.4.13 ist x_1 der Wert von x_1^*.

2 In Fig. 5.4.13: wenn sie sich im Punkt T_1 befindet.

3 Die ist die Voraussetzung für die Eindeutigkeit der Lösung des Bertrand-Oligopols, vgl. (5.2.7)

In ihrem Modell stimmt das. Dies Modell setzt aber, weil für (5.5.10) und (5.5.14) die *partiellen* Ableitungen verwandt wurden, voraus, jeder Oligopolist erwarte auf eigene Preisänderungen *keine Reaktion* der übrigen Oligopolisten. Und das ist so wirklic keitsfremd und der Sachlage nicht angemessen, daß man aus dem Ergebnis keinen Sch auf die Wirklichkeit ziehen kann. Doch läßt sich das Modell so abwandeln, daß solche Reaktionen berücksichtigt werden. Dann kommt man aber zu Ergebnissen ähnlich der des letzten Abschnittes.

6. Kapitel

INHOMOGENES OLIGOPOL, PREISSTRATEGIE: OLIGOPOLTYP A ODER: PREISKONKURRENZ IM OLIGOPOL BEI NICHT VOLL BEWEGLICHER NACHFRAGE. HEURISTISCHE THEORIEN

Dies ist der in der Wirklichkeit meist vorzufindende Oligopolfall: mehrere Firmen produzieren substituierbare, aber (zumindest im Urteil der Nachfrager) nicht identische Produkte und setzen sie an einen (zumindest teilweise) gemeinsamen Kundenkreis ab. Hierbei fixieren sie den *Preis* und eventuell die Werbemaßnahmen und gleichen sich mit der Produktionsmenge der Nachfrage an. Die Nachfrage nach dem Produkt einer Firma hängt in fühlbarer Weise von den Preisen und Werbemaßnahmen aller Firmen ab, aber so, daß wegen der Inhomogenität der Produkte und anderer Marktmerkmale auch die teurere Firma nicht alle Kunden verliert: die Nachfrage ist unvollständig beweglich. Die meisten bekannten Oligopolmärkte sind von dieser Art.

In diesem Kapitel werden die wichtigsten *heuristischen Theorien* über diesen Oligopoltyp behandelt, darunter auch die Theorie, die ich in der 1. Auflage der „Preistheorie" vorgeschlagen habe. Als „heuristisch" bezeichne ich, wie früher ausgeführt, die Theorien, die die Reaktion der übrigen Firmen auf eigene Preis- oder Werbeänderungen als empirisch gegeben annehmen und nicht ableiten. Sie unterscheiden sich durch diese Reaktionsannahmen; wenn man sie beurteilen will, muß man die Plausibilität dieser Reaktionsannahmen beurteilen. Wir behandeln hier nur wirtschaftsfriedliches Verhalten und beschränken uns auf den Preis als strategische Variable. Dagegen bringen wir, wie in früheren Kapiteln, statische und dynamische Ansätze.

1. Abschnitt

Allgemeiner Ansatz

A. Analytische Behandlung

Es gebe n Firmen, von denen die Firma 1, . . . , n je ein Produkt mit den Mengen $x_1, \ldots, x_n$ zu den Preisen $p_1, \ldots, p_n$ an einen zumindest teilweise gemeinsamen Kundenkreis absetzt. Die Produkte seien inhomogen, und die Nachfrage zwischen den Anbietern sei für alle fühlbar beweglich. Die *Nachfragefunktion für Firma i* sei

(6.1.1) $$x_i = x_i(p_1, \ldots, p_n), \quad \forall\, i \in \{1, \ldots, n\}$$

$$\text{mit } \frac{\partial x_i}{\partial p_i} < 0, \quad \frac{\partial x_i}{\partial p_j} > 0, \quad \forall\, i, j \in \{1, \ldots, n\}, \quad i \neq j$$

$$\sum_{j=1}^{n} \frac{\partial x_i}{\partial p_j} < 0, \quad \forall\, i \in \{1, \ldots, n\}. \;.$$

Letzteres bedeutet, wie im Rahmen der Monopoltheorie bei (2.1.42f) gezeigt, daß bei Preissteigerung *aller* Produkte die Nachfrage nach Gut i zurückgehen soll. Hierbei sind die Produktionseinheiten geeignet normiert zu denken, so daß die Proportionalitätsfaktoren μ_j in (2.1.42f) alle Eins werden.

Mit $\frac{\partial x_i}{\partial p_j} > 0$ sind nur preissubstitutive Produkte erfaßt und preiskomplementäre $(\frac{\partial x_i}{\partial p_j} < 0)$ ausgeschlossen. Das ist zwar eine Einschränkung der Allgemeinheit, erleichtert aber die Analyse.

Die *Kostenfunktion* der Firma i sei

(6.1.2) $$K_i = K_i(x_i) \text{ mit } K_i'(x_i) > 0, \; K_i''(x_i) \geqslant 0.$$

Nachfrage- und Kostenfunktionen seien allen Firmen bekannt. Wegen der oligopolistischen Interdependenz muß jede Firma damit rechnen, daß die anderen Firmen auf eigene Preisänderungen reagieren. Diese *Reaktionsfunktionen* werden bei den heuristischen Theorien als gegeben betrachtet, ebenso wie die Nachfrage- und Kostenfunktion. Sie sind ebenso wie im letzten Kapitel (vgl. (5.1.28)) gegeben durch

(6.1.3) $$p_j^{(i)} = p_j^* + r_j^{(i)}(p_i - p_i^*, p_1^*, \ldots, p_n^*) = : \bar{r}_j^{(i)}(p_i, p_1^*, \ldots p_n^*)$$

mit

(6.1.3a) $$r_j^{(i)}(0, p_1^*, \ldots, p_n^*) = 0 \;.$$

Hierbei ist $p_j^{(i)}$ der Preis, den Firma j nach Ansicht der Firma i verlangen wird, wenn sie ihren Preis auf p_i festlegt. Die Ausgangspreise sind $p_1^*, \ldots, p_n^*$. $r_j^{(i)}(\cdot)$ sind die Reaktionsfunktionen.

Die *Lösung* dieses statischen Oligopolproblems ist die Menge der Ausgangspreise $p_1^*, \ldots, p_n^*$, von denen kein Oligopolist bei den vorgestellten Reaktionen der übrigen Oligopolisten abweicht. An der Lösung gilt also:

(6.1.4) $p_i^* = p_i,\ p_j^{(i)} = p_j^* = p_j,\ r_j^{(i)}(\cdot) = 0,\quad i, j \in \{1, \ldots, n\},\ i \neq j.$

Wir setzen wieder zur Vereinfachung: $\partial r_j^{(i)}(\cdot) \,/\, \partial p_i := 1$.

Jede Firma i will ihre Gewinn maximieren:

(6.1.5) $$Q_i = p_i x_i(p_1, \ldots, p_n) - K_i(x_i(p_1, \ldots, p_n)) = \max_{p_i}!$$

Bei den von der Firma i angenommenen Reaktionsfunktionen gemäß (6.1.3 und 4) gilt am Gewinnmaximum der Firma i, wie es sich die Firma i vorstellt, notwendig:

(6.1.6) $$\frac{dQ_i}{dp_i} = x_i(p_1, \ldots, p_n) + [p_i - K_i'(x_i(\cdot))] \cdot \sum_{j=1}^{n} \frac{\partial x_i(\cdot)}{\partial p_j} \frac{\partial r_j^{(i)}(\cdot)}{\partial p_i} = 0.$$

Sind die Reaktionsfunktionen $r_j^{(i)}(\cdot)$ und damit natürlich deren Ableitungen bekannt, so bestimmen die n Gleichungen (6.1.6) simultan die n Lösungspreise $p_1^*, \ldots, p_n^*$, vorausgesetzt, daß eine Lösung existiert für positive p_i^* und $x_i(\cdot)$ und eindeutig ist[1] und daß $p_i \geqslant K_i'(x_i)$. Andernfalls wäre die Produktion der betreffenden Firma i Null, und wir hätten kein Oligopol von n Firmen.

Die heuristischen statischen Oligopoltheorien unterscheiden sich durch die Annahmen über die Reaktionsfunktionen. Die Lösung $p_1^*, \ldots, p_n^*$ ist dadurch charakterisiert, daß jede Firma i aufgrund der von ihr und allen übrigen Firmen vorgestellten Reaktionsfunktionen glaubt, ihr Gewinnmaximum erreicht zu haben. Tatsächlich kann sie auch von ihrem Preis p_i nicht abweichen, ohne sich bei der vorgestellten Reaktion aller übrigen Firmen schlechter zu stellen. Das gilt für alle Firmen. Somit handelt es sich hier um einen *Gleichgewichtspunkt* im Sinne von Nash, allerdings nicht im ursprünglichen, objektiv gegebenen Spiel, sondern in einem speziellen „Spiel“: jeder meint, alle übrigen hätten nur eine Strategie, festgelegt durch ihre Reaktionsfunktionen, während er selbst über ein Kontinuum von Strategien, nämlich seinen Preis p_i, verfügt. Dies ist kein Spiel im Sinne von v. Neumann und Morgenstern. Nur wenn keine Reaktionsfunktionen existieren bzw. wenn $dr_j^{(i)}(\cdot)/dp_i = 0,\ \forall\, i, j \in \{1, \ldots, n\},\ i \neq j$, entsteht ein Spiel im Sinne der Spieltheorie, weill dann jeder auch nach der Vorstellung des anderen frei über seinen Preis verfügen kann.

Die vorgestellten Reaktionsfunktionen $r_j^{(i)}(\cdot)$ werden i. a. nicht mit denjenigen übereinstimmen, die sich nach Lösung des Problems aufgrund dieser vorgestellten Reaktionsfunktionen ergeben. Wir sind darauf bereits beim homogenen Oligopol eingegangen (vgl. (4.1.6a) dort). Das entsprechende gilt hier.

Sei p_i^* jetzt als Parameter betrachtet, so daß in (6.1.6) die i-te Gleichung zu streichen ist und in allen übrigen Gleichungen $\partial r_i^{(j)}(\cdot)/\partial p_j = 0,\ j \in \{1, \ldots, n\}$, $j \neq i$ zu setzen ist. Dann ist die Lösung von (6.1.6), wenn sie existiert und eindeutig ist, eine Funktion g_j des Preises p_i^*:

---

1 Das ist nicht selbstverständlich. Wir gehen aber auf die Sonderfälle, für die das nicht zutrifft, nicht ein.

(6.1.7) $p_j^* = g_j(p_i^*)$.

I. a. wird $g_j(\cdot) \neq \bar{r}_j^{(i)}(\cdot)$ sein. g_j ist die eigentliche Reaktionsfunktion. Diese Form von Inkonsistenz müssen wir im allgemeinen in Kauf nehmen, wenn wir mit heuristischen Theorien arbeiten.

Bevor wir auf die Lösung von (6.1.6) für verschiedene Reaktionsfunktionen eingehen, ist es zweckmäßig, einige Beziehungen abzuleiten, die im folgenden benötigt werden.

a) Keine Reaktion der Konkurrenten auf Preisänderungen der Firma i

Reagieren die Konkurrenten nicht auf Preisänderungen der Firma i, d. h. ist

$$\frac{dr_j^{(i)}(\cdot)}{dp_i} = 0\,, \quad \forall\, i, j \in \{1, \ldots, n\}\,, \quad i \neq j,$$

so ergibt sich für den optimalen Preis jeder Firma i aus (6.1.6):

$$G_i := \frac{\partial Q_i}{\partial p_i} = x_i(\cdot) + [p_i - K_i'(x_i(\cdot))]\,\frac{\partial x_i(\cdot)}{\partial p_i} = 0\,, \qquad (6.1.8)$$

$$i \in \{1, \ldots, n\}.$$

Jede Gleichung von (6.1.8) kann, wenn $\frac{\partial G_i}{\partial p_j} \neq 0$ für $\forall\, j \neq i$ mit $G_i = 0$ ist, als

$$p_i = F_i(p_1, \ldots, p_{i-1}, p_{i+1}, \ldots, p_n) \qquad (6.1.8a)$$

geschrieben werden. Hat man eine Lösung $(p_1^*, \ldots, p_n^*)$ des Systems (6.1.8 bzw. 8a), so ist das ein *Nash-Gleichgewichtspunkt*, genannt *Launhardt-Hotelling Punkt*, vgl. (6.2.3) unten. Für n = 2 ist $\{(p_1, p_2) \mid p_2 \geqslant 0,\ p_1 = F_1(p_2)\}$ bzw. $\{(p_1, p_2) \mid p_1 \geqslant 0,\ p_2 = F_2(p_1)\}$ die *Kammlinie* für Firma 1 bzw. 2 in der graphischen Darstellung unten. Sie gibt den optimalen Preis für die Firma i an, wenn alle übrigen Firmen über ihren Preis bereits entschieden haben.

Welche Neigung hat die Kammlinie? Nach (6.1.8) hat man für sie im Fall des Dyopols

$$\frac{dp_i}{dp_j} = -\frac{\partial G_i/\partial p_j}{\partial G_i/\partial p_i} = \qquad (6.1.9)$$

$$= -\frac{\partial x_i/\partial p_j + [p_i - K_i'(x_i)]\,\partial^2 x_i/\partial p_j \partial p_i - K_i''(x_i)\,\frac{\partial x_i}{\partial p_i}\,\frac{\partial x_i}{\partial p_j}}{\partial x_i/\partial p_i + [p_i - K_i'(x_i)]\,\partial^2 x_i/\partial p_i^2 + [1 - K_i''(x_i)\,\frac{\partial x_i}{\partial p_i}]\,\frac{\partial x_i}{\partial p_i}}.$$

Sobald überhaupt produziert wird, ist $p_i - K_i'(x_i) \geqslant 0$. Mit (6.1.1) und (6.1.2) sind in (6.1.9) noch nicht alle Vorzeichen bestimmt. Über die zweiten Ableitungen der Nachfragefunktion (6.1.1) war nichts vorausgesetzt und ist auch allgemein nichts vorauszusetzen: alle Vorzeichen sind a priori möglich. Somit ist auch die Neigung der Kammlinie nicht allgemein abzuleiten. Nur für den Fall *linearer Nachfragefunktionen:*

(6.1.10) $$\partial^2 x_i/\partial p_j \partial p_i = \partial^2 x_i/\partial p_i^2 = 0, \quad i, j \in \{1, 2\}, \; i \neq j,$$

oder für den Fall „genügend linearer“ Nachfragefunktionen, so daß die partiellen Ableitungen (6.1.10) genügend nahe an Null sind, hat man

(6.1.11) $$\frac{dp_i}{dp_j} > 0.$$

Dies ist als *Regelfall* anzusehen. Stackelberg nennt diesen Markttyp, wo in der graphischen Darstellung die Kammlinien von der gegnerischen Preisachse fortweisen, $\delta\delta$.

Als *Ausnahmefall* (bei genügend großer Krümmung der Nachfragefunktion) ist aber auch $\frac{dp_i}{dp_j} < 0$ möglich. Stackelberg nennt dies: Markttyp $\gamma\gamma$.

b) Der geometrische Ort der Berührungspunkte der Isoprofitlinien

(6.1.12) $$L_i := p_i \cdot x_i(p_1, \ldots, p_n) - K_i(x_i) - c_i = 0,$$

wobei die Konstanten c_i die Gewinnhöhen angeben, ist dadurch bestimmt, daß es Preisänderungen $dp_1, \ldots, dp_n$ gibt, bei denen sich die Gewinne aller Firmen nicht ändern. Hierbei sind eventuelle Reaktionen gleich in den Preisänderungen $dp_1, \ldots, dp_n$ eingeschlossen. Somit hat man als notwendige Bedingung:

(6.1.13) $$\begin{aligned} dQ_1 &= \frac{\partial Q_1}{\partial p_1} dp_1 + \ldots + \frac{\partial Q_1}{\partial p_n} dp_n = 0 \\ &\vdots \\ dQ_n &= \frac{\partial Q_n}{\partial p_1} dp_1 + \ldots + \frac{\partial Q_n}{\partial p_n} dp_n = 0, \end{aligned}$$

wobei nach (6.1.5):

(6.1.14) $$\frac{\partial Q_i}{\partial p_j} = \begin{cases} x_i + [p_i - K_i'(x_i)] \dfrac{\partial x_i}{\partial p_j}, & \text{falls } i = j \\ [p_i - K_i'(x_i)] \dfrac{\partial x_i}{\partial p_j}, & \text{falls } i \neq j. \end{cases}$$

(6.1.13) ist nur lösbar für $dp_1, \ldots, dp_n \neq 0$, falls die *Jacobische Determinante* verschwindet:

(6.1.15) $$\begin{vmatrix} \dfrac{\partial Q_1}{\partial p_1} & \cdots\cdots & \dfrac{\partial Q_1}{\partial p_n} \\ \vdots & & \\ \dfrac{\partial Q_n}{\partial p_1} & \cdots\cdots & \dfrac{\partial Q_n}{\partial p_n} \end{vmatrix} = 0.$$

Für den Dyopolfall (n=2) kann man (6.1.15) auch dadurch ableiten, daß die Neigungen aller Isoprofitkurven, errechnet nach (6.1.12), in allen Richtungen übereinstimmen müssen:

$$(6.1.16) \qquad \frac{dp_k}{dp_l} = -\frac{\partial L_i/\partial p_l}{\partial L_i/\partial p_k} = -\frac{\partial L_j/\partial p_l}{\partial L_j/\partial p_k}, \quad \forall\, i, j, k, l \in \{1, 2\},$$
$$i \neq j,\ k \neq l.$$

Bei Ausführung der Differentiation wird sowohl aus (6.1.15) für n = 2 wie aus (6.1.16):

$$(6.1.17) \qquad \frac{x_1 + [p_1 - K_1'(x_1)]\dfrac{\partial x_1}{\partial p_1}}{[p_1 - K_1'(x_1)]\dfrac{\partial x_1}{\partial p_2}} = \frac{[p_2 - K_2'(x_2)]\dfrac{\partial x_2}{\partial p_1}}{x_2 + [p_2 - K_2'(x_2)]\dfrac{\partial x_2}{\partial p_2}}.$$

Da $x_i = x_i(p_1, p_2)$ und $K_i(x_i)$ in der Regel nichtlineare Funktionen sind, gibt es in der Regel mehr als eine Lösung von (6.1.17), nämlich i. a. zwei:

$$(6.1.18) \qquad \begin{aligned} p_1 &= H(p_2) \\ p_1 &= T(p_2). \end{aligned}$$

H ist in der graphischen Darstellung die *Maximallinie* oder *Pareto-Optimalitätslinie*, T ist die *Minimallinie* oder *optimale Drohungskurve* (optimal threat curve). Für beide sind die (notwendigen) Bedingungen 1.Ordnung, daß nämlich die Jacobische Determinante verschwindet, identisch, die Bedingungen höherer Ordnung aber verschieden. Die *Maximallinie* verbindet alle die Punkte, für die bei einer vorgegebenen Gewinnhöhe einer Firma der Gewinn der anderen Firma *maximal* ist, die *Minimallinie* alle die Punkte, für die bei einer vorgegebenen Gewinnhöhe einer Firma der Gewinn der anderen Firma *minimal* ist.

Beides läßt sich wie folgt formulieren:

$$(6.1.19) \qquad Q_i = \begin{cases} \text{max! im ersten Fall} \\ \text{min! im zweiten Fall} \end{cases}$$

unter der Nebenbedingung $\emptyset := -Q_j + c_j = 0$, $i, j \in \{1, 2\}$, $i \neq j$.

Dies führt auf die Lagrange-Beziehung:

$$(6.1.19a) \qquad L = Q_i + \lambda\emptyset = \begin{cases} \text{max!} \\ \text{bzw. min!}, \end{cases}$$

λ ein Lagrangescher Multiplikator.

Für beides ist die notwendige Bedingung

$$(6.1.20) \qquad \frac{\partial L}{\partial p_k} = \frac{\partial Q_i}{\partial p_k} - \lambda\frac{\partial Q_j}{\partial p_k} = 0, \quad \forall\, k \in \{1, 2\},$$

was bei Ausführung der Differentiation und Eliminierung von λ auf (6.1.17) führt.

Die Kammlinie verläuft bei gegebenem Preis des Konkurrenten stets „unterhalb" der Maximallinie, wobei „unterhalb" bei kleineren eigenen Preisen heißt. Nach (6.1.7) ist nämlich auf der Kammlinie $x_i + [p_i - K_i'(x_i)] \frac{\partial x_i}{\partial p_i} = 0$, während nach (6.1.17) diese Größe auf der Maximallinie und der Minimallinie ungleich Null sein muß. Die Analyse der Bedingungen 2. Ordnung führt dann auf die obige Beziehung.

c) Eine Firma betrachtet ihren eigenen Preis als gegeben.

Betrachtet eine Firma ihren eigenen Preis als gegeben, so wird sie, wenn sie ihren Gewinn maximieren will, soviel anbieten, daß *der Preis gleich den Grenzkosten ist,* vorausgesetzt, daß die Preise der übrigen Firmen diese Nachfrage zulassen; andernfalls: bis zur Grenze der Nachfrage.

Es sei x_i^* die gewünschte Produktions- und Liefermenge, x_i^{**} die realisierbare (falls beide nicht übereinstimmen), $x_i(p_1, \ldots, p_n)$ die Nachfrage bei der gegebenen Preiskonstellation. Dann lautet die Aufgabe:

(6.1.21) $$Q_i = p_i x_i^* - K(x_i^*) = \max_{x_i^*}! \, , \; x_i^* \leqslant x_i(p_1, \ldots, p_n).$$

Die Lösung ist offensichtlich

(6.1.22a) $$p_i - K_i'(x_i^*) = 0, \text{ falls } x_i^* \leqslant x_i(p_1, \ldots, p_n)$$

(6.1.22b) $$p_i - K_i'(x_i^{**}) > 0 \, , \quad \text{falls } x_i^* > x_i(p_1, \ldots, p_n) \; ;$$

dann ist $x_i^{**} = x_i(p_1, \ldots, p_n)$ die Lösung.

Die Grenzkostenfunktion (6.1.22a) *kann auch im Preisraum definiert werden.* Wir tun dies hier nur für den Fall $x_i^* = x_i(p_1, \ldots, p_n)$. Dann wird (6.1.22a):

(6.1.23) $$p_i = K_i'(x_i(p_1, \ldots, p_n)).$$

Löst man (6.1.23) nach p_i (falls dies möglich ist), so erhält man die Grenzkostenfunktion $\overline{K}_i'$ im Preisraum:

(6.1.24) $$p_i = \overline{K}_i'(p_1, \ldots, p_{i-1}, p_{i+1}, \ldots, p_n).$$

Ist eine Preiskonstellation $(p_1, \ldots, p_n)$ realisiert, bei der (6.1.24) für alle Oligopolisten gilt, so ist der *Polipolpunkt* **C** realisiert. Er wird wegen gewisser gesamtwirtschaftlicher Optimalitätseigenschaften auch *effizienter Punkt* genannt. Einzelwirtschaftlich ist er im Oligopol keinesfalls optimal.

Der effiziente Punkt liegt (im Gegensatz zu dem entsprechenden Punkt beim homogenen Oligopol und bei Mengenpolitik) *nicht* auf der Minimalkurve (und erst recht nicht auf der Maximalkurve): (6.1.17) ist nicht erfüllt für $p_i = K_i'(x_i)$.

Damit sind die wichtigsten Beziehungen für diesen Oligopoltyp abgeleitet. Im nächsten Unterabschnitt werden sie für den Dyopolfall graphisch veranschaulicht.

B. Graphische Veranschaulichung

Wir betrachten ein Dyopol mit den Firmen 1 und 2. Die *Daten* des Problems sind die Nachfrage- und Kostenfunktionen für die Firmen 1 und 2. Die Nachfra-

Fig. 6.1.25

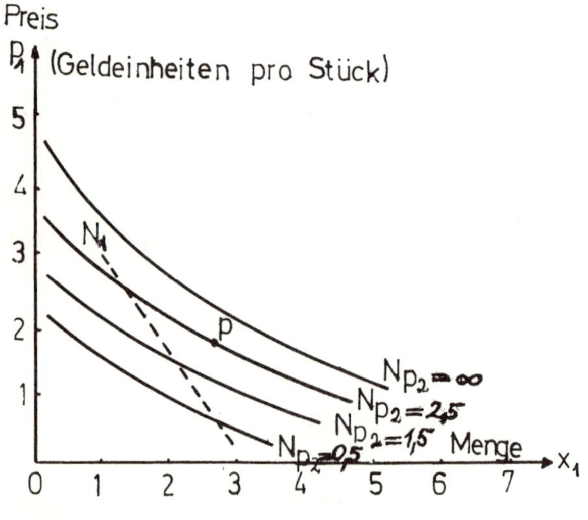

gefunktion für die Firma 1 läßt sich wie in Fig. 6.1.25 darstellen. An Stelle einer einzigen Nachfragekurve müssen wir eine ganze Schar zeichnen, wobei jede für einen anderen Preis der Konkurrenzfirma 2 gilt. $N_{p2=\infty}$ ist die Nachfragekurve für die Firma 1, wenn 2 einen unendlich hohen Preis fordert (d. h. wenn die Firma 2 gar nicht auf dem Markt ist), $N_{p2=2,5}$ die Nachfragekurve für die Firma 1, wenn die Firma 2 einen Preis von 2,5 Geldeinheiten verlangt usw. Die gestrichelte Nachfragekurve N_1 ergibt sich aus den übrigen, wenn beide Firmen den gleichen Preis fordern.

Die *Kostenfunktion* der Firma 1 ist in Fig. 6.1.26 dargestellt. $K_1(x_1)$ ist die Gesamtkostenkurve, $\frac{K_1(x_1)}{x_1}$ die Durchschnittskostenkurve, K_1' die Grenzkostenkurve. Dabei wurde eine neoklassische Kostenfunktion angenommen. Außerdem sind in Fig. 6.1.26 noch die Kurven konstanten Gewinns der Firma 1 $Q_1 = 0$, $Q_1=1$ usw. eingezeichnet. Sie geben die Preis-Mengen-Konstellationen an, die bei der angenommenen Kostenfunktion zu einem bestimmten Gewinn von 0, 1, 2 . . . Geldeinheiten führen. Hierbei sind die Nachfrageverhältnisse außer acht gelassen; daher sind nicht alle Punkte auf diesen Kurven realisierbar. Die Nullgewinnkurve $Q_1 = 0$ fällt offensichtlich mit der Durchschnittskostenkurve $\frac{K_1}{x_1}$ zusammen, denn wenn die Firma einen Preis verlangt, der den Durchschnittskosten entspricht, so macht sie keinen Gewinn. Die Kurven gleichen Gewinns $Q_1 = 1$, $Q_1 = 2$ usw. lassen sich aus der Durchschnittskostenkurve ableiten. Die Kurve $Q_1 = 1$ z.B. erhält man, wenn man bei der Produktionsmenge $x_1 = 1$ eine Geldeinheit zu den Durchschnittskosten addiert, bei $x_1 = 2$ eine halbe Geldeinheit, für $x_1 = 3$ eine drittel usf.

Allgemein ist die Kurve $Q_1 = c$ im p_1, x_1–Koordinatensystem bestimmt durch

$$p_1 = \frac{K_1(x_1)}{x_1} + \frac{c}{x_1}.$$

Fig. 6.1.26

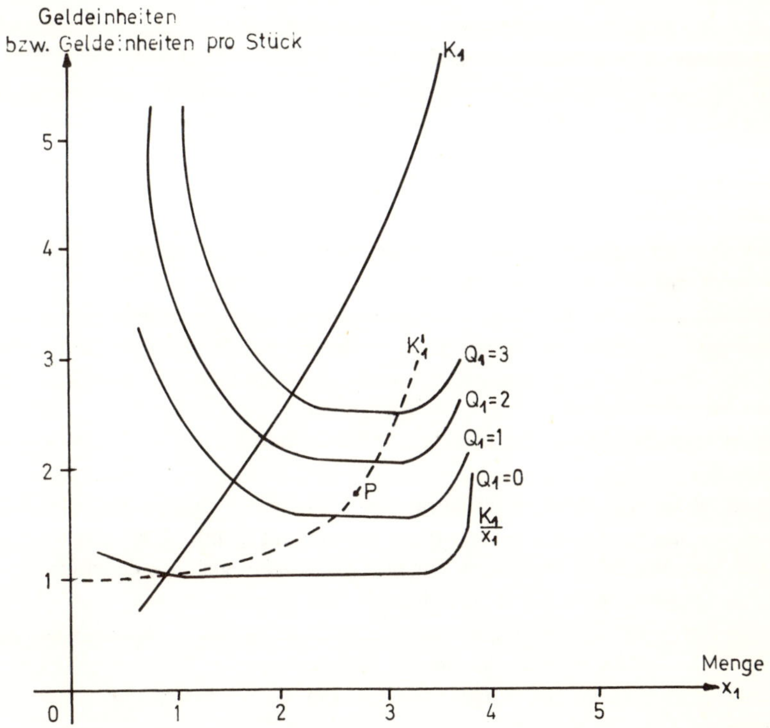

Die Grenzkostenkurve K_1' geht durch die Minima der Kurven gleichen Gewinns.[1]

1 Beweis: Die Kurven konstanten Gewinns $(p_1 - \frac{K_1}{x_1})\, x_1 = \text{const.}$ erreichen ihr Minimum bei $\frac{d}{dx_1}(p_1 - \frac{K_1}{x_1})\, x_1 = 0$, also bei $p_1 = K_1'(x_1)$.

Sie zeigt die Produktionsmengen x_1 an, die bei einer bestimmten Preisforderung der Firma 1 zu maximalem Gewinn führen. Man beachte aber, daß es nicht im Belieben der Firma 1 steht, Preis und Absatz auf dieser Grenzkostenkurve zu halten. Die entsprechende Nachfragemenge tritt für die Firma 1 nur bei ganz bestimmten Preisforderungen der Firma 2 in Erscheinung. Diese sind in Fig. 6.1.25 an der zugehörigen Nachfragekurve jeweils abzulesen. Z. B. für den Punkt P gilt die Nachfragekurve $N_{p_2=2,5}$ (vgl. Fig. 6.1.25 und 26). Nur bei einem Preis des Konkurrenten von 2,5 Geldeinheiten kann daher die Firma 1 diesen Punkt P realisieren. Aus diesem Grunde spielt die Grenzkostenkurve hier nicht die Rolle wie beim Monopol oder bei vollständiger Konkurrenz.

In ähnlicher Weise stellen wir die Nachfrage- und Kostenstruktur der Konkurrenzfirma 2 dar und vereinigen dann diese Grundlagen in einer gemeinsamen Graphik (Fig. 6.1.27). Hier sind Preis p_1 und Produktion x_1 der Firma 1 nach oben links aufgetragen. Der 2. Quadrant der Fig. 6.1.27 entspricht also dem herumgeklappten Koordinatensystem der Fig. 6.1.25 und 26. Alle Einzeichnungen dort sind mit den gleichen Benennungen nach hier übertragen, so daß der 2. Quadrant die Nachfrage- und Kostenstruktur der Firma 1 erschöpfend wiedergibt. Dasselbe gilt für den 4. Quadranten bezüglich der Firma 2. Die Produktionsmenge x_2 ist dort nach unten, der Preis p_2 nach rechts aufgetragen. Die Bezeichnungen entsprechen denen bei der Firma 1, die Nachfrage- und Kostenstruktur wurde aber gegenüber der Firma 1 verschieden angenommen.

Neu hinzugekommen gegenüber den Fig. 6.1.25 und 26 ist jetzt im 2. Quadranten die Verbindungslinie F_1 der Berührungspunkte der Kurven gleichen Gewinns Q_1 = const. mit den Nachfragekurven $N_{p=0,5}$, $N_{p=1,5}$ usw. Die entsprechende Tangentenlinie F_2 für die Firma 2 ist im 4. Quadranten zu finden. Beides sind die Kammlinien[1] im Preis- und Mengenkoordinatensystem. Die Kammlinie F_1 gibt die Preise und Produktionsmengen an, bei denen 1 seinen Gewinn maximiert, wenn 2 einen bestimmten Preis fordert, die Kammlinie F_2 das entsprechende für 2. M_1 ist der Monopolpunkt von 1 bei völliger Abwesenheit von 2, M_2 der Monopolpunkt von 2.

Damit ist für jede Preiskonstellation von 1 und 2 der Gewinn für jeden Oligopolisten bestimmt. Wir können ihn ohne weiteres im 2. und 4. Quadranten ablesen. Zur Vereinfachung übertragen wir nun die Kurven gleichen Gewinns aus dem 2. und 4. Quadranten in den 1. Quadranten und erhalten die seit Stackelberg[2] vertraute Form der Darstellung zweier sich durchdringender „Gewinnhügel", aus der man den Gewinn für jede der beiden Firmen bei jeder Preiskonstellation unmittelbar ablesen kann. Der 1. Quadrant der Fig. 6.1.27 ist ein (p_1, p_2)-Koordinatensystem. Die Übertragung der Kurven gleichen Gewinns der Firmen 1 und 2 aus dem 2. und 4. Quadranten erfolgt punktweise, indem man dort auf den Koordinatenachsen den zugehörigen eigenen Preis und auf den Nachfragekurven den

1 *Stackelberg,* Marktform und Gleichgewicht, Wien und Berlin 1934, nennt sie Reaktionslinie. Doch wollen wir diesen Ausdruck *Frischs* Reaktionslinien vorbehalten, siehe unten.

2 *Stackelberg,* Marktform und Gleichgewicht, Wien und Berlin 1934.

Fig. 6.1.27

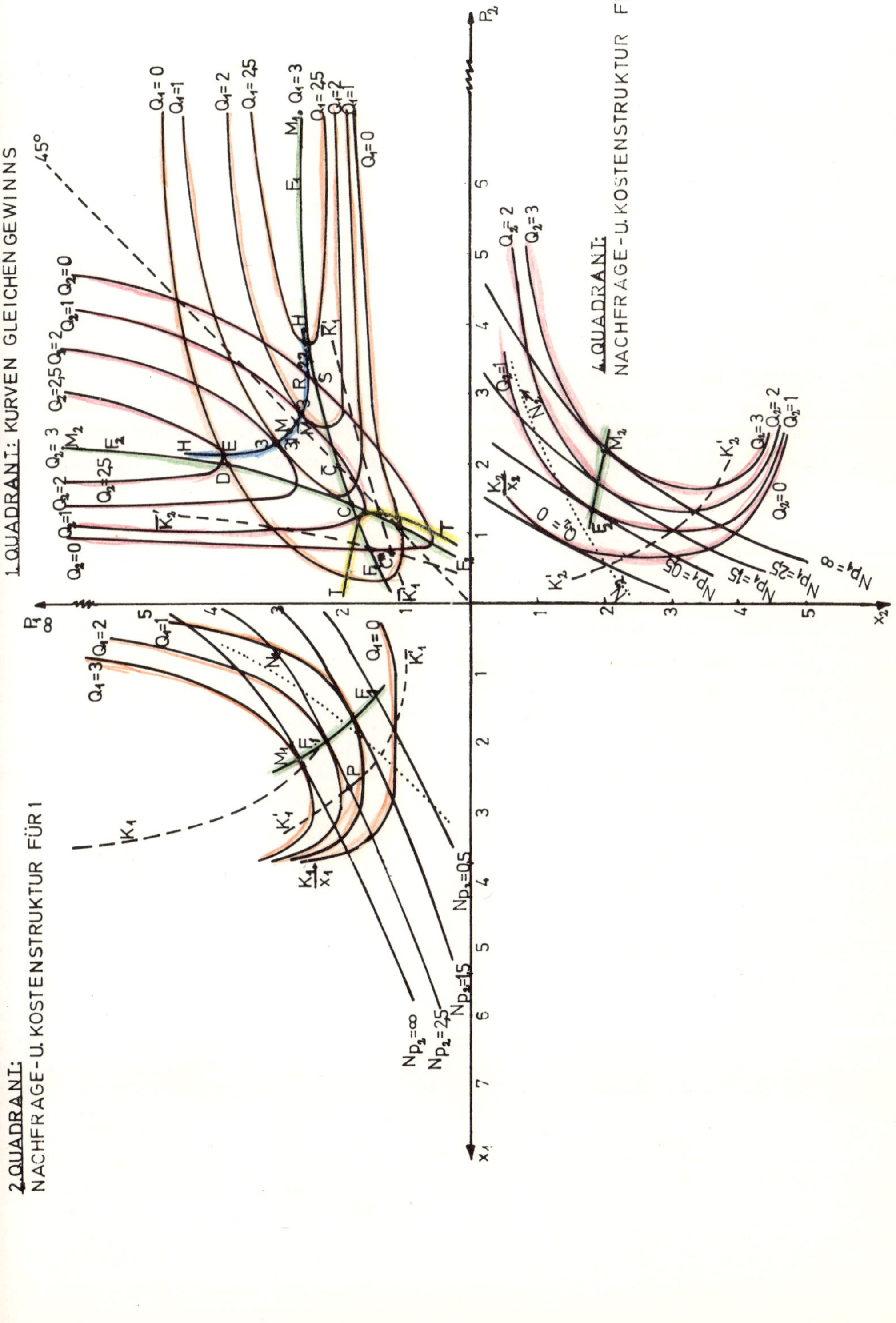
1. QUADRANT: KURVEN GLEICHEN GEWINNS
2. QUADRANT: NACHFRAGE - U. KOSTENSTRUKTUR FÜR 1
4. QUADRANT: NACHFRAGE - U. KOSTENSTRUKTUR FÜR 2
45°
P1
P2
x1
x2

zugeordneten Preis der Konkurrenten abliest. Beide Preise definieren dann den übertragenen Punkt im 1. Quadranten. Falls also beide Firmen diese Preise verlangen, so zeigen die durch diesen Punkt gehenden Kurven gleichen Gewinns im 1. Quadranten an, welchen Gewinn die Firmen machen, wenn sie die dann auf sie zukommende Nachfrage befriedigen. Die zugehörigen Produktionsmengen sind weiterhin im 2. und 4. Quadranten abzulesen.

In der gleichen Weise sind die Grenzkostenkurven K'_1 und K'_2 und die Kammlinien F_1 und F_2 in den 1. Quadranten übertragen. $\overline{K}'_1$ ist hier die Verbindungslinie der Punkte auf den Kurven gleichen Gewinns für 1, die eine waagerechte Tangente haben, F_1 ist die Verbindungslinie der Punkte auf den Kurven gleichen Gewinns für 1, die eine senkrechte Tangente haben. Das Entsprechende gilt bezüglich $\overline{K}'_2$ und F_2 für 2, nur daß jetzt waagerecht und senkrecht vertauscht sind. Jetzt erklärt sich auch der Ausdruck „Kammlinie". Stellen wir uns die Kurven gleichen Gewinns als Höhenschichtlinien einer kartographischen Darstellung vor, so markieren F_1 und F_2 gerade den Kamm dieser Höhenzüge.

Im 1. Quadranten der Fig. 6.1.27 ist ebenfalls die Verbindungslinie H der Berührungspunkte der Kurven gleichen Gewinns von 1 und 2 eingezeichnet und die Höhe *des Gesamtgewinns beider Firmen zusammen* an den Berührungspunkten angegeben. Diese Linie H ist offensichtlich der geometrische Ort der Punkte, bei denen der Gewinn der einen Firma maximal ist, wenn der Gewinn der anderen Firma vorgegeben ist. H heißt daher die *Maximallinie.* Für jeden Punkt außerhalb von H finden sich offensichtlich Punkte auf H, die für beide Firmen besser sind als dieser Punkt, während das auf H nicht möglich ist. H ist also auch die *Pareto-Optimalitätslinie.* Der Punkt M auf ihr ist der Monopolpunkt: hier wird der größtmögliche Gewinn beider Firmen zusammen erreicht. Wenn beide Firmen fusionierten, würden sie die durch M angegebene Preiskonstellation realisieren. M liegt nicht auf der 45°-Linie, d. h. die „optimale" Preiskombination ist in unserem Beispiel mit abweichender Kosten- und Nachfragestruktur für die beiden Anbieter nicht die, bei der beide den gleichen Preis fordern. Zugleich sehen wir, daß in M der gemeinsame Gewinn höher ist als in M_1 und M_2, wo nur ein Betrieb allein arbeitet; bei monopolistischem Zusammenschluß würde also in unserem Beispiel kein Betrieb stillgelegt werden.

T ist ebenfalls eine Verbindungslinie der Berührungspunkte der Kurvenscharen Q_1 = const. und Q_2 = const., allerdings berühren sich die Kurven hier „von innen". T bezeichnet die Punkte, bei denen bei vorgegebenem Gewinn einer Firma der Gewinn der anderen Firma minimal ist. T heißt daher *Minimallinie.* Will eine Firma die andere zu einer Übereinkunft zwingen, indem sie mit einer Preispolitik droht, die der anderen Firma Schaden zufügt, so ist es vernünftig, bei einer solchen Preispolitik einen minimalen eigenen Gewinn (oder maximalen eigenen Verlust) vorzugeben und dann mit einer Politik zu drohen, die bei der anderen Firma, wenn sie nicht einwilligt, zu einem hiernach möglichen maximalen Verlust führt. Aus diesem Grunde heißt die Minimallinie auch *optimale Drohungskurve.*

Bestünde ein Polypol bei vollständiger Beweglichkeit der Nachfrage – was nur möglich wäre, wenn neben den Firmen 1 und 2 noch eine große Zahl anderer Firmen konkurrieren würde –, so müßte jede Firma den bestehenden Preis als gegeben hinnehmen und könnte sich nur mit der Produktionsmenge an die Nachfrage anpassen (vgl. Kap. 8). Die optimale Produktionsmenge ist dann die, bei der der *Preis gleich den Grenzkosten ist.* Der analoge Punkt im jetzigen Dyopolfall ist der Schnittpunkt C* der beiden Grenzkostenkurven K'_1 und K'_2. Er heißt *Polypolpunkt* oder *effizienter Punkt* (wegen gewisser Effizienzeigenschaften der Faktorallokation im Polypol).

Der Schnittpunkt C der beiden Kammlinien F_1 und F_2 ist der Launhardt-Hotelling-Punkt, weil er die *Launhardt-Hotelling-Lösung* dieses Dyopols angibt (siehe unten). Er wird manchmal (wie der analoge Punkt im homogenen Oligopol bei Mengenpolitik) auch *Cournot-Punkt* genannt.

Alle vorstehenden Graphiken beruhen auf der Annahme der *Preissubstitutivität der Güter* ($\frac{\partial x_i}{\partial p_j} > 0$ für $i \neq j$, $i, j \in \{1, \ldots, n\}$, nach 6.1.1)). Bei *preiskomplementären Gütern* ($\frac{\partial x_i}{\partial p_j} < 0$) drehen sich die Verhältnisse um: die Kurven konstanten Gewinns sind nach der Gegenseite geöffnet, die Maximallinie H liegt unterhalb der Minimallinie T, der Launhardt-Hotelling-Punkt C bei höheren Preisen als der Monopolpunkt M usw. Fig. 6.1.28 zeigt dies graphisch. Wir werden allerdings im folgenden solche Verhältnisse (als exzeptionell) nicht zugrunde legen. Im Anhang zu diesem Kapitel geben wir aber (unter dem von Helmstädter dafür geprägten Ausdruck „Verbundoligopol") ein Beispiel hierfür.

Damit ist die Situation genügend verdeutlicht, und wir wenden uns jetzt den verschiedenen *Lösungsvorschlägen* zu. Sie unterscheiden sich, wie gesagt, durch die Annahmen über die Reaktionsfunktionen.

Fig. 6.1.28

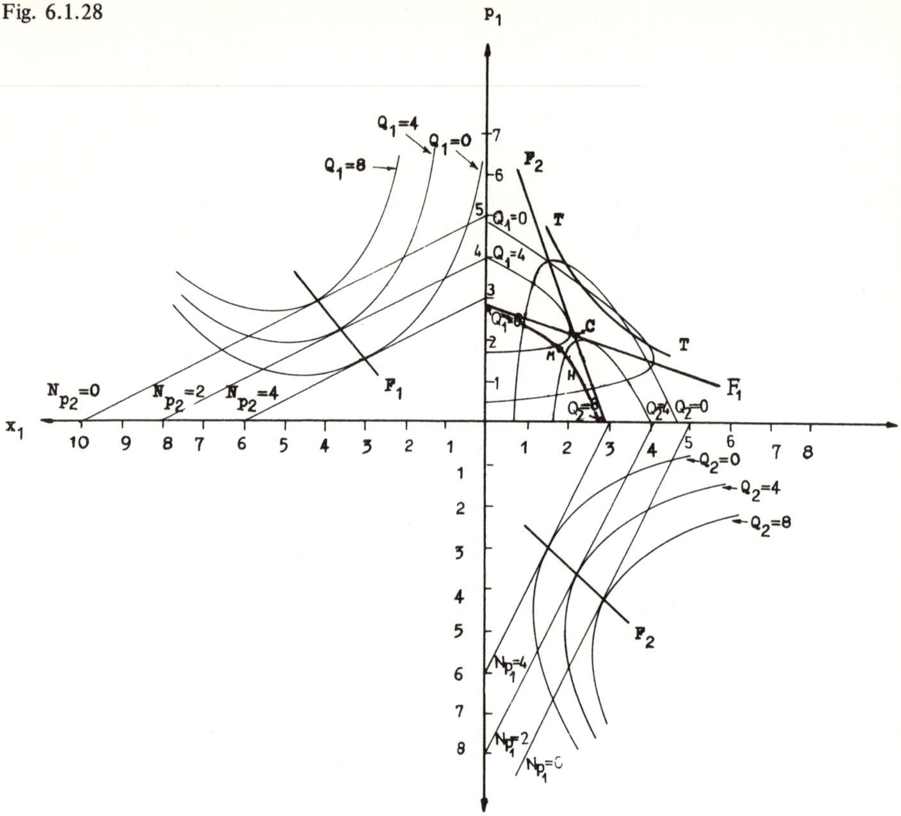

2. Abschnitt

Die Launhardt-Hotelling-Lösung

A. Statischer Ansatz[1]

a) Launhardt und Hotelling nehmen – ebenso wie Cournot im Fall des homoge-

1 *Launhardt,* Mathematische Begründung der Volkswirtschaftslehre, Leipzig 1885, S. 161 ff und *Hotelling,* Stability in Competition, Economic Journal,41 (1929), S. 41 ff, wieder abgedruckt in: Readings in Price Theory, herausgegeben von *Stigler* und *Boulding,* Chicago-Homewood, Ill., 1952. Vgl. auch *Erich Schneider,* Einführung in die Wirtschaftstheorie, Teil II, 5. Aufl.,Tübingen 1958, S. 339, *Rudolf Richter,* Das Konkurrenzproblem im Oligopol, Berlin 1954, S. 22 ff (dort auch weitere Literaturangaben und eine kurze dogmengeschichtliche Darstellung des Problems); *Ott,* Grundzüge der Preistheorie, Göttingen 1968, S. 227.

nen Oligopols und der Mengenpolitik – an, daß die Reaktionsfunktionen in (6.1.3) identisch Null sind, so daß

$$(6.2.1) \qquad \frac{\partial r_j^{(i)}(\cdot)}{\partial p_i} = 0\,, \quad \forall\, i,j \in \{1, \ldots, n\},\quad i \neq j.$$

Jeder Oligopolist glaubt also, die anderen würden auf eigene Preisänderungen nicht reagieren, und legt den eigenen Preis so fest, daß er *unter dieser Voraussetzung* seinen Gewinn maximiert. Nach (6.1.8) führt dies zu dem System, das durch Nullsetzen der partiellen Ableitungen des Gewinns nach dem betreffenden Preis entsteht:

$$(6.2.2) \qquad x_i + [p_i - K_i'(x_i)]\,\frac{\partial x_i}{\partial p_i} = 0\,, \quad \forall\, i \in \{1, \ldots, n\}.$$

Der *Lösungspunkt* $C = (p_1, \ldots, p_n)$ dieses Systems, wenn er existiert, ist der Schnittpunkt der Kamm-Hyperflächen:

$$(6.2.3) \qquad p_i = F_i(p_1, \ldots, p_{i-1}, p_{i+1}, \ldots p_n)\,, \quad \forall\, i \in \{1, \ldots, n\}.$$

(6.2.3) ist eine andere Form der Darstellung von (6.2.2), vgl. (6.1.8a). Für den *Dyopolfall* ist der *Launhardt-Hotelling-Punkt C* als Schnittpunkt der Kammlinien

Fig. 6.2.4

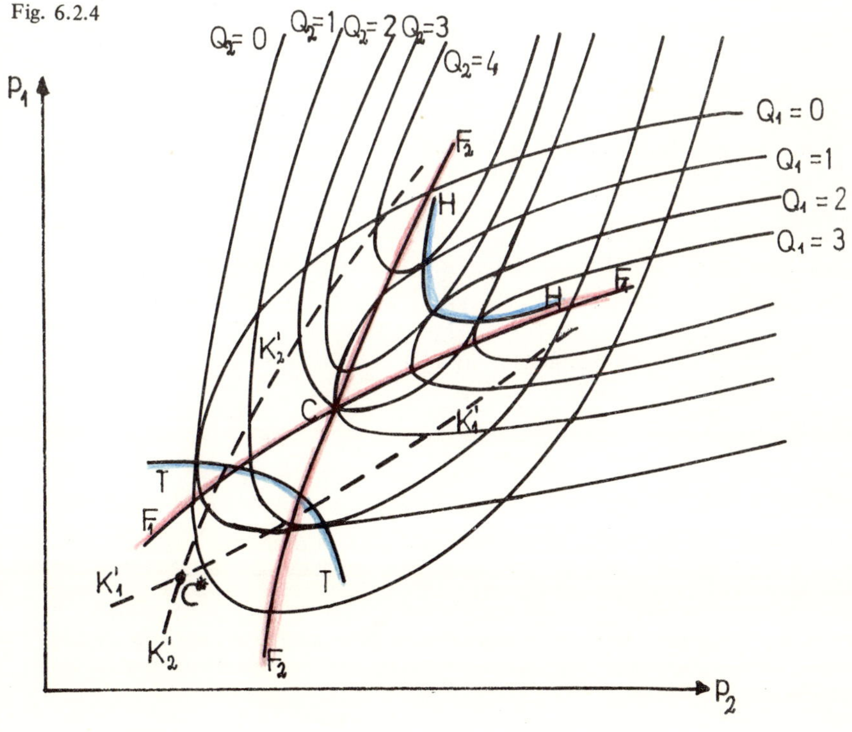

F_1 und F_2 im ersten Quadranten der Fig. 6.1.27 sowie in der Fig. 6.2.4, die die Verhältnisse im 1. Quadranten der Fig. 6.1.27 nochmals verdeutlicht, graphisch dargestellt.

Da jede Firma den Preis der anderen als gegeben hinnimmt und daraufhin ihren Preis so festsetzt, daß ihr Gewinn maximal wird, wird jede Firma also auf ihrer Kammlinie bleiben wollen. Die Preise würden, wenn wir den Prozeß der Preisänderung verfolgen, abwechselnd geändert,[1] bis am Schnittpunkt C beider Kammlinien ein Gleichgewicht eintritt. Dieser Punkt C ist der Launhardt-Hotelling-Punkt. Da Kosten- und Nachfragestruktur bei beiden Firmen verschieden sind, liegt C nicht auf der 45°-Linie: die Oligopolpreise weichen voneinander ab.

b) Für den Fall *linearer Nachfrage- und quadratischer Kostenfunktionen* lassen sich die *Launhardt-Hotelling-Preise* explizit angeben.

Die *Nachfragefunktion* für Firma i sei:

(6.2.5) $$x_i = a_{oi} - a_{ii}p_i + \sum_{\substack{j=1\\ j\neq i}}^{n} a_{ij}p_j\,, \quad \forall\, i \in \{1, \ldots, n\},\ a_{oi}, a_{ii}, a_{ij} > 0,$$
$$\sum_{\substack{j=1\\ j\neq i}}^{n} a_{ij} - a_{ii} < 0,$$

die *Kostenfunktion* sei

(6.2.6) $$K_i = b_{oi} + b_{1i}x_i + b_{2i}x_i^2\,, \quad \forall\, i \in \{1, \ldots, n\},,\ b_{oi}, b_{1i}, b_{2i} > 0.$$

Nach (6.1.6) und (6.2.1) fordern alle Firmen i Preise p_i, so daß

$$x_i + [p_i - K_i'(x_i)]\,\frac{\partial x_i}{\partial p_i} = 0\,,$$

also jetzt:

(6.2.7) $$p_i\,[-2a_{ii}\,(1 + a_{ii}b_{2i})] - \sum_{\substack{j=1\\ j\neq i}}^{n} p_j\,[-a_{ij}\,(1 + 2a_{ii}b_{2i})] -$$
$$- [-a_{oi}\,(1 + 2a_{ii}b_{2i}) - b_{1i}a_{ii})] = 0\,, \quad \forall\, i \in \{1, \ldots, n\}.$$

In Matrixschreibweise:

(6.2.8) $$Ap = b$$

1 Da die Kammlinien die Reaktion jedes Konkurrenten bei Preisänderung des anderen *unter der Voraussetzung dieser Verhaltensweise* wiedergeben, hat sie *Stackelberg* Reaktionslinien genannt.

mit

$$A = \begin{bmatrix} -2a_{11}(1+a_{11}b_{21}) & a_{12}(1+2a_{11}b_{21}) \ldots\ldots & a_{1n}(1+2a_{11}b_{21}) \\ a_{21}(1+2a_{22}b_{22}) & -2a_{22}(1+a_{22}b_{22}) \ldots\ldots & a_{2n}(1+2a_{22}b_{22}) \\ \vdots & & \\ a_{n1}(1+2a_{nn}b_{2n}) & a_{n2}(1+2a_{nn}b_{2n}) \ldots\ldots & -2a_{nn}(1+a_{nn}b_{2n}) \end{bmatrix}$$

$$p = \begin{bmatrix} p_1 \\ p_2 \\ \vdots \\ p_n \end{bmatrix}, \qquad b = \begin{bmatrix} -a_{o1}(1+2a_{11}b_{21}) - b_{11}a_{11} \\ -a_{o2}(1+2a_{22}b_{22}) - b_{12}a_{22} \\ \vdots \\ -a_{on}(1+2a_{nn}b_{2n}) - b_{1n}a_{nn} \end{bmatrix}.$$

Die *Launhardt-Hotelling-Preise* sind also:

(6.2.9) $$p = A^{-1}b,$$

vorausgesetzt, daß $p \geqslant 0$. Andernfalls ist das Oligopol bei dieser Verhaltensweise nicht existenzfähig.

Wenn wir weitere Vereinfachungen einführen, läßt sich auch der *Einfluß der Zahl der Oligopolisten auf Preise und Marktversorgung* analysieren.

Die Gesamtnachfrage bei allen n Oligopolisten sei X. Sie hänge vom Durchschnittspreis $\frac{1}{n}\sum_{i=1}^{n} p_i$, der sich aus den Preisforderungen aller Oligopolisten ergibt, linear ab:

(6.2.10) $$X = a_o - a_1 \frac{1}{n}\sum_{j=1}^{n} p_j\,, \quad a_o, a_1 > 0.$$

Jeder Oligopolist i erhält, wenn er den Durchschnittspreis verlangt, den n-ten Teil der Nachfrage; wenn sein Preis unter dem Durchschnittspreis liegt, erhält er proportional dieser Differenz mehr von der Nachfrage, andernfalls weniger. Die *Nachfragefunktion* für den Oligopolisten i ist also:

(6.2.11) $$x_i = \frac{1}{n}\left(a_o - a_1 \frac{1}{n}\sum_{j=1}^{n} p_j\right) - a_2\left(p_i - \frac{1}{n}\sum_{j=1}^{n} p_j\right)$$

oder

$$x_i = \bar{a}_o - \bar{a}_1 p_i + \bar{a}_2 \sum_{\substack{j=1 \\ j \neq i}}^{n} p_j$$

mit

(6.2.11a) $$a_2 > \frac{1}{n} a_1 > 0.$$

Dies muß vorausgesetzt werden, damit eine Preiserhöhung eines Konkurrenten den Absatz der Firma i tatsächlich erhöht und nicht erniedrigt, was bei substitutiven Produkten ökonomisch sinnlos wäre.

Später werden wir noch eine weitere Beschränkung für die Parameter a_o und a_1 einführen, damit die Preise nicht negativ werden (vgl. (6.10.34 und 34a)). Wir benötigen sie aber hier noch nicht.

Mit (6.2.11 und 11a) hat man

$$\bar{a}_o = \frac{a_o}{n} > 0,$$

(6.2.11b)
$$\bar{a}_1 = \frac{n-1}{n} a_2 + \frac{1}{n^2} a_1 > 0,$$

$$\bar{a}_2 = \frac{1}{n} a_2 - \frac{1}{n^2} a_1 > 0.$$

Damit gilt $\sum_{i=1}^{n} x_i = X$ für alle möglichen Preiskonstellationen.

Die ***Kostenfunktion*** der Firma i sei

(6.2.12)
$$K_i = b_{oi} + b_{1i} x_i\,, \quad b_{oi}, b_{1i} > 0\,, \quad \forall\, i \in \{1, \ldots, n\}.$$

Damit wird (6.2.2)

(6.2.13)
$$-2\bar{a}_1 p_i + \bar{a}_2 \sum_{\substack{j=1 \\ j \neq i}}^{n} p_j = -\,[\bar{a}_o + \bar{a}_1 b_{1i}]$$

oder in Matrixschreibweise:

(6.2.14)
$$\bar{A}p = \bar{b} \quad \text{mit} \qquad \bar{A} = \begin{bmatrix} -2\bar{a}_1 & \bar{a}_2 & \ldots & \bar{a}_2 \\ \bar{a}_2 & -2\bar{a}_1 & \ldots & \bar{a}_2 \\ \vdots & & & \\ \bar{a}_2 & \bar{a}_2 & \ldots & -2\bar{a}_1 \end{bmatrix},$$

$$p = \begin{bmatrix} p_1 \\ \vdots \\ p_n \end{bmatrix}, \qquad \bar{b} = \begin{bmatrix} -\bar{a}_o - \bar{a}_1 b_{11} \\ \vdots \\ -\bar{a}_o - \bar{a}_1 b_{1n} \end{bmatrix}.$$

Somit sind die *Launhardt-Hotelling-Preise:*

(6.2.15)
$$p = \bar{A}^{-1}\bar{b}$$

$$\text{mit } \bar{A}^{-1} = \begin{bmatrix} -\rho & \sigma & \dots & \sigma \\ \sigma & -\rho & \dots & \sigma \\ \vdots & & & \\ \sigma & \sigma & \dots & -\rho \end{bmatrix},$$

$$\rho = \frac{-2\bar{a}_1 + (n-2)\bar{a}_2}{(n-1)(\bar{a}_2)^2 - (-2\bar{a}_1)^2 - (n-2)(-2\bar{a}_1)\bar{a}_2},$$

$$\sigma = \frac{\bar{a}_2}{(n-1)(\bar{a}_2)^2 - (-2\bar{a}_1)^2 - (n-2)(-2\bar{a}_1)\bar{a}_2},$$

vorausgesetzt, daß die Nenner ungleich Null sind.

Substitution in (6.2.11) ergibt dann die Produktionsmengen. Da wir in diesem Zusammenhang nicht an den Preisdifferenzierungen, sondern nur am Durchschnittspreis und den Wirkungen einer zunehmenden Zahl von Anbietern auf den Durchschnittspreis und die Gesamtangebotsmenge interessiert sind, nehmen wir an, die *Grenzkosten aller Firmen seien gleich:*

(6.2.16) $b_{1i} = b_1$.

Damit erhält man aus (6.2.15) unter Berücksichtigung von (6.2.11) nach einiger Umformung den Preis für jeden Oligopolisten i:

$$(6.2.17) \qquad p_i = \frac{\left[b_1 + \dfrac{a_0}{(n-1)a_2 + \frac{1}{n}a_1}\right]\left[2\,\dfrac{n-1}{n}\,a_2 + \dfrac{1}{n^2}\,a_1\right]}{4\left[\dfrac{n-1}{n}\,a_2 + \dfrac{1}{n^2}\,a_1\right] - 2\left[\dfrac{n-2}{n}\,a_2 - \dfrac{n-2}{n^2}\,a_1\right] - \left[\dfrac{\frac{n-1}{n^2}\,(a_2 - \frac{1}{n}a_1)^2}{\frac{n-1}{n}\,a_2 + \frac{1}{n^2}\,a_1}\right]}$$

$\forall\, i \in \{1, \dots, n\}$ und $n \geqslant 2$, ganzzahlig.

Man prüft sofort nach, daß für $n \to \infty$ der Zähler nach $2b_1a_2$ und der Nenner nach $2a_2$ geht, so daß, wenn die Zahl der Konkurrenten sehr groß wird, wie erwartet

(6.2.18) $p_i = p_{konk} = b_1$

ist, d. h. der Preis nach den Grenzkosten geht.

Die Gesamtangebotsmenge ist dann $X_{konk} = a_0 - a_1b_1$.

Die folgende Tabelle 6.2.19 zeigt für $a_0 = 1$, $a_1 = 1$, $a_2 = 1$ und $b_1 = 0{,}1$ die Preise p und die Gesamtangebotsmenge X in Abhängigkeit von der Zahl der Firmen:

Tabelle 6.2.19

Zahl der Firmen	n =	2	3	4	...	∞
Preis	p =	0,46	0,37	0,31	...	0,1
Gesamtangebotsmenge	X =	0,54	0,63	0,69	...	0,9

Fig. 6.2.20 zeigt dies graphisch. Hierbei bedeutet p (ν) bzw. X (ν) den Preis bzw. die Gesamtangebotsmenge, wenn ν Oligopolisten auf dem Markt sind.

Fig. 6.2.20

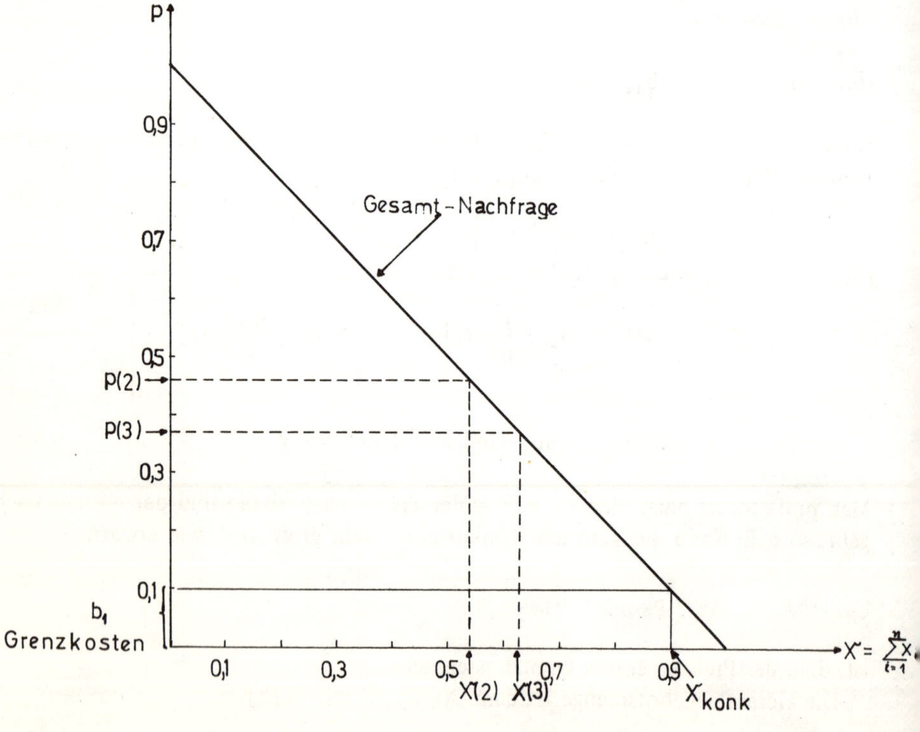

Wie ist die Launhardt-Hotelling-Lösung zu beurteilen?

Das hängt davon ab, wie wir die Hypothese der Nichtreaktion der Konkurrenten auf Preisänderungen eines von ihnen beurteilen. Nun hat im Oligopol – so ist es ja definiert – jede Preisveränderung einer Firma einen fühlbaren Einfluß auf den Gewinn der anderen und wird daher nicht unbeantwortet bleiben. Vielleicht ist ein einmaliger Irrtum in bezug auf die Reaktion (oder Nichtreaktion) des Konkurrenten möglich; aber doch nicht eine ständige Wiederholung dieses Irrtums, da doch die Erfahrung jedesmal das Gegenteil beweist. Ein solches Verhalten ist schlechterdings unverständlich, und wir können es der Analyse nicht zugrunde legen.

Immerhin hat die Launhardt-Hotelling-Lösung eine begrenzte Bedeutung in zwei Fällen:

erstens, wenn der Lösungspunkt durch irgend einen Zufall realisiert ist; dann bleibt er nämlich trotz der falschen Voraussetzungen bestehen, weil keine Beobachtungen den Irrtum korrigieren,

und

zweitens, wenn es sich um einen Grenzfall zum Oligopol handelt, d. h. wenn soviel Firmen konkurrieren, daß die Einflüsse von Preisveränderungen einer Firma auf die Gewinnsituation der übrigen tatsächlich an der Grenze der Fühlbarkeit liegen. Aus diesem Grunde ist auch die zuletzt gegebene Ableitung des Einflusses der Zahl der Konkurrenten auf Preis und Absatzmenge als ein vernünftiges Abbild der Wirklichkeit zu akzeptieren, sobald die Zahl der Firmen groß genug ist, sagen wir: mehr als 5 oder 6, also gerade kein Oligopol mehr vorliegt.

B. Eine Launhardt-Hotelling-Dynamisierung[1]

Die einfachste Art der Dynamisierung des Launhardt-Hotelling-Oligopols ist, anzunehmen, daß alle Preise in bestimmten Zeitpunkten verändert und dann jeweils für eine Periode festgehalten werden. Jede Firma kennt die Nachfrage- und Kostenfunktionen aller Firmen und errechnet den optimalen eigenen Preis, der den Gewinn der nächsten Periode t maximiert, aufgrund von erwarteten Preisen $p^E_{j,t}$ der Konkurrenten j in der Periode t. Dabei ist die Launhardt-Hotelling-Hypothese, daß der von der Firma i erwartete Preis der Konkurrenten für die nächste Periode gleich den Preisen der Vorperiode ist:

$$p^E_{j,t} = p_{j,t-1}\,, \quad \forall\, j \in \{1, \ldots, n\}, \qquad j \neq i. \tag{6.2.21}$$

Wir betrachten wieder den Fall *linearer Nachfrage- und quadratischer Kostenfunktionen.* Erstere sind also jetzt (vgl. 6.2.5):

1 Hierüber existiert, soweit mir bekannt ist, bisher nur eine Arbeit von *Wolfgang Eichhorn,* Zur dynamischen Theorie des Mehrproduktenoligopols, Jahrb. für Nat. Ök. u. Stat. (1972), S. 498–515. Dieser Abschnitt verdankt viel der brieflichen Diskussion mit Wolfgang Eichhorn.

(6.2.22) $$x_{it} = a_{oi} - a_{ii}p_{it} + \sum_{\substack{j=1\\j\neq i}}^{n} a_{ij}p_{j,t-1}, \quad \forall\, i, j \in \{1, \ldots, n\}, \quad a_{oi}, a_{ij} > 0,$$

letztere sind (vgl. 6.2.6):

(6.2.23) $$K_{it} = b_{oi} + b_{1i}x_{it} + b_{2i}x_{it}^2, \quad \forall\, i \in \{1, \ldots, n\},$$

$$b_{oi}, b_{1i}, b_{2i} > 0.$$

Die Gewinnmaximierungsbedingung (6.1.6) wird für den Launhardt-Hotelling-Fall

$$x_i + [p_i - K_i'(x_i)] \frac{\partial x_i}{\partial p_i} = 0,$$

und somit nach (6.2.22 und 23):

(6.2.24) $$p_{it}\,[-2a_{ii}(1 + 2a_{ii}b_{2i})] - \sum_{\substack{j=1\\j\neq i}}^{n} p_{j,t-1}\,[-a_{ij}(1-2a_{ii}b_{2i})] -$$

$$- [-a_{oi}(1+2a_{ii}b_{2i}) - b_{1i}a_{ii}] = 0$$

oder in Matrixschreibweise

(6.2.25) $$\hat{A}p_t - \hat{B}p_{t-1} - b = 0$$

$$\text{mit } \hat{A} = \begin{bmatrix} \hat{\alpha}_1 & & & \\ & \hat{\alpha}_2 & & \\ & & \ddots & \\ & & & \hat{\alpha}_n \end{bmatrix}, \quad \hat{B} = \begin{bmatrix} 0 & -\hat{\beta}_{12} & \cdots & -\hat{\beta}_{1n} \\ -\hat{\beta}_{21} & 0 & \cdots & -\hat{\beta}_{2n} \\ \vdots & & & \\ -\hat{\beta}_{n1} & -\hat{\beta}_{n2} & \cdots & 0 \end{bmatrix}$$

$$\hat{\alpha}_\nu = -2a_{\nu\nu}(1+a_{\nu\nu}b_{2\nu}), \quad \nu \in \{1, \ldots, n\},$$

$$\hat{\beta}_{ij} = a_{ij}(1+2a_{ii}b_{2i}), \quad i, j \in \{1, \ldots, n\}, \; i \neq j,$$

b wie in (6.2.8).

Die Lösung von (6.2.25) für jede folgende Periode ist:

(6.2.26) $$p_t = Dp_{t-1} + d \quad \text{mit } D = \hat{A}^{-1}\hat{B}, \quad d = \hat{A}^{-1}b.$$

Nun konvergiert p_t genau dann zum *Gleichgewichtspreis* $\overline{p}$ mit

(6.2.26a) $\bar{p} = (I - D)^{-1}d$,

falls $D^t \to 0$ für $t \to \infty$.

Man hat nämlich:

$$p_1 = Dp_o + d$$

$$p_2 = Dp_1 + d = D^2p_o + Dd + d$$

$$\vdots$$

$$p_t = D^tp_o + (I + D + D^2 + \ldots + D^{t-1})d.$$

Für $t \to \infty$ ist $I + D + \ldots + D^{t-1} = (I-D)^{-1}$. Falls für $t \to \infty$ $D^t \to 0$, so $p_t \to \bar{p} = (I-D)^{-1}d$.

Notwendig und hinreichend für die Konvergenz ist also $\lim_{t\to\infty} D^t=0$. Man sieht leicht, daß die Preise dann zum *Launhardt-Hotelling-Preis* (6.2.9) konvergieren.

Schreibt man nämlich (6.2.26a) als: $\bar{p} = (I-\hat{A}^{-1}\hat{B})\hat{A}^{-1}b$, so ist offensichtlich $\hat{A}(I-\hat{A}^{-1}\hat{B})\,\bar{p} = b$ oder $(\hat{A}-\hat{B})\,\bar{p} = b$. Nun ist

(6.2.27) $\hat{A} - \hat{B} = A$

(vgl. (6.2.25) und (6.2.8)), so daß in der Tat $\bar{p}= A^{-1}b$ die Launhardt-Hotelling-Preise sind (vgl. (6.2.9)).

Aber konvergiert der Prozeß, d.h. geht $D^t \to 0$ für $t \to \infty$? Das ist so nicht zu sehen, und um hier weiterzukommen, müssen wir einige Vereinfachungen vornehmen. Wir nehmen für alle Konkurrenten gleiche lineare Nachfragefunktionen, aber verschiedene, jedoch ebenfalls lineare Kostenfunktionen an, so daß jetzt

(6.2.28) $x_{it} = a_o - a_1p_{it} + a_2 \sum_{\substack{j=1\\j\neq i}}^{n} p_{j,t-1}$, $a_o, a_1, a_2 > 0$,

und

(6.2.29) $K_{it} = b_{oi} + b_{1i}x_{it}$, $b_{oi}, b_{1i} > 0$, $\forall\, i \in \{1, \ldots, n\}$,

gelten soll. Damit wird aus (6.2.25)

(6.2.30) $\hat{\hat{A}}p_t - \hat{\hat{B}}\,p_{t-1} - \hat{b} = 0$:

$$\hat{\hat{A}} = \begin{bmatrix} -2a_1 & & \\ & \ddots & \\ & & -2a_1 \end{bmatrix}, \qquad \hat{\hat{B}} = \begin{bmatrix} 0 & -a_2 & \ldots & -a_2 \\ -a_2 & 0 & \ldots & -a_2 \\ \vdots & & & \\ -a_2 & -a_2 & \ldots & 0 \end{bmatrix},$$

$$\hat{\mathfrak{b}} = \begin{bmatrix} -a_o - b_{11}a_1 \\ -a_o - b_{12}a_1 \\ \vdots \\ -a_o - b_{1n}a_1 \end{bmatrix}$$

und aus (6.2.26)

(6.2.30a) $$p_t = \hat{\hat{D}} p_{t-1} + d$$

$$\text{mit } \hat{\hat{D}} = \begin{bmatrix} 0 & \mu & \dots & \mu \\ \mu & 0 & \dots & \mu \\ \vdots & & & \\ \mu & \mu & \dots & 0 \end{bmatrix}, \quad \mu = \frac{a_2}{2a_1}, \quad d = \hat{A}^{-1}\mathfrak{b}.$$

Die Lösung des inhomogenen Differenzengleichungssystems 1. Ordnung (6.2.30a) setzt sich additiv zusammen aus der allgemeinen Lösung des homogenen Systems $p_t - \hat{\hat{D}} p_{t-1} = 0$ und einer speziellen Lösung des inhomogenen Systems. Der Ansatz $p_{it} = \lambda \cdot g_i \cdot f(t)$, $p_{it}/p_{i,t-1} = \lambda$, g_i Konstante, $f(t)$ eine vorläufig unbekannte Funktion der Zeit, verwandelt das homogene System in unserem Fall in

$$Eg: = \begin{bmatrix} -\lambda & \mu & \dots & \mu \\ \mu & -\lambda & \dots & \mu \\ \vdots & & & \\ \mu & \mu & \dots & -\lambda \end{bmatrix} \begin{bmatrix} g_1 \\ \vdots \\ g_n \end{bmatrix} = 0 \, ,$$

was nur lösbar ist, wenn

(6.2.31) $$|E| = \begin{vmatrix} -\lambda & \mu & \dots & \mu \\ \mu & -\lambda & \dots & \mu \\ \vdots & & & \\ \mu & \mu & \dots & -\lambda \end{vmatrix} = 0 \text{ ist}.$$

Die Wurzeln der charakteristischen Gleichung (6.2.31) sind, wie man leicht nachprüft:

(6.2.32) $$\lambda_1 = -\mu \, , \quad \lambda_2 = (n-1)\mu \, ,$$

wobei λ_1 mit der Multiplizität n–1 auftritt.

Die Lösung des inhomogenen Systems erhält man, indem man dort $p_t = p_{t-1}$ setzt, was wieder auf die statische Launhardt-Hotelling-Lösung $p = \overline{p} = \overline{A}^{-1}\hat{\mathfrak{b}}$ führt (vgl. (6.2.9)). Wir können letztere jetzt auch explizit angeben. Nach (6.2.28) und (6.2.29) ist jetzt

$$\bar{A} = \hat{\hat{A}} - \hat{\hat{B}} = \begin{bmatrix} \alpha & \beta & \dots & \beta \\ \beta & \alpha & \dots & \beta \\ \vdots & & & \\ \beta & \beta & \dots & \alpha \end{bmatrix} \quad \text{mit } \alpha = -2a_1, \beta = a_2.$$

Dann ist

$$\bar{A}^{-1} = \begin{bmatrix} -\rho & \sigma & \dots & \sigma \\ \sigma & -\rho & \dots & \sigma \\ \vdots & & & \\ \sigma & \sigma & \dots & -\rho \end{bmatrix} \quad \text{mit } \rho = \frac{\alpha + (n-2)\beta}{(n-1)\beta^2 - \alpha^2 - (n-2)\alpha\beta},$$

$$\sigma = \frac{\beta}{(n-1)\beta^2 - \alpha_2^2 - (n-2)\alpha\beta}$$

(vgl. (6.2.15)),

so daß analog zu (6.2.26a)

(6.2.33) $\bar{p}_i = \rho(-a_o - b_{1i}a_1) + \sigma \sum_{\substack{j=1 \\ j \neq i}}^{n} (-a_o - b_{1j}a_1)$ wird.

Die *allgemeine Lösung* des Systems (6.2.30) ist also

(6.2.34) $p_{it} = c_{1i}(-\mu)^t + c_{2i}[(n-1)\mu]^t + \bar{p}_i, \quad \forall\, i \in \{1, \dots, n\},$

wobei (wegen der Multiplizität der Wurzel) $c_{1i} = c_{1io} + c_{1i1}t + \dots + c_{1i,n-2}t^{n-2}$ zu setzen ist. Die c sind Konstanten, die von den Anfangsbedingungen abhängen. Man sieht, daß das System nur konvergiert für

(6.2.35) $|(n-1)\mu| < 1, \quad n \geqslant 2$, gerade, d. h.

$$|\mu| < \frac{1}{n-1}.$$

Ist also $\mu = \dfrac{a_2}{2a_1}$ eine fest vorgegebene Zahl, so ist das Launhardt-Hotelling-Oligopol nur stabil bei einer Zahl n von Oligopolisten kleiner oder gleich n* mit

(6.2.36) $n^* \leqslant \dfrac{1}{|\mu|} + 1$

und

(6.2.36a) $n \leqslant n^*$,

wobei n* die größte ganze Zahl ist, für die die Ungleichung gilt. Gilt in (6.2.36) das Gleichheitszeichen, so muß in (6.2.36a) das Ungleichheitszeichen gelten.

Damit hätten wir ein Ergebnis wie beim *Cournot-Dyopol,* wo im analogen Fall sogar schon für $n > 2$ Unstabilität eintritt (vgl. 4.2.20).

Doch liegt die Situation hier in Wirklichkeit anders. Die Parameter a_1 und a_2 in (6.2.28) können nicht sinnvollerweise unabhängig von der Zahl der Oligopolisten als konstant angesehen werden – im Gegensatz zum analogen Fall des Cournot-Dyopols, wo sie in der Tat Marktkonstanten waren. Legen wir z.B. die Gesamtnachfragefunktion (6.2.10) und die Einzelnachfragefunktionen (6.2.11) zugrunde, so wird (6.2.28) jetzt

(6.2.37) $$x_{it} = \bar{a}_o - \bar{a}_1 p_{it} + \bar{a}_2 \sum_{\substack{j=1 \\ j \neq i}}^{n} p_{j,t-1} \quad , \quad a_o, a_1, a_2 > 0$$

$$\text{mit } \bar{a}_o = \frac{a_o}{n},$$

$$\bar{a}_1 = \frac{n-1}{n} a_2 + \frac{1}{n^2} a_1,$$

$$\bar{a}_2 = \frac{1}{n} a_2 - \frac{1}{n^2} a_1 \quad ,$$

wobei a_o, a_1, a_2 jetzt Marktkonstanten sind. Die Stabilitätsbedingung (6.2.35) wird jetzt

(6.2.38) $$\frac{\bar{a}_2}{2\bar{a}_1} < \frac{1}{n-1} \quad ,$$

und bei Berücksichtigung von (6.2.37):

(6.2.39) $$-a_2 < a_1 \frac{n+1}{(n-1)n} \, .$$

Das ist wegen a_1, $a_2 > 0$ und $n \geqslant 2$, ganzzahlig, stets erfüllt. Wir haben also im Gegensatz zum Cournot-Oligopol das *Ergebnis: Das Launhardt-Hotelling-Oligopol mit linearer Nachfrage- und Kostenfunktion ist für jede Zahl n von Oligopolisten stabil, auch bei konstanten Grenzkosten und ohne „verzögerte Reaktion".*

Hat eine dynamische Analyse dieses Oligopoltyps trotz der offensichtlich unrealistischen Verhaltensannahmen überhaupt Wert? Für das eigentliche Oligopol sicher nicht, wohl aber für die Übergangssituation zum Polypol, wo die Annahme der Nichtreaktion des Konkurrenten vernünftig ist. Aus diesem Grund wurde die Analyse hier gebracht.

3. Abschnitt

Stackelbergs asymmetrisches Oligopol

A. *Statischer Ansatz*[1]

Wir erklären die Stackelbergschen Annahmen und seine Lösung zunächst anschaulich für das Dyopol. Nach Stackelberg nimmt der Produzent 1 (irrigerweise) an, Konkurrent 2 halte seinen Preis konstant und reagiere nicht auf seine Preisänderungen. 1 will unter dieser Annahme den Gewinn maximieren und bleibt daher stets auf seiner Kammlinie (F_1 in Fig. 6.1.27 und 6.3.1). 1 hält dann nach Stackelberg die Abhängigkeitsposition, da er den Preis von 2 als Datum nimmt und sich seinerseits darauf einstellt. 2 sieht dies und handelt so, daß er dann den höchstmöglichen Gewinn macht. 2 hat jetzt die Unabhängigkeitsposition inne. Der Punkt höchsten Gewinns für ihn ist der Berührungspunkt einer seiner Kurven konstanten Gewinns mit der Kammlinie F_1 von 1 (Punkt A_1 in Fig. 6.3.1), und das ist auch der Lösungspunkt. Das Gleichgewicht ist stabil; denn 1 hält an seinem Irrtum fest, 2 sieht diesen Irrtum und zieht den höchstmöglichen Nutzen daraus.

Vertauschen wir 1 und 2, so daß 1 jetzt die Unabhängigkeitsposition und 2 die Abhängigkeitsposition hält, so ist A_2 in Fig. 6.3.1 der Gleichgewichtspunkt.

Wenn die Kammlinien F_1 und F_2 wie in Fig. 6.3.1 verlaufen, nämlich von der Preisachse des Konkurrenten fortweisen (Markttyp $\delta\delta$ nach Stackelberg), so gehören die Punkte A_1 und A_2 auch zum Lösungsgebiet, wenn man die von mir vorgeschlagene realistischeren Reaktionshypothesen macht (s. u.). Wir kommen im 9. Abschnitt darauf zurück.

Die Lösungspunkte des asymmetrischen Dyopols liegen anders, wenn die Kammlinien umgekehrt geneigt sind (Markttyp $\gamma\gamma$ nach Stackelberg, s. Figur 6.3.2).

Wie ist die Lösung zu beurteilen? Hierzu müssen wir uns die Interessenlage der Dyopolisten verdeutlichen. Bei einer Situation wie in Fig. 6.3.1 (Markttyp $\delta\delta$) liegt es offensichtlich im Interesse jedes Dyopolisten, der Abhängige zu sein: A_1 ist besser für 1 als A_2, und A_2 ist besser für 2 als A_1. Bestehen *beide* darauf, „abhängig" zu sein, so wird der Punkt B' realisiert, der für jeden schlechter ist, als wenn er allein der Unabhängige wäre. Bestehen *beide* darauf, unabhängig zu sein, so wird der Punkt B realisiert, der für jeden besser ist als wenn er *allein* die Unabhängigkeitsposition hätte, aber schlechter als wenn er *allein* die Abhängigkeitsposition hätte. Offensichtlich wird jeder wollen, *allein* der Abhängige zu sein. Aber wie bringt er den anderen dazu, die für ihn schlechtere Unabhängigkeitsposition zu übernehmen? Bei voller Einsicht in die Situation durch beide: offensichtlich ohne Zwang, d. h. Kampfmaßnahmen, überhaupt nicht. Bleiben wir beim wirtschaftsfriedlichen Verhalten, so bleibt als Erklärung nur ein unkorrigierbarer Irrtum

---

1 *Stackelberg,* Marktform und Gleichgewicht, Wien und Berlin 1934, S. 44 ff und Grundlagen der theoretischen Volkswirtschaftslehre, Bern 1948, S. 210 ff.

Fig. 6.3.1

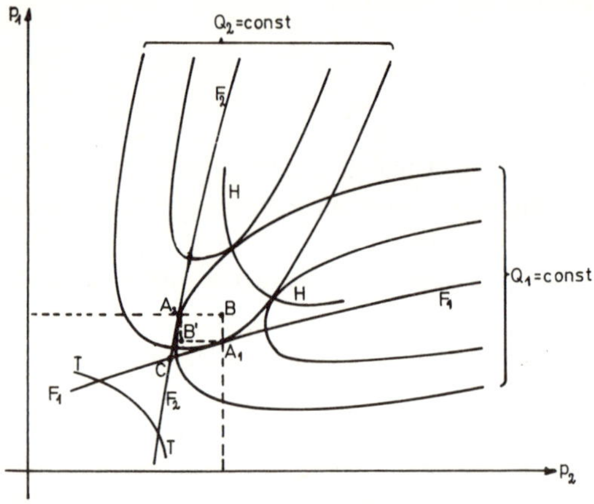

auf Seiten eines oder beider Oligopolisten übrig. Oder anders ausgedrückt: Die Annahmen über das Reaktionsverhalten der Gegenseite sind den Dyopolisten „aufgezwungen", sei es von außen, sei es durch irrtümliche eigene Annahmen, und sind der Situation nicht angemessen.

Bei einer Lage wie in Fig. 6.3.2 (Markttyp $\gamma\gamma$) hat jeder das Interesse, der Unabhängige zu sein. Wahrscheinlich hatte Stackelberg diese Situation vor Augen, als er die beiden Positionen als „abhängig" und „unabhängig" bezeichnete. Wollen *beide* die Unabhängigkeitsposition einnehmen, wird der Punkt B in Fig. 6.3.2 erreicht, der für jeden sogar schlechter ist, als wenn er die Abhängigkeitsposition einnehmen würde. Dagegen ist der Punkt B', der entsteht, wenn *beide* auf ihrer Abhängigkeitsposition bestehen, auf jeden Fall besser für den sonst allein Abhängigen und möglicherweise sogar besser für *beide* als ihre alleinige Unabhängigkeitsposition (in Fig. 6.3.2 lassen sich die Indifferenzkurven für 1 und 2 so zeichnen, daß B' auf einer höheren Indifferenzkurve für 1 als A_2 und einer höheren Indifferenzkurve für 2 als A_1 liegt). Auch hier wird man auf Widersprüche geführt und kommt nicht zur Stackelbergschen Lösung, sobald man annimmt, daß beide Dyopolisten volle Einsicht in die Gesamtsituation haben.

Die Stackelbergschen Annahmen sind für das eigentliche Dyopol also wenig plausibel und rein heuristisch. Trotzdem braucht man die Stackelbergsche Theorie deswegen nicht abzulehnen. Sie gibt eine Situation richtig wieder, in der ein Produzent sich abhängig glaubt, weil er gegenüber seinen Konkurrenten so klein ist, daß seine Preispolitik (nach seiner Ansicht) auf die Gewinnsituation des Konkurrenten keinen fühlbaren Einfluß hat. Der „Kleine" glaubt also, sich in der Marktform des *Teilmonopols* zu befinden und verhält sich entsprechend. Hier irrt er sich aber: er ist in Wirklichkeit gar nicht so klein, und seine Preispolitik hat auf den Gewinn des „Großen" bei der Genauigkeit, mit der der „Große" rechnet, schon

Fig. 6.3.2

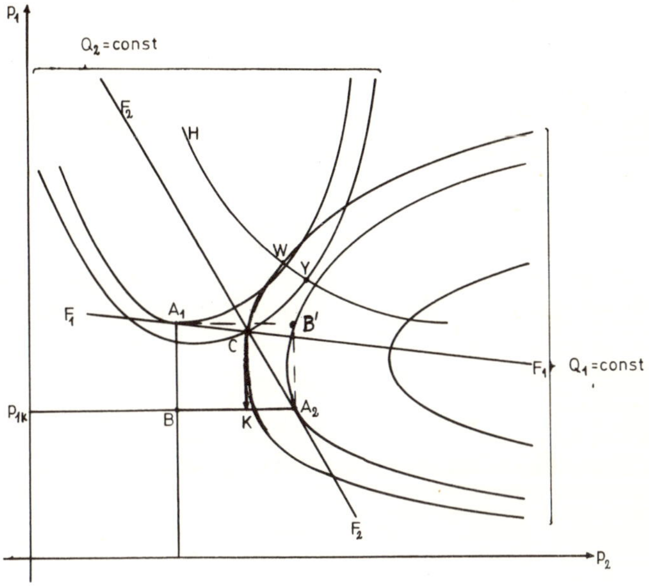

einen fühlbaren Einfluß. Vom „Großen" aus gesehen besteht also doch ein *Oligopol,* und insoweit irrt sich der „Kleine". Dieser Irrtum ist aber immerhin entschuldbar.

Wenn es mehrere „Kleine" gibt, kommt man fast ohne Irrtum aus, und so kann man die Stackelbergsche Theorie als eine Theorie des *Teiloligopols* auffassen: ein Großer befindet sich in einer oligopolistischen Situation gegenüber der Gesamtheit der Kleinen, die Kleinen merken das aber nicht, sondern legen nur ihre *eigene* Situation gegenüber dem Großen zugrunde, die in der Tat ein *Teilmonopol* ist. Dieser Irrtum liegt nahe, und die Stackelbergsche Theorie gibt ein Modell hierfür ab.

Um dies zu verstehen, muß man die Stackelbergsche Theorie auf n Oligopolisten erweitern. Dies ist zugleich der *analytische Ansatz* der Theorie.

Es gebe n Oligopolisten 1, 2, . . . , n. Die Oligopolisten 1, . . . , n–1 sollen die *Abhängigkeitsposition* innehaben, d. h. nach (6.2.1) gilt für sie

$$(6.3.3) \qquad \frac{\partial r_j^{(i)}(\cdot)}{\partial p_i} = 0 \quad \forall\, i, j \in \{1, \ldots, n-1\}, \quad , i \neq j.$$

Damit wird ihre Gewinnmaximierungsbedingung nach (6.2.2):

$$(6.3.4) \qquad x_i + [p_i - K_i'(x_i)]\, \frac{\partial x_i}{\partial p_i} = 0 \quad , \quad \forall\, i \in \{1, \ldots, n-1\}\,.$$

Die Lösung von (6.3.4). wenn sie existiert, ist ein Punkt $P^{n-1}(p_n) = (p_1, \ldots, p_{n-1} | p_n)$, der parametrisch von p_n abhängt.

Wir schreiben sie als

$$(6.3.5) \qquad p_i = F_i(p_n), \quad i \in \{1, \ldots, n-1\}.$$

Der n-te Oligopolist ist der *Unabhängige.* Er kennt (6.3.5). Somit ist seine Gewinnmaximierungs-Bedingung nach (6.1.6):

$$(6.3.6) \qquad x_n + [p_n - K'_n(x_n)] \sum_{j=1}^{n} \frac{\partial x_n}{\partial p_j} \frac{dF_j}{dp_n} = 0, \quad \text{wobei } \frac{dF_n}{dp_n} = 1 \text{ definiert ist.}$$

Dies bestimmt p_n, und damit ist die *Gesamtlösung* erreicht, falls sie existiert und ökonomisch sinnvoll ist, d.h. falls $p_i \geqslant K'_i(x_n)$, $\forall\, i \in \{1, \ldots, n\}$.

Wenn man *lineare Nachfrage-* und *quadratische Kostenfunktionen* annimmt, läßt sich die Lösung genauer angeben.

Die *Nachfragefunktion* für die Firma i sei ebenso wie in (6.2.5):

$$(6.3.7) \qquad x_i = a_{oi} - a_{ii}p_i + \sum_{\substack{j=1\\j\neq i}}^{n} a_{ij}p_j, \ \forall\, i \in \{1, \ldots, n\},$$
$$a_{oi}, a_{ii}, a_{ij} > 0,$$

die *Kostenfunktion* sei wie in (6.2.6)

$$(6.3.8) \qquad K_i = b_{oi} + b_{1i}x_i + b_{2i}x_i^2, \quad \forall\, i \in \{1, \ldots, n\},$$
$$b_{oi}, b_{1i}, b_{2i} > 0.$$

Damit wird (6.3.4) für die ersten n–1 *abhängigen Oligopolisten* (vgl. (6.2.7)):

$$(6.3.9) \qquad p_i[-2a_{ii}(1+a_{ii}b_{2i})] - \sum_{\substack{j=1\\j\neq i}}^{n-1} p_j[-a_{ij}(1+2a_{ii}b_{2i})] - p_n\,[(-a_{in}(1+2a_{ii}b_{2i}$$
$$- [-a_{oi}(1+2a_{ii}b_{2i}) - b_{1i}a_{ii}] = 0, \quad \forall\, i \in \{1, \ldots, n-1\},$$

oder

$$(6.3.10) \qquad A^{n-1}p^{n-1} = b^{n-1} + a^{n-1}p_n$$ [1]

$$\text{mit } A^{n-1} = \begin{bmatrix} \hat{\alpha}_1 & -\hat{\beta}_{12} & \ldots -\hat{\beta}_{1,n-1} \\ -\hat{\beta}_{21} & \hat{\alpha}_2 & \ldots -\hat{\beta}_{2,n-1} \\ \vdots & & \\ -\hat{\beta}_{n-1,1} & -\hat{\beta}_{n-1,2} \ldots & \hat{\alpha}_{n-1} \end{bmatrix}, \quad \begin{aligned} \hat{\alpha}_i &= -2a_{ii}(1+a_{ii}b \\ \hat{\beta}_i &= -a_{ij}(1+2a_{ii}b_2 \\ i, j &\in \{1, \ldots, n-1\} \end{aligned}$$

1 Die hochgestellten Buchstaben sind Indizes und keine Potenzexponenten.

$$p^{n-1} = \begin{bmatrix} p_1 \\ \vdots \\ p_{n-1} \end{bmatrix}, \quad b^{n-1} = \begin{bmatrix} \hat{\gamma}_1 \\ \vdots \\ \hat{\gamma}_{n-1} \end{bmatrix}, \quad a^{n-1} = \begin{bmatrix} \hat{\delta}_1 \\ \vdots \\ \hat{\delta}_{n-1} \end{bmatrix}$$

mit $\hat{\gamma}_i = - a_{oi}(1+2a_{ii}b_{2i}) - b_{1i}a_{ii}, \qquad \forall\, i \in \{1, \ldots, n-1\},$

$\hat{\delta}_i = - a_{in}\,(1+2a_{ii}b_{2i}).$

Somit hat man für die Preise der *abhängigen Oligopolisten:*

(6.3.11) $$p^{n-1} = (A^{n-1})^{-1}\, b^{n-1} + (A^{n-1})^{-1} \cdot a^{n-1} p_n\,,$$

falls $(A^{n-1})^{-1}$ existiert und $p^{n-1} \geqslant 0$.

Andernfalls ist das Oligopol bei dieser Verhaltensweise nicht existenzfähig.[1] Wir setzen

(6.3.12) $$(A^{n-1})^{-1} \cdot b^{n-1} = \begin{bmatrix} c^1 \\ \vdots \\ c^{n-1} \end{bmatrix}, \quad (A^{n-1})^{-1}\, a^{n-1} = \begin{bmatrix} d^1 \\ \vdots \\ d^{n-1} \end{bmatrix}.$$

Für den n-ten Oligopolisten, der die *Unabhängigkeitsposition* hält, wird jetzt (6.3.6) zu

(6.3.13) $$a_{on} - a_{nn}p_n + \sum_{j=1}^{n-1} a_{nj}\,(c^j + d^j p_n) + \langle p_n - b_{1n} - 2b_{2n}\,[a_{on} - a_{nn}p_n + \sum_{j=1}^{n-1} a_{nj}\,(c^j + d^j p_n)]\rangle \cdot (-a_{nn} + \sum_{j=1}^{n-1} a_{nj}d^j) = 0\,,$$

woraus man für den optimalen Preis p_n des unabhängigen Oligopolisten erhält:

(6.3.14) $$p_n = \frac{Z}{N}$$

$$\text{mit } Z = -\,(a_{on} + \sum_{j=1}^{n-1} a_{nj}c^j)\,[1 - 2b_{2n}(\sum_{j=1}^{n-1} a_{nj}d^j - a_{nn})] + b_{1n}(\sum_{j=1}^{n-1} a_{nj}d^j - a_{nn}),$$

$$N = 2\,(\sum_{j=1}^{n-1} a_{nj}d^j - a_{nn})\,(1 + b_{2n}a_{nn}).$$

Rücksubstitution von (6.3.14) in (6.3.11) ergibt die optimalen Preise der abhängigen Oligopolisten und Rücksubstitution in (6.3.7) die Produktionsmengen. Dies ist zwar numerisch auszurechnen, gibt aber so noch keinen Einblick in die Verhältnisse.

Wir müssen daher weiter vereinfachen und wollen dabei gleich von der *Gesamtnachfragemenge* ausgehen und die *Einzelnachfrage bei allen Oligopolisten daraus ab-*

---

1 Hinreichend. Tatsächlich muß man $Q_i \geqslant 0$ fordern.

leiten. Hierbei soll der *unabhängige Oligopolist n* eine Sonderstellung einnehmen: wir stellen uns vor, daß er größer ist (gemessen in Produktionskapazität) als jeder der *n–1 abhängigen Oligopolisten.* Letztere sollen bezüglich Nachfrage und Kosten identisch sein. Wir werden dann später die Zahl n aller Oligopolisten dadurch verändern, daß wir neue abhängige Oligopolisten der gleichen Art zum Markt hinzukommen oder aus dem Markt ausscheiden lassen.

Die *Gesamtnachfrage* X des Marktes sei eine lineare Funktion des Durchschnittspreises $\bar{p}$:

$$X = a_0 - a_1\bar{p} \quad \text{mit } \bar{p} = \frac{1}{\sum_{j=1}^{n} \gamma_j} \sum_{j=1}^{n} \gamma_j p_j \,, \; a_0, a_1 > 0 \quad n \geqslant 2, \text{ ganzzahlig,} \tag{6.3.15}$$

wobei $\gamma_j > 0$ Wägungsziffern sind.

Der Durchschnittspreis ist also jetzt ein gewogenes arithmetisches Mittel. Als Wägungsziffern nehmen wir an:

$$\gamma_i = 1 \,, \quad i \in \{1, \ldots, n-1\} \,, \gamma_n = c > 1 \,; \tag{6.3.16}$$

das bedeutet: die abhängigen Oligopolisten 1, . . . , n–1 haben alle den gleichen Markteinfluß, z. B. gleiche Kapazität und eine gleich große Absatzorganisation, der unabhängige Oligopolist einen größeren.

Wenn eine Firma vom Durchschnittspreis $\bar{p}$ abweicht, hat sie eine Mehr- oder Mindernachfrage proportional dieser Abweichung. Die Summe dieser Mehr- oder Mindernachfrage ist Null.

Dies führt auf die Nachfragefunktionen:

$$x_i = \begin{cases} \dfrac{1}{c+n-1} (a_0 - a_1\bar{p}) - a_2(p_i - \bar{p}), & \forall\, i \in \{1, \ldots, n-1 \\[2ex] \dfrac{c}{c+n-1} (a_0 - a_1\bar{p}) - a_2 c(p_i - \bar{p}) & \text{für } i = n \end{cases} \tag{6.3.17}$$

Berücksichtigt man (6.3.16), so wird hieraus

$$x_i = \bar{a}_0 - \bar{a}_1 p_i + \bar{a}_2 \sum_{\substack{j=1 \\ j \neq i}}^{n-1} p_j + \bar{a}_{3n} p_n \,, \quad \forall\, i \in \{1, \ldots, n-1\} \,, \tag{6.3.18}$$

$$\bar{a}_0, \bar{a}_2, \bar{a}_{3n} > 0,$$

$$x_n = \bar{a}_{0n} - \bar{a}_{1n} p_n + \bar{a}_{2n} \sum_{j=1}^{n-1} p_j \,, \qquad \bar{a}_{0n}, \bar{a}_{1n}, \bar{a}_{2n} > 0,$$

$$\text{mit } \bar{a}_0 = \frac{a_0}{c+n-1} \;;\; \bar{a}_1 = \frac{1}{(c+n-1)^2} a_1 + \frac{c+n-2}{c+n-1} a_2;$$

$$\bar{a}_2 = -\frac{1}{(c+n-1)^2}\, a_1 + \frac{1}{c+n-1}\, a_2;\ \bar{a}_{on} = c \cdot \bar{a}_o;$$

$$\bar{a}_{1n} = \frac{c^2}{(c+n-1)^2}\, a_1 + \frac{c(n-1)}{c+n-1}\, a_2\ ;\ \bar{a}_{2n} = c\bar{a}_2\ ;\ \bar{a}_{3n} = c\bar{a}_2.$$

Wie man durch Vergleich mit (6.2.10–11) sieht, gehen diese Formeln für c=1 in die für den Launhardt-Hotelling-Fall benutzten über. Bei c=1 sind ja alle Firmen in ihrer Bedeutung für die Nachfrage gleich, bei $c > 1$ ist die n-te Firma (als „größer") ausgezeichnet.

Die *Kosten* seien ebenfalls für alle n–1 abhängigen Firmen gleich, aber möglicherweise verschieden von denen der unabhängigen Firma. Wir nehmen lineare Kostenfunktionen an:

(6.3.19) $$K_i = b_o + b_1 x_i\ ,\ \ \forall\, i \in \{1, \ldots, n-1\},$$

$$K_n = b_{on} + b_{1n} x_n.$$

Damit wird der optimale Preis für die Abhängigen nach (6.3.11)

(6.3.20) $$p^{n-1} = (\bar{A}^{n-1})^{-1} \cdot \bar{b}^{n-1} + (\bar{A}^{n-1})^{-1} \cdot \bar{a}^{n-1} p_n$$

mit

$$\bar{A}^{n-1} = \begin{bmatrix} -2\bar{a}_1 & \bar{a}_2 \ldots & \bar{a}_2 \\ \bar{a}_2 & -2\bar{a}_1 \ldots & \bar{a}_2 \\ \vdots & & \\ \bar{a}_2 & \bar{a}_2 \ldots & -2\bar{a}_1 \end{bmatrix},\quad \bar{b}^{n-1} = \begin{bmatrix} -\bar{a}_o - \bar{a}_1 b_1 \\ \vdots \\ -\bar{a}_o - \bar{a}_1 b_1 \end{bmatrix},$$

$$\bar{a}^{n-1} = \begin{bmatrix} \bar{a}_{3n} \\ \vdots \\ \bar{a}_{3n} \end{bmatrix},\qquad p^{n-1} = \begin{bmatrix} p_1 \\ p_2 \\ \vdots \\ p_{n-1} \end{bmatrix},$$

$$(\bar{A}^{n-1})^{-1} = \begin{bmatrix} -\bar{\rho} & \bar{\sigma} & \ldots & \bar{\sigma} \\ \bar{\sigma} & -\bar{\rho} & \ldots & \bar{\sigma} \\ \vdots & & & \\ \bar{\sigma} & \bar{\sigma} & \ldots & -\bar{\rho} \end{bmatrix},$$

$$\bar{\rho} = \frac{-2\bar{a}_1 + (n-3)\bar{a}_2}{(n-2)(\bar{a}_2)^2 - (-2\bar{a}_1)^2 - (n-3)(-2\bar{a}_1)\cdot\bar{a}_2},$$

$$\bar{\sigma} = \frac{\bar{a}_2}{(n-2)(\bar{a}_2)^2 - (-2\bar{a}_1)^2 - (n-3)(-2\bar{a}_1)\,\bar{a}_2}\ ^{1}.$$

Aus (6.3.20) ersieht man – was ohnehin selbstverständlich ist –, daß alle *abhängigen Oligopolisten* den gleichen Preis verlangen:

(6.3.21) $$p_i = \bar{c} + \bar{d}p_n\,,\quad \forall\, i \in \{1, \ldots, n-1\}\,,$$

$$\bar{c} = [-\bar{\rho} + (n-2)\,\bar{\sigma}]\ (-\bar{a}_o - \bar{a}_1 b_1)\,,$$

$$\bar{d} = [-\bar{\rho} + (n-2)\,\bar{\sigma}]\ \cdot (-\bar{a}_{3n})\,.$$

Der Preis des n-ten *unabhängigen Oligopolisten* ist nach (6.3.14) jetzt:

(6.3.22) $$p_n = \frac{-\ [\bar{a}_{on} + (n-1)\,\bar{a}_{2n}\bar{c}\,] + b_{1n}\,[(n-1)\,\bar{a}_{2n}\bar{d} - \bar{a}_{1n}]}{2[(n-1)\,\bar{a}_{2n}\bar{d} - \bar{a}_{1n}]}\,.$$

Es ist ganz instruktiv, an Hand von (6.3.21 und 22) nachzuprüfen, welchen Grenzwert die Preise p_i und p_n erreichen, wenn die Zahl n der Firmen nach unendlich geht. Damit wird eine Art Übergang zur vollständigen Konkurrenz simuliert. Man prüft leicht nach, daß für $n \to \infty$: $\bar{a}_o, \bar{a}_2, \bar{a}_{on}, \bar{a}_{2n}, \bar{a}_{3n}, (n-2)\,(\bar{a}_2)^2 \to 0$, während $\bar{a}_1 \to \bar{a}_2$, $\bar{a}_{1n} \to ca_2$, $(n-3)\,\bar{a}_2 \to \bar{a}_2$, $(n-1)\,\bar{a}_{2n} \to ca_2$, $(n-3)\,2\bar{a}_1\bar{a}_2 \to 2a_2^2$.

Damit gehen $\bar{\rho} \to \frac{1}{2a_2}$, $(n-2)\,\bar{\sigma} \to \frac{1}{2a_2}$, so daß

(6.3.23) $$p_i \to b_1\,, \qquad p_n \to \frac{b_1 + b_{1n}}{2}\,,\quad \forall\, i \in \{1, \ldots, n-1\}\,.$$

Der Preis geht also bei den „kleinen" Firmen nach den Grenzkosten, bei der „großen" nach dem Mittelwert der Grenzkosten. Nur für $b_{1n} = b$, d.h. wenn alle Firmen gleiche Grenzkosten haben, geht der Preis auch bei der „großen" Firma nach den Grenzkosten.

Natürlich sinkt der Preis sowohl des unabhängigen wie der abhängigen Oligopolisten, wenn die Zahl der abhängigen Oligopolisten zunimmt. Die folgende Tabelle zeigt die Preise p_i der abhängigen und den Preis p_n des unabhängigen Oligopolisten (errechnet nach (6.3.21 und 22)), ihre Produktionsmengen x_i und x_n (errechnet nach (6.3.17)), den Durchschnittspreis $\bar{p}$ und die Gesamt-Absatzmenge X (errechnet nach (6.3.15)) für verschiedene Zahlen n von Oligopolisten. Hierbei werden folgende Zahlenwerte zugrundegelegt:

$$a_o = a_1 = a_2 = 1;\quad c = 1{,}5;\ b_1 = 0{,}1;\ b_{1n} = 0{,}05.$$

---

1 Vgl. (6.2.15). Man beachte, daß n die Zahl der Oligopolisten bedeutet. Die Zahl der Zeilen und Spalten der Matrix $\bar{A}^{n-1}$ in (6.3.21) ist n–1, während die Matrix **A** in (6.2.15) die Zeilen- und Spaltenzahl n hat. Vgl. auch Anmerkung 1 zu (4.5.5a) im Kapitel.

Tabelle 6.3.24[1]

Zahl der Firmen	n =	2	3	4	. . .	∞
Preis der abhängigen Oligopolisten	p_i =	0,452	0,342	0,287	. . .	0,1
Preis des unabhängigen Oligopolisten	p_n =	0,485	0,355	0,294	. . .	0,075
Produktionsmenge eines abhängigen Oligopolisten	x_i =	0,23	0,19	0,16	. . .	→ 0
Produktionsmenge des unabhängigen Oligopolisten	x_n =	0,30	0,27	0,23	. . .	→ 0
Gesamt-Absatzmenge	X =	0,53	0,65	0,71	. . .	0,9
Durchschnittspreis	$\bar{p}$ =	0,47	0,35	0,29	. . .	0,1

Fig. 6.3.25 zeigt dies graphisch. Dort bedeuten $p_i(\nu)$ der Preis, den die abhängigen Oligopolisten 1, 2 . . . , n–1 fordern, wenn insgesamt ν Oligopolisten auf dem Markt sind, $p_n(\nu)$ der Preis des unabhängigen, n-ten Oligopolisten, $\bar{p}(\nu)$ der Durch-

Fig. 6.3.25

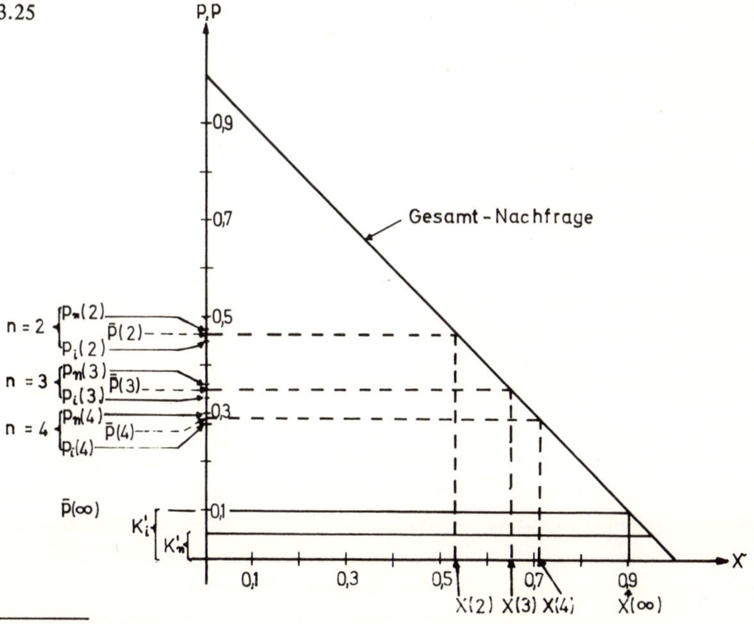

1 Zahlen abgerundet.

schnittspreis, X(ν) die Gesamt-Absatzmenge bei ν Oligopolisten. Für X(∞) produzieren alle abhängigen Oligopolisten zu ihren Grenzkosten. Der optimale Preis des unabhängigen Oligopolisten liegt allerdings, wie man an Tabelle 6.3.24 sieht, über seinen Grenzkosten, aber er ist ja nur einer unter unendlich Vielen. K'_n bzw. K'_i in Fig. 6.3.25 sind die Grenzkosten des unabhängigen bzw. der abhängigen Oligopolisten.

Wie man sieht, ist die Auffächerung der Preise um den Durchschnittspreis relativ gering. Sie nimmt mit zunehmender Zahl der „kleinen" abhängigen Oligopolisten ab. Die Gesamt-Marktversorgung nimmt mit der Zahl der Firmen zu.

B. Dynamischer Ansatz

Da das Stackelberg-Oligopol immerhin die Ausnahmefälle annähernd richtig wiedergegeben werden kann, in denen *eine* Firma eine dominierende Stellung einnimmt und mehrere andere, kleinere Firmen daneben existieren, also die Übergangsfälle vom Teilmonopol zum Polypol, sollen auch hier die dynamischen Charakteristiken solcher Märkte untersucht werden. Alle Dynamisierungen statischer Modelle führen neue Freiheitsgrade ein; es gibt also immer viele mögliche Dynamisierungen eines statischen Modells. Wir wollen hier, ebenso wie imanalogen Fall der Mengenpolitik, einige naheliegende kurz behandeln.

a. Übersieht der unabhängige Oligopolist n die Situation vollständig, weiß er, daß der Angleichungsprozeß zum „richtigen" Preis konvergiert,und setzt er seinen Preis p_n *gleich* auf den stationären Endpreis nach (6.3.22) fest, so spielt der Angleichungsprozeß nur zwischen den n−1 abhängigen Oligopolisten. Nehmen wir an, daß alle abhängigen Oligopolisten sich gleichen linearen Nachfragefunktionen gegenübersehen und ihre Grenzkosten gleich sind und daß jeder seinen Preis für die nächste Periode optimiert unter der Voraussetzung, die übrigen abhängigen Oligopolisten würden ihren vorherigen Preis beibehalten, so ist für sie die *dynamische Analyse des Launhardt-Hotelling-Oligopols zu wiederholen* (vgl. (6.2.28–39). Das dortige *Ergebnis* gilt dann auch hier: Da bei gegebener Gesamtnachfrage die Einzelnachfragefunktion von der Zahl n der Oligopolisten abhängt, konvergiert der Preisbildungsprozeß der Abhängigen stets. Daß er zur stationären Stackelberg-Lösung konvergiert, sieht man folgendermaßen.

Der Unabhängige setzt seinen stationären Endpreis p_n nach (6.3.22) fest und hält ihn dort fest. Bei Geltung der Nachfragefunktionen (6.3.18) und der Kostenfunktionen (6.3.19) wird die Differenzengleichung (6.2.30), die den Einspielungsprozeß der Abhängigen beschreibt:

(6.3.26) $$\hat{\hat{A}}^{n-1} p_t^{n-1} - \hat{\hat{B}}^{n-1} p_{t-1}^{n-1} - \hat{a}^{n-1} p_n - \hat{\hat{b}} = 0$$

mit
$$\hat{\hat{A}}^{n-1} = \begin{bmatrix} -2\bar{a}_1 & & \\ & \ddots & \\ & & -2\bar{a}_1 \end{bmatrix}, \quad \hat{\hat{B}}^{n-1} = \begin{bmatrix} 0 & -\bar{a}_2 & \dots & -\bar{a}_2 \\ -\bar{a}_2 & 0 & \dots & -\bar{a}_2 \\ \vdots & & & \\ -\bar{a}_2 & -\bar{a}_2 & \dots & 0 \end{bmatrix},$$

$$\hat{a}^{n-1} = \begin{bmatrix} -\bar{a}_{3n} \\ \vdots \\ -\bar{a}_{3n} \end{bmatrix}, \quad \hat{\hat{b}} = \begin{bmatrix} -\bar{a}_o - b_1\bar{a}_1 \\ \vdots \\ -\bar{a}_o - b_1\bar{a}_1 \end{bmatrix}, \quad p_t^{n-1} = \begin{bmatrix} p_{1t} \\ \vdots \\ p_{n-1,t} \end{bmatrix},$$

(vgl. (6.2.30)).

Die stationäre Lösung (für $p_t^{n-1} = p_{t-1}^{n-1}$), abgeleitet wie in (6.2.33), wird jetzt

(6.3.27) $$p_i = [-\bar{\rho} + (n-2)\bar{\sigma}]\ (-\bar{a}_3 p_n - \bar{a}_o - b_1\bar{a}_1), \quad \bar{\rho}, \bar{\sigma} \text{ gemäß (6.3.20)},$$

was nach (6.3.21) gerade die stationäre Stackelberg Lösung für die abhängigen Oligopolisten ist.

b. Übersieht der unabhängige Oligopolist die Situation nicht vollständig, aber soweit, daß er die im Gleichgewicht erfolgende Reaktion der abhängigen Oligopolisten auf eigene Preisänderungen gleich mitberücksichtigt, so erhält man bei linearen Nachfrage- und Kostenfunktionen, die für die abhängigen Oligopolisten gleich sind, das folgende System. Die *Nachfragefunktionen für die n–1 abhängigen Oligopolisten* ist *in ihrer Vorstellung* (nämlich unter ihrer Annahme der Nichtreaktion aller übrigen Oligopolisten):

(6.3.28) $$x_{it} = \bar{a}_o - \bar{a}_1 p_{it} + \bar{a}_2 \sum_{\substack{j=1 \\ j \neq i}}^{n-1} p_{j,t-1} + \bar{a}_{3n} p_{n,t-1}, \quad \forall\, i \in \{1, \dots, n-1\}.$$

Die *Nachfragefunktion für den n-ten Oligopolisten,* der die Unabhängigkeitsposition einnimmt, ist in *seiner Vorstellung:*

(6.3.29) $$x_{nt} = \bar{a}_{on} - \bar{a}_{1n} p_{nt} + \bar{a}_{2n} \sum_{j=1}^{n-1} p_{jt},$$

d. h. bei der Festlegung seines Preises für eine Periode t berücksichtigt der Oligopolist die Preise p_{jt} der anderen Oligopolisten *nach* deren Reaktion.

Die Parameter $\bar{a}_k$ und $\bar{a}_{kn}$, $k \in \{1, 2, 3\}$, sind wie in (6.3.18) definiert.

Die *Kostenfunktionen* sind wieder

(6.3.30) $$K_{it} = b_o + b_1 x_{it}, \; i \in \{1, \dots, n-1\},$$
$$K_{nt} = b_{on} + b_{1n} x_{nt}.$$

Nach (6.3.4) hat man dann als Gewinnmaximierungs-Bedingung für die Abhängigen:

$$(6.3.31) \qquad x_{it} + [p_{it} - b_1](-\bar{a}_1) = 0 ,$$

für den Unabhängigen:

$$(6.3.32) \qquad x_{nt} + [p_{nt} - b_{1n}]\left(-\bar{a}_{1n} + \bar{a}_{2n} \sum_{j=1}^{n-1} \frac{\partial p_{jt}}{\partial p_{nt}}\right) = 0.$$

Substituiert man (6.3.28) in (6.3.31), so erhält man ein Differenzengleichungssystem ähnlich (6.3.26), das als

$$(6.3.33) \qquad p_t^{n-1} = (\hat{A}^{n-1})^{-1} \cdot \hat{B}^{n-1} p_{t-1}^{n-1} + (\hat{A}^{n-1})^{-1} \cdot (\hat{a}^{n-1} p_{n,t-1} - \hat{b})$$

geschrieben werden kann.

Die stationäre Lösung für die Preise $p_1, \ldots, p_{n-1}$ ist in (6.3.27) angegeben und wird nach (6.3.21) zur Abkürzung als

$$(6.3.34) \qquad p_i = \bar{c} + \bar{d} p_n, \quad \forall\, i \in \{1, \ldots, n-1\}, \ \bar{c} \text{ und } \bar{d} \text{ wie in (6.3.21),}$$

geschrieben. Die für das Stackelberg-Oligopol charakteristische Annahme ist nun, daß der Unabhängige die Reaktion der Abhängigen auf seine Preisveränderungen richtig antizipiert, was wir so interpretieren können, daß er als Reaktion der Konkurrenten i

$$(6.3.35) \qquad \frac{\partial p_{it}}{\partial p_{nt}} = \bar{d}, \ \forall\, t \in \{1, 2, \ldots\},$$

annimmt. Dann wird aus (6.3.32) bei Substitution von (6.3.29):

$$(6.3.36) \qquad p_{nt}\,[-2\bar{a}_{1n} + (n-1)\,\bar{a}_{2n}\bar{d}] + \bar{a}_{2n} \sum_{j=1}^{n-1} p_{jt} + \bar{a}_{on} - b_{1n}\,[-\bar{a}_{1n} + (n-1)\bar{a}_{2n}\bar{d}] = 0.$$

Das *Gesamtsystem* besteht aus (6.3.26) und (6.3.36) und läßt sich schreiben als:

$$(6.3.37) \qquad A^* p_t - B^* p_{t-1} - d^* = 0$$

mit

$$A^* = \left[\begin{array}{cccc|c} -2\bar{a}_1 & & & & \\ & \ddots & & & \\ & & & -2\bar{a}_1 & \\ \hline \bar{a}_{2n} & \bar{a}_{2n} & \ldots & \bar{a}_{2n} & z \end{array}\right], \quad z = -2\bar{a}_{1n} + (n-1)\bar{a}_{2n}\bar{d},$$

$$B^* = \left[\begin{array}{cccc|c} 0 & -\bar{a}_2 & \dots & -\bar{a}_2 & -\bar{a}_{3n} \\ -\bar{a}_2 & 0 & \dots & -\bar{a}_2 & -\bar{a}_{3n} \\ \vdots & & & & \\ -\bar{a}_2 & -\bar{a}_2 & \dots & 0 & -\bar{a}_{3n} \\ \hline 0 & 0 & \dots & 0 & 0 \end{array}\right], \quad p_t = \begin{bmatrix} p_{1t} \\ \vdots \\ p_{nt} \end{bmatrix},$$

$$d^* = \begin{bmatrix} -\bar{a}_o - b_1\bar{a}_1 \\ \vdots \\ -\bar{a}_o - b_1\bar{a}_1 \\ \bar{a}_{on} - b_{1n}[-\bar{a}_{1n} + (n-1)\bar{a}_{2n}\bar{d}] \end{bmatrix}.$$

Gibt man p_n fest vor, so erhält man als stationäre Lösung für die Preise $p_1, \dots, p_{n-1}$ aus (6.3.37) das System

$$(\hat{\hat{A}}^{n-1} - \hat{\hat{B}}^{n-1})\, p^{n-1} = \hat{a}^{n-1} p_n + \hat{\hat{b}}$$

analog zu (6.3.26) und damit, wie dort gezeigt, die *Stackelberg-Lösung* (6.3.21) für die Preise der Abhängigen. Gibt man umgekehrt diese Preise der Abhängigen (als Funktion von p_n nach (6.3.21)) vor, erhält man aus (6.3.37) als stationäre Lösung den Stackelbergschen Preis für den Unabhängigen (6.3.22). Somit konvergiert das System (6.3.37), falls es konvergiert, zu den Stackelbergschen statischen Preisen und ist damit eine geeignete Dynamisierung des Stackelberg-Oligopols.[1]

Die Frage ist natürlich, ob es konvergiert. Wir schreiben (6.3.37) als

(6.3.38) $\quad p_t = D^* p_{t-1} + e^*.$

Setzen wir

$$A^* = \left[\begin{array}{ccc|c} \alpha & & & \\ & \ddots & & \\ & & \alpha & \\ \hline \beta & \beta \dots & \beta & z \end{array}\right], \quad \text{so daß } \alpha = -2\bar{a}_1, \quad \beta = \bar{a}_{2n}, \quad z = -2\bar{a}_1 + (n-1)\bar{a}_{2n}\bar{d},$$

$$B^* = \left[\begin{array}{cccc|c} 0 & \pi & \dots & \pi & \nu \\ \pi & \ddots & & & \vdots \\ \vdots & & \ddots & & \vdots \\ \pi & & & \pi\ 0 & \nu \\ \hline 0 & & & 0 & \end{array}\right], \quad \text{mit } \pi = -\bar{a}_2, \quad \nu = -\bar{a}_{3n},$$

1 Andere, ebenfalls naheliegende Dynamisierungen (z. B. mit $\frac{\partial p_{it}}{\partial p_{nt-1}} = \frac{\bar{a}_{3n}}{2\bar{a}_1}$, abgeleitet aus (6.3.33)) konvergieren nicht zu diesen Preisen.

so ist

$$A^{*-1} = \left[\begin{array}{ccc|c} 1/\alpha & & & \\ & \ddots & & \\ & & 1/\alpha & \\ \hline -\frac{\beta}{\alpha z} & \dots & -\frac{\beta}{\alpha z} & 1/z \end{array}\right],$$

$$D^* = A^{*-1}B^* = \left[\begin{array}{cccc|c} 0 & \pi/\alpha & \dots & \pi/\alpha & \nu/\alpha \\ \pi/\alpha & \ddots & & & \\ \vdots & & \ddots & & \\ \pi/\alpha & & & 0 & \nu/\alpha \\ \hline -\frac{\beta/\pi}{\alpha z}(n-2) & & \dots & -\frac{\beta/\pi}{\alpha z}(n-2) & -\frac{\beta/\nu}{\alpha z}(n-1) \end{array}\right]$$

$$e^* = A^{*-1}d^*.$$

Die charakteristischen Wurzeln von D^* sind[1]

$$\lambda_1 = -\frac{\pi}{\alpha} = -\frac{\bar{a}_2}{2\bar{a}_1} \quad \text{(eine (n–2)fache Wurzel)}$$

$$\lambda_2 = \frac{\beta\nu}{\alpha z}(n-1) - \frac{\pi}{\alpha}(n-2) \quad \text{(eine einfache Wurzel)}$$

$$\lambda_3 = 0$$

Die *allgemeine Lösung* von (6.3.38) ist also

(6.3.39) $$p_{jt} = c_{1j}\lambda_1^t + c_{2j}\lambda_2^t + p_j,\ j \in \{1, \dots, n\},$$

wobei p_j die statische Stackelberg-Lösung (6.3.21 bzw. 22) bedeutet und $c_{1j} = c_{1jo} + c_{1j1}t + \dots + c_{1jn-2}t^{n-2}$ ist. Die c's sind Konstanten, die von den Anfangsbedingungen abhängen.

Damit das System stabil ist, müßten $|\lambda_1| < 1$ und $|\lambda_2| < 1$ sein. Nach (6.3.18) ist für $n \geqslant 2$ die Bedingung $|\lambda_1| < 1$ stets erfüllt. Bei der zweiten Wurzel λ_2 trifft das nicht zu. Die Stabilitätsbedingungen sind einigermaßen kompliziert, aber doch wohl in der Regel erfüllt. Setzt man z. B. in (6.3.18) $a_1 = a_2$ (was wir in unserem Zahlenbeispiel in Tabelle 6.3.24 getan haben), so wird

$$\lambda_2 = -\frac{1}{2}\,\frac{[(n-1+2c)(c+n-1)^2(n-2)-c^2(n-1)]\ (c+n-2)}{[n-1+2c]\,[1+(c+n-1)(c+n-2)]\ (c+n-1)^2},$$

und hier gilt $|\lambda_2| < 1$ für $n \geqslant 2$.[2]

---

1 Zur Ableitung: vgl. (6.2.30–32).

2 Ersetzt man nämlich den letzten Faktor im Zähler: $[c + n-2]$ durch $(c + n-1)$, so wird $|\lambda_2|$ größer. Damit ist erst recht $|\lambda_2| < 1$, falls $(n-1+2c)(c+n-1)^2(n-2) - c^2(n-1) < (n-1+2c)[1+(c+n-1)(c+n-2)](c+n-1)$ und die linke Seite der Ungleichung positiv ist. Beides trifft, wie man sich überzeugt, zu.

Das System ist also jedenfalls für $a_1 = a_2$ und, weil λ_2 eine stetige Funktion von a_1 und a_2 (für $a_1 \neq a_2$) ist, in einer Umgebung dieser Werte für alle n stabil. Damit können wir als *Ergebnis* feststellen:

Es gibt stabile Stackelberg-Oligopole bei Preispolitik und inhomogenen Produkten für jede Zahl n von Konkurrenten, auch bei linearen Kosten- und Nachfragefunktionen und ohne Verzögerungen der Anpassung im Gegensatz zu dem Ergebnis des Stackelberg-Oligopols bei Mengenpolitik und homogenen Produkten, wo bei sonst gleichen Voraussetzungen Stabilität nur für $n \leqslant 3$ besteht.

4. Abschnitt

Das Bowley-Dyopol[1]

Bowley's sehr kursorische Ausführungen, die sich auf das Mengendyopol mit homogenen Produkten beziehen, kann man auch auf das Preisdyopol mit inhomogenen Produkten übertragen. In der Stackelbergschen Interpretation heißt das: *beide* verlangen ihren Unabhängigkeitspreis, nämlich denjenigen, der optimal wäre, wenn der andere sich wie in der Abhängigkeitsposition befindlich verhalten würde. Damit ergibt sich der *Bowleysche Dyopolpunkt B* als Lösung (vgl. Fig. 6.3.1 und 6.3.2). Da jeder hier einen Preis unter der Voraussetzung fordert, daß der andere einen anderen verlangt als er tatsächlich tut, so ist es schwer einzusehen, wie bei wirtschaftsfriedlicher Zielsetzung (also wenn keiner den anderen zu einem bestimmten Verhalten zwingen will) hier überhaupt ein Gleichgewicht eintreten kann, vor allem, wenn der Bowley-Punkt B für jeden schlechter ist als andere erreichbare Punkte. Beide müssen ja ihren Irrtum einsehen, wenn sie nicht geradezu blind sind. Bei dieser Lage, die in Fig. 6.3.2 dargestellt wird (Markttyp $\gamma\gamma$ nach Stackelberg), liegen Preiserhöhungen sowohl im eigenen Gewinninteresse wie in dem des Konkurrenten, und durch wechselseitige Preiserhöhungen wird schließlich der für beide bessere Punkt C erreicht.

Anders ist die Situation bei einer Lage wie in Fig. 6.3.1 (Markttyp $\delta\delta$ nach Stackelberg). Hier ist der Bowley-Punkt B für jeden besser, als wenn der andere tatsächlich sich wie ein Abhängiger verhalten würde. Ist dieser Punkt also etwa infolge eines Irrtums einmal erreicht, so hat keiner mehr ein Interesse ihn zu verlassen, schon gar nicht, indem er den anderen veranlaßt, wirklich „abhängig" zu sein. Nur in diesem Fall könnte man dem Bowley-Punkt B eine gewisse Gleichgewichtseigenschaft zuerkennen.

---

1 *Bowley,* Mathematical Groundwork of Economics, Oxford 1924, S. 38. *Bowley* behandelt nur den Fall der Mengenkonkurrenz auf einem gemeinsamen Absatzmarkt. Wir folgen hier Autoren wie *Stackelberg,* Marktform und Gleichgewicht, S. 48 und *Machlup,* The Economics of Sellers' Competition, Baltimore 1952, S. 44, die diese Analyse auch auf die Preiskonkurrenz übertragen.

5. Abschnitt

Chamberlins Oligopol: gleiche Preisänderungen aller Oligopolisten[1]

A. Statischer Ansatz

Nach (6.1.6) ist die *allgemeine Gewinnmaximierungsbedingung* für n Oligopolisten:

(6.5.1) $$x_i + [p_i - K_i'(x_i)] \sum_{j=1}^{n} \frac{\partial x_i}{\partial p_j} \frac{\partial p_j}{\partial p_i} = 0 \, , \forall \, i \in \{1, \ldots, n\}.$$

Die Chamberlin-Hypothese über die Reaktionsfunktion (6.1.3) ist, daß, wenn einer mit einer Preisänderung vorangeht, die übrigen mit der gleichen Preisänderung folgen:

(6.5.2) $$\frac{\partial r_j^{(i)}(\cdot)}{\partial p_i} = 1 \qquad \forall \, i \, j \in \{1, \ldots, n\}.$$

Damit wird (6.5.1)

(6.5.3) $$\frac{dQ_i}{dp_i} = x_i + [p_i + K_i'(x_i)] \sum_{j=1}^{n} \frac{\partial x_i}{\partial p_j} = 0.$$

Die Lösung des Systems (6.5.3) ergibt, falls sie existiert, eindeutig und nicht negativ ist, einen Punkt $\hat{C} = (p_1, \ldots, p_n)$, den *Chamberlin-Punkt.* Dieser Punkt liegt auf der Maximallinie (oder: Pareto-Optimalitätslinie). (6.5.3) läßt sich als

$$dQ_i = \frac{\partial Q_i}{\partial p_1} dp_1 + \ldots + \frac{\partial Q_i}{\partial p_n} dp_n = 0$$

---

1 Dies ist eine sehr „ungefähre" Wiedergabe von dem, was *Chamberlin,* The Theory of Monopolistic Competition, 6 th ed., Cambridge/Mass. 1950 als Lösung des Oligopols vorschlägt. Bei rationalem Verhalten im Oligopol („mutual dependence recognized", S. 46–55 und S. 100–109) präsentiert *Chamberlin* den Monopolpreis als Lösung, ohne weiter zu erörtern, daß er für jede Firma verschieden sein kann oder, wenn es sich um den maximalen Gesamtgewinn handelt, wie das Gewinnverteilungsproblem geregelt werden kann. Für die „große" Gruppe, d. h. die Marktform des unvollkommenen Polypols, bei der der Einfluß der Änderung einer marktstrategischen Variablen auf die Konkurrenten unterhalb der Grenze der Fühlbarkeit liegt, diskutiert *Chamberlin* eine Lösung, die darauf beruht, daß alle Konkurrenten gleiche Preise verlangen (a.a.O., S. 90). Für die „kleine" Gruppe (= Oligopol) kommt *Chamberlin* nur bei „absence of any permanent or long-term interest in the market, by short-sightedness or by uncertainty" (a.a.O.,S. 101) zu dem analogen Ergebnis, nimmt dies aber nur als Extremfall an (S. 102). *Heertje,* On the Theory of Oligopoly, Economia Internazionale, Vol XIII (1960), S. 461 und: Quelques remarques sur la dynamisation de la théorie de l'oligopole, Economie appliqué (1962), S. 31 ff interpretiert das dahingehend, daß *Chamberlin* im Oligopol gleiche Preisänderungen annimmt. Wir folgen ihm hier, damit dieser naheliegende Oligopoltyp einen Namen hat, obwohl *Chamberlin* wahrscheinlich protestiert hätte, ihn mit seinem Namen zu verbinden.

schreiben, was nach (6.1.13–18) die Maximallinie bestimmt.

In Fig. (6.5.4) ist die Lösung für den Dyopolfall graphisch illustriert. Dort sind die Isoprofitlinien Q_1 = const. und Q_2 = const., die Maximallinie H, die Kammlinien F_1 und F_2 und eine Schar von Reaktionsfunktionen R eingezeichnet. Letztere haben nach (6.5.2) alle die Steigung 1, bilden also einen Winkel von 45° zur Ordinate. Der Lösungspunkt $\hat{C}$ liegt dort, wo beide Isoprofitkurven eine Reaktionslinie in einem Punkt berühren. Dieser Punkt liegt, wie man sieht, auf der Maximallinie H.

Fig. 6.5.4

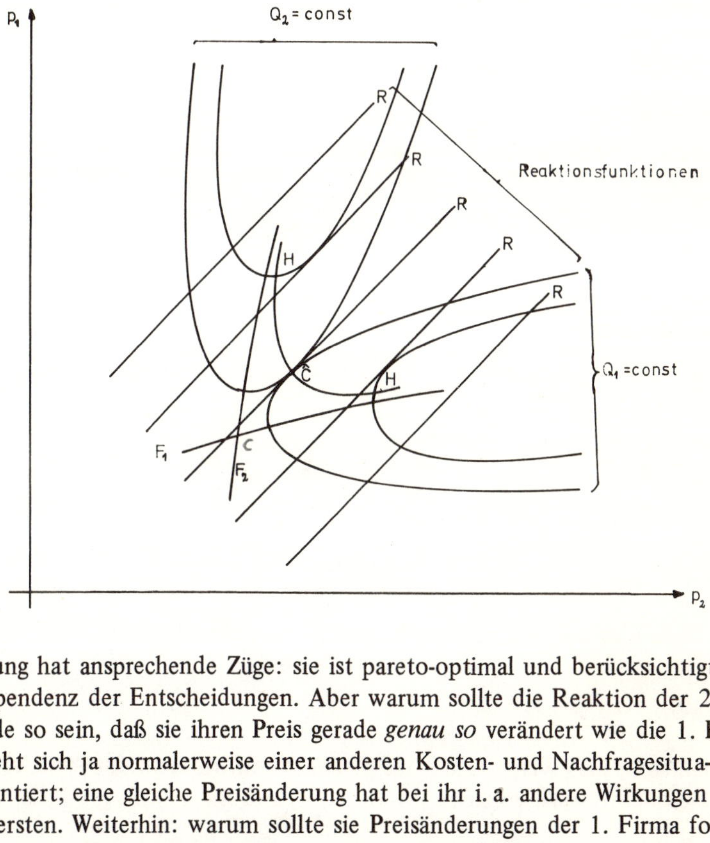

Die Lösung hat ansprechende Züge: sie ist pareto-optimal und berücksichtigt die Interdependenz der Entscheidungen. Aber warum sollte die Reaktion der 2. Firma gerade so sein, daß sie ihren Preis gerade *genau so* verändert wie die 1. Firma? Sie sieht sich ja normalerweise einer anderen Kosten- und Nachfragesituation konfrontiert; eine gleiche Preisänderung hat bei ihr i. a. andere Wirkungen als bei der ersten. Weiterhin: warum sollte sie Preisänderungen der 1. Firma folgen, wenn sie sich ohne Änderung besser stellen würde? Die intuitive Basis für die Reaktionsannahme (6.5.2) ist also nicht sehr überzeugend, immerhin aber doch auch nicht so unrealistisch, daß wir uns mit diesem Modell nicht zu beschäftigen brauchten. Darüber hinaus zeigen die Ergebnisse der Analyse dieses Modells Besonderheiten, die sehr interessant sind. Für den Fall *linearer Nachfragefunktionen:*

(6.5.5) $$x_i = a_{oi} - a_{ii}p_i + \sum_{\substack{j=1\\ j\neq i}}^{n} a_{ij}p_j \quad , \quad \forall\, i \in \{1, \ldots, n\}\,,\ a_{oi}, a_{ij} > 0$$

und *quadratische Kostenfunktionen:*

(6.5.6) $$K_i = b_{oi} + b_{1i}x_i + b_{2i}x_i^2 \quad , \quad \forall\, i \in \{1, \ldots, n\}\,,\ b_{oi}, b_{1i}, b_{2i} > 0$$

wird (6.5.3):

(6.5.7) $$h_i p_i - \sum_{\substack{j=1\\ j\neq i}}^{n} h_{ij}p_j - h_{oi} = 0$$

mit $$h_i = -2a_{ii}(1 + a_{ii}b_{2i}) + \sum_{\substack{j=1\\ j\neq i}}^{n} a_{ij}\,(1 + 2a_{ii}b_{2i}),$$

$$h_{ij} = -a_{ij}(1 + 2a_{ii}b_{2i}) + 2b_{2i}a_{ij}\sum_{j=1}^{n} a_{ij},$$

$$h_{oi} = -a_{oi}(1 + 2b_{2i}a_{ii}) - b_{1i}(a_{ii} - \sum_{\substack{j=1\\ j\neq i}}^{n} a_{ij}) + 2a_{oi}b_{2i}\sum_{\substack{j=1\\ j\neq i}}^{n} a_{ij}$$

(vgl. (6.2.8)), oder

(6.5.8) $$\widetilde{A}p = \widetilde{b}$$

mit $$\widetilde{A} = \begin{bmatrix} h_1 & -h_{12} & \ldots & -h_{1n} \\ -h_{21} & h_2 & \ldots & -h_{2n} \\ \vdots & & & \\ -h_{n1} & -h_{n2} & \ldots & h_n \end{bmatrix}, \qquad \widetilde{b} = \begin{bmatrix} h_{o1} \\ \vdots \\ h_{on} \end{bmatrix}.$$

Daraus erhält man die *Chamberlin-Preise:*

(6.5.9) $$p = \widetilde{A}^{-1}\widetilde{b}.$$

Vereinfacht man weiter und setzt *gleiche Nachfragefunktionen* und *gleiche Grenzkosten* aller Firmen voraus:

(6.5.10) $$x_i = \bar{a}_o - \bar{a}_1 p_i + \bar{a}_2 \sum_{\substack{j=1\\ j\neq i}}^{n} p_j \quad , \quad \bar{a}_o, \bar{a}_1, \bar{a}_2 > 0;\ -\bar{a}_1 + (n-1)\bar{a}_2 < 0$$

(6.5.11) $$K_i = b_{oi} + b_1 x_i \qquad b_{oi}, b_1 > 0,$$

so wird (6.5.8) zu

(6.5.9a) $$\tilde{\tilde{A}}p = \tilde{\tilde{b}} \qquad \text{mit } \tilde{\tilde{A}} = \begin{bmatrix} \bar{\alpha} & \bar{\beta} & \ldots & \bar{\beta} \\ \bar{\beta} & \bar{\alpha} & \ldots & \bar{\beta} \\ \vdots & & & \\ \bar{\beta} & \bar{\beta} & \ldots & \bar{\alpha} \end{bmatrix}, \quad \tilde{\tilde{b}} = \begin{bmatrix} h_o \\ \vdots \\ h_o \end{bmatrix}$$

$$\bar{\alpha} = -2\bar{a}_1 + (n-1)\bar{a}_2,$$

$$\bar{\beta} = \bar{a}_2,$$

$$h_o = -\bar{a}_o - b_1 [\bar{a}_1 - (n-1)\bar{a}_2].$$

Damit werden die Chamberlin-Preise:

(6.5.10a) $$p = (\tilde{\tilde{A}})^{-1}\tilde{\tilde{b}} \qquad \text{mit} \quad (\tilde{\tilde{A}})^{-1} = \begin{bmatrix} -\hat{\rho} & \hat{\sigma} & .. & \hat{\sigma} \\ \hat{\sigma} & -\hat{\rho} & .. & \hat{\sigma} \\ \vdots & & & \\ \hat{\sigma} & \hat{\sigma} & .. & -\hat{\rho} \end{bmatrix},$$

$$\hat{\rho} = \frac{\bar{\alpha} + (n-2)\bar{\beta}}{(n-1)\bar{\beta}^2 - \bar{\alpha}^2 - (n-2)\bar{\alpha}\bar{\beta}},$$

$$\hat{\sigma} = \frac{\bar{\beta}}{(n-1)\bar{\beta}^2 - \bar{\alpha}^2 - (n-2)\bar{\alpha}\bar{\beta}}.$$

Sie sind jetzt für alle gleich, nämlich

(6.5.11a) $$p_i = [-\hat{\rho} + (n-1)\hat{\sigma}]\, h_o.$$

Hieran können wir den Einfluß einer zunehmenden Zahl von Konkurrenten auf den Preis ersehen, vorausgesetzt, die Nachfrageparameter $\bar{a}_o$, $\bar{a}_1$, $\bar{a}_2$ sind unabhängig von der Zahl n der Konkurrenten. Substituiert man alle Ausdrücke in (6.5.11), dividiert Zähler und Nenner durch $(n-1)^2$ und läßt dann $n \to \infty$ gehen, so sieht man, daß

(6.5.12) $$p_i = \frac{1}{2} b_1$$

wird: der Preis geht bis zur Hälfte der Grenzkosten zurück. Ein solcher Markt ist nicht existenzfähig. Damit gäbe es auch hier eine obere Grenze für die Zahl n der Firmen, die bei dieser Verhaltensweise und konstanten Nachfrageparametern auf dem Markt existieren können.

Hierbei haben wir, wie gesagt, $\bar{a}_o$, $\bar{a}_1$, $\bar{a}_2$ als unabhängig von der Zahl der Firmen angenommen. Das ist aber nicht richtig: treten mehr Firmen in den Markt ein, wird die Nachfrage für jede Firma j zurückgehen. Macht man die schon früher zugrunde gelegten Annahmen über diesen Zusammenhang (vgl. (6.2.10 und 11)), so ist

$$\bar{a}_o = \frac{a_o}{n}, \ \bar{a}_1 = \frac{n-1}{n} a_2 + \frac{1}{n^2} a_1, \ \bar{a}_2 = \frac{1}{n} a_2 - \frac{1}{n^2} a_1,$$

wobei $a_o, a_1, a_2 > 0$ jetzt tatsächlich Konstanten sind.

Um dies auszuwerten, schreiben wir (6.5.11a) in der Form

$$(6.5.13) \qquad p_i = \frac{-2\bar{a}_o\bar{a}_1 + (n-2)\bar{a}_o\bar{a}_2 - 2\bar{a}_1^2 b_1 - \bar{a}_2^2 b_1 (n-1)(n-2) + \bar{a}_1\bar{a}_2 b_1(3n-}{-4\bar{a}_1^2 + \bar{a}_2^2(n-1) - (n-1)^2 - (n-1)(n-2) + \bar{a}_1\bar{a}_2(6n-8)}$$

Substituiert man hier die oben genannten Werte für $\bar{a}_o$, $\bar{a}_1$ und $\bar{a}_2$ und läßt $n \to \infty$ gehen, so gehen der Zähler und der Nenner gleichzeitig nach Null. Die Anwendung der de l'Hospitalschen Regel[1] zeigt, daß

$$(6.5.14) \qquad \lim_{n\to\infty} p_i = \frac{a_o + a_1 b_1}{2a_1} =: \bar{p}$$

ist. Dies ist aber gerade der Monopolpreis. Ist nur eine Firma auf dem Markt, so ist ihr Gewinn Q_{mon} nach (6.2.11) und (6.5.11):

$$(6.5.15) \qquad Q_{mon} = p(a_o - a_1 p) - b_o - b_1(a_o - a_1 p),$$

was bei $\bar{p} = \dfrac{a_o + a_1 b_1}{2a_1}$ maximal wird. Dasselbe Ergebnis erhält man auch, wenn man in (6.5.13) n=1 setzt und die Definitionen von a_o, a_1, a_2 beachtet. *Also auch bei unendlich vielen Firmen bleibt der Monopolpreis p erhalten!* Er ist nämlich, wie eine Analyse von (6.5.13) ergibt, überhaupt *unabhängig von der Zahl der Firmen.* (6.5.13) ergibt *stets:*

$$(6.5.16) \qquad p_i = \frac{a_o + a_1 b_1}{2a_1} \qquad \text{für alle } n \in \{1, 2, \ldots\}.$$

Eine Zunahme der Zahl der Konkurrenten hat also bei dieser Verhaltensweise auf den Marktpreis und damit auf die Gesamt-Absatzmenge gar keinen Einfluß. Die Konsumenten haben davon keinen Vorteil. Nur die Absatzmenge und der Gewinn pro Firma schrumpfen. Natürlich kann der Gewinn nicht negativ werden, wenn der Markt mit n Firmen existenzfähig sein soll. Bei der Zahl n von Firmen und übereinstimmenden fixer Kosten von b_o ist der Gewinn $Q_i(n)$ jeder Firma i nach (6.1.11) und (6.5.11):

$$(6.5.17) \qquad Q_i(n) = \frac{1}{n}(a_o - a_1\bar{p})(\bar{p} - b_1) - b_o,$$

1 Vgl. z. B. *Mangoldt-Knopp,* Einführung in die höhere Mathematik, 2. Band, Stuttgart 1947, S. 167. Die Regel besagt, daß man in diesem Fall die Ableitungen von Zähler und Nenner bildet und den Grenzwert dieses Bruches untersucht.

so daß die Zahl n folgender Bedingung genügen muß:

$$n \leqslant \frac{(a_o - a_1\bar{p})\,(\bar{p} - b_1)}{b_o} , \tag{6.5.18}$$

wenn der Markt existenzfähig sein soll.

Das Ergebnis ist auch anschaulich leicht zu erklären. Weiß jede Firma, daß alle anderen Firmen ihr bei irgendeiner Preisveränderung stets folgen werden (was die Chamberlin-Hypothese (6.5.2) impliziert), und sind alle Firmen gleich, so hat jede Firma stets den n-ten Teil der Gesamtnachfrage zur Verfügung und kann sich als Monopolist bezüglich dieses Teils der Gesamtnachfrage betrachten. Der Grenzerlös bezüglich des Preises (d. h. die Änderung des Erlöses, wenn der Preis um eine Einheit verändert wird) ist der n-te Teil des Grenzerlöses dieses Monopolisten, die Grenzkosten bezüglich des Preises (d.h. die Änderung der Kosten, wenn der Preis um eine Einheit verändert wird) ist der n-te Teil der Grenzkosten eines Monopolisten. Beide stimmen bei dem Preis überein, den auch der Monopolist wählen würde. Da jeder Konkurrent hier sozusagen den Gesamtmarkt manipulieren kann und dies weiß und berücksichtigt, wird jeder den Monopolpreis anstreben.

Für die schon früher verwandten Zahlenbeispiele mit $a_o = a_1 = a_2 = 1$, $b_1 = 0{,}1$ erhält man aus (6.5.16) für den Preis p für jede Zahl n von Konkurrenten: $\bar{p} = 0{,}55$.

Fig. 6.5.19

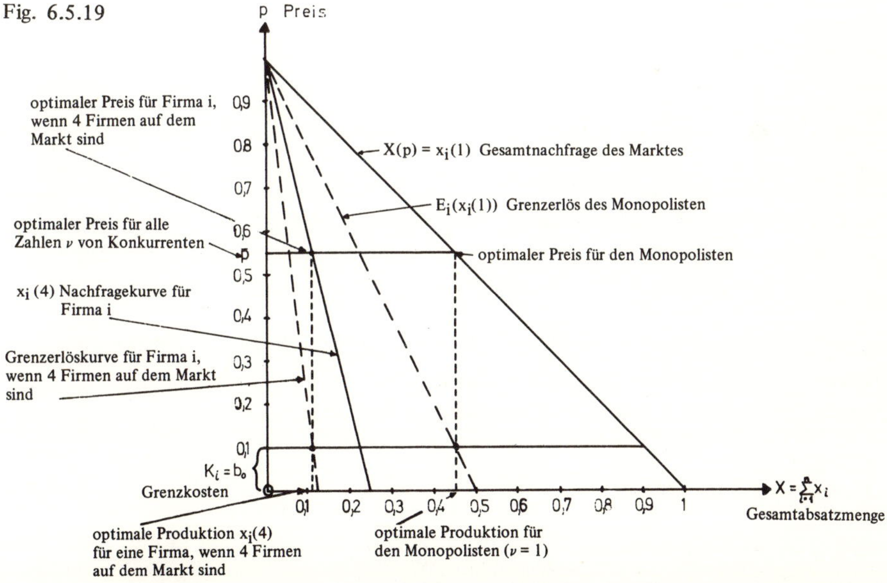

Fig. 6.5.19 zeigt das Ergebnis graphisch und demonstriert zugleich den Grund für dieses Ergebnis, indem die Nachfragekurve $x_i(\nu)$ für die Firma i, wenn ν Firmen auf dem Markt sind, und ihre Grenzerlöskurve $E_i'(x_i(\nu))$ für $\nu = 1$ (also das

Monopol) und $\nu = 4$ eingezeichnet sind. Die Grenzkosten jeder Firma sind stets $K_i' = b_o = 0{,}1$. Wie man sieht, ergibt sich stets derselbe optimale Preis von 0,55.

Fig. 6.5.20 stellt den Gewinn $Q_i(n)$ in Abhängigkeit von der Zahl n der Konkurrenzfirmen nach (6.5.17) für dieselben Zahlenwerte, die bei Fig. 6.5.19 verwandt wurden, und für fixe Kosten von $b_o = 0{,}04$ dar. Wie man sieht, ist dieser Markt nur bei einer geringeren Zahl als sechs Firmen existenzfähig.

Fig. 6.5.20

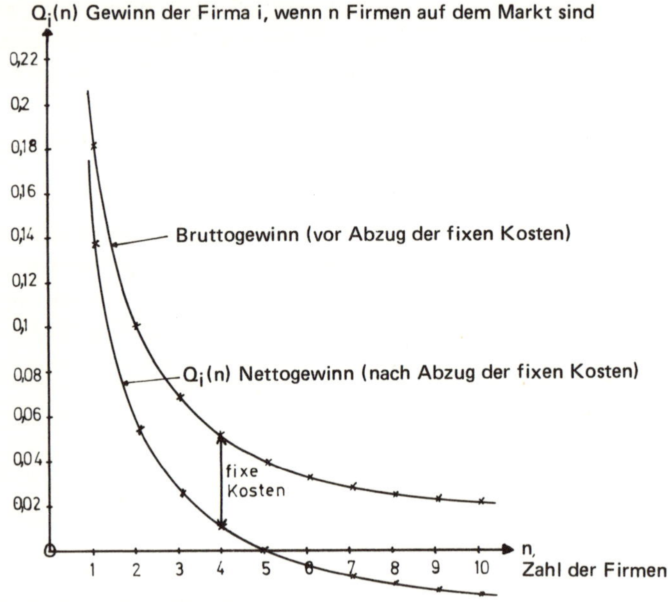

Insgesamt haben wir also das interessante *Ergebnis,* daß jetzt die Konkurrenz sich durchaus nicht zum Vorteil der Konsumenten, sondern nur zum Nachteil der Produzenten auswirkt. Die Konsumenten haben keinen Vorteil, aber auch keinen Nachteil von stärkerer Konkurrenz: sie müssen immer den Monopolpreis zahlen, sobald jeder Firma die Abhängigkeit der anderen von der eigenen Preisgestellung erkennt und diese Abhängigkeit die einfache Form der Chamberlin-Hypothese hat, nämlich: gleiche Preisänderungen aller Konkurrenzfirmen wie die eigene Preisänderung von einer gemeinsamen Preisbasis aus.

B. Dynamischer Ansatz

Eine einfache Dynamisierung des Chamberlin-Oligopols besteht darin, eine dynamische Nachfragefunktion der Art

(6.5.21) $$x_{it} = a_{oi} - a_{ii}p_{it} + \sum_{\substack{j=1 \\ j \neq i}}^{n} a_{ij}p_{jt-1}\,, \quad \forall\, i \in \{1, \ldots, n\}, \quad a_{oi}, a_{ii}, a_{ij} > 0,$$

also eine verzögerte Anpassung der Nachfrage auf Preisänderungen der Konkurrenz, und *quadratische Kostenfunktionen:*

(6.5.22) $$K_{it} = b_{oi} + b_{1i}x_{it} + b_{2i}x_{it}^2, \; b_{oi}, b_{1i}, b_{2i} > 0$$

anzunehmen, sowie Reaktionsfunktionen der Art

(6.5.23) $$\frac{dp_{jt-1}}{dp_{it}} = 1, \quad \forall\, i, j \in \{1, \ldots, n\}.$$

Dann erhält man das (6.5.7) analoge dynamische System

(6.5.24) $$h_i p_{it} - \sum_{\substack{j=1\\ j\neq i}}^{n} h_{ij} p_{jt-1} - h_{oi} = 0$$

oder

(6.5.25) $$C p_t - D p_{t-1} - \tilde{b} = 0$$

$$\text{mit} \quad C = \begin{bmatrix} h_1 & & \\ & \ddots & \\ & & h_n \end{bmatrix}, \quad D = \begin{bmatrix} 0 & h_{12} & \ldots & h_{1n} \\ h_{21} & 0 & \ldots & h_{2n} \\ \vdots & & & \\ h_{n1} & h_{n2} & \ldots & 0 \end{bmatrix},$$

h_i, h_{ij}, h_{oi} wie in (6.5.7), $\tilde{b}$ wie in (6.5.8),

oder

(6.5.26) $$p_t = F p_{t-1} + C^{-1}\tilde{b}, \qquad F = C^{-1}D.$$

Falls dies konvergiert, konvergiert es zur stationären Chamberlin-Lösung (6.5.9)

$$p = \tilde{A}^{-1}\tilde{b}, \quad \tilde{A}^{-1} = (C-D)^{-1}.$$

Es konvergiert, falls $F^t \to 0$ für $t \to \infty$. Ob das zutrifft, ist aber so nicht zu sehen. Wir müssen weitere vereinfachende Annahmen machen.

Sind *alle Nachfragefunktionen* und die *Grenzkosten gleich und die Kostenfunktionen linear,* so wird (6.5.21) zu

(6.5.27) $$\bar{C} p_t - \bar{D} p_{t-1} - \approx\!\!\!\!\!\!\;\;\; b = 0$$

$$\text{mit} \quad \bar{C} = \begin{bmatrix} \bar{\alpha} & & \\ & \ddots & \\ & & \bar{\alpha} \end{bmatrix}, \qquad \bar{D} = \begin{bmatrix} 0 & -\bar{\beta} & \ldots & -\bar{\beta} \\ -\bar{\beta} & 0 & \ldots & -\bar{\beta} \\ \vdots & & & \\ -\bar{\beta} & -\bar{\beta} & \ldots & -\bar{\beta} \end{bmatrix}$$

und $\overset{\approx}{b}, \bar{\alpha}, \bar{\beta}$ wie in (6.5.9a).

Ein derartiges System hatten wir schon bei der Launhardt-Hotelling-Dynamisierung betrachtet (vgl. (6.2.29–36)) und dort gefunden, daß die Stabilitätsbedingung

(6.5.28) $$\left|\frac{-\overline{\beta}}{\overline{\alpha}}\right| < \frac{1}{n-1}$$

ist (vgl. (6.2.35)). Setzt man hier $\overline{\beta}$ und $\overline{\alpha}$ nach (6.5.9) und dort $\overline{a}_1$ und $\overline{a}_2$ nach (6.2.37) ein, so erhält man nach Umwandlung

(6.2.29) $$\left|\frac{1}{n-1} \cdot \frac{na_2 - a_1}{na_2 + \frac{n+1}{n-1}a_1}\right| < \frac{1}{n-1}, \quad a_1, a_2 > 0, \qquad n \geqslant 2, \text{ ganz},$$

und man prüft leicht nach, daß dies stets erfüllt ist. Wir haben also das Ergebnis: *dieses dynamische Chamberlin-Oligopol ist stets stabil.*

Heertje[1] hat eine andere Dynamisierung vorgeschlagen, die seiner Dynamisierung des Cournot-Dyopols entspricht. Für das *Chamberlin-Dyopol* nimmt er an, daß jeder Dyopolist seine Preisänderung proportional dem Gewinneffekt seiner vorhergehenden Preisänderung ansetzt, sozusagen in der Annahme, daß er seinen Gewinn vergrößern kann, wenn er mit seiner Preisänderung in der Richtung fortschreitet, in der er das letztemal Erfolg hatte. Dabei wird natürlich implizit angenommen, daß der Konkurrent, von dessen Preis p der eigene Gewinn ebenfalls abhängt, diesmal ebenso wie das letztemal auf eigene Preisänderungen reagieren wird. Der Vorsicht halber wird jeder Dyopolist den nächsten Schritt etwas kleiner wählen. Solche Betrachtungen führen auf den Ansatz:

(6.5.30) $$p_{it} = p_{i,t-1} + \alpha_i \frac{Q_{i,t-1} - Q_{i,t-2}}{p_{i,t-1} - p_{i,t-2}}, \quad i \in \{1, 2\}, \; 0 < \alpha_i < 1.$$

Die *Chamberlin-Reaktionshypothese* schreibt Heertje:

(6.5.31) $$\frac{\Delta p_{jt}}{\Delta p_{it}} = 1, \quad t \in \{1, 2, \ldots\}, \; i, j \in \{1, 2\}, \; i \neq j, \quad \Delta p_{it} = p_{it} - p_{i,t-1}$$

Setzt man als Nachfragefunktion

(6.5.32) $$x_{it} = a_{oi} - a_{ii}p_{it} + a_{ij}p_{jt}, \quad a_{oi}, a_{ii}, a_{ij} > 0, \quad -a_{ii} + a_{ij} < 0,$$
$$i, j \in \{1, 2\}, \; i \neq j,$$

und als Kostenfunktion

(6.5.33) $$K_{it} = b_{oi} + b_{1i}x_{it}, \quad b_{oi}, b_{1i} > 0$$

---

1 *Heertje,* Quelques remarques sur la dynamisation de la théorie de l'oligopole, Economie appliquée, 1962, S. 41.

an, so ist der Gewinn Q_{it} der Firma i

$$Q_{it} = p_{it}[a_{oi} - a_{ii}p_{it} + a_{ij}p_{jt}] - b_{oi} - b_{1i}[a_{oi} - a_{ii}p_{it} + a_{ij}p_{jt}],$$

so daß

$$\text{(6.5.34)} \quad \frac{Q_{i,t-1}-Q_{i,t-2}}{p_{i,t-1}-p_{i,t-2}} = a_{oi} + a_{ii}b_{1i} - a_{ij}b_{1i}\frac{p_{j,t-1}-p_{j,t-2}}{p_{i,t-1}-p_{i,t-2}} -$$

$$- a_{ii}(p_{i,t-1}+p_{i,t-2}) + a_{ij}\,p_{i,t-1}\frac{p_{j,t-1}-p_{j,t-2}}{p_{i,t-1}-p_{i,t-2}} + a_{ij}p_{j,t-2}$$

Heertje wendet nunmehr (6.5.31) auch auf den Bruch in (6.5.34) an – fälschlicherweise, wie ich meine. Denn die Reaktionsfunktion gibt die *erwartete* Reaktion des Gegenspielers auf eigene Preisänderungen *in der Zukunft* an. Die *tatsächlichen* Preisänderungen in der Vergangenheit weichen in der Regel davon ab – sicher hier in der generellen Lösung des Modells. Hier wird also angenommen, daß entweder stets nur gleiche Preisänderungen vorgekommen sind – dann müßte man das Modell aber entsprechend konstruieren und würde sich damit von der Wirklichkeit weit entfernen – oder daß die Oligopolisten ein sehr kurzes und „ungefähres" Gedächtnis haben. Wie dem auch sei, Heertje setzt der Einfachheit halber $(p_{j,t-1}-p_{j,t-2})/(p_{i,t-1}-p_{i,t-2})=1$. Dann wird aus (6.5.30) unter Berücksichtigung von (6.5.34):

$$\text{(6.5.35)} \quad p_{it} + c_{i1}p_{i,t-1} + c_{i2}p_{i,t-2} + d_{j2}p_{j,t-2} - c_{io} = 0$$

$$\text{mit} \quad c_{i1} = \alpha_i(a_{ii} - a_{ij}) - 1,$$

$$c_{i2} = \alpha_i a_{ii},$$

$$d_{j2} = -\alpha_i a_{ij},$$

$$c_{io} = -\alpha_i[a_{oi} + b_{1i}(a_{ii} - a_{ij})], \; i, j \in \{1, 2\}, i \neq j.$$

Multipliziert man (6.5.35) mit c_{jo} und setzt die beiden Gleichungen gleich, so erhält man:

$$\text{(6.5.36)} \quad \gamma_1 p_{1t} + \gamma_2 p_{1,t-1} + \gamma_3 p_{1,t-2} = \delta_1 p_{2t} + \delta_2 p_{2,t-1} + \delta_3 p_{2,t-2}$$

$$\text{mit} \quad \gamma_1 = c_{20}, \gamma_2 = c_{20}c_{11}, \; \gamma_3 = c_{20}c_{12} - c_{10}c_{22},$$

$$\delta_1 = c_{10}, \delta_2 = c_{10}c_{21}, \; \delta_3 = c_{10}c_{22} - c_{20}c_{12}.$$

Setzt man $p_{1t} = \lambda^t$, $p_{2t} = \mu^t$, so erhält man aus (6.5.36) die charakteristischen Gleichungen

$$(6.5.37) \qquad \gamma_1\lambda^2 + \gamma_2\lambda + \gamma_3 = 0 \text{ und } \delta_1\mu^2 + \delta_2\mu + \delta_3 = 0,$$

so daß

$$(6.5.38) \qquad p_{it} = g_{11}\lambda_1^t + g_{12}\lambda_2^t + \bar{p}_1 \ , \ p_{2t} = g_{21}\mu_1^t + g_{22}\mu_2^t + \bar{p}_2,$$

vorausgesetzt, daß λ_1 und λ_2 bzw. μ_1 und μ_2 verschiedene Wurzeln von (6.5.37) sind. g_{ij} sind Konstanten, die von den Anfangsbedingungen abhängen. Falls (6.5.38) konvergiert, d. h. falls

$$(6.5.39) \qquad |\lambda_i| < 1, \quad |\mu_i| < 1 \ , \ i \in \{1, 2\},$$

so konvergiert es zur stationären Chamberlin-Lösung (6.5.10a), wie man sieht, wenn man in (6.5.35) $p_{it} = p_{i,t-1} = p_{i,t-2}$ setzt ($i \in \{1, 2\}$) und durch $-\alpha_i$ dividiert. Man erhält daraus (6.5.8) für $n = 2$ und $b_{2i} = 0$. Aber konvergiert das System? Heertje erörtert das nicht.[1] Sicher konvergiert es nicht immer. Das sieht man schon, wenn man für *alle gleiche Nachfragefunktionen* und *gleiche Grenzkosten annimmt,* also (6.5.32–33) durch (6.5.10 und 11) ersetzt. Dann werden:

$$(6.5.40) \qquad \begin{array}{l} a_{ii} = \bar{a}_1 \\ a_{ij} = \bar{a}_2 \\ a_{oi} = \bar{a}_o \\ b_{1i} = b_1, \end{array} \quad , \ i, j \in \{1, 2\}, i \neq j,$$

und in (6.5.36) wird $\gamma_3 = \delta_3 = 0$.

Das System hat also nur eine Wurzel der charakteristischen Gleichungen, nämlich

$$(6.5.41) \qquad \begin{aligned} \lambda &= -\frac{\gamma_2}{\gamma_1} = 1 - \alpha_1(\bar{a}_1 - \bar{a}_2), \\ \mu &= -\frac{\delta_2}{\delta_1} = 1 - \alpha_2(\bar{a}_1 - \bar{a}_2), \end{aligned}$$

und wegen $\bar{a}_1 - \bar{a}_2 > 0$ (vgl. (6.5.10)) und $0 < \alpha_i < 1$ ist die Konvergenzbedingung

$$(6.5.42) \qquad \alpha_i < \frac{2}{\bar{a}_1 - \bar{a}_2} \ , \ i \in \{1, 2\},$$

d. h. die „Angleichungsgeschwindigkeit" α_i darf nicht zu groß sein.

Natürlich sind noch andere Dynamisierungen des Chamberlin-Oligopols möglich. Hier kommt alles darauf an, in einem speziellen Fall die wirklichen Verhaltenseigentümlichkeiten der Firmen zu erfassen.

---

1 Wir verzichten auf eine vollständige Analyse dieses Falles und bringen nur einige Hinweise

Man kann abschließend feststellen: die sogenannte Chamberlin-Hypothese der gleichen Reaktion der Konkurrenten ist der Oligopolsituation weit angemessener als die Launhardt-Hotelling-Hypothese der Nichtreaktion. Trotzdem wird man sie nicht als befriedigend ansehen können: warum soll die Reaktion gerade ebenso groß sein wie die Aktion? Warum sollten Firmen der Preisänderung einer anderen Firma folgen, wenn sie sich ohne das besser stellen? Darauf gibt es keine befriedigende Antwort.

6. Abschnitt.

Fellners und Heertjes Lösung: gemeinsame Gewinnmaximierung[1, 2]

Hier verlassen wir die „allgemeine Theorie" des 1. Abschnitts, weil jetzt offene oder stillschweigende Verabredungen angenommen werden. Es ist fraglich, ob hier überhaupt noch von einem Oligopol gesprochen werden kann. Durch die Verabredungen wird es ja gerade aufgehoben, und es ist besser, die dann entstehende Situation als *Kollektivmonopol* aufzufassen.

1. Reine gemeinsame Gewinnmaximierung

Für jede Firma i von n Oligopolisten sei die *Nachfragefunktion*

(6.6.1) $$x_i = x_i(p_1, \ldots, p_n) \;,\; \forall\, i, j \in \{1, \ldots, n\}, \frac{\partial x_i}{\partial p_i} < 0 \;,\; \frac{\partial x_i}{\partial p_j} > 0, i \neq j,$$

die *Kostenfunktion*

(6.6.2) $$K_i = K_i(x_i) \;,\; K_i' > 0 \;,\; K_i'' > 0.$$

Der *Gesamtgewinn* ist

(6.6.3) $$\overline{Q} = \sum_{i=1}^{n} Q_i = \sum_{i=1}^{n} p_i x_i(p_1, \ldots, p_n) - K_i(x_i(p_1, \ldots, p_n)).$$

1 *Fellner,* Competition among the Few, New York 1949, Kap. 4 (S. 120ff) und Kap. 7 (S. 198 ff). Die Fellnersche Theorie ist sehr viel differenzierter als der Ausdruck „gemeinsame Gewinnmaximierung" nahelegt. *Fellner* meint, daß eine *Tendenz* in dieser Richtung besteht, die aber durch viele Faktoren verändert wird und sich in der Regel nicht voll auswirkt. Die gemeinsame Gewinnmaximierung ist der Extremfall, neben dem viele andere Ergebnisse möglich sind, insbesondere solche, bei denen die *Gewinnrelationen* oder die *Absatzrelationen* durch stillschweigende oder offene Verabredungen festgehalten werden (S. 218). Wir werden daher diese Begrenzungen ebenfalls mitbehandeln. *Fellner* hält das Festhalten an gegebenen Absatzrelationen für realistischer als die Beibehaltung fester Gewinnrelationen, für *Heertje* gilt das Umgekehrte.

2 *Heertje,* On the Theory of Oligopoly, Economia Internazionale XIII (1960) S. 449 ff. *Heertje* legt ebenso wie *Fellner* die gemeinsame Gewinnmaximierung zugrunde, wobei die Gewinnrelationen die Machtverhältnisse widerspiegeln und vorgegeben werden. Wir behandeln diese Gedanken zusammen mit den entsprechenden von *Fellner*.

Er erreicht an der Stelle $M^* = (p_1^*, \ldots, p_n^*)$ sein Maximum, wo

(6.6.4) $$\frac{\partial \bar{Q}}{\partial p_j} = \sum_{i=1}^{n} \frac{\partial Q_i}{\partial p_j} = 0,$$

wobei $\frac{\partial Q_i}{\partial p_i}$ wie in (6.1.14) definiert ist. Hierbei wird vorausgesetzt, daß M* existiert und bei nicht negativen Preisen eintritt.[1] Wie man durch Vergleich mit (6.1.13) sieht, liegt dieser Punkt auf der *Maximallinie,* ist also *pareto-optimal.*

Es ist schwer zu sehen, wie der Punkt M* ohne Kompensationen an die Firmen, die am Punkt M*relativ wenig oder nichts produzieren, zustande kommen soll, es sei denn, alle Firmen hätten genau die gleiche Nachfrage- und Kostenfunktion. M* ist daher als möglicher *Extremfall* aufzufassen, der bei ungleicher Nachfrage- und Kostenfunktionen nur bei weitgehender Kapitalverflechtung der Firmen, durch die dann die Kompensationen geregelt werden, möglich ist. Damit ist aber das Oligopol endgültig verlassen.

Fig. 6.6.5 zeigt den Maximalpunkt M* auf der Maximallinie H.

Fig. 6.6.5

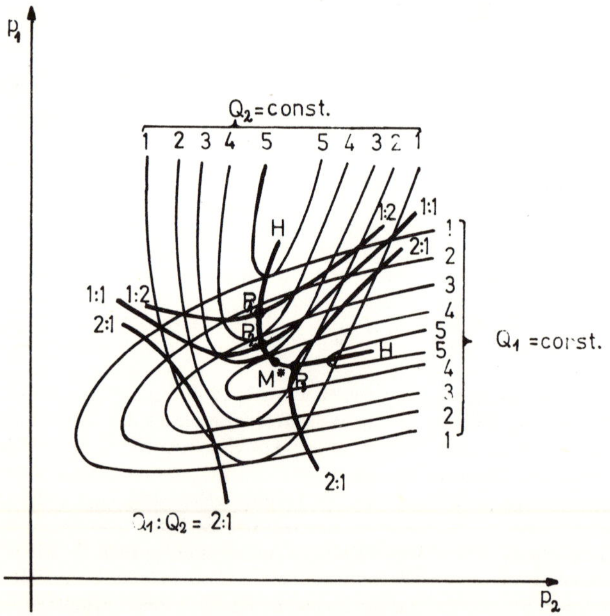

1 Fälle, in denen das nicht zutrifft, führen auf einen Programmierungsansatz. Wir behandeln ihn hier nicht.

2. *Gemeinsame Gewinnmaximierung unter Voraussetzung festgelegter Gewinnrelationen: Heertjes Theorie*

Hier wird angenommen, es bestehen stillschweigende oder offene Verabredungen, daß gewisse Gewinnrelationen a_{jn} von Firma j zu Firma n eingehalten werden sollen, die etwa den Machtverhältnissen der Firmen entsprechen, oder die Machtverhältnisse der Firmen lassen auch ohne Verabredungen feste Gewinnrelationen entstehen. Das führt auf die *Aufgabe:*

$$\sum_{j=1}^{n} Q_j = \max! \tag{6.6.6}$$

$$Q_j - \alpha_{jn} Q_n = 0\,,\; j \in \{1, \ldots, n-1\}\,,\; \alpha_{jn} \geqslant 0\,,\; Q_n > 0. \tag{6.6.7}$$

Bildet man die Lagrange-Funktion

$$L = \sum_{j=1}^{n} Q_j + \sum_{j=1}^{n-1} \pi_j (Q_j - \alpha_{jn} Q_n)\,,$$

wobei die π_j Lagrangesche Multiplikatoren sind, so erhält man durch partielle Ableitung als notwendige Bedingung für die Lösung der Aufgabe (6.6.6 und 7):

$$\sum_{j=1}^{n-1} \frac{\partial Q_j}{\partial p_i} (1 - \pi_j) + \frac{\partial Q_n}{\partial p_i} (1 - \sum_{j=1}^{n-1} \pi_j a_{jn}) = 0,\; \forall\, i \in \{1, \ldots, n\}. \tag{6.6.8}$$

Dies zusammen mit (6.6.7) bestimmt die n Preise $p_1, \ldots, p_n$ und die (n–1) Multiplikatoren $\pi_1, \ldots, \pi_{n-1}$, die die Aufgabe lösen.[1] Man kann die Lösung auch noch anders erhalten, und diese Ableitung ist mehr im Sinne Heertjes.

Nehmen wir an, jede Firma strebe durch ihre Preispolitik nach der Maximierung ihres Gewinns, rechne als *Reaktion* ihrer Konkurrenten aber eine solche Preisbewegung ein, daß die vorgegebenen Gewinnrelationen (6.6.7) aufrechterhalten bleiben. Nur solche Preisbewegungen sind erlaubt, bei denen das möglich ist.

Die Gewinnmaximierung jeder Firma i führt auf die Gleichung (6.1.6)

$$\frac{\partial Q_i}{\partial p_i} = x_i + [p_i - K_i'(x_i)] \sum_{j=1}^{n} \frac{\partial x_i}{\partial p_j} \frac{dp_j}{dp_i} = 0\,,\; \forall\, i \in \{1, \ldots, n\}. \tag{6.6.8a}$$

Die Reaktionen $\frac{\partial p_j}{\partial p_i}$ der Konkurrenten sind aus der Forderung abzuleiten, daß die Gewinne die vorgegebenen Relationen (6.6.7) haben. Die totale Ableitung von (6.6.7) ergibt das System von n–1 Gleichungen:

$$\frac{\partial Q_j}{\partial p_1} \frac{dp_1}{dp_n} + \ldots + \frac{\partial Q_j}{\partial p_{n-1}} \frac{dp_{n-1}}{dp_n} + \frac{\partial Q_j}{\partial p_n} = \alpha_{jn} (\frac{\partial Q_n}{\partial p_1} \frac{dp_1}{dp_n} + \ldots + \tag{6.6.8b}$$

1 Vorausgesetzt, daß alle Preise nicht negativ sind; andernfalls hätte man einen Programmierungsansatz zu wählen.

$$+\frac{\partial Q_n}{\partial p_{n-1}}\frac{dp_{n-1}}{dp_n}+\frac{\partial Q_n}{\partial p_n}\ ) \ , \ \forall j \in \{1,\ldots,n-1\},$$

so daß

(6.6.8c) $$\frac{dp}{dn}=\left(\frac{\partial Q}{\partial p}\right)^{-1} q$$

mit $$\frac{dp}{dn}=\begin{bmatrix}\frac{dp_1}{dp_n}\\ \vdots \\ \frac{dp_{n-1}}{dp_n}\end{bmatrix},$$

$$\frac{dQ}{dp}=\begin{bmatrix}\frac{\partial Q_1}{\partial p_1}-\alpha_{1n}\frac{\partial Q_n}{\partial p_1} & \cdots & \frac{\partial Q_1}{\partial p_{n-1}}-\alpha_{1n}\frac{\partial Q_n}{\partial p_{n-1}}\\ \vdots & & \\ \frac{\partial Q_{n-1}}{\partial p_1}-\alpha_{n-1,n}\frac{\partial Q_n}{\partial p_1} & \cdots & \frac{\partial Q_{n-1}}{\partial p_{n-1}}-\alpha_{n-1,n}\frac{\partial Q_n}{\partial p_{n-1}}\end{bmatrix},$$

$$q=\begin{bmatrix}\alpha_{1n}\frac{\partial Q_n}{\partial p_n}-\frac{\partial Q_1}{\partial p_n}\\ \vdots \\ \alpha_{n-1,n}\frac{\partial Q_n}{\partial p_n}-\frac{\partial Q_{n-1}}{\partial p_n}\end{bmatrix}$$

Damit sind die Reaktionsfunktionen abgeleitet, die man in (6.6.8a) einsetzt (mit $\frac{dp_j}{dp_i}=\frac{dp_j}{dp_n}\,\frac{dp_n}{dp_i}$).

Die beiden Lösungen (6.6.7 und 8) und (6.6.8a und c) stimmen überein.

Vergleicht man (6.6.8) mit (6.1.13–15), so sieht man, daß der Lösungspunkt $P=(p_1,\ldots,p_n \mid \alpha_{1n},\ldots,\alpha_{n-1,n})$ auf der Maximallinie liegen muß. Er ist also pareto-optimal. Fig. 6.6.5 zeigt die Lösung für den Dyopolfall. Die Kurven konstanten Gewinns Q_1 = const. und Q_2 = const. sind eingezeichnet, ebenso Kurven, auf denen $Q_1:Q_2$ konstante Werte hat. Wie man sieht, gibt es u. U. zwei Kurvenäste, auf denen $Q_1:Q_2$ dieselbe Relation hält. Von ihnen ist nur derjenige interessant, bei denen beide den höheren Gewinn haben.

Wie man sieht, vergrößern sich beide Gewinne einzeln, und somit auch als Summe, wenn man von irgend einem Punkt aus auf einer dieser Kurven konstanter Gewinnrelation in Richtung zur Maximallinie H fortschreitet. Liegt also die Gewinnrelation fest und wollen beide den Gesamtgewinn maximieren, so erreichen sie einen genau definierten Punkt (P_1, P_2 oder P_3, je nachdem ob $Q_1:Q_2 = 1:2$, $1:1$ oder $2:1$) auf der Maximallinie H. Dort ist auch ihr individueller Gewinn maximal, gegeben die Gewinnrelation.

Die Lösung hat wegen ihrer Pareto-Optimalität, des Zusammenfallens von individueller und gemeinsamer Gewinnmaximierung und wegen der jedenfalls rudimentären Berücksichtigung von Machtfaktoren ansprechende Züge. Trotzdem kann sie nicht als Oligopollösung angesprochen werden, da sie einen Grad von Kooperation voraussetzt, der das Oligopol praktisch zum Kollektivmonopol mit vorgegebener Gewinnverteilung macht. Und für diese Marktform trifft die Lösung in der Tat zu.

3. Gemeinsame Gewinnmaximierung unter Voraussetzung festgelegter Absatzrelationen. Fellners Theorie

Hier wird angenommen, daß die stillschweigende oder offene Verabredung dahin geht, solche Preisrelationen einzuhalten, die den Gesamtabsatz in vorgegebener Weise (entsprechend den Machtpositionen der Firmen) unter den Firmen aufteilen. Unter allen den Preisrelationen, die dies leisten, wird dann diejenige ausgesucht, die den Gesamtgewinn aller Firmen zusammengenommen maximiert. Die Aufgabe lautet also jetzt:

$$\text{(6.6.9)} \qquad \sum_{j=1}^{n} Q_j = \max!$$

$$\text{(6.6.10)} \qquad x_j(p_1, \ldots, p_n) - \beta_{jn} x_n(p_1, \ldots, p_n) = 0\,, \quad \forall\, j \in \{1, \ldots, n-1\}\,,$$

wobei β_{jn} die Absatzrelation von Firma j zu Firma n bedeutet. Mit Hilfe der Lagrange-Methode erhält man als notwendige Bedingung für die Lösung:

$$\text{(6.6.11)} \qquad \sum_{j=1}^{n} \frac{\partial Q_j}{\partial p_i} + \sum_{j=1}^{n-1} \lambda_j \left(\frac{\partial x_j}{\partial p_i} - \beta_{jn} \frac{\partial x_n}{\partial p_i} \right) = 0\,, \quad i \in \{1, \ldots, n-1\}\,,$$

wobei λ_j Lagrangesche Multiplikatoren sind. (6.6.11 und 10) bestimmen den Lösungspunkt $P = (p_1, \ldots, p_n \mid \beta_{1n}, \ldots, \beta_{n-1,n})$.[1]

Wie man durch Vergleich mit (6.1.13–15) sieht, liegt P nicht notwendig auf der Maximallinie, ist also in der Regel *nicht pareto-optimal.*

Auch hier kann man dieselbe Lösung durch Definition geeigneter Reaktionsfunktionen erhalten, wie beim Heertje-Fall. Wir verzichten auf ihre Ableitung.

Fig. 6.6.12 zeigt die Situation graphisch für den Dyopolfall. Eingezeichnet sind die Kurven konstanten Gewinns Q_1 = const. und Q_2 = const., die Maximallinie H,

1 Wieder vorausgesetzt, daß alle p_i nicht negativ sind.

zwei Kurven konstanten Gesamtgewinns ($Q_1 + Q_2 = \text{const.}$) und zwei Kurven (etwa Strahlen) durch den Nullpunkt, die verschiedene Marktaufteilungen β_1 und β_2 angeben. Die Kurven konstanten Gesamtgewinns bilden geschlossene Kurvenzüge um den Maximalpunkt M*. Die Lösung ist der Berührungspunkt einer Kurve konstanter Marktaufteilung mit einer Kurve konstanten Gesamtgewinns, also P_1 bwz. P_2 in Fig. 6.6.12. Wie man sieht, liegen diese Punkte nicht auf der Maximallinie, es sei denn, der Strahl gehe gerade durch den Maximalpunkt M*.

Fig. 6.6.12

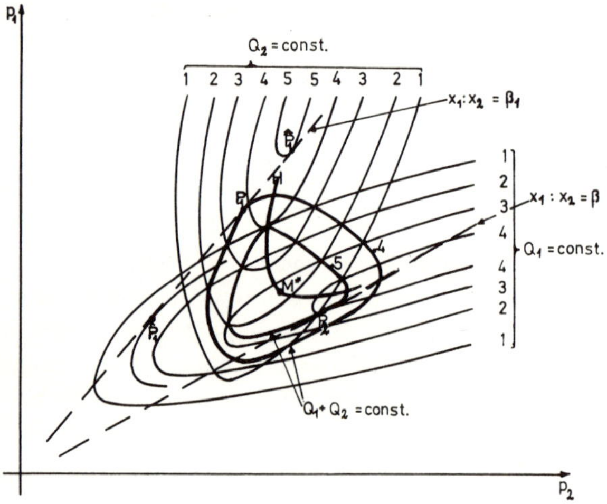

Diese Lösung, der Fellners Vorliebe gehört, trägt insofern einer wirklichen Oligopolsituation Rechnung, als die Marktaufteilung ein einfaches und leicht feststellbares Kriterium ist, während die Gewinnrelationen viel schwerer feststellbar sind. Auf der anderen Seite ist nicht einzusehen, warum die Firmen, gegeben eine solche Absatzaufteilung, gerade am Punkt des größten *gemeinsamen* Gewinns ihre Preise festsetzen sollten. Von dem gemeinsamen Gewinn hat die Einzelfirma nichts (jedenfalls nicht ohne Kompensationszahlungen), es kommt ihr auf den eigenen Gewinn an. Hier fallen die Interessen in der Regel aber auseinander. Z.B. beim Strahl β_1 ist $\hat{P}_1$ der optimale Punkt für 1, $\hat{\hat{P}}_1$ für 2. Warum sie sich gerade auf P_1 einigen, ist ohne Kompensationszahlungen nicht einzusehen. Nimmt man solche an, so erhebt sich natürlich das ungelöste Problem der Gewinnverteilung von neuem, und das wird sicher nicht ohne Verbindung mit den Verhandlungen über die Marktaufteilung zu lösen sein. So kann auch dieser Vorschlag nicht als eigentliche Oligopollösung akzeptiert werden.

Wir verzichten auf eine Dynamisierung des Fellner-Oligopols. Da es in jeder Version die Maximierung des gemeinsamen Gewinns zum Ziel hat, verlangt es einen hohen Grad an Kooperation zwischen den Firmen. Dann kann man erwarten, daß der Gleichgewichtspunkt bewußt angesteuert und also jeweils in einem Schritt erreicht wird. Ein Einspielungsprozeß, den man mit einer dynamischen Theorie verfolgen könnte, existiert dann nicht.[1]

7. Abschnitt

Baumols Umsatzmaximierung bei Vorgabe eines bestimmten Mindestgewinns[2]

Baumol hat eine Oligopoltheorie skizziert, die, wie er meint, dem tatsächlichen Verhalten von Oligopolfirmen näher kommt als die bisher entwickelten. Seine Ausführungen sind allerdings nicht sehr bestimmt, und es ist nicht immer leicht zu sagen, was nun wirklich gemeint ist. Die Grundideen seines statischen Oligopolmodells sind jedenfalls:

1. Die Oligopolfirmen bestimmen ihre Preis- und Produktionspolitik nicht mit dem Ziel der Gewinnmaximierung, sondern der Umsatzmaximierung, wobei ein bestimmter Mindestgewinn eingehalten werden soll.
2. Die Höhe des Mindestgewinns ist ihnen durch den Zins am Kapitalmarkt vorgegeben: wollen sie den Kapitalmarkt zur Finanzierung ausnutzen, müssen sie einen bestimmten Mindestgewinn erwirtschaften. Die Mindestgewinnhöhe[3] ist also ein Datum für die Preis- und Produktionspolitik der Firmen.
3. Keine Oligopolfirma kümmert sich um die andere; jede ignoriert die oligopolistische Interdependenz und handelt wie ein Monopolist.
4. Der vorgegebene Mindestgewinn ist stets kleiner als der erreichbare Maximalgewinn, und er wird auch nicht überschritten, da es der Firma stets freisteht, bei höherem Gewinn durch Preissenkung den Gewinn zu reduzieren und dadurch den Umsatz zu erhöhen.[4]

---

1 *Heertje,* Quelques remarques sur la dynamisation de la théorie de l'oligopole, Economie appliquée, 1962, S. 43 ff. hat auch die Fellner-Theorie dynamisiert, nach dem gleichen Grundgedanken wie seine Dynamisierung des Chamberlin-Oligopols (vgl. (6.5.30)). Sein Ansatz lautet analog für das Dyopol

(6.6.13) $$p_{it} = p_{i,t-1} + \alpha_i \frac{\bar{Q}_{t-1} - \bar{Q}_{t-2}}{p_{i,t-1} - p_{i,t-2}}, \; i \in \{1,2\}, \; \bar{Q}_t = Q_{1t} + Q_{2t} \text{ der Gesamtgewinn,}$$

was impliziert, daß jeder Dyopolist die Änderung des Gesamtgewinns allein seiner eigenen Preisbewegung zuschreibt, ein nicht erklärbarer Irrtum. Damit nimmt er an, daß in (6.6.13) $p_{j,t-1} = p_{j,t-2}$, $j \in \{1,2\}$, $j \neq i$, d. h. jeder glaubt, der andere hätte vor 2 Perioden seinen Preis konstant gehalten. Dann führt (6.6.13) bei linearen Nachfrage- und Kostenfunktionen zu einem System von 2 linearen Differenzengleichungen 2. Ordnung, deren stationäre Lösung die des Fellner-Dyopols ist. Stabilitätsbedingungen werden nicht erörtert.

2 *Baumol,* Business Behavior, Value und Growth, New York 1959.

3 Sie mag als Relation zum eingesetzten Kapital, zum Umsatz oder zu den Kosten festgelegt sein; das spielt im Rahmen einer statischen Analyse keine Rolle.

4 Dies ist unter neoklassischen Voraussetzungen über die Nachfrage- und Kostenfunktionen richtig. Sei der Gewinn einer Firma i $Q_i = x_i(p_1, \ldots, p_n) \cdot p_i - K_i(x_i(p_1, \ldots, p_n)$.

Baumol meint, daß die wirklich großen Oligopolfirmen nach diesen Prinzipien handeln. Sei dem, wie ihm wolle,[1] es ist sicher interessant, einen Oligopolmarkt dieser Art zu untersuchen.

A. Statische Analyse

Jede von n Oligopolfirmen maximiert also nach Baumol ihre Umsatz $E = p \cdot x$ unter der Nebenbedingung, daß sie genau einen vorgegebenen Mindestgewinn Q^{min} macht.

Das Problem lautet also:

$$(6.7.1) \qquad p_i x_i (p_1, \ldots, p_n) = \max_{p_i}!$$

unter der Nebenbedingung

$$(6.7.2) \qquad p_i x_i (p_1, \ldots, p_n) - K_i (x_i (p_1, \ldots, p_n)) - Q_i^{min} = 0 \, , \forall \, i \in \{1, \ldots ,$$

Hierbei ist wie üblich $x_i = x_i (p_1, \ldots, p_n)$ die Nachfragefunktion (vgl. (6.1.1)) und $K_i (x_i)$ die Kostenfunktion (vgl. (6.1.2)); Q_i^{min} bezeichnet den Mindestgewinn für die Firma i.

Den optimalen Preis kann man aus (6.7.2) unmittelbar erhalten, wenn er existiert, da ja die Preise aller Konkurrenten als gegeben betrachtet werden. (6.7.2) ist dann eine (nichtlineare) Funktion in der Veränderlichen p_i. Die Funktion hat möglicherweise mehrere Lösungen für p_i, und da der Umsatz maximiert werden soll und dieser nach der Annahme 3. mit Preissenkungen steigt, ist der *niedrigste Preis*, der (6.7.2) genügt, zu wählen. Wir schreiben (6.7.2) in der Form:

$$(6.7.3) \qquad F_i (p_i \mid p_1, \ldots, p_{i-1}, p_{i+1}, \ldots, p_n) = 0.$$

Diese Gleichung hat möglicherweise keine, eine oder mehrere Lösungen. Hat sie mehrere (z. B. l), so schreiben wir diese als

---

Am Gewinnmaximum gilt $x_i + p_i \frac{\partial x_i}{\partial p_i} = K_i'(x_i) \frac{\partial x_i}{\partial p_i}$. Da $K_i' > 0$, $\frac{\partial x_i}{\partial p_i} < 0$, steht rechts eine negative Größe, so daß der Grenzumsatz $\frac{\partial (p_i x_i)}{\partial p_i} = x_i + p_i \cdot \frac{\partial x_i}{\partial p_i} < 0$ sein muß. Bei *weiterer Preissenkung* über den Punkt des Gewinnmaximums hinaus wird also der Umsatz erhöht, aber der Gewinn verringert.

1 Damit Firmen mit einer solchen Politik kein Fiasko erleben, muß es sich um „Fast-Monopolisten" handeln, d. h. um die Marktform des Teilmonopols oder Teiloligopols; außerdem muß das Management weitgehend unabhängig von den Kapitaleignern sein. Für große Publikums-Aktiengesellschaften, die auf ihrem wesentlichen Produktionsgebiet ein Monopol besitzen oder nahe daran sind, kann das Modell passen.

$$(6.7.4)\qquad \begin{aligned} p_i^1 &= R^1(p_1, \ldots, p_{i-1}, p_{i+1}, \ldots, p_n)\\ &\vdots\\ p_i^l &= R^l(p_1, \ldots, p_{i-1}, p_{i+1}, \ldots, p_n), \end{aligned}$$

und (6.7.1) verlangt dann von der Firma i, diejenige Funktion $R^{k(i)}$ zu wählen, $k(i) \in \{1, \ldots, l\}$, für die mit $x_i^{k(i)} := x_i(p_1, \ldots, p_{i-1}, p_i^{k(i)}, p_{i+1}, \ldots p_n)$ gilt: $p_i^{k(i)} \cdot x_i = \max(p_i^1 x_i^1, \ldots, p_i^l x_i^l)$.[1] Wir definieren: $p_i^{k(i)} =: p_i$; $R^{k(i)} =: R_i$. Die Lösung der Aufgabe (wenn sie existiert) ist also

$$(6.7.5)\qquad p_i = R_i(p_1, \ldots, p_{i-1}, p_{i+1}, \ldots, p_n),\ \forall\, i \in \{1, \ldots, n\}.$$

Es ist nicht selbstverständlich, daß das System (6.7.5) eine Lösung $(p_1^*, \ldots, p_n^*)$ besitzt, bei der *alle* Firmen simultan ihren vorgegebenen Mindestgewinn erreichen. Es braucht nur eine Firma eine zu hohe, nicht realisierbare Mindestgewinnforderung zu stellen, dann existiert keine Lösung. Unter Umständen ist der realisierbare Mindestgewinn bei einer oder mehreren Firmen negativ.

Wir wollen annehmen, daß alle Firmen so niedrige Mindestgewinnforderungen stellen, daß das System (6.7.5) eine Lösung besitzt und daß die Lösung eindeutig ist.

Die folgenden Figuren (6.7.6 und 6.7.7) illustrieren den Gedankengang bis hierher. Beidemale ist ein Dyopol dargestellt, und für die Firmen 1 und 2 sind Scharen von Kurven konstanten Gewinns (Q_i = const.) und Scharen konstanten Umsatzes (E_i = const.) eingezeichnet. Dabei liegen, wie oben erörtert, die Kammlinien F_i bezüglich der Gewinne für jeden vorgegebenen Preis des Gegenspielers bei höheren eigenen Preisen als die Kammlinien G_i bezüglich des Umsatzes: Preissenkungen zwischen diesen Linien verringern den Gewinn und erhöhen den Umsatz. Nur dieser Bereich wird von Baumol betrachtet.

Die Mindestgewinnbereiche überschneiden sich beidemale (in Fig. 6.7.6 und 7 schraffiert). p_1^{min} bzw. p_2^{min} sind die Preis-Untergrenzen für den Gegenspieler, bei dem der eigene vorgegebene Mindestgewinn noch erreichbar ist. Für jeden höheren Preis des anderen existieren hier 2 eigene Preise, die den Mindestgewinn garantieren ($l = 2$ in (6.7.4)), und der niedrigere Preis maximiert jeweils den Umsatz. Die Funktionen $p_1 = R_1(p_2)$ und $p_2 = R_2(p_1)$, die für jede Firma die Aufgabe (6.7.1 und 2) lösen, sind jeweils für die Argumentbereiche, für die sie existieren, dick eingezeichnet. Wie man sieht, schneiden sie sich bei einer Situation wie in Fig. 6.7.6 nicht, *obwohl sich die Mindestgewinnbereiche überdecken!* Hier gibt es keine statische Lösung für das Baumol-Dyopol: das System (6.7.5) hat keine Lösung. Dagegen ist in Fig. 6.7.7 der Punkt B die Lösung von (6.7.5).

---

1 Jedenfalls solange dort der Grenzumsatz mit Bezug auf Preiserhöhungen noch negativ ist, so daß bei weiteren Preissenkungen der Umsatz erhöht wird. Das dürfen wir aber (mit *Baumol*) annehmen.

Fig. 6.7.6

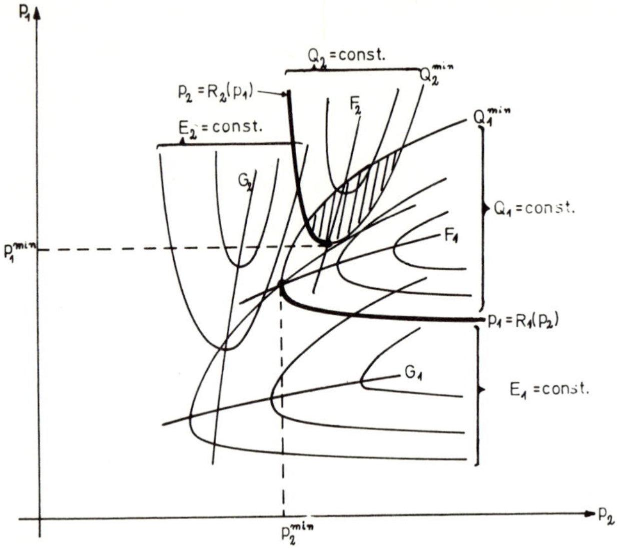

Fig. 6.7.7

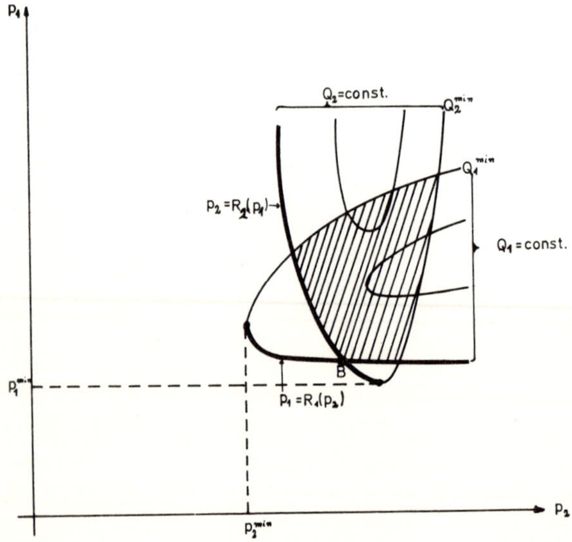

Um die Funktionen R_i in (6.7.5) explizit zu erhalten, betrachten wir wieder den Fall *linearer Nachfrage- und Kostenfunktionen.* Die *Nachfragefunktion* für die Firma i sei wie bei (6.5.6):

(6.7.8) $$x_i = a_{oi} - a_{ii}p_i + \sum_{\substack{j=1\\j\neq i}}^{n} a_{ij}p_j \;,\quad a_{oi}, a_{ii}, a_{ij} > 0,\; -a_{ii} + \sum_{\substack{j=1\\j\neq i}}^{n} a_{ij} < 0,$$

die Kostenfunktion sei wie bei (6.2.12):

(6.7.9) $$K_i = b_{oi} + b_{1i}x_i \;,\quad b_{oi}, b_{1i} > 0.$$

Damit wird aus (6.7.2) und (6.7.3):

(6.7.10) $$p_i^2 - \alpha_i p_i + \beta_i = 0 \;,\quad \forall\, i \in \{1, \ldots, n\}$$

mit $$\alpha_i = \frac{1}{a_{ii}} \left(a_{oi} + \sum_{\substack{j=1\\j\neq i}}^{n} a_{ij}p_j + a_{ii}b_{1i}\right),$$

$$\beta_i = \frac{1}{a_{ii}} \left[b_{oi} + b_{1i}\left(a_{oi} + \sum_{\substack{j=1\\j\neq i}}^{n} a_{ij}p_j\right) + Q_i^{min}\right].$$

Die Lösung von (6.7.10) ist

(6.7.11) $$p_i = \frac{\alpha_i}{2} \pm \sqrt{\frac{\alpha_i^2}{4} - \beta_i},$$

so daß hier $l = 2$ in (6.7.4).

Da nur der niedrigere Preis den Umsatz E_i maximiert ($E_i = p_i\,(a_{oi} - a_{ii}p_i + \sum_{\substack{j=1\\j\neq i}}^{n} a_{ij}p_j)$ ist eine fallende Funktion von p_i), lautet (6.7.5) jetzt:

(6.7.12) $$p_i = \frac{\alpha_i}{2} - \sqrt{\frac{\alpha_i^2}{4} - \beta_i} \;,\quad \forall\, i \in \{1, \ldots, n\}.$$

Notwendig für eine Lösung ist offensichtlich $\frac{\alpha_i^2}{4} - \beta_i \geq 0$. Dies ist eine obere Schranke für den Mindestgewinn Q_i^{min}.

Nehmen wir an, alle Oligopolfirmen würden sich in den Grenzen dieser Mindestgewinne halten. Dann ist trotzdem noch nicht sichergestellt, daß das System quadratischer Gleichungen (6.7.12) eine Lösung $(p_1^*, \ldots, p_n^*)$ hat. Um hier weiterzukommen, wollen wir weiter vereinfachen und annehmen, daß *alle Oligopolfirmen gleiche lineare Nachfrage- und Kostenfunktionen* haben und einen gleichen Mindestgewinn fordern. Die Nachfragefunktion sei jetzt wie bei (6.5.10):

(6.7.13) $x_i = \bar{a}_o - \bar{a}_1 p_i + \bar{a}_2 \sum_{\substack{j=1 \\ j \neq i}}^{n} p_j \,, \quad \bar{a}_o, \bar{a}_1, \bar{a}_2 > 0, \; -\bar{a}_1 + (n-1)\,\bar{a}_2 < 0,$

die Kostenfunktion sei

(6.7.14) $K_i = b_o + b_1 x_i \,, \quad b_o, b_1 > 0,$

der Mindestgewinn sei $Q_i^{min} = Q^{min}$.

Damit liegt es nahe, nur solche Situationen zu betrachten, bei denen alle Oligopolisten gleiche Preise verlangen:

(6.7.14a) $p_i = p,$

so daß $\sum_{\substack{j=1 \\ j \neq i}}^{n} p_j = (n-1)\,p$. Aus (6.7.10) wird dann:

(6.7.15) $p^2 - \bar{\alpha} p + \bar{\beta} = 0$

mit $\bar{\alpha} = \dfrac{\bar{a}_o + \bar{a}_1 b_1 - (n-1)\bar{a}_2 b_1}{\bar{a}_1 - (n-1)\,\bar{a}_2},$

$\bar{\beta} = \dfrac{b_o + \bar{a}_o b_1 + Q^{min}}{\bar{a}_1 - (n-1)\,\bar{a}_2}\,.$

Der Baumol-Preis, der das System (6.7.5) löst, ist also

(6.7.16) $p = \dfrac{\bar{\alpha}}{2} - \sqrt{\dfrac{\bar{\alpha}^2}{2} - \bar{\beta}}.$

Damit er existiert, müssen Q^{min} und die Zahl n der Konkurrenten derart sein, daß $\dfrac{\bar{\alpha}^2}{4} - \bar{\beta} \geqslant 0$ ist.[1]

Es ist nun interessant sich zu überlegen, wie der Baumol-Preis p in (6.7.16) bei vorgegebenem Mindestgewinn von der Zahl n der Konkurrenten abhängt. Da die Gesamtnachfrage des Marktes von dieser Zahl nicht beeinflußt wird, sind die Marktparameter $\bar{a}_o, \bar{a}_1, \bar{a}_2$ Funktionen von n und zwar, wie bei (6.2.10 und 11) abgeleitet: $\bar{a}_o = \dfrac{a_o}{n}$, $\bar{a}_1 = \dfrac{n-1}{n} a_2 + \dfrac{1}{n^2} a_1$, $\bar{a}_2 = \dfrac{1}{n} a_2 - \dfrac{1}{n^2} a_1$, wobei die $a_o, a_1,$

---

1 Für $n-1 > \dfrac{\bar{a}_1}{\bar{a}_2}$ ist $\dfrac{\bar{\alpha}^2}{4} - \bar{\beta} > 0$ für jedes Q^{min}. Nach (6.7.13) ist aber gerade $n-1 < \dfrac{\bar{a}_1}{\bar{a}_2}$, so daß $\dfrac{\bar{\alpha}^2}{4} - \bar{\beta} > 0$ in der Tat für ein vorgegebenes n eine Bedingung für Q^{min} wird.

a_2 jetzt tatsächlich Marktkonstanten sind. Man findet, daß p eine *steigende* Funktion von n ist, solange der Markt bei den Mindestgewinnforderungen existenzfähig, d. h. solange $\frac{\alpha^2}{4} - \bar{\beta} \geqslant 0$ ist. Tabelle 6.7.17 gibt die Zahlenwerte für p nach (6.7.16) für $a_0 = a_1 = a_2 = 1$; $b_1 = 0{,}1$; $b_0 = 0{,}025$; $Q^{min} = 0{,}025$.

Tabelle 6.7.17

n =	1	2	3	4
p =	0,16	0,23	0,32	0,50

← Grenze der Existenzfähigkeit des Marktes

Fig. 6.7.18 zeigt dies graphisch.

Hier ist p (ν) der Preis, wenn ν Oligopolisten auf dem Markt sind, und X (ν) die befriedigte Gesamtnachfrage.

Wie man sieht, haben sich die Verhältnisse gegenüber dem Launhardt-Hotelling- und dem Stackelberg-Oligopol vollkommen umgekehrt: eine zunehmende Zahl von Konkurrenten *erhöht* den Preis. Die Konsumenten sind durch diese „Konkurrenz" *geschädigt,* nicht begünstigt. Dies ist noch eine Verschärfung gegenüber dem Chamberlin-Oligopol, wo der Preis nicht von der Zahl der Konkurrenten abhing.

Fig. 6.7.18

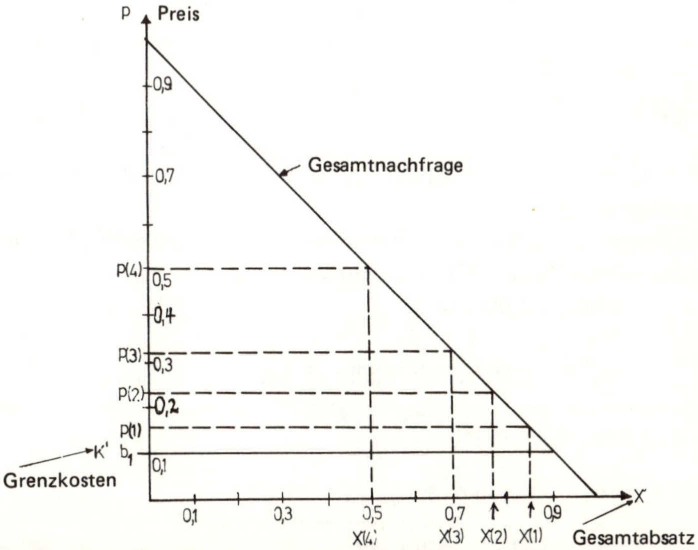

Das Ergebnis ist intuitiv einsichtig. Will jede Firma einen bestimmten Mindestgewinn verdienen, im übrigen aber ihren Umsatz maximieren und treten neue Firmen zum Markt hinzu, so wird der Markt enger, und jede Firma muß ihren Preis erhöhen und ihren Umsatz reduzieren, um ihren Mindestgewinn zu halten. Immerhin darf man nicht vergessen, daß sich das alles „jenseits" der Gewinnmaximierung abspielt: die Firmen erreichen erst durch *weitere* Preiserhöhungen ihr Gewinnmaximum.

B. Dynamische Analyse

Bei den Grundannahmen Baumols (vgl. 1.–4. oben) ist die folgende Dynamisierung naheliegend. Jede Firma i setzt ihren Preis p_{it} für die Periode t nach den Prinzipien des statischen Ansatzes auf Grund der Beobachtungen $p_{j,t-1}$ der Preise aller übrigen Firmen $j \in \{1, \ldots, i-1, i+1, \ldots, n\}$ in der Vorperiode fest unter der Annahme, die anderen Firmen würden ihre Preise konstant halten. Aus (6.7.5) wird dann das nichtlineare System von Differenzengleichungen erster Ordnung:

$$p_{it} = R_i\,(p_{1,t-1}, \ldots, p_{i-1,t-1}, p_{i+1,t-1}, \ldots, p_{n,t-1})\,, \forall\, i \in \{1, \ldots, \tag{6.7.19}$$

Die statische Baumol-Lösung ist

$$p_i^* = R_i\,(p_1^*, \ldots, p_{i-1}^*, p_{i+1}^*, \ldots, p_n^*), \forall\, i \in \{1, \ldots n\}. \tag{6.7.20}$$

Ihre Existenz wird hier vorausgesetzt. (6.7.19) konvergiert gegen (6.7.20), falls[1]

$$\sum_{\substack{j=1\\ j\neq i}}^{n} \left| \frac{\partial}{\partial p_j} R_i\,(p_{1\tau}, \ldots, p_{i-1,\tau}, p_{i+1,\tau}, p_{n\tau})\right| \leqslant s,\quad 0 < s < 1, \tag{6.7.21}$$
$$\forall\, i \in \{1, \ldots, n\}, \forall\, \tau\, \{t-1, t, t+1, \ldots\}$$

Der Einfluß der Preispolitik der Konkurrenten auf die Preise jedes Oligopolisten darf also nicht zu groß sein.

Um die Bedeutung dieses „Nicht-zu-groß-sein" genauer zu erfassen, vereinfachen wir und nehmen *lineare Nachfrage- und Kostenfunktionen* analog zu (6.7.8 und 9) an. Sie haben jetzt die Form

$$x_{it} = a_{oi} - a_{ii}p_{it} + \sum_{\substack{j=1\\ j\neq i}}^{n} a_{ij}p_{j,t-1}, \tag{6.7.22}$$

$$K_{it} = b_{oi} + b_{1i}x_{it}. \tag{6.7.23}$$

Dann wird (6.7.19), analog zu (6.7.12), zu

$$p_{it} = \frac{\alpha_{i,t-1}}{2} - \sqrt{\frac{(\alpha_{i,t-1})^2}{4} - \beta_{i,t-1}} = \tag{6.7.24}$$

---

1 Die folgenden Ausführungen beruhen auf Beweisen von *Jürgen Burgermeister.* Ich danke ihm dafür.

$$=: R_i(p_{1,t-1}, \ldots, p_{i-1,t-1}, p_{i+1,t-1}, \ldots, p_{n,t-1}), \ \forall\, i \in \{1, .., n\}$$

mit
$$\alpha_{i,t-1} = \frac{1}{a_{ii}} (a_{oi} + \sum_{\substack{j=1\\ j\neq i}}^{n} a_{ij}p_{j,t-1} + a_{ii}b_{1i}),$$

$$\beta_{i,t-1} = \frac{1}{a_{ii}} [b_{oi} + b_{1i}(a_{oi} + \sum_{\substack{j=1\\ j\neq i}}^{n} a_{ij}p_{j,t-1}) + Q_i^{min}].$$

Die Stabilitätsbedingung (6.7.21) wird jetzt, wie man leicht nachrechnet:

$$(6.7.25) \qquad \sum_{\substack{j=1\\ j\neq i}}^{n} \left| \frac{\partial R_i(\ldots)}{\partial p_j} \right| = \frac{1}{2a_{ii}} \sum_{\substack{j=1\\ j\neq i}}^{n} a_{ij} \left| 1 - \frac{\alpha_{i,t-1} - 2b_{1i}}{G} \right| < 1$$

mit
$$G = 2\sqrt{(\frac{\alpha_{i,t-1}}{2})^2 - \beta_{i,t-1}},$$

also nach (6.7.24): $G = \alpha_{i,t-1} - 2p_{it}, \quad \forall\, i \in \{1, \ldots, n\}, \ \forall\, t \in \{1, 2, \ldots\}.$

$\frac{1}{a_{ii}} \sum_{\substack{j=1\\ j\neq i}}^{n} a_{ij}$ ist umso kleiner, je weniger der Absatz des Oligopolisten i von den Preisen seiner Konkurrenten abhängt. $\left|1 - \frac{\alpha_{i,t-1} - 2b_{1i}}{\alpha_{i,t-1} - 2p_{it}}\right|$ ist umso kleiner, je weniger der Preis des Oligopolisten i über seinen Grenzkosten liegt. Umso eher ist dann das Gleichgewicht stabil.

Für den *Dyopolfall* wird (6.7.24)

$$(6.7.26) \qquad p_{it} = R_i(p_{j,t-1}), \quad i, j \in \{1, 2\}, i \neq j.$$

Die Stabilitätsbedingung (6.7.25), die jetzt

$$(6.7.27) \qquad \left| \frac{dR_1(p_{2,t-1})}{dp_{2,t-1}} \right| < 1, \quad \left| \frac{dR_2(p_{1,t-1})}{dp_{1,t-1}} \right| < 1$$

lautet, läßt sich, wenn man die Umkehrfunktion

$$(6.7.28) \qquad p_{1,t-1} = R_2^{-1}(p_{2t}) \text{ oder } p_{1t} = R_2^{-1}(p_{2,t-1})$$

bilden kann, als

$$(6.7.29) \qquad \left| \frac{dR_1(p_{2,t-1})}{dp_{2,t-1}} \right| < 1 < \left| \frac{dR_2^{-1}(p_{2,t-1})}{dp_{2,t-1}} \right|$$

schreiben. Damit das Gleichgewicht stabil ist, muß also die Neigung der Reaktionskurve R_1 absolut kleiner als Eins und kleiner als die Neigung der inversen Reaktionskurve R_2^{-1}, absolut genommen, sein.

Ein Zahlenbeispiel mag dies verdeutlichen. Nehmen wir zwei Firmen mit gleichen Kosten- und Nachfragefunktionen an. Es sei in (6.7.24): $a_{oi} = a_{ii} = a_{ij} = 1$; $b_{oi} = 0{,}025$; $b_{1i} = 0{,}1$; $Q_i^{min} = 0{,}025$, $i, j \in \{1,2\}$, $i \neq j$. Dann erhält man aus 6.7.24 die folgende Wertetabelle

(6.7.30)

Für $p_{j,t-1}$	0,10	0,15	0,20	0,30	0,40	0,50
ist p_i	0,284	0,150	0,148	0,143	0,140	0,136 .

Fig. 6.7.31 zeigt die Funktionen R_1 und R_2^{-1} (definiert nach (6.7.26 und 28)) graphisch. B ist der Baumol-Punkt. Die Lösung ist stabil, und zwar nicht nur in einer Umgebung von B. (6.7.29) ist erfüllt: die Neigung der R_1-Kurve ist für jeden der untersuchten Abzissenwerte absolut genommen kleiner als die Neigung der Kurve R_2^{-1}. Sei etwa $p_{2,t-1} = 0{,}3$ der Ausgangspunkt, so geben die Pfeile die folgenden Preisbewegungen der Dyopolisten 1 und 2 an, und diese Bewegungen konvergieren zum Punkt B.

Vergleicht man die Figuren 6.7.31 und 6.7.7, so sieht man, daß R_1 und R_2^{-1} Teilstücke einer Kurve konstanten Gewinnes sind.

Fig. 6.7.31

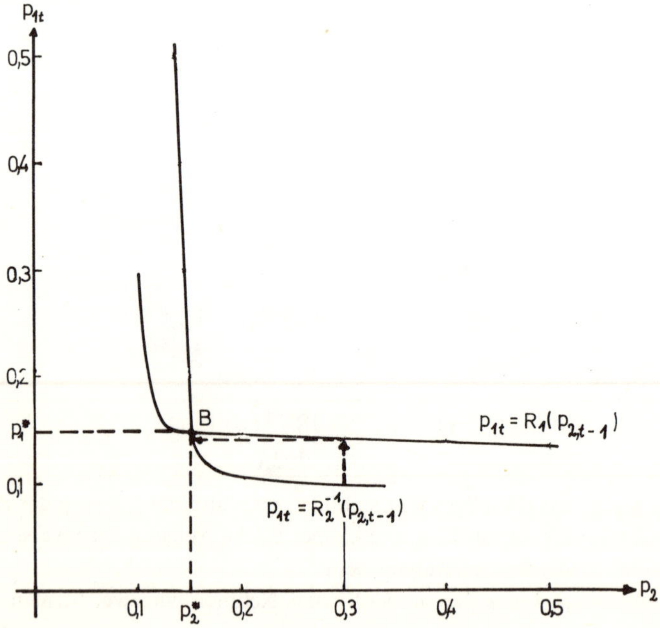

8. Abschnitt

Die Theorie der geknickten Nachfragekurve

A. Die einfach geknickte Nachfragekurve[1]

Dieser Theorie liegt die Annahme zugrunde, daß die Reaktionsfunktion für Preisherauf- und Preisherabsetzungen verschieden ist: bei Preisheraufsetzungen durch eine Firma folgen die übrigen Firmen nicht, bei Preisherabsetzungen folgen sie im gleichen Betrag. Unter dieser Annahme sucht jede Firma ihren Gewinn zu maximieren. Es gilt also (6.1.6), und am jeweils realisierten Punkt existiert keine Ableitung der Reaktionsfunktion (6.1.3); wohl aber existieren noch eine rechtsseitige und eine linksseitige Ableitung (mit +0 bzw. –0 bezeichnet), so daß

$$(6.8.1)\qquad \left(\frac{dr_j^{(i)}(\cdot)}{dp_i}\right)_{+0} = 1;\ \left(\frac{dr_j^{(i)}(\cdot)}{dp_i}\right)_{-0} = 0\ ,\quad i,j \in \{1,\ldots,n\}, i \neq j.$$

Da die im nächsten Abschnitt dargestellte eigene Theorie ähnliche Züge aufweist, verzichten wir auf eine ausführliche Analyse dieser Theorie, sondern stellen ihre Ergebnisse nur für den Dyopolfall graphisch dar.

In Fig. 6.8.2 wiederholen wir im wesentlichen die aus der Analyse des Monopols vertraute Darstellung der Verhältnisse für eine Firma; nehmen wir an, es handle sich um die Firma 1 des Dyopols. Wir haben aber jetzt mehrere Nachfrage- und entsprechend mehrere Erlöskurven. N_1 sei der Verlauf der Nachfragekurve für die Firma 1, wenn beide Firmen ihren Preis von der gemeinsamen Preishöhe p_A aus, die dem Ausgangspunkt A auf der Nachfragekurve N_1 entspricht, gemeinsam verändern (bei Chamberlin: DD'-Kurve).[2] Die zugehörige Erlöskurve ist E_1 (in Fig. 6.8.2 ebenfalls gepunktet). $N_{p_2=\text{const.}}$ sei die Nachfragekurve für 1, wenn 1 allein von A aus seinen Preis verändert, während sein Konkurrent seinen Preis auf p_A konstant hält. Sie entspricht der dd'Kurve bei Chamberlin. Die zugehörige Erlöskurve ist $E_{p=\text{const}}$. Die Differenz der beiden Nachfragekurven, waagerecht gemessen, ist ein Maß für die Beweglichkeit der Nachfrage. Ist in Fig. 6.8.2

---

1 *Hall* und *Hitch*, Price Theory and Business Behaviour, Oxford Economic Papers 2 (1939), S. 12–45;

Sweezy, Demand under Conditions of Oligopoly, The Journal of Political Economy, XLVII (1939), S. 568–573, abgedruckt in den Readings in Price Theory, London 1953, S. 404 ff.

Stigler, The Kinky Oligopoly Demand Curve and Rigid Prices, The Journal of Political Economy, LV (1947), S. 432–499. *Stigler* lehnt die Hypothese der geknickten Nachfragekurve ab. Er hält die Preisführerschaft für die Lösung des Oligopolproblems – beseitigt aber damit das Problem.

Efroymson, The Kinked Oligopoly Curve Reconsidered, Quarterly Journal of Economics LXIX (1954), S. 119–136, (dort auch weitere Literatur). *Efroymson* setzt sich mit den Argumenten von *Stigler* zutreffend auseinander.

2 *Chamberlin*, The Theory of Monopolistic Competition, 6th ed., Cambridge/Mass. 1950, S. 91.

Fig. 6.8.2

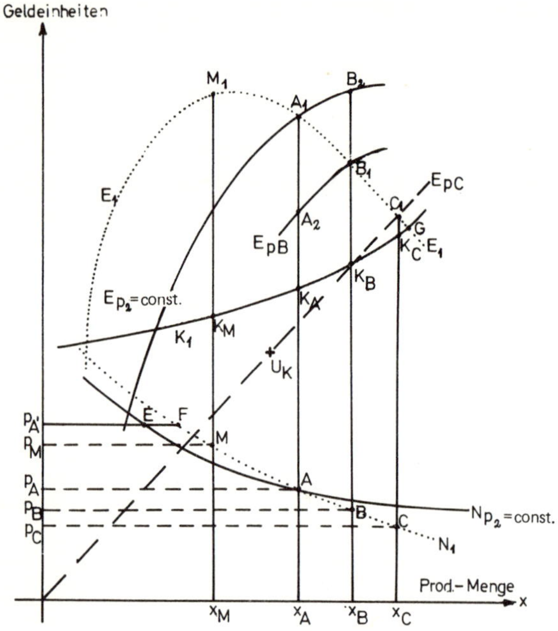

$p_A' - p_A$ = eine Geldeinheit, ist ferner der gesamte Nachfrageschwund EF durch „Überlaufen" der Nachfrage zu dem billigeren Produzenten zu erklären und sind schließlich die Maßzahlen von Preis und Menge gleich, so gibt EF die Beweglichkeit der Nachfrage an. Natürlich gibt es eine ganze Schar solcher Kurven N_{p_2}=const., für jeden festgehaltenen Preis der Firma 2 eine.

K_1 sei die Kostenkurve der Firma 1.

Ist der Punkt A nun ein Gleichgewichtspunkt für die Firma 1 in dem Sinne, daß sie, wenn sie ihren Gewinn maximieren will, an einer Preisveränderung kein Interesse haben kann, und gibt es *mehrere* Punkte, für die dies zutrifft?

Machen wir die Reaktionsannahme (6.8.1), dann ist die *Nachfragekurve für die Firma 1 geknickt:* links vom realisierten Punkt A folgt sie der Kurve N_{p_2}=const., rechts davon der Kurve N_1.

Eine notwendige Bedingung dafür, daß der Punkt A auf der Nachfragekurve mit der Produktionsmenge x_A, dem Preis p_A, dem Erlös A_1 und den Kosten K_A ein Gleichgewichtspunkt für den Produzenten 1 ist, ist offensichtlich, daß er nicht durch *alleinige Preiserhöhung* seinen Gewinn vergrößern kann. Denn da er das nach den Annahmen über die Verhaltensweise seines Konkurrenten jederzeit tun könnte, würde er nicht beim Preis p_A verbleiben, wenn ihm ein höherer Preis mehr Gewinn verspräche. Falls A ein Gleichgewichtspunkt für 1 ist, darf also in der graphischen Darstellung der Fig. 6.8.2 die Erlöskurve E_{p_2}=const., im Punkte A_1 zumindest nicht schwächer geneigt sein als die Kostenkurve im Punkte K_A, d. h.:

$$(6.8.3) \qquad \frac{dE_{p_2=\text{const.}}}{dx} \geqslant \frac{dK_1}{dx} \text{ für } x = x_A \;.$$

Die zweite notwendige Bedingung, daß A einen Gleichgewichtspunkt für 1 darstellt, ist, daß die Firma 1 nicht durch *gemeinsame Preissenkungen* mit der Firma 2 ihren Gewinn erhöhen kann; d. h. aber in der Darstellung der Fig. 6.8.2, daß die Erlöskurve E_1 im Punkte A_1 zumindest nicht stärker geneigt ist als die Kostenkurve K_1 im Punkte K_A:

$$(6.8.4) \qquad \frac{dK_1}{dx} \geqslant \frac{dE_1}{dx} \text{ für } x = x_A \;.$$

(6.8.3 und 4) geben uns dann die hinreichende Bedingung dafür, daß der Punkt A unter dem vorausgesetzten Verhalten des Konkurrenten für die Firma 1 ein Gleichgewichtspunkt ist. Wir fassen sie zu

$$(6.8.5) \qquad \frac{dE_{p_2=\text{const.}}}{dx} \geqslant \frac{dK_1}{dx} \geqslant \frac{dE_1}{dx}$$

zusammen. In Worten: Der Grenzerlös bei alleiniger Heraufsetzung des Preises darf nicht kleiner sein als die Grenzkosten, und diese wieder dürfen nicht kleiner sein als der Grenzerlös bei gemeinsamer Herabsetzung des Preises.

Auch die Erlöskurve für den Produzenten 1 ist jetzt geknickt: links von A_1 gilt die Kurve $E_{p_2=\text{const.}}$, rechts davon E_1.

(6.8.5) trifft nicht nur für einen Punkt, sondern für einen *ausgedehnten Gleichgewichtsbereich* zu. Die Gleichheitszeichen in dieser Beziehung geben uns die Grenzen dieses Gleichgewichtsbereiches für die Firma 1 an. Die *Preisobergrenze* p_M liegt dort, wo die Grenzkosten gleich dem Grenzerlös bei gemeinsamer Preisherabsetzung sind (rechter Teil der Ungleichungen). In der Fig. 6.8.2 ist dieser Punkt M_1 auf der Erlöskurve und M auf der Nachfragekurve N_1 bezeichnet. Die Erlöskurve E_1 und die Kostenkurve K_1 haben in M_1 und K_M eine parallele Tangente. Dieser Punkt entspricht der Monopollösung für die Firma 1, wenn N_1 die Nachfragekurve für 1 und ein Konkurrent nicht vorhanden wäre. *Die Preisuntergrenze* p_B liegt dort, wo der Grenzerlös bei alleiniger Heraufsetzung des Preises gleich den Grenzkosten wird (linker Teil der Ungleichungen (6.8.5)). Dies tritt ein, wo eine Erlöskurve $E_{p_2=\text{const.}}$ im Schnittpunkt mit der Erlöskurve E_1 gerade ebenso geneigt ist wie die Kostenkurve K_1 für diese Produktionsmenge. In Fig. 6.8.2 ist dieser Punkt mit B_1 auf der Erlöskurve und B auf der Nachfragekurve bezeichnet. Hier ist die Neigung der Erlöskurve E_{pB}, die zu der durch den Punkt B gehenden Nachfragekurve $N_{p_2=\text{const.}}$ gehört (letztere ist in der Figur nicht eingezeichnet), gleich der Neigung der Kostenkurve im Punkt K_B:

Somit ist jeder Punkt zwischen M_1 und B_1 auf der Erlöskurve oder zwischen M und B auf der Nachfragekurve ein Gleichgewichtspunkt für die Firma 1.

Die *Ausdehnung des Gleichgewichtsbereiches* hängt von der Lage des Punktes

B_1 bzw. B ab. Je geringer die Beweglichkeit der Nachfrage, je weniger also die Kurven N_1 und $N_{p_2=const.}$ voneinander abweichen, um so näher rückt B_1 an M_1 bzw. B an M. Fallen beide Kurven zusammen (die Beweglichkeit der Nachfrage ist Null), so ist M_1 *der* Gleichgewichtspunkt: wir sind beim Monopol. Ist die Beweglichkeit der Nachfrage unendlich, d.h. verläuft die Kurve $N_{p_2=const.}$ waagerecht, so liegt der Punkt B_1 soweit wie möglich rechts auf der Erlöskurve E_1 bzw. der Punkt B soweit wie möglich rechts auf der Nachfragekurve N_1. Diese Extremlage ist in Fig. 6.8.2 durch den Punkt C_1 bzw. C angedeutet. Die zugehörige Erlöskurve E_{pC} ist jetzt eine Gerade durch den Nullpunkt. C und C_1 sind dadurch bestimmt, daß die Kostenkurve K_1 im Punkte K_C parallel der Erlöskurve E_{pC} im Schnittpunkt mit der Kurve E_1 ist. Wir können diesen Punkt C bzw. C_1 den *Polypolpunkt* nennen. Er gibt die tiefst mögliche Lage des Preises bei Gewinnmaximierungsstreben an. Auch bei voll beweglicher Nachfrage verbleibt also ein *ausgedehnter Gleichgewichtsbereich* M_1C_1, und dieser ist so groß wie möglich. Erst wenn wir annehmen, daß jede Firma glaubt, die andere würde bei eigenen Preisherabsetzungen *nicht* folgen, wird C bzw. C_1 der alleinige Gleichgewichtspunkt; wir sind dann bei der Launhardt-Hotelling-Lösung.

Für die langfristige Betrachtung müssen wir noch hinzufügen, daß nur der Teil des Bereiches M_1B_1 Gleichgewichtsgebiet sein kann, der links vom Punkt G liegt, wo die Verlustzone beginnt. In der Fig. 6.8.2 ist diese Begrenzung nicht wirksam. In anderen Fällen ist sie es aber durchaus.

Die Dyopolanalyse mit Hilfe des Apparates der geknickten Nachfragekurve hat den Nachteil, daß immer nur ein Konkurrent allein ins Blickfeld gerückt wird, während zur richtigen Feststellung des Gleichgewichtsbereiches doch die gemeinsame Betrachtung *beider* Konkurrenten notwendig ist. Dies wird klar, wenn wir etwa die Fig. 6.1.27 betrachten. Hier ist im I. Quadranten der Gleichgewichtsbereich CDERS eingezeichnet, wie er sich aus der im folgenden Abschnitt dargestellten Theorie ergibt. Die 45°-Linie verbindet die Punkte, bei denen beide Oligopolisten gleiche Preise fordern. Der Punkt $\overline{M}$ in Fig. 6.1.27 entspricht dem Monopolpunkt M_1 in Fig. 6.8.2, der Punkt $\overline{C}$ in Fig. 6.1.27 dem Punkt B_1 in Fig. 6.8.2. Die Theorie der geknickten Nachfragekurve gibt uns also nur *einen Teil* des gesamten Gleichgewichtsgebietes richtig wieder, nämlich alle Punkte, die auf dem Strahl $\overline{CM}$ in Fig. 6.1.27 liegen. Alle übrigen sind verlorengegangen.

B. Gutenbergs doppelt geknickte Nachfragekurve

Gutenberg[1] hat die *doppelt geknickte Nachfragekurve* in die Theorie eingeführt. Der doppelte Knick wird durch „Preisklassen" begründet, die einem Anbieter gestatten, innerhalb der Grenzen einer Preisklasse relativ oder voll-

---

1 *Gutenberg,* Grundlagen der Betriebswirtschaftslehre, 2. Band, Berlin-Göttingen-Heidelberg, 1955, S. 195 ff.

ständig unbeeinflußt von den Preisen der Konkurrenzfirmen eine annähernd oder vollständig monopolistische Preispolitik zu betreiben, während er bei Über- bzw. Unterschreitung der Preisgrenzen schnell alle Kundschaft verliert bzw. schnell die Kundschaft der Konkurrenzfirmen hinzugewinnt. Die nutzentheoretischen Voraussetzungen und sonstigen Implikationen von doppelt geknickten Nachfragekurven sind in der Zwischenzeit vielfach untersucht worden.[1] Wir können hierauf in diesem Zusammenhang nicht eingehen. Doppelt geknickte Nachfragekurven führen jedenfalls beim Oligopol, wie Albach,[2] Brockhoff[3] und Lohmüller[4] gezeigt haben, zu komplizierten, z.T. nicht zusammenhängenden Gleichgewichtsbereichen. Albach a.a.O. verwendet für das Dyopol zwischen Firmen A und B als Preis-Absatzfunktion

$$p_i = a - 2bx_i + c.\sin h\,(p_i - p_j)\,, \quad i, j \in \{A,B\}\,, \; i \neq j. \tag{6.8.6}$$

Fig. 6.8.7 zeigt den Graph dieser Funktion für die Parameterwerte $a = 20$, $b = 5$, $c = 0{,}2$ und ein vorgegebenes $\bar{p}_B$ bzw. für $p_B = p_A$. Fig. 6.8.8 gibt die Kurven konstanten Gewinns für Firmen A und B im Preisraum wieder, wobei lineare Kostenfunktionen $K_i = g_o + g_i x_i$ angenommen wurden, $i \in \{A,B\}$, mit $g_o = 10$, $g_A = 2{,}55$, $g_B = 2{,}84$. Die durch den Schnittpunkt C der Kammlinien (der die Launhardt-Hotelling-Lösung oder den Nash-Gleichgewichtspunkt darstellt) hindurchgehenden Kurven konstanten Gewinns $g_A = 3{,}4$ bzw. $g_B = 3{,}2$ begrenzen in der Terminologie von Albach das „befriedigende" Lösungsgebiet (schraffiert). Wenn nämlich C von jedem erzwingbar ist, wird keiner, sobald ein Punkt in diesem Gebiet realisiert ist, eine Preisänderung vornehmen. Nimmt er allerdings an, der andere reagiere nicht, so kann er sich durch Preisunterbietungen des Konkurrenten doch verbessern. Z.B. von Punkt C aus sind alle Punkte in den geschwärzten Gebieten besser für A bzw. B. Albach nennt die-

1 Vgl. z.B. *Kilger*, Die quantitative Ableitung polypolistischer Preisabsatzfunktionen aus Heterogenitätsbedingungen atomistischer Märkte, in: *Koch* (Hrsg.), Zur Theorie der Unternehmung, Festschrift zum 65. Geburtstag von E. Gutenberg, Wiesbaden 1962, S. 272–309; *Willeke*, Monopolistische und autonome Preisintervalle, Jahrbuch für Nationalökonomie und Statistik,176 (1964), S. 407–427; ders., Autonome Preisintervalle im heterogenen Dyopol, ebendort,180 (1967), S. 373–396; ders., Ansätze zu einer allgemeinen Theorie autonomer Preisintervalle im heterogenen Oligopol, ebendort, 181 (1968), S. 306–333; *Gutenberg*, Zur Diskussion der polypolistischen Absatzkurve, ebendort,177 (1965), S. 289–303; *Albach*, Das Gutenberg-Oligopol, in: *Koch* (Hrsg.), Zur Theorie des Absatzes, Festschrift zum 75. Geburtstag von Erich Gutenberg, Wiesbaden 1972, S. 11–33.

2 *Albach*, Käuferverhalten und Preisbildung im unvollkommenen Oligopol, unveröffentlichtes Manuskript, Bonn 1965; ders., Das Gutenberg-Oligopol, in: *Koch* (Hrsg.), Zur Theorie des Absatzes, Festschrift zum 75. Geburtstag von Erich Gutenberg, Wiesbaden 1972, S. 11–33.

3 *Brockhoff*, On a Duopoly with a Double Kinked Demand Function, Zeitschr. f. d. ges. Staatsw. 123/3 (1968), S. 451–466.

4 *Lohmöller*, Zur Marketingtheorie. I. Teil, Die Dyopolistische Nachfragefunktion, Diskussionsarbeit Nr. 14 des Betriebswirtschaftlichen Seminars der Univ. Bonn, Juni 1971.

Fig. 6.8.7

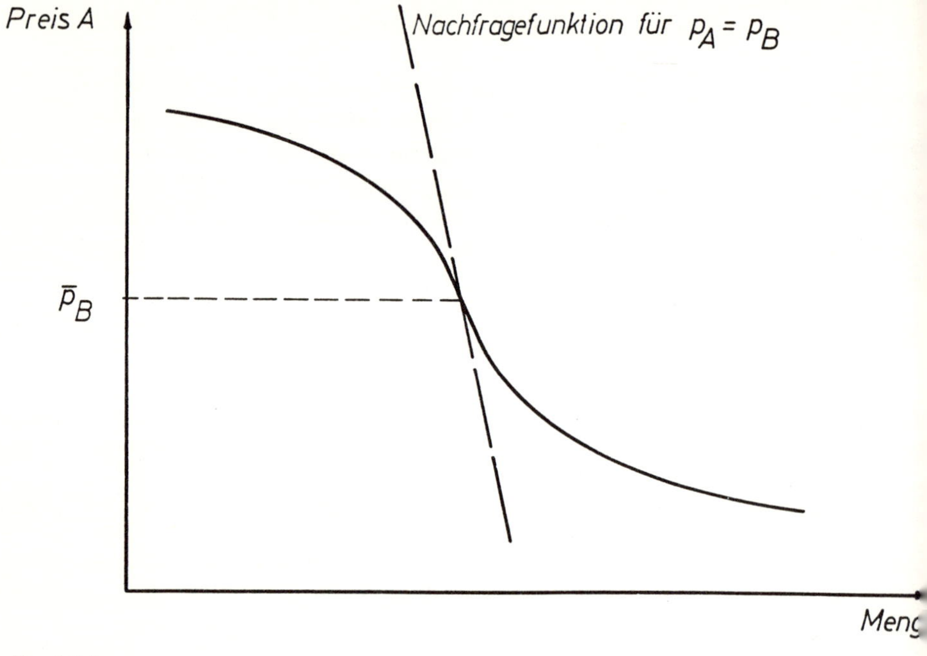

Fig. 6.8.8

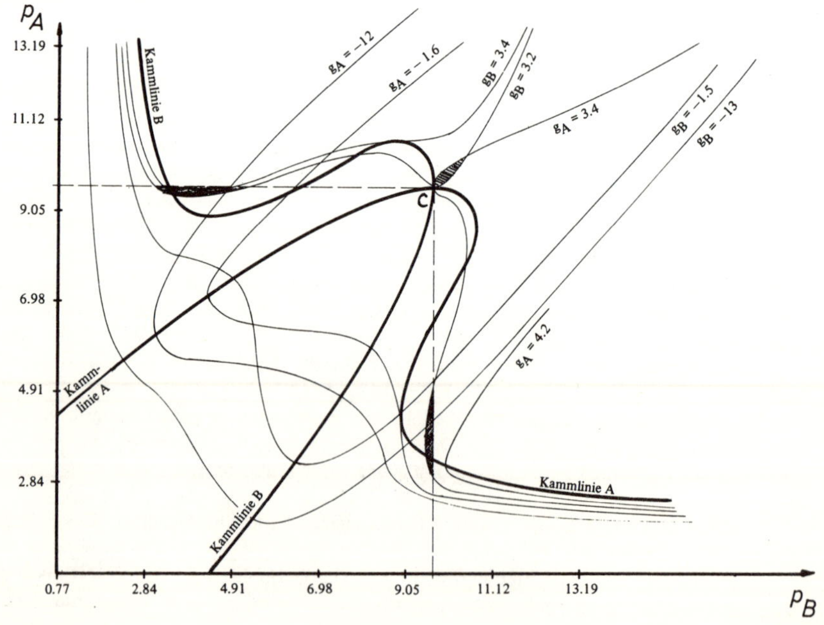

se Gebiete „Gewinnoasen“ bzw. „Schnibbeloasen“ (weil sie durch „Preisschnibbeln“ erreichbar sind).

Diese Theorie ist eine Erweiterung der im 10. Abschnitt dargestellten Oligopoltheorie. Albach und Kloten haben sie auch für einen praktischen Fall benutzt.[1]

9. Abschnitt

Ragnar Frischs Attraktionslinien[2]

Ragnar Frisch, Erich Schneider u.a. suchen das Oligopolproblem dadurch zu lösen, daß sie die Reaktionsfunktionen (6.1.3) als „konjektural gegeben“ annehmen, so daß das System (6.1.6) lösbar wird. Jeder Oligopolist stellt sich also vor, wie die anderen auf eigene Preisänderungen reagieren würden. Über die Art dieser Vorstellung werden keine Hypothesen gemacht. Damit macht man

Fig. 6.9.1

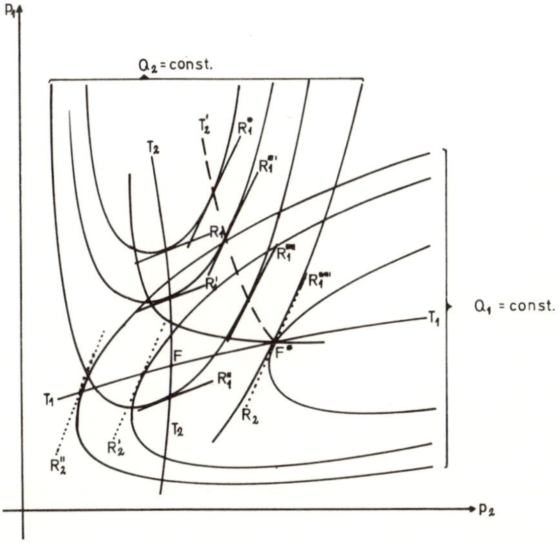

1 *Albach* und *Kloten,* Preispolitik auf dem Farbstoffmarkt in der EWG, Tübingen 1973, S. 42 ff und S. 47 ff.

2 *R. Frisch,* Monopole-polypole – la notion de force dans l'économie, Nationalökonomisk Tidsskrift, 1933, S. 251; *Erich Schneider,* Einführung in die Wirtschaftstheorie, II. Teil, 5. Aufl., Tübingen 1956, S. 342 ff und *Rudolf Richter,* Das Konkurrenzproblem im Oligopol, Berlin 1954, S. 23 ff.

nun zwar keine Fehler, aber das wesentliche, nämlich die Gestalt der Reaktionsfunktionen, bleibt offen.

Wir illustrieren diese Theorie für den Dyopolfall graphisch. 1 glaubt zu wissen, daß 2 in bestimmter Weise auf Preisveränderungen von ihm reagiert; 2 glaubt das gleiche von 1 zu wissen. In der Fig. 6.9.1 stelle R_1, R'_1, R''_1 (ausgezogene Linien) die Reaktion von 1 dar, wie 2 sie sich vorstellt. Die *Attraktionslinie* T_2 verbindet die Berührungspunkte der Kurven konstanten Gewinns von 2 mit diesen vorgestellten Reaktionslinien. Auf dieser Linie T_2 hat 2 dann nach seinen Vorstellungen eine optimale Lage erreicht. R_2, R'_2, R''_2 (gepunktet gezeichnet) sind entsprechend die Reaktionsweisen von 2, wie sie sich 1 vorstellt. Sie weichen möglicherweise in ihrer Richtung von R_1, R'_1, R''_1 ab.

T_1 ist die Attraktionslinie für 1. Das Frisch-Gleichgewicht F tritt dann dort ein, wo beide Attraktionslinien sich schneiden.

Die Problematik dieser Theorie erkennt man am besten, wenn man die Reaktionslinien R_1, R'_1, R''_1 bzw. R_2, R'_2, R''_2 analysiert, sie ist also nicht einfach als gegeben hinnimmt, sondern feststellt, wie sie bei plausiblem Verhalten der Konkurrenten verlaufen müssen. Hier sind zwei Fälle zu unterscheiden:

1. Wir nehmen an, daß sich die beiden Konkurrenten in ihrer Vorstellung über die gegnerische Reaktion *von den tatsächlichen Preisveränderungen der Vergangenheit leiten lassen, gleichgültig, ob diese durch Initiative des einen oder des anderen ausgelöst wurden.* In diesem Fall können die Erwartungsstrukturen der beiden Konkurrenten nicht voneinander abweichen, denn die tatsächliche Preisreaktion, auf Grund derer sie ihre Erwartung bilden, kann nicht für 1 anders sein als für 2. In der obenstehenden Abbildung seien also demgemäß die Erwartungen von 2 über die Preisreaktionen von 1 durch R^*_1, $R^{*\prime}_1$, $R^{*\prime\prime}_1$ wiedergeben, die zu den Reaktionslinien R_2, R'_2, R''_2 parallel laufen. Die neue Attraktionslinie für 2 ist also dann T'_2, während die Attraktionslinie T_1 für 1 bestehen bleibt. Damit wird F* der neue Frisch-Punkt. Dieser Punkt liegt aber auf der Maximallinie H. Das ist ein akzeptables Ergebnis.

2. Wenn wir annehmen, daß beide Konkurrenten sich in ihren Vorstellungen von den tatsächlichen Reaktionen des Partners auf *eigene* Preisveränderungen in der Vergangenheit leiten lassen (also unterscheiden, ob eine Preisbewegung durch eigene Initiative oder die des Konkurrenten ausgelöst wurde), so hängt der Verlauf der Attraktionslinien von unseren Annahmen über die Reaktion ab. Nehmen wir an, daß die Oligopolisten bei Schädigung durch die Preispolitik eines Konkurrenten so reagieren, daß sie ihren Gewinn verteidigen, während sie bei Begünstigung nichts unternehmen (wir haben das Normalreaktion genannt), so *fallen beide Attraktionslinien T_1 und T_2 mit der Maximallinie H zusammen.* An Stelle eines Frisch-Punktes F gibt es also eine Frisch-Linie, die mit der Maximallinie H identisch ist.

10. Abschnitt

Eine eigene Oligopoltheorie für den Oligopoltyp A[1]

A. Statische Version

1. Grundlegende Hypothesen

In der ersten Auflage dieses Buches[2] habe ich, wie bereits erwähnt, für alle Dyopoltypen eine Lösung vorgeschlagen, die auf folgenden Grundgedanken beruht:

1. jeder will den *status quo* der eigenen Gewinnhöhe gegenüber Preisänderungen des Konkurrenten, durch die er schlechter gestellt wird, verteidigen, so daß

2. zwischen *Aktionen* und *Reaktionen* zu unterscheiden ist.[3]

3. Jede *Aktion* erfolgt mit dem Ziel der Gewinnmaximierung, wobei die *Reaktion* des Gegenspielers mit berücksichtigt wird, und es steht jedem frei, eine Aktion zu beginnen;

4. eine *Reaktion* erfolgt jeweils mit dem Ziel, die alte Gewinnposition wieder zu erreichen, wenn sie durch die Aktion des anderen verschlechtert wurde. Wurde sie nicht verschlechtert, so erfolgt keine Reaktion; ist die alte Gewinnhöhe durch keine Reaktion wiederherzustellen, so wird die Reaktion gewählt, die das bestmögliche in dieser Hinsicht erreicht. Diese Reaktion wird als Normalreaktion bezeichnet.

Wir analysieren aber ebenfalls

4a. *schärfere Reaktionen,* d. h. das Ziel, bei der Reaktion die eigene Gewinnsituation gleich zu verbessern; wir bezeichnen dies als *Neigung zur Vergeltung,* da dieser Verhaltensweise ein Zug von „Zurückschlagen“ anhaftet;

4b. *schwächere Reaktionen,* bei denen auf eine volle Erreichung der alten Gewinnposition verzichtet wird; wir nennen dies: *Neigung zur Nachgiebigkeit.*

5. 1.–4. und die Nachfrage- und Kostenfunktionen sind dem Oligopolisten bekannt, jeder handelt entsprechend, und jeder weiß das. Im Fall A unten ist eine

1 Die Theorie ist analog derjenigen für den Oligopoltyp B. Die Lösungen sind aber doch in einigen Hinsichten verschieden: die Mengenkonkurrenz bei vollständig homogenen Produkten (Oligopoltyp B) ist eben nicht identisch mit der Preiskonkurrenz bei inhomogenen Produkten (Oligopoltyp A). Zur Bequemlichkeit des Lesers bringen wir hier die Theorie vollständig und nehmen gewisse Wiederholungen gegenüber den entsprechenden Abschnitten der vorhergehenden Kapitel in Kauf.

2 *Krelle,* Preistheorie, Tübigen und Zürich 1961, S. 254 ff.

3 Statt: ein Oligopolist beginnt eine Aktion, werden wir auch gelegentlich sagen: er ist „der erste“ oder „er ist aktiv“; statt „er reagiert“ werden wir auch sagen: die Preisänderung ist induziert oder er handelt reaktiv.

Kenntnis der Nachfrage- und Kostenfunktionen nur in einer Umgebung des jeweils realisierten Punktes angenommen.

Im Rahmen dieser Hypothesen 1.–5. kann man, was die *Aktionen* angeht, zwei Fälle unterscheiden:

A. Jeder vermeidet solche Aktionen, die den anderen nach seiner Reaktion definitiv schlechter stellen, und zieht nur *kleine* Preisänderungen in Betracht. Wir nennen dies *Normalaktionen.* Sie tragen der Unsicherheit über den Verlauf von Nachfrage- und Kostenfunktionen „weit entfernt" vom bisher realisierten Punkt und der Furcht vor der Provozierung eines Preiskrieges Rechnung und sind für vorsichtiges, wirtschaftsfriedliches Verhalten typisch.

B. Jeder zieht auch solche Aktionen in Betracht, die den anderen definitiv schädigen. Wir bezeichnen dies als *Herausforderung.*

Im folgenden geben wir zunächst eine graphische Lösung für den Dyopolfall auf dieser Basis an. Später folgt eine analytische Lösung für das Oligopol und eine Dynamisierung der Theorie.

2. Graphische Lösung für den Dyopolfall

Unter „Lösung" verstehen wir hier im Rahmen der statischen Theorie eine Menge von Preiskonstellationen derart, daß kein Oligopolist eine Aktion beginnt, weil er dadurch nach der Reaktion der Gegenseite in Bezug auf seinen Gewinn schlechter dastehen würde als vorher. Damit würden alle Preisbewegungen von dieser Ausgangssituation aus unterlassen, und es besteht Gleichgewicht.

a. Normalaktion und -reaktion

Wir beginnen mit dem Fall der *Normalaktion* und der *Normalreaktion.* In Fig. 6.10.1 sind die Kurven konstanten Gewinns Q_1 = const. und Q_2 = const. der Dyopolisten 1 und 2 sowie die Kammlinien F_1 und F_2 eingezeichnet (vgl. hierzu Fig. 6.1.27), ebenso die Preisbewegungen, die sich bei einer *Preissenkung* der Firma 1 bei Normalreaktion der Firma 2 ergeben müssen. Diese Preisbewegungen bilden ein Vektorfeld, das sich den Kurven konstanten Gewinns für 2 fast völlig anschmiegt. Das Vektorfeld nennen wir die *Reaktionslinien von 2 auf Preisherabsetzungen von 1,* weil es für jeden Ausgangspunkt die Reaktion von 2 auf Preisveränderungen von 1 (im Rahmen von Normalaktionen) angibt, die ihm das Wiedererreichen seines alten Gewinniveaus ermöglichen.

Betrachten wir es genauer. Rechts und unterhalb der Grenzkostenlinie K'_2 folgen die Reaktionskurven genau den Kurven konstanten Gewinns für 2, nur daß diese Kurven nunmehr *gerichtete* Strecken sind. Dies ist durch die aneinandergesetzten Vektoren angedeutet. Aus dem folgenden Beispiel ersieht man leicht den Grund. Der Ausgangspunkt sei etwa A. 1 senke seinen Preis, so daß der Punkt A' erreicht wird. Dadurch schädigt er den Konkurrenten 2 (A' liegt auf einem niedrigeren Ge-

Fig. 6.10.1

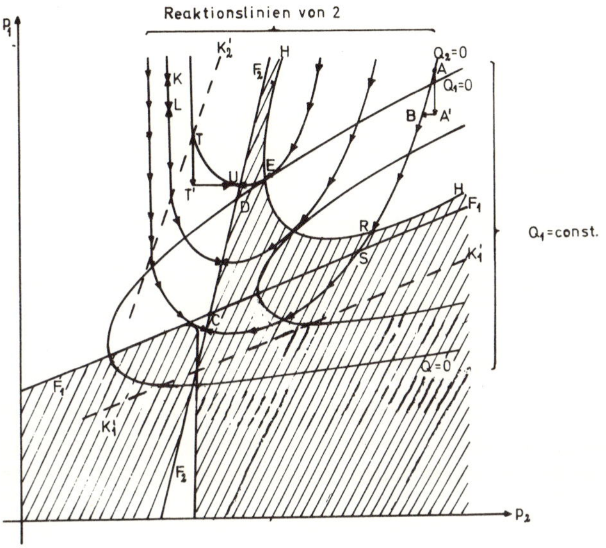

winniveau für 2), der dann durch eine Preissenkung auf B sein altes Gewinniveau wieder erreicht. Jede Preissenkung von 1 führt also hier zu einer Reaktion von 2 derart, daß sich beide immer auf der Kurve konstanten Gewinns für 2 bewegen.

Anders ist die Situation zwischen der Grenzkostenkurve K_2' und der Kammlinie F_2. Hier führt eine Preissenkung von 1 etwa von T auf T' zwar auch zu einer Gewinnminderung von 2, aber 2 muß hier seinen Preis von T' auf U *erhöhen,* wenn er seine alte Gewinnposition halten will. Die Reaktionskurven folgen hier also auch den Kurven konstanten Gewinns für 2, sind aber umgekehrt gerichtet.

Wieder anders ist die Situation links und oberhalb der Grenzkostenkurve K_2'. Hier sind die Kurven konstanten Gewinns für 2 zurückgebogen (vgl. Fig. 6.1.27). Eine Preissenkung von 1 (etwa von K auf L in Fig. 6.10.1) führt also zu einer *Gewinnsteigerung* für 2. 2 tut darauf nichts. Der Punkt L wird also tatsächlich erreicht: die Reaktionskurven folgen hier *nicht* den Kurven konstanten Gewinns für 2, sondern verlaufen senkrecht. So entsteht das in Fig. 6.10.1 wiedergegebene Vektorfeld.

Die Gleichgewichtsbedingung sagt nun, daß bezüglich Preisherabsetzung von 1 nur dort ein Gleichgewicht herrschen kann, wo 1 nach dieser Preisherabsetzung und nach erfolgter Reaktion von 2 schlechter dasteht als vorher. Denn dann wird er offensichtlich eine Preisherabsetzung unterlassen, und es herrscht Gleichgewicht, was Preisherabsetzungen von 1 angeht. Das ist immer dort der Fall, wo die Reaktionslinien von 2 zu Punkten geringeren Gewinns für 1 führen. In Fig. 6.10.1 sind die Kurven konstanten Gewinns für 1 (Q_1 = const.) eingezeichnet. Überall dort, wo die Reaktionsvektoren zu Punkten geringeren Gewinns für 1 zeigen, herrscht also bezüglich Preisherabsetzungen von 1 Gleichgewicht. Diese Gebiete sind schraffiert.

Zur Feststellung des Gleichgewichtsbereiches bezüglich *Preisheraufsetzungen* gehen wir ganz analog vor und erhalten so *die Reaktionskurven von 2 bezüglich Preisheraufsetzungen von 1.* Sie sind in Fig. 6.10.2 wiedergegeben. Wie man an Hand der Fig. 6.1.27 sieht, wird bei allen Preispunkten rechts und unterhalb der Grenzkostenkurve K'_2 eine Preiserhöhung von 1 nur günstig für 2 sein. Hier wird 2 also nicht reagieren: die Reaktionskurven verlaufen senkrecht nach oben. Links und oberhalb der Grenzkostenkurve K'_2 verringert dagegen eine Preiserhöhung von 1 (etwa von A auf A') den Gewinn von 2. 2 muß, wie man an dem Verlauf seiner Kurven konstanten Gewinns in Fig. 6.1.27 sieht, seinerseits den Preis erhöhen, um seine alte Gewinnposition zu halten (von A' auf B in Fig. 6.10.2). Die Reaktionslinien folgen also hier den zurückgebogenen Kurven konstanten Gewinns für 2. So entsteht das in Fig. 6.10.2 wiedergegebene Vektorfeld der Reaktionskurven für 2. Auch hier sind wieder die Kurven konstanten Gewinns Q_1 für 1 eingezeichnet. Nach der Gleichgewichtsbedingung ist nur dort ein Gleichgewicht vorhanden, wo die Reaktionskurven zu Punkten niedrigeren Gewinns für 1 zeigen. Denn eben dort wird 1 im eigenen Interesse Preisheraufsetzungen unterlassen, und insofern herrscht dort Gleichgewicht. Dieser Gleichgewichtsbereich ist in Fig. 6.10.2 wieder schraffiert.

Vergleichen wir jetzt Fig. 6.10.1 und 2. Nur die Gebiete, die bei *beiden* Abbildungen schraffiert wurden, sind, was den Konkurrenten 1 betrifft, Gleichgewichtsgebiete. Denn 1 wird dort sowohl Preisherab- wie Preisheraufsetzungen unterlassen. Der gemeinsam schraffierte Preisbereich ist, wie man sofort durch Vergleich der

Fig. 6.10.2

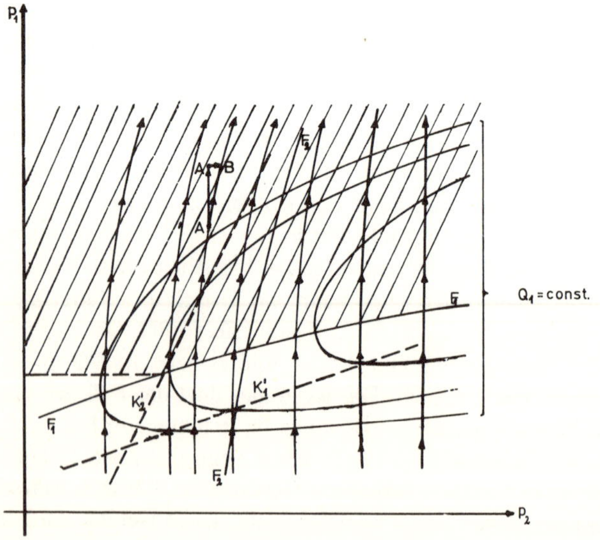

Fig. 6.10.1 und 2 sieht, das durch die Maximallinie und die Kammlinien F und G gebildete Gebiet. Nur dort kann also für 1 Gleichgewicht herrschen.

Allerdings müssen noch gewisse *Nebenbedingungen* erfüllt sein, die u. U. einen Teil des Gleichgewichtsgebietes abschneiden oder ihn sogar ganz zum Verschwinden bringen.

Diese Nebenbedingungen sind:

1. Im Gleichgewichtsbereich darf *keine der beiden Firmen Verluste machen,* denn sonst müßte sie früher oder später aus dem Markt ausscheiden, und damit wäre das Dyopol beseitigt. Diese Bedingung schneidet den Teil des möglichen Gleichgewichtsgebietes ab, der außerhalb der Kurven Q = 0 für beide Firmen liegt.

   Damit erhalten wir insoweit das Gebiet CDERS in Fig. 6.10.3 als Gleichgewichtsgebiet für 1.
2. Bei den Preiskonstellationen des Gleichgewichtsgebietes muß *die Gesamtnachfrage zu diesen Preisen befriedigt sein;* andernfalls würden sich die Kunden überbieten und damit die Preise nach oben treiben. Bei neoklassischen Produktionsfunktionen, die wir hier zugrundegelegt haben, trifft das zu, wenn für den Gleichgewichtspreis eines Dyopolisten die Absatzmenge kleiner oder gleich der durch die Grenzkostenkurve bestimmten ist. Im Preisraum heißt das, daß für einen gegebenen eigenen Preis die eigene Grenzkostenkurve bei höheren Preisen des Konkurrenten verlaufen muß (vgl. Fig. 6.1.27 und 6.10.1). Dies trifft nun bei neoklassischen Produktionsfunktionen stets zu, so daß dadurch das Gleichgewichtsgebiet nicht weiter eingeschränkt wird. Bei anderen Produktionsfunktionen gibt es definitive *Kapazitätsbeschränkungen.* Dann fällt natürlich der Teil des Gleichgewichtsbereiches, der kapazitätsmäßig nicht realisiert werden kann, aus.[1]
3. Die Begrenzungen, die *die finanzielle Situation* der Firmen auferlegt, müssen eingehalten werden. Die Finanzlage kann es einem oder beiden Dyopolisten unmöglich machen, gewisse Preis- oder Produktionspunkte zu realisieren. Das Gleichgewichtsgebiet wird dadurch unter Umständen ebenso wie durch Beschränkungen der Produktionskapazität eingeengt.

Entsprechend müssen wir auch den Gleichgewichtsbereich für Preisveränderungen von 2 feststellen. Das Vorgehen ist völlig analog. Wie man schnell nachprüft, bleibt der gleiche Raum CDERS als Gleichgewichtsgebiet übrig. Auf eine ausführliche Darstellung der Ableitung kann verzichtet werden.

Keine von beiden Firmen wird also in diesem Bereich ihren Preis ändern, und damit herrscht dort Gleichgewicht. *Dieser Bereich ist also die Lösung unseres Problems bei Normalreaktionen und -aktionen.* Wir können daher das bisherige Ergebnis wie folgt formulieren: Ist beiden Firmen nur die Reaktion des Konkurrenten in der Nähe der bisherigen Preiskonstellation bekannt und wollen beide sich nicht der Ungewißheit der Reaktion bei zu großen eigenen Preisveränderungen aussetzen und insbesondere nicht der Gefahr eines Preiskampfes, wenn der Konkurrent definitiv

---

1 Wir behandeln den Fall anderer Produktionsfunktionen weiter unten.

schlechter gestellt wird, so ist jeder Punkt im Gebiet CDERS in Fig. 6.10.3 ein stabiler Gleichgewichtspunkt.

Fig. 6.10.3

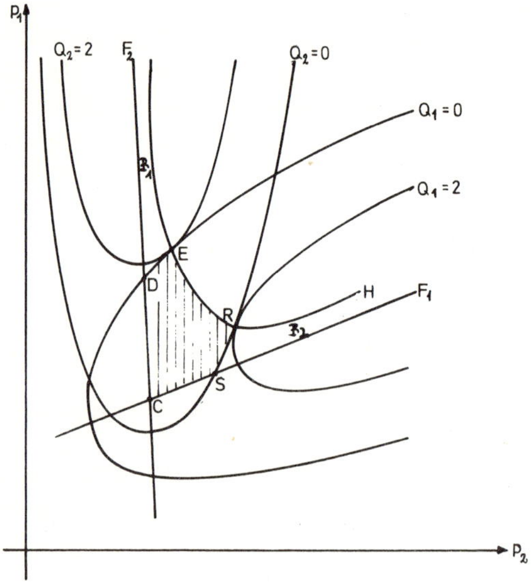

b. Herausforderungen

Lassen wir bei den Aktionen jetzt auch *Herausforderungen,* also Preisveränderungen zu, die den anderen definitiv schlechter stellen, legen aber weiterhin Normalreaktionen zugrunde, so fallen die „Ecken" des Gleichgewichtsbereiches aus.

Wir werden wieder zunächst die Reaktionskurven ableiten und beginnen mit den Reaktionskurven von 2 auf *Preisherabsetzungen* von 1. Sie verlaufen genauso wie früher, nur biegen sie jetzt alle auf der Kammlinie F_2 nach unten ein (Fig. 6.10.4); denn die Kammlinie F_2 ist der geometrische Ort der Punkte, bei denen 2 für irgendeinen *festen* Preis von 1 seinen höchsten Gewinn macht. Bis dahin wird 2 mit seiner Preisreaktion also gehen, wenn er schon die alte Gewinnposition nicht mehr erreichen kann. Nehmen wir z. B. an, die Ausgangssituation sei K. 1 senke seinen Preis auf K'. Die Reaktion von 2, wenn er seine alte Gewinnposition halten will, ist also eine Preisreduktion von K' auf L. Hier folgt also die Reaktionslinie noch den Kurven konstanten Gewinns von 2 wie vorher. Senkt aber 1 seinen Preis stärker, etwa von K auf K", so kann 2 auf keine Weise seinen Gewinn wiederherstellen. Die Kurve konstanten Gewinns, die durch K läuft, biegt ja bei M wieder nach oben ab. Das beste, was 2 tun kann in dieser Situation, ist, seinen Preis von K" auf M" zu senken.

Auf diese Weise entstehen die in die Kammlinie F_2 jeweils einmündenden Reaktionslinien der Fig. 6.10.4.

Dort sind auch die Kurven konstanten Gewinns für 1 (Q_1 = const.) eingezeichnet. Alle Punkte, bei denen die Reaktionsvektoren zu Gegenden höheren Gewinns für 1 führen, fallen als Gleichgewichtspunkte aus. Das sind zunächst einmal die gleichen, schon früher in Fig. 6.10.1 weiß gelassenen Gebiete. Darüber hinaus fallen aber jetzt noch die „Ecken" des bisherigen Gleichgewichtsgebietes fort; in unserem Falle der in Fig. 6.10.4 an den Rändern schraffierte und mit I bezeichnete Bereich. Er bleibt in der Darstellung der Fig. 6.10.1 jetzt ebenfalls weiß, denn hier führen jetzt die auf der Kammlinie F_2 entlang laufenden Vektoren zu einem Punkt höheren Gewinns, nämlich A_2. Der Konkurrent 1 kann von jedem Punkt im Gebiet I aus die Erreichung des für ihn günstigeren Punktes A_2 durch Preissenkung erzwingen. Dieses Gebiet fällt also als möglicher Gleichgewichtsbereich aus.

Fig. 6.10.4

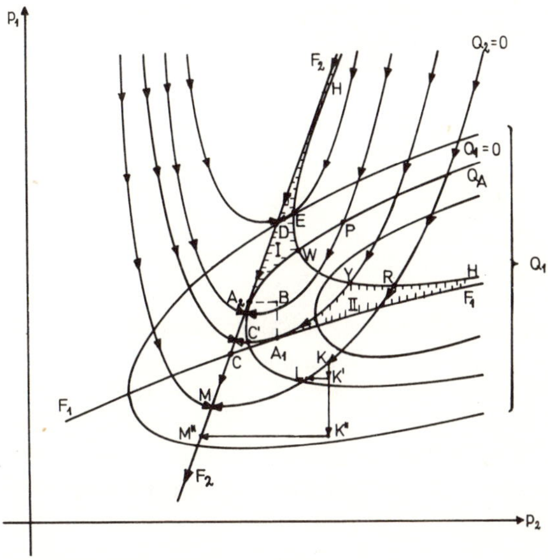

Das Entsprechende gilt umgekehrt für den Konkurrenten 2: jede Lage im Gebiet II ist schlechter für ihn als der für ihn erzwingbare Punkt A_1. Damit bleibt als Gleichgewichtsgebiet bezüglich Preisherabsetzungen beider Konkurrenten nur der Raum CA_2WYA_1 übrig.

Ähnliche Überlegungen müssen wir für Preiserhöhungen anstellen. (Fig. 6.10.5). Die Reaktionslinien von 2 auf Preiserhöhungen von 1 sind als volle Linien gezeichnet, die Reaktionslinien von 1 auf Preiserhöhungen von 2 gestrichelt. Sie verlaufen entsprechend um 90° gedreht. Die Situation unmittelbar links und oberhalb der Kammlinie F_2, die uns in diesem Zusammenhang allein interessiert, ist nun die folgende. Eine Preiserhöhung eines Konkurrenten führt zu einer Verbesserung der Lage des anderen und damit zu keiner Reaktion. Jeder weiß, daß diese Lage auch für den Partner gegeben ist. Somit wird 2 niemals eine Preiskonstellation andauern

Fig. 6.10.5

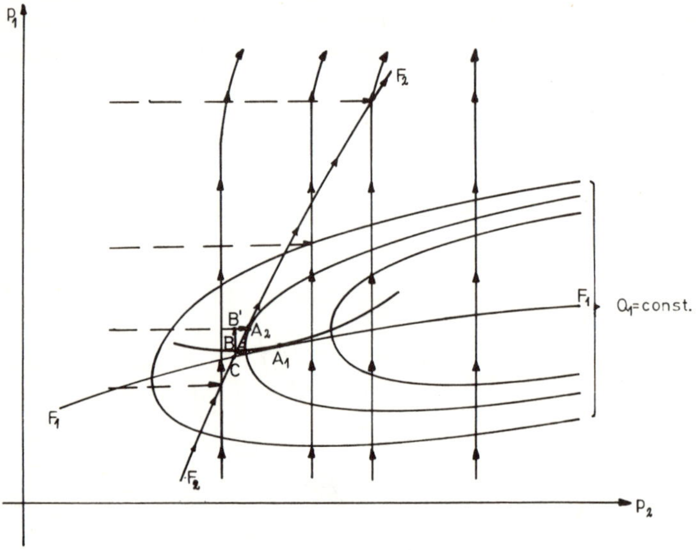

lassen, bei der der realisierte Preispunkt *links* der Kammlinie F_2 liegt, denn er kann durch Preiserhöhungen bis zur Kammlinie F_2 seinen Gewinn erhöhen, und 1 reagiert ja auf diese Preiserhöhung nicht. 1 kann sich (bei der angenommenen vollen Kenntnis der Gesamtlage) dies zunutze machen und seinen Preis so einrichten, daß der realisierte Punkt auf der Kammlinie F für ihn möglichst günstig ist. Der günstigste Punkt für 1 auf der Kammlinie F_2 ist der Tangentenpunkt A_2. Die Gesamtheit der Punkte des bisherigen Gleichgewichtsgebietes, die für 1 *ungünstiger sind* als A_2 und von denen aus A_2 durch Preiserhöhungen erreicht werden kann, fällt also jetzt als Gleichgewichtsgebiet aus. Nehmen wir etwa den Punkt B, der im bisherigen Gleichgewichtsgebiet liegt, als Ausgangspunkt. Durch eine Preiserhöhung von 1 wird der Punkt B' erreicht. B' ist aber kein Gleichgewichtspunkt, da sich 2 durch seinerseitige Preiserhöhung auf A_2 entlang der punktierten Reaktionslinie dort verbessern kann. Auf diese Weise kann 1 aus dem ganzen in Fig. 6.10.5 waagerecht schraffierten bisherigen Teil des Gleichgewichtsgebietes die Erreichung des Punktes A_2 erzwingen. Dieser schraffierte Teil ist also kein Gleichgewichtsgebiet mehr.

Fassen wir die beiden Aktionen der Konkurrenten – die ursprüngliche Preiserhöhung eines von ihnen ohne Reaktion des anderen und die darauf folgende Preiserhöhung des anderen (ohne Reaktion des ersten) – als Einheit auf, so erhalten wir die Umbiegung aller Reaktionskurven längs der Kammlinie F_2 nach oben, wie in Fig. 6.10.5 gezeichnet, und der Wegfall des kleinen, waagerecht schraffierten Gebietes folgt unmittelbar aus dem Prinzip, daß ein Gleichgewicht nur dort herrschen kann, wo die Reaktionslinien zu Gegenden geringeren Gewinns für 1 führen.

Entsprechende Reaktionslinien kann man auch für 2 zeichnen und die analogen Überlegungen ausführen. Das Ergebnis ist, daß das entsprechende kleine, senkrecht schraffierte Gebiet zwischen C und A_1 nunmehr fortfällt.

Insgesamt haben wir also das Ergebnis, daß jetzt auch die „Spitze" des bisherigen Gleichgewichtsgebietes etwas beschnitten wird, und übrig bleibt allein das Gebiet $C'A_2WYA_1$ in Fig. 6.10.4. Jede Bewegung innerhalb dieses Gebietes ohne Verabredung führt zu einer Verschlechterung der Lage für denjenigen, der mit der Bewegung beginnt. Infolgedessen ist hier keine Bewegung möglich; jeder Punkt ist ein stabiler Gleichgewichtspunkt. Außerhalb dieses Bereiches hat zumindest einer der Konkurrenten ein Interesse an einer Preisveränderung, so daß dort kein Gleichgewicht herrschen kann.

Wie die Interessen an Preisveränderungen innerhalb und außerhalb des Gleichgewichtsgebietes gelagert sind, sieht man an Fig. 6.10.6.

Hier bezeichnet die waagerechte Schraffur das Gebiet, in dem eine alleinige Preissenkung von 2 den Gewinn von 2 vergrößert und den von 1 verringert. In dem stark waagerecht schraffierten Gebiet links der Maximallinie H und rechts und oberhalb der Kammlinien F_1 und F_2 wird die daraufhin erfolgende Reaktion von 1, die

Fig. 6.10.6

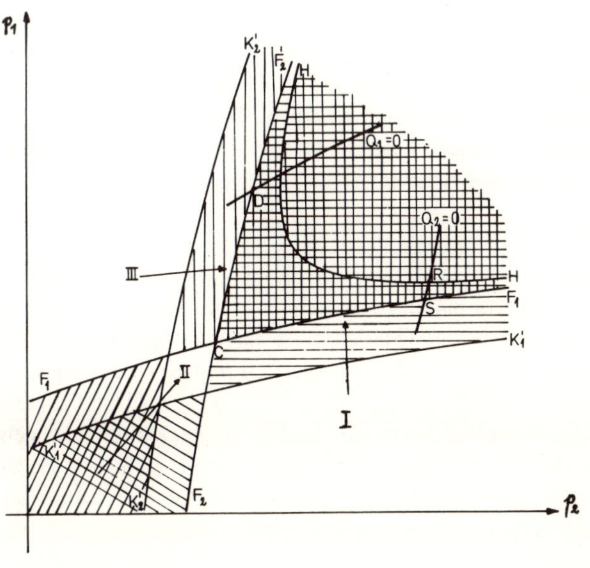

in einer Preissenkung besteht, den Gewinn von 2 unter die jeweilige Ausgangshöhe drücken, so daß 2 hier Preissenkungen unterlassen wird. In den übrigen Bereichen bleibt aber eine Preissenkung für 2 auch nach Reaktion von 1 noch vorteilhaft.

Im ganzen waagerecht schraffierten Gebiet wird umgekehrt eine alleinige *Preissteigerung von 2* ihm selbst schaden und dem Konkurrenten 1 nützen. Alleinige Preissteigerungen von 2 sind hier also nicht zu erwarten.

Senkrecht schraffiert ist das Gebiet, in dem das Entsprechende für 1 gilt.

Die Schraffur von links oben nach rechts unten bezeichnet den Raum, wo eine Preissteigerung von 2 seinen Gewinn vergrößert und den von 1 verkleinert. Die darauf folgende Reaktion von 1, die hier in Preissteigerungen besteht, erhöht aber den Gewinn von 2 nochmals, so daß 2 hier auf alle Fälle Preissteigerungen vornehmen wird.

In dem von rechts oben nach links unten schraffierten Gebiet gilt das Entsprechende für 1.

Unterhalb F_1 sind alleinige Preiserhöhungen für 1 vorteilhaft. Nur links von K'_2 wird dadurch 2 geschädigt, sonst bringt diese Preiserhöhung auch ihm einen Gewinnzuwachs. Die Reaktion von 2 links von K'_2 auf Preiserhöhungen von 1 besteht aber ebenfalls in Preiserhöhungen, durch die sich 1 noch besser steht. Somit wird 1 unterhalb von F_1 stets Preiserhöhungen vornehmen.

Links von F_2 gilt das Entsprechende bezüglich Preiserhöhungen von 2.

In den weiß gelassenen Gebieten der Fig. 6.10.6 herrschen folgende Verhältnisse:
in I vergrößert eine Preissteigerung von 1 den Gewinn beider;
in II erhöht eine Preissteigerung von 1 *oder* 2 den Gewinn beider;
in III vergrößert eine Preissteigerung von 2 den Gewinn beider.

Damit wirken überall um den Gleichgewichtsbereich herum Kräfte, die die Preise auf ihn zu bewegen, wenn sie einmal außerhalb sein sollten (Pfeile in Fig. 6.10.6).

Durch *Herausforderungen* wird also der Gleichgewichtsbereich gegenüber der *Normalaktion* verkleinert ($C'A_2WYA_1$ statt CDERS in Fig. 6.10.4), ein ausgedehnter Gleichgewichtsbereich bleibt aber bestehen. Die Punktmenge, für die ein Gleichgewicht bei Herausforderungen besteht, ist eine Untermenge derjenigen, bei der bei Normalaktion Gleichgewicht herrscht.

c. Markttyp $\gamma\gamma$

Bisher hatten wir den Normalfall behandelt, in dem die Kammlinien von der gegnerischen Preisachse fortweisen (Markttyp $\delta\delta$ nach Stackelberg). In seltenen Ausnahmefällen könnten *die Kammlinien aber auch in anderer Richtung geneigt sein* (Markttyp $\gamma\gamma$ nach Stackelberg, vgl. Fig. 6.10.7). Man stellt auf dieselbe Weise leicht fest, daß bei *Normalaktionen* der analoge ausgedehnte Gleichgewichtsbereich CDERS bestehen bleibt. Bei *Herausforderungen* ändert sich aber die Situation: die Punkte A_1 und A_2 gehören nicht zum Gleichgewichtsgebiet. Dieses ist vielmehr auf den „Zwickel" C'WY zusammengeschrumpft (schraffiert in Fig. 6.10.7). Hier kann nun (im Gegensatz zum Regelfall δδ) die Situation eintreten, daß sich die durch A_1 bzw. A_2 gehenden Kurven konstanten Gewinns Q_{2A} bzw. Q_{1A} nicht schneiden. Dann gibt es kein Gleichgewicht, vielmehr würden ständige Preissprünge von A_1 auf A_2 und umgekehrt erfolgen. Dem ist aber kein Realitätsgehalt zuzubilligen. Hier versagt das Modell. Oligopolfirmen werden solch sinnlose Preiszirkel unterlassen, da sie dadurch nur die Kunden verärgern und nichts davon haben.

Es ist also möglich, daß kein Gleichgewichtsgebiet existiert, doch ist dies sehr unwahrscheinlich, und wenn der Fall eintritt, zeigt er eher die Begrenzung der Theorie an, als daß er einen Hinweis für tatsächliches Verhalten der Dyopolisten gibt.

Fig. 6.10.7

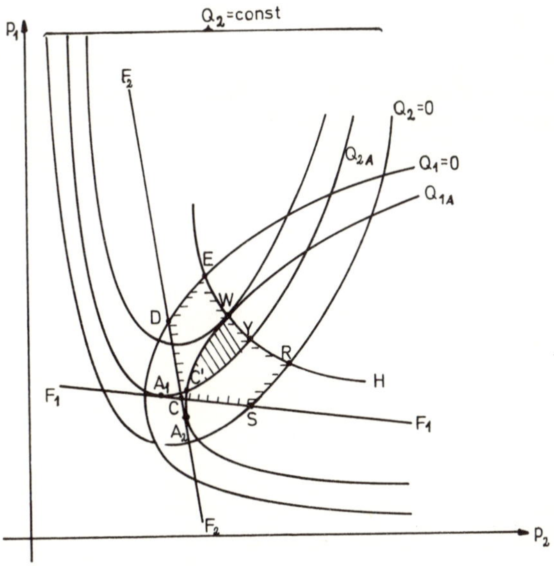

d. Neigung zur Vergeltung

Die bisherige Analyse beruhte auf der Voraussetzung einer *Normalreaktion* des Konkurrenten auf Preisveränderungen einer Firma. Eine solche Verhaltensweise ist zwar plausibel; aber es liegt nichts speziell „Rationales" oder (von der Firma aus gesehen) „Normales" in einer solchen Verhaltensweise an sich. Die Verhaltensweise unterliegt bei heuristischen Theorien dem autonomen Entschluß der Firma ebenso wie die Zielsetzung. Nur brauchen wir *für die Theorie* ein Normalverhalten, von dem aus wir die übrigen Verhaltensmöglichkeiten als Abweichungen auffassen.

Bei *Neigung zur Vergeltung* reagiert der Konkurrent auf schädigende Preisbewegungen schärfer als normal: er will, wenn der andere schon seinen Gewinn vergrößert, bei dieser Gelegenheit ebenfalls seinen Gewinn *erhöhen* und nicht nur seinen alten Gewinn wiederherstellen. Das läuft aber in allen praktisch interessierenden Fällen darauf hinaus, den Gewinn des anderen durch die eigene Reaktion besonders stark zu treffen, ihn also für seine störenden Preismanipulationen zu bestrafen. Die Reaktion fällt also jetzt schärfer aus als früher: die Reaktionslinien sind flacher als die Kurven konstanten Gewinns. Um wieviel, das unterliegt wiederum dem autonomen Entschluß der Firma und ist nicht allgemeingültig zu sagen.

Nehmen wir an, die Firma 2 neige zur Vergeltung, während die Firma 1 normal reagiere. In Fig. 6.10.8 sind die Kurven gleichen Gewinns für Firma 1 und 2 eingezeichnet (ausgezogene Linien), ebenso die Kammlinien F_1 und F_2 und die Maximallinie H. Für 1 folgen die Reaktionslinien bei Preisherabsetzungen von 2 im wesentlichen den Kurven gleichen Gewinns (vgl. Fig. 6.10.1 und 2); für 2 sind sie jetzt aber flacher (gestrichelte Kurven R'_{21} und R'_{22} in Fig. 6.10.8. Die Richtungspfeile sind der Übersichtlichkeit halber fortgelassen.) Überlegungen analog denen bei Normalreaktion zeigen, daß das Gleichgewichtsgebiet für 1 jetzt auf $C'A_1W'Y'A_2$ vergrößert ist, während das für 2 wegen der unverändert normalen Reaktion von 1 auf $C'A_1WYA_2$ verbleibt. Insgesamt ist also das Gleichgewichtsgebiet überhaupt nicht verändert, nur hat jetzt im Gebiet WW'Y'Y die Firma 2 ***allein*** ein Interesse an Preissenkungen.

Neigt auch die Firma 1 zur Vergeltung (gepunktete Reaktionskurven R'_{11} und R'_{12} in Fig. 6.10.8), so entsteht die neue obere Grenze des Gleichgewichtsgebietes H'. Das Gleichgewichtsgebiet ist auf $C'A_1W'Y'A_2$ vergrößert. *Beiderseitige Nei-*

Fig. 6.10.8

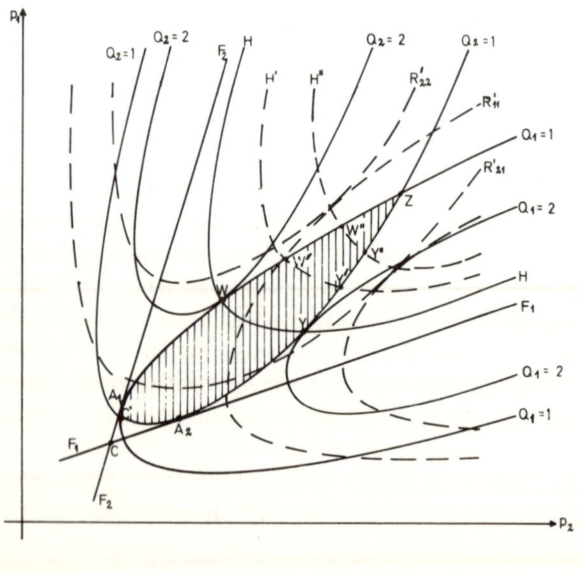

gung zur Vergeltung läßt daher Preisbereiche zu Gleichgewichtsbereichen werden, in denen an sich beide durch Preissenkungen nur gewinnen würden (Gebiet WW'Y'Y). Ohne Verabredung ist aber ein Herauskommen aus diesem Bereich nicht möglich, wenn man sich einmal darin befindet.

Reagiert jeder auf eine ihn schädigende Preisbewegung des anderen so stark wie möglich, d. h. durch Festlegung des Preises auf seiner Kammlinie, so verlaufen die Reaktionslinien überhaupt waagerecht bzw. senkrecht. Die Maximallinie H ist ins Unendliche gerückt, und das *ganze* Gebiet oberhalb von F und rechts von G wird zum möglichen Gleichgewichtsgebiet. Da die Punkte A_1 für 1 und A_2 für 2 erzwingbar sind, fallen alle Gebiete kleineren Gewinns als in A_1 für 1 und als in A_2 für 2 aus, so daß $C'A_1ZA_2$ als Gleichgewichtsgebiet verbleibt (in Fig. 6.10.8 schraffiert). Die Folge eines solchen Verhaltens ist also bei richtiger Einsicht aller Beteiligten nicht etwa die Eindeutigkeit des Gleichgewichts im Schnittpunkt C von F_1 und F_2, also die Launhardt-Hotelling-Lösung, sondern die Ausdehnung des Gleichgewichtsbereiches soweit wie möglich.

Ott[1] sieht als Normalverhalten von Oligopolisten diese „stärkste Neigung zur Vergeltung" an, d. h. im Dyopolfall: jeder Dyopolist reagiert auf eine Preisänderung des anderen so, daß er seinen Gewinn maximiert. Damit ist für ihn die „Linse" $C'A_1WZYA_2$ das Lösungsgebiet. Dann gibt es beim Dyopol (und allgemein: bei Oligopolen) Gleichgewichts-Preiskonstellationen, die oberhalb der Maximallinie liegen, bei denen also Preissenkungen sowohl im Interesse der Produzenten wie der Konsumenten liegen; nur kommen solche Preissenkungen ohne Verabredungen nicht zustande.

Im Rahmen der heuristischen Theorien kann man sich nicht über Verhaltensannahmen streiten, sobald sie insoweit plausibel sind, daß sie für vernünftige Menschen zutreffen können. Das trifft für die Ottsche Annahme zu. Sie ist im Rahmen der hier vorgetragenen Theorie ein Spezialfall; ob sie in der Realität die Regel oder die Ausnahme ist, muß man empirisch feststellen.

e. Neigung zur Nachgiebigkeit

Jetzt sind die Reaktionen eines Konkurrenten auf schädigende Preisveränderungen schwächer als normal: er findet sich mit einem gewissen Verlust als Folge der Preismanipulationen des Konkurrenten ab.

Die Reaktionskurven des nachgiebigen Konkurrenten verlaufen steiler als seine Kurven konstanten Gewinns. Die neue Berührungslinie der Reaktionskurven, die die geltende Maximallinie und damit die hintere Begrenzung des Gleichgewichtsgebietes bildet, verläuft näher am Punkt C als die Normal-Maximallinie H in Fig. 6.10.8. Der Gleichgewichtsbereich wird jetzt also von hinten beschnitten, und zwar schon, wenn nur *einer* der Konkurrenten zur Nachgiebigkeit neigt. Denn dann hat der *andere* oberhalb der neuen Maximallinie einen Anreiz zu Preissenkungen; für ihn ist dort

1 *Ott*, Grundzüge der Preistheorie, Göttingen 1968, S. 251.

kein Gleichgewichtsgebiet. Neigen beide zur Nachgiebigkeit, so ist die Maximallinie H *noch* näher am Punkt C: der Gleichgewichtsbereich ist wesentlich kleiner geworden und liegt jetzt in unmittelbarer Nähe des unteren Extrempunktes C. *Nachgiebigkeit auch nur auf einer Seite läßt die Gegenpartei in Bereichen, in denen an sich beide an Preiserhöhungen interessiert sein sollten, zu Preissenkungen schreiten.*

Nicht-normale Reaktionen können also mit dem gleichen theoretischen Apparat wie normale behandelt werden. Das Ergebnis ist prinzipiell das gleiche: wir erhalten ein ausgedehntes Gleichgewichtsgebiet. Dies ist bei beiderseitiger Neigung zur Vergeltung nach höheren Preisen hin erweitert, bei auch nur einseitiger Nachgiebigkeit nach niedrigen Preisen hin verkleinert.

f. Absprachen[1]

Im gesamten Gleichgewichtsgebiet kann keine Firma den Preis nach irgendeiner Richtung hin verändern, ohne sich schlechter zu stellen als vorher. Daraus, daß bei Normalreaktion und Hang zur Nachgiebigkeit das gesamte Gleichgewichtsgebiet, bei beiderseitigem Hang zur Vergeltung ein Teil dieses Gebietes unterhalb der Maximallinie H liegt, folgt, daß in diesem Fall beide Konkurrenten an sich ein Interesse an Preiserhöhungen haben. Sie können aber nur *gemeinsam nach Verabredung* den Preis erhöhen, ohne sich selbst zu schädigen.

Das Entsprechende gilt bezüglich Preissenkungen im Fall, daß beide zur Vergeltung neigen. Dann liegt ein Teil des Gleichgewichtsgebietes oberhalb der Maximallinie H. *Beide* haben also an sich ein Interesse an Preissenkungen. Nur sind sie ohne Verabredungen nicht zu bewerkstelligen, weil derjenige, der damit vorangeht, sich selbst schädigen würde. Es ist daher klar, daß bei der Marktform des Dyopols ein großer Anreiz zu Verabredungen besteht, weil dadurch immer dann beide gewinnen können, wenn der realisierte Punkt nicht bereits auf der Maximallinie H liegt, also bereits paretooptimal ist.

Wir wollen nun die folgenden Arten von Absprachen unterscheiden:

1. laufende Absprachen ohne Kompensationen;
2. gelegentliche Absprachen ohne Kompensationen; sie erfolgen immer dann, wenn der Vorteil groß genug ist;
3. Preisführerschaft;
4. laufende Absprachen mit Kompensationen.

Unter Kompensationen wollen wir dabei Zahlungen verstehen, die eine Firma an die andere leistet, um sie für ein Verhalten zu entschädigen, das für sie allein nachteilig, für beide zusammengenommen aber von Vorteil ist.

---

1 Hiermit beschäftigt sich sehr eingehend *Fellner,* Competition among the Few, New York 1949. Seiner Dyopollösung liegen implizite oder explizite Absprachen zugrunde. Vgl. hierzu auch *Fellner,* Collusion and its Limits under Oligopoly, Am. Ec. Rev., XL (1950), Papers and Proceedings, S. 54–62 und *Jöhr,* Die verschiedenen Varianten des Kollektivmonopols, Schw. Zeitschr. f. Volksw. und Stat., 87 (1951), S. 1–19. Vielen spieltheoretischen Lösungen liegt die gleiche Annahme von Verabredungen der Oligopolisten zugrunde (s. u.).

1. Laufende Absprachen ohne Kompensationen

Wie gesagt, können beide Firmen durch eine gemeinsame Preisveränderung ihre Lage immer dann verbessern, wenn sie sich noch nicht auf der Maximallinie H befinden, also noch keine pareto-optimale Lage erreicht haben. Als Lösungsgebiet verbleiben dann alle Preiskonstellationen auf der Maximallinie H entweder (bei Normalaktionen und -reaktionen) zwischen E und R in Fig. 6.10.4 oder (bei Herausforderungen und Normalreaktion) zwischen W und Y. Auch hier ist also die Lösung noch kein eindeutiger Punkt, sondern eine ausgedehnte Linie. Diese Linie kann sich übrigens auch wieder zu einem Bereich verbreitern, wenn die Kurven konstanten Gewinns beider Konkurrenten eine gewisse Strecke parallel laufen (s. Fig. 6.10.9; schraffierter Bereich H). Doch das ist wohl ein relativ unwahrscheinlicher Sonderfall.

2. Gelegentliche Absprachen ohne Kompensationen immer dann, wenn der Vorteil groß genug ist

Ständige Verabredungen sind keinesfalls die Regel in allen Wirtschaftszweigen. Die Wertschätzung der Selbständigkeit (die Freude am Spiel an sich, sozusagen) oder persönliche, gesellschaftliche oder rechtliche Hindernisse stehen oft einer so weitgehenden Verständigung entgegen. Natürlich realisieren die Konkurrenten aber immer wieder, daß gelegentliche Verständigungen in gewissen Situationen, nämlich wenn sie „zu weit unten“, d. h. zu nahe dem Punkt C im Lösungsfall liegen, zum Vorteil aller sind. Das führt dann zu fallweisen Durchbrechungen der alten oligopolistischen Marktform in Richtung auf das Kollektivmonopol (sozusagen zu „monopolistischen Kurzschlüssen“ bei zu großen Gewinnchancen für alle bei gemeinsamem Vorgehen). Damit fällt ein gewisser Bereich in der Umgebung der unteren Extremlage C bzw. C' (vgl. Fig. 6.10.4) als Gleichgewichtsgebiet aus, und wir werden häufiger Punkte in der Nähe der Maximallinie H oder auf ihr beobachten.

3. Preisführerschaft

Ein ähnlicher Effekt kann durch stillschweigende oder ausdrückliche Anerkennung der Preisführerschaft einer der Firmen, durch Kalkulationsvereinbarungen, sogenannte „Anstandsregeln eines standesbewußten Kaufmanns“ oder „kollegiales“ Verhalten u. a. erreicht werden. Hier folgen alle Firmen den Preisherauf- oder Herabsetzungen durch die führende Firma, und dies ist allen Beteiligten bekannt. An Stelle der Reaktionslinien der Fig. 6.10.1 und 2 bzw. 6.10.4 und 5 haben wir eine Schar paralleler Geraden, etwa mit 45° Neigung, wenn die Preisveränderungen der abhängigen Firma ebenso groß sind wie die der führenden. Damit hat es die führende Firma in der Hand, durch eigene Preisveränderungen den realisierten Punkt bei allen Kosten- und Nachfrageveränderungen stets auf der Maximallinie H zu halten, wodurch eine pareto-optimale Lage erreicht wird. Sie braucht aber nicht für die führende Firma optimal zu sein. Sei etwa R in Fig. 6.10.9 die Reaktionslinie von 2 bei Preisführerschaft von 1. Offensichtlich ist P der optimale Preispunkt für die Firma 1, und der liegt nicht auf der Maximallinie (oder in Fig. 6.10.9:

im Maximalbereich) H. Nutzt ein Preisführer diese Situation aber zu stark zu seinem Vorteil aus, ohne die Interessen der anderen zu berücksichtigen, d. h. bleibt er nicht in der Nähe der Maximallinie, oder hat er keinen genügenden Marktüber-

Fig. 6.10.9

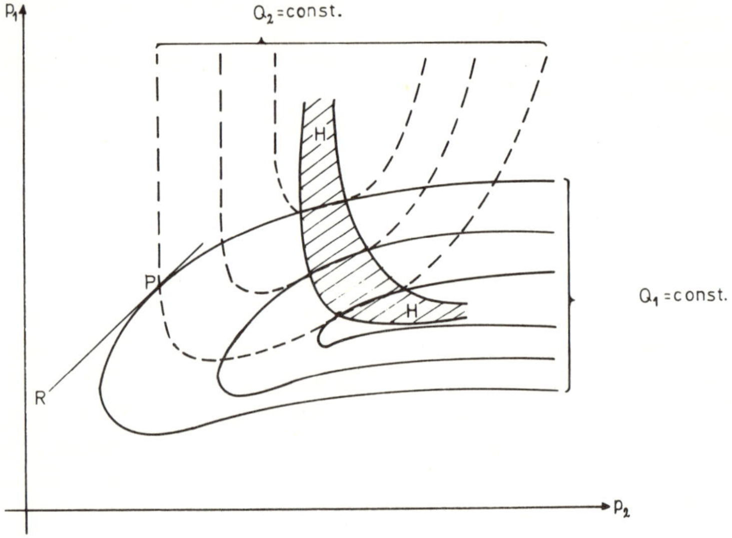

blick, so daß er die Lage der Maximallinie schlechter erkennt als die anderen, so wird er sich als Preisführer nicht lange halten können. Die anderen werden ihm die Gefolgschaft versagen, und ein anderer wird möglicherweise diese Rolle übernehmen.

Offensichtlich ist Preisführerschaft ein relativ bequemer Ausweg aus der Zwangsläufigkeit der Oligopolsituation. Er ist, wenn der Preisführer sein Geschäft versteht, für alle Produzenten von Vorteil, für einige allerdings mehr als für andere, und für den Preisführer in der Regel am meisten. Das erklärt die weite Verbreitung dieses Phänomens.

4. Laufende Absprachen mit Kompensationen

Durch Absprachen *ohne* Kompensationen oder Preisführerschaft können beide Firmen, wie gesagt, einen Punkt auf der Maximallinie H erreichen. Das kann der Monopolpunkt M in Fig. 6.10.10 sein, der den Gesamtgewinn beider Firmen zusammengenommen maximiert, braucht es aber nicht. *Bewegungen auf der Maximallinie* sind wegen der Pareto-Optimalität der Punkte dieser Linie dadurch charakterisiert, daß immer eine Firma gewinnen, die andere aber verlieren muß. Bewegt man sich auf den Monopolpunkt M zu, so ist der Gewinnzuwachs der begünstigten Firma größer als die Gewinneinbuße der benachteiligten. Erstere kann daher letztere aus ihrem Gewinn für den Verlust kompensieren und behält trotzdem noch einen Gewinnzuwachs übrig. Sind also Kompensationszahlungen zwischen den Firmen zugelassen, so ist der realisierte Punkt selbstverständlich geworden: es ist der Monopolpunkt M. Wir sind damit beim Kollektivmonopol angelangt, das ebenso wie das Monopol einer Einzelfirma einen eindeutigen Lösungspunkt besitzt. Das einzige Problem, das nun bleibt, ist die „Verteilung der gemeinsamen Beute", *d. h. die Bestimmung der Kompensationen.* Die Theorie des bilateralen Monopols (Verhandlungstheorie) kann hierzu herangezogen werden. Mit dem bisher entwickelten Apparat sind die Kompensationen nicht eindeutig zu bestimmen. Nur ihre Grenzen sind festzulegen. Hier müssen wir wieder zwei Fälle unterscheiden:

a) den Fall ohne wirksame Drohungen, den Konkurrenten zu schädigen;
b) den Fall mit wirksamen Drohungen.

Im ersten Fall ist nur die Differenz der Gewinne zwischen dem bisher realisierten Punkt (etwa B in Fig. 6.10.10) und dem Monopolpunkt M für die Kompensationen maßgebend, im zweiten die Differenz zwischen dem Gewinn im schlechtestmöglichen Punkt[1] A_1 bzw. A_2 und dem Gewinn im Monopolpunkt M. Bei wirtschaftsfriedlichem Verhalten kann jeder die Erreichung des Gleichgewichtsgebietes erzwingen. Keiner braucht also eine schlechtere Ausgangsposition als die für

Fig. 6.10.10

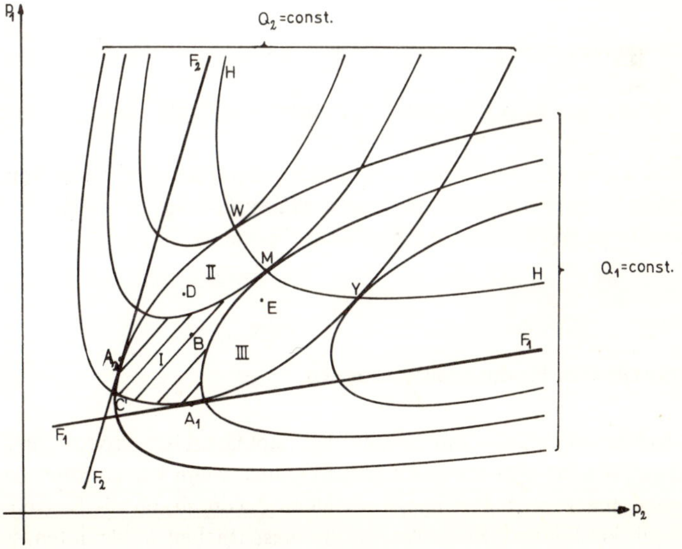

1 Jedenfalls ist dies der schlechtestmögliche Punkt bei grundsätzlich wirtschaftsfriedlichem Verhalten; Kampfsituationen betrachten wir später.

ihn *im Gleichgewichtsgebiet* ungünstigste zu akzeptieren. Innerhalb des Gleichgewichtsgebietes sind drei Bereiche zu unterscheiden (vgl. Fig. 6.10.10).

Im *Bereich* I gewinnen *beide* durch Übergang zum Monopolpunkt M. Es brauchen also überhaupt keine Kompensationen gezahlt zu werden; es genügt eine Verabredung. Damit die Verabredung zustande kommt, kann aber einer vom anderen eine Kompensation verlangen, die dem Konkurrenten nur noch einen minimalen Vorteil gegenüber der Ausgangsposition läßt. Diese Ausgangsposition ist *im Fall a* (ohne Drohungen) die bisher erreichte Lage (Punkt B), *im Fall b* (mit Drohungen, aber bei sonst wirtschaftsfriedlichem Verhalten) der Punkt A_2 für 1 bzw. der Punkt A_1 für 2.

Im Bereich II hat die Firma 1 allein einen Vorteil vom Übergang zum Monopolpunkt M, im Bereich III allein die Firma 2.

Liegt der Ausgangspunkt dort (D bzw. E in Fig. 6.10.10), so hat *im Falle a* (ohne Drohungen) die begünstigte Firma die benachteiligte zu kompensieren; *im Fall b* (mit Drohungen) ist das nicht mehr eindeutig. Hier bleiben die oben (für Bereich I) festgestellten Grenzen bestehen.

Bezeichnen wir mit K_1 die Kompensationen, die 1 an 2 zu zahlen hat, $-K_1$ die umgekehrten Kompensationszahlungen von 2 an 1, ist $Q_1(M)$ der Gewinn der Firma 1 am Monopolpunkt, $Q_1(A_2)$ ihr Gewinn am Ausgangspunkt bzw. (bei Drohungen) am schlechtestmöglichen Punkt (und entsprechend für 2), so liegen die Kompensationen innerhalb der Grenzen

$$(6.10.11) \qquad Q_1(M) - Q_1(A_2) > K_1 > Q_2(A_1) - Q_2(M).$$

Ohne Drohungen ist $A_1 = A_2$ der Ausgangspunkt (z. B. Punkte B, D, E in Fig. 6.10.10).

Mit Drohungen ist A_2 der schlechtestmögliche Punkt, in den 1 durch 2 versetzt werden kann, und A_1 entsprechend für 2.

Welche Kompensationen nun tatsächlich gezahlt werden, hängt von der *Stärke der Verhandlungsposition und der Verhandlungsführung* der beiden Konkurrenten ab. Dies ist ein Problem der Aushandlungstheorie.

g. Walras-Leontief-Produktionsfunktionen

Bisher hatten wir uns nur mit Firmen mit neoklassischen Produktionsfunktionen beschäftigt. Ändert sich etwas an dem Ergebnis, wenn wir Leontiefsche Produktionsfunktionen annehmen? Das hängt vor allem davon ab, ob die Kurven gleichen Gewinns auch bei linearen Kostenkurven im wesentlichen so verlaufen, wie wir es bisher unserer Analyse zugrunde gelegt haben. Das ist tatsächlich der Fall. Fig. 6.10.12 zeigt im 2. Quadranten die angenommen lineare Kostenfunktion K_1, eine Schar linearer Nachfragefunktionen und die daraus abgeleiteten Kurven konstanten Gewinns.[1] Diese sind dann in das (p_1, p_2)-Koordinatensystem des I. Quadranten übertragen und ergeben dort ein ziemlich ähnliches Bild wie früher.

Fig. 6.10.12

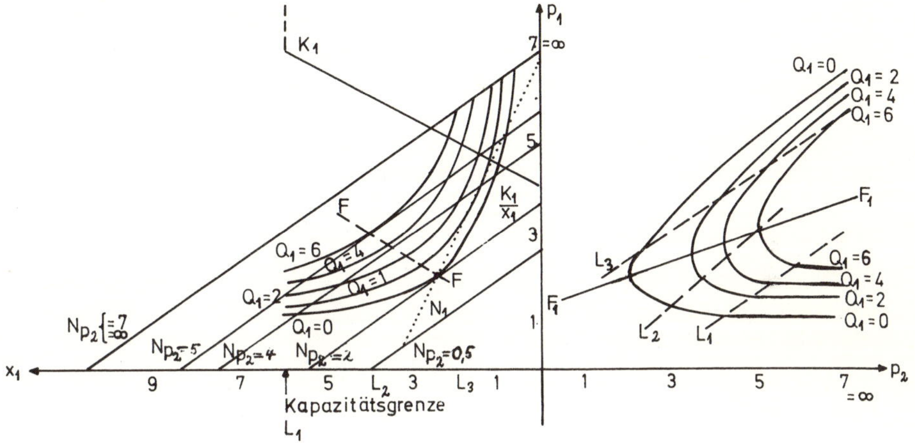

Nur folgende Unterschiede sind zu bemerken:

1. Es besteht eine definitive Kapazitätsgrenze; etwa $x_1 \leqslant 6$ in Fig. 6.10.12. Im I. Quadranten der Figur verbindet die Kapazitätslinie L_1 die Preiskonstellationen der Firmen 1 und 2, bei denen die Firma 1 mit voller Kapazitätsausnutzung produziert. Rechts dieser Linie verlaufen die Kurven konstanten Gewinns für 1 waagerecht; denn weitere Preiserhöhungen des Konkurrenten würden zu einer Nachfragevermehrung führen, die nicht mehr befriedigt werden kann. Der Gewinn kann sich dadurch also nicht mehr verändern.

Andere Kapazitätslinien (L_2 für $x_1 \leqslant 4$, L_3 für $x_1 \leqslant 2$) sind ebenfalls eingezeichnet. Um die Graphik nicht unübersichtlich zu machen, wurde die Umbiegung der Kurven konstanten Gewinns in die Waagerechte (wie bei L_1) aber unterlassen. Man sieht, daß die Kapazitätslinien die Kurven konstanten Gewinns immer von links schneiden, so daß bei Umbiegung der Kurven konstanten Gewinns in die Waagerechte die Kurven niedrigen Gewinns immer unten zu liegen kommen.[2]

2. Die Kurven konstanten Gewinns sind jetzt immer nur in einer Richtung gekrümmt; in Fig. 6.10.12 für die Firma 1 sind sie konvex. Sie biegen niemals wieder nach

1 Die Bezeichnungen der Fig. 6.10.12 entsprechen denen der Fig. 6.1.27. Wegen einer Erklärung siehe dort.

2 Das ist übrigens bei klassischen Produktionsfunktionen ebenfalls so, nur brauchen wir uns dort nicht damit zu beschäftigen, da es bei klassischen Produktionsfunktionen keine abrupte Kapazitätsgrenze gibt.

der anderen Richtung um wie in Fig. 6.1.27. Das heißt: bei Leontiefschen Produktionsfunktionen kann eine Preissteigerung des Konkurrenten die Gewinnlage der Firma niemals verschlechtern. Bei klassischen Produktionsfunktionen ist das möglich, wenn die Firma die ihr dann zuströmende Nachfrage mit steigenden Kosten befriedigen will.

3. Aus dem gleichen Grund fällt jetzt die Grenzkostenkurve (z. B. K'_1 in Fig. 6.1.27 oder 6.1.10) immer mit der Kapazitätslinie (z. B. L_1 in Fig. 6.10.12) zusammen. Wir brauchen sie also niemals gesondert zu erwähnen.

Der Verlauf der Kurven konstanten Gewinns (und ebenso natürlich: konstanten Absatzes) ist gegenüber früher solange nicht wesentlich verändert, *solange nicht die Kapazitätsgrenze ins Spiel kommt. Die gesamte frühere Analyse bleibt dann unverändert auch für Leontiefsche Produktionsfunktionen gültig.* Nur wenn die Kapazitätsgrenzen Teile des früheren Gleichgewichtsgebietes abschneiden oder dies überhaupt kapazitätsmäßig unerreichbar wird, ändert sich die Situation. Was geschieht dann?

Fig. 6.10.13

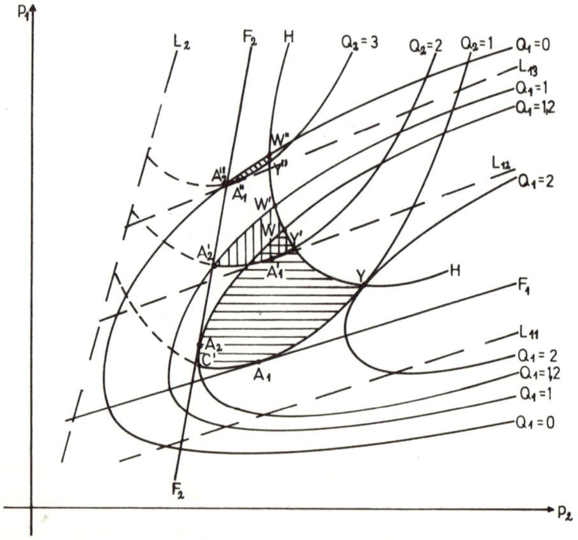

In Fig. 6.10.13 sind die Kurven gleichen Gewinns für die Dyopolisten 1 und 2 eingezeichnet sowie die dazugehörigen Kammlinien F_1 und F_2 und verschiedene Kapazitätsgrenzen L_{11}, L_{12}, L_{13} für die Firma 1. Die Kapazitätslinie L_2 der Firma 2 liege links der Kammlinie F_2, so daß nur die Kapazitätsbegrenzungen der Firma 1 wirksam werden. Bei einer Kapazitätsgrenze von L_{11} bleibt das frühere Gleichgewichtsgebiet, z. B. $C'A_2WYA_1$ bestehen. Ist die Kapazität der Firma 1 geringer, so daß ein Teil dieses Gleichgewichtsbereiches abgeschnitten wird (Kapazitätslinie L_{12})[1]; so ist jetzt $A'_1A'_2W'Y'$ das Gleichgewichtsgebiet. Es wird durch diejenige Kurve konstanten Gewinns für 2 begrenzt, die die Kapazitätslinie L_{12} tangiert; ferner durch die Kurve konstanten Gewinns von 1, die durch den Schnittpunkt der begrenzenden Gewinnkurve von 2 und der Kammlinie F_2 geht oder die die Kammlinie F_2 berührt, je nachdem, welcher Punkt höher liegt; und schließlich „nach hinten" durch die Maximallinie H. Innerhalb dieses Gebietes kann keiner der beiden ein Interesse an Preisveränderungen haben, da er sich nach der Reaktion des Konkurrenten schlechter stellt als vorher.

Bei noch stärkerer Kapazitätseinengung der Firma 1 (etwa durch fehlende Rohstoffe), so daß die Kapazitätslinie L_{13} jetzt das ganze frühere Gleichgewichtsgebiet abschneidet, entsteht auf die gleiche Weise das neue Gleichgewichtsgebiet A''_1 $A''_2W''Y''$.

Daß in den angegebenen Gebieten tatsächlich Gleichgewicht herrscht, erkennt man, wenn man die Reaktionslinien des Konkurrenten auf Preisherauf- und Herabsetzungen zeichnet und die Gebiete abteilt, in denen diese Reaktionslinien zu niedrigeren Gewinnen zeigen; denn dort wird jeder die betreffende Preisbewegung unterlassen. Wo sich alle diese Gebiete überschneiden, herrscht Gleichgewicht.

Fig. 6.10.14 zeigt die Lage für den Fall, daß die Kapazitätslinien *beider* Konkurrenten wirksam sind. Bei der Kapazitätsbegrenzung L_{21} der Firma 2 und L_1 der Firma 1 entsteht nach den gleichen Prinzipien das neue Gleichgewichtsgebiet $A'_1A'_2W'Y'$. Bei noch weiterer Kapazitätseinengung der Firma 2 (Kapazitätslinie L_{23}), so daß der Schnittpunkt P_3 der beiden Kapazitätslinien rechts oberhalb

Fig. 6.10.14

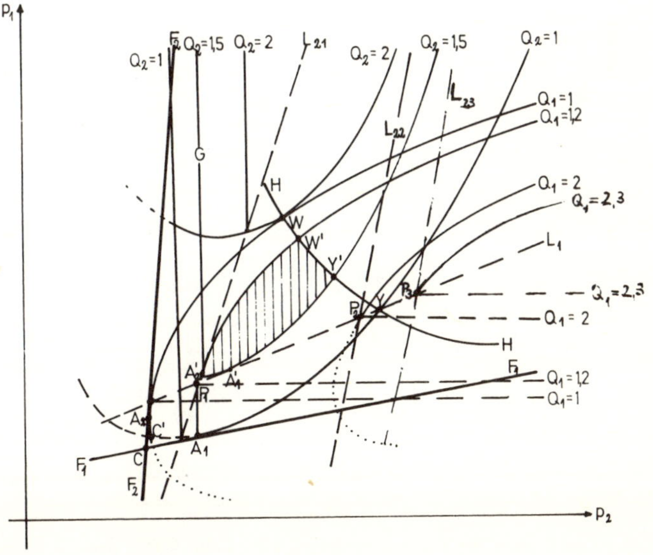

1 Hier sowie bei der Kapazitätslinie L_{13} wurde in Fig. 6.10.15 die waagerechte Abbiegung der Kurven gleichen Gewinns nicht dargestellt, um die Zeichnung übersichtlich zu halten.

der Maximallinie H zu liegen kommt, ist dieser Schnittpunkt P_3 der einzige Gleichgewichtspunkt überhaupt.

Wir haben also das *Ergebnis:*

Bei nicht zu großer Kapazitätseinengung beider Firmen existiert auch bei Leontiefschen Produktionsfunktionen ein ausgedehnter Gleichgewichtsbereich. Nur bei großen Kapazitätsbeschränkungen beider Firmen gibt es einen eindeutigen Gleichgewichtspunkt, nämlich die Mindestpreiskonstellation, bei der *beide* ihre Kapazität voll ausnutzen. Hierbei heißen die Kapazitätsbeschränkungen „groß“, wenn der Schnittpunkt P der beiden Kapazitätslinien rechts und oberhalb oder auf der Maximallinie H liegt.

h. Unstetigkeiten in den Produktionsfunktionen

Auch hier existieren Gleichgewichtsgebiete und -punkte bei wirtschaftsfriedlichen Verhaltensweisen. Sie haben aber nunmehr unter Umständen eine recht komplizierte Gestalt, zerfallen in nichtzusammenhängende Teilgebiete und besitzen singuläre Punkte. Das liegt daran, daß die Kurven konstanten Gewinns nunmehr bei den Produktionsmengen, bei denen die Sprungkosten eintreten, sozusagen auseinandergeschnitten und verschoben sind (s. Fig. 6.10.15 für den Konkurrenten 1; hier sind nur an zwei Stellen Sprungkosten angenommen).

Fig. 6.10.15

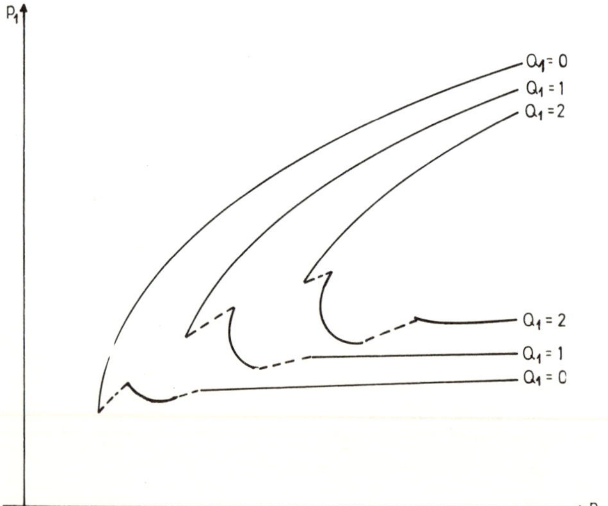

Bei der graphischen Ableitung müßten sehr viele Fälle unterschieden werden. Da prinzipiell neue Gesichtspunkte, soweit ich feststellen konnte, nicht auftauchen, wird auf die Analyse im einzelnen verzichtet.

i. Übergang zum Polypol

Was geschieht, wenn die beiden Dyopolfirmen 1 und 2 nicht mehr allein auf dem Markt sind, sondern die Zahl der Konkurrenten und mit ihnen die Gesamtnachfrage so zunimmt, daß die Firmen 1 und 2 sich nun in der Marktform des Polypols befinden? Fig. 6.10.16 stellt ihre Lage jetzt dar. Ihre Kostenfunktionen und damit auch ihre Kurven konstanten Gewinns im Preis- und Mengenraum (2. und 4. Quadrant der Fig. 6.10.16) sind gegenüber früher unverändert geblieben (vgl. Fig. 6.1.27). Der Marktpreis (im Sinne des Durchschnittspreises aller übrigen Anbieter) sei $\bar{p} = 1{,}5$. Alle Quasi-Nachfragekurven für die Firma 1 : $N_{p_2 = \infty}$ bis $N_{p_2 = 0{,}5}$ der Fig. 6.1.27 sind zur rechtwinkligen Nachfragekurve N_1 zusammengefaßt, und entsprechend N_2 für Firma 2; denn bei jeder Preiserhöhung über den Marktpreis verlieren die Firmen ihre gesamte Nachfrage, während sie bei einer infinitesimalen Preissenkung unter den Marktpreis soviel verkaufen können wie sie wollen. Für den Marktpreis $\bar{p} = 1{,}5$ sind die optimalen Angebotsmengen durch die Grenzkostenkurven bestimmt, für 1 also $x_1^* = 2{,}6$, für 2: $x_2^* = 3{,}5$. Die Kurven konstanten Gewinns im Preisraum (1. Quadrant) sind zu Geraden entartet. Die Gerade maximalen Gewinns verläuft genau beim Marktpreis; für alle höheren Preise gibt es, da der Absatz Null ist, jetzt ein ganzes Feld, wo der Verlust die Höhe der fixen Kosten $\bar{c}_1$

Fig. 6.10.16

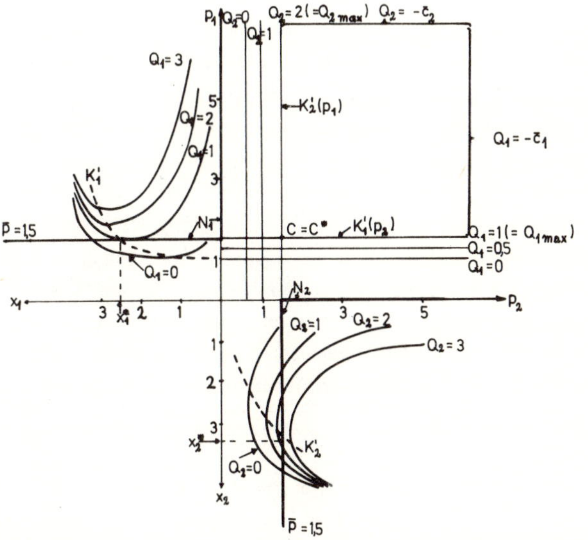

bzw. $\bar{c}_2$ erreicht ($Q_1 = -\bar{c}_1$; $Q_2 = -\bar{c}_2$ in Fig. 6.10.16). Die Grenzkostenkurven $K_1'(p_2)$ und $K_2'(p_1)$ im Preisraum fallen für den Marktpreis p mit den Geraden maximalen Gewinns $Q_{1\,max}$ und $Q_{2\,max}$ zusammen. Offensichtlich ist der Cournot-

Punkt C jetzt identisch mit dem Polypolpunkt C*, nämlich dem Schnittpunkt der Grenzkostenkurven im Preisraum, und damit der einzige Lösungspunkt.

k. Charakterisierung der Ergebnisse. Zusammenfassung.

So verschieden die Voraussetzungen im einzelnen auch sein mögen, solange Verhaltensannahmen gemacht werden, daß die Reaktionen einer Firma bei Schädigung durch einen Konkurrenten wesentlich anders sind als bei Begünstigung, zeigt die Lösung einen entscheidenden charakteristischen Zug: an Stelle eines einzigen Gleichgewichtspunktes wie beim Monopol und Polypol gibt es einen *ausgedehnten Gleichgewichtsbereich* für Preise und Produktionsmengen, wobei jeder Punkt dieses Bereiches ein stabiler Gleichgewichtspunkt ist. Das hat recht erhebliche Konsequenzen, weit über das Gebiet der Preis- und Produktionstheorie hinaus. Es ist angebracht, über die Bedeutung des Ergebnisses etwas nachzudenken.

Innerhalb des Lösungsbereiches ist *jeder* Punkt eine Lösung. Ist irgendeiner einmal realisiert, so ist eine Bewegung theoretisch nicht mehr möglich; alle übrigen Punkte sind von der Realisation ausgeschlossen. Dieses Ergebnis kommt zustande durch die Inkongruenz der Reaktionen bei Preiserhöhungen und Preissenkungen im Lösungsraum: bei einer Preisheraufsetzung im Lösungsraum weiß bei unseren Annahmen jeder, daß der andere nicht folgt; bei Preisherabsetzungen ist ebenso klar, daß der andere folgt. Preissenkungen im Lösungsraum bringen demjenigen, der sie vornimmt, stets Vorteil, falls der andere nicht folgt; der andere wird aber dadurch notwendig schlechter gestellt. Er kann seine Situation ebenfalls durch Preissenkungen verbessern. Wenn der erste weiß, daß er auch nach Preissenkung des anderen noch besser dasteht als vorher, wird er die Preissenkung vornehmen. Infolgedessen ist hier kein Gleichgewicht zu erwarten. Das ist rechts und oberhalb der Maximallinie H der Fall. Weiß er aber, daß der andere folgen wird und er selbst dann schlechter dastehen wird als vorher, wird er die Preissenkung unterlassen. Das tritt links und unterhalb von H im Gleichgewichtsgebiet ein.

Bei Preissteigerungen liegt der Fall im Lösungsgebiet folgendermaßen. Hier schädigt sich derjenige, der mit dem Preis *zuerst* heraufgeht, selbst und versetzt den anderen automatisch in eine Lage, die auf jeden Fall besser ist, als wenn er folgen würde. Somit kann der erste *niemals* erwarten, daß der andere folgt, wenn sie sich im Lösungsraum befinden.[1] Preisheraufsetzungen, auch wenn sich *beide* dadurch

1 Man könnte einwenden: da der zweite das weiß und auch die Konsequenzen kennt, daß nämlich dadurch ein für beide schlechterer Punkt auf die Dauer realisiert bleibt, wird er eben doch folgen und dadurch lieber einen kleineren Vorteil wahrnehmen als auf den großen Vorteil (bei Nichtfolgen) zu bestehen, der doch nie eintreten wird. Diese Argumentation läuft aber entweder auf die Akzeptierung einer Preisführerschaft oder auf sonstige Arten von Verabredungen hinaus, denn der erste muß ja einen vernünftigen Grad an Sicherheit haben, daß der andere wirklich folgt, oder auf eine normative Theorie, bei der optimale Reaktionen abgeleitet werden. Ersteres haben wir schon behandelt; auf letzteres gehen wir später ein.

besser stehen würden als vorher, sind ausgeschlossen, weil derjenige, der mit der Preiserhöhung zurückhält, dadurch *noch besser* fährt, als wenn er folgen würde.

Dieses Ergebnis ist natürlich nur möglich, wenn jede monopolistische Verständigung zwischen den Konkurrenten ausgeschlossen ist. Verabreden sie ein gemeinsames Vorgehen – bilden sie Koalitionen, wie es die Spieltheorie ausdrückt –, so können *beide gemeinsam* natürlich einen höheren Gewinn erreichen. Dann ist die Inkongruenz zwischen Preisherauf- und Preisherabsetzungen im bisherigen Lösungsraum verschwunden.

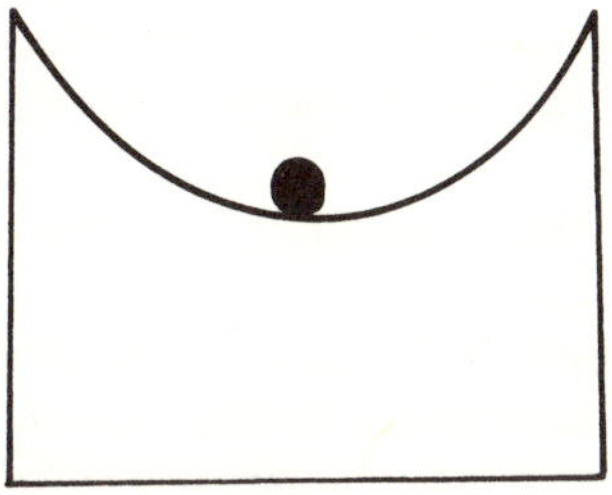

Fig. 6.10.17

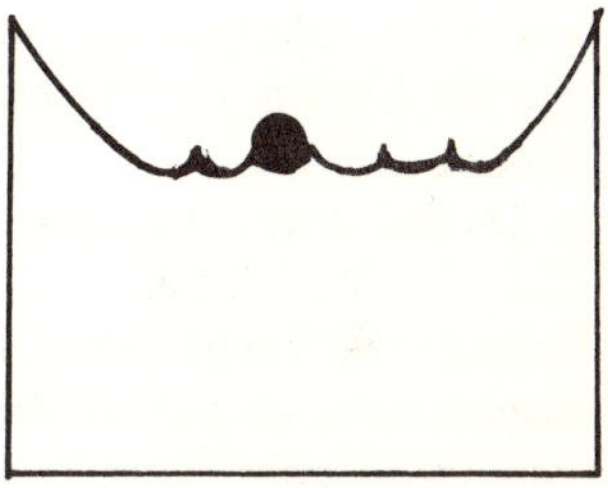

Fig. 6.10.18

So entsteht der ausgedehnte Gleichgewichtsbereich mit nur stabilen Punkten. Es ist gut, sich diesen Begriff klarzumachen. Für ihn gibt es keine mechanische Analogie. Läßt sich ein eindeutiges, stabiles Gleichgewicht wie in Fig. 6.10.17 darstellen, so müssen wir unsere Vorstellung nach Fig. 6.10.18 korrigieren, wobei die kleinen Vertiefungen, die die stabile Lage andeuten, sozusagen unendlich dicht nebeneinander liegen. Welcher Punkt von den vielen möglichen tatsächlich realisiert wird, ist ökonomisch gesehen zufällig. Es hängt von der historischen Entwicklung, von Irrtümern, Erwartungen, psychologischen Besonderheiten und Zufälligkeiten der verschiedensten Art ab, die kein Objekt der nationalökonomischen Theorie, sondern der wirtschaftshistorischen Forschung abgeben.

Ist ein Punkt im Gleichgewichtsbereich realisiert, bleibt er es, vorausgesetzt, daß nicht ein Produzent entgegen seinem Gewinninteresse aus anderen Gründen, vielleicht aus Irrtum über die tatsächliche Lage, den Preis ändert. Dann wird ein *anderer* Punkt in diesem Gleichgewichtsgebiet erreicht mit möglicherweise geringerem Gewinn für *alle,* der aber wiederum ein stabiler Gleichgewichtspunkt ist. Gelegentliche Verabredungen (auch *ohne* Kompensationszahlungen) ermöglichen den Übergang zu einem besseren, ebenfalls stabilen Gleichgewichtspunkt für alle.

Produktion und Preise dürften sich „eigentlich", wenn sie sich einmal irgendwo im Gleichgewichtsbereich befinden, nicht mehr ändern. Sie tun es aber aus den oben erwähnten Gründen manchmal doch. Insofern ist ein Übergang von einem Gleichgewichtspunkt zu einem anderen nicht unmöglich, sondern nur schwierig, weil er Verabredungen in irgendeiner Form voraussetzt. Hier kommt die ganze Vielfalt psychologischer Eigentümlichkeit der handelnden Personen ins Spiel. Die staatliche Wirtschaftspolitik hat eine neue Chance, die Preisentwicklung in gewissem Rahmen (nämlich solange der Gleichgewichtsbereich nicht verlassen wird) durch moralischen Druck in Form von Empfehlungen, Vorstellungen, Überredungen zu beeinflussen. Bei Oligopolen kann man also durch Propaganda, Druck, Drohungen, Versprechungen usw. die Preise beeinflussen, ohne daß sich die grundlegenden Daten oder die Zielsetzung der beteiligten Firmen geändert haben, was vom Standpunkt der Preistheorie des Monopols oder des Polypols aus ganz unverständlich ist. Man kann den realisierten Preis- und Produktionspunkt in erwünschten Gegenden des Gleichgewichtsbereiches halten, und dazu sind gerade psychologische Einwirkungen die einzig möglichen und richtigen. Denn *ökonomisch* (d. h. von der Kosten- und Nachfrageseite her) ist der realisierte Punkt eben nicht bestimmt.

Da das Oligopol die für entwickelte Volkswirtschaften typische Marktform ist, sind alle wesentlichen volkswirtschaftlichen Größen somit nicht durch die zugrundeliegenden volkswirtschaftlichen Daten eindeutig festgelegt; es besteht vielmehr ein ausgedehnter Bereich, in dem sie liegen können und in dem sie sich fallweise *ohne Veränderung der Daten* bewegen. Das erklärt einen guten Teil sonst unverständlicher plötzlicher Niveauänderungen wirtschaftsstatistischer Zeitreihen.

Im übrigen haben wir entgegen vielen oben behandelten Dyopoltheorien bei friedlichem Verhalten der Dyopolisten eine *Preisstarrheit* über lange Zeiträume zu erwarten, kein gleichgewichtsloses Schwanken des Preises in irgendwelchen Grenzen. Heftige Preisbewegungen sind nur bei Kampfsituationen zu erwarten, die aber, ebenso wie im politischen Bereich, die Ausnahme bilden und nicht die Regel. Wir werden uns später mit ihnen beschäftigen. Solange ein Kampf aber nicht ausgebrochen ist, werden die Preise trotz mancher Nachfrage- und Kostenschwankungen so lange stabil bleiben, wie sie noch im Gleichgewichtsbereich liegen. Verlagert sich dieser, etwa durch Kostenerhöhungen oder Nachfrageänderungen, so müssen die Preise natürlich, wenn sie außerhalb zu liegen kommen, in Bewegung geraten. Dann bleiben sie aber wieder für so lange Zeit fest, bis diese Situation wieder eintritt.

3. Analytische Lösung für den Oligopolfall

a) Normalaktion und -reaktion[1]

aa. Allgemeiner Ansatz

Wie im 1. Abschnitt setzen wir *Nachfragefunktionen*

$$x_i = x_i(p_1, \ldots, p_n)\,, \quad \frac{\partial x_i}{\partial p_i} < 0\,, \quad \frac{\partial x_i}{\partial p_j} > 0\,, \quad x_i = 0 \text{ für } p_i \geqslant \overline{p}_i \qquad (6.10.19)$$

---

1 Dieser Abschnitt ist in Zusammenarbeit mit *Jürgen Burgermeister* entstanden. Ich danke ihm für die Korrektur erster Entwürfe und für zahlreiche Verbesserungsvorschläge.

und *Kostenfunktionen*

(6.10.20) $K_i = K_i(x_i)$, $K_i' > 0, K_i'' \geqslant 0, K_i \to \infty$ für $x_i \to \overline{x}_i$, $\forall\, i, j \in \{1, \ldots, n\}$

$i \neq j$

voraus. Die *Reaktionsfunktionen* der Oligopolisten 1, . . . , n–1 gegenüber einer Aktion des Oligopolisten n sind bei *Normalreaktion* vom Ausgangspunkt $p_1^*, \ldots p_n^*$ aus gemäß (6.1.3) aus der Sicht des Oligopolisten n:

(6.10.21) $p_i^{(n)} = p_i^* + r_i^{(n)}(p_n - p_n^*, p_1^*, \ldots, p_n^*) =: \overline{r}_i^{(n)}(p_n, p_1^*, \ldots, p_n^*)$,

$\forall\, i \in \{1, \ldots, n-1\}$,

wobei nur die Verhältnisse in den Bereichen

(6.10.22) $p_i > K_i'$

betrachtet werden.[1] Hierbei ist $p^* = (p_1^*, \ldots, p_n^*)$ die Preiskonstellation des realisierten Ausgangspunktes, so daß dort $p_i = p_i^*$ und $p_n = p_n^*$. Am Punkte p^* gilt für die Reaktionsfunktion (6.10.21) nach unseren Verhaltensvoraussetzungen:

(6.10.23a) $\dfrac{\partial r_i^{(n)}(\cdot)}{\partial p_n} = 0$ für $p_n \in [p_n^*, \infty)$,

also für Preiserhöhungen des Oligopolisten n,

und

(6.10.23b) $\dfrac{\partial r_i^{(n)}(\cdot)}{\partial p_n} = g_i(p_1^*, \ldots, p_n^*)$ für $p_n \in (-\infty, p_n^*]$,

also für Preissenkungen des Oligopolisten n, $\forall\, i \in \{1, \ldots, n-1\}$.

Die $g_i(p_1^*, \ldots, p_n^*)$ sind so definiert, daß bei dieser Reaktion alle Oligopolisten 1, . . . , n–1 ihr ursprüngliches Gewinniveau wieder erreichen.[2] Sie werden gleich abgeleitet.

Nach den Voraussetzungen über Normalaktion und -reaktion betrachten wir nur die Verhältnisse in einer beliebig kleinen Umgebung eines Punktes p^*. Es sei U eine Umgebung von p_n^*, V eine Umgebung von $(p_1^*, \ldots, p_{n-1}^*)$. Die *Gewinnfunktionen* Q_i: $U \times V \to \mathbb{R}$ seien als

1 Für $p_i < K_i'$ kann ein Gleichgewicht ohnehin nicht eintreten, da dann die ökonomischen *Kapazitätsgrenzen* nicht eingehalten sind (s. o.).

2 Nur solche Aktionen sind ja als Normalaktion zugelassen, bei denen die normal reagierenden Oligopolisten ihr altes Gewinniveau wieder erreichen können.

(6.10.24) $$Q_i(p_1, \dots, p_n) = p_i x_i(p_1, \dots, p_n) - K_i(x_i(p_1, \dots, p_n)), \quad \forall i \in \{1, \dots, n\},$$

in dieser Umgebung gegeben und dort stetig partiell differenzierbar.

Wir nehmen zunächst an, daß die Reaktionsfunktionen (6.10.21) existieren und bestimmen $g_i(p_1^*, \dots, p_n^*)$ in (6.10.23b). Nach der Verhaltensvoraussetzung reagieren die Oligopolisten 1, ..., n–1 auf eine Preissenkung des Oligopolisten n so, daß sie ihr altes Gewinniveau wieder erreichen; also

(6.10.25) $$\frac{dQ_i}{dp_n} = \frac{\partial Q_i}{\partial p_1}\frac{dp_1}{dp_n} + \dots + \frac{\partial Q_i}{\partial p_{n-1}}\frac{dp_{n-1}}{dp_n} + \frac{\partial Q_i}{\partial p_n} = 0, \quad \forall i \in \{1, \dots, n-1\}$$

oder

(6.10.25a) $$K^n \frac{dp^n}{dp_n} = -\frac{\partial Q^n}{\partial p_n}$$

mit $$K^n = \begin{bmatrix} \frac{\partial Q_1}{\partial p_1} & \dots & \frac{\partial Q_1}{\partial p_{n-1}} \\ \\ \frac{\partial Q_{n-1}}{\partial p_1} & \dots & \frac{\partial Q_{n-1}}{\partial p_{n-1}} \end{bmatrix}, \quad \frac{dp^n}{dp_n} = \begin{pmatrix} \frac{dp_1}{dp_n} \\ \vdots \\ \frac{dp_{n-1}}{dp_n} \end{pmatrix}, \quad \frac{\partial Q^n}{\partial p_n} = \begin{pmatrix} \frac{\partial Q_1}{\partial p_n} \\ \vdots \\ \frac{\partial Q_{n-1}}{\partial p_n} \end{pmatrix}$$

Wir setzen nun voraus, daß

(6.10.26) $$|K^n| \neq 0 \quad \text{für} \quad (p_1, \dots, p_n) \in U \times V.$$

Dann ist

(6.10.27) $$g(p_1^*, \dots, p_n^*) := \frac{dp^n}{dp_n} = -(K^n)^{-1}\frac{\partial Q^n}{\partial p_n}.$$

Die Existenz der Reaktionsfunktionen (6.10.21), die wir verkürzt als $p_i(p_n)$ schreiben, folgt aus dem Hauptsatz der impliziten Funktionen.[1] Danach gibt es unter den Voraussetzungen (6.10.24 und 26) eine Umgebung $\bar{U} \subset U$ von p_n^* und $\bar{V} \subset V$ von $(p_1^*, \dots, p_{n-1}^*)$, so daß es genau ein (n–1)-tupel von Funktionen $(p_1(\cdot), \dots, p_{n-1}(\cdot))$ gibt mit

$$(p_1(\cdot), \dots, p_{n-1}(\cdot)) : \bar{U} \to \bar{V}$$

und $$Q_i(p_1(p_n), \dots, p_{n-1}(p_n), p_n) = Q_i(p_1^*, \dots, p_n^*) \quad \text{für } p_n \in \bar{U} \text{ und } i \in \{1, \dots, n-1\}$$

1 Vgl. *Erwe*, Differential- und Integralrechnung I, Mannheim 1962, S. 328.

und daß $p_1(p_n), \ldots, p_{n-1}(p_n)$ auf $\bar{U}$ stetig differenzierbar sind. Wegen der Eindeutigkeit der $p_i(p_n)$ muß $p_i(p_n^*) = p_i^*$ sein für $i \in \{1, \ldots, n-1\}$.

Für den agierenden Oligopolisten n folgt aus (6.10.24 und 27) im Falle (6.10.23b):

$$\frac{d}{dp_n} Q_n(p_1(p_n), \ldots, p_{n-1}(p_n), p_n) = \frac{\partial Q_n}{\partial p_n} - \left(\frac{\partial Q_n}{\partial p_1} \cdots \frac{\partial Q_n}{\partial p_{n-1}}\right)(K^n)^{-1}\frac{\partial Q^n}{\partial p_n} \tag{6.10.28}$$

Damit läßt sich die Interessenlage des Oligopolisten n am Punkte $p^* = (p_1^*, \ldots, p_n^*)$ wie folgt charakterisieren.

α) *Bezüglich Preiserhöhungen,* d.h. für $p_n \in [p_n^*, \infty) \cap \bar{U}$:

(6.10.29a) Falls $\frac{\partial Q_n(p_1^*, \ldots, p_n^*)}{\partial p_n^*} \lesseqgtr 0$, so existiert ein $\epsilon \in (0, \infty)$,

so daß $Q_n(p_1^*, \ldots, p_{n-1}^*, p_n) \lesseqgtr Q_n(p_1^*, \ldots, p_n^*)$ für $p_n \in (p_n^*, p_n^* + \epsilon)$.

β) *Bezüglich (genügend kleiner) Preissenkungen,* d.h. für $p_n \in (-\infty, p_1^*] \cap \bar{U}$:

(6.10.29b) Falls $\frac{dQ_n(p_1(p_n^*), \ldots, p_{n-1}(p_n^*), p_n^*)}{dp_n^*} \lesseqgtr 0$, so existiert ein

$\eta \in (0,\infty)$, so daß $Q_n(p_1(p_n), \ldots, p_{n-1}(p_n), p_n) \lesseqgtr Q_1(p_1^*, \ldots, p_n^*)$

für $p_n \in (p_n^* - \eta, p_n^*)$.

Somit wird Oligopolist n eine (kleine) *Preiserhöhung* vornehmen, wenn in (6.10.29a) das obere Zeichen oder ein Gleichheitszeichen gilt. Er wird eine (kleine) *Preissenkung* vornehmen, wenn in (6.10.29b) das untere Zeichen gilt, während in (6.10.29a) das obere Zeichen oder ein Gleichheitszeichen gilt. Gelten in (6.10.29a und b) jedesmal die unteren Zeichen, so wollen wir postulieren, daß er eine *Preiserhöhung* vornimmt, falls $\frac{\partial Q_n(p_1^*, \ldots, p_n^*)}{\partial p_n^*} \geqslant - \frac{dQ_n(p_1(p_n^*), \ldots, p_{n-1}(p_n^*), p_n^*)}{dp_n^*}$, andernfalls eine *Preissenkung.* Gelten in (6.10.29a und b) jedesmal die oberen Zeichen, so unterläßt er jede Preisänderung. Die Fälle, bei denen beide Male das Gleichheitszeichen gilt oder einmal das obere Zeichen und in der anderen Relation das Gleichheitszeichen, sollen hier offen bleiben.[1] Dann werden nach (6.10.28) *Preisänderungen* vom Oligopolisten n *unterlassen,* falls

$$0 > \frac{\partial Q_n}{\partial p_n^*} > \left(\frac{\partial Q_n}{\partial p_1^*} \cdots \frac{\partial Q_n}{\partial p_{n-1}^*}\right)(K^n)^{-1}\frac{\partial Q^n}{\partial p_n^*} \tag{6.10.30}$$

an der Stelle $(p_1^*, \ldots, p_n^*)$. Gelten analoge Ungleichungen für alle übrigen Oligo-

1 Dies wird bei Wendepunkten der Gewinnfunktion interessant. Hier kann durch Einschluß dieser Fälle u. U. das Gewinnmaximum verfehlt werden. Wir müssen daher postulieren, daß im relevanten Bereich solche Situationen nicht eintreten.

polisten 1, . . . , n–1, so bilden die Preiskombinationen $(p_1, \ldots, p_n)$, für die das zutrifft, einen *Gleichgewichtsbereich.*

Ein *wesentliches Resultat* dieser Theorie ist: *Existiert ein Gleichgewichtsbereich nach (6.10.30), so besitzt er innere Punkte.*

Gilt nämlich (6.10.30) an der Stelle $p^* = (p_1^*, \ldots, p_n^*)$, so gilt es wegen der Stetigkeit aller Funktionen auch für alle Punkte in einer Umgebung von p^*.

Damit ist eine Erklärung dafür geliefert, daß die Preise im Oligopol lange „eingefroren" sind und sich trotz Änderungen in den Kosten- und Nachfrageverhältnissen nicht ändern.

Wann existiert nun ein Gleichgewichtsbereich?
Um hier leicht verständliche hinreichende Bedingungen angeben zu können, müssen wir vereinfachen. Wir nehmen für alle Oligopolfirmen gleiche, *lineare Nachfragefunktionen:*

$$(6.10.31) \qquad x_i = \bar{a}_o - \bar{a}_1 p_i + \bar{a}_2 \sum_{\substack{j=1 \\ j \neq i}}^{n} p_j$$

und *Kostenfunktionen mit gleichen konstanten Grenzkosten:*

$$(6.10.32) \qquad K_i = b_o + b_1 x_i \,, \quad \forall\, i \in \{1, \ldots, n\}\,, \; n \geqslant 2,$$

an, wobei

$$(6.10.33) \qquad \bar{a}_o, \bar{a}_1, \bar{a}_2, b_o, b_1 > 0 \text{ und}$$

$$\bar{a}_2\,(n-1) - \bar{a}_1 < 0$$

(letzteres, weil bei gemeinsamen Preiserhöhungen aller Konkurrenten die Nachfrage abnehmen muß). Ferner ist

$$(6.10.34) \qquad \bar{a}_o + b_1\,[(n-1)\,\bar{a}_2 - \bar{a}_1] > 0$$

vorauszusetzen, weil andernfalls beim Absatz positiver Mengen die Preise aller Oligopolisten unter den Grenzkosten liegen müßten, und ein solcher Markt ist nicht existenzfähig. Gilt nämlich (6.10.34) nicht, hätte man also

$$(6.10.34a) \qquad \bar{a}_o + b_1\,[(n-1)\bar{a}_2 - \bar{a}_1] \leqslant 0,$$

und sei $p_k = \min(p_1, \ldots, p_n)$, so ist $x_k = \bar{a}_o - \bar{a}_1 p_k + \bar{a}_2 \sum_{\substack{j=1 \\ j \neq k}}^{n} p_j \geqslant$
$\bar{a}_o - \bar{a}_1 p_k + (n-1)\,\bar{a}_2 p_k = \bar{a}_o + p_k\,[(n-1)\,\bar{a}_2 - \bar{a}_1] > 0$ dann und nur dann, wenn $p_k < b_1$ (wegen (6.10.33 und 34a)). Somit muß (6.10.34) gelten. Wenn wir auf die eigentlichen Marktparameter zurückgehen (vgl. (6.2.10 und 11)), also

$\overline{a}_o = \frac{a_o}{n}$, $\overline{a}_1 = \frac{n-1}{n} a_2 + \frac{1}{n^2} a_1$, $\overline{a}_2 = \frac{1}{n} a_2 - \frac{1}{n^2} a_1$ setzen mit $a_o, a_1, a_2 > 0$ und $a_2 > \frac{1}{n} a_1$, so wird aus (6.10.34)

(6.10.34b) $\quad \frac{a_o}{n} - b_1 \frac{a_1}{n} > 0$ oder $a_1 b_1 < a_o$.

Wir betrachten nur die Preisbereiche $p = (p_1, \ldots, p_n)$, für die

(6.10.35) $\quad p_1 = \ldots = p_n$,

(6.10.36) $\quad \frac{\partial Q_i}{\partial p_i} = \overline{a}_o - 2\overline{a}_1 p_i + \overline{a}_2 \sum_{\substack{j=1 \\ j \neq i}}^{n} p_j + \overline{a}_1 b_1 =: a(p) < 0, \ \forall\, i \in \{1, \ldots, n\}$

(dort werden nach (6.10.29a) Preiserhöhungen unterlassen),

(6.10.37) $\quad \frac{\partial Q_i}{\partial p_k} = (p_i - b_1)\, \overline{a}_2 =: b(p) > 0, \ \forall\, i, k \in \{1, \ldots, n\}, \ i \neq k$

(dies ist nach Voraussetzung (6.10.22 und 33) stets erfüllt),

sowie

(6.10.38) $\quad \frac{dQ_i}{dp_i} = a(p) - \frac{(n-1)\, b(p)}{(n-2) + \frac{a(p)}{b(p)}} > 0, \quad \forall\, i \in \{1, \ldots, n\}$

(dort werden nach (6.9.29b) Preisherabsetzungen unterlassen).

(6.10.36 und 37) folgen unmittelbar aus (6.10.24, 31 und 32); (6.10.38) erhält man wie folgt. Nach (6.10.28) mit (6.10.36 und 37) ist unter Weglassung des Arguments p

(6.10.39) $\quad \frac{dQ_i}{dp_i} = a - \overline{b}' K^{-1} \overline{b}$

mit $\overline{b}' := (b, \ldots, b)$ mit n–1 Elementen,

$$K := \begin{bmatrix} a & b & \ldots & b \\ b & a & \ldots & b \\ \vdots & & & \\ b & b & \ldots & a \end{bmatrix} \quad \text{eine } (n-1) \times (n-1) \text{ Matrix,}$$

$$K^{-1} := \begin{bmatrix} \mu & \nu & \ldots & \nu \\ \nu & \mu & \ldots & \nu \\ \vdots & & & \\ \vdots & & & \\ \nu & \nu & \ldots & \mu \end{bmatrix},$$

$$\mu = \frac{-a - (n-3)\,b}{-a^2 + (n-2)b^2 - (n-3)\,ab},$$

$$\nu = \frac{b}{-a^2 + (n-2)b^2 - (n-3)\,ab}.$$

Somit wird aus (6.10.39)

$$\frac{dQ_i}{dp_i} = a - b^2\,(n-1)\;[\mu + (n-2)\nu] = a - \frac{(n-1)b^2}{(n-2)b+a}\;,$$

woraus (6.10.38) als Gleichung folgt.

Wir werden nun zeigen, daß für (6.10.35–38) ein ausgedehnter Gleichgewichtsbereich existiert und ihn explizit angeben. Wie schreiben (6.10.38) nach Division durch b (p) als

(6.10.40) $$z - \frac{n-1}{(n-2)+z} > 0,\quad z := \frac{a}{b} < 0,\quad n-2+z \neq 0.$$

Aus $z - \frac{n-1}{(n-2)+z} = 0$ folgt $z = -\frac{n-2}{2} \pm \sqrt{(\frac{n-2}{2})^2 + n-1}$.

Nun ist $\sqrt{(\frac{n-2}{2})^2 + n-1} = \frac{n}{2}$, so daß $z = \frac{2-n}{2} \pm \frac{n}{2} = \begin{cases} 1 \\ 1-n \end{cases}$.

Der Graph der Funktion $\varphi = z - \frac{n-1}{n-2+z}$ ist in Fig. 6.10.41 dargestellt.

Fig. 6.10.41

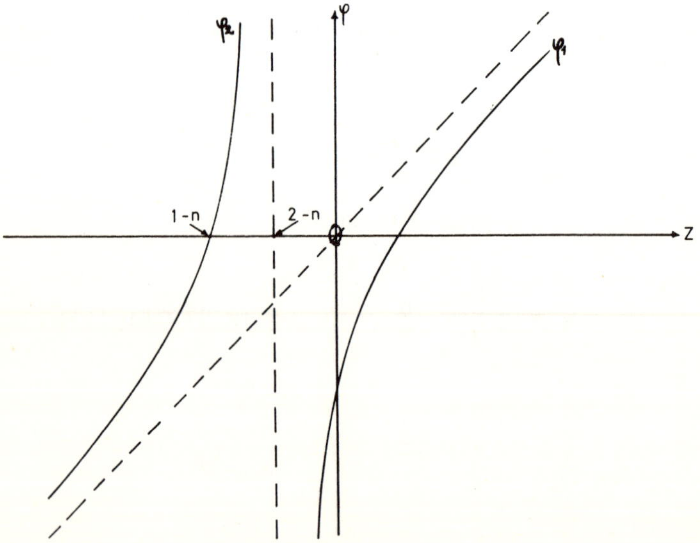

Daraus ersieht man, daß $\varphi > 0$ und $z < 0$ nur im Bereich z zwischen $1-n$ und $2-n$ eintreten kann. Somit ist (6.10.40) äquivalent mit

$$(6.10.42) \qquad 1-n < z < 2-n$$

oder bei Rücksubstitution und Multiplikation mit $b = (p_i - b_1)\,\bar{a}_2$:

$$(6.10.43) \qquad (1-n)\,(p_i-b_1)\bar{a}_2 < \bar{a}_0 + \bar{a}_1 b_1 + [(n-1)\bar{a}_2 - 2\bar{a}_1]\,p_i < (2-n)(p_i-b_1)\bar{a}_2.$$

Berücksichtigt man (6.10.33), so erhält man daraus nach einiger Rechnung die Grenzen

$$(6.10.44) \qquad \frac{-\bar{a}_0 - b_1[(2-n)\bar{a}_2 + \bar{a}_1]}{-\bar{a}_2 + 2\,[(n-1)\bar{a}_2 - \bar{a}_1]} < p_i < \frac{-\bar{a}_0 - b_1[(1-n)\bar{a}_2 + \bar{a}_1]}{2[(n-1)\bar{a}_2 - \bar{a}_1]}, \forall i \in \{1, \ldots, n\}.$$

Wegen (6.10.33 und 34) ist, wie man nach einiger Rechnung nachprüft, die rechte Seite der Ungleichung (6.10.44) stets größer als die linke, so daß innerhalb dieser Grenzen (6.10.36–38) simultan gelten. In diesen Grenzen werden also alle Preisbewegungen von allen Oligopolisten unterlassen.

Fig. 6.10.45 zeigt den Gleichgewichtsbereich (6.10.44) graphisch für den Dyopolfall (n=2). Die Kurven konstanten Gewinns sind dargestellt für

$\bar{a}_0 = \frac{1}{2}$, $\bar{a}_1 = \frac{3}{4}$, $\bar{a}_2 = \frac{1}{4}$, $b_1 = \frac{1}{10}$. Setzt man diese Zahlenwerte in (6.10.42) ein, so erhält man $0{,}46 < p_i < 0{,}55$, $\forall\, i \in \{1, 2\}$.

Fig. 6.10.45

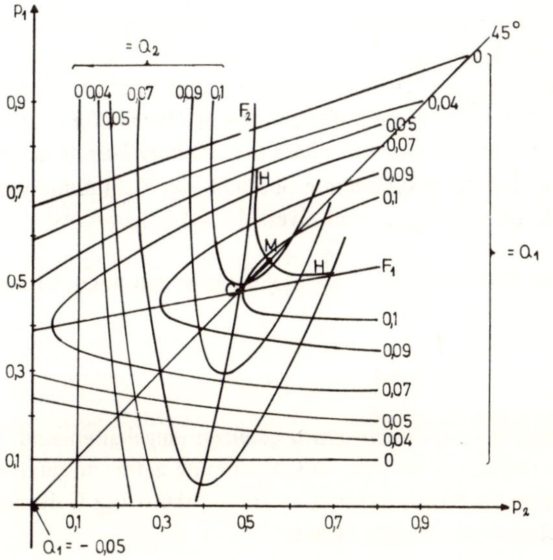

Wie man an Fig. 6.10.45 sieht, sind das alle Punkte auf der 45°-Linie zwischen dem Launhardt-Hotelling-Punkt C und auf dem Monopolpunkt M auf der Maximallinie H. Dies ist nur ein Teilstück des gesamten Gleichgewichtsbereiches; der vollständige Gleichgewichtsbereich wird für den Dyopolfall unten graphisch dargestellt. Für den Existenzbeweis genügt aber dieser Spezialfall.

bb. Der Spezialfall des Dyopols

Für das *Dyopol* ist der obige Formelapparat an Hand der Graphiken des vorigen Abschnittes zu verfolgen.(6.10.29a und b) werden, wenn wir nur die oberen Ungleichungen betrachten, die den Gleichgewichtsbereich definieren, zu

(6.10.46a) $$\frac{\partial Q_i}{\partial p_i} = x_i + (p_i - K_i') \frac{\partial x_i}{\partial p_i} < 0,$$

(6.10.46b) $$\frac{dQ_i}{dp_i} = x_i + (p_i - K_i') \left[\frac{\partial x_i}{\partial p_i} - \frac{\partial x_i}{\partial p_j} \cdot \frac{(p_j - K_j')\partial x_j/\partial p_i}{x_j + (p_j - K_j')\partial x_j/\partial p_j}\right] > 0,$$

$$i, j \in \{1, 2\}, \; i \neq j,$$

letzteres wegen (6.10.28); setzt man dort

$$\frac{\partial Q_i}{\partial p_i} = x_i + (p_i - K_i') \frac{\partial x_i}{\partial p_j}, \; \frac{\partial Q_i}{\partial p_j} = (p_i - K_i') \frac{\partial x_i}{\partial p_j}, \; (K^i)^{-1} = \frac{1}{\partial Q_j/\partial p_j},$$

$\frac{\partial Q_j}{\partial p_i} = (p_j - K'_j) \frac{\partial x_j}{\partial p_i}$, so erhält man (6.10.46b).

Nach (6.1.7) ist (6.10.46a), wenn man dort das Gleichheitszeichen setzt, die *Kammlinie* des Oligopolisten i; (6.10.46a) ist also der *Bereich höherer Preise* des Dyopolisten i als durch die Kammlinie angegeben (in Fig. 6.1.27 oder 6.10.3 der Bereich oberhalb der Kammlinie F_1 bzw. rechts von der Kammlinie F_2). (6.10. 46b) ist, wenn man dort ein Gleichheitszeichen setzt, nach einfacher Umwandlung identisch mit (6.1.17), gibt also die Gleichung der *Maximallinie* an; insgesamt ist (6.10.46b) also *der Bereich links unterhalb der Maximallinie H* in den Figuren 6.1.27 oder 6.10.3. Da die Maximallinie oberhalb der Kammlinie verläuft (vgl. I. Abschnitt dieses Kapitels), existiert insoweit der Gleichgewichtsbereich und hat innere Punkte.

Vom Gleichgewichtsbereich wird noch gefordert, daß keine Firma Verluste macht:

(6.10.47) $$Q_i \geqslant 0, \quad \forall\, i \in \{1, \ldots, n\},$$

und daß die *Kapazitäts- und Finanzierungsgrenzen* eingehalten sind. Ersterem haben wir durch die Voraussetzung $p_i - K_i' \geqslant 0$ Rechnung getragen; letztere betrachten wir hier nicht. Durch (6.10.47) kann es eintreten, daß trotz Geltung von (6.10.46a und b) kein Gleichgewichtsbereich existiert.

cc. Der Einfluß der Zahl der Konkurrenten auf den Gleichgewichtsbereich

Die Ausdehnung des Gleichgewichtsbereiches hängt auch von der Zahl n der Konkurrenten im Oligopol ab. Dieser Bereich wird mit wachsendem n seiner Ausdehnung nach immer größer. Die Obergrenze des Preises bleibt unabhängig von der Zahl der Konkurrenten immer gleich, die Untergrenze verschiebt sich zu niedrigen Preisen, wenn n wächst.

Fig. 6.10.48

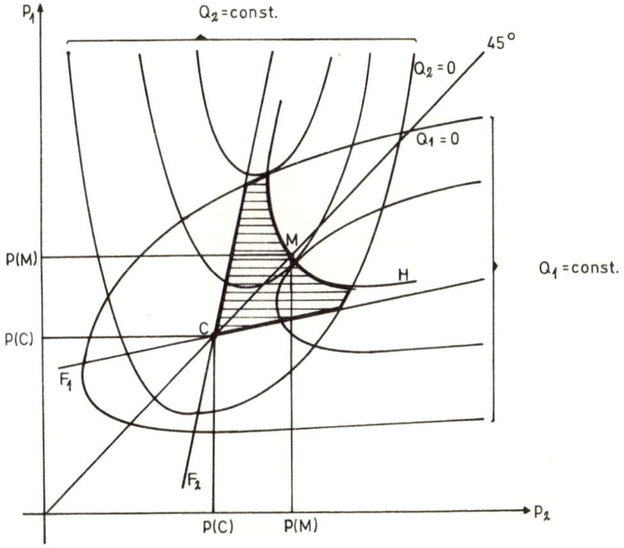

Um hier einen einfachen Überblick zu gewinnen, legen wir wie früher gleiche lineare Kosten- und Nachfragefunktionen nach (6.10.31 und 32) zugrunde. Wir betrachten wiederum nur den Teil (6.10.38) des Gleichgewichtsbereiches, wo alle Firmen gleiche Preise verlangen, also die Strecke CM in Fig. (6.10.45) im Dyopolfall. Diese Figur ist hier in etwas veränderter und vereinfachter Form wiederholt (Fig. 6.10.48). Der Gleichgewichtsbereich ist schraffiert. p(M) bzw. p(C) sind die zu M bzw. C gehörigen Preise, die bei allen Oligopolisten übereinstimmen.

Bei gleichem Umfang des Gesamtmarktes wird sich die Nachfrage bei jedem Oligopolisten ändern, wenn die Zahl der Konkurrenten sich ändert. In (6.2.11) haben wir eine Theorie darüber entwickelt, die wir hier nicht wiederholen. Das Ergebnis dort war folgende Abhängigkeit der Nachfrageparameter $\bar{a}_o$, $\bar{a}_1$, $\bar{a}_2$ in (6.10.31) von der Zahl n der Konkurrenten:

(6.10.49) $$\bar{a}_o = \frac{a_o}{n}\ , \ \bar{a}_1 = \frac{n-1}{n} a_2 + \frac{1}{n^2} a_1, \ \ \bar{a}_2 = \frac{1}{n} a_2 - \frac{1}{n^2} a_1\ ,$$

wobei die a_o, a_1, $a_2 > 0$ jetzt echte Marktparameter und unabhängig von der Zahl der Konkurrenten sind. Für die Parameter a_o, a_1, a_2 und b_1 gelten nach (6.2.11a) und (6.10.34a), wie dort begründet:

(6.10.49a) $$a_o > \frac{1}{n} a_1,$$

(6.10.49b) $$a_1 b_1 < a_o.$$

Aus (6.10.49 und 49a) folgt dann:

(6.10.49c) $$\bar{a}_o, \bar{a}_1, \bar{a}_2 > 0.$$

Die Preisuntergrenze $p(C)$ ist nach (6.10.44 und 49):

(6.10.50) $$p(C) = \frac{-\bar{a}_o - b_1\bar{a}_2 + b_1[(n-1)\bar{a}_2 - \bar{a}_1]}{-\bar{a}_2 + 2[(n-1)\bar{a}_2 - \bar{a}_1]} = \frac{-\frac{\bar{a}_o}{\bar{a}_2} - b_1 + b_1\frac{(n-1)\bar{a}_2 - \bar{a}_1}{\bar{a}_2}}{-1 + 2\frac{(n-1)\bar{a}_2 - \bar{a}_1}{\bar{a}_2}}$$

$$= \frac{-\frac{a_o}{a_2 - \frac{1}{n}a_1} - b_1 + b_1\frac{-a_1}{a_2 - \frac{1}{n}a_1}}{-1 + 2\frac{-a_1}{a_2 - \frac{1}{n}a_1}}.$$

Man leitet aus (6.10.49 und 49c) ab:

(6.10.51) $$a_2 - \frac{1}{n} a_1 > 0,$$

so daß Zähler und Nenner in (6.10.50) negativ, die Preisuntergrenze $p(C)$ also immer positiv ist. Ebenso findet man nach einiger Rechnung wie erwartet:

$$\frac{dp(C)}{dn} < 0 \text{ für } n \geqslant 0:$$

die Preisuntergrenze sinkt mit zunehmender Zahl der Konkurrenten. Für $n \to \infty$, d.h. Übergang zur vollständigen Konkurrenz, wird (6.10.50)

(6.10.52) $$\lim_{n\to\infty} p(C) = \frac{a_o + b_1(a_1 + a_2)}{2a_1 + a_2} = b_1 + \frac{a_o - a_1 b_1}{2a_1 + a_2}.$$

Da $a_o - a_1 b_1 > 0$ nach (6.10.49b), *liegt die Preisuntergrenze auch bei sehr großer Zahl der Konkurrenten stets über den Grenzkosten.*

Die Preisobergrenze $p(M)$ ist nach (6.10.44 und 49):

(6.10.53) $$p(M) = \frac{-\bar{a}_o + b_1[(n-1)\bar{a}_2 - \bar{a}_1]}{2(n-1)a_2 - a_1} = \frac{-\frac{\bar{a}_o}{(n-1)\bar{a}_2 - \bar{a}_1} + b_1}{2} =$$

$$= \frac{\frac{a_o}{a_1} + b_1}{2} = \frac{a_o + a_1 b_1}{2a_1} = b_1 + \frac{a_o - a_1 b_1}{2a_1} .$$

Da $a_o - a_1 b_1 > 0$ nach (6.10.49b), ist die Preisobergrenze stets positiv. Sie hängt nicht von der Zahl der Konkurrenten ab und liegt, wie man durch Vergleich mit (6.10.50 und 52) sieht, stets oberhalb der Preisuntergrenze, so daß der Gleichgewichtsbereich stets ausgedehnt ist.[1]

Wir geben im folgenden ein *Zahlenbeispiel* für die Ausdehnung des Gleichgewichtsbereiches, wenn die Zahl der Konkurrenten wächst. Wie früher nehmen wir an: $a_o = a_1 = a_2 = 1$, $b_1 = 0{,}1$. Dann erhält man aus (6.10.50) bzw. (6.10.53) die Zahlenwerte der Tabelle 6.10.54.

Tabelle 6.10.54

Zahl der Firmen $n =$	2	3	4	....	∞
Preisuntergrenze $p_n(C)$	0,460	0,448	0,428	....	0,400
Preisobergrenze $p(M)$	0,55	0,55	0,55	....	0,55

Die folgende Figur 6.10.55 stellt das Ergebnis graphisch dar. Man sieht, wie sich die Untergrenze des Gleichgewichtsbereiches mit zunehmender Zahl der Konkurrenten nach unten verlagert; $p_n(C)$ ist die Untergrenze des Gleichgewichtsbereiches bei n Oligopolisten, $p(M)$ die Obergrenze. Die Gesamtproduktion $X(n)$, wenn n Konkurrenten am Markt sind, ist ebenfalls angegeben.

b) Herausforderungen

„Herausforderung" heißt, wie früher erklärt, daß sich jeder Oligopolist frei fühlt, auch solche *Aktionen* zu unternehmen, die die Konkurrenten (oder eine Untermenge von ihnen) definitiv (d. h. nach ihrer Reaktion) schlechter stellen als in der Ausgangslage und daß die Preisänderungen beliebig groß sein können. Als *Reaktion wird wieder die Normalreaktion* unterstellt. Das bedeutet, daß sich jeder Konkurrent mit einer „aggressiven Preispolitik" der Konkurrenten abfindet und sie nicht zum

1 $p(C) < p(M)$ ist nach (6.10.50 und 53) äquivalent mit

$$\frac{a_o + b_1 (a_2 - \frac{1}{n} a_1) + a_1 b_1}{2a_1 + a_2 - \frac{1}{n} a_1} < \frac{a_o + a_1 b_1}{2a_1} \text{ ; oder wegen (6.10.51):}$$

$2a_1 [a_o + b_1 (a_2 - \frac{1}{n} a_1) + a_1 b_1] < (a_o + a_1 b_1)(2a_1 + a_2 - \frac{1}{n} a_1)$, was bei Weiterrechnung auf $a_1 b_1 < a_o$ führt. Dies ist aber nach (6.10.49b) richtig. Der Gedankengang ist auch umzukehren.

Anlaß für einen Preiskampf nimmt. Alle Konkurrenten verhalten sich wirtschaftsfriedlich.

Fig. 6.10.55

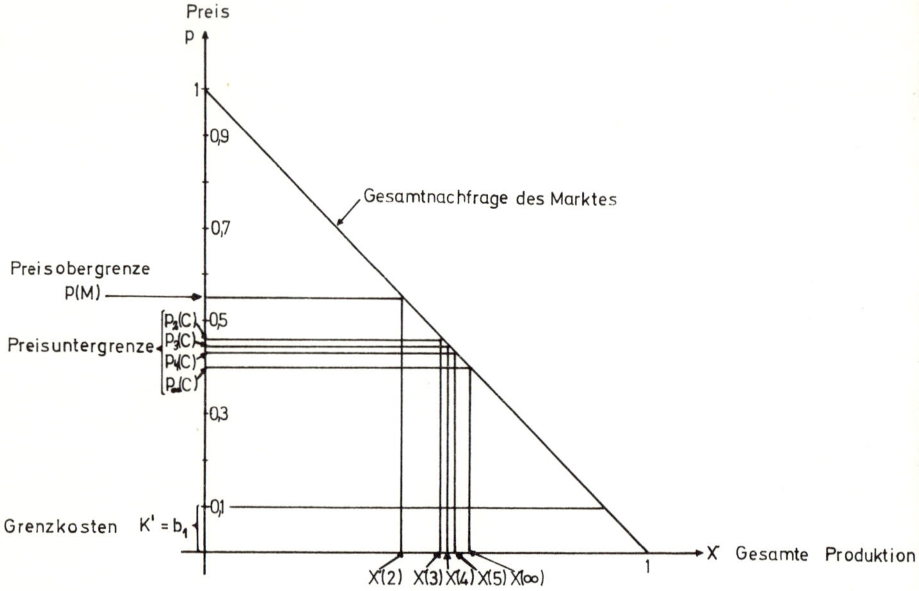

Die Analyse entspricht derjenigen des analogen Falls im Oligopoltyp B (vgl. oben Kap. 4, 5. Abschnitt). Es gebe n Oligopolisten; wir betrachten den n-ten von ihnen. Er wird Preisänderungen $\Delta p_n := p_n - p_{no}$ von einer Ausgangspreissituation $(p_{1o}, \ldots, p_{no})$ aus unterlassen, falls er dadurch seinen Gewinn Q_n nicht verbessert; also falls

$$(6.10.56) \qquad \Delta Q_n := Q_n(p_{1o}, \ldots, p_{no}) - Q_n(p_1(p_n), \ldots, p_{n-1}(p_n), p_n) \geqslant 0,$$

$$\text{für alle } p_n \geqslant 0.$$

Hierbei sind $p_i(p_n)$, $i \in \{1, \ldots, n-1\}$, die Preise der Konkurrenten nach Reaktion auf eine Preisänderung von n, wobei $p_i(p_{no}) = p_{io}$ ist. Alle Preiskombinationen $(p_{1o}, \ldots, p_{no})$, für die (6.10.56) für alle Oligopolisten n gilt, bilden den *Gleichgewichtsbereich.*

Nach der Normalreaktions-Hypothese ist $p_i(p_n)$ dadurch bestimmt, daß alle Konkurrenten $i \in \{1, \ldots, n-1\}$ ihre alte Gewinnhöhe Q_{io} wieder erreichen und, falls dies nicht möglich ist, „soweit wie möglich in diese Richtung gehen". Letzteres soll wie folgt präzisiert werden. Bleibt bei allen möglichen Reaktionen auf die Aktion des Oligopolisten n ein Verlust V_n bei den Konkurrenten 1, . . . , n–1 gegenüber ihrer ursprünglichen Gewinnhöhe bestehen, so reagieren sie so, daß sie den Verlust in den Proportionen $\alpha_i^{(n)}$ auf sich verteilen und ihn insgesamt minimieren. Dies ist eine heuristische Annahme, die plausibel klingt, aber hier nicht weiter begründet wird. Die Reaktionspreise $p_i = p_i(p_n)$ sind demnach, wenn die alte Gewinnposition Q_{io} von den Konkurrenten $i \in \{1, \ldots, n-1\}$ nicht wieder hergestellt werden kann, bestimmt durch die Lösung der Aufgabe:

(6.10.57) $$V_n = \min!$$

(6.10.57a) $$G_i := Q_{io} - Q_i(p_1, \ldots, p_{n-1} | p_n) - \alpha_i^{(n)} V_n = 0,$$

$$\forall\, i \in \{1, \ldots, n-1\}\,,\ 0 \leqslant \alpha_i^{(n)} \leqslant 1,\ \sum_{i=1}^{n-1} \alpha_i^{(n)} = 1.$$

Diese Lösung dieser Aufgabe ergibt die Preise

(6.10.58) $$p_i = p_{i1}^{(n)}\,(p_n | \alpha_1^{(n)}, \ldots, \alpha_{n-1}^{(n)}).$$

Sind sie eindeutig und nichtnegativ und ist $V_n \geqslant 0$, so sind dies die gesuchten Reaktionspreise.

Die Lösung ist wie folgt zu erreichen. Aus (6.10.57) erhält man die Lagrange-Funktion $L = V_n \sum_{i=1}^{n-1} \lambda_i G_i$, λ_i Lagrangesche Multiplikatoren; diese Funktion ist zu minimieren. Dies führt auf die notwendigen Bedingungen

(6.10.59) $$\frac{\partial L}{\partial V_n} = 1 - \sum_{i=1}^{n-1} \lambda_i \alpha_i^{(n)} = 0,$$

$$\frac{\partial L}{\partial p_j} = - \sum_{i=1}^{n-1} \lambda_i \frac{\partial Q_i}{\partial p_j} = 0\ ,\ \ j \in \{1, \ldots, n-1\}.$$

Letzteres ist als

(6.10.60) $$(K^n)'\lambda = 0$$

zu schreiben mit K^n wie in (6.10.25a) und $\lambda = \begin{pmatrix} \lambda_1 \\ \vdots \\ \lambda_{n-1} \end{pmatrix}$.

(6.10.57a und 59) sind $2(n-1) + 1$ Gleichungen, die genügen können, die Unbekannten $p_1, \ldots, p_{n-1}, \lambda_1, \ldots, \lambda_n, V_n$ zu bestimmen. Sind sie eindeutig bestimmt und die $p_1, \ldots, p_{n-1}$ und V_n nicht negativ, so haben wir die gesuchten Reaktionspreise (6.10.58).

Ist V_n negativ, d. h. würden bei Lösung der Aufgabe (6.10.57) Gewinne entstehen, dann reagieren die Oligopolisten $1, \ldots, n-1$ nach unserer Normalreaktionshypothese so, daß jeder seinen alten Gewinn Q_{io} aufrecht erhält. Ihre Reaktionspreise $p_i = p_i(p_n)$ sind dann durch

(6.10.61) $$Q_{io} = Q_i(p_1, \ldots, p_{n-1}|p_n) := p_i \cdot x_i(p_1, \ldots, p_{n-1}|p_n) - K_i(x_i \qquad \forall\, i \in \{1, \ldots, n-1\}$$

bestimmt.

Die Lösung von (6.10.61) schreiben wir als

(6.10.62) $$p_i = p_{io}^{(n)}(p_n).$$

Ist die Lösung eindeutig und sind alle Preise nichtnegativ, so sind dies die gesuchten Reaktionspreise. Bei Nichteindeutigkeit muß eine Auswahl aus den nichtnegativen Lösungen getroffen werden. Es liegt nahe, diejenige nichtnegative Lösung $(p_1^j, \ldots, p_{n-1}^j)$ mit dem kleinsten Abstand vom Ausgangspunkt der Reaktion $(p_{1o}, \ldots, p_{n-1,o})$ als Lösung anzusehen:

(6.10.63) $$p_i = p_{io}^{(n)}(p_n) \leftrightarrow \min_j \sqrt{(p_1^j - p_{1o})^2 + \ldots + (p_{n-1}^j - p_{n-1,o})^2}\ .$$

Falls Preise resultieren, die kleiner als die Grenzkosten oder gar negativ sind, ist der Oligopolmarkt nicht auf die Dauer existenzfähig. Eine statische Analyse ist nicht anwendbar.

Damit besteht ein *Gleichgewicht* bei allen Preiskombinationen $(p_{1o}, \ldots, p_{no})$, für die

(6.10.64) $$Q_i(p_{1o}, \ldots, p_{no}) - Q_i(p_1(p_i), \ldots, p_{i-1}(p_i), p_i, p_{i+1}(p_i), \ldots \ldots, p_n(p_i)) \geqslant 0, \text{ für alle } p_n \geqslant 0$$

gilt mit $$p_j(p_i) = p_{j\delta}^{(i)}(p_i|\alpha_1^{(i)}, \ldots, \alpha_{i-1}^{(i)}, \alpha_{i+1}^{(i)}, \ldots, \alpha_n^{(i)}),$$

$$\delta = \begin{cases} 0, \text{ falls } V_i \leqslant 0 \\ 1, \text{ falls } V_i > 0 \end{cases}, \forall\, i, j \in \{1, \ldots, n\}, i \neq j.$$

Ist diese globale Gleichgewichtsbedingung (6.10.64) erfüllt, so erst recht die lokale (6.10.30); letztere ist der Sonderfall von (6.10.64) für infinitesimale Preisänderungen und $\delta = 0$. Bei Herausforderungen wird also der Gleichgewichtsbereich bei Normalaktionen möglicherweise weiter beschnitten, aber niemals erweitert.

Kann nämlich ein Oligopolist i durch kleine Preisänderungen ohne Schädigung der Konkurrenten bei Einrechnung ihrer Reaktion seinen Gewinn nicht vergrößern, so kann er es doch möglicherweise durch große Preisänderungen unter Schädigung der Konkurrenten. In diesem Fall ist sein optimaler Preis p_i^* bestimmt durch

(6.10.65) $$Q_i(p_1(p_i), \ldots, p_{i-1}(p_i), p_i, p_{i+1}(p_i), \ldots, p_n(p_i)) = \max!$$

$$p_j(p_i) = p_{j1}^{(i)}(p_i|\alpha_1^{(i)}, \ldots, \alpha_{i-1}^{(i)}, \alpha_{i+1}^{(i)}, \ldots, \alpha_n^{(i)}).$$

Die Lösung von (6.10.65) ergibt den Preis p_i^* und den Gewinn $Q_i(p_i^*)$. Offensichtlich können nur solche Preise $(p_1, \ldots, p_n)$ zum Gleichgewichtsgebiet gehören, für die

$$(6.10.66) \qquad Q_i(p_i^*) \leq Q_i(p_1, \ldots, p_n), \quad \forall\, i \in \{1, \ldots, n\},$$

aber natürlich brauchen nicht alle diese Preispunkte zum Gleichgewichtsgebiet zu gehören.

Im Dyopolfall sind p_1^* und $Q_1(p_1^*)$ durch den Punkt A_2, p_2^* und $Q_2(p_2^*)$ durch den Punkt A_1 in Fig. 6.10.4 bestimmt. Der Bereich (6.10.66) umfaßt alle Punkte innerhalb des Zweiecks $C'A_2WPYA_1$. Nur der Teil $C'A_2W\,YA_1$ gehört aber zum Gleichgewichtsgebiet, d.h. erfüllt die Bedingungen (6.10.64) und zusätzlich die Nichtnegativitätsbedingung (6.10.47) für die Gewinne.

Gleichgewichtsgebiete im Sinne von (6.10.64) brauchen nicht zu existieren. Fig. 6.10.67 zeigt ein Beispiel hierfür: allerdings für den Ausnahmefall des Markttyps $\gamma\gamma$. Die Bereiche, für die (6.10.66) für i = 1 bzw. i = 2 gilt, sind an den Rändern schraffiert. Wie man sieht, überdecken sie sich nicht: es gibt keine Preiskombinationen $(p_1 p_2)$, für die (6.10.66) insgesamt erfüllt ist. Das ist aber die Ausnahme; hierfür wäre eine dynamische Analyse anzusetzen.

Fig. 6.10.67

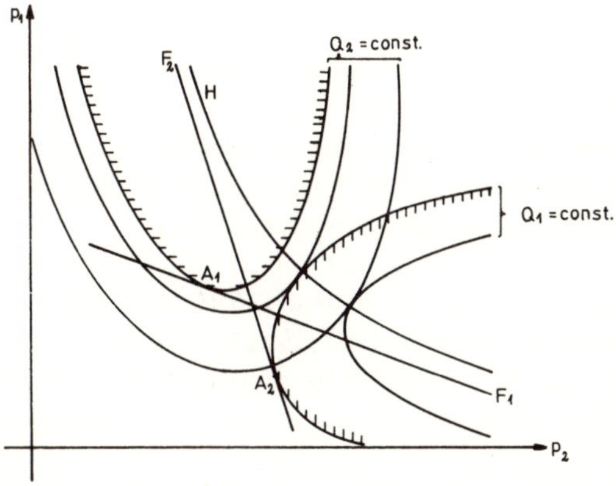

B. Dynamische Ansätze

1. Normalaktion und -reaktion

a. Allgemeine Theorie

Wir wählen zunächst – im Sinne des ganzen Ansatzes – eine Dynamisierung, die eine *laufende Veränderung der Preise ermöglicht und keinen Irrtum* über die Gesamtsituation und über die Reaktion der Gegenseite impliziert, aber nur eine Übersicht in einer Umgebung des jeweils realisierten Punktes annimmt. Es sei daran erinnert, daß „Normalaktion" impliziert, daß bis auf eine unten erwähnte Ausnahme nur solche Aktionen in Betracht gezogen werden, die die Konkurrenten nicht definitiv schlechter stellen. Da die Theorie zwischen *Aktion* und *Reaktion* unterscheidet und da es bei Preiskombinationen, die nicht zum Gleichgewichtsbereich gehören, für mehrere oder alle Oligopolisten von Vorteil sein kann, eine Aktion zu beginnen, werden wir jedem dieser Oligopolisten die gleiche Chance einräumen, „der erste zu sein", also mit einer Aktion zu beginnen und die anderen dann zu Reaktionen zu zwingen. Mangels weiterer Information, welcher Oligopolist der cleverste und schnellste ist, ist dies das natürlichste Vorgehen. Wir kommen dann aber nur zu *Wahrscheinlichkeitsaussagen* über die Preisveränderungen, und das entspricht der Realität entschieden mehr als eine volle Determiniertheit allen Marktgeschehens.

Wir betrachten nur Situationen, bei denen die Preise größer sind als die Grenzkosten

(6.10.68) $$p_i > K_i'(x_i), \quad \forall\, i \in \{1, \ldots, n\}.$$

Andernfalls ist der Markt mit n Oligopolisten ohnehin nicht existenzfähig. Wir nehmen an, daß jeder Oligopolist n eine *Aktion* beginnen kann (aber nicht muß), indem er seinen Preis p_n mit einer Geschwindigkeit c_n^+ nach oben bzw. $-c_n^-$ nach unten verändert, sobald er sich dadurch nach Reaktion seiner Konkurrenten besser stellt. Die Geschwindigkeiten c_n^+ bzw. c_n^-, mit der der Oligopolist n seinen Preis ändert, seien institutionell gegeben. Da die Reaktionen bei Preisherauf- und -herabsetzungen verschieden sind und es nicht ausgeschlossen ist, daß sowohl Preisherauf- wie -herabsetzungen zum Vorteil des Oligopolisten n sind, legen wir fest, daß sich der Oligopolist n in diesem Fall zu Preisheraufsetzungen entschließt.[1]

Im endgültigen Gleichgewichtsbereich darf keine Firma Verluste machen. Nun gibt es mögliche Gleichgewichtsbereiche, in denen (6.10.30) erfüllt ist und demnach keine Preisbewegung erfolgen könnte und *trotzdem* bei einem oder mehreren Oligopolisten Verluste entstehen.[2] Dies ist die Folge zu hoher Kosten oder zu niedriger Preise dieser Oligopolisten, wobei die Verluste aber (wenn überhaupt) nicht ohne Schädigung der Konkurrenzfirmen zu beseitigen sind. In diesem Fall wollen wir annehmen, daß solche Preissenkungen erfolgen und daß die geschädigten Konkurrenten wie bei Herausforderungen reagieren, nämlich den Verlust in gewisser Weise unter sich aufteilen und ihn insgesamt durch ihre Reaktion minimieren (vgl. (6.10.57–60).

Damit kommen wir zu folgendem Ansatz.

---

1 Tatsächlich ist diese Festlegung zumindest für das Dyopol nicht notwendig, sobald (6.10.68) gilt; sie ist nur der logischen Vollständigkeit halber hinzugesetzt. Für $p_i < K_i'(x_i)$ gibt es solche Bereiche; vgl. die Fig. 6.10.89 unten.

2 Vgl. etwa Fig. 6.10.3, wenn die Kurven konstanten Gewinns dort so umbezeichnet werden, daß $Q_1 = 2$ bzw. $Q_2 = 2$ nunmehr $Q_1 = 0$ und $Q_2 = 0$ werden; oder in der gleichen Figur mit den dortigen Bezeichnungen, wenn die Preise im Bereich B_1 oder B_2 liegen.

Falls der Oligopolist n eine *Aktion* beginnt, so gilt:

$$(6.10.69) \qquad \frac{dp_n(t)}{dt} = c_n$$

$$\text{mit } c_n = \begin{cases} c_n^+ > 0, \text{ stets, falls } \dfrac{\partial Q_n(t)}{\partial p_n} > 0 \\[2ex] -c_n^- < 0, \text{ falls } \dfrac{\partial Q_n(t)}{\partial p_n} \leqslant 0 \text{ und } \begin{cases} \text{entweder } \dfrac{dQ_n(t)}{dp_n} < 0,\ Q_n(t) \text{ beliebig} \\[2ex] \text{oder } \dfrac{dQ_n(t)}{dp_n} \begin{Bmatrix} \geqslant 0 \\ \text{oder} \\ \text{existiert} \\ \text{nicht}^1 \end{Bmatrix} \text{ und } Q_n(t) < \end{cases} \\[2ex] 0, \text{ falls } \dfrac{\partial Q_n(t)}{\partial p_n} \leqslant 0 \text{ und } \dfrac{dQ_n(t)}{dp_n} \begin{Bmatrix} \geqslant 0 \\ \text{oder} \\ \text{existiert} \\ \text{nicht}^1 \end{Bmatrix} \text{ und } Q_n(t) \geqslant 0. \end{cases}$$

Hierbei ist nach (6.10.24 und 28):

$$(6.10.70a) \qquad \frac{\partial Q_n(t)}{\partial p_n} = x_n(p_1(t), \ldots, p_n(t)) + [p_n(t) - K_n'(x_n(\ldots))] \frac{\partial x_n(\ldots)}{\partial p_n}$$

die Gewinnänderung ohne Reaktion der Konkurrenten,

$$(6.10.70b) \qquad \frac{dQ_n(t)}{dp_n(t)} = x_n(p_1(t), \ldots, p_n(t)) + [p_n(t) - K_n'(x_n(\ldots)] \cdot$$

$$\cdot \left[\frac{\partial x_n(\ldots)}{\partial p_n} - \sum_{j=1}^{n-1} \sum_{\kappa=1}^{n-1} \frac{\partial x_n(\ldots)}{\partial p_j} k_{j\kappa}^n(t\right.$$

die Gewinnänderung mit Reaktion der Konkurrenten; die $k_{i\kappa}^n(t)$ sind die Elemente von $(K^n)^{-1}$ in (6.10.27); sie sind jetzt zeitabhängig.

Die Oligopolisten i, $i \in \{1, \ldots, n-1\}$, *reagieren* auf eine Normalaktion des Oligopolisten n nicht, wenn dadurch ihr Gewinn erhöht wird, also im Bereich (6.10.68) bei Preiserhöhungen von n; bei Preissenkungen reagieren sie so, daß sie ihren alten Gewinn wiederherstellen (vgl. 6.10.27):

---

1 $\dfrac{dQ_n(t)}{dp_n}$ existiert nicht, wo $k_{jn}(t)$, d. h. die Elemente der Matrix $(K^n)^{-1}$ in (6.10.28), nicht existieren. Dies ist der Fall, wo durch eine infinitesimale Preissenkung des Oligopolisten n die übrigen Oligopolisten durch ihre Reaktion ihren Gewinn nicht wiederherstellen können. Ist nämlich das Gewinnmaximum für irgendeinen Oligopolisten $i \in \{1, \ldots, n-1\}$ bereits erreicht, d. h. $\dfrac{\partial Q_i}{\partial p_1} = \ldots = \dfrac{\partial Q_i}{\partial p_n} = 0$, so ist in K_n in (6.10.25a) eine ganze Zeile identisch Null, so daß K_n^{-1} und damit k_{jn} nicht existieren.

(6.10.71a) $$\frac{dp_i}{dp_n} = \begin{cases} 0, \text{ falls } dp_n(t)/dt \geqslant 0, \\ -\sum_{\kappa=1}^{n-1} k_{i\kappa}^n(t) \frac{\partial Q_\kappa}{\partial p_n}, \text{ falls } dp_n(t)/dt < 0 \text{ und die } k_{i\kappa}^n(t) \text{ existieren.} \end{cases}$$

Kann der alte Gewinn nicht wiederhergestellt werden – und das ist jetzt bei Preissenkung des Oligopolisten n im Falle $Q_n(t) < 0$ möglich – ,existieren also $k_{i\kappa}^n(t)$ nicht, so reagieren die geschädigten Oligopolisten wie im Falle von Herausforderungen, nämlich nach (6.10.58):

(6.10.71b) $$\frac{dp_i}{dp_n} = \frac{dp_{i1}^{(n)}(p_n(t)|\alpha_1^{(n)}, \ldots, \alpha_{n-1}^{(n)})}{dp_n(t)},$$

falls $dp_n(t)/dt < 0$ und die $k_{i\kappa}^n(t)$ nicht existieren.

Die tatsächlichen Preisänderungen des Oligopolisten i als Reaktion auf eine Preisänderung des Oligopolisten n ist also

$\frac{dp_i}{dp_n} \cdot \frac{dp_n(t)}{dt}$, wobei $\frac{dp_n(t)}{dt}$ nach (6.10.69) bestimmt ist. Zu (6.10.69–71b) analoge Bedingungen gelten für alle übrigen Oligopolisten 1, . . . , n–1.

Ist es im Zeitpunkt t für eine Untermenge $M(t) \subset \{1, \ldots, n\}$ der Oligopolisten vorteilhaft, eine Aktion zu beginnen, so entscheidet ein Zufallsmechanismus darüber, wer wirklich beginnt. Mangels weiterer Information wollen wir, wie früher gesagt, jedem Oligopolisten $j \in M(t)$ die gleiche Wahrscheinlichkeit

$w_j = w\left(\frac{dp_j(t)}{dt} = c_j \neq 0\right)$ zubilligen, der „erste" zu sein.

Somit ist

(6.10.72) $$w\left(\frac{dp_j(t)}{dt} = c_j \neq 0\right) = \begin{cases} \frac{1}{m(t)} > 0, \text{ falls } j \in M(t), \\ 0, \text{ falls } j \notin M(t), \end{cases}$$

wobei m(t) die Anzahl der Elemente von M ist.

(6.10.69–72) definieren einen kontinuierlichen stochastischen Prozeß in den n Variablen $p_1(t), \ldots, p_n(t)$. Wir zeigen nun, daß er unter den folgenden, sehr plausiblen Voraussetzungen *von jedem Ausgangspunkt in den Grenzen* (6.10.68) *zu Randpunkten des Gleichgewichtsbereiches* (6.10.30) *konvergiert,* falls ein solcher existiert.

Wir stellen hier die benötigten Konvergenz-Voraussetzungen, die zum Teil aus bereits gemachten Voraussetzungen über die Nachfrage- und Kostenfunktionen folgen, zusammen. Sie sind hinreichend.

(6.10.73) Für alle $(p_1, \ldots, p_{i-1}, p_{i+1}, \ldots, p_n)$ in den Grenzen (6.10.68) existiert ein $\bar{p}_i$, so daß

$$\frac{\partial Q_i(p_1, \ldots, p_{i-1}, \bar{p}_i, p_{i+1}, \ldots, p_n)}{\partial \bar{p}_i} = 0, \quad \forall\, i \in \{1, \ldots, n\},$$

Dies folgt aus (6.10.19 und 20). Es gibt also für jede Kombination der Preise der Konkurrenten für jeden Oligopolisten i stets einen optimalen Preis $\overline{p}_i$.

(6.10.74) $$\frac{d^2Q_i}{dp_i^2} < 0;$$

dies ist das Ertragsgesetz bezüglich des Gewinns bei Reaktion der Konkurrenten.

Es folgt ebenfalls aus (6.10.19 und 20). Analog:

(6.10.75) $$\frac{\partial Q_i^2}{\partial p_i^2} < 0;$$

dies ist das Ertragsgesetz bezüglich des Gewinns ohne Reaktion der Konkurrenten.

(6.10.76) Von jedem Ausgangspunkt $p_o = (p_{1o}, \ldots, p_{no})$ in den Grenzen (6.10.68), für den $\frac{\partial Q_i(p_o)}{\partial p_i} < 0$ und $\frac{dQ_i(p_o)}{dp_i} < 0$ gilt, gibt es ein $\overline{p}_i < p_{i0}$ und $\overline{p}_j = p_j(\overline{p}_i | p_{1o}, \ldots, p_{no})$ gemäß (6.10.21), $j \in \{1, \ldots, n\}$, $j \neq i$, so daß mit $\overline{p} = (\overline{p}_1, \ldots, \overline{p}_n)$ gilt $\frac{\partial Q_i(\overline{p})}{\partial \overline{p}_i} \leqslant 0$ und

a) entweder $\frac{dQ_i(\overline{p})}{d\overline{p}_i}$ nicht existiert

oder

b) $\frac{dQ_i(\overline{p})}{d\overline{p}_i} = 0$ ist.

Im Fall a) würden weitere Preissenkungen des Oligopolisten i gewisse Oligopolisten definitiv schädigen. Hier existiert $(K^i)^{-1}$ nicht, also auch nicht $k_{j\kappa}^i$ und $\frac{dQ_i(\overline{p})}{d\overline{p}_i} = 0$ (vgl. (6.10.25a und 70b).

Im Fall b) würden weitere Preissenkungen des Oligopolisten i ihn bei der Reaktion der Konkurrenten selbst schädigen.

(6.10.77) Für $\frac{\partial Q_i}{\partial p_i} \geqslant 0$ und $\frac{dQ_i}{dp_i} < 0$ gilt, wo die $k_{j\kappa}^i$ existieren:

$$\sum_{\substack{\kappa=1\\ \kappa\neq i}}^{n} k_{j\kappa}^i(t)\,\frac{\partial Q_\kappa}{\partial p_i} = \sum_{\substack{\kappa=1\\ \kappa\neq i}}^{n} k_{j\kappa}^i\,[p_\kappa - K'(x_\kappa)]\,\frac{\partial x_\kappa}{\partial p_i} > 0,\ \forall j \in \{1, \ldots, n\},\quad i \neq j.$$

Dann hat man in diesem Bereich nach (6.10.71a):

(6.10.77a) $\frac{dp_j}{dp_i} < 0, \ \forall j \in \{1, \ldots, n\}, j \neq i.$

Dies bedeutet, daß auf Preissenkungen des Oligopolisten i in einem Preisbereich, in dem er auch nach Reaktion der Konkurrenten noch besser dasteht als vorher und in dem er durch alleinige Preisanhebung seinen Gewinn nicht verringern würde, *alle* Konkurrenten mit Preisanhebungen reagieren. Dies ist eine plausible Annahme, wenn man sich die Situation klar macht. Daraus folgt: solange (6.10.77) gilt, wird ein Wechsel von Preissenkungen und -erhöhungen durch den Oligopolisten i stets nur zu *Preiserhöhungen* aller übrigen Konkurrenten führen. Ist nämlich $\frac{\partial Q_i}{\partial p_i} > 0$, so gilt nach (6.10.69) $\frac{dp_i}{dt} = c_i^+ > 0$, so daß nach (6.10.71a) $\frac{dp_j}{dp_i} = 0, \forall j \in \{1, \ldots, n\}, j \neq i$. Hier reagieren also die Konkurrenten nicht. Ist $\frac{\partial Q_i}{\partial p_i} = 0$ und $\frac{dQ_i}{dp_i} < 0$, so gilt nach (6.10.69) $\frac{dp_i}{dt} = -c_i^- < 0$ und, falls die $k_{i\kappa}^n$ existieren: $\frac{dp_j}{dp_i} < 0, \forall j \in \{1, \ldots n\}$, $j \neq i$. Es gibt also im Bereich (6.10.77) keine Preiszirkel: Die Oligopolisten kommen bei irgendeiner Folge von Preisänderungen des agierenden Oligopolisten i niemals wieder zur Ausgangspreiskonstellation zurück.

(6.10.78) Falls $\frac{\partial Q_i(p_o)}{\partial p_{io}} = 0$ und $\frac{dQ_i(p_o)}{dp_{io}} < 0$ für $p_o = (p_{1o}, \ldots, p_{no})$, $\bar{p}_j > p_{jo}$, $\forall j \in \{1, \ldots, n\}, j \neq i$, so gibt es einen eindeutigen Preis

$\bar{p}_i = p_i(\bar{p}_1, \ldots, \bar{p}_{i-1}, \bar{p}_{i+1}, \ldots, \bar{p}_n) > p_{io}$, so daß $\frac{\partial Q_i(\bar{p})}{\partial p_i} = 0$ und $\frac{dQ_i(\bar{p})}{dp_i}$ nicht existiert, wobei $\bar{p} = (\bar{p}_1, \ldots, \bar{p}_n)$. Dann gibt es auch

für alle p_j in den Grenzen $p_{jo} \leqslant p_j < \bar{p}_j$ ein $p_i = p_i(p_1, \ldots, p_{i-1}, p_{i+1}, \ldots, p$

so daß $\frac{\partial Q_i(p)}{\partial p_i} = 0$ und $\frac{dQ_i(p)}{dp_i} < 0$ für $p = (p_1, \ldots, p_n)$.

Von jeder Ausgangssituation p_o, bei der der Oligopolist i bezüglich alleiniger Preissteigerungen am Gewinnmaximum angekommen ist, während er durch Preissenkungen bei Normalreaktion der Konkurrenten seinen Gewinn noch erhöhen kann, kann der Oligopolist i bei jeder Preissteigerung aller übrigen Konkurrenten unterhalb gewisser Maximalpreise $(\bar{p}_1, \ldots, \bar{p}_{i-1}, \bar{p}_{i+1}, \ldots, \bar{p}_n)$ eine analoge Ausgangssituation wiederherstellen, indem er ebenfalls einen höheren Preis verlangt, der von den Preisen der übrigen Konkurrenten abhängt. Bei den Maximalpreisen $\bar{p}_j$ der übrigen Konkurrenten gibt es einen solchen Preis nicht mehr, vielmehr wird der Oligopolist i durch Preiserhöhung auf $\bar{p}_i$ zwar gerade wieder die Situation erreichen, wo eine weitere alleinige Preiserhöhung seinen Gewinn nicht mehr erhöht. Von diesem Ausgangspunkt kann der Oligopolist i keine Preissenkung mehr vornehmen, ohne die Konkurrenten definitiv zu schädigen, so daß $\frac{dQ_i}{dp_i}$ nicht existiert.

Eine Folge von irgendwelchen Preissteigerungen der Oligopolisten j, $j \in \{1, \ldots, n\}$, $j \neq i$ und eine Folge von optimalen Preissteigerungen des Oligopolisten i von einer Situation (6.10.78) aus führt also am Ende stets zu einer Situation, bei der die negativen Wirkungen von Preissenkungen des Oligopolisten i auf die übrigen Konkurrenten bei jeder möglichen Reaktion nicht mehr kompensiert werden können.

(6.10.79) Es gibt Preise $p = (p_1, \ldots, p_n)$, so daß $Q_i \geqslant 0$, $\forall\, i \in \{1, \ldots, n\}$

und

(6.10.79a) für die Preise p, für die $\frac{\partial Q_i}{\partial p_i} = 0$, $\forall\, i \in \{1, \ldots, n\}$, gilt ebenfalls $Q_i \geqslant 0$. Dies bedeutet, daß der Markt existenzfähig ist und daß am Nash-Gleichgewichtspunkt, bei dem alleinige Preisänderungen eines Konkurrenten sich für ihn nicht lohnen, keine Verluste eintreten.

Damit kann ein Gleichgewicht im Sinne der Geltung von (6.10.30) bei Verlusten für einen Konkurrenten i nur bei zu *hohen* Preisen dieses Konkurrenten eintreten, und Preissenkungen dieses Oligopolisten auf den Gleichgewichtsbereich führen nicht zu Verlusten für die übrigen Konkurrenten.

Wir betrachten nun den Oligopolisten n und nehmen an, er werde durch Zufallsmechanismus stets ausgewählt, „der erste" zu sein, solange für ihn $c_n \neq 0$ ist. Dann sind alle möglichen Ausgangssituationen $(p_{1o}, \ldots, p_{no})$ in *folgende Fälle* zu gruppieren, wobei die Konsequenzen nach (6.10.69) mit angegeben sind:

(6.10.80)

1. $\frac{\partial Q_n}{\partial p_n} > 0$ und $\frac{dQ_n}{dp_n} < 0 \rightarrow c_n = c_n^+$ und nach (6.10.71a) $\frac{dp_i}{dp_n} = 0$, $\forall\, i \in \{1, \ldots, n\}$, $i \neq n$.

2. $\frac{\partial Q_n}{\partial p_n} > 0$ und $\frac{dQ_n}{dp_n} \begin{cases} \geqslant 0 \\ \text{oder} \\ \text{existiert nicht} \end{cases} \rightarrow c_n = c_n^+$.

3. $\frac{\partial Q_n}{\partial p_n} \leqslant 0$ und $\frac{dQ_n}{dp_n} < 0 \rightarrow c_n = -c_n^-$ und nach (6.10.77a) $\frac{dp_i}{dp_n} < 0$, $\forall\, i \in \{1, \ldots, n\}, i \neq n$.

4. $\frac{\partial Q_n}{\partial p_n} \leqslant 0$ und $\frac{dQ_n}{dp_n} \begin{cases} \geqslant 0 \\ \text{oder} \\ \text{existiert nicht} \end{cases} \rightarrow \begin{cases} \text{a) } c_n = -c_n^-, \text{ falls } Q_n < 0, \\ \text{b) } c_n = 0, \text{ falls } Q_n \geqslant 0. \end{cases}$

Trifft der Fall 4b) für alle Oligopolisten zu, so ist $(p_{1o}, \ldots, p_{no})$ ein Gleichgewichtspunkt.

Wir werden zeigen,

α. daß die Fälle 1.–4a. für den Oligopolisten n stets zum Fall 4b führen,

β. daß, falls 4b. für den Oligopolisten n, aber nicht für eine Untermenge $M(t) \subset \{1, \ldots, n-1\}$ der übrigen Oligopolisten erfüllt ist, eine Auswahl irgendeines Oligopolisten $j \in M(t)$, von jetzt ab der erste zu sein, zum Fall 4b. für ihn führt, ohne daß die Bedingungen 4b. für die übrigen, für die sie schon erfüllt waren, wieder verletzt werden.

Daraus folgt dann, daß der Prozeß bei beliebiger Auswahl der jeweils agierenden Oligopolisten durch den Zufallsmechanismus zum Gleichgewichtsbereich, wo 4b. für alle erfüllt ist, konvergiert.

Beweisskizze zu α.

Fall 1. Nach (6.10.73) existiert ein $\overline{p}_n > p_{no}$, so daß nach (6.10.69) $\overline{p}_n = p_n(\overline{t}) = p_{no} + c^+ \overline{t}$, somit $\overline{t} = \frac{\overline{p}_n - p_{no}}{c^+} > \epsilon$, ϵ eine beliebig kleine, positive Zahl, und $\frac{\partial Q_n(\overline{t})}{\partial p_n} = 0$. Nach (6.10.74) gilt dann weiter $\frac{dQ_n(\overline{t})}{dp_n} < 0$ (dann geht Fall 1. in Fall 3. über) oder $\frac{dQ_n(\overline{t})}{dp_n}$ existiert nicht (dann geht Fall 1. in Fall 4. über).

Fall 2. Wie in Fall 1. existiert ein $\overline{t}$, so daß $\frac{\partial Q_n(\overline{t})}{\partial p_n} = 0$. Nach (6.10.74) wird dann

$$\frac{dQ_n(\overline{t})}{dp_n} \begin{cases} < 0; \text{ dies führt zu Fall 1} \\ \text{oder} \\ \left.\begin{array}{l} \geqslant 0 \\ \text{oder} \\ \text{existiert nicht} \end{array}\right\} \quad \text{dies führt zu Fall 4.} \end{cases}$$

Fall 3. Falls $\frac{\partial Q_n}{\partial p_n} < 0$ und $\frac{dQ_n}{dp_n} < 0$, so geht Fall 3. wegen (6.10.74–76) in Fall 4. über. Falls $\frac{\partial Q_n}{\partial p_n} = 0$ und $\frac{dQ_n}{dp_n} < 0$, so geht Fall 3. wegen (6.10.74–75) in Fall 1. über. Ein ständiger Wechsel von Fall 1. und 3. führt wegen (6.10.77a) zu keinem Zirkel; vielmehr konvergiert ein solcher Wechsel wegen (6.10.77) und (6.10.78) zum Fall 4.

Fall 4. Gilt 4b., so sind die Aktionen von n beendet; die Beweisskizze zu a. ist fertig. Gilt 4a. für $p = (p_1, \ldots, p_n)$, so ist $p_n > p_n^*$, $p_n^* \in \{\overline{p}_n | Q(p_1, \ldots, p_{n-1}, \overline{p}_n) \geqslant 0\}$ andernfalls wäre $\frac{\partial Q_n}{\partial p_n} > 0$. Da nach (6.10.71b) und (6.10.59) $V_n = \min!$, wird nach (6.10.79 und 79a) der Fall 4b. erreicht.

Beweisskizze zu β.

Für ein bestimmtes $j \in M(t)$ gilt der Beweis zu a. Wegen (6.10.79 und 79a) bleibt

$Q_n(t) \geqslant 0$ erhalten für alle n, für die $Q_n(\hat{t}) \geqslant 0$ gilt für $t \geqslant \hat{t}$. Somit konvergiert der Prozeß unter den obigen, sehr plausiblen Voraussetzungen zum Gleichgewichtsbereich, sobald ein solcher existiert.

Zu jedem Ausgangspunkt $p_o = (p_{1o}, \ldots, p_n)$ gehört eine *kontinuierliche Wahrscheinlichkeitsverteilung* über alle Randpunkte des Gleichgewichtsbereiches, die die Wahrscheinlichkeit W (*D*) bestimmt, daß ein abgeschlossener Teil *D* des Randes des Gleichgewichtsbereiches von p_o aus erreicht wird. Sie folgt aus (6.10.72). Wir leiten sie als Grenzwert einer diskontinuierlichen Verteilung her.

Es sein Δp_j die „aktive" Preisänderung des Oligopolisten j am Beginn von Δt, wenn nämlich der Zufall entschieden hat, daß er „der erste" ist. Hierfür besteht nach (6.10.72) die Wahrscheinlichkeit $\frac{1}{m(t)}$. Ein bestimmter Randpunkt $p_j = (p_{1j}, \ldots, p_{nj})$ des Gleichgewichtsbereiches, der einem Gitterpunkt des Gitternetzes Δp entsprechen und in *D* liegen soll, soll nach (6.10.69–71)[1] auf z_j verschiedenen Wegen erreicht werden können. Ein *Weg* i von p_o und p_j ist ein Vektor v_{ij} von Preisänderungen

$$(6.10.81) \qquad v_{ij} = [\Delta p_{\nu 1}(1), F_1(\Delta p_{\nu 1}(2)), \ldots, \Delta p_{\nu k}(2k-1), F_k(\Delta p_{\nu k}(2k))]$$

wobei $\Delta p_{\nu\kappa}(\tau)$ die „aktive" Preisänderung des Oligopolisten $\nu_\kappa \in \{1, \ldots, n\}$ zu Anfang der Periode τ ist, wenn dies die κ-te aktive Preisänderung von p_o aus überhaupt ist. Die Periodenzählung beginnt mit der ersten Preisänderung von p_o aus. $F_\kappa(\Delta p_{\nu\kappa}(2\kappa))$ sind die nach (6.10.69–71) induzierten Preisreaktionen der übrigen Oligopolisten in der Periode 2κ, wenn der Oligopolist ν_κ in der vorhergehenden Periode $2\kappa-1$ als Aktion die Preisänderung $\Delta p_{\nu\kappa}(2\kappa-1)$ gewählt hat; also

$$(6.10.82) \qquad F_\kappa(\Delta p_{\nu\kappa}(2\kappa)) := [\Delta p_1(2\kappa | \Delta p_{\nu\kappa}(2\kappa-1)), \ldots, \Delta p_{\nu\kappa-1}(2\kappa | \Delta p_{\nu\kappa}(2\kappa-1)),$$
$$\Delta p_{\nu\kappa+1}(2\kappa | \Delta p_{\nu\kappa}(2\kappa-1), \ldots, \Delta p_n(2\kappa | \Delta p_{\nu\kappa}(2\kappa-1))].$$

Sei $\overline{v}_{ij} := (\Delta p_1, \ldots, \Delta p_n)$ der Vektor aller aktiven oder reaktiven Preisänderungen nach (6.10.81 und 82), so gilt also

$$(6.10.83) \qquad p_j = p_o + \overline{v}_{ij}.$$

Es sei nach (6.10.72)

$$(6.10.84a) \qquad w(\nu_\kappa) = \frac{1}{m(2\kappa)} > 0$$

die Wahrscheinlichkeit, daß der Oligopolist ν_κ am Anfang der Periode 2κ eine Aktion beginnt. Dann ist die Wahrscheinlichkeit, auf dem Wege v_{ij} von p_o nach p_j zu gelangen

$$(6.10.84b) \qquad \overline{w}_{ij} = w(\nu_1) \cdot w(\nu_2) \ldots \cdot w(\nu_k).$$

---

1 Dort sind die Differentiale als Differenzenquotienten zu interpretieren.

Es gibt z_j solche Wege. Also wird p_j von p_o aus mit der Wahrscheinlichkeit

(6.10.85) $$W(p_j) = \sum_{i=1}^{z_j} \bar{w}_{ij}$$

erreicht.[1]

Die Zahl N der Gitterpunkte p_j auf dem Rand des Gleichgewichtsgebietes im Bereich *D* ist eine Funktion der zulässigen Schrittlänge Δp:

(6.10.86) $$N = N(\Delta p),$$

und zwar derart, daß $N \to \infty$ geht (∞ von der Mächtigkeit des Kontinuums), wenn $\Delta p \to 0$.

Somit ist für jede endliche Schrittlänge Δp die Wahrscheinlichkeit, einen Bereich *D* auf dem Rand des Gleichgewichtsgebietes von p_o aus zu erreichen:

(6.10.87) $$W(D) = \sum_{j=1}^{N(\Delta p)} W(p_j),$$

und die gesuchte Dichtefunktion w(p) ist bestimmt durch

(6.10.88) $$W(D) := \int_D w(p)\,dp = \lim_{\Delta p \to 0} \sum_{j=1}^{N(\Delta p)} W(p_j).$$

Da nach (6.10.85, 84a und b und 72) $W(p_j) \geqslant 0$, $\sum_{j=1}^{N(\Delta p)} W(p_j) \leqslant 1$ für alle Schrittlängen Δp, ebenso auch für $\Delta p \to 0$, existiert dieser Grenzwert.

Wir haben somit das *Ergebnis:*

Existiert ein Gleichgewichtsbereich, so wird er auch von allen Ausgangs-Preispunkten $p0 = (p_{10}, \ldots, p_{no})$ aus, für die (6.10.68–79) gelten, erreicht. Allerdings ist in der Regel nicht mehr mit Sicherheit zu sagen, welcher Randpunkt des Gleichgewichtsbereiches von p_o aus erreicht wird. Für jeden Ausgangspunkt p_o existiert vielmehr eine Wahrscheinlichkeits-Dichtefunktion über alle Randpunkte des Gleichgewichtsbereiches, die die Wahrscheinlichkeit angibt, daß ein bestimmter Randbereich erreicht wird.

b. Veranschaulichung am Dyopol

Fig. 6.10.89 zeigt die Vorzeichen von $\frac{dQ_1}{dp_1}$ im gesamten Bereich zwischen den Grenzkostenlinien K'_1 und K'_2 der Oligopolisten 1 und 2. Die Kammlinien F_1 und F_2, die Maximallinie H, die Minimallinie T sowie einige Kurven konstanten Gewinns Q_1 = const. und Q_2 = const. sind eingezeichnet. Unterhalb von F_1 gilt

1 Dies ist eine Verallgemeinerung der Theorie der Verteilungen beim Galtonschen Brett.

Fig. 6.10.89

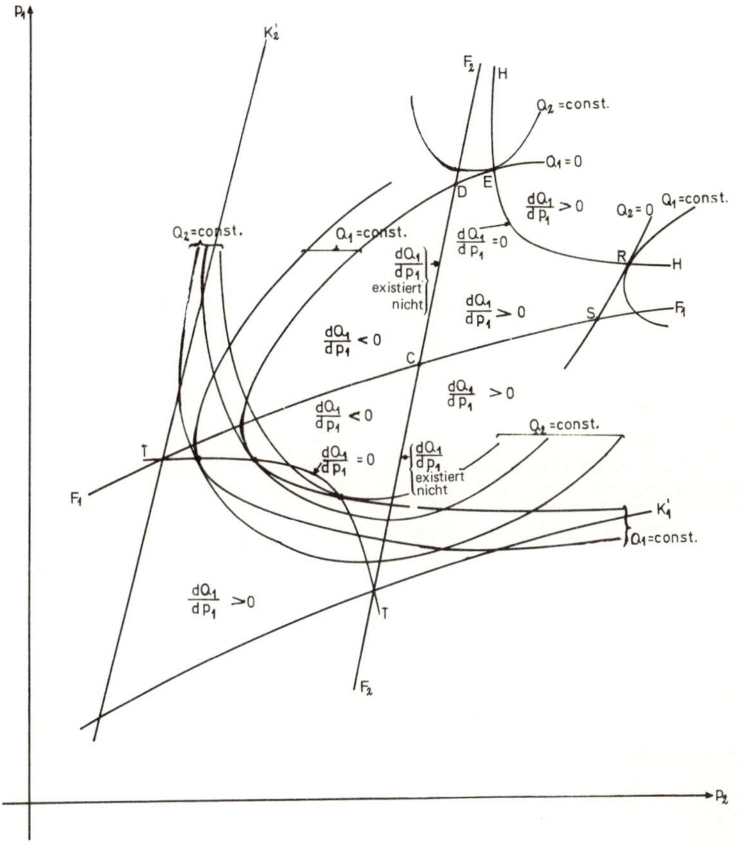

$\frac{\partial Q_1}{\partial p_1} > 0$, oberhalb von F_1 gilt $\frac{\partial Q_1}{\partial p_1} < 0$, auf F_1 ist $\frac{\partial Q_1}{\partial p_1} = 0$. In analoger Weise sind die Bereiche verschiedener Vorzeichen von $\frac{dQ_2}{dp_2}$ und $\frac{\partial Q_2}{\partial p_2}$ zu konstruieren.

Fig. 6.10.90 identifiziert die 4 Ausgangsbereiche 1 bis 4 nach (6.10.80). Dabei ist durch dünne Linien angedeutet, wenn der Rand nicht eingeschlossen ist.

Fig. 6.10.91 zeigt ebenfalls nach (6.10.80), welche Preisänderungen in jedem dieser Gebiete von irgendeinem Ausgangspunkt aus möglich sind. Dabei sind jeweils die Grenzen angegeben, innerhalb derer sich die Preisbewegungen halten. Für einige besonders gekennzeichnete Ausgangspunkte ist der Bereich, innerhalb dessen sich die Preisbewegungen abspielen, schraffiert.

Von bestimmten Ausgangsbereichen aus werden gewisse Randpunkte des Gleichgewichtsbereiches mit der Wahrscheinlichkeit 1 erreicht.

Fig. 6.10.90

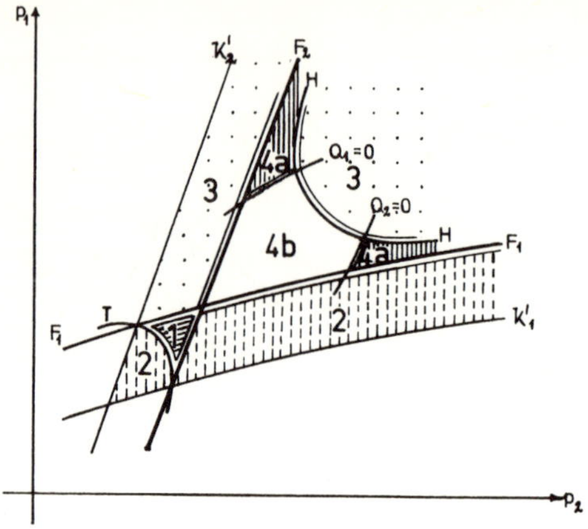

In Fig. 6.10.92 wird der Punkt C von allen Punkten des Bereiches A, der Punkt D von allen Punkten des Bereiches B, der Punkt S von allen Punktes des Bereiches C aus mit Sicherheit erreicht. Gibt man allen Preispunkten außerhalb des Gleichgewichtsgebietes die gleiche Wahrscheinlichkeit, Ausgangsposition zu sein, so ist also die Gesamt-Wahrscheinlichkeitsdichte der Erreichung verschiedener Randpunkte des Gleichgewichtsbereiches verschieden. Fig. 6.10.93 zeigt die Wahrscheinlichkeiten, mit denen von P_0 aus die Punkte P_1 bis P_6 auf der Maximallinie erreicht werden, errechnet nach (6.10.85), unter der Voraussetzung, daß an jedem Gitterpunkt die Oligopolisten 1 und 2 die gleiche Wahrscheinlichkeit von $\frac{1}{2}$ haben, mit einer Aktion zu beginnen (vgl. auch Fig. 6.10.91).

Fig. 6.10.91

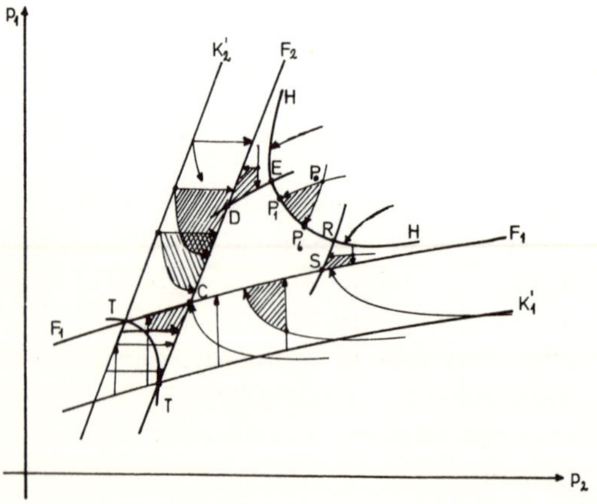

Fig. 6.10.92

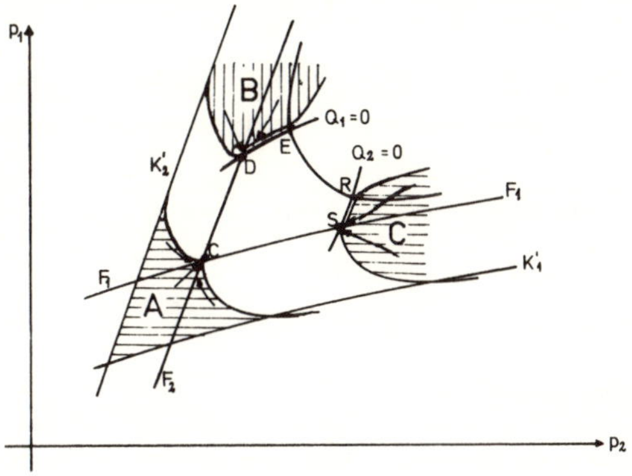

Fig. 6.10.93

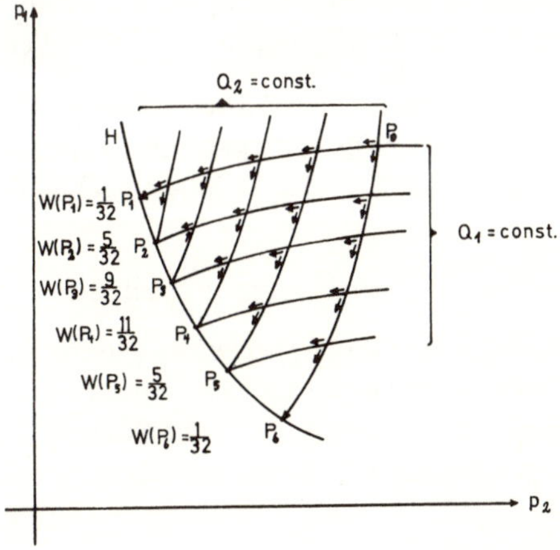

2. *Herausforderungen*[1]

Hier nehmen wir an, jeder Oligopolist habe volle Übersicht über das Gesamtproblem, und er scheue auch von großen Preisänderungen und definitiven Schädigungen der Konkurrenten nicht zurück. Wir setzen wieder voraus, daß ein Gleichgewichtsgebiet im Sinne von (6.10.25a und b) und (6.10.30) existiert.

Es ist zweckmäßig, zu diskreten Zeitintervallen überzugehen. Es ist definiert:

1 Dieser Abschnitt ist analog dem entsprechenden beim Oligopotyp B. Wir fassen uns daher hier kürzer.

1. p_{it} =: *Aktion* des Oligopolisten i in der Periode t, falls
   a. t=1 und $p_{i1} \neq p_{io}$
   oder b. $p_{j,t-1}$ ist eine Aktion und $p_{it} \neq p_{i,t-1}$
   oder c. $p_{j,t-1} = p_{j,t-2}$ und $p_{it} \neq p_{i,t-1}, \forall\, i, j \in \{1, \ldots, n\}$, $i \neq j$.

2. p_{it} =: *Reaktion,*
   falls $p_{j,t-1}$ eine Aktion war und falls $p_{it} \neq p_{i,t-1}$.

3. p_{it} =: *Keine Aktion und keine Reaktion,*
   falls $p_{it} = p_{i,t-1}$.

Folgende *Verhaltensregeln* gelten:

1. Jeder Oligopolist ist in allen Perioden t frei, eine *Aktion* zu beginnen, in denen keine Aktion eines anderen Oligopolisten j in Periode t−1 vorausgegangen ist (in diesem Fall steht ihm nur eine oder keine Reaktion frei), sowie in Periode 1.

2. Wünscht mehr als ein Oligopolist eine Aktion zu beginnen, so hat jeder die gleiche Chance, bei der gewünschten Aktion der erste zu sein und zum Zuge zu kommen. Es ist immer nur *eine* Aktion *eines* Oligopolisten i in einer Periode zugelassen[1].

3. Dagegen sind Reaktionen aller übrigen Oligopolisten j auf eine Aktion eines Oligopolisten i, i≠j, in der gleichen (nächsten) Periode zugelassen; jede Reaktion auf eine Aktion irgendeines Oligopolisten in der Periode t *muß* in der Periode t+1 erfolgen.

4. „Keine Aktion und keine Reaktion" sind jederzeit zugelassen.

Die *Zielsetzung* für jede Aktion ist die *Gewinnmaximierung unter Einrechnung der Reaktion aller übrigen* Konkurrenten in der nächsten Periode. Ist der dann resultierende Zustand ein Gleichgewichtszustand, so ist die Situation in der Periode t, in der die Aktion, und in der Periode t+1, in der die Reaktion erfolgt, zu vernachlässigen gegenüber allen folgenden Perioden, in denen der Zustand nach der Reaktion erhalten bleibt. Dies ist der Grund für diesen Ansatz.

Die *Reaktionsfunktion* der Oligopolisten $i \in \{1, \ldots, n-1\}$ gegenüber einer Aktion des Oligopolisten n in der Periode t ist jetzt nach (6.10.64):

(6.10.94)
$$p_{i,t+1} = p^{(n)}_{i,t+1,\delta}\,(p_{nt} | \alpha_1^{(n)}, \ldots, \alpha_{n-1}^{(n)}),$$
$$\text{wobei } \delta = \begin{cases} 0, \text{ falls } V_{n,t+1} \leqslant 0, \\ 1, \text{ falls } V_{n,t+1} > 0. \end{cases}$$

Eine *Aktion* wird, falls sie nach den obigen Regeln erlaubt ist, vom Oligopolisten n in der Periode t angestrebt, falls die Lösung von

1 Anders ausgedrückt: Die Wahrscheinlichkeit, daß zwei Oligopolisten im gleichen Zeitpunkt t eine Aktion beginnen, ist Null.

(6.10.95) $$x_n(p_1(t+1), \ldots, p_{n-1}(t+1), p_n(t)) + [p_n(t) - K'_n(x_n(\ldots)] \cdot \cdot \left[\frac{\partial x_n(\ldots)}{\partial p_n} + \sum_{i=1}^{n-1} \frac{\partial x_n(\ldots)}{\partial p_i} \frac{\partial p^{(n)}_{i,t+1,\delta}}{\partial p_{nt}}\right] = 0$$

ein p_{nt} ergibt, so daß zusammen mit den $p_{i,t+1}$, $i \in \{1, \ldots, n-1\}$:

(6.10.96) $$Q_n(p_{1,t+1}, \ldots, p_{n-1,t+1}, p_{nt}) > Q_n(p_{1,t-1}, \ldots, p_{n,t-1}).$$

Damit ergeben sich folgende Möglichkeiten:

a) Es ist nach (6.10.95) für keinen der Oligopolisten vorteilhaft, mit einer Aktion zu beginnen. Die Preissequenzen sind also:

$$[p_{1o}, \ldots, p_{no}], [p_{1o}, \ldots, p_{no}], \ldots$$

Hier liegen die Anfangspreise im Gleichgewichtsbereich.

b) Es ist für die Oligopolisten $j \in M(1) \subset \{1, \ldots, n\}$ nach (6.10.96) vorteilhaft, in der Periode 1 mit einer Aktion zu beginnen. Dann wird durch den Zufall ein Oligopolist i ausgewählt, der tatsächlich beginnt. Gehören $[p_{12}, \ldots, p_{n-1,2}, p_{n1}]$ zum Gleichgewichtsbereich – und das ist als die Regel anzusehen –, so wird der *Gleichgewichtsbereich in einem Schritt erreicht.* Die Preissequenzen sind also

$$[p_{1o}, \ldots, p_{no}], [p_{1o}, \ldots, p_{i-1,o}, p_{i+1,o}, \ldots, p_{no}], [p_{12}, \ldots, p_{i-1,2}, p_{i1}, p_{i+1,2}, \ldots, p_{n2}], [p_{12}, \ldots, p_{i-1,2}, p_{i1}, p_{i+1,2}, \ldots, p_{n2}], \ldots$$

c) Wie in b), aber: es wird kein Gleichgewichtspunkt erreicht. Dann sind (im Gegensatz zu Normalaktionen) *ständige Zyklen* möglich, obwohl an sich ein Gleichgewichtsbereich existiert. Dies ist als Ausnahmefall anzusehen, der für die Praxis keinerlei Bedeutung hat. Das Modell ist in diesem Fall kein adäquates Abbild der Wirklichkeit.

Die folgenden Figuren illustrieren die obigen Fälle für das Dyopol.

In den doppelt schraffierten Gebieten A und B in Fig. 6.10.97 haben beide Oligopolisten ein Interesse, mit einer Preisbewegung zu beginnen. Beginnt 1, so wird A_2 erreicht, beginnt 2, so A_1. Allerdings würde bei einer Lage wie in Fig. 6.10.97 jeder gern dem anderen die Initiative überlassen; aber mit einer Aktion beginnen ist immer noch besser als Nichtstun. Im Bereich C hat nur 1 ein Interesse an einer Aktion, im Bereich D nur 2. Von allen diesen Bereichen aus wird also entweder A_1 oder A_2 erreicht, und das sind stabile Gleichgewichtspunkte, so daß die Bewegung dort endet. Von E aus wird ein Punkt auf der Maximallinie H erreicht; welcher, hängt davon ab, wer mit einer Aktion beginnt; z. B. von Z aus wird entweder W oder Y erreicht, je nachdem, ob 1 oder 2 beginnt. Hier hat jeder das Interesse, selbst zu beginnen. F ist das Gleichgewichtsgebiet.

Fig. 6.10.98 zeigt den Ausnahmefall, bei dem von jedem Ausgangspunkt außer-

Fig. 6.10.97

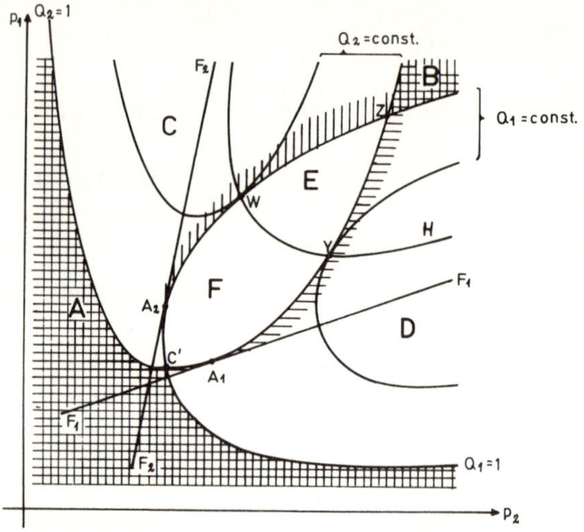

halb des Gleichgewichtsgebietes aus ein gleichgewichtsloses Schwanken zwischen A_1 und A_2 resultiert, obwohl ein Gleichgewichtsgebiet existiert (schraffiert). Dieser Oligopoltyp ($\gamma\gamma$ nach Stackelberg) ist als Ausnahme anzusehen.

Fig. 6.10.98

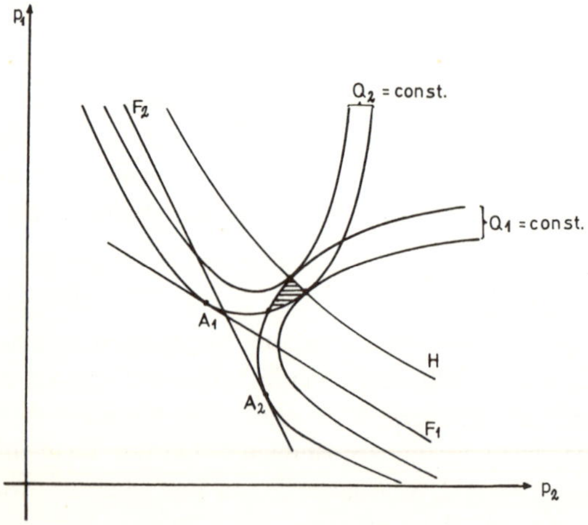

3. Zusammenfassung. Kritiken

Die hier vorgetragene eigene Oligopoltheorie unterscheidet sozusagen zwischen aggressiven und defensiven Preisbewegungen. Sie begrenzt allerdings die Aggressivität, so daß eigentliche Preiskämpfe mit dem Ziel der Ausschaltung des Konkurrenten – jedenfalls nach der unterstellten Intention der Beteiligten – vermieden werden. Sie läßt jedem Oligopolisten die Freiheit, mit einer Preisbewegung zu beginnen, und wenn mehrere das wollen, gibt sie jedem die gleiche Chance, tatsächlich „der erste" zu sein. Sie berücksichtigt defensive Reaktionen der Gegenseite. Dies scheint ein für viele Verhältnisse zutreffendes Bild von Oligopolmärkten zu sein. Das *Ergebnis* ist, daß in aller Regel ein ausgedehntes Gleichgewichtsgebiet existiert und daß die Randpunkte dieses Gebietes von allen Nichtgleichgewichtspunkten aus entweder in einem Schritt oder in einem stochastischen Prozeß erreicht werden. Dort hört dann alle Bewegung auf: die Preise sind eingefroren. Das beobachtet man ja auch bei den meisten Oligopolen. Die Untergrenze des Preis-Gleichgewichtsbereiches verschiebt sich mit zunehmender Zahl n der Konkurrenten zu niedrigen Preisen. Für $n \to \infty$ und bei gleichen linearen Nachfrage- und Kostenfunktionen der Konkurrenten konvergiert er zu einem Punkt oberhalb des Polypolpunktes: der Preis liegt auch dann über den Grenzkosten.

Obwohl das alles vernünftig klingt, muß man sich der *Begrenzungen* dieser Theorie doch bewußt sein. Sie ist *heuristisch:* die Art der Reaktion ist nicht aus Optimalitätsgesichtspunkten abgeleitet, sondern postuliert; sie betrachtet nur die Reaktion der *nächsten* Periode und nicht alle Preisbewegungen der Zukunft; dem *Risikogesichtspunkt* ist nur rudimentär (durch Verbot zu aggressiver und zu großer Preisveränderungen) Rechnung getragen. Das läßt sich aber erst im Rahmen eines spieltheoretischen Ansatzes korrigieren. Wir bringen ihn weiter unten.

Die Theorie ist in der Literatur häufig behandelt worden, meist positiv, aber auch negativ. Auch Erweiterungen und Ausgestaltungen der Theorie wurden vorgeschlagen. Soweit die negativen Kritiken nicht einfach auf Mißverständnissen beruhen,[1] bestehen sie in Erweiterungs- oder Änderungsvorschlägen zur Reaktionshypothese.[2] Da es sich um eine heuristische Theorie handelt, bei der die Reaktions-

1 *Seitz,* Bemerkungen zur Dyopoltheorie Krelles, Jahrbuch für Nat. Ök. und Statistik, 174 (1962), S. 430–451, meint, daß ein logischer Widerspruch zwischen der Aktions- und der Reaktionshypothese besteht (vgl. hierzu meine Erwiderung in derselben Zeitschrift, 175 (1963), S. 232–236); *Brunner,* Bemerkungen zur Krelleschen Lösung des Dyopolproblems, Der österreichische Betriebswirt, 14 (1964), S. 222–229, zeigt, daß das, was ich für die Maximallinie behauptet habe, nicht für die Minimallinie zutreffen kann; *Heertje,* Besprechung der „Preistheorie", in: De Economist (1962), S. 770–773, meint, es fehle eine Reaktionshypothese, da die sogenannte Normalreaktion unmittelbar aus der Profitmaximierungs-Hypothese folge, und es gebe bei Profitmaximierung keine Preisbewegungen eines Oligopolisten, die den anderen begünstigt. *Heertje,* Zeitschr. f. Nat. Ök., 30 (1970), S. 465–474, moniert die graphische Darstellung und meint, in der analytischen Ableitung sei ein Fehler. Beides ist falsch. Vgl. hierzu meine Erwiderung „Unbestimmtheitsbereiche im Oligopol", Zeitschr. f. Nat. Ök., 31 (1971), S. 157–176.

2 *Ott,* Gewinnmaximierung, Reaktionshypothese und Gleichgewichtsgebiet beim unvollkommenen Dyopol, Jahrbücher für Nationalökonomie und Statistik, 175 (1963), S. 428–440, schlägt als Reaktionshypothese ebenfalls die Gewinnmaximierung vor. Dies führt zu einer Ausdehnung des Gleichgewichtsgebietes, vgl. oben 2. Unterabschnitt zu Abschnitt 10 dieses Kapitels; *Fleischmann,* Symmetrisches Dyopol, Jahrbücher für Nationalökonomie und Statistik, 175 (1963), S. 347–355, fragt, wer denn das Privileg der Aktion haben solle und will

hypothese nur durch Plausibilitätsüberlegungen gestützt ist und anderen offensichtlich anderes plausibel erscheint, habe ich dazu nicht zu sagen. Unter sehr allgemeinen Voraussetzungen wird man doch auf ausgedehnte Gleichgewichtsgebiete geführt, und das ist das wesentliche Ergebnis dieser Theorie.[1] Helmstädter[2] hat das im einzelnen dargelegt; vgl. hierzu auch die oben (im 8. Abschnitt dieses Kapitels) aufgeführten Arbeiten von Albach.

Anhang zum 6. Kapitel

11. Abschnitt

Das Verbund-Oligopol

In den vorhergehenden Abschnitten haben wir Oligopole bei preissubstitutiven Gütern behandelt. Sie stehen sicher ganz im Vordergrund des Interesses. Immerhin sind auch *Oligopole bei preiskomplementären Gütern* vorstellbar; in Fig. 6.1.28 oben ist diese Situation dargestellt. Schon Cournot[3] hat sich mit ihnen befaßt, später auch andere Autoren.[4] In der 1. Auflage dieses Buches habe ich diesen Teil der Theorie als zu wirklichkeitsfern nicht aufgenommen, und andere Autoren haben ebenso entschieden.[5] Helmstädter hat nun diesen Oligopoltyp wieder aufgegriffen,

festlegen, daß der durch eine Aktion benachteiligte Dyopolist nur dann normal reagieren wird, wenn die Preisänderung so klein ist, daß ihm seinerseits eine Aktion offen steht, und wenn ihm das Vorrecht auf die nächste Aktion eingeräumt wird. *Runtze,* Verhaltensweise und Preisgleichgewicht im Oligopol, Jahrbücher für Nationalökonomie und Statistik, 177 (1965), S. 353–367 will eine mehrperiodische Gewinnmaximierung eingeführt wissen (nämlich Überlegungen über die Folgen der angenommenen Verhaltensweisen auf das Ergebnis) und schlägt konkret als Zielfunktion die Gewinnmaximierung bei konstanten Absatzrelationen vor. Leider sieht er nicht, daß dies im allgemeinen Fall zu Widersprüchen führt: die optimale Preiskonstellation bei konstanten Absatzrelationen ist im allgemeinen für jeden Oligopolisten anders. *Heuß,* Die oligopolistische Verhaltensweise als evolutorischer Prozeß, Jahrbücher für Nationalökonomie und Statistik, 179 (1966), S. 452–465, schlägt das gleiche vor. *Rudolf Richter,* Krelles „Preistheorie", Finanzarchiv, N. F. 22 (1963), S. 521-524, will *simultane* Preisaktionen zulassen.

1 Wie ich nachträglich sehe, hat bereits *Sargan,* An Illustration of Dyopoly, Yorkshire Bulletin of Economic and Social Research, Leeds 1952, S. 133–145, einen ausgedehnten Gleichgewichtsbereich als eine mögliche Lösung für den Fall der geknickten Nachfragekurve abgeleitet. Andeutungen davon finden sich ebenfalls bei *Chamley,* L'oligopole, Paris 1944, S. 62 (letzteren Hinweis verdanke ich *Ernst Helmstädter*).

2 *Helmstädter,* Gleichgewichtsbereiche in statischen Dyopolmodellen, Jahrbücher für Nationalökonomie und Statistik, 175 (1963), S. 441–458.

3 *Cournot,* Untersuchungen über die mathematischen Grundlagen der Theorie des Reichtums, übersetzt von *Waffenschmidt,* Jena 1924, S. 86 ff.

4 Z. B. *Chamley,* L'Oligopole, Paris 1944, S. 58 ff; *Erich Schneider,* Reine Theorie monopolistischer Marktformen, Tübingen 1932, S. 55 ff.

5 Z. B. *Karl Brandt,* Preistheorie, Ludwigshafen 1960; *Rudolf Richter,* Preistheorie, Wiesbaden 1963; *Alfred E. Ott,* Grundzüge der Preistheorie, Göttingen 1968.

ihn näher analysiert[1] und dafür plädiert, ihn nicht zu vergessen, weil er doch praktisch relevant sein könnte.[2] Das scheint zuzutreffen, und so soll dieser Oligopoltyp jedenfalls hier im Anhang kurz behandelt werden.

Wir geben zunächst einen *allgemeinen Ansatz* und spezifizieren ihn dann so, daß die Lösung explizit angegeben werden kann. Hierbei behandeln wir zwei Fälle:

A. Es gibt nur eine weiterverarbeitende Firma, also: Monopol auf dem Endverbrauchermarkt;

B. Es gibt sehr viele weiterverarbeitende Firmen mit gleichen Kostenfunktionen, und es besteht freie Konkurrenz, so daß der Gewinn jeder einzelnen weiterverarbeitenden Firma Null ist; also: vollständiges Polypol auf dem Endverbrauchermarkt.

A. Monopol auf dem Endverbrauchermarkt

Es gebe n Lieferfirmen von Vorprodukten, wobei die Firma i, $i = 1, \dots, n$, die Quantität x_i zum Preis p_i an eine weiterverarbeitende Firma liefert, die aus diesen Vorprodukten und Kapital und Arbeit ein Endprodukt y herstellt, das sie zum Preis p absetzt. Für die *Lieferfirma* i gibt es eine Kostenfunktion $K_i(x_i)$ mit $K_i' > 0$, $K_i'' \geqslant 0$. Im folgenden werden wir *lineare Kostenfunktionen* annehmen:

$$K_i = b_{oi} + b_{1i}x_i, \; b_{oi}, b_{1i} > 0. \qquad (6.11.1)$$

Die Lieferfirmen setzen die Preise p_i fest, die weiterverarbeitende Firma nimmt diese Preise als gegeben und bestimmt daraufhin den Preis p ihres Produktes; die Absatzmenge y hängt von p ab.

Für die verarbeitende Firma gilt eine Produktionsfunktion

$$y = F(x_1, \dots, x_n, A, K), \quad \begin{array}{l} A = \text{Arbeitsmenge}, \\ K = \text{Kapitalmenge}, \end{array} \qquad (6.11.2)$$

mit den Eigenschaften:

---

1 *Helmstädter,* Das Verbund-Dyopol Cournots als Modell der Konkurrenz um den Preisanteil und seine verteilungstheoretische Anwendung, Jahrb. f. Nat. Ök. u. Stat., 174 (1962), S. 377 ff. Dort auch weitere Literatur.

2 *Cournot* gibt das folgende Beispiel für das Verbund-Dyopol. Messing ist eine Legierung von Kupfer und Zink in einem bestimmten Verhältnis. Wenn es nur einen Kupfer- und einen Zinkproduzenten gibt, die ihr Produkt an eine Vielzahl von Messingproduzenten absetzen, hat man ein Verbund-Dyopol. Ein anderes Beispiel ist Koks und Eisenerz, die im bestimmten Verhältnis für die Roheisenerzeugung benötigt werden. Wenn die Eisenerz-exportierenden Länder ein Kartell schließen (analog zur „OPEC" der erdöl-erzeugenden Länder) und wenn die Kokskohlenerzeugung bei einer Gesellschaft konzentriert ist, so würde ebenfalls ein Verbund-Dyopol entstehen.

(6.11.2a) $$y = \min \begin{cases} G\,(A, K), \\ g\,(x_1, \ldots, x_n), \end{cases}$$

wobei G die übliche Produktionsfunktion bedeutet, während g die Komplementarität der Faktoren 1, . . . , n ausdrücken soll, d. h. an allen Stellen $f(\lambda) \cdot x_j$, $\forall\, j = 1, \ldots, n$, $f' > 0$, λ ein Skalenfaktor, soll gelten $\partial g/\partial x_i = 0$, $\forall\, i \in \{1, \ldots, n\}$.

Das einfachste Beispiel für g ist die Walras-Leontief-Produktionsfunktion:

(6.11.3) $$y = \min\left(\frac{1}{c_1}\, x_1, \ldots, \frac{1}{c_n}\, x_n\right),$$

$c_i > 0$ der konstante Produktionskoeffizient,

so daß am effizienten Produktionspunkt gilt

(6.11.3a) $$x_i = c_i y.$$

Wir werden im folgenden diese Produktionsfunktion annehmen. Diese Produktionsfunktion g führt zur Kostenfunktion für die Vorleistungen bei der weiterverarbeitenden Firma:

(6.11.4a) $$K^{Vorl} = y \sum_i p_i c_i.$$

Die Produktionsfunktion G soll ebenfalls zu einer linearen Kostenfunktion für die sonstigen Kosten (Arbeit und sonstiges Kapital) führen:

(6.11.4b) $$K^{Sonst} = b_o + b_1 y,\; b_o, b_1 > 0,$$

so daß die Gesamtkosten der verarbeitenden Firma

(6.11.4c) $$K = K^{Vorl} + K^{Sonst}$$

sind.

Die Nachfragefunktion auf dem Markt für das Endprodukt sei ebenfalls linear:

(6.11.5) $$y = a_o - a_1 p, \qquad a_o, a_1 > 0,$$

$$\text{also } p = \frac{a_o}{a_1} - \frac{1}{a_1}\, y, \qquad a_o > b_1 + \sum_i c_1 b_{1i}.$$

Der *Gewinn* Q der weiterverarbeitenden Firma ist also

(6.11.6) $$Q = y\,p - b_o b_{1y} - y \sum_i c_i p_i\,,$$

und er wird bei gegebenen Preisen $p_1, \ldots, p_n$ bei der Produktionsmenge

(6.11.7) $$y^{Mon} = \frac{1}{2}\,[a_o - a_1\,(b_1 + \sum_i c_i p_i)]$$

maximal. Um die folgenden Ausdrücke zu vereinfachen, normieren wir die Einheit des Endproduktes und die Geldeinheit so, daß

(6.11.8) $$a_o = a_1 = 1$$

wird. Das ist stets möglich. Dann wird aus (6.11.7):

(6.11.7a) $$y^{Mon} = \frac{1}{2}\,(1 - b_1 - \sum_i c_i p_i).$$

Der optimale Monopolpreis ist dann

(6.11.9) $$p^{Mon} = 1 - y^{Mon}.$$

B. Vollständiges Polypol bei der Endproduktfertigung

Wir nehmen jetzt an, daß eine sehr große Zahl von Firmen, alle mit gleicher Kostenfunktion (6.11.4c), die Vorprodukte weiterverarbeiten und daß ihre Konkurrenz den Preis p so drückt, daß der Gewinn bei jeder Firma, und also bei allen insgesamt,verschwindet. Der Gesamtgewinn ist dann ebenfalls Q nach (6.11.6), und der Polypolpreis p^{Pol} und die Liefermenge y^{Pol} sind dadurch bestimmt, daß Q = 0 wird. Die führt bei der Normierung (6.11.8) auf

(6.11.10) $$y^{Pol} = z \pm \sqrt{z^2 - b_o}\quad, z = \frac{1}{2}\,(1-b_1-\sum_i c_i p_i),$$

wobei nur das +–Zeichen eine ökonomische Bedeutung hat. Um die Ergebnisse leichter vergleichen zu können, nehmen wir beim Polypol keine fixen Kosten an:

(6.11.11) $$b_o = 0.$$

Dann wird (6.11.10):

(6.11.12) $$y^{Pol} = 1 - b_1 - \sum_i c_i p_i\,,$$

und der Polypolpreis ist

(6.11.13) $$p^{Pol} = 1 - y^{Pol}.$$

Man sieht durch Vergleich von (6.11.7a und 12), daß die Marktversorgung beim Polypol doppelt so groß ist wie beim Monopol.

Um Monopol und Polypol auf dem Weiterverarbeitungsmarkt gleichzeitig behandeln zu können, setzen wir für die optimale Endproduktmenge

$$y = \mu\,(1 - b_1 - \sum_i c_i p_i) \tag{6.11.14}$$

$$\text{mit } \mu = \begin{cases} 1 \text{ beim Polypol,} \\ \frac{1}{2} \text{ beim Monopol.} \end{cases}$$

C. Cournot-Preisbildung bei den Lieferfirmen

Wir folgen hier Cournot und nehmen an (was aber im Grunde ebensowenig gerechtfertigt ist wie im Fall der Preissubstitutivität der Güter), daß jeder Oligopolist glaubt, der andere reagiere auf eigene Preisänderungen nicht. Der Gewinn der Lieferfirma i ist

$$Q_i = p_i x_i - K_i(x_i) = \mu c_i (1 - b_1 - \sum_{j=1}^{n} c_j p_j)(p_i - b_{1i}) - b_{oi}. \tag{6.11.15}$$

Er ist unter der obigen Annahme bei dem Preis p_i maximal, bei dem $\partial Q_i / \partial p_i = 0$ ist. Das führt auf[1]

$$p_i = \frac{1}{2}\,(\frac{1-b_1}{c_i} + b_{1i} - \frac{1}{c_i} \sum_{\substack{j=1 \\ j \neq i}}^{n} c_j p_j). \tag{6.11.16}$$

Zur Vereinfachung der folgenden Ausdrücke wollen wir jetzt auch die Einheiten der Liefermengen $x_1, \ldots, x_n$ so normieren, daß

$$c_1 = c_2 = \ldots = c_n =: c \tag{6.11.17}$$

ist.

Dann wird (6.11.16)

$$p_i = \frac{1}{2}\,(\frac{1-b_1}{c} + b_{1i} - \sum_{\substack{j=1 \\ j \neq i}}^{n} p_j), \qquad i = 1, \ldots, n, \tag{6.11.16a}$$

oder in Matrixschreibweise

$$Ap = b, \text{ mit } A = \begin{pmatrix} 1 & \frac{1}{2} & \cdots & \frac{1}{2} \\ \frac{1}{2} & 1 & \cdots & \frac{1}{2} \\ \vdots & \vdots & & \\ \frac{1}{2} & \frac{1}{2} & \cdots & 1 \end{pmatrix}, \quad p = \begin{pmatrix} p_1 \\ \vdots \\ p_n \end{pmatrix}, \tag{6.11.16b}$$

1 Dies gilt für *jedes* μ. Die Marktform bei der Weiterverarbeitung beeinflußt die optimalen Preise p_i nicht!

$$\text{und } b = \begin{pmatrix} \frac{1-b_1}{2c} & + \frac{1}{2} b_{11} \\ \vdots & \\ \frac{1-b_1}{2c} & + \frac{1}{2} b_{1n} \end{pmatrix}.$$

In (4.2.9b) oben tritt die Matrix 2A auf; ihre Inverse ist in (4.2.9c) angegeben. Daraus ergibt sich

$$\text{(6.11.16c)} \qquad p = A^{-1} b \text{ mit } A^{-1} = 2 \begin{pmatrix} \frac{n}{n+1} & -\frac{1}{n+1} & \cdots\cdots & -\frac{1}{n+1} \\ -\frac{1}{n+1} & \frac{n}{n+1} & \cdots\cdots & -\frac{1}{n+1} \\ \vdots & & & \\ -\frac{1}{n+1} & -\frac{1}{n+1} & \cdots\cdots & \frac{n}{n+1} \end{pmatrix}.$$

Das Ergebnis ist leicht zu erkennen, wenn man gleiche Grenzkosten bei allen Firmen annimmt:

$$\text{(6.11.17)} \qquad b_{11} = b_{12} = \ldots = b_{1n} =: \bar{b}_1.$$

Dann erhält man aus (6.11.16c)

für $n = 1$ (Monopol) : $p_1 = \frac{1}{2} \left(\frac{1-b_1}{c} + \bar{b}_1 \right)$,

für $n = 2$ (Dyopol) : $p_1 = p_2 = \frac{1}{3} \left(\frac{1-b_1}{c} + \bar{b}_1 \right)$

usw., allgemein bei n Oligopolisten

$$\text{(6.11.18)} \qquad p_1 = \ldots = p_n = \frac{1}{n+1} \left(\frac{1-b_1}{c} + \bar{b}_1 \right).$$

Die Preise fallen also mit wachsender Zahl n der Oligopolisten. Das darf man aber nicht falsch interpretieren: hier werden *verschiedene Märkte* verglichen. Jeder einzelne Markt ist durch eine *feste* Zahl von Lieferanten definiert.

Im *Monopolfall A*, bei dem nur *eine* weiterverarbeitende Firma existiert, erhält man jetzt aus (6.11.18) und (6.11.7a) bei der Normierung (6.11.17):

$$\text{(6.11.19)} \qquad y^{Ol.Mon} = \frac{1}{2} \left[(1-b_1)\left(1 - \frac{n}{n+1}\right) - \frac{n}{n+1} \bar{b}_1 c \right]$$

und

$$\text{(6.11.20)} \qquad p^{Ol.Mon} = 1 - y^{Ol.Mon}$$

(der obere Index gibt die Marktform auf den beiden Märkten an).

Im Polypolfall B erhält man analog aus (6.11.18) und (6.11.12) bei der Normierung (6.11.17):

(6.11.21) $$y^{Ol.Pol} = [(1-b_1)(1-\frac{n}{n+1}) - \frac{n}{n+1}\,\bar{b}_1 c]$$

und

(6.11.22) $$p^{Ol.Pol} = 1 - y^{Ol.Pol.}.$$

In Tabelle 6.11.23 sind in den ersten beiden Zeilen diese Preise $p^{Ol.Mon}$ (1. Zeile) und $p^{Ol.Pol}$ (2. Zeile) eingetragen, wenn man (wie Cournot) die Kosten $b_1 = \bar{b}_1 =$ ansetzt. Man sieht, daß der Endverbraucherpreis mit größerer Zahl n von Lieferanten *steigt* und daß beim vollständigen Polypol auf dem Markt der Weiterverarbeitung zwar für jedes n der Endverbraucherpreis niedriger ist als beim Monopol dort, daß er aber ebenfalls zum gleichen Grenzwert 1 ansteigt für $n \to \infty$.

Tabelle 6.11.23 *Normierte Preise beim Verbundoligopol bei Produktion ohne Kosten*

Eingetragen: normierte Preise		Anzahl der Lieferanten n = 1*)	2	3	. . .	∞
1. Cournot-Oligopol bei den Lieferanten, Monopol bei der Weiterverarbeitung	$p^{Ol.Mon} =$	3/4	5/6	7/8	. . .	1
2. Cournot-Oligopol bei den Lieferanten, vollständiges Polypol bei der Weiterverarbeitung	$p^{Ol.Pol} =$	1/2	2/3	3/4	. . .	1
3. Kollektivmonopol der Lieferanten und Monopol bei der Weiterverarbeitung	$p^{Mon.Mon} =$	3/4	3/4	3/4	. . .	3/4
4. Kollektivmonopol der Lieferanten, vollständiges Polypol bei der Weiterverarbeitung	$p^{Mon.Pol} =$	1/2	1/2	1/2	. . .	1/2

*) Also stets Monopol bei den Lieferanten

D. Kollektivmonopol bei den Lieferanten

Wir nehmen an, die n Lieferfirmen schließen sich zu einem Kollektivmonopol zusammen und setzen solche Preise $p_1, \ldots, p_n$, daß ihr Gesamtgewinn $\bar{Q}$ maximal wird. Er ist, wenn wir zunächst wieder verschiedene Grenzkosten bei den Firmen annehmen((6.11.17) gilt nicht) und von der Normierung (6.11.17) absehen:

(6.11.24) $$\bar{Q} = \mu \left[\sum_{i=1}^{n} c_i \left(1 - b_1 - \sum_{j=1}^{n} c_j p_j\right)(p_i - b_{1i})\right] - \sum_{i=1}^{n} b_{oi}.$$

Er wird bei den Preisen $p_1, \ldots, p_n$ maximal, bei denen $\partial\bar{Q}/\partial p_i = 0$ ist, $i = 1, \ldots, n$ Dies ergibt[1]

(6.11.24a) $$p_i = \frac{1}{2}\left[\frac{1-b_1}{c_i} + b_{1i} - \frac{1}{c_i}\sum_{\substack{j=1\\ j\neq i}}^{n} c_j b_{1j}\right] - \frac{1}{c_i}\sum_{\substack{j=1\\ j\neq i}}^{n} c_j p_j$$

(vgl. (6.11.16)).

Bei Einführung der Normierung (6.11.17) wird daraus

(6.11.25) $$p_i = \frac{1}{2}\left[\frac{1-b_1}{c} + \sum_{j=1}^{n} b_{1j}\right] - \sum_{\substack{j=1\\ j\neq i}}^{n} p_j$$

oder in Matrixschreibweise

(6.11.25a) $$\bar{A}p = \bar{b} \text{ mit } \bar{A} = \begin{pmatrix} 1 & 1 & \ldots & 1 \\ 1 & 1 & \ldots & 1 \\ \vdots & \vdots & & \\ 1 & 1 & \ldots & 1 \end{pmatrix}, \qquad \bar{b} = \begin{pmatrix} \bar{b}^1 \\ \vdots \\ \bar{b}^1 \end{pmatrix}$$

$$\text{und } \bar{b}^1 := \frac{1}{2}\left[\frac{1-b_1}{c} + \sum_{j=1}^{n} b_{1j}\right].$$

Man sieht sofort die Identität aller Zeilen in (6.11.25a): die Matrix ist singulär, die Preise p sind nicht eindeutig bestimmt. Vielmehr kann der Kollektivmonopolist auf der durch (6.11.25) definierten Hyperebene alle Preise $p_1, \ldots, p_n$ so, daß weder Preise noch Mengen negativ werden, bestimmen. Der Gesamtgewinn ist überall dort gleich und maximal.

Fig. 6.11.26 zeigt die Situation für das Dyopol. Überall auf der Geraden P_1P_2 ist der Gewinn maximal. Dort gilt nach (6.11.25): $p_1 = A - p_2$ mit

$$A = \frac{1}{2}\left[\frac{1-b_1}{c} + b_{11} + b_{12}\right].$$

Fig. 6.11.26

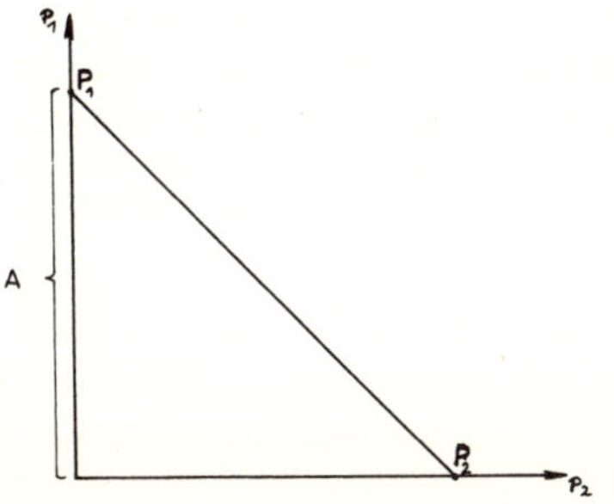

1 Dies gilt für alle μ. Die Marktform bei der Weiterverarbeitung beeinflußt die optimalen Preise p_i nicht!

Hat der Kollektivmonopolist irgendwie nach (6.11.25) die Preise $p_1, \ldots, p_n$ festgelegt, so sind nun aber die Endproduktmenge y und deren Preis p eindeutig bestimmt. Im *Fall A* (Monopol bei der Weiterverarbeitung) erhält man nach (6.11.25) und (6.11.7a) bei der Normierung nach (6.11.17):

$$(6.11.27) \qquad y^{Mon.Mon} = \frac{1}{4}\,[1-b_1-c\sum_{j=1}^{n} b_{1j}]$$

und für den Endverbraucherpreis

$$(6.11.28) \qquad p^{Mon.Mon} = 1-y^{Mon.Mon}.$$

Der *Fall B* (Polypol bei der Weiterverarbeitung) ergibt analog

$$(6.11.29) \qquad y^{Mon.Pol} = \frac{1}{2}\,[1-b_1-c\sum_{j=1}^{n} b_{1j}]$$

und

$$(6.11.30) \qquad p^{Mon.Pol} = 1-y^{Mon.Pol}.$$

In Tabelle 6.11.23 sind diese Ergebnisse für den Cournot-Fall, in dem keine Produktionskosten entstehen ($b_1 = b_{1j} = 0, j = 1, \ldots, n$), eingetragen. Man sieht, daß jetzt der Endverbraucherpreis unabhängig von der Zahl der Lieferanten ist und wiederum durch das Monopol bei der Weiterverarbeitung erhöht wird.

E. Schlußbemerkungen

Die Cournot-Hypothese der Nichtreaktion ist hier wie auch sonst im Oligopolfall wenig realistisch. Es können auch hier, genauso wie beim Oligopol auf Märkten mit preissubstitutiven Gütern, wirklichkeitsnähere Reaktionstypen eingeführt werden. Das Ergebnis ist, wie man schon aus dem Vergleich von Figur 6.1.28 oben mit Fig. 6.1.27 vermuten kann, symmetrisch. Helmstädter hat a.a.O. den Gleichgewichtsbereich auch für diesen Fall abgeleitet. Es wird hier auf diese Arbeit verwiesen.

7. Kapitel

SPIEL- UND ENTSCHEIDUNGSTHEORETISCHE LÖSUNGEN DES OLIGOPOLPROBLEMS

In diesem Kapitel sollen spiel- und entscheidungstheoretische Lösungskonzepte auf das Oligopolproblem angewandt werden. Für den allgemeinen Fall von n Firmen werden dabei allerdings, um zu einfachen Lösungen zu kommen, gewisse vereinfachende Symmetrieannahmen gemacht.

Somit werden im nächsten Abschnitt zunächst die allgemeinen *spiel- und entscheidungstheoretischen Lösungen* für ein symmetrisches n-Firmen-Oligopol angegeben. In den folgenden Abschnitten werden diese Lösungen dann für *die wichtigsten Dyopolfälle* im einzelnen analysiert.

I. Abschnitt

Spiel- und entscheidungstheoretische Oligopollösungen. Statische Modelle

1. Das Oligopolmodell

Auf einem bestimmten Markt sollen n Firmen je ein substituierbares Produkt anbieten. Der Einfachheit halber nehmen wir an, jede Firma i, $i \in \{1, \ldots, n\}$, habe eine Entscheidungsvariable $y_i \in Y_i$ aus einer abgeschlossenen Menge Y_i möglicher Entscheidungen mit $0 \leqslant y_i \leqslant \overline{y}_i$, $\overline{y}_i$ eine vorgegebene Konstante, zur Verfügung (Preis, Produktion, Werbung o. ä.), mit der sie den Absatz ihres Produktes, aber gleichzeitig auch den Absatz der Produkte aller übrigen Firmen beeinflussen kann. Zielgröße jeder Firma i sei der Gewinn Q_i. Er hänge stetig von $y_1, \ldots, y_n$ ab. Die Funktion $Q_i(y_1, \ldots, y_n)$ sei zweimal stetig differenzierbar.

Wir wollen annehmen, daß abnehmende Wirkungszuwächse für die Entscheidungsgrößen gelten und daß es für alle Konstellationen der Entscheidungsgrößen $\hat{y}_j$, $j \neq i$, der Konkurrenten j einer Firma i eine optimale Entscheidungsgröße y_i geben soll, die nicht durch die Randbedingungen bestimmt ist. Das ist keine schwerwiegende Einschränkung, weil ein solcher Zustand, wenn er nicht „von Natur" besteht, durch infinitesimale Änderungen im Ansatz zu erreichen ist. Weiterhin soll die Jacobische Matrix der partiellen Ableitungen der Gewinnfunktion am Nash-

Punkt y* nicht singulär sein. Das besagt, daß der Nash-Punkt $Q_i(y^*)$ nicht paretooptimal sein soll und daß ein für alle Firmen höherer Gewinn $Q_i(\overline{y}) > Q_i(y^*)$ durch eine eindeutige Kombination $\overline{y}$ der Entscheidungsgrößen erreichbar sein soll,[1] $i \in \{1, \ldots, n\}$. Diese Annahmen sind ökonomisch vernünftig: durch Verabredungen werden die Firmen stets ihren Gewinn gegenüber dem Zustand am Nash-Punkt (ohne Verabredungen) verbessern können.

Somit nehmen wir an:

(7.1.1) $$Q_i = Q_i(y_1, \ldots, y_n)\,, \quad y_i \in Y_i\,, \quad i \in \{1, \ldots, n\},$$

mit

(7.1.1a) $$\frac{\partial^2 Q_i}{\partial y_i^2} < 0 \text{ und}$$

(7.1.1b) $$\frac{\partial Q_i(\hat{y}_1, \ldots, \hat{y}_{i-1}, y_i, \hat{y}_{i+1}, \ldots, \hat{y}_n)}{\partial y_i} = 0$$

tritt ein für $0 < y_i < \overline{y}_i, \forall \hat{y}_j \in Y_j, \; i, j \in \{1, \ldots, n\}, i \neq j,$

sowie

(7.1.1c) $$\left|\frac{\partial Q}{\partial y}\right| := \begin{vmatrix} \frac{\partial Q_1(y^*)}{\partial y_1} & \cdots & \frac{\partial Q_1(y^*)}{\partial y_n} \\ \vdots & & \\ \frac{\partial Q_n(y^*)}{\partial y_1} & \cdots & \frac{\partial Q_n(y^*)}{\partial y_n} \end{vmatrix} \neq 0$$

$$\text{mit } y^* \leftarrow \frac{\partial Q_i(y)}{\partial y_i} = 0, \quad i \in \{1, \ldots, n\}.$$

Wir betrachten im allgemeinen Fall $n > 2$ *symmetrische Spiele*, d. h. grob gesprochen solche, bei denen der Wert des Spiels für eine Koalition C nur von der *Zahl* der Koalitionsteilnehmer, dagegen nicht von der Identität der einzelnen Spieler abhängt und bei denen der Zutritt eines neuen Spielers zu einer Koalition für diese niemals schädlich ist. Wir können uns am besten vorstellen, daß alle Firmen gleiche Absatz- und Kostenfunktionen haben. Für n = 2 sehen wir von dieser Vereinfachung ab.

Symmetrische Spiele sind im einzelnen wie folgt definiert. Es sei v(C),

---

1 Dann ist nämlich $dQ = \frac{\partial Q}{\partial y}\, dy > 0$, $dQ = \begin{pmatrix} dQ_1 \\ \vdots \\ dQ_n \end{pmatrix}$, $\frac{\partial Q}{\partial y}$ nach (7.1.1c), $dy = \begin{pmatrix} dy_1 \\ \vdots \\ dy_n \end{pmatrix}$, mit $dy = \left(\frac{\partial Q}{\partial y}\right)^{-1} dQ$ zu erreichen.

$C \subset \{1, \ldots, n\}$, der Wert des Spiels,[1] wenn irgendwelche $|C|$ Spieler aus $\{1, \ldots, n\}$ sich zu einer Koalition C zusammenschließen, wobei $|C|$ die Zahl der Mitglieder der Koalition C bedeutet. Mit $N := \{1, \ldots, n\}$ ist v(N) der Spielwert für die „große Koalition". Dagegen ist $v(\{i, j, \ldots\})$ der Wert des Spiels, wenn die Spieler i, j, ... mit $i, j, \ldots \in \{1, \ldots, n\}$, $i \neq j, \ldots$ eine Koalition bilden.

Wir setzen zunächst voraus und definieren:

$$(7.1.2) \qquad \begin{aligned} v(\{1\}) &= \ldots = v(\{n\}) =: v(1), \\ v(\{1, 2,\}) &= v(\{1, 3\}) = .. = v(\{n-1, n\}) =: v(2), \\ &\vdots \\ v(\{1, 2, \ldots, n\}) &= \quad := v(N) =: v(n). \end{aligned}$$

Wir wollen weiter annehmen, daß der Zutritt eines neuen Mitglieds zu einer Koalition niemals schädlich ist und daß jedes neue Mitglied für die Koalition mindestens soviel hinzugewinnt, wie die alten Koalitionsmitglieder *im Durchschnitt* für die Koalition erbrachten. Damit soll gelten:

$$(7.1.3) \qquad \begin{aligned} &v(1) \quad \text{beliebig,} \\ &v(2) = 2v(1) + \delta_2, \\ &v(3) = \frac{3}{2} v(2) + \delta_3 = 3v(1) + \frac{3}{2}\delta_2 + \delta_3, \\ &v(4) = \frac{4}{3} v(3) + \delta_4 = 4v(1) + \frac{4}{2}\delta_2 + \frac{4}{3}\delta_3 + \delta_4, \end{aligned}$$

---

1 Definiert nach (A.3.1) bzw. (A.3.1a) im Anhang. Sei y_C der Vektor der Entscheidungsvariablen der Firmen, die zu der Koalition C gehören, und y_{-C} der entsprechende Vektor für die übrigen Firmen, wobei $-C$ die Komplementärmenge zu C ist. Dann ist

$$(7.1.2a) \qquad v(C) = \max_{y_C} [\min_{y_{-C}} \sum_{i \in C} Q_i(y)].$$

Für den Ausdruck in eckigen Klammern erhält man bei Ausführung der min-Operation bei Eindeutigkeit:

$$(7.1.2b) \qquad y_j = f_j(y_C), \quad j \in -C.$$

Substituiert man dies in (7.1.2a), so erhält man bei Ausführung der max-Operation die optimalen Strategien y_C^* aller Mitglieder der Koalition C und somit

$$(7.1.2c) \qquad v(C) = \sum_{i \in C} Q_i(y_C^*, f(y_C^*)),$$

wobei $f(y_C^*)$ der Vektor der Funktionen $f_j(y_C)$ nach (7.1.2b) bedeutet mit $y_C = y_C^*$.

$$\vdots$$

$$v(n) = \frac{n}{n-1} v(n-1) + \delta_n = n \cdot v(1) + \frac{n}{2}\delta_2 + \frac{n}{3}\delta_3 + \ldots + \frac{n}{n-1}\delta_{n-1}$$

mit

(7.1.4) $\delta_i \geqslant 0, \quad i \in \{2, \ldots, n\}.$

Ein neuer Koalitionsteilnehmer ist den alten Koalitionsteilnehmern damit mindestens ebensoviel „wert" wie ein alter. Dies mag vielleicht etwas übertrieben erscheinen. Wenn wir aber $v(1)$ Null oder negativ annehmen – eine Firma allein kann gegenüber den böswilligen übrigen Firmen nichts oder nur einen Verlust herauswirtschaften –, so ist das überhaupt keine Einschränkung. Dann müßte natürlich $\delta_i > 0, i \in \{2, \ldots, n\}$ angenommen werden.

Damit ist das Oligopolmodell definiert. Oligopole mit den Eigenschaften (7.1.2–4) nennen wir *symmetrische Oligopole.* Wir werden die Symmetrieeigenschaften in der Regel nur für $n \geqslant 3$ voraussetzen. Wir wenden uns nun den verschiedenen *Lösungen* zu.

2. Die v. Neumann-Morgenstern-Lösung mit Ausgleichszahlungen

Lösung des Oligopolproblems im Sinne von v. Neumann und Morgenstern ist die Menge aller Zurechnungen $z_1, \ldots, z_n$, von denen keine eine andere, die auch zu dieser Menge gehört, dominiert und wobei alle Zurechnungen, die nicht zur Lösung gehören, von zumindest einer Zurechnung in der Lösung dominiert werden.[1]

Für n = 2 ist die Lösung L in diesem Sinne:[2]

(7.1.5) $L := \{(z_1, z_2) | z_i \geqslant v(\{i\}), \forall i \in \{1, 2\}; z_1 + z_2 = v(\{1,2\})\}.$

Beweis: Alle Elemente von L sind Zurechnungen, und dies sind alle möglichen Zurechnungen überhaupt. Keine dieser Zurechnungen dominiert eine andere.

Diese Lösung ist übrigens zugleich der Kern (vgl. hierzu unten, S. 388).

Für n=3 lassen sich noch alle Lösungen angeben. In der (0,1)-Normierung des symmetrischen Spiels (7.1.2–4)[3] sind dies

1 Vgl. zu diesen Begriffen (A.3.7–12) im Anhang.

2 Dieser Lösungsbegriff wird üblicherweise nur für Spiele mit $n \geqslant 3$ angewandt. Es besteht aber kein Grund, ihn nicht auf Spiele mit n = 2 anzuwenden.

3 Diese Normierung ist nur möglich für wesentliche Spiele, d. h. wenn für ein i gilt $\delta_i > 0, \quad i \in \{1, \ldots, n\}$. Man bestimmt Zahlen a und b, so daß $v^*(1) = a \cdot v(1) + b = 0$ und $v^*(3) = a \cdot v(3) + 3b = 1$. Bei dieser Normierung erhält man $v^*(2) = a \cdot v(2) + 2b = \delta_2/[\frac{3}{2}\delta_2 + \delta_3]$. Man sieht, daß $0 < v^*(2) \leqslant \frac{2}{3}$, je nach den Werten von δ_2 und δ_3. Für $\delta_2 \leqslant 2\delta_3$ erhält man $v^*(2) \leqslant \frac{1}{2}$. Dann fallen Kern und v. Neumann-Morgenstern-Lösung zusammen. – Der Beweis für (7.1.6) findet sich z. B. bei *Owen,* Spieltheorie, Berlin, Heidelberg, New York, S. 171 ff.

(7.1.6) $$\text{für } v^*(2) \geqslant \frac{2}{3}: \quad L_1: = \{(x, x, 1-2x), (x, 1-2x, x), (1-2x, x, x)\}$$
$$\text{mit } \frac{v^*(2)}{2} \leqslant x \leqslant \frac{1}{2},$$
$$\text{für } v^*(2) < \frac{2}{3}: \quad L_2: = L_1 \cup \{(z_1, z_2, z_3) | z_i \leqslant 1-v^*(2), \forall\, i \in \{1, 2, 3\}\}.$$

Für $v^*(2) \leqslant \frac{1}{2}$ ist L_2 zugleich der Kern (vgl. hierzu unten).

Für n > 3 ist die Lösung nicht vollständig bekannt.

Für $\delta_i = 0$, $\forall\, i \in \{1, \ldots, n\}$, $n \geqslant 2$ und symmetrische Spiele existiert nur eine Zurechnung $z_i = v(1)$, die zugleich Kern und Lösung ist.

Somit gilt dann für alle n:

(7.1.7) $$L: = \{(z_1, \ldots, z_n) | z_i \geqslant v(1), z_i + z_j \geqslant v(2), z_i + z_j + z_k \geqslant v(3), \ldots, \sum_{i=1}^{n} z_i = v(n), \forall\, i, j, k, \ldots \in \{1, \ldots, n\}, i \neq j, \; i \neq k, j \neq k \text{ usw.}\}.$$

Die v. Neumann-Morgenstern-Lösung läßt sich in diesem Fall so interpretieren: alle Spieler schließen sich zu einer Koalition (d. h. einem Kollektivmonopol) zusammen und verteilen den gemeinsamen Gesamtgewinn $v(n)$ so unter sich, daß keiner weniger erhält, als er allein gegen alle übrigen erzwingen kann. Die Verteilung ist darüber hinaus noch aus einer Menge möglicher Verteilungen zu wählen, die dadurch charakterisiert ist, daß keine Untermenge von Mitgliedern der Gesamtkoalition ein definitives Interesse und (gegenüber einer böswilligen Gegenkoalition) die Möglichkeit hat, durch Bildung einer kleineren Koalition mehr für sich herauszuholen, wenn sie im Rahmen dieser Menge möglicher Verteilungen bleiben muß. Ist dies durch eine Art „Verhaltensstandard" einmal festgelegt, so besitzt jede Verteilung aus dieser Menge in der Tat eine starke Stabilität in dem Sinn, daß sie, wenn sie aus irgendeinem Grund einmal realisiert ist, auch bestehen bleibt. Daher nennt man die v. Neumann-Morgenstern-Lösung auch oft *stabile Menge.* Bei allen Verteilungen, die nicht zu dieser stabilen Menge gehören, sollen ein Interesse und die Möglichkeit bestehen, durch Bildung von kleineren Koalitionen zu einer Verteilung innerhalb der stabilen Menge überzugehen.

Wie ist die Lösung zu beurteilen?

Beim *Dyopol* ist diese Lösung (dargestellt in (7.1.5)) leicht verständlich und sicher „rational" im Sinne des Modells: die Dyopolisten schließen sich zu einem Kollektivmonopol zusammen, realisieren die Strategien, die zum maximalen Gesamtgewinn führen und verteilen diesen irgendwie so unter sich, daß keiner weniger erhält, als er gegenüber dem anderen im schlimmsten Fall erzwingen kann. Doch eliminiert ein solches Verhalten in gewisser Hinsicht das Problem: aus dem Dyopol ist ein Kollektivmonopol geworden, dafür ist dann die Lösung selbstverständlich. Außerdem läßt die Lösung die „Verteilung der Beute“ in so weiten Grenzen offen, daß der Erkenntniswert in dieser Hinsicht nicht sehr groß ist.

Für höhere Oligopole ($n \geqslant 3$) ist das Lösungskonzept kompliziert und in seinen Konsequenzen nicht einfach durchsichtig. Man wird nicht erwarten, daß sich die Praxis danach richtet. So ist dieser Lösungsbegriff nicht voll befriedigend, weswegen ja dann auch andere Lösungsbegriffe entwickelt wurden.

3. Die v. Neumann-Morgenstern-Lösung ohne Ausgleichszahlungen

Der Wert eines Spiels $v(C)$ für die Koalition C ist jetzt die Menge der n-elementigen Auszahlungsvektoren, deren Elemente diejenigen Auszahlungen an die Mitglieder der Koalition sind, die die Koalition durch Koordination der Strategien ihrer Mitglieder erzwingen kann (wobei, wenn z_i erzwungen werden kann, auch $x_i < z_i$ als erzwingbar gilt); die Elemente von $v(C)$, die nicht zu den Mitgliedern der Koalition C gehören, sind beliebige Auszahlungen; vgl. (A.3.15) im Anhang.

Eine *Zurechnung* $z = (z_1, \ldots, z_n) \in \mathbb{R}^n$ ist ein Vektor von Auszahlungen derart, daß jeder der n Spieler diese Auszahlung durch irgendeine von allen verabredete Spielweise erhalten kann und daß keiner weniger erhält, als er gegen alle übrigen erzwingen kann; vgl. (A. 3.18 und 19) im Anhang.

Somit ist mit $N: = \{1, .., n\}$, $\tilde{v}(\{i\}): = \max \{z_i | z \in v(\{i\})\}$, $i \in \{1, .., n\}$ die Menge der Zurechnungen:

$$(7.1.8) \qquad Z = \{z \in \mathbb{R}^n | z \in v(N), z_i \geqslant \tilde{v}(\{i\}), \forall\, i \in \{1, \ldots, n\}\}.$$

Eine Zurechnung $z^{(1)}$ *dominiert* eine andere $z^{(2)}$ generell, wenn es eine Koalition C gibt, bei der die Mitglieder der Koalition C ihre Strategien so koordinieren, daß jeder von ihnen die zu $z^{(1)}$ gehörigen Auszahlungen erhält und diese für jedes Koalitionsmitglied größer sind als die entsprechenden Auszahlungen in $z^{(2)}$; vgl. (A. 3.20 und 20a) im Anhang.

Mit dieser Abänderung der Begriffe ist dann eine *Lösung* genau so definiert wie im Spiel mit Ausgleichszahlungen; vgl. (A. 3.11 und 12 im Anhang) und den vorhergehenden 2. Unterabschnitt oben.

Über Spiele ohne Ausgleichzahlungen ist nicht soviel bekannt wie über Spiele mit Ausgleichszahlungen; vgl. auch die Bemerkungen im Anschluß an (A. 3.20a) im Anhang. Wir beschränken uns daher hier auf das Dyopol. Hier kommen wir ohne Symmetrievoraussetzungen aus.

Es sei

$$\tilde{v}(\{i\}): = \max \{z_i \in \mathbb{R} | z_i = \text{Auszahlung, die Spieler i gegen j erzwingen kann, } i, j \in \{1, 2\}, i \neq j\},$$

$$v(N) = \{(z_1, z_2) \in \mathbb{R}^2 | \text{ Spieler 1 und 2 können durch Koordination ihrer Strategien für den Spieler i die Auszahlung } z_i \text{ erzwin-}$$

Hierbei ist, wie bereits erwähnt, auch z_i als erzwungen anzusehen, wenn ein $x_i > z_i$ erzwungen werden kann.

$$\tilde{v}(N) = \{z \in v(N) | \nexists\ z' \in v(N) \text{ mit } z' > z\}.$$

Hierbei soll $>$ heißen, daß für alle Elemente das $>$-Zeichen gilt, und $z = (z_1, z_2)$.

$$\tilde{\tilde{v}}(N) = \{z \in v(N) | \nexists\ z' \in v(N) \text{ mit } z' \geqslant z\}.$$

Hierbei soll $\geqslant$ heißen, daß für mindestens ein Element das $>$-Zeichen gilt.

Dann ist die *v. Neumann-Morgenstern-Lösung ohne Ausgleichszahlungen:*

$$\text{(7.1.9)} \qquad L: = \{(z_1, z_2) | z_i \geqslant \tilde{v}(\{i\}), \forall i \in \{1,2\}, (z_1, z_2) \in \tilde{v}(N)\}.$$

Beweis:
Jedes Element von L ist, wegen $\tilde{v}(N) \subset v(N)$ nach (7.1.8), eine Zurechnung. Für jede nicht zu L gehörige Zurechnung z gibt es nach Definition von $\tilde{v}(N)$ eine Zurechnung, bei der *beide* Spieler besser stehen. Wegen der vorausgesetzten Abgeschlossenheit der Strategiemengen und der Stetigkeit der Funktion Q bzw. v gibt es eine solche auch in L. Alle nicht zu L gehörigen Zurechnungen werden also von zumindest einer Zurechnung in L dominiert. Ebenfalls nach Definition von $\tilde{v}(N)$ dominiert kein Element von L ein anderes in L.

Die v. Neumann-Morgenstern-Lösung L ist beim symmetrischen Dyopol, wie später gezeigt wird, zugleich der Kern.

Uns interessiert vor allem der *pareto-optimale Rand der Lösung.* Er ist bestimmt durch:

$$\text{(7.1.10)} \qquad L^*: = \{(z_1, z_2) | z_i \geqslant \tilde{v}(\{i\}), \forall i \in \{1, 2\}, (z_1, z_2) \in \tilde{\tilde{v}}(N)\}.$$

Dieser läßt sich wie folgt interpretieren. Die beiden Spieler schließen sich zu einer Koalition zusammen, die diesmal ein *Kartell* ist: nur die Entscheidungsparameter y werden koordiniert; es gibt keinen Gewinnausgleich. Jeder behält das, was ihm der Markt bei der verabredeten Konstellation y* der Entscheidungsparameter zukommen läßt. Die Verabredung erfolgt so, daß der Gewinn jedes einzelnen nicht kleiner ist, als er ihn gegenüber dem Konkurrenten erzwingen könnte, im übrigen aber so groß, wie er ohne Beeinträchtigungen des Gewinns des Konkurrenten sein kann. Es bleibt unbestimmt, welche Verabredung innerhalb dieser Grenzen genau getroffen wird.

Wie ist die Lösung zu beurteilen?
Daß keine Ausgleichszahlungen zwischen den Firmen vorkommen, wohl aber

Verabredungen, ist sicher realistischer, als Ausgleichszahlungen als Regelfall der Theorie zugrunde zu legen.

Insofern ist dieser Typ der Lösung interessanter. Auf der anderen Seite bleibt auch hier der eigentliche Oligopolmechanismus hinter den Kulissen, und die Theorie kann sehr wenig darüber aussagen, welche Strategien (d. h. welche Konstellationen der Entscheidungsgrößen) nun wirklich gewählt werden. Sie gibt nur – sehr überzeugende – Grenzen dafür an, die allerdings in der Regel sehr weit sein werden.

4. Der Kern als Lösung

a) Ausgleichszahlungen sind zugelassen

Dieses Lösungskonzept unterscheidet sich von der v. Neumann-Morgenstern-Lösung dadurch, daß jetzt keine Zurechnung, die in der Lösung ist, von einer Zurechnung außerhalb der Lösung dominiert werden darf.

Dies ist äquivalent damit, daß es keine Koalition gibt, die ihren Mitgliedern mehr garantieren kann, als sie bei der Lösungs-Zurechnung erhalten.

Für n=2 besteht der Kern K aus der Menge aller Zurechnungen. Man hat ebenso wie bei (7.1.5)

(7.1.11) $$K := \{(z_1, z_2) | z_i \geqslant v(\{i\}),\ \forall\, i \in \{1, 2\}\ ;\ z_1 + z_2 = v(\{1, 2\})\}.$$

Für $n \geqslant 3$ betrachten wir wieder das *symmetrische Oligopol* nach (7.1.2–4).

Für $\delta_i = 0$, $\forall\, i \in \{1, \ldots, n\}$, besteht nach (7.1.7) der Kern aus der einzigen Zurechnung $z = (z_1, \ldots, z_n)$ mit $z_i = v(1)$.

Sowohl für $\delta_i = 0$ als auch für n=2 ist somit K = L: Kern und v. Neumann-Morgenstern-Lösung fallen zusammen.

Das gilt nicht mehr notwendig für $n \geqslant 3$ und $\delta_i > 0$ (vgl. (7.1.6). Ein Kern braucht nicht zu existieren. Es läßt sich jedoch zeigen, daß im *symmetrischen Oligopol der Kern stets existiert.*

Für *beliebiges n* ist der Kern im symmetrischen Oligopol definiert durch:

(7.1.12) $$K := \{(z_1, \ldots, z_n) | z_i \geqslant v(1),\ z_i + z_j \geqslant v(2),$$
$$z_i + z_j + z_k \geqslant v(3), \ldots, \sum_{i=1}^{n} z_i = v(n),$$
$$\forall\, i, j, k, .. \in \{1, \ldots, n\},\ i \neq j,\ i \neq k,\ j \neq k, \text{usw.}\}.$$

Man setze $z_i = v(1) + \frac{1}{2}\delta_2 + \frac{1}{3}\delta_3 + \ldots + \frac{1}{n-1}\delta_{n-1} + \beta_i\delta_n$, $\delta_i \geqslant 0$, $\beta_i \geqslant 0$, $\sum_{i=1}^{n} \beta_i = 1$. Dann ist nach (7.1.3 und 4) $z = (z_1, \ldots, z_n) \in K$, und K ist nicht leer.

Ökonomisch ist der Kern als Lösung mit Ausgleichszahlungen wie folgt zu verstehen. Die n Oligopolfirmen schließen sich zu einem Kollektivmonopol zusammen und koordinieren ihre Entscheidungsparameter so, daß die Summe ihrer Gewinne maximal wird. Diese gemeinsame Beute verteilen sie so unter sich, daß keiner weniger erhält, als er gegen alle übrigen erzwingen kann, keine zwei Firmen in der Summe weniger, als sie gemeinsam gegen alle übrigen erzwingen können usw., bis $n-1$.

Dies sind sicher vernünftig gewählte Grenzen für Auszahlungen. Sie lassen aber in der Regel sehr viel Spielraum, so daß für die Analyse der Wirklichkeit damit oft nicht allzu viel gewonnen ist. Außerdem eliminiert die Annahme des Kollektivmonopols im Grunde das eigentliche Oligopolproblem und formt es in ein Aushandlungsproblem um. Für dies wird aber wieder nur die Menge der möglichen Ergebnisse angegeben. Eine Richtlinie für optimales Verhalten läßt sich (außer wenn der Kern nur aus einer Zurechnung besteht) nicht gewinnen.

b) Ausgleichszahlungen sind nicht zugelassen

Wert des Spiels und Zurechnung sind jetzt wie bei der v. Neumann-Morgenstern-Lösung ohne Ausgleichszahlungen definiert. Der Kern ist dann wieder die Menge der Zurechnungen derart, daß es keine Koalition gibt, die ihren Mitgliedern mehr garantieren kann, als sie bei der Lösungs-Zurechnung erhalten. Wir beschränken uns hier auf das Dyopol ohne Symmetrievoraussetzung. Hier ist mit den Bezeichnungen wie bei (7.1.9) der Kern:

$$K := \{(z_1, z_2) | z_i \geqslant \tilde{v}(\{i\}),\ \forall\, i \in \{1, 2\},\ (z_1, z_2) \in \tilde{v}(N)\}. \tag{7.1.13}$$

Dies ist die Definition des Kerns. Der Kern ist nicht leer, sobald es ein z gibt mit $(\tilde{v}(\{1\}), \tilde{v}(\{2\})) \leqslant (z_1, z_2) \in \tilde{v}(N)$, was stets, also auch für das symmetrische Dyopol nach (7.1.2–4), zutrifft.

Er fällt hier mit der v. Neumann-Morgenstern-Lösung zusammen.

Das sieht man sofort an dem Vergleich von (7.1.13) und (7.1.9).

Der *pareto-optimale Rand des Kerns* ist:

$$K^* := \{(z_1, z_2) | z_i \geqslant \tilde{v}(\{i\}),\ \forall\, i \in \{1, 2\},\ (z_1, z_2) \in \approx{v}(N)\} \tag{7.1.14}$$

und $K^* = L^*$ nach (7.1.10).

Die ökonomische Interpretation des Kerns ohne Ausgleichszahlungen ist: alle Spieler schließen sich zu einem Kartell zusammen und koordinieren ihre Entscheidungsparameter so, daß keiner weniger erhält, als er allein gegen alle erzwingen kann, keine zwei Firmen weniger, als sie gegen die übrigen erzwingen können usw. Am pareto-optimalen Rand des Kerns ist es nicht möglich, irgendeine Firma besser zu stellen, ohne zumindest irgendeine andere schlechter zu stellen.

Die Kritikpunkte sind die gleichen, die man gegen den Kern mit Ausgleichszahlungen vorbringen kann. Ausgleichszahlungen auszuschalten, ist allerdings wirklichkeitsnäher.

5. Die Paretomenge als Lösung

Die Paretomenge ist die Menge derjenigen Auszahlungen, bei deren Realisierung es nicht möglich ist, durch irgendeine Koordination der Strategien für irgendeine Firma eine höhere Auszahlung zu erreichen, ohne die Auszahlung für zumindest eine Firma zu verringern. Sie ist eigentlich kein spieltheoretisches Konzept, ist aber doch so eng damit verwandt, daß sie hier mitbehandelt werden soll.

Es sei $z = (z_1, \ldots, z_n)$. *Mit Ausgleichszahlungen* ist die Paretomenge P definiert:

(7.1.15a) $$P: = \left\{ z \mid \sum_{i=1}^{n} z_i = v(N) \right\},$$

ohne Ausgleichszahlungen:

(7.1.15b) $$P:= \left\{ z \in v(N) \mid \nexists\, z' \in v(N) \text{ mit } z' \geqslant z \right\}.$$

Die n Firmen schließen sich also zu einem *Kollektivmonopol* bzw. *Kartell* zusammen und verabreden im ersten Fall ihre Strategien so, daß die Gesamtsumme ihres Gewinns maximal ist. Diese Gesamtsumme verteilen sie dann irgendwie unter sich. Grenzen sind hierfür nicht angegeben. Im zweiten Fall verabreden sie ihre Strategien so, daß es keine Strategien gibt, durch die irgendeine Firma mehr gewinnen kann, ohne zumindest eine andere Firma zu schädigen. Welche Strategienkombination hiervon gewählt wird, bleibt unbestimmt.

Gegen diesen Lösungsbegriff treffen natürlich die Bedenken, die gegen den v. Neumann-Morgensternschen Lösungsbegriff und gegen den Kern vorgebracht wurden, in verstärktem Maße zu.

6. Nash-Lösung für kooperative Zweipersonenspiele ohne Ausgleichszahlungen

Wir betrachten hier nur das Dyopol nach (7.1.1–1c) mit n=2, ohne die Symmetrievoraussetzungen (7.1.2–4) zu machen. Es sei

$$Y_i: = \left\{ y \in \mathbb{R}^1 \mid \underline{y_i} \leqslant y \leqslant \overline{y}_i \right\}, \quad i \in \left\{1, 2\right\},$$

die Menge der zulässigen Entscheidungen des Dyopolisten i. Es gebe also einen abgeschlossenen Bereich, in dem die Entscheidungsgrößen y_1, y_2 variiert werden können. $Q_i = Q_i(y)$ sei der Gewinn der Firma i mit $y:= (y_1, y_2)$, $Y: = Y_1 \times Y_2 = \left\{ (y \mid y_i \in Y_i, \forall\, i \in \left\{1, 2\right\} \right\}$. Dann gibt es aus ökonomischen Gründen einen beschränkten Gewinnbereich

$$B:= \left\{ (Q_1(y), Q_2(y)) \mid y_i \in Y_i, i \in \left\{1, 2\right\} \right\},$$

der durch Variation der Entscheidungsgrößen erreicht werden kann und wegen der früheren Voraussetzungen auch abgeschlossen ist. Sei

$$(7.1.16) \qquad Q_1 = f(Q_2), \quad f'<0,$$

eine Funktion, die den pareto-optimalen Rand dieses Bereiches beschreibt.

Diese Punktmenge ist bestimmt durch

$$B^* := \{(Q_1, Q_2) \in B \mid \nexists\, (Q'_1, Q'_2) \in B, (Q'_1, Q'_2) \geqslant (Q_1, Q_2) \text{ und } (Q'_1, Q'_2) \neq (Q_1, Q_2)\},$$

und es gilt $B^* \subset B$.

Der Grundgedanke der Lösung[1] ist, daß die Firmen zunächst einen Drohpunkt $D: = (Q_1(y^d), Q_2(y^d)) \in B$ optimal bestimmen, d.h. Drohstrategien $y^d: = (y_1^d, y_2^d)$, die sie anwenden, wenn keine Einigung zu erreichen ist. „Optimal" heißt dabei, daß auf der Basis dieses Drohpunktes der für jede Firma unter den gegebenen Bedingungen beste Lösungspunkt $L:= (Q_1(y^*), Q_2(y^*)) \in B^*$ erreicht werden kann, wobei jede Firma i ihre Lösungs-Strategie y_i^* anwendet. Wir setzen gelegentlich zur Abkürzung $Q_i^*: = Q_i(y^*)$. Die Lösungsstrategien werden nach Nash's Hypothese so ausgehandelt, daß der pareto-optimale Rand B* des möglichen Gewinnbereiches B erreicht wird, und zwar auf die Weise, daß die Relation der Zusatzgewinne vom Drohpunkt aus, die durch die Verabredung erreichbar sind, gleich der Grenzrate der Substitution der Gewinne auf dem pareto-optimalen Rand B* ist, d. h. es soll am Lösungspunkt L gelten:

$$(7.1.17a) \qquad \frac{Q_1(y^*) - Q_1(y^d)}{Q_2(y^*) - Q_2(y^d)} = -\left.\frac{df(Q_2)}{dQ_2}\right|_{Q_2 = Q_2^*}.$$

Dies definiert eine Beziehung zwischen den Drohstrategien y^d und den Lösungsstrategien y^*.[2]

Gleichung (7.1.17a) kann mit

$$Q_i(y^*) =: Q_i^*,\ Q_i(y^d) =: Q_i^d,\ \left.\frac{df(Q_2)}{dQ_2}\right|_{Q_2 = Q_2^*} =: f'(Q_2^*)$$

geschrieben werden als[3]

$$(7.1.17b) \qquad r(Q_2^*): = Q_1^* + Q_2^* \cdot f'(Q_2^*) = Q_1^d + Q_2^d \cdot f'(Q_2^*).$$

---

1 Die Einzelheiten sind aus dem Anhang, Abschnitt III. 6, zu ersehen. Hier wird nur die Lösungsidee wiederholt und die allgemeine Lösung für das Dyopol angegeben.

2 (7.1.17a) ist ein Spezialfall von (A. 3.33. bzw. 42a) im Anhang.

3 Vgl. (A. 3.33).

Es läßt sich zeigen (vgl. Anhang), daß r eine monoton fallende Funktion von Q_2^* und eine monoton steigende Funktion von Q_1^* ist. Somit sind die Drohstrategien y^d durch

(7.1.18) $$\max_{y_1^d} \left[\min_{y_2^d} \left[Q_1(y^d) + Q_2(y^d) \cdot f'(Q_2^*) \right] \right]$$

zu bestimmen.[1] Aus (7.1.17a) erhält man (bei Eindeutigkeit der Lösung, die wir hier wieder annehmen) y^* als Funktion h von y^d:

(7.1.18a) $y^* = h(y^d)$, so daß

(7.1.18b) $f'(Q_2^*) = f'(Q_2(h(y^d)))$.

Substitution von (7.1.18b) in (7.1.18) ergibt eine zu maximierende (bzw. zu minimierende) Funktion von y^d allein.[2] Aus (7.1.18a) erhält man dann die Lösungsstrategien y^*.

Analog zu (A.3.50a–c) im Anhang kann man auch so vorgehen. Mit

(7.1.19) $f'(Q_2(y^*)) =: -z$

erhält man aus (7.1.18) bei Eindeutigkeit der Lösung y^d als Funktion g von z:

(7.1.20) $y^d = g(z)$,

so daß (7.1.17a) geschrieben werden kann als[3]

(7.1.20a) $Q_1(y^*) - Q_2(y^*) \cdot z = Q_1(g(z)) - Q_2(g(z)) \cdot z$.

Dies zusammen mit (7.1.19) liefert (bei Eindeutigkeit) die Lösungsstrategien y^*, worauf dann die Drohstrategien y^d nach (7.1.18) zu bestimmen sind.

Ist $f' = -z = \text{const.}$, z.B. $z = 1$, so daß der pareto-optimale Rand B^* von B eine $-45°$ geneigte Gerade ist, so ist y^d sofort aus (7.1.18) zu bestimmen und daraufhin y^* aus (7.1.17a). Außer in diesem Fall ist die analytische Bestimmung der Droh- und Lösungsstrategien in der Regel nicht einfach. Eine graphische Lösung ist für den Fall bequem, daß der pareto-optimale Rand eine Gerade bildet, nämlich mit Hilfe der im Anhang bewiesenen Beziehung, daß der Drohpunkt D auf der optimalen Drohungskurve T liegt, daß die Verbindungsgerade von D und L die Kurve T

---

1 Wir nehmen an, daß ein Sattelpunkt in reinen Strategien existiert, d.h. daß $\max_{y_1^d} \min_{y_2^d} [\cdot] = \min_{y_2^d} \max$ ...
Den anderen Fall behandeln wir kurz beim Preisdyopol; vgl. Abschnitt V. e dieses Kapitels.

2 Vgl. (A.3.37)

3 Vgl. (A.3.50c) im Anhang

in D gerade berührt und die Tangenten an T in D und an H in L gleiche Steigung bzw. Neigung aufweisen (vgl. Fig. A. 3. 30 im Anhang).

Eine kurze Beurteilung der Nash-Lösung findet sich am Schluß des nächsten Unterabschnitts.

7. Nash-Lösung für kooperative Zweipersonenspiele mit Ausgleichszahlungen

Hier ist die optimale Strategie am Lösungspunkt für jede Firma dadurch bestimmt, daß die Summe der Gewinne aller Firmen maximal ist. Die Verteilung dieser Gewinnsumme unter die Firmen geschieht durch Festlegung des Drohpunktes und Gleichverteilung des Zusatzgewinns von diesem Ausgangspunkt aus.

Jetzt sind die optimalen Lösungsstrategien y^* also unabhängig von den Drohstrategien bestimmt durch

$$(7.1.21) \qquad y^* := (y_1^*, y_2^*) \leftarrow \max_y \, [Q_1(y) + Q_2(y)],$$

ebenso wie bei der v. Neumann-Morgenstern-Lösung im analogen Fall. Anders als dort sind aber jetzt die Auszahlungen z_1 und z_2 ebenfalls eindeutig bestimmt. Man hat jetzt den *Fall f'=–1* des vorhergehenden Unterabschnitts. (7.1.16) ist jetzt nämlich $Q_1 = \bar{Q} - Q_2$, mit $\bar{Q} = Q_1(y^*) + Q_2(y^*)$. Man errechnet die Drohstrategien $y^{(d)}$ nach (7.1.18) mit $f'=-1$. Darauf erhält man die Auszahlungen z_1, z_2 (also die „Verteilung der gemeinsamen Beute" $\bar{Q}$) nach (7.1.17a) und (7.1.16) durch

$$(7.1.22a) \qquad [z_1 - Q_1(y^d)] - [z_2 - Q_2(y^d)] = 0,$$

$$(7.1.22b) \qquad z_1 + z_2 = \bar{Q}.$$

Somit ist

$$(7.1.22c) \qquad \begin{aligned} z_1 &= \frac{1}{2}\,[\bar{Q} + Q_1(y^d) - Q_2(y^d)], \\ z_2 &= \frac{1}{2}\,[\bar{Q} - Q_1(y^d) + Q_2(y^d)]. \end{aligned}$$

Wie ist Nash's Lösung des kooperativen Spiels zu beurteilen? Bei Aushandlungen spielt erfahrungsgemäß das Drohpotential der Parteien eine bedeutende Rolle, und das ist hier zum erstenmal modellmäßig erfaßt. Damit ergibt sich dann eine eindeutige Lösung im Sinne einer optimalen Bestimmung von Drohungs- und Lösungsstrategie. Ein relativ schwacher Punkt der Theorie ist die Postulierung des Ausgangs der Verhandlungen, wenn der Drohpunkt bestimmt ist, also bei Ausgleichszahlungen die Gleichverteilung der Gewinnzuwächse vom Drohpunkt aus. Hier sollte der Verhandlungsvorgang im einzelnen einsichtig sein, der zu diesem Ergebnis führt. Problematisch ist auch die Außerachtlassung von Bluff: alle Drohungen müssen bei Nichteinigung ausgeführt werden.

Im III. und V. Abschnitt wird dieses Lösungskonzept an Beispielen analysiert. Dort sowie im mathematischen Anhang findet man eine weitergehende Beurteilung.

8. Der Shapley-Wert als Lösung

Der Shapley-Wert ist der Vektor der Gewinnerwartungen, die jede Firma hat, wenn sie bei Hinzutritt zu irgendeiner Koalition, bei der sie noch nicht Mitglied ist, das erhält, was sie durch ihren Hinzutritt für die Koalition hinzugewinnen hilft, wenn alle Koalitionen gleich wahrscheinlich sind und wenn nach diesem Gesichtspunkt der maximal erreichbare gemeinsame Gesamtgewinn unter alle Firmen aufgeteilt wird.

Für das *symmetrische n-Firmen-Oligopol,* definiert nach (7.1.2–4), erhält man als Shapley-Wert φ_i für jede Firma i nach (A. 3. 54) im Anhang:

(7.1.23) $$\varphi_i = \frac{1}{n}\, v(n)\,,$$

$$\text{mit } v(n) = \max_y \sum_{i=1}^{n} Q_i(y).$$

Die Firmen koalieren also und teilen sich den gemeinsamen Gewinn genau zu gleichen Teilen. Das ist bei der Symmetrieannahme ein vernünftiges Ergebnis.

Im allgemeinen Fall hängt der Shapley-Wert φ_i für jede Firma i auch von den Differenzen der Spielwerte $v(\{i\})$ ab, die jede Firma i einzeln gegenüber allen übrigen erzwingen kann. Hiermit ist dem „Drohpotential" jeder Firma in gewisser Hinsicht Rechnung getragen, da sich die übrigen Firmen in der Regel auch selbst schädigen werden, wenn sie die Firma i so schlecht stellen wie möglich. Z. B. hat man nach (A.3.56) im Anhang für das *Dyopol ohne Symmetrievoraussetzung:*

(7.1.24 $$\begin{aligned}\varphi_1 &= \tfrac{1}{2}v(\{1\}) + \tfrac{1}{2}[v(\{1,2\}) - v(\{2\})] = \tfrac{1}{2}[v(\{1,2\}) + v(\{1\}) - v(\{2\})],\\ \varphi_2 &= \tfrac{1}{2}v(\{2\}) + \tfrac{1}{2}[v(\{1,2\}) - v(\{1\})] = \tfrac{1}{2}[v(\{1,2\}) + v(\{2\}) - v(\{1\})].\end{aligned}$$

Man sieht, daß $\varphi_1 + \varphi_2 = v(\{1,2\})$, d.h. die Summe der Shapley-Werte ist gleich dem Wert des Spiels für die „große Koalition", und daß $\varphi_1 - \varphi_2 = v(\{1\}) - v(\{2\})$: die Differenz der Shapley-Werte ist gleich der Differenz der Spielwerte, die jeder gegenüber einem böswilligen Gegenspieler erzwingen kann.

Dieses Ergebnis ist die Folge der Annahme, daß a priori alle Koalitionen gleich wahrscheinlich sind. Das braucht aber nicht zuzutreffen: es können aus Gründen, die in der Situation selbst liegen, gewisse Koalitionen wahrscheinlicher sein als andere.

9. *Aumann-Maschlers Aushandlungsmenge als Lösung*

Die Aushandlungsmenge ist die Menge $\mathcal{M}$ aller stabilen Auszahlungskonfigurationen $(z_1, \ldots, z_n; C_1, \ldots, C_m)$, wobei $z_1, \ldots, z_n$ die Auszahlungen und $C_1, \ldots C_m$ die Koalitionen sind, die die n Spieler bilden.[1] Eine Auszahlungskonfiguration ist stabil, wenn es zu jedem Einwand gegen eine Konfiguration einen Gegeneinwand gibt, im Sinne von (A.3.61–65) im Anhang.

Wir behandeln hier nur das Dyopol ohne Symmetrieannahmen.

Für das *Dyopol* ist die Lösungsmenge

(7.1.25) $$\mathcal{M} = \{(z_1, z_2 | z_i \geqslant v(\{i\}), \forall\, i \in \{1, 2\}; \{1\}, \{2\}), \\ (z_1, z_2 | z_i \geqslant v(\{i\}), \forall\, i \in \{1, 2\}, \sum_{i=1}^{2} z_i = v(\{1, 2\}); \{1, 2\})\}.$$

Beweis:

Die Koalitionsstruktur $\{1\}, \{2\}$ der Nichtkooperation gehört zur Lösungsmenge, weil es dagegen nach (A.3.63a–c) im Anhang keinen Einwand gibt; es kann ja keine Koalition „aufgebrochen" werden, wenn es keine gibt. Die Koalitionsstruktur $\{1, 2\}$, also die „eigentliche Koalition", gehört mit den Mindestauszahlungen $z_i \geqslant v(\{i\})$ zur Lösung, weil es dagegen ebenfalls keinen Einwand gibt: es ist bei den Mindestauszahlungen, die jeder bei der „eigentlichen Koalition" erhält, ausgeschlossen, daß irgendeine andere kleinere Koalition, also hier: die Einerkoalition, ihrem Mitglied mehr garantieren kann.

Damit gehören zur Lösungsmenge einmal die Auszahlungskonfigurationen, die durch nicht verabredete Kombinationen von Strategien der beiden Oligopolisten entstehen derart, daß jeder nicht schlechter gestellt wird, als er gegen einen böswilligen Gegenspieler erzwingen kann. Im übrigen erhält jeder das, was er bei dieser Kombination von Strategien selbst einnimmt (ohne Kompensationszahlungen). Außerdem gehören zur Lösungsmenge die Auszahlungskonfigurationen, die durch eine Koalition der Dyopolisten und Verabredung der Strategien entstehen derart, daß die Summe ihrer Gewinne maximal ist. Dann wird der gemeinsame Gesamtgewinn irgendwie so unter den beiden verteilt, daß keiner weniger erhält, als er gegen den anderen erzwingen könnte.

Dies Lösungskonzept ist, wie man sieht, so weit gefaßt, daß es beim Dyopol alle Koalitionsstrukturen und, wenn auch nicht alle, doch eine solche Menge von Auszahlungen zuläßt, daß das Lösungskonzept wenig Hilfe für die Analyse des Problems und noch weniger für die optimale Entscheidung einer Firma im Oligopol bietet. Es bleibt außer Betracht, daß es auch bei Nichtbestehen eines Einwandes (bei Einer-Koalition) sowie bei Bestehen eines Gegeneinwandes für die Mitglieder einer Koalition oder für alle Beteiligten von Vorteil sein kann, zu einer anderen Koalitionsstruktur überzugehen. Das Lösungskonzept nimmt eine Trägheit einer aus irgendeinem Grund einmal bestehenden Koalitionsstruktur und Aus-

---

1 $(C_1, \ldots, C_m)$ ist eine Partition der Menge N der Spieler; vgl. (A.3.59a, b) im Anhang.

zahlungsverteilung an, die aus dem Problem selbst nicht folgt, sondern (vielleicht) aus soziologischen oder politischen Faktoren erklärbar ist, die aber selbst nicht im Problem fixiert sind.

10. Eine Lösung für nichtkooperative Oligopole: der Nash-Gleichgewichtspunkt

Das im Vordergrund stehende spieltheoretische Lösungskonzept für nichtkooperative Oligopole ist der *Gleichgewichtspunkt (GGP).* Sei $Q_i(y_i|y^*_{-i}) := Q_i(y^*_1, \ldots, y^*_{i-1}, y_i, y^*_{i+1}, \ldots, y^*_n)$, $y_i \in Y_i$, wobei y_i die Entscheidungsgröße, also eine *reine* Strategie der Firma i darstellen soll, dann ist y^* ein *GGP* in *reinen Strategien,* wenn für alle $i \in \{1, \ldots, n\}$ gilt:

$$Q_i(y^*) = \max_{y_i \in Y_i} Q_i(y_i|y^*_{-i}). \tag{7.1.26}$$

Ein solcher GGP braucht im allgemeinen Fall nicht zu existieren[1] oder, wenn er existiert, braucht er nicht eindeutig zu sein. Auch die Voraussetzungen (7.1.1a–c), die der Wirklichkeit keine große Gewalt antun, stellen weder Existenz noch Eindeutigkeit eines GGP in reinen Strategien sicher. Es kann also z. B. mehrere solcher GGP geben. Die in den folgenden Abschnitten analysierten Beispiele für das Dyopol sind allerdings so gewählt, daß Existenz und Eindeutigkeit gesichert sind.

Der Nash-GGP y^* nach (7.1.26) ist beim Oligopoltyp B (y bedeutet Produktionsmengen) identisch mit dem Cournot-Punkt (vgl. (4.2.2)), beim Oligopolpunkt A (y bedeutet Preise) mit dem Launhardt-Hotelling-Punkt (vgl. 6.2.2 und 3)). Die dort gegen diese Lösung vorgebrachten Bedenken gelten auch hier und können jetzt so formuliert werden. y^* könnte als Lösung akzeptiert werden, wenn es nicht von anderen, Nicht-Gleichgewichtspunkten dominiert würde in dem Sinn, daß sich alle Firmen besser stellen würden, wenn sie den GGP verlassen und zum dominanten Nicht-GGP übergehen würden. Das ist aber nach der Voraussetzung (7.1.1c) stets der Fall. Man kann nämlich an der Stelle y^*:

$$dQ_i = \frac{\partial Q_i}{\partial y_1} dy_1 + \ldots + \frac{\partial Q_i}{\partial y_n} dy_n > 0, \; i \in \{1, \ldots, n\},$$

stets erfüllen. Mit vorgegebenen, genügend kleinen $dQ_i > 0$ erhält man die $y = y^* + dy$ die dies leisten, mit Hilfe von $dy = (\frac{\partial Q}{\partial y})^{-1} dQ$, wobei dy und dQ die entsprechenden Spaltenvektoren, $\frac{\partial Q_i}{\partial y_i}$ die Matrix der partiellen Ableitungen und $|\frac{\partial Q}{\partial y}| \neq 0$ nach (7.1.1c) ist. Einen allgemeinen Beweis, daß bei Nichtnullsummen-2-Personenspielen jeder innere GGP durch Felder mit anderen (gemischten) Strategien streng dominiert wird, findet man bei Krelle (unter Mitarbeit von Coenen), Präferenz- und Entscheidungstheorie, Tübingen 1968, S. 227 ff. Die dort gemachte Voraussetzung der Eindeutigkeit ist unnötig; vgl. hierzu Coenen, Quasi-Nullsummenspiele und dominierte Gleichge-

1 In diesem Fall existiert aber mindestens ein GGP in gemischten Strategien.

wichtspunkte in Bimatrix-Spielen, in: Forschungsberichte des Landes Nordrhein-Westfalen Nr. 1870, Köln und Opladen 1967.

Somit wird der Nash-GGP im Oligopol, wenn ein solcher in reinen Strategien existiert, stets dominiert.[1] Es besteht also ein Anreiz zu Verabredungen, allerdings mit dem Risiko, daß die Gegenseite sie bricht und einen dadurch „hereinlegt". Bei Abwesenheit von Vertrauen und extremer Risikoscheu ist somit der GGP als Lösung zu akzeptieren; ebenso bei einer sehr großen Zahl von Firmen, von denen jede durch ihre Entscheidungen den Gewinn jeder anderen Firma nur so unwesentlich beeinflussen kann, daß der Einfluß unter der Schwelle der Fühlbarkeit liegt. Dann ist aber die Marktform des Oligopols verlassen.

Nur dynamische Ansätze führen hier weiter, und im Rahmen dieser Ansätze gewinnt der Nash-GGP eine neue Bedeutung (vgl. IV., VI. und VII. Abschnitt).

11. Eine entscheidungstheoretische Lösung für das Dyopol

Die entscheidungstheoretische Lösung stellt sich – im Gegensatz zu den spieltheoretischen Lösungen – auf die Seite *einer* beteiligten Firma und will deren optimales Verhalten bestimmen. Wir behandeln hier nur das Dyopol und benötigen daher keine Symmetrievoraussetzungen. Dagegen werden für die Lösung über den ursprünglichen Ansatz (7.1.1) hinaus *weitere Angaben* benötigt, nämlich: die subjektiven Wahrscheinlichkeiten für den möglichen Koalitionsgewinn und die subjektive Wahrscheinlichkeit für den Anteil am Gesamtgewinn einer Koalition, den die betrachtete Firma als Mitglied dieser Koalition erreichen kann. Diese Wahrscheinlichkeiten lassen sich aus einem dynamischen Ansatz ableiten. Hier werden sie als gegeben angenommen.

Beim Dyopol sind nur zwei Koalitionsstrukturen möglich: $C = (\{1\}, \{2\})$ oder $(\{1, 2\})$. Hat sich eine bestimmte Koalition C_i, an der Firma i teilnimmt, gebildet, so ist die Gegenkoalition $\overline{C}_i$ mit Sicherheit bekannt (nämlich $\{\emptyset\}$ oder $\{j\}$, $i, j \in \{1, 2\}$, $i \neq j$). Somit ist die Wahrscheinlichkeit $p_i(\overline{C}_i)$, daß sich eine bestimmte Gegenkoalition $\overline{C}_i$ bildet, gleich Eins.

Sei zunächst $C_i = \{i\}$: die Firma i agiert allein. Dann ist bei einer endlichen Menge Y_j möglicher Entscheidungen y_j der Konkurrenzfirma j und bei den subjektiven Wahrscheinlichkeiten $(w_i(y_j|y_i)$, daß Firma j gerade ihre Entscheidung y_j treffen wird, wenn Firma i ihre Entscheidung y_i trifft, die Auszahlungserwartung dieser „Koalition" für die Firma i

(7.1.27) $$\epsilon_i(\{i\}) = \max_{y_i} \sum_{y_j \in Y_j} Q_i(y_1, y_2)\, w_i(y_j|y_i), \; i \neq j,$$
$$i, j \in \{1, 2\}, \; w_i(\cdot) \geqslant 0, \; \sum_{y_j \in Y_j} w_i(y_j|y_i) = 1.$$

Hiermit wird diese „Koalition" bewertet.

---

1 Ein Oligopol konstituiert stets ein „wesentliches" Spiel im Sinne der Spieltheorie.

Falls $C_i = (\{1, 2\})$ die Koalition ist, bei der Firma i Mitglied ist, so ist die Auszahlungserwartung für die Koalition als ganzes, beurteilt von Firma i *bei Ausgleichszahlungen:*

(7.1.28a) $$v_i(\{1, 2\}) = \max_{y_1, y_2} \sum_{i=1}^{2} Q_i(y_1, y_2).$$

Die subjektive Wahrscheinlichkeit, beurteilt von Firma i, gerade den Betrag z_{ik} davon zu erhalten, mit $k \in K$, K einer endlichen Menge, sei $\hat{w}_i(z_{ik})$. Dann ist die Bewertung der Koalition $\{1, 2\}$ durch die Firma i:

(7.1.28b) $$\epsilon_i(\{1, 2\}) = \sum_{k \in K} z_{ik} \cdot \hat{w}_i(z_{ik}),$$

$$\text{mit } z_{ik} + \bar{z}_{ik} = v_i(\{1, 2\}),\ \hat{w}_i(\cdot) \geqslant 0,\ \sum_{k \in K} \hat{w}_i(z_{ik}) = 1.$$

Hierbei ist $\bar{z}_{ik}$ der Betrag, den der Gegenspieler im Fall k erhalten würde.

Ohne Ausgleichszahlungen hat die Firma i die Wahrscheinlichkeiten $\tilde{w}_{il}(y_{1l}, y_{2l})$ zu schätzen, daß eine Einigung auf die Konstellation (y_{1l}, y_{2l}) der Entscheidungsgrößen zustande kommt.

Hierbei ist $l \epsilon L$, L eine endliche Menge. Dann ist die Bewertung dieser Koalition gleich der Gewinnerwartung für Firma i:

(7.1.28c) $$\epsilon_i(\{1, 2\}) = \sum_{l \in L} Q_i(y_{1l}, y_{2l}) \cdot \tilde{w}_i(y_{1l}, y_{2l}),$$

$$i, j \in \{1, 2\ \ ,\ i \neq j,\ \tilde{w}_{il}(\cdot) \geqslant 0,\ \sum_{l \in L} \tilde{w}_{il}(y_{1l}, y_{2l}) = 1.$$

Nun sind folgende Koalitionsbewertungen möglich:

(7.1.29) $$\epsilon_i(\{i\}) \gtreqless \epsilon_i(\{1, 2\}),\ i \in \{1, 2\}.$$

Im Fall $\epsilon_i(\{i\}) > \epsilon_i(\ \ 1, 2\})$ für auch nur ein $i \in \{1, 2\}$ dominiert die Koalitionsstruktur $(\{1\}, \{2\})$ die Koalitionsstruktur $(\{1, 2\})$.

Damit ist die Lösung in diesem Fall eindeutig, und Strategie und Auszahlungserwartung für Spieler i sind nach (7.1.27) bestimmt.

Im Fall $\epsilon_i(\{1, 2\}) > \epsilon_i(\{i\}),\ \forall\, i \in \{1, 2\}$, dominiert die Koalitionslösung $\{1, 2\}$. Die Koalitionsverhandlungen werden aufgenommen.

Für eine tatsächliche Koalitionslösung muß man noch fordern, daß die *nach* der Aushandlung sich ergebende Auszahlung $\bar{v}_i(\{1, 2\})$ für Spieler i nicht kleiner ist als der Erwartungswert des Gewinns, wenn er allein spielt:

(7.1.29a) $$\bar{v}_i(\{1, 2\}) \geqslant \epsilon_i(\{i\}),$$

andernfalls würde keine Einigung erfolgen und Spieler i würde allein spielen.

Bei Ausgleichszahlungen und Abschluß einer Koalition sind die anzuwendenden Strategien und der Gesamtgewinn nach (7.1.28a) bestimmt; ohne Ausgleichszahlungen gibt es dafür nur Erwartungswerte nach (7.1.28c).

Im Fall $\epsilon_i(\{i\}) = \epsilon_i(\{1, 2\})$, $i \in \{1, 2\}$, sind vor Beginn der Koalitionsverhandlungen beide Koalitionsstrukturen für beide gleich gut. Wir können annehmen, daß der Zufall entscheidet, welche realisiert wird, mit Wahrscheinlichkeit 1/2 für jede Möglichkeit.

Falls $\epsilon_i(\{1, 2\}) > \epsilon_i(\{i\})$ und $\epsilon_j(\{1, 2\}) = \epsilon_j(\{j\})$ kann man von schwacher Dominanz der Koalition $\{1, 2\}$ sprechen.

Damit ist das Dyopolproblem soweit gelöst, wie das möglich ist, ohne in die Einzelheiten des Aushandlungsvorganges einzudringen, vorausgesetzt, die Wahrscheinlichkeiten w_i, $\hat{w}_i$, $\tilde{w}_i$ sind bekannt. In praktischen Fällen, bei existierenden Dyopolen, wird man davon ausgehen können, daß sie in der Tat aus den Erfahrungen in der Vergangenheit und der Kenntnis der handelnden Personen zu schätzen sind. Theoretisch ist dieser Ausweg unbefriedigend; die Wahrscheinlichkeiten sollten abgeleitet werden. Das ist möglich, wenn man von einem dynamischen Ansatz ausgeht, das heißt aber: wenn man neue Information ins Spiel bringt.

II. Abschnitt.

Dynamische Oligopollösungen auf spiel- und entscheidungstheoretischer Basis

Die Lösungskonzepte des vorigen Abschnitts zeigen nicht die eigentliche Bedeutung der Spiel- und Entscheidungstheorie. Im statischen Ansatz ist ja Zug gleich Strategie, so daß die wirkliche Tiefe dieser Theorien überhaupt nicht erscheint und die Lösungen sehr abstrakt und entweder zu speziell und wirklichkeitsfern oder zu allgemein und zu wenig restriktiv erscheinen. Die Zukunft der Spiel- und Entscheidungstheorie, was ihre Anwendung anlangt, liegt in der dynamischen Analyse.

In diesem Abschnitt werden wiederum die allgemeinen Ansätze und Lösungen gebracht, die für alle Oligopoltypen zutreffen. In den folgenden Abschnitten werden diese Ansätze und Lösungen dann für die einzelnen Oligopoltypen ausgewertet. Daraus lassen sich dann unter Umständen *Reaktionsfunktionen* ableiten, die von einem allgemeineren, spiel- oder entscheidungstheoretischen Gesichtspunkt aus optimal sind.

Diese dynamischen Lösungen bilden daher, vom theoretischen Standpunkt aus, die Grundlage für die heuristischen Theorien der früheren Kapitel, in denen eben diese Reaktionsfunktionen als Datum genommen werden.

1. Friedmans Ableitung von wechselseitig optimalen Reaktionsfunktionen im Dyopol

J. W. Friedman[1] hat mit einem dynamischen Programmierungsansatz auf spieltheoretischer Basis Reaktionsfunktionen abgeleitet, die wechselseitig konsistent und in einem gewissen Sinn wechselseitig optimal sind. Der Gedankengang ist der folgende.[2]

Sei

(7.2.1) $$Q_{it} = Q_i(y_{1t}, y_{2t}),\ i \in \{1, 2\}$$

die *Gewinnfunktion* für Firma i, wenn in Periode t die Aktionsparameter der Firmen 1 und 2 durch y_{1t} und y_{2t} angegeben sind. Jede Firma nehme an, die andere Firma reagiere auf die Festsetzung des eigenen Aktionsparameters mit einer Verzögerung von einer Periode, so daß die folgenden *Reaktionsfunktionen* gelten:

(7.2.2) $$y_{it} = \psi_i(y_{j,t-1}), \quad i, j \in \{1, 2\}, i \neq j.$$

Für die Funktionen Q_i und ψ_i setzt Friedman voraus

(7.2.3a) $$\partial^2 Q_i/\partial y_{it}^2 < 0,$$

(7.2.3b) $$|\partial^2 Q_i/\partial y_{it}^2| < |\partial^2 Q_i/\partial y_i \partial y_j|,$$

(7.2.3c) $\partial Q_i/\partial y_{jt}$, $\partial^2 Q_i/\partial y_i \partial y_j$, $\partial \psi_i/\partial y_{j,t-1}$ ändern niemals ihr Vorzeichen.

Dieser Ansatz ist sicher als erste grobe Annäherung zu akzeptieren: die Dyopolisten haben ein sehr kurzes Gedächtnis von genau einer Periode, ihre Reaktion hängt nur von der vorhergehenden Aktion des Gegenspielers, aber nicht von ihrem vorhergehenden eigenen Aktionsparameter ab;[3] zumindest bei einem Preisdyopol (wenn also y_i den Preis bedeutet, den Dyopolist i fordert) sind die ersten beiden Voraussetzungen von (7.2.3c) nicht erfüllt, wie man an Hand der Fig. 6.1.27 leicht nachprüft. Für das Mengenoligopol sind die Voraussetzungen eher plausibel.

---

1 *J. W. Friedman,* Reaction Functions and the Theory of Dyopoly, Rev. of. Economic Studies, 35 (1968), S. 257 ff. Vgl. hierzu auch den Artikel von *Cyert* und *De Groot,* Multiperiod Decision Models with Alternating Choice as a Solution to the Dyopoly Problem, The Quart. J. of Ec.,84 (1970), S. 413 ff.

2 Wir verzichten hier auf die Wiedergabe der sehr langen und etwas unübersichtlichen Existenzbeweise von *Friedman* und bringen Beweise für Spezialfälle in den folgenden Abschnitten, bei der Auswertung dieser Gedanken für die verschiedenen Oligopoltypen. Die Beweise sind dann sehr einfach.

3 Sehr viel besser wäre z. B. ein Ansatz: $y_{it} = \psi_i(y_{i,t-1}, y_{j,t-1})$. Aber auch hier ist nicht einzusehen, warum nicht die ganze Geschichte vorheriger Entscheidungen die Reaktion beeinflussen sollte. Richtig wäre also $y_{it} = \psi_i(y_{io}, \ldots, y_{i,t-1}, y_{j,o}, \ldots, y_{j,t-1})$.

Akzeptiert man (7.2.1–3c) als genügend genaues Bild der Wirklichkeit und versetzt sich in die Lage des Dyopolisten i, so kann man im Sinne der dynamischen Programmierung fragen, welches die optimalen Aktionsparameter y_i für die Firma i sind, wenn ihr ökonomischer Horizont bis zur Periode T reicht und sie am Ende der Periode T–1, T–2, . . . einen Entscheid über ihre Aktionsparameter y_T, y_{T-1}, . . . zu treffen hat derart, daß der auf den Entscheidungszeitpunkt abdiskontierte Gesamtgewinn bis zum Ende der Periode T maximal wird.

Für die *einperiodische Gewinnmaximierung* (also die Planung von y_{iT}, wenn alle vorherigen Entscheidungen bereits festliegen), erhält man y_{iT} mit

$Q_i^{(1)} := Q_i(y_{iT}, \psi_j(y_{i,T-1}))$:

$$\text{(7.2.4a)} \qquad \frac{dQ_i^{(1)}}{dy_{iT}} = \frac{\partial Q_i(y_{iT}, \psi_j(y_{i,T-1}))}{\partial y_{iT}} = 0\,,$$

was auf

$$\text{(7.2.4a')} \qquad y_{iT} = \lambda_i^{(1)}(y_{i,T-1})$$

führt.

Für die *zweiperiodische Gewinnmaximierung* (also die Planung von $y_{i,T-1}$, wenn alle vorherigen Entscheidungen bereits festliegen, wobei der diskontierte Gesamtgewinn bis zum ökonomischen Horizont T maximal sein soll) erhält man, wenn α der Diskontfaktor ist, mit $Q_i^{(2)} := Q_i(y_{i,T-1}, \psi_j(y_{i,T-2})) + \alpha Q_i^{(1)}$:

$$\text{(7.2.4b)} \qquad \frac{dQ_i^{(2)}}{dy_{i,T-1}} = \frac{\partial Q_i(y_{i,T-1}, \psi_j(y_{i,T-2}))}{\partial y_{i,T-1}} + \alpha \frac{\partial Q_i^{(1)}}{\partial y_{it}} \frac{dy_{iT}}{dy_{i,T-1}} + $$

$$+ \alpha \frac{\partial Q_i^{(1)}}{\partial \psi_j(y_{i,T-1})} \frac{d\psi_j(y_{i,T-1})}{dy_{i,T-1}} = 0$$

oder wegen (7.2.4a):

$$\text{(7.2.4b*)} \qquad \frac{dQ_i^{(2)}}{dy_{i,T-1}} = \frac{\partial Q_i(y_{i,T-1}, \psi_j(y_{i,T-2}))}{\partial y_{i,T-1}} + \alpha \frac{\partial Q_i(y_{iT}, \psi_j(y_{i,T-1}))}{\partial \psi_j(y_{i,T-1})} \cdot$$

$$\cdot\, \psi_j'(y_{i,T-1}) = 0,$$

was auf

$$\text{(7.2.4b')} \qquad y_{i,T-1} = \lambda_i^{(2)}(y_{i,T-2}) \text{ führt.}$$

Analog erhält man für die *dreiperiodische Gewinnmaximierung* mit

$$Q_i^{(3)} := Q_i(y_{i,T-2}, \psi_j(y_{i,T-3})) + \alpha Q_i(y_{i,T-1}, \psi_j(y_{i,T-2})) + \alpha^2 Q_i(y_{iT}, \psi_j(y_{i,T-1}))$$

unter Berücksichtigung von (7.2.4a und b):

$$(7.2.4c^*)\qquad \frac{dQ_i^{(3)}}{dy_{i,T-2}} = \frac{\partial Q_i(y_{i,T-2}, \psi_j(y_{i,T-3}))}{\partial y_{i,T-2}} + \alpha \frac{\partial Q_i(y_{i,T-1}, \psi_j(y_{i,T-2}))}{\partial \psi_j(y_{i,T-2})} \cdot \psi_j'(y_{i,T-2}) = 0,$$

was

$$(7.2.4c')\qquad y_{i,T-2} = \lambda_i^{(3)}(y_{i,T-3})$$

ergibt, usw.

Allgemein hat man also die *Folge optimaler Entscheidungen der Firma i:*

$$(7.2.5)\qquad y_{i,T-k} = \lambda_i^{(k+1)}(y_{i,T-(k+1)}),\ k \in \{0, 1, \dots\}.$$

Da $y_{i,T-(k+1)} = \lambda_i^{(k+2)}(y_{i,T-(k+2)})$ und nach (7.2.2)

$$(7.2.5a)\qquad y_{i,T-(k+2)} = \psi_j^{-1}(y_{j,T-(k+1)}),$$

erhält man aus (7.2.5) die *Reaktionsfunktion der Firma i,* wie sie der Firma j erscheinen muß, bei einem Zeithorizont von T:

$$(7.2.6)\qquad y_{it} = \lambda_i^{(T-t+1)}(\lambda_i^{(T-t+2)}(\psi_j^{-1}(y_{j,t-1}))) =: \vartheta_i^{(k)}(y_{j,t-1}),$$

mit $k = T - t$.

Offensichtlich muß $\vartheta_i = \psi_i$ sein, wenn sich die Dyopolisten bezüglich der Reaktion der Gegenseite nicht irren.[1]

Friedman zeigt nun,[2] daß unter gewissen Voraussetzungen[3] die Folge der Reaktionsfunktionen $\vartheta_i^{(k)}$ für $k \to \infty$ zu einer Grenzfunktion ϑ_i konvergiert, weil die Folge der $\lambda_i^{(k+1)}$ für $k \to \infty$ zu einer Funktion λ_i konvergiert.

---

1 Es scheint zunächst, als ob die Reaktionsfunktion (7.2.6) durch unzulässige Zeitumkehrung bei (7.2.5a) zustande gekommen ist. Das stimmt aber nicht. Die Logik ist durch folgende Beziehungen darzustellen:

$$y_{it} \to y_{i,t+1} \to y_{i,t+2} \to y_{i,t+3} \dots \quad \text{(nach 7.2.5)}$$

$$y_{it} \to y_{j,t+1},\ y_{i,t+1} \to y_{j,t+2} \dots \quad \text{(nach 7.2.2)}$$

Somit kann man schreiben: $y_{j,t+1} \to y_{i,t+2}$, $y_{j,t+2} \to y_{i,t+3}$, was die Reaktionsfuktion (7.2.6) ist.

2 Der Beweis muß viele Fälle unterscheiden und ist langwierig. Wir beweisen das folgende einfacher für die Spezialfälle der Oligopoltypen in den anschließenden Abschnitten.

3 Die Konvergenz tritt im linearen Fall und im Oligopoltyp B nur unter den zusätzlichen Voraussetzungen $c_1 \leqslant \sqrt{1/\alpha}$ ein; vgl. unten Abschnitt IV. 1. Diese fehlt bei *Friedman.*

Im folgenden wird dann stets dieser *Fall des unendlichen Zeithorizonts* zugrunde gelegt. Für ihn gilt dann anstelle von (7.2.6):

(7.2.7) $$y_{it} = \lambda_i(\lambda_i(\psi_j^{-1}(y_{j,t-1}))) =: \vartheta_i(y_{j,t-1}).$$

Bisher war die Reaktionsfunktion ψ_i irgendwie willkürlich angenommen. Diese angenommenen Reaktionsfunktionen sind nur konsistent und daher bei unendlichem Zeithorizont gegenseitig optimal, wenn sie einen Gleichgewichtspunkt im Sinne von Nash bilden, d. h. wenn bei der Annahme ψ_j durch Firma i diese Firma bei unendlichem Zeithorizont eine Folge von Entscheidungen trifft, die von der Firma j als Reaktionsfunktion ϑ_i zu erkennen ist, und die Firma j bei Zugrundelegung von $\vartheta_i = \psi_i$ zu einem Verhalten geführt wird, das von der Firma i als $\vartheta_j = \psi_j$ zu erkennen ist; d. h. also, falls

(7.2.8) $$\vartheta_i = \psi_i, \quad i \in \{1, 2\}$$

Fig. 7.2.9

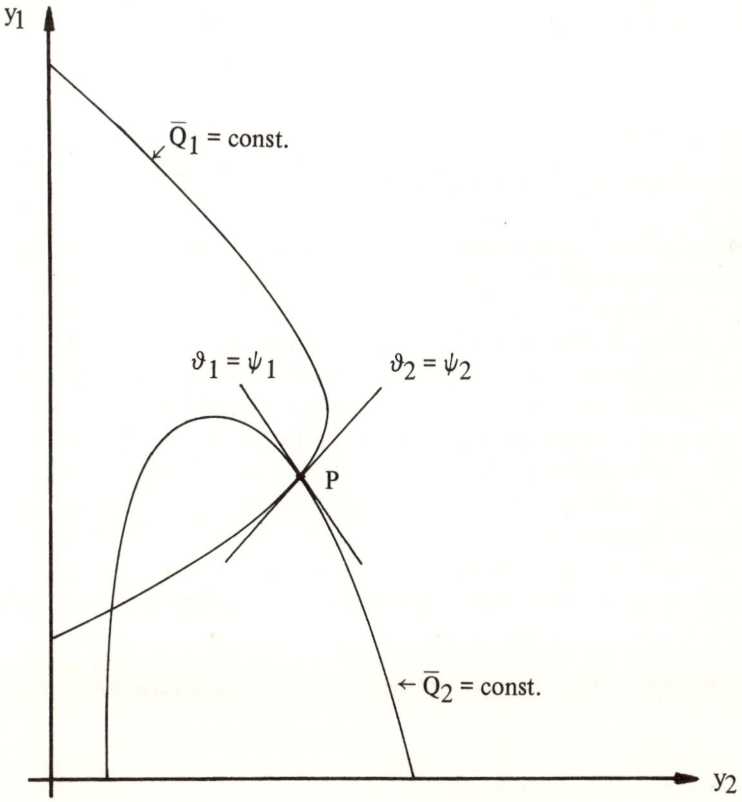

gilt. Friedman beweist die Existenz solcher Gleichgewichtspunkte[1]; sie sind allerdings i. a. nicht eindeutig.

Überdies ist die Konsistenz nur im Gleichgewichtspunkt selbst gegeben, nicht notwendig außerhalb davon.

Wir werden in dem folgenden IV. Abschnitt die volle Konsistenz im gesamten zulässigen Gebiet annehmen, dafür aber eine lineare Reaktionsfunktion voraussetzen. Leider zeigt sich dann, daß die so entstehenden Reaktionsfunktionen entweder zum altbekannten Cournotschen Gleichgewichtspunkt führen (nämlich, falls die „Reaktion" in Wirklichkeit „Nichtreaktion" bedeutet) oder zu instabilen Gleichgewichtspunkten. Diese aber sind uninteressant. Das überträgt sich zwar nicht notwendig auf den Friedmanschen Ansatz, da Friedman keine linearen Reaktionsfunktionen voraussetzt und Konsistenz nur im Gleichgewichtspunkt fordert, macht aber trotzdem den Ansatz auch ohne Berücksichtigung der Nichteindeutigkeit suspekt. Daß die Lösung nicht pareto-optimal ist, fällt demgegenüber fast weniger ins Gewicht.

Fig. 7.2.9 zeigt das Friedmansche Ergebnis symbolisch. Im Gleichgewichtspunkt P schneiden sich die beiden Reaktionskurven ϑ_1 und ϑ_2 und stimmen mit der angenommenen Reaktion ψ_1 bzw. ψ_2 überein. Beide Firmen maximieren dort ihre Gewinnerwartung $\overline{Q}_1$ bzw. $\overline{Q}_2$ über einen unendlichen Zeithorizont.

Im späteren IV. Abschnitt behandeln wir den Friedmanschen Ansatz im einzelnen.

2. Shubiks allgemeines Oligopolmodell[2]

Während Friedmans Dyopolmodell zwar von restriktiven Voraussetzungen ausgeht, aber zu interessanten Ergebnissen führt, ist das bei Shubiks allgemeinem Oligopolmodell eher umgekehrt: die Voraussetzungen sind sehr allgemein und relativ wirklichkeitsnah. Leider ist über die Lösung sozusagen nichts bekannt. Trotzdem ist das Modell interessant, weil es eine Art „Idealmodell" darstellt, von dem aus man durch Spezialisierungen und Vereinfachungen zu einem handhabbaren Modell kommen kann, das man auch lösen kann. Shubik ist selbst in dieser Richtung vorangegangen, aber nicht weit genug (vgl. den nächsten Abschnitt). Wir skizzieren daher dieses Modell nur kurz und verweisen auf die Originalliteratur sowie auf die Dissertation von Burgermeister (s. u.).

Man betrachte einen Oligopolmarkt, auf dem am Ende einer Periode t genau v_t Oligopolisten tätig sind, wobei jeder Oligopolist $i \in V_t$ ein Kapital von K_{it} besitzt;

1 Wir geben im IV. Abschnitt einen Beweis für Existenz von Gleichgewichtspunkten. Unter den dortigen Annahmen gibt es nur einen stabilen Gleichgewichtspunkt, daneben allerdings noch instabile.

2 *Shubik*, Strategy and Market Structure, New York, London 1959, 10. und 11. Kap. Vgl. hierzu auch die sehr klare Darstellung und Kritik bei *Burgermeister*, Gleichgewichtsstrategien im Dyopol, Diss. Bonn 1971, S. 36 ff.

V_t ist hierbei die Menge dieser in der Periode t tätigen Oligopolisten. Am Ende jeder Periode $t \in \{0, 1, \ldots\}$ hat jeder Oligopolist $i \in V_t$ folgende Entscheidungen zu treffen:

1. Aus dem Markt auszuscheiden. Dann erhalten die Kapitaleigner den Liquidationserlös $K_{it} + \lambda_{it}$, wobei λ_{it} der über den Kapitalwert hinausgehende Liquidationsgewinn bzw. -verlust ist. Die λ_{it} sind im voraus (eventuell als Wahrscheinlichkeitsverteilungen)bekannt.

   Falls $K_{it} \leqslant C_{it}^{min}$, muß die Firma ausscheiden. C_{it}^{min} ist das Ruinniveau und ähnlich wie λ_{it} vorher bekannt.

   Scheiden a Oligopolisten am Ende der Periode t aus, so ist $v_{t+1} = v_t - a$, und V_{t+1} ist die Menge der in der nächsten Periode am Markt tätigen Oligopolisten.

2. Scheidet der Oligopolist i nicht aus, so hat er für die nächste Periode aus einer Menge $Y_{i,t+1}$ von Entscheidungsmöglichkeiten genau eine $y_{i,t+1} \in Y_{i,t+1}$ zu wählen. Solche Entscheidungen können Preis- oder Mengenfestsetzungen, Werbung, Produktänderungen, Drohungen, Angebote, Verabredungen etc. sein. Die Mengen $Y_{i,t+1}$, $i \in V_{t+1}$, $t \in \{0, 1, \ldots\}$ sind vorher zumindest als Wahrscheinlichkeitsverteilung bekannt und können von den vorherigen Entscheidungen aller Oligopolisten abhängen.

3. Scheidet Oligopolist i nicht aus, so hat er ferner einen Entscheid über die Ausschüttung A_{it} am Ende der Periode t zu treffen. Diese Ausschüttung an die Kapitaleigner geht vom Kapitalbestand ab, so daß am Anfang der Periode t+1 ein Kapitalbestand von $\overline{K}_{i,t+1} = K_{it} - A_{it}$ zur Verfügung steht. Natürlich muß $A_{it} < K_{it} - C_{it}^{min}$ sein.

Nunmehr stehen alle Entscheidungsgrößen, die das Ergebnis der Periode t+1 beeinflussen, fest, nämlich: $y_{i,t+1}$, $\overline{K}_{i,t+1}$ und V_{t+1}. Das Ergebnis selbst in Form des Gewinns oder Verlusts Q_{it} ist dann mit Sicherheit oder als Wahrscheinlichkeitsverteilung bekannt:

$$Q_{i,t+1} = Q_{i,t+1}(y_{1,t+1}, \ldots, y_{v_{t+1},\, t+1}, \overline{K}_{1,t+1}, \ldots, \overline{K}_{v_{t+1},\, t+1}), \quad i \in V_{t+1}.$$

Damit ist dann der Kapitalbestand des Oligopolisten i am Ende der Periode t+1: $K_{i,t+1} = \overline{K}_{i,t+1} + Q_{i,t+1}$, und die nächste Entscheidungsrunde kann beginnen. Zusätzlich muß dann noch die Kenntnis der Oligopolisten über vorhergegangene Entscheidungen der übrigen Oligopolisten spezifiziert werden.

Sind alle Wahrscheinlichkeitsverteilungen diskret, existiert eine Nutzenfunktion für jeden Oligopolisten und ist sie allen Oligopolisten bekannt, und ist die Zahl der Perioden endlich ($t \in \{0, 1, \ldots, T\}$), so ist diese Situation in die Normalform eines v_0-Personenspiels im Sinne von v. Neumann und Morgenstern zu überführen. Leider ist über Lösungen solcher Spiele wenig bekannt. Shubik untersucht dann auch nur Spezialfälle anhand von Beispielen. Hierzu definiert er verschiedene Mengen stabiler Punkte, nämlich solche, bei denen die Entscheidungsgrößen nicht geändert werden. Doch dies führt nicht viel über das hinaus, was man ohnehin wußte.

Der eigentliche Wert des Modells liegt darin, Ausgangspunkt für Spezialisierungen zu sein. Shubik spezialisiert das allgemeine Modell dann noch für den Oligopoltyp B; wir gehen darauf später ein.[1]

3. Burgermeisters allgemeines Oligopolmodell[2]

Ähnlich wie Shubik entwickelt auch Burgermeister zunächst ein allgemeines Modell, über dessen Lösungseigenschaften wenig gesagt werden kann. Er spezialisiert das Modell dann aber so, daß eine explizite Lösung möglich ist. Wir bringen dies später. Hier soll der interessante und vom üblichen abweichende allgemeine Ansatz von Burgermeister skizziert werden.

Auf einem Markt sollen n Oligopolisten existieren. Jeder Oligopolist $i \in \{1, \ldots, n$ verfügt über m stetige und differenzierbare Entscheidungsparameter $y_{ij}(t)$, $j \in \{1, \ldots,$ $t \in R^1_+$, $y_{ij} \in Y_{ij}$. Betrachtet wird eine endliche Zeitperiode [0,T]. Gegeben sind

1. die Anfangswerte $\bar{y}_{ij}(0)$ aller Entscheidungsparameter aller Oligopolisten,
2. minimale bzw. maximale Geschwindigkeiten σ_{ij}^- bzw. σ_{ij}^+, mit denen der Oligopolist i seinen Parameter y_{ij} ändern kann:

$$(7.2.10) \qquad \sigma_{ij}^- \leqslant \frac{dy_{ij}(t)}{dt} \leqslant \sigma_{ij}^+ \quad \text{für } t \in [0,T],$$

3. der Brutto-Momentangewinn $Q_i^{Br}(t)$ (= Erlöse minus Produktionskosten, ohne Kosten der Parameteränderung) des Oligopolisten i im Zeitpunkt t als Funktion der Parameterkonstellation aller Oligopolisten und dieses Zeitpunktes selbst:

$$(7.2.11) \qquad Q_i^{Br}(t) = Q_i(y_{11}(t), \ldots, y_{1m}(t), \ldots, y_{n1}(t), \ldots, y_{nm}(t), t),$$

4. die Momentankosten des Oligopolisten i durch Änderung seiner Parameter

$$(7.2.12) \qquad K_i(t) = K_i(\dot{y}_{i1}(t), \ldots, \dot{y}_{im}(t), t);$$

sowohl $Q_i^{Br}(t)$ als auch $K_i(t)$ sollen beschränkt und stetig sein;
5. die Zielfunktion jedes Oligopolisten i. Jeder verhält sich stets so, daß

$$\int_0^T [Q_i^{Br}(t) - K_i(t)]\, dt$$

1 *Shubik* hat übrigens in einem unveröffentlichten Manuskript das Modell wieder so erweitert, daß auch der Hinzutritt neuer Firmen zum Markt mitbetrachtet wird. Auch die Abnehmer (Konsumenten) werden als Spielteilnehmer eingeführt.

2 *Burgermeister*, Gleichgewichtsstrategien im Dyopol, Diss. Bonn 1971, S. 64 ff.

maximal wird, wobei die Anfangsbedingungen und die Grenzen (7.2.10) eingehalten werden müssen. Gesucht sind also stetige und stückweise stetig differenzierbare Funktionen $\widetilde{y}_{ij}(t)$ mit diesen Eigenschaften.

Als Anwärter auf die *Lösung* wird man *Gleichgewichtsstrategien* suchen müssen, nämlich solche Funktionen $y^*_{ij}(t)$, für die

$$(7.2.13) \qquad \int_0^T [Q_i(y^*_{11}(t), \ldots, y^*_{nm}(t),t) - K_i(\dot{y}_{i1}(t), \ldots, \dot{y}_{im}(t),t)]\, dt =$$

$$\max_{y_{1i}(t), \ldots, y_{im}(t)} \int_0^T [Q_i(y^*_{i1}(t), \ldots, y^*_{i-1,m}(t), y_{i1}(t), \ldots$$

$$\ldots, y_{im}(t), y^*_{i+1,1}(t), \ldots, y^*_{nm}(t),t) - K_i(\dot{y}_{i1}(t), \ldots, \dot{y}_{im}(t),t)]\, dt,$$

$$i \in \{1, \ldots, n\},$$

unter den Nebenbedingungen (7.2.10) und bei Geltung der Anfangsbedingungen $y^*_{ij}(0) = \overline{y}_{ij}(0)$.

Jede Strategiekombination, die die folgende dem *Pontrjaginschen Maximumprinzip entsprechende Maximumbedingung erfüllt und bei der alle $y_{ij}(t)$ im Inneren von Y_{ij} liegen,* ist eine Gleichgewichtsstrategie und daher *ein Anwärter auf die Lösung.*

Es sei

$$l_{ij}(y_{11}, \ldots, y_{nm}, t') = \int_{t'}^T \frac{\partial}{\partial y_{ij}} Q_i(y_{11}(t), \ldots, y_{nm}(t),t)\, dt$$

$$\text{für } i \in \{1, \ldots, n\}, \quad j \in \{1, \ldots, m\}, \quad t' \in [0, T].$$

Dann soll gelten

$$(7.2.14) \qquad \sum_{j=1}^m l_{ij}(y_{11}, \ldots, y_{nm}, t') \frac{d}{dt'} y_{ij}(t') - K_i(t') =$$

$$= \max_{\substack{\sigma^-_{i1} \leq \eta_1 \leq \sigma^+_{i1} \\ \vdots \\ \sigma^-_{im} \leq \eta_m \leq \sigma^+_{im}}} [\sum_{j=1}^m l_{ij}(y_{11}, \ldots, y_{nm}, t') \eta_j - K_i(\eta_1, \ldots, \eta_m, t')],$$

$$\forall\, i \in \{1, \ldots, n\}, \forall\, t' \in (0, T), \text{ für die } \frac{d}{dt'} y_{ij}(t') \text{ existiert.}$$

Leider ist es nur in einfachen Fällen möglich, die Lösung analytisch darzustellen. Burgermeister analysiert einen Dyopolfall dieser Art, und wir bringen seine Lösung weiter unten. Im allgemeinen Fall ist man leider nur auf die numerische Auswertung angewiesen. Hierbei ist besonders störend, daß das Pontrjaginsche Maximumprinzip nur im *Innern* von Y_{ij} gültig ist. Man verfehlt also möglicherweise Gleichgewichtsstrategien, die auf dem Rand von Y_{ij} liegen, und die können wichtig sein. Hier muß man notfalls die Kontrolltheorie einführen.

Leider kann man allgemein nicht sagen, ob es für alle möglichen Anfangsbedingungen stets Gleichgewichtsstrategien gibt oder ob es – was eher wahrscheinlich ist – viele gibt, die von einer Anfangsbedingung ausgehen. Hier hilft nur die weitere Spezifizierung des Modells.

4. Weitere für bestimmte Oligopoltypen ausgearbeitete dynamische Oligopolmodelle auf spieltheoretischer Basis

Hier sollen weitere Ansätze und Lösungskonzepte dieser Art in der Literatur, die restriktiver und nicht generell anwendbar sind, kurz besprochen werden. Z.T. gehen wir bei dem betreffenden Oligopoltyp, für den sie anwendbar sind, näher darauf ein.

Selten[1] behandelt ein *spezielles Preisoligopol,* bei dem die Nachfrage nach den Produkten eines Oligopolisten in ganz bestimmter Weise von der Abweichung der Preisgestaltung dieses Oligopolisten vom Durchschnitt aller Preise in der Vorperiode abhängt, in großer Ausführlichkeit und Vollständigkeit. Er kommt dabei zu interessanten Ergebnissen. Wir gehen auf dieses Modell später (bei der Behandlung des Oligopoltyps A) ein.

Cyert und De Groot[2] behandeln das *Mengendyopol.* Sie folgen insoweit dem Vorbild Friedmans, daß sie asymptotische Reaktionsfunktionen – jedenfalls für einen vereinfachten Fall – ableiten, ändern das Modell aber in der Weise, daß die „Züge" (nämlich die Anliefermengen) nicht mehr *simultan,* sondern *konsekutiv* vorgenommen werden: zu Anfang einer Periode 1 ist Dyopolist 1 am Zug, am Anfang der Periode 2 der Oligopolist 2 usw., immer abwechselnd. Dyopolist 1 darf also seine Mengen nur immer zu Anfang der ungeraden Perioden, Dyopolist 2 zu Anfang der geraden Perioden verändern. Maximiert wird der Gesamtgewinn über eine *endliche* Periodenzahl, wobei der Gewinn eines Dyopolisten in einer Periode eine Funktion der für diese Periode gültigen Anliefermengen beider Oligopolisten ist.

Für eine endliche Zahl von möglichen Mengenfestsetzungen ist dies ein endliches nichtkooperatives 2-Personenspiel bei perfekter Information im Sinne von v. Neumann und Morgenstern und kann rekursiv gelöst werden. Die Lösung ist ein Gleichgewichtspunkt in der Normalform dieses Spiels. Cyert und De Groot betrachten aber kontinuierliche Anliefermengen und lösen das Problem durch einen dynamischen Programmierungsansatz.

Die Lösung ist in der Regel nicht pareto-optimal. Bei größerer Periodenzahl er-

---

1 *Selten,* Spieltheoretische Behandlung eines Oligopols mit Nachfrageträgheit, Zeitschr. f. d. ges. Staatsw., 121 (1965), S. 301 ff. und S. 667 ff.

2 *Cyert* and *De Groot,* Multiperiod Decision Models with Alternative Choice as a Solution to the Duopoly Problem, Carnegie-Melton University, Pittsburgh/Penns., Disc. Paper Nr. WP 56–68–9, vgl. hierzu auch den Artikel von *Cyert* und *De Groot,* „Multiperiod Decision Models with Alternating Choice as a Solution to the Duopoly Problem", The Quart. J. of. Ec., 84 (1970) S. 413 ff.

reichen die Anliefermengen von einem Ausgangspunkt aus ein quasi-stationäres Niveau (den „turnpike" sozusagen) und nähern sich erst zum Schluß der Cournot-Lösung wieder an.

Dieser interessante Lösungsansatz kommt dem hier ausführlich behandelten eigenen Ansatz sehr nahe und wird daher nicht im einzelnen besprochen. Der Unterschied ist: Cyert und De Groot lassen die Reaktion des anderen Dyopolisten auf eine Aktion eines Dyopolisten jeweils sozusagen „in der Halbzeit" erfolgen; bei mir erfolgt die Reaktion unmittelbar, so daß der Zustand *vor* der Reaktion nur infinitesimal kurz gegenüber der Dauer des Zustandes *nach* der Reaktion ist und daher nicht betrachtet zu werden braucht. Außerdem beschäftigen sie sich nicht mit dem Problem, „wer den ersten Zug hat". Das ist aber für das Ergebnis u. U. wichtig.

Friedman[1] hat kürzlich eine neue Lösungsidee für unendliche Superspiele[2] publiziert, die sozusagen „das Beste aus beiden Welten" vereinigt, nämlich die Stabilität des Nash-Gleichgewichtspunktes der nicht-kooperativen Lösung und die Pareto-Optimalität der Nash-Lösung des kooperativen Spiels. Der Grundgedanke ist der folgende. Es wird angenommen, daß das zugrundeliegende gewöhnliche Spiel einen eindeutigen Gleichgewichtspunkt im Sinne von Nash hat[3] – im Dyopolfall also: daß die Cournotsche Dyopollösung eindeutig ist.[4] Dann bildet der Strategievektor s^c, bestehend aus den Cournot (=Nash)-Strategien aller Oligopolisten in dem einfachen Spiel, unendlich oft wiederholt, ebenfalls einen Nash-Gleichgewichtspunkt in dem Superspiel. Man betrachtet nun die Menge aller Gleichgewichtspunkte in dem Superspiel, die diesen Nash-Gleichgewichtspunkt dominieren und pareto-optimal sind. Diese Menge ist nicht leer, sobald die Diskontrate, mit der die Gewinne aus den zukünftigen Spielen diskontiert werden, klein genug ist.[5] Unter diesen pareto-optimalen Gleichgewichtspunkten soll nach Friedman derjenige als *Lösung* gelten, der jeden Spieler im Zustand relativ gleicher Versuchung läßt, durch gelegentlichen „Betrug" kurzfristig noch mehr herauszuholen aus dem Spiel auf Kosten der Mitspieler. Sei $Q_i(s^*)$ der Gewinn der Spielers i im Superspiel, wenn er und alle übrigen den Lösungs-Strategievektor s^* spielen, $Q_i(s^c)$ der Gewinn des Spielers i, wenn er und alle übrigen ihre Cournot-Strategien spielen, $Q_i(\overline{s}_i^* \mid t_i)$ der Gewinn des Spielers i, wenn er die Strategie t_i spielt, die seinen Gewinn maximiert, vorausgesetzt, alle übrigen halten an s^* fest, so soll s^* dadurch bestimmt sein, daß

1 *Friedman,* A Non-cooperative Equilibrium for Supergames, The Rev. of Ec. Studies, XXXVIII (1971), S. 1 ff.

2 Dies sind Spiele, deren Züge aus gewöhnlichen Spielen bestehen, wobei dasselbe Spiel unendlich oft wiederholt wird.

3 Was ein Sonderfall ist. Gewöhnlich haben Spiele mehrere Gleichgewichtspunkte.

4 Dies trifft unter den üblicherweise gemachten Annahmen zu.

5 Beim Zukunfts-Diskontsatz von Null ist der Verlust beim Rückgang auf den Cournot-Punkt sogar unendlich.

$$\frac{Q_i(\bar{s}_i^*|t_i) - Q_i(s^c)}{Q_i(s^*) - Q_i(s^c)} = \frac{Q_j(\bar{s}_j^*|t_j) - Q_j(s^c)}{Q_j(s^*) - Q_j(s^c)}, \quad \forall\, i, j \in \{1, \ldots, n\}.$$

Damit ist nun aus der Menge aller dominanten Punkte einer ausgesucht. Es scheint aber, als ob das Auswahlprinzip ziemlich willkürlich ist. Was kann es einen Oligopolisten interessieren, wie stark seine Konkurrenten versucht sind, ihn „hineinzulegen", wenn er überlegt, ob er dasselbe tun soll? Warum sollten alle Personen gerade den gleichen „Versuchungsgrad" aushalten? Wir verfolgen diese Lösungsidee hier nicht weiter.

Natürlich gibt es noch mehr Oligopolmodelle in der Literatur. Der Phantasie sind in dieser Richtung keine Grenzen gesetzt, besonders, wenn man keine Ansprüche in Bezug auf Wirklichkeitsnähe stellt. Doch sind die oben angeführten wohl die bisher wichtigsten. Eine eigene dynamische Dyopollösung wird im VII. Abschnitt dieses Kapitels gebracht.

III. Abschnitt

Statische spieltheoretische Lösungen des homogenen Dyopols (Oligopoltyp B)

In diesem Abschnitt sollen die in vorhergehenden Abschnitten dargestellten spieltheoretischen und entscheidungstheoretischen Lösungen für den Fall eines homogenen Dyopols in der Statik im einzelnen dargestellt werden. Hierbei legen wir der Einfachheit halber lineare Nachfrage- und Kostenfunktionen zugrunde. Dieser Abschnitt bringt also – ebenso wie der folgende – prinzipiell nichts Neues gegenüber dem I. Abschnitt, führt aber Einzelheiten näher aus und veranschaulicht die Ergebnisse.

1. Allgemeiner Ansatz

Zwei Firmen 1 und 2 sollen ein homogenes Produkt auf einem gemeinsamen Markt mit den Mengen x_1 bzw. x_2 anbieten. Der Preis p bildet sich dort aufgrund des Gesamtangebotes ξ nach der *linearen Nachfragefunktion:*

(7.3.1) $\quad p = a_o - a_1\xi\,, \qquad \xi = x_1 + x_2\,, \qquad a_o, a_1 > 0\,,$

und da der Preis nicht negativ sein kann, wollen wir fordern

(7.3.1a) $\quad \xi \leqslant \frac{a_o}{a_1}.$

Die *lineare Kostenfunktion* der Firma i sei

(7.3.2) $\quad K_i = b_{oi} + b_{1i}x_i\,, \quad b_{oi}, b_{1i} > 0\,, \quad i \in \{1, 2\}.$

Wir wollen einen existenzfähigen Markt annehmen, d.h. beide Firmen sollen bei Anlieferung auf den Markt ($x_i > 0$) besser stehen, als wenn sie nichts liefern. Da der Gewinn Q_i der Firma i ist:

$$Q_i = a_1 \left(\frac{a_o - b_{1i}}{a_1} - \xi \right) x_i - b_{oi}$$

und $a_1 > 0$, folgt somit

(7.3.2a) $$a_o > b_{1i} \,, \quad \forall\, i \in \{1, 2\}.$$

Außerdem bestehen noch Kapazitätsgrenzen:

(7.3.3) $$x_i \leqslant \overline{x}_i .$$

Wir nehmen zunächst an, daß sie nicht effektiv sind:

(7.3.3a) $$\overline{x}_i \geqslant \frac{a_o}{a_1} \,, \quad \forall\, i \in \{1, 2\};$$

d. h. jede Firma kann auch den ganzen Markt versorgen.

Bei den folgenden Figuren legen wir folgende Parameterwerte zugrunde: beim symmetrischen Dyopol:[1]

(7.3.4a) $$a_o = 10,\ a_1 = 1,\ b_{o1} = b_{o2} = b_{11} = b_{12} = 1,$$

beim asymmetrischen Dyopol:

(7.3.4b) $$a_o = 10,\ a_1 = 1,\ b_{o1} = b_{11} = 1, \quad b_{o2} = 2,\ b_{12} = \frac{1}{2}.$$

Die Firma 2 hat jetzt also höhere fixe, aber niedrigere variable Kosten. Der Gewinn Q_i der Firma i ist:

(7.3.5) $$Q_i = p \cdot x_i - K_i = -a_1 x_i^2 + (a_o - b_{1i} - a_1 x_j) x_i - b_{oi},\ i, j \in \{1, 2\},\ i \neq j.$$

Dies schreiben wir zur Abkürzung als

(7.3.5a) $$Q_i = a_1(\alpha_i - \xi) x_i - b_{oi} \quad \text{mit } \alpha_i := \frac{a_o - b_{1i}}{a_1}, \quad \xi = x_1 + x_2.$$

Beim symmetrischen Dyopol ist $\alpha_1 = \alpha_2$ und $b_{o1} = b_{o2}$.

Die Kurven konstanten Gewinns $Q_i = c_i$ haben demnach die Gleichung

(7.3.6) $$x_i = d_i \pm \sqrt{d_i^2 - e_i}\,, \quad d_i = \frac{a_o - b_{1i} - a_1 x_j}{2a_1} = \frac{1}{2}(\alpha_i - x_j), \quad e_i = \frac{b_{oi} + c_i}{a_1}.$$

1 Nach (7.1.2 und 2a) ist ein Spiel symmetrisch, wenn der Wert v(C) des Spiels für eine Koalition C nur von der Zahl, nicht von der Identität der Koalitionsmitglieder abhängig ist; beim Dyopol also, falls $v(\{1\}) = v(\{2\})$ ist. Dies trifft zu, falls $b_{o1} = b_{o2}$ und $b_{11} = b_{12}$.

Fig. 7.3.7

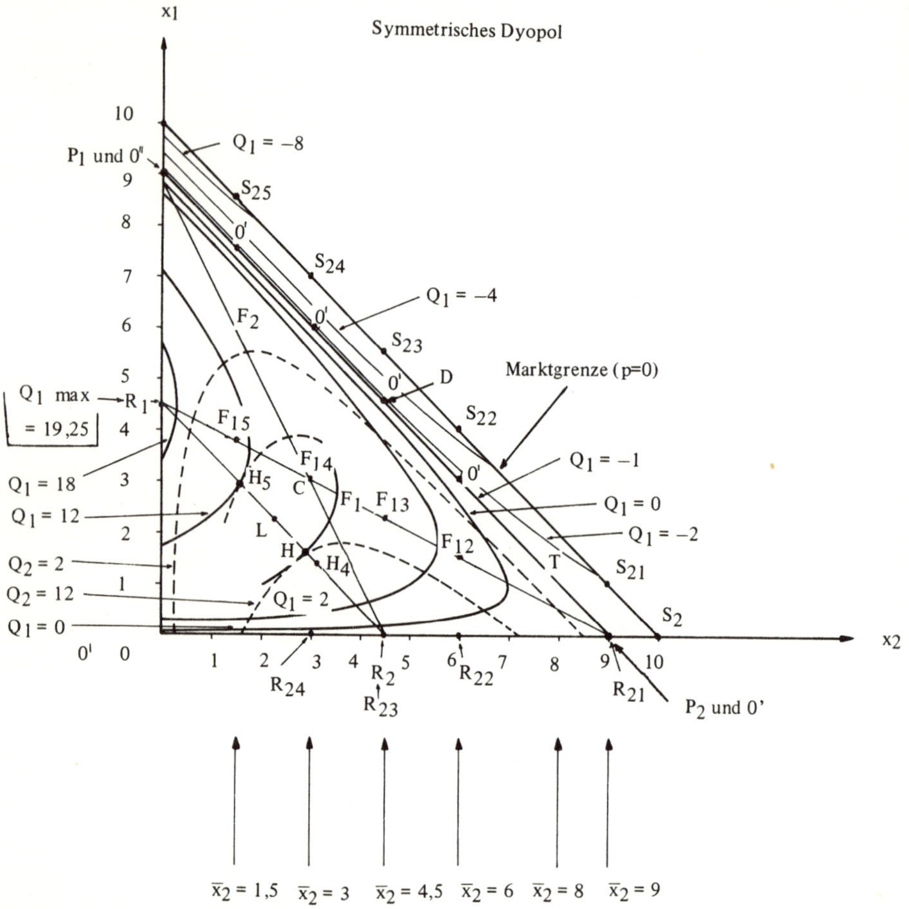

Fig. 7.3.7 zeigt diese Kurven konstanten Gewinns für das symmetrische Dyopol, Fig. 7.3.8 für das asymmetrische Dyopol. Da die Kurven konstanten Gewinns symmetrisch verlaufen, sind für die Firma 2 nur einige wenige Kurven (gestrichelt) eingezeichnet. Wie man sieht, ändert sich die Krümmungsrichtung der Kurven: für höhere Gewinne als $Q_1 = -1$, wobei -1 die fixen Kosten sind, sind die Gewinnschichtlinien um den Punkt des absoluten Gewinnmaximums $Q_{1max} = 19{,}25$, der zugleich den Monopolpunkt darstellt, herumgebogen und zeigen das übliche „Gewinngebirge" an. Für kleinere Gewinne als $Q_1 = -1$ sind die Kurven konstanten Gewinns (oder besser: Verlustes) vom Punkt des Gewinnmaximums fort gekrümmt. Die Kurve $Q_1 = -1$ besteht aus dem nach links geöffneten Winkel

Fig. 7.3.8

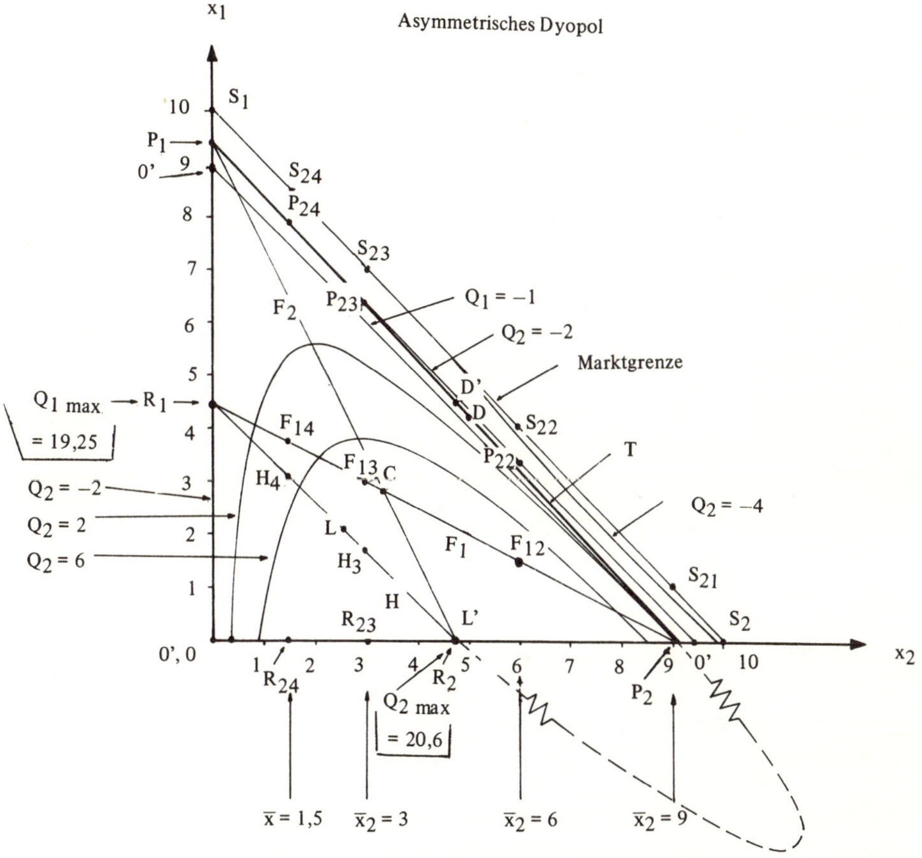

P_1P_20. Die Kurven enden an der Marktgrenze, wo $p = 0$ wird, also bei $x_1 + x_2 = 10$. Alle im Gebiet OS_1S_2 liegenden Produktionsgrößen sind realisierbar und am Markt absetzbar, somit sind auch alle durch einen Punkt (x_1, x_2) im Gebiet OS_1S_2 bestimmten Gewinnkombinationen $(Q_1(x_1, x_2), Q_2(x_1, x_2))$ möglich.

Fig. 7.3.8 zeigt dasselbe für das asymmetrische Dyopol (7.3.4b). Dort sind (außer der Geraden $Q_1 = -1$) nur Kurven konstanten Gewinns für 2 eingezeichnet, weil die für 1 so wie in Fig. 7.3.7 verlaufen. Man sieht, daß hier dasselbe gilt; die Krümmung wechselt bei $Q_2 = -2$. Die Kurve konstanten Gewinns $Q_2 = -2$ besteht aus dem nach unten geöffneten Winkel, der von der Abzisse von 0 bis $x_1 = 9{,}5$ und von der Geraden vom Punkt (9,5; 0) zum Punkt (0; 9,5) gebildet wird.[1]

1 Die Kurven liegen an den Achsen dicht beieinander. Sie sind dort nur approximativ wiedergegeben.

Die *Kammlinien* F_1 und F_2 sind durch $\partial Q_i/\partial x_i = 0$ bestimmt, was auf

(7.3.9) $$x_i = d_i = \frac{1}{2}(\alpha_i - x_j), \quad i, j \in \{1, 2\}, i \neq j$$

führt. Sie sind also (auch im asymmetrischen Dyopol) Geraden (vgl. Fig. 7.3.7 und 8).

Die *Maximallinie H* und *Minimallinie T* (diese ist die *optimale Drohungskurve*) ergeben sich nach (4.1.14) aus

$$-\frac{\partial Q_1/\partial x_2}{\partial Q_1/\partial x_1} = -\frac{\partial Q_2/\partial x_2}{\partial Q_2/\partial x_1}.$$ Das führt auf

(7.3.10) $$x_1 = D \pm \sqrt{D^2 - E}$$

$$\text{mit } D = -\frac{b_{11} + 2b_{12} - 3a_o}{4a_1} - x_2,$$

$$E = x_2^2 + \frac{b_{12} + 2b_{11} - 3a_o}{2a_1} x_2 + \frac{a_o^2 - a_o(b_{11} + b_{12}) + b_{11} \cdot b_{12}}{2a_1^2}.$$

Mit Hilfe von α_i nach (7.3.5a) läßt sich dies auch schreiben:

(7.3.10a) $$D = -x_2 + \frac{\alpha_1 + 2\alpha_2}{4},$$

(7.3.10b) $$D^2 - E = \frac{\alpha_1 - \alpha_2}{2} x_2 + \left(\frac{\alpha_1 - 2\alpha_2}{4}\right)^2.$$

Die positive Wurzel ergibt die optimale Drohungskurve T, die negative Wurzel die Maximallinie H (vgl. Fig. 7.3.7 und 8). Beim symmetrischen Dyopol sind beide Kurven Geraden (falls $b_{11} = b_{12}$, d. h. $\alpha_1 = \alpha_2$, ist $D^2 - E$ unabhängig von x_2), beim asymmetrischen Dyopol nicht. Doch ist die Krümmung so gering, daß sie in Fig. 7.3.8 optisch nicht sichtbar ist.

Beim symmetrischen Dyopol fällt T mit einem Ast der Geraden $Q_1 = Q_2 = -1$ zusammen (vgl. Fig. 7.3.7), beim asymmetrischen Dyopol nicht (vgl. Fig. 7.3.8). Bei ersterem sind T und H parallel, bei letzterem hängen sie im Bereich negativer Produktionsmengen zusammen (symbolisch angedeutet durch die gestrichelten Linien in Fig. 7.3.8).[1]

Für die spieltheoretische Analyse ist dies aber im wesentlichen nur Vorbereitung. Man benötigt vor allem eine Darstellung der Situation im Gewinnraum, nicht so sehr im Entscheidungsraum.

Wir setzen

(7.3.10c) $$\beta_i := \frac{Q_i + b_{oi}}{a_1} = (\alpha_i - \xi)x_i, \; i \in \{1, 2\}.$$

Dann gilt für $\alpha_1 \neq \xi$ und $\alpha_2 \neq \xi$: $\frac{\beta_1}{\alpha_1 - \xi} + \frac{\beta_2}{\alpha_2 - \xi} = \xi$ und für beliebige ξ:

1 Für $x_2 = 25$ verschwindet die Wurzel in (7.3.10).

Fig. 7.3.11

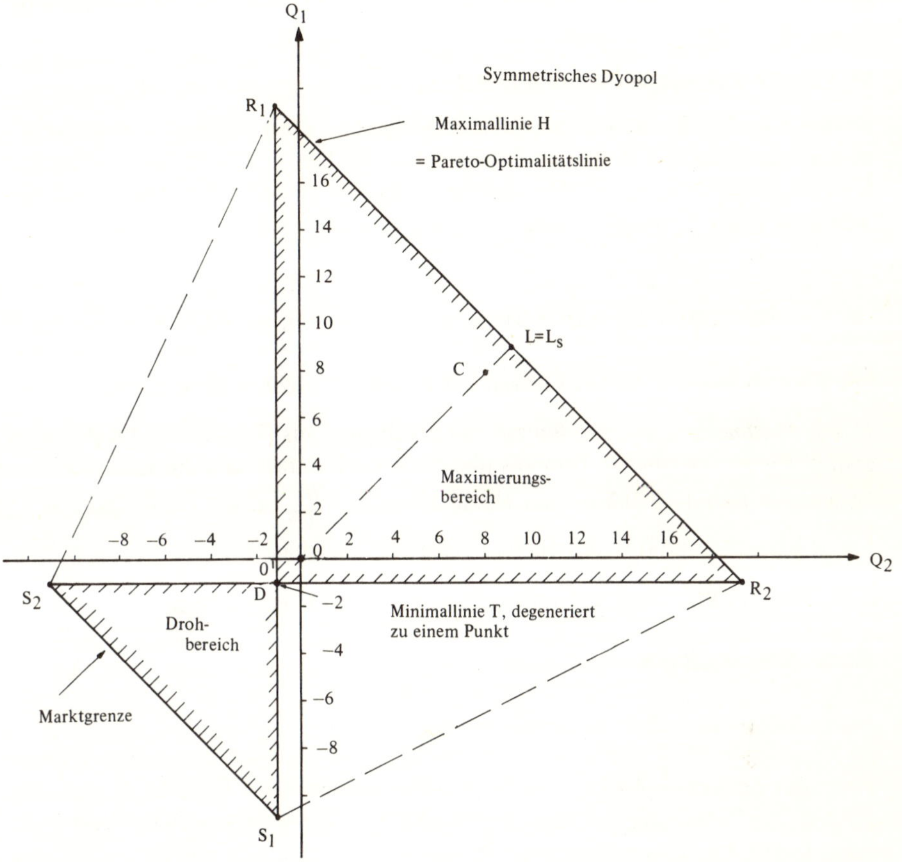

(7.3.10d) $\beta_1(\alpha_2-\xi) + \beta_2(\alpha_1-\xi) - \xi(\alpha_1-\xi)(\alpha_2-\xi) = 0.$

Daraus lassen sich die Gleichungen der Marktgrenze, der Kammlinien, der Maximallinie und der Drohungskurve im Gewinnraum gewinnen.

a) An der *unteren Marktgrenze* ist $\xi = 0$ (für $p = a_o$, der Preis ist prohibitiv); an der *oberen Marktgrenze* ist $\xi = \frac{a_o}{a_1}$ (für $p = 0$), vgl. (7.3.1). Aus (7.3.10d) folgt daraus im ersten Fall $\beta_1 = \beta_2 = .\ 0$, also $Q_i = - b_{oi}$; im zweiten Fall folgt $\frac{a_1\beta_1}{b_{11}} + \frac{a_1\beta_2}{b_{12}} + \frac{a_o}{a_1} = 0$, also nach (7.3.10c): $\frac{Q_1}{b_{11}} + \frac{Q_2}{b_{12}} = -\frac{a_o}{a_1} - \frac{b_{o1}}{b_{11}} - \frac{b_{o2}}{b_{12}}$.

Die obere Marktgrenze ist also eine lineare Funktion im Gewinnraum. Im *symmetrischen Dyopol* hat man für unser Zahlenbeispiel für die untere Marktgrenze: $Q_1 = Q_2 = -1$ (Punkt D in Fig. 7.3.11), für die obere Marktgrenze: $Q_1 + Q_2 = -12$

(Linie S_1S_2 in Fig. 7.3.11). Für das *asymmetrische Dyopol* ist die untere Marktgrenze: $Q_1 = -1$, $Q_2 = -2$ (Punkt W in Fig. 7.3.12), die obere Marktgrenze ist durch $Q_1 + 2Q_2 = -15$ gegeben (Linie S_1S_2 in Fig. 7.3.12).

b) Auf den *Kammlinien* ist nach (7.3.9) $x_i = \alpha_i - \xi$, also $\beta_i = (\alpha_i - \xi)^2$, somit $\alpha_i - \xi = \pm\sqrt{\beta_i}$, $\xi = \alpha_i \mp \sqrt{\beta_i}$. Substitution in (7.3.10d) ergibt eine nichtlineare implizite Funktion in β_1 und β_2. Wir geben sie hier nur für das symmetrische Dyopol an ($\alpha_1 = \alpha_2 = :\alpha$). Man erhält $\beta_1 + \beta_2 = \sqrt{\beta_i}\,(\alpha - \sqrt{\beta_i})$ und nach Umwandlung $(\beta_1 + \beta_2 + \beta_i)^2 - \alpha^2\beta_i = 0,\ i \in \{1, 2\}$.

Für unser Zahlenbeispiel ergibt das:

$$(Q_1 + Q_2 + Q_i + 3)^2 - 81\,Q_i - 81 = 0,\ i \in \{1, 2\}\ .$$

Die Kammlinien sind in den Figuren 7.3.11 und 12 nicht eingezeichnet.

c) Für *Maximallinie und Drohungskurve* erhält man aus (7.3.10) nur für den Spezialfall des symmetrischen Dyopols ($\alpha_1 = \alpha_2 = :\alpha$) einfache Funktionen. Dann ist nämlich nach (7.3.10) auf der Maximallinie: $\xi = \frac{\alpha}{2}$, auf der Drohungskurve $\xi = \alpha$. Einsetzen in (7.3.10d) ergibt für die Maximallinie:

$$\beta_1 + \beta_2 = \frac{1}{4}\alpha^2,\ \text{also}\ Q_1 + Q_2 = \frac{1}{4}\alpha^2 - b_{o1} - b_{o2},$$

für die Drohungskurve:

$$\beta_1 = \beta_2 = 0,\ \text{also}\ Q_i = -b_{oi}.$$

Für unser Zahlenbeispiel hat man für die Maximallinie $Q_1 + Q_2 = 18{,}25$ (vgl. Fig. 7.3.11); die Drohungskurve ist in den Punkt $Q_1 = Q_2 = -1$ entartet (Punkt D in Fig. 7.3.11). Beim asymmetrischen Dyopol sind Maximallinie und Drohungskurve nicht linear.

Fig. 7.3.11 zeigt alle im symmetrischen Dyopol nach Fig. 7.3.7 möglichen Gewinnkombinationen, Fig. 7.3.12 dasselbe für das asymmetrische Dyopol der Fig. 7.3.8. Die in dem am Rand schraffierten Bereich liegenden Gewinnkombinationen sind durch Anwendung reiner Strategien der Firmen erreichbar. Läßt man auch gemischte Strategien[1] zu, so sind durch entsprechendes Wechseln von reinen Strategien auch alle Punkte innerhalb der konvexen Hülle $S_2R_1R_2S_1$ erreichbar. Wie man sieht, zerfällt der zulässige Gesamtbereich beim symmetrischen Dyopol, wenn wir nur reine Strategien zulassen, in zwei nur im Drohpunkt D zusammenhängende Teilbereiche: den *Drohbereich* S_2DS_1 und den *Maximierungsbereich*

---

1 Reine Strategie heißt hier im Zusammenhang einfach: Wahl eines bestimmten x_i. Eine gemischte Strategie ist eine Wahrscheinlichkeitsverteilung über die x_i, so daß ein x_i aus einem zulässigen Bereich $\underline{x}_i \leqslant x_i \leqslant \overline{x}_i$ mit einer bestimmten Wahrscheinlichkeit w_i (die auch Null sein kann) gewählt wird. Zum Strategiebegriff siehe den Anhang, Abschnitt II.2.

R_1DR_2. Beim asymmetrischen Dyopol ist der Drohbereich $S_2O'DS_1$, der Maximierungsbereich $R_1O'DR_2$, und sie hängen auf der Geraden O'D zusammen.

Die entsprechenden Punkte sind in den Figuren 7.3.7 und 11 bzw. 7.3.8 und 12 gleich bezeichnet. Die Maximallinie R_1R_2 wird jetzt der Nordostrand des zulässigen Bereichs. Im symmetrischen Oligopol (Fig. 7.3.11) ist diese Linie eine Gerade, im asymmetrischen Oligopol (Fig. 7.3.12) nicht. Jedoch ist die Krümmung so gering, daß sie optisch nicht sichtbar ist. Die Minimallinie T degeneriert bei symmetrischen Oligopol zu einem Punkt; er ist in Fig. 7.3.11 mit O' und mit D bezeichnet. Auf der gesamten Minimallinie (oder Drohungskurve) T haben ja Firma 1 und 2 den konstanten Verlust von –1. Da T aber noch innerhalb der Marktgrenze verläuft (vgl. Fig. 7.3.7), sind durchaus noch schlechtere Ergebnisse für eine oder beide Firmen möglich: sie brauchen ja nur über T hinauszugehen,

Fig. 7.3.12

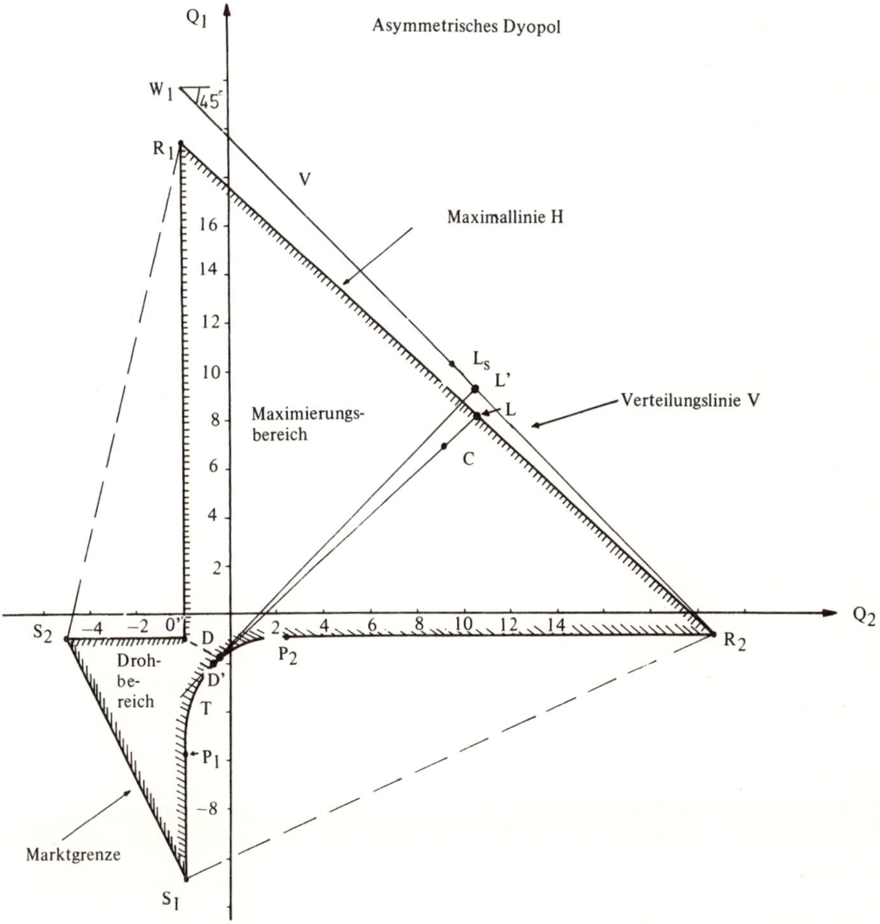

d. h. soviel Produkte auf den Markt zu werfen, daß die Verluste größer sind als die fixen Kosten. Das ist bei genügend großer Produktionskapazität immer möglich. Die über die fixen Kosten hinausgehenden Verluste entstehen bei beiden, solange sie entsprechend viel anliefern. So erklären sich die beiden mit der Spitze aneinanderstoßenden Dreiecke, die beim symmetrischen Dyopol den bei reinen Strategien möglichen Gewinnbereich darstellen.

Fig. 7.3.13

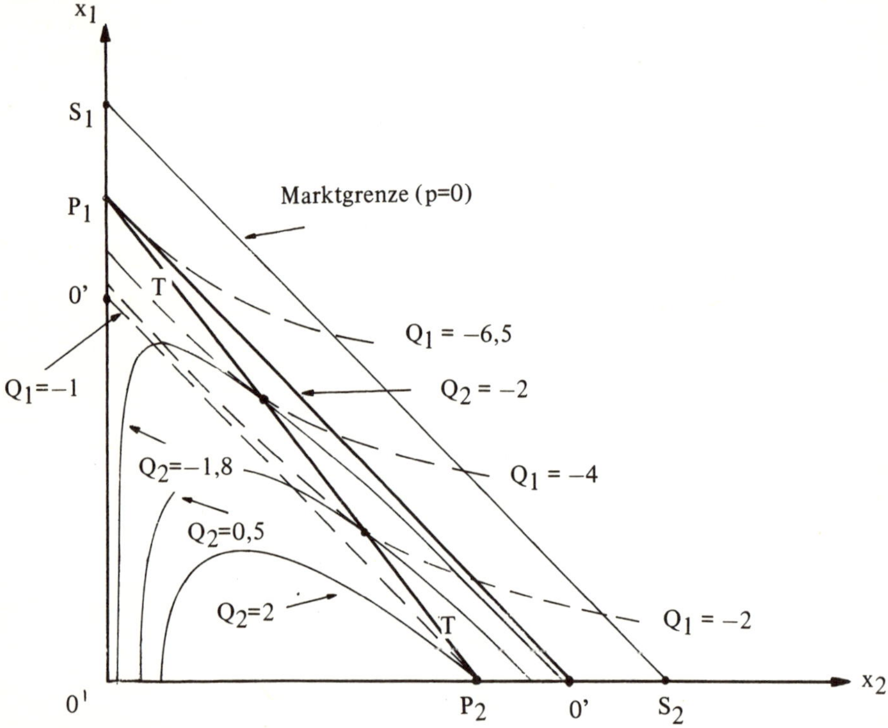

Beim asymmetrischen Dyopol ist die Situation komplizierter (Fig. 7.3.12). Die Minimallinie T mit den Eckpunkten P_1 und P_2 von Fig. 7.3.8 wird jetzt tatsächlich in eine Kurve T mit den Eckpunkten P_1 und P_2 in Fig. 7.3.12 abgebildet, nicht in einen Punkt, wie beim symmetrischen Dyopol. Dem Punkt O' in Fig. 7.3.12 entsprechen die drei Punkte O' in Fig. 7.3.8. Die Situation in der Nähe der Minimallinie T in Fig. 7.3.8 und damit die Gestalt des möglichen Gewinnbereiches in Fig. 7.3.12 macht man sich am besten an Hand der Fig. 7.3.13 klar, die Fig. 7.3.8 vergrößert (aber nicht maßstabsgetreu) wiederholt. Wie man dort sieht, kann man bei Abweichung von T, solange Q_1 konstant bleibt, Q_2 nur verringern und, solange Q_2 konstant bleibt, Q_1 nur erhöhen.

Nach diesen Vorbereitungen können jetzt die spiel- und entscheidungstheoretischen Lösungen schnell abgeleitet werden.

2. *Statische spieltheoretische Lösungen im einzelnen*

a. v. Neumann-Morgenstern-Lösung mit Ausgleichszahlungen

Nach (7.1.5) ist Lösung die Menge von Zurechnungen (z_1, z_2), die zusammen gerade die Gesamtsumme der Gewinne ausschöpfen, die beide bei optimaler Kombination ihrer Strategien maximal erreichen können, derart, daß keiner weniger erhält, als er gegen den anderen erzwingen kann:

(7.3.14) $$L: = \{z_1, z_2 \mid z_i \geqslant v(\{i\}),\ \forall\, i \in \{1, 2\}\,;\ z_1 + z_2 = v(\{1, 2\})\},$$

mit $$v(\{i\}) = \max_{x_i}\,[\min_{x_j} Q_i(x_1, x_2)]\,,\ i,j \in \{1, 2\}\,,\ i \neq j.$$

Um die Lösung L zu erhalten, muß zuerst $v(\{i\})$ bestimmt werden. Dabei wollen wir Kapazitätsbeschränkungen: $x_i \leqslant \overline{x}_i$, $i \in \{1, 2\}$, berücksichtigen.

Um nun $\min_{x_j} Q_i(x_1, x_2)$ zu bestimmen, ist nach (7.3.5) $\frac{\partial Q_i}{\partial x_j} = -\,a_1 x_i$ zu untersuchen. Ist $x_i > 0$, so ist x_j so groß wie möglich zu wählen; ist $x_i = 0$, so ist x_j beliebig. Nun gibt es für x_j zwei obere Grenzen: die Kapazitätsgrenze $\overline{x}_j$, so daß $x_j \leqslant \overline{x}_j$, und die durch $p = 0$ gegebene Marktgrenze $x_i + x_j \leqslant \frac{a_o}{a_1}$. Somit erhält man als Ergebnis der Minimierungsaufgabe:

(7.3.15a) $$x_j = \varphi_j(x_i):= \min\,\{\overline{x}_j;\ \frac{a_o}{a_1} - x_i\}.$$

Nunmehr erhält man für $\max_{x_i} \min_{x_j} Q_i(\cdot) = \max_{x_i} Q_i(x_i, \varphi_j(x_i))$ mit $Q_i = a_1(\alpha_i - \xi)x_i - b_{oi}$ nach (7.3.5a), $\xi = x_1 + x_2$. Ist $\overline{x}_j \geqslant \alpha_i$, so gibt es für jedes $x_i > 0$ ein $x_j \leqslant \overline{x}_j$, so daß $Q_i < -b_{oi}$ ist. Das Maximum von Q_i wird also dann für $x_i = 0$ erreicht. Dann ist $Q_i = -b_{oi}$. Ist aber $\overline{x}_j < \alpha_i$, so ist für $0 < x_i < \alpha_i - \overline{x}_j$ immer $Q_i > -b_{oi}$, und das optimale x_i ergibt sich nach (7.3.5a) durch $\frac{\partial Q_i}{\partial x_i} = 0$ zu $x_i = \frac{1}{2}(\alpha_i - \overline{x}_j)$, falls dies kleiner oder gleich $\overline{x}_i$ ist; andernfalls ist $x_i = \overline{x}_i$.

Damit hat man also

(7.3.15b) $$v_i: = v(\{i\}) = \max_{x_i}\ \min_{x_j}\ Q_i(x_1, x_2) = Q_i(x_1^*, x_2^*) = : Q_i^*$$

mit

(7.3.15c) $$x_j = \varphi_j(x_i) = \min\{\overline{x}_j;\ \frac{a_o}{a_1} - x_i\},$$

(7.3.15d) $$x_i^* = \min\{\overline{x}_i;\ \max\{0;\ \tfrac{1}{2}(\alpha_i - \overline{x}_j)\}\},$$

(7.3.15e) $$x_j^* = \varphi_j(x_i^*),\ i, j \in \{1, 2\},\ i \neq j.$$

Sind keine Kapazitätsbeschränkungen wirksam ($\overline{x}_i \geqslant \frac{a_o}{a_1}$, $\alpha_i > \overline{x}_j$), so ist

$$\varphi_j(x_i) = \frac{a_o}{a_1} - x_i;\ x_i^* = 0;\ x_j^* = \frac{a_o}{a_1};\ v_i = Q_i^* = -b_{oi}.$$

Im Zahlenbeispiel (7.3.4a und b), in dem keine Kapazitätsbegrenzungen wirksam sind, ist also

(7.3.16a) im symmetrischen Dyopol: $v_1 = v_2 = -1$,

(7.3.16b) im asymmetrischen Dyopol: $v_1 = -1,\ v_2 = -2$.

Nach (7.1.2a) ist $v(\{1, 2\}) = \max\limits_{x_1, x_2} \sum\limits_{i=1}^{2} Q_i(x_1, x_2)$. Nach (7.3.5a) ist im *symmetrischen Dyopol* mit $\alpha := \alpha_1 = \alpha_2$ und $b_o := b_{o1} = b_{o2}$: $Q_1 + Q_2 = a_1(\alpha-\xi)\xi - 2b_o$. Die Ableitung verschwindet für $\xi = \alpha/2$, so daß $Q_1 + Q_2$ maximal ist für

(7.3.17a) $\xi = x_1 + x_2 = \min\left\{\overline{\xi};\ \frac{1}{2}\alpha\right\}$ mit $\overline{\xi} = \overline{x}_1 + \overline{x}_2$.

Damit wird

(7.3.17b) $$v(\{1, 2\}) = \begin{cases} a_1(\alpha-\overline{\xi})\overline{\xi} - 2b_o & \text{für } \xi = \overline{\xi}, \\ \frac{1}{4} a_1 \alpha^2 - 2b_o & \text{für } \xi = \frac{1}{2}\alpha. \end{cases}$$

Im Zahlenbeispiel ist (mit $\alpha = 9$ und ohne Kapazitätsbeschränkungen, $\overline{\xi} \geqslant 4{,}5$)

$$v(\{1, 2\}) = \frac{1}{4} \cdot 9^2 - 2 = 18{,}25, \text{ also } x_1^* + x_2^* = 4{,}5.$$

Die Produktionsaufteilung auf die beiden Firmen ist gleichgültig. Die Gewinnsumme ist auf der gesamten Maximallinie H gleich (vgl. Fig. 7.3.7).[1]

Im *assymetrischen Dyopol* ist

$$Q_1 + Q_2 = a_1[(\alpha_1-\xi)x_1 + (\alpha_2-\xi)x_2] - b_{o1} - b_{o2}.$$

Sei $\alpha_i < \alpha_j$, $i, j \in \{1, 2\}$, $i \neq j$. Für konstantes ξ erhält man $\frac{\partial}{\partial x_j}(Q_1 + Q_2) = a_1[\alpha_j - \alpha_i] > 0$, so daß also x_j möglichst groß und damit (wegen $x_j = \xi - x_i$) die Größe x_i möglichst klein zu machen ist. Für $x_i = 0$ ist $(\alpha_j - x_j)x_j$ zu maximieren, was auf $x_j = \frac{1}{2}\alpha_j$ führt. Mit der Kapazitätsgrenze $\overline{x}_j$ ist also das optimale $x_j = x_j^* := \min\{\overline{x}_j;\ \alpha_j/2\}$. Ist $x_j^* = \alpha_j/2 \leqslant \overline{x}_j$, so ist $x_i^* = 0$. Ist aber $x_j^* = \overline{x}_j < \alpha_j/2$, so ist x_i^* bestimmt durch Maximierung von $(\alpha_i - x_j - x_i)x_i + (\alpha_j - \overline{x}_j - x_i)\overline{x}_j$,

1 Der maximale Gewinn für 1 bzw. 2 in Fig. 7.3.7 ist also 19,25, da die fixen Kosten der anderen Firmen hier nicht abgerechnet sind.

was auf $x_i^* = \frac{\alpha_i}{2} - \overline{x}_j$ führt, falls dies nicht negativ ist (sonst ist $x_i^* = 0$) und falls $x_i^* \leqslant \overline{x}_i$ (sonst ist $x_i^* = \overline{x}_i$). Insgesamt hat man also

$$x_j^* = \min\left\{\overline{x}_j, \frac{\alpha_j}{2}\right\} \qquad \text{für } \alpha_j > \alpha_i.$$

(7.3.17c) $$\text{Falls } \frac{\alpha_j}{2} \leqslant \overline{x}_j \rightarrow x_i^* = 0.$$

$$\text{Falls } \frac{\alpha_j}{2} > \overline{x}_j \rightarrow x_i^* = \max\left\{0; \min\left\{\overline{x}_i; \frac{\alpha_i}{2} - \overline{x}_j\right\}\right\}.$$

Damit wird

(7.3.17d) $$v(\{1, 2\}) = a[(\alpha_1 - \xi^*)x_1^* + (\alpha_2 - \xi^*)x_2^*] - b_{o1} - b_{o2}$$

mit $\xi^* = x_1^* + x_2^*$, x_1^* und x_2^* nach (7.3.17c).

Damit ergibt sich dann in unserem Zahlenbeispiel

$$v(\{1, 2\}) = \max(Q_1 + Q_2) = \begin{cases} 1[(9{,}5-4{,}75)4{,}75] - 2{,}5 = 19{,}56 \text{ für } \overline{x}_2 \geqslant 4{,}75; \\ \text{dann ist } x_2^* = 4{,}75 \text{ und } x_1^* = 0; \\ \\ 1[(9-(x_2^*+x_1^*))x_1^* + (9{,}5-(x_2^*+x_1^*))x_2^*] - 2{,}5 \\ \text{für } \overline{x}_2 < 4{,}75 \\ \text{mit } x_1^* = \min\{\overline{x}_1; 4{,}75-\overline{x}_2\}, \; x_2^* = \overline{x}_2. \end{cases}$$

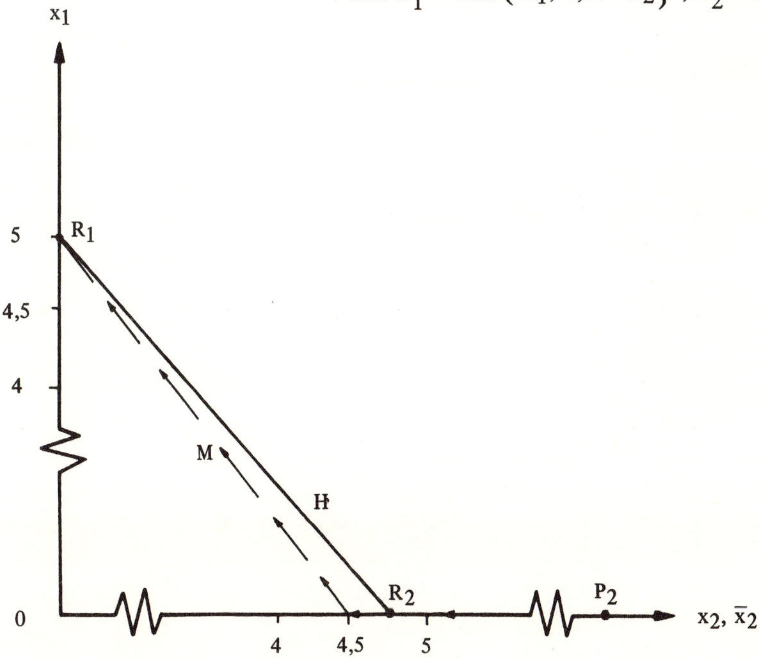

Fig. 7.3.18

Fig. 7.3.18 zeigt die Verhältnisse im asymmetrischen Dyopol. Bei zurückgehender Kapazität des Produzenten 2 folgt die optimale Produktionskombination nicht mehr der Maximallinie H, sondern der darunter laufenden Linie $x_1 = \frac{\alpha_1}{2} - \overline{x}_2 = 4{,}5 - \overline{x}$ die als gepfeilte Linie eingezeichnet ist.

Damit ist die Lösung:

Die Dyopolisten verabreden sich und wählen die Kombination von Produktionsmengen (x_1, x_2), die die Summe ihrer Gewinne maximiert. Das ist beim *symmetrischen Dyopol* (Fig. 7.3.7 und 19a) und bei genügender Produktionskapazität irgendeine Kombination auf der Maximallinie H. Welche gewählt wird, ist hier gleichgültig. Beim *asymmetr.*

Fig. 7.3.19a

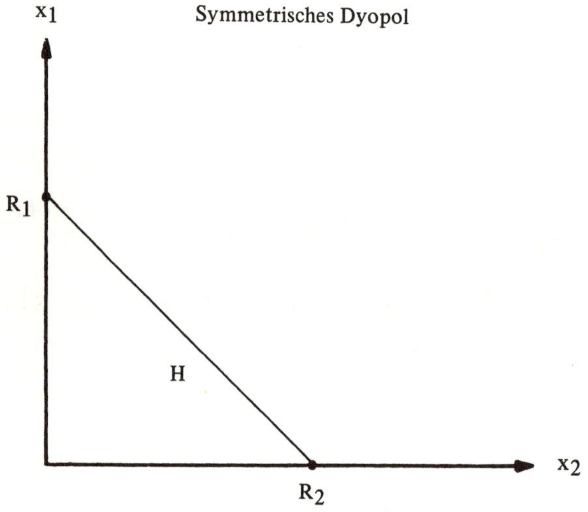

Fig. 7.3.19b

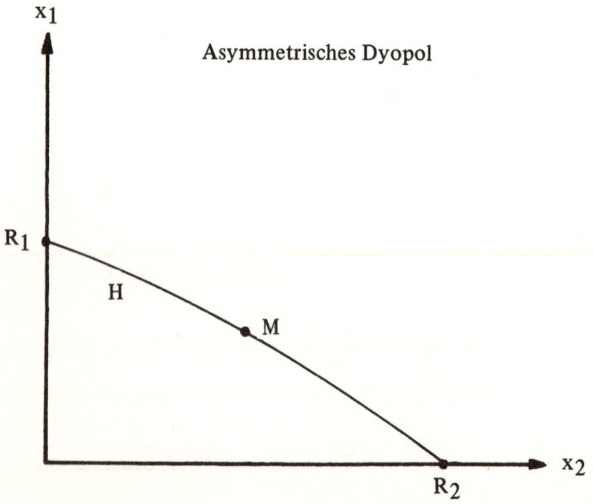

Fig. 7.3.20a

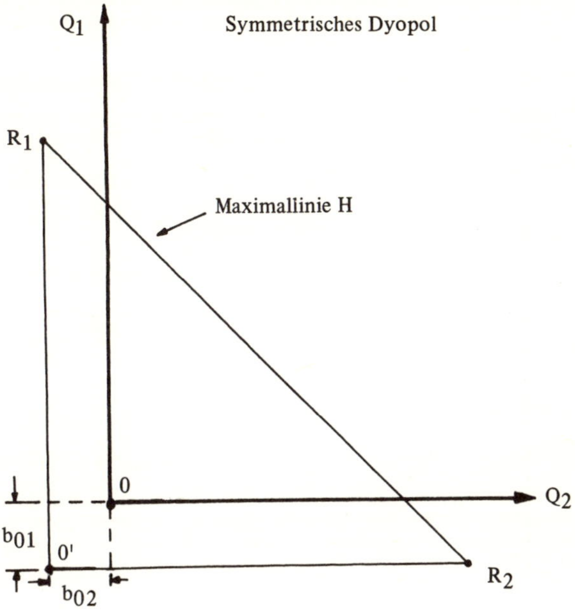

Fig. 7.3.20b

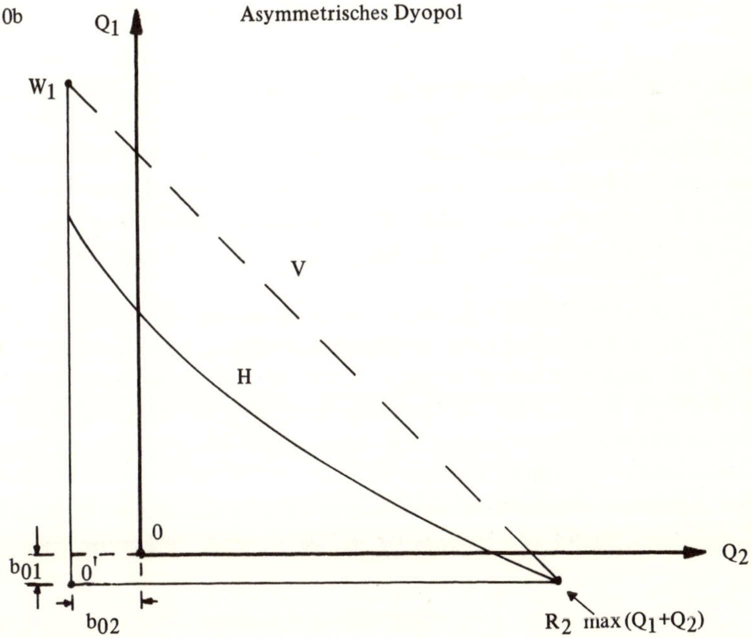

schen Dyopol, linearen Kosten- und Nachfragefunktionen und genügender Produktionskapazität (Fig. 7.3.8 und 19b) ist es einer der Randpunkte R_1 oder R_2 der Maximallinie, und zwar derjenige auf der Achse des Dyopolisten mit den niedrigeren Grenzkosten. Bei nicht-linearen Kosten- und Nachfragefunktionen kann dieser Punkt irgendwo auf der Maximallinie liegen (z. B. Punkt M in Fig. 7.3.19b). Die Maximallinie H ist gekrümmt.

Fig. 7.3.20c

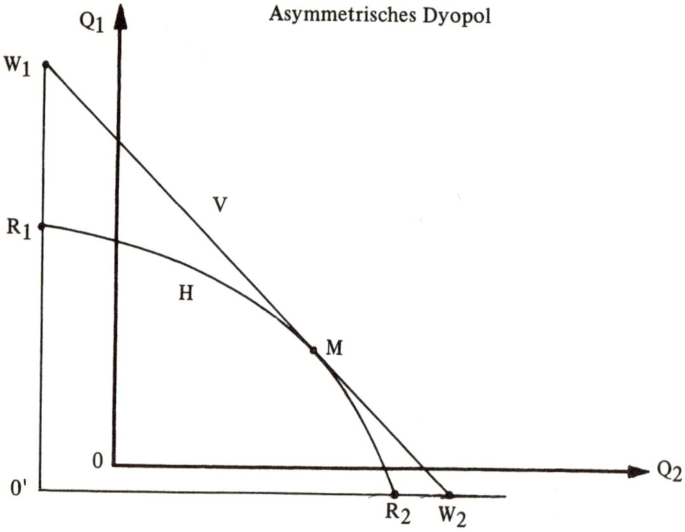

Die *Verteilung des gemeinsamen Gesamtgewinns* $Q_1 + Q_2$ bleibt offen in den Grenzen, daß *ohne wirksame Kapazitätsbeschränkungen* jeder nicht weniger erhält als das Negative seiner fixen Kosten, also als $-b_{o1}$ bzw. $-b_{o2}$. Die *Lösung im Gewinnraum* ist also im *symmetrischen Dyopol* die Gesamtheit der Punkte auf der Geraden R_1R_2 in Fig. 7.3.11 und 20a. Im *asymmetrischen Dyopol* ist die Lösung die Gesamtheit der Punkte auf der negativ geneigten 45°-Linie, die die Maximallinie am Punkt maximalen Gesamtgewinns gerade berührt (Gerade W_1R_2 in Fig. 7.3.12 bzw. 7.3.20b). Hier ist der Fall eines konkaven zulässigen Bereichs dargestellt.[1] Fig. 7.3.20c zeigt dasselbe für einen konvexen zulässigen Bereich. Der Punkt M dort ist der Bildpunkt von M in Fig. 7.3.19b. Wir nennen W_1R_2 in Fig. 7.3.20b bzw. W_1W_2 in Fig. 7.3.20c die *Verteilungslinie.* Welcher Punkt auf W_1R_2 bzw. W_1W_2 tatsächlich erreicht wird, bleibt offen; es ist der Aushandlung überlassen, die nicht weiter untersucht wird.

Bei wirksamen Kapazitätsbeschränkungen ändern sich jetzt $v(\{i\})$ nach (7.3.15b) und $v(\{1, 2\})$ nach (7.3.17b bzw. d) und damit auch die Lösung. Fig. 7.3.21

1 Bei linearen Nachfrage- und Kostenfunktionen kann nur die Situation der Fig. 7.3.20b eintreten, nicht die der Fig. 7.3.20c.

Fig. 7.3.21

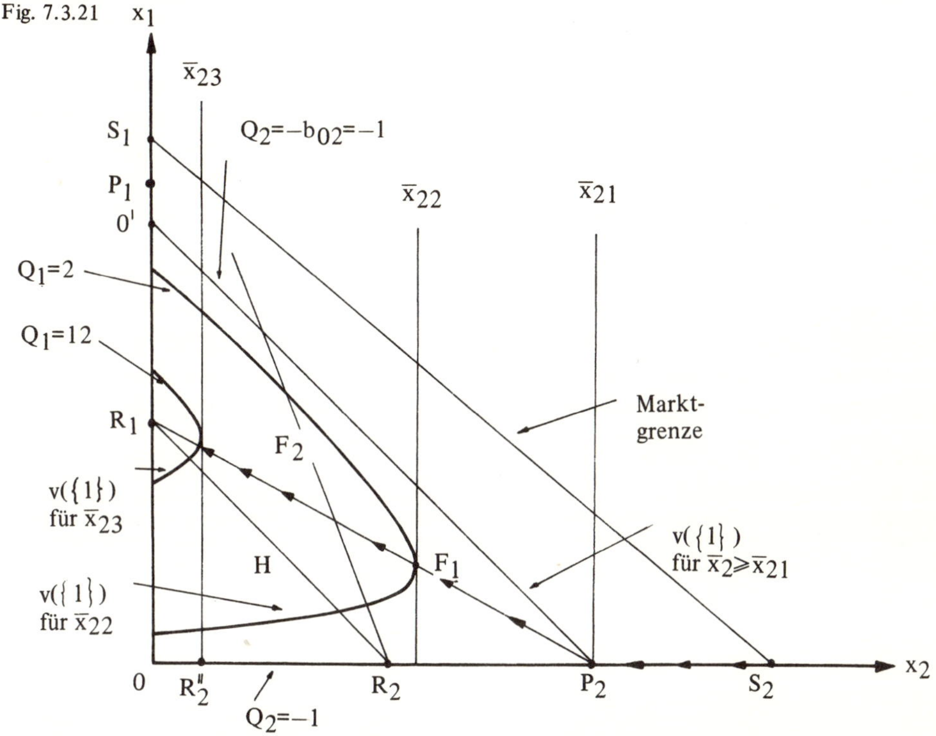

stellt (7.3.15b) für i = 1 graphisch dar. Wenn die Kapazität $\bar{x}_2$ vom Punkte S_2 aus laufend geringer wird, folgt das zu $v(\{1\})$ gehörige x_1 dem gepfeilten Streckenzug über P_2 nach R_1. Die die senkrechten Geraden $\bar{x}_{21}, \ldots, \bar{x}_{23}$ berührenden Kurven konstanten Gewinns Q_1 = const. bestimmen dann $v(\{1\})$. Bis zu $\bar{x}_{21}$ sind also Kapazitätsbeschränkungen der Firma 2 ohne Wirkung auf die Lösung. Bei geringeren Kapazitäten, z. B. $\bar{x}_{22}$, kann Firma 2 den Gewinn der Firma 1 schlimmstenfalls auf $Q_1 = 2$ reduzieren; dies ist also $v(\{1\})$. Damit ergibt sich eine Einschränkung des Bereichs möglicher Verteilungen (vgl. Fig. 7.3.22, analog zu Fig. 7.3.20b): keine Firma i kann bei der Aushandlung unter $v(\{i\})$ gedrückt werden. Die Verteilung des gemeinsamen Gesamtgewinns muß also in dem rechteckigen Winkel liegen, dessen Scheitelpunkt U ist. Die Lösung ist daher, wenn die Maximallinie H durch die Kapazitätsbeschränkungen nicht tangiert wird (d. h. wenn $\bar{x}_2$ rechts von R_2 liegt in Fig. 7.3.21), die Gesamtheit der Punkte auf der –45° geneigten Geraden zwischen W'_1 und W'_2, diese Punkte eingeschlossen.

Durch weitergehende Kapazitätsbeschränkungen ändert sich aber nicht nur $v(\{i\})$, sondern nach (7.3.17b bzw. d) auch $v(\{1, 2\})$. Fig. 7.3.23 zeigt dies graphisch für das *symmetrische Oligopol*, Fig. 7.3.24 und 24a für das *asymmetrische Oligopol*, jeweils für das Zahlenbeispiel 7.3.4a bzw. b. Die Kurven $\bar{x}_2$ = const. zeigen die Gewinnkombinationen (Q_1, Q_2) an, die an der jeweiligen Kapazitätsgrenze für x_2 zu erreichen sind[1] (vgl. Fig. 7.3.7 und 8; dort sind die Schnittpunkte der Kapazitätslinien mit der Marktgrenze, der Minimallinie T, der Kammlinie F_1 und der Abzisse ebenso bezeichnet wie in Fig. 7.3.23 und 24). Die Kurven konstanter Kapazität sind Parabeln im (Q_1, Q_2)-Koordinatensystem. Durch die Kapazitätsbegrenzung fallen, wie man leicht nachprüft, im *Drohbereich* alle *oberhalb* der Kapazitätslinien liegenden Punkte aus, im *Maximierungsbereich* aber nur die rechts unterhalb des Berührungspunktes einer Kapazitätslinie mit der Maximallinie H liegenden Punkte. Z. B. ist für $\overline{x}_2 = 3$ der zulässige Drohbereich im symmetrischen Dyopol begrenzt durch die Punkte $S_{24}O'S_1$, der zulässige Maximalbereich durch die Punkte $O'R_1H_4R_{24}$ (vgl. Fig. 7.3.23); im asymmetrischen Dyopol ist der Drohbereich für $\overline{x}_2 = 3$ begrenzt durch die Punkte $S_{23}P_{23}P_1S_1$, der Maximalbereich durch $O'R_1H_3R_{23}$ (vgl. Fig. 7.3.24 und 7.3.24a). Eine zunehmende Kapazitätsbegrenzung $\overline{x}_2$ beschneidet also den zulässigen Drohbereich von links oben, den zulässigen Maximalbereich von rechts unten. In den Fig. 7.3.23

Fig. 7.3.22

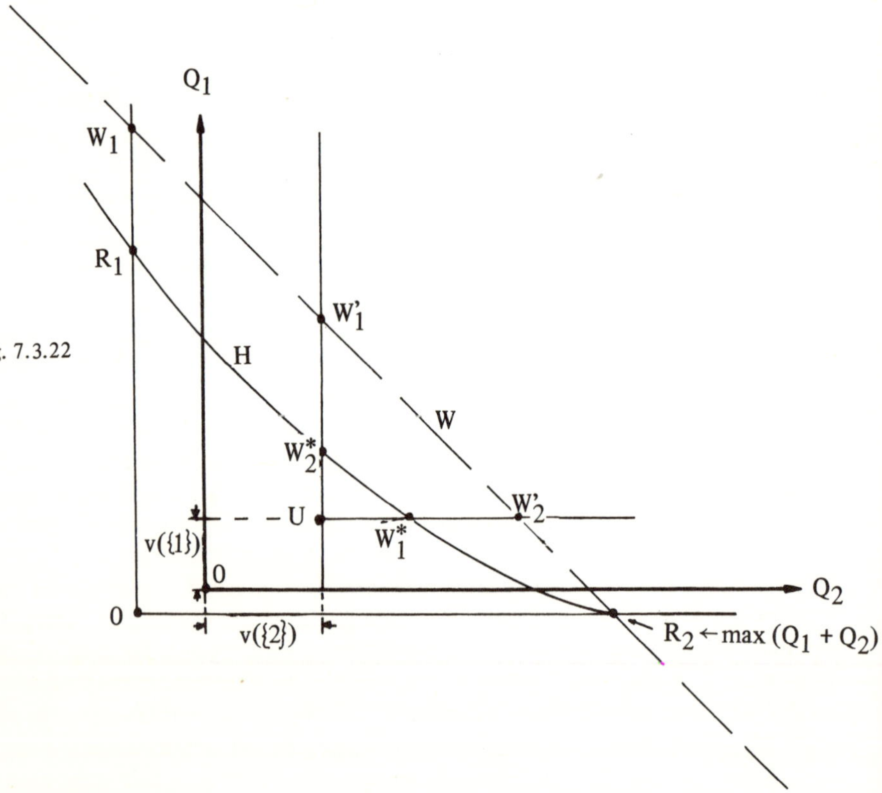

1 Errechnet nach (7.3.5), wenn man dort die betreffenden Werte für $\overline{x}_2$ und dann nach Fig. 7.3.7 bzw. 8 zulässige Werte von x_1 einsetzt.

Fig. 7.3.23

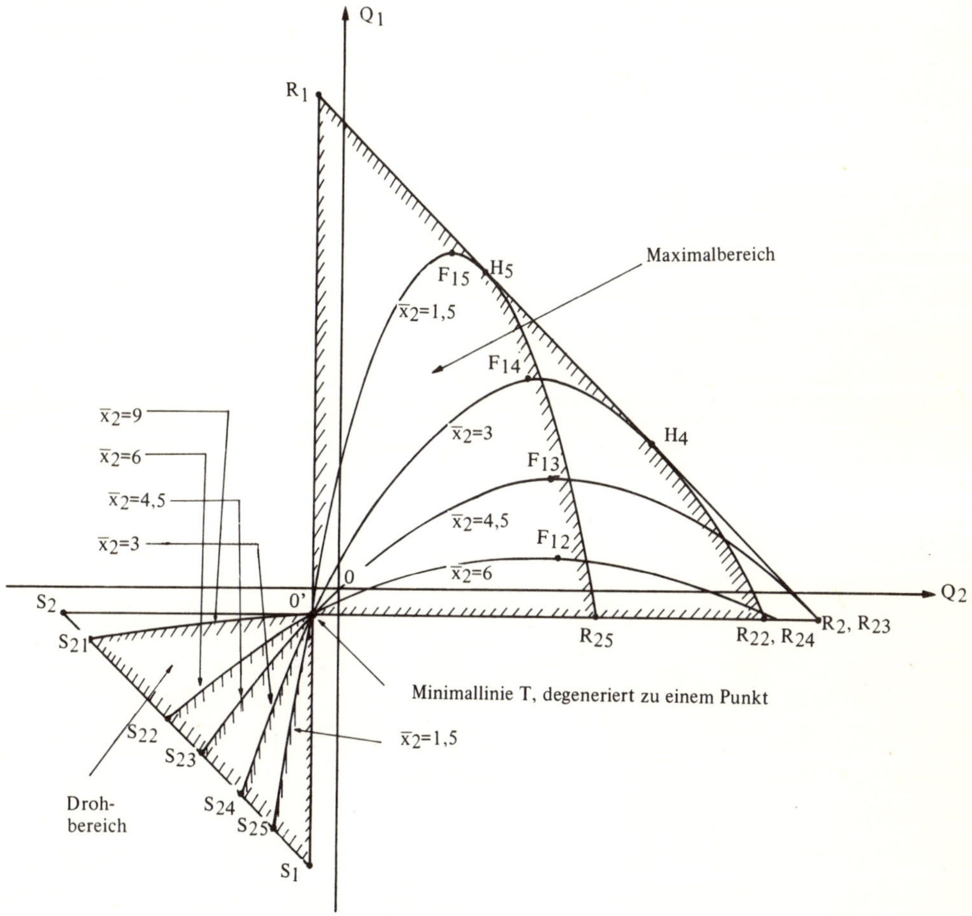

und 24 sind die jeweiligen Grenzen der zulässigen Bereiche schraffiert. Fig. 7.3.24a zeigt den durch eine Kapazitätsbegrenzung beschnittenen Drohbereich im einzelnen. Die neuen Begrenzungslinien sind Parabeln.

Bei beiderseitigen genügend großen Kapazitätsbegrenzungen hat der zulässige

Maximalbereich daher im asymmetrischen Fall die in Fig. 7.3.25 an den Rändern schraffierte Gestalt $O'R_{11}H_1H_2R_{21}$. Die –45° geneigte Tangente W_1W_2 an den zulässigen Bereich, die ihn in M berührt, gibt die an sich möglichen Verteilungen des maximalen Gesamtgewinns an. Ist U der durch $v(\{1\})$ und $v(\{2\})$ bestimmte Punkt minimalen Gewinns für jeden, so ist also die *Lösung* die Gesamtheit der Punkte zwischen W'_1 und W'_2, diese Punkte eingeschlossen.

Fig. 7.3.24

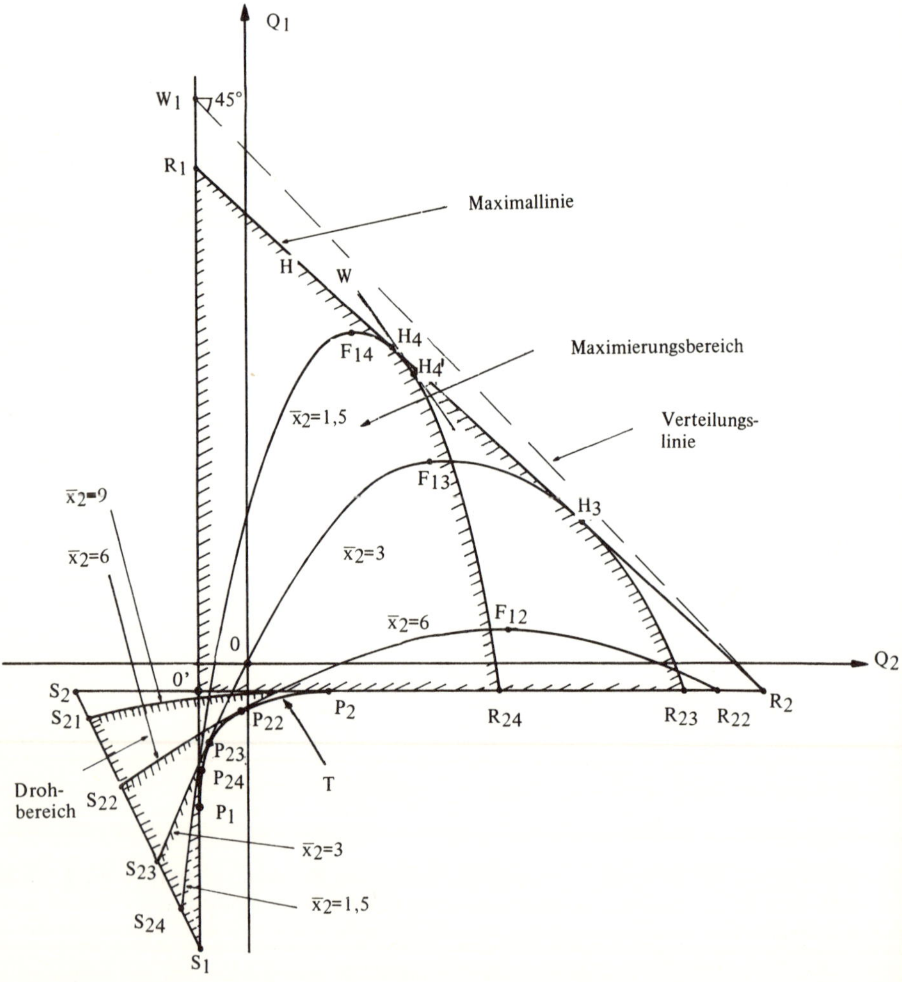

Bei so großen Kapazitätsbeschränkungen, daß die Maximallinie H nicht mehr erreicht werden kann, ist U der einzige Lösungspunkt. Nur in diesem Fall ist die Lösung eindeutig.

Eine Beurteilung dieser Lösung folgt im nächsten Unterabschnitt.

Fig. 7.3.24a

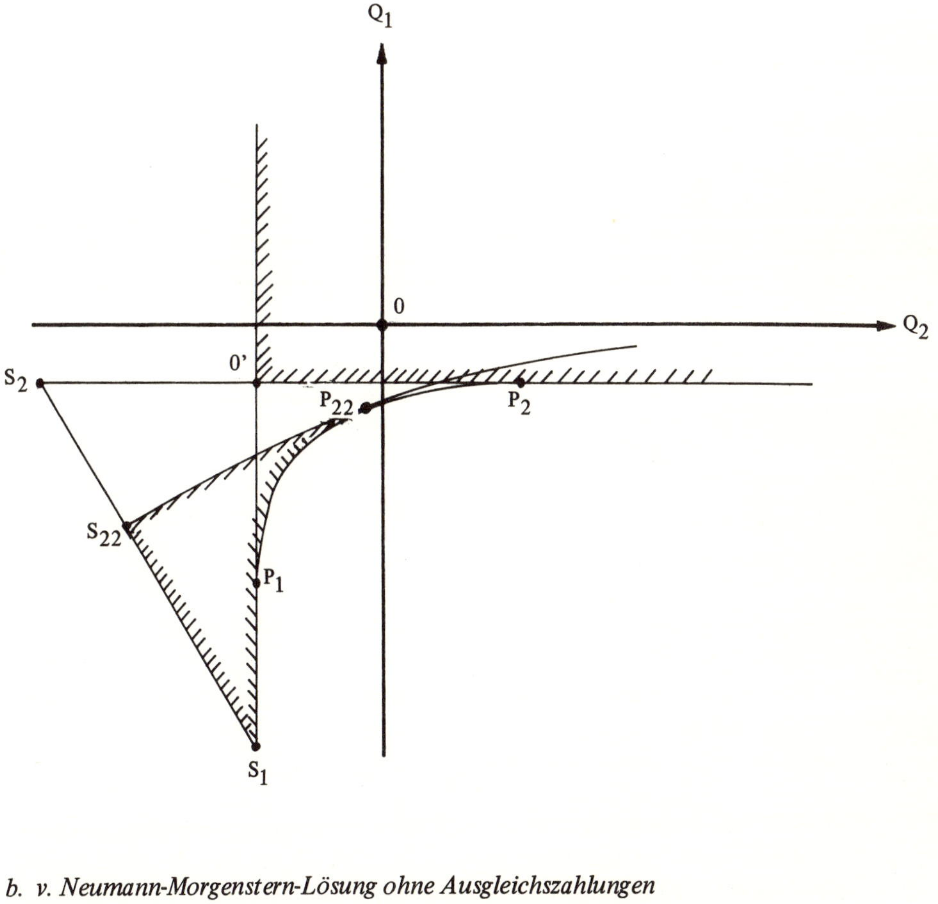

b. v. Neumann-Morgenstern-Lösung ohne Ausgleichszahlungen

Die Lösung ist jetzt nach (7.1.13) die Menge aller Gewinne $\{Q_1, Q_2\}$, die entstehen, wenn sich beide verabreden, eine Strategie (x_1, x_2) anzuwenden, so daß sie sich bei genügender Kapazität auf der Maximallinie befinden (andernfalls: ihre Kapazität voll auslasten) und keiner weniger erhält, als er gegen den anderen erzwingen kann:

Fig. 7.3.25

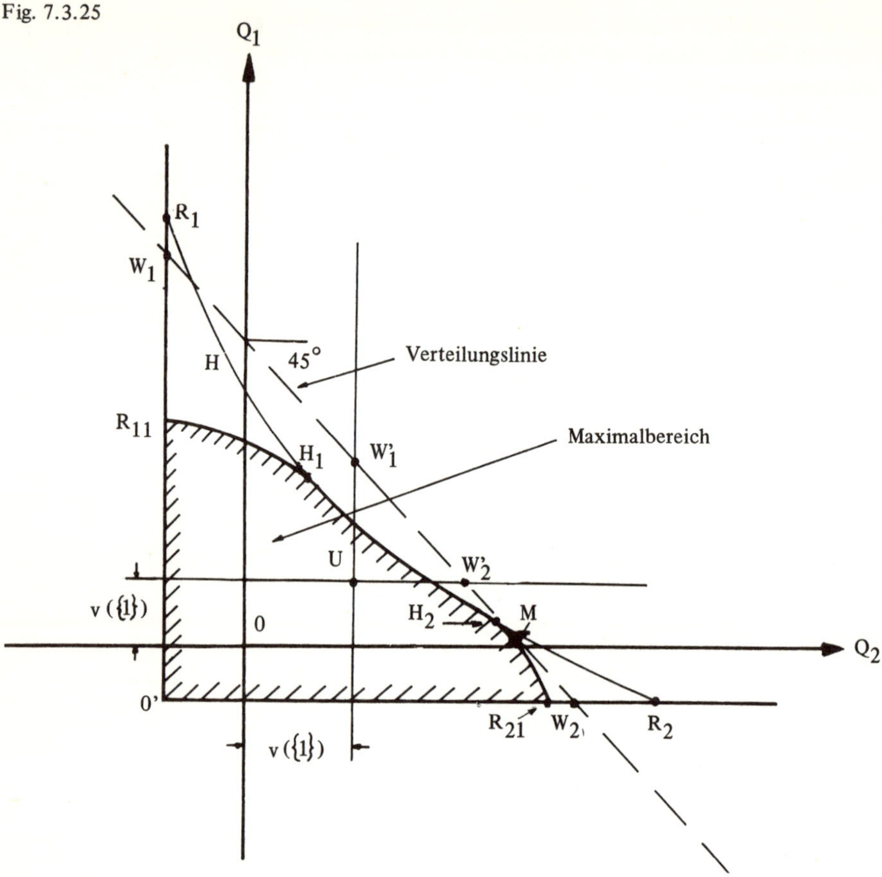

(7.3.26) $L: = \{ Q_1(x_1, x_2), Q_2(x_1, x_2) | Q_i \geqslant v(\{i\}), \forall\, i \in \{1, 2\}$;

x_1, x_2 auf der Maximallinie, falls es derartige Kombinationen

gibt, andernfalls $x_1 = \bar{x}_1, x_2 = \bar{x}_2 \}$.

Hierbei ist $v(\{i\})$ bestimmt wie bei (7.3.15b). Die Firmen verabreden sich also, eine solche Strategiekombination anzuwenden, daß sie von hier aus keine andere Kombination finden, bei der sich beide besser stellen, und zwar in den Grenzen, daß dabei keiner weniger Gewinn erhält, als er gegen den anderen erzwingen kann. Die Aushandlung bezieht sich also jetzt auf die Strategien, weil ja jeder das behält, was er selbst gewinnt.

Fig. 7.3.27 zeigt die Lösung im Strategieraum bei Kapazitätsbeschränkungen. Lösung sind alle Punkte auf der Maximallinie H zwischen W_1^* und W_2^*, die Eckpunkte eingeschlossen. In Fig. 7.3.22 ist die Lösung ebenfalls eingetragen ($W_1^* W_2^*$ auf H). Ob die Randpunkte R_1 bzw. R_2 kapazitätsmäßig erreichbar sind, spielt keine Rolle. Ist kein Punkt auf H mehr erreichbar, ergibt sich die eindeutige Lösung $(\bar{x}_1, \bar{x}_2)$.

Die v. Neumann-Morgenstern-Lösung grenzt sicher den Bereich dessen, was bei rationaler Verhaltensweise der Oligopolisten und Verabredungen zu erwarten ist, ab. Sie ist überdies pareto-optimal und hat insofern ansprechende Züge. Auf der anderen Seite läßt sie in der Regel noch einen so weiten Spielraum, daß praktisch wenig Hilfe für die Bestimmung eines optimalen Verhaltens der Firmen oder für eine gesamtwirtschaftliche Analyse übrig bleibt. Die Theorie ist also relativ unbestimmt und praktisch wenig hilfreich. Trotzdem vermittelt sie Einsichten in gewisse Gesetzmäßigkeiten des Dyopols, die man nicht missen möchte.

c. *Der Kern als Lösung*

Kein Lösungspunkt der v. Neumann-Morgenstern-Lösung wird beim Dyopol von einem Nichtlösungspunkt dominiert, wie man sofort graphisch sieht: alle Lösungspunkte liegen auf dem „nordostwärtigen" Rand des zulässigen Bereichs.

Fig. 7.3.27

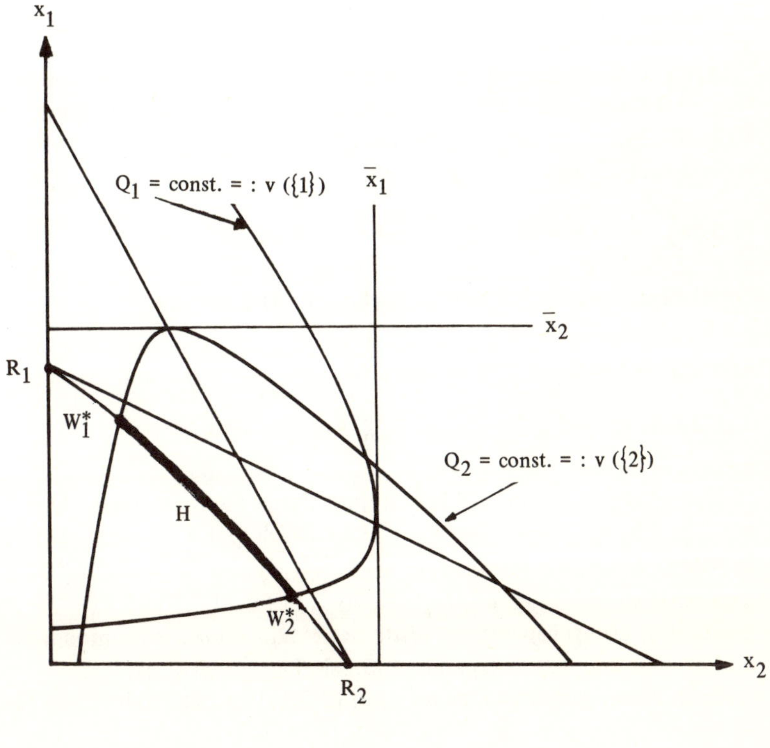

Also bilden sie zugleich den Kern. Beide Lösungsbegriffe fallen hier zusammen.

d. Die Paretomengen

Hier fehlen die Begrenzungen $z_i \geqslant v(\{i\})$, so daß die Lösungsmenge in der Regel größer ist.

Bei Ausgleichszahlungen ist die gesamte $-45°$ geneigte Tangente an den Maximalbereich Lösung (in Fig. 7.3.22 und 25 erstreckt sich die Lösung also über W'_1 und W'_2 hinaus und umfaßt die ganze Gerade W bis ins Unendliche).

Ohne Ausgleichszahlungen ist die Maximallinie H innerhalb der Kapazitätsgrenzen Lösung (in Fig. 7.3.27 also zwischen R_1 und R_2), bei Kapazitätsgrenzen $\bar{x}_1, \bar{x}_2$, die die Maximallinie nicht zu erreichen gestatten, genau der Punkt $(\bar{x}_1, \bar{x}_2)$.

Die Bedenken gegen die v. Neumann-Morgenstern-Lösung treffen hier natürlich im verstärkten Maße zu.

e. Nash-Lösung für das kooperative Dyopol ohne Ausgleichszahlungen

Wie im I. Abschnitt ausgeführt, besteht die *Lösung* jetzt in einer Verabredung der Dyopolisten, eine Strategiekombination $x = (x_1, x_2)$ anzuwenden, bei der beide von einem Drohungspunkt aus bestimmte relative Gewinnzuwächse haben und der pareto-optimale Rand des möglichen Gewinngebiets erreicht ist. Der Drohpunkt wird so bestimmt, daß bei dieser relativen Gewinnzunahme das Ergebnis für jeden so gut wie möglich ist.

Beim *symmetrischen Dyopol* ist nach (7.3.5 und 10) die Maximallinie H im (Q_1, Q_2)-Raum eine $-45°$ geneigte Gerade (vgl. Fig. 7.3.11). Somit trifft der Fall $-f'(Q_2) = z = 1$ in (7.1.19) zu. Die Gleichung der Maximallinie ist im Zahlenbeispiel (7.3.4a):

(7.3.28) $$Q_1 = \bar{Q} - Q_2 \qquad \text{mit } \bar{Q} = 18{,}2.$$

Die Drohstrategien $x^{(d)}$ werden nach (7.1.18) bestimmt.

$\min\limits_{x_2} [Q_1(x) - Q_2(x)]$ führt auf $x_2^{(d)} = \dfrac{a_o - b_{12}}{2a_1} = 4{,}5$ und $\max\limits_{x_1} [Q_1(x_1, x_2^{(d)}) - Q_2(x_1$ auf $x_1^{(d)} = \dfrac{a_o - b_{11}}{2a_1} = 4{,}5$ (Punkt D in Fig. 7.3.7).

Damit ist der Drohpunkt D bestimmt durch die Koordinaten $Q_i(x_1^{(d)}, x_2^{(d)}) = -1$, $i \in \{1, 2\}$, vgl. Punkt D in Fig. 7.3.11. Nach (7.1.17a) ergibt sich dann für die Gewinne am Lösungspunkt $Q_1^* = Q_2^* = 9{,}1$, und für die Lösungsstrategien $x_1^* = x_2^* = 2,$ Dies ist somit die Lösung L (vgl. Punkt L in Fig. 7.3.7 und 11). Der Produktionspunkt liegt also genau auf der Mitte der Maximallinie: jeder produziert gleich viel, und zwar soviel, daß eine pareto-optimale Lage erreicht ist.

Beim *asymmetrischen Dyopol* nach (7.3.4b) ist die Maximallinie H im (Q_1, Q_2)-

Raum keine Gerade und nicht mehr 45° geneigt, so daß in (7.1.19) $f'(Q_2)$ keine Konstante mehr ist.

Die Droh- und Lösungsstrategien werden jetzt nach (7.1.18–20a) bestimmt. Aus

(7.3.29a) $$\min_{x_2} [Q_1(x) - z\,Q_2(x)]$$

erhält man nach (7.3.5) für das asymmetrische Dyopol[1]

(7.3.29b) $$x_2 = \bar{a}_0 + \bar{a}_1 x_1 =: f_2(x_1, z)$$

$$\text{mit } \bar{a}_0 = \frac{a_0 - b_{12}}{2a_1},\ \bar{a}_1 = \frac{1}{2}\left(\frac{1}{z} - 1\right)a_1.$$

Aus

(7.3.29c) $$\max_{x_1} [Q_1(x_1, f_2(x_1, z)) - zQ_2(x_1, f_2(x_1, z))]$$

---

1 Man kann das gleiche Ergebnis auch wie folgt erreichen. (7.1.18) ist wegen (7.3.10c) auch als $\max\limits_{x_1} \min\limits_{x_2} (\beta_1 - z\beta_2)$ zu schreiben. Dies definiert einen Sattelpunkt, der stets auch zugleich Gleichgewichtspunkt ist. Somit ist

$$\frac{\partial}{\partial x_1}(\beta_1 - z\beta_2) = \alpha_1 - 2x_1 - (1 - z)\,x_2 = 0$$

$$\frac{\partial}{\partial x_2}(\beta_1 - z\beta_2) = -z\alpha_2 - (1 - z)\,x_1 + 2zx_2 = 0$$

zu lösen, was mit $D = -4z^2 - (1 - z)^2 = -(1 + z)^2$ auf

$$x_1^{(d)} = \frac{1}{D}\begin{vmatrix} \alpha_1 & 1 - z \\ -z\alpha_2 & -2z \end{vmatrix} = \frac{2z\alpha_1 - z(1 - z)\,\alpha_2}{(1 + z)^2}$$

$$x_2^{(d)} = \frac{1}{D}\begin{vmatrix} 2 & \alpha_1 \\ 1 - z & -z\alpha_2 \end{vmatrix} = \frac{(1 - z)\,\alpha_1 + 2z\alpha_2}{(1 + z)^2}$$

führt. Ferner ist

$$\xi^{(d)} := x_1^{(d)} + x_2^{(d)} = \frac{\alpha_1 + z\alpha_2}{1 + z};$$

$$\alpha_1 - \xi^{(d)} = \frac{z(\alpha_1 - \alpha_2)}{1 + z};\quad \alpha_2 - \xi^{(d)} = \frac{\alpha_2 - \alpha_1}{1 + z}.$$

Somit $$\beta_i^{(d)} = (\alpha_i - \xi^{(d)})\,x_i^{(d)}.$$

Die Ergebnisse sind die gleichen wie oben. Ich danke *Dieter Coenen* für diesen Hinweis.

ergibt sich für die Drohstrategien

(7.3.29d) $$x_1^{(d)}(z) = \frac{b_o + b_1 z}{c_o + c_1 z}$$

mit $b_o = a_1 \bar{a}_o - (a_o - b_{11})$,

$b_1 = (a_o - b_{12})\bar{a}_1 - 2a_1 \bar{a}_o \bar{a}_1 - a_1 \bar{a}_o$,

$c_o = -2a_1 - 2a_1 \bar{a}_1$,

$c_1 = 2a_1 \bar{a}_1^2 + 2a_1 \bar{a}_1$,

und somit aus (7.3.29b)

(7.3.29e) $$x_2^{(d)}(z) = \bar{a}_o + \bar{a}_1 \; \frac{b_o + b_1 z}{c_o + c_1 z} \, .$$

Nach (7.1.19) ist[1]

(7.3.29f) $$z = -\frac{df(Q_2)}{dQ_2} \, ,$$

wenn f den pareto-optimalen Rand des zulässigen Gebiets darstellt. Dieser ist das Bild der Maximallinie. Ihre Gleichung im Güterraum ist nach (7.3.10)

(7.3.29g) $$x_1 = D - \sqrt{D^2 - E} \; = : H(x_2), \text{ D und E wie in (7.3.10).}$$

Somit ist auf dem pareto-optimalen Rand:

$$Q_1 = Q_1(H(x_2), x_2) \quad , \quad Q_2 = Q_2(H(x_2), x_2),$$

und man erhält:

(7.3.29h) $$z = -\frac{dQ_1(\cdot)}{dQ_2(\cdot)} = -\frac{dQ_1(H(x_2), x_2)}{dx_2} \Big/ \frac{dQ_2(H(x_2), x_2)}{dx_2} = : z(x_2).$$

Nach (7.1.19–21) hat man also x_2^* so zu bestimmen, daß

(7.3.29i) $$\frac{Q_1(H(x_2^*), x_2^*) - Q_1(x_1^{(d)}(z(x_2^*)), x_2^{(d)}(z(x_2^*)))}{Q_2(H(x_2^*), x_2^*) - Q_2(x_1^{(d)}(z(x_2^*)), x_2^{(d)}(z(x_2^*)))} = z(x_2^*).$$

Die numerische Lösung ergibt[2]

---

1 Vgl. (A.3.50a) im Anhang.

2 Ich danke *Walter Oberhofer* für die Programmierung und numerische Lösung des Problems.

$$x_2^* = 2{,}56, \text{ so daß } z(x_2^*) = 0{,}897.$$

Aus (7.3.29g) erhält man dann

$$x_1^* = 2{,}07 \text{ (vgl. den Punkt L in Fig. 7.3.8).}$$

Aus (7.3.29d und e) hat man

$$x_1^{(d)} = 4{,}24,$$

$$x_2^{(d)} = 4{,}99 \text{ (vgl. den Punkt D in Fig. 7.3.8).}$$

Damit ergeben sich die Koordinaten des Droh- und Lösungspunktes

$$D = (Q_1(x_1^{(d)}, x_2^{(d)}); Q_2(x_1^{(d)}, x_2^{(d)})) = (-2{,}00; -0{,}68),$$

$$L = (Q_1(x_1^*, x_2^*); Q_2(x_1^*, x_2^*)) = (8{,}05; 10{,}46).$$

Zum gleichen Ergebnis kommt man auf dem von Coenen angegebenen Weg (vgl. Anmerkung 1 zu (7.3.29a)). Wie dort abgeleitet, ist

(7.3.29k) $$\beta_i^{(d)} = (\alpha_i - \xi^{(d)})\, x_i^{(d)},$$

wobei $\xi^{(d)}$ und $x_i^{(d)}$ die dort angegebenen Funktionen von z sind. Damit kann man schreiben

(7.3.29l) $$\beta_i^{(d)} = \beta_i(z).$$

Analog kann man den Lösungspunkt $\beta_i^* = \beta_i(\widetilde{z})$ schreiben. Nun ist aber, wie im Anhang Abschnitt 3.6 abgeleitet, $\widetilde{z}$ gerade das Negative von z im Drohpunkt. Somit gilt für die Lösung:

(7.3.29m) $$\beta_i^* = \beta_i(-z).$$

Aus (7.1.17a) erhält man dann

(7.3.29n) $$R(z) := \beta_1(-z) - z\beta_2(-z) = \beta_1(z) - z\beta_2(z) =: M(z)$$

(analog zu 7.3.29i), so daß nach Anm. 1 zu (7.3.29a):

$$R(z) = \frac{(\alpha_1 - \alpha_2)z}{(1-z)^3}\quad [-\alpha_2 z^2 + 3(\alpha_1 - \alpha_2)z + \alpha_1],$$

(7.3.29o) $$M(z) = \frac{(\alpha_1 - \alpha_2)z}{(z+1)^2}\quad (\alpha_1 + \alpha_2 z)$$

ist. Dies führt auf eine quadratische Gleichung für z mit der Lösung z*:

(7.3.29p) $$z^2 + \frac{\alpha_1 - \alpha_2}{\alpha_1 - 2\alpha_2} z + \frac{2\alpha_1 - \alpha_2}{\alpha_1 - \alpha_2} = 0 .$$

Daraus sind dann $x_i^{(d)} = x_i(z^*)$, $x_i^* = x_i(-z^*)$, $\beta_i^{(d)} = \beta_i(z^*)$, $\beta_i^* = \beta_i(-z^*)$ zu errechnen, mit dem Ergebnis wie oben.

Die Droh- und Lösungspunkte D und L sind in der Fig. 7.3.12 eingezeichnet. Der pareto-optimale Rand R_1R_2 ist annähernd eine Gerade. Die Gerade DL berührt die optimale Drohungskurve T im Punkt D,[1] und die Tangenten an T in D und an H in L haben bis auf das Vorzeichen gleiche Neigungswinkel. So hätte man die Lösung auch graphisch erhalten können.

f. Nash-Lösung für das kooperative Dyopol mit Ausgleichszahlungen

Jetzt verabreden die Dyopolisten eine Strategiekombination, die die Summe ihrer Gewinne maximiert:

(7.3.30) $$x^* \leftarrow \max_x (Q_1(x) + Q_2(x)) =: \bar{Q}, \; x = (x_1, x_2).$$

Mit den Parameterwerten (7.3.4b) erhält man für das *asymmetrische Dyopol:* $x_1^* = 0$, $x_2^* = 4{,}75$. Firma 1 wird also stillgelegt, Firma 2 produziert an ihrem absoluten Gewinnmaximum (Punkt L' in Fig. 7.3.8). Der gemeinsame Gesamtgewinn ist $\bar{Q} = 19{,}5625$. Die optimalen Drohstrategien $x_1^{(d)}$, $x_2^{(d)}$ errechnet man nach (7.1.18) mit f' = –1 zu $x_1^{(d)} = 4{,}5$, $x_2^{(d)} = 4{,}75$ (Punkt D' in Fig. 7.3.8), woraus man nach (7.3.5) die Koordinaten von D' im Gewinnraum mit $Q_1(x_1^{(d)}, x_2^{(d)}) =: Q_1^{(d)} = -2{,}1$ und $Q_2(x_1^{(d)}, x_2^{(d)}) =: Q_2^{(d)} = -0{,}8$ errechnet (vgl. Fig. 7.3.12). Die Gewinnverteilung ergibt sich dann nach (7.1.22a)[2] mit $\bar{Q} = Q_1^* + Q_2^*$ aus $[Q_1^* - Q_1^{(d)}]/[Q_2^* - Q_2^{(d)}] = 1$. Man erhält $Q_1^* = 9{,}1250$ und $Q_2^* = 10{,}4375$. Dies sind die Koordinaten des Punktes L' in Fig. 7.3.12.

Fig. 7.3.31 zeigt die Nash-Lösung des kooperativen Spiels mit und ohne Ausgleichszahlungen schematisch. L und D sind dadurch bestimmt, daß die Winkel γ und δ, die durch die Tangenten an H bzw. T in L bzw. D gebildet werden, ihrem Betrag nach gleich sind. Bei Ausgleichszahlungen sind L' und D' nach dem gleichen Prinzip bestimmt, und man weiß hier im voraus, daß γ' und δ' 45° betragen.

Durch *Kapazitätsbeschränkungen* ändert sich am Prinzip der Lösung nichts. Sie sind jeweils bei den Maximierungen bzw. Minimierungen zu berücksichtigen. Fig. 7.3.24 zeigt die Beschneidung des Maximierungs- und des Drohbereichs durch Kapazitätsbeschränkungen. Die graphische Analyse ist analog zu Fig. 7.3.31 auch dort vorzunehmen; die analytische Lösung wird hier nicht gebracht.

---

1 Vgl. hierzu den Anhang, Abschnitt III.

2 Gegenüber (7.1.22a) ist hier $z_1 = Q_1^*$, $z_2 = Q_2^*$ gesetzt, um Verwechslungen mit z auszuschließen.

Fig. 7.3.31

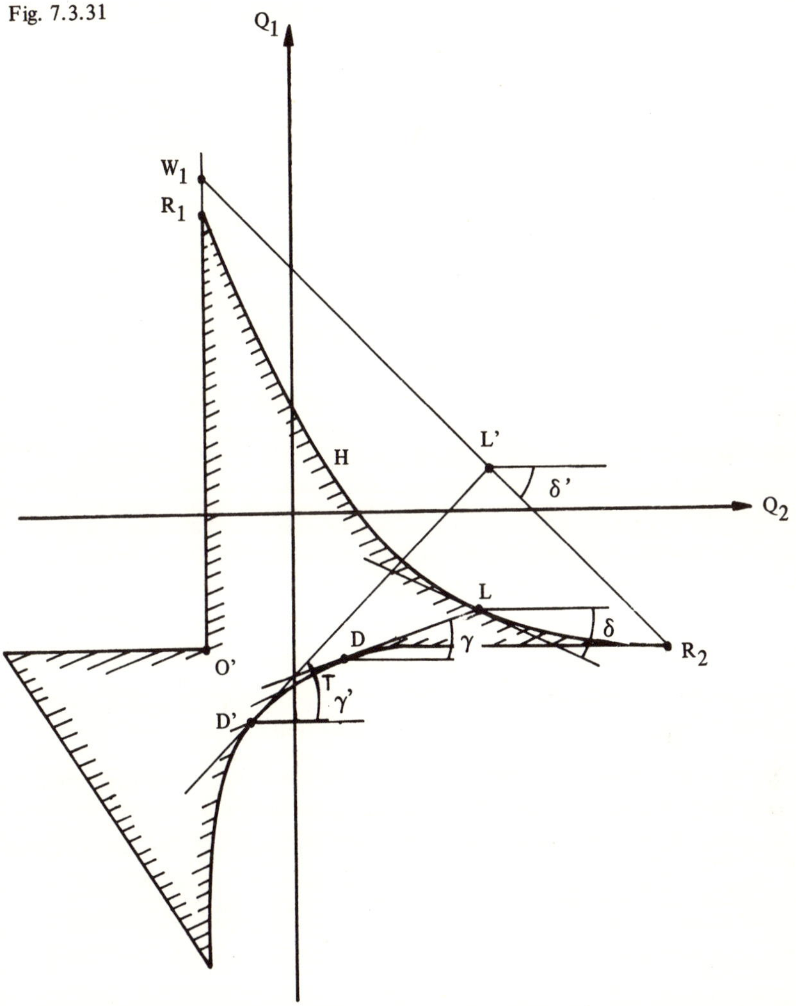

Beim *symmetrischen Dyopol* ist die Lösung die gleiche wie ohne Ausgleichszahlungen, da der pareto-optimale Rand des Gewinnbereichs ohnehin eine 45° geneigte Gerade ist (vgl. Fig. 7.3.11).

Wie ist die Nash-Lösung des kooperativen Dyopols zu beurteilen? Sie macht die „Aufteilung der Beute" von dem „Drohpotential" jeder Firma abhängig, und das ist sicher ein gesunder Gedanke. Dann allerdings, bei den Verhandlungen vom Drohpunkt als Ausgangspunkt aus, bleibt dieser Unterschied außer Betracht: von da ab wird „relativ gleich geteilt". Man kann das damit rechtfertigen, daß man keinen Grund zur Annahme hat, die Verhandlungsführer bei der einen oder der anderen Firma seien systematisch geschickter, und bei gleicher

Verhandlungskunst ist die Annahme gleicher relativer Zugeständnisse nicht unvernünftig. Von diesem Gesichtspunkt aus kann man die Nash-Lösung als eine Art „Erwartungswert" für das Ergebnis auffassen, mit Abweichungen davon im Einzelfall. In dieser Interpretation ist die Lösung interessant, wenn sie auch für den Aushandlungsprozeß selbst im Einzelfall keine Richtschnur abgeben kann.

g. Der Shapley-Wert

Die Dyopolisten verabreden ihre Spielweise so, daß die Summe ihrer Gewinne maximal wird, ebenso wie bei allen vorhergehenden Lösungen mit Ausgleichszahlungen. Dies definiert die optimalen Strategien beim *symmetrischen Dyopol* mit Parameterwerten nach (7.3.4a): $x_1^* + x_2^* = 4{,}5$, $x_i^* \geqslant 0$; die Dyopolisten produzieren insgesamt die Menge 4,5; wie sie sie unter sich aufteilen ist gleichgültig (vgl. 7.3.17b). Ihr Gesamtgewinn ist dann $Q_1(x^*) + Q_2(x^*) = 18{,}25$. Beim *asymmetrischen Dyopol* nach (7.3.4b) hat man $x_1^* = 0$, $x_2^* = 4{,}75$ und $Q_1(x^*) + Q_2(x_2^*) = 19{,}56$ (vgl. 7.3.17d). Die Verteilung dieses gemeinsamen Gewinns ist aber jetzt anders als bei den früheren Lösungen. Beim Shapley-Wert erhält jeder das, was er durch Hinzutritt zu einer Koalition (auch der Einerkoalition) für die Koalition hinzugewinnt, vorausgesetzt, die Koalition kommt zustande. Jede Art der Koalitionsbildung und jede Art der Koalition werden als gleichwahrscheinlich angesehen. Es gibt hier zwei Arten der Koalitionsbildung:

A) Dyopolist 1 entscheidet, ob er mit 2 eine Koalition eingehen will, und
B) Dyopolist 2 entscheidet, ob er mit 1 eine Koalition eingehen will.

Die Fälle A) und B) treten je mit der Wahrscheinlichkeit 1/2 auf, und ebenso fallen die Entscheidungen (ja oder nein zur Koalitionsbildung) je mit der Wahrscheinlichkeit 1/2. Insgesamt entstehen also eine „Einerkoalition" und die „Zweierkoalition" je mit der Wahrscheinlichkeit 1/2. So erklären sich die Auszahlungen φ_i für Dyopolist i, die zusammen die *Shapley*-Lösung nach (7.1.24) definieren:

$$(7.3.32) \qquad L_s := (\varphi_1, \varphi_2)$$

mit $\varphi_i = \frac{1}{2}\, v(\{1,2\}) + \frac{1}{2}\,[v(\{i\}) - v(\{j\})]$, $i, j \in \{1, 2\}$, $i \neq j$, $v(\{1,2\})$ nach (7.3.17b bzw. d), $v(\{i\})$ nach (7.3.15b–e).

Beim *symmetrischen Dyopol* nach (7.3.4a) ist ohne Kapazitätsbeschränkungen $v(\{1,2\}) = 18{,}25$ und $v(\{1\}) = v(\{2\}) = -1$ (nämlich gleich der Höhe der fixen Kosten), so daß hier $\varphi_1 = \varphi_2 = 9{,}125$ die Shapley-Lösung ist (vgl. Fig. 7.3.11). Beim *asymmetrischen Dyopol* mit den Zahlenwerten (7.3.4b) ist ohne Kapazitätsbeschränkungen $v(\{1,2\}) = 19{,}56$ und $v(\{1\}) = -1$, $v(\{2\}) = -2$, so daß also $\varphi_1 = 10{,}28$ und $\varphi_2 = 9{,}28$ die Shapley-Lösung ist (vgl. Punkt L_s in Fig. 7.3.12). Wie man sieht, hat die Firma mit den geringeren fixen Kosten, die auch nach der Theorie von Nash bei Ausgleichszahlungen begünstigt ist, bei unserem Zahlenbeispiel einen Vorteil. Das ist nicht immer angemessen. Die „Bestrafung des Nichtkooperierenden", die hier bei $v(\{i\})$ zugrunde gelegt wird, ist eben ein sehr zweischneidiges Schwert: der „Bestrafende" schädigt sich ja selbst.

h. Aumann-Maschlers Aushandlungsmenge als Lösung

Hier wird die Menge aller Auszahlungskonfigurationen als Lösung betrachtet, gegen die es (im früher erklärten Sinn) keine „Einwände" gibt. Diese Menge ist nach (7.1.25)

(7.3.33)
$$M = \{(Q_1, Q_2 | Q_i \geqslant v(\{i\}), \forall\, i \in \{1, 2\}; \{1\}, \{2\}), (Q_1, Q_2 | Q_i \geqslant v(\{i\}), \forall\, i \in \{1, 2\}, \sum_{i=1}^{2} Q_i = v(\{1, 2\}); \{1,2\})\}.$$

Die erste Menge umfaßt alle individuell rationalen Gewinnkombinationen, die ohne Koalition erreichbar sind. In Fig. 7.3.34a sind sie dargestellt. Sie bedecken den gesamten Maximalbereich. Fig. 7.3.34b zeigt, daß die dazugehörigen Kombinationen der Produktionsquantitäten alle Kombinationen bis zur Drohungskurve T umfassen, diese eingeschlossen. Die zweite Menge ist in der ersten enthalten. Sie umfaßt im *symmetrischen Dyopol* die Maximallinie H im Auszahlungsraum und im Entscheidungsraum, im *asymmetrischen Dyopol* (wo stets auch Ausgleichszahlungen angenommen werden) die gesamte Verteilungslinie V im Auszahlungsraum und den Punkt maximalen Gesamtgewinns (R_2 in unserem Zahlenbeispiel) im Entscheidungsraum (vgl. Fig. 7.3.34a und b).

Fig. 7.3.34a

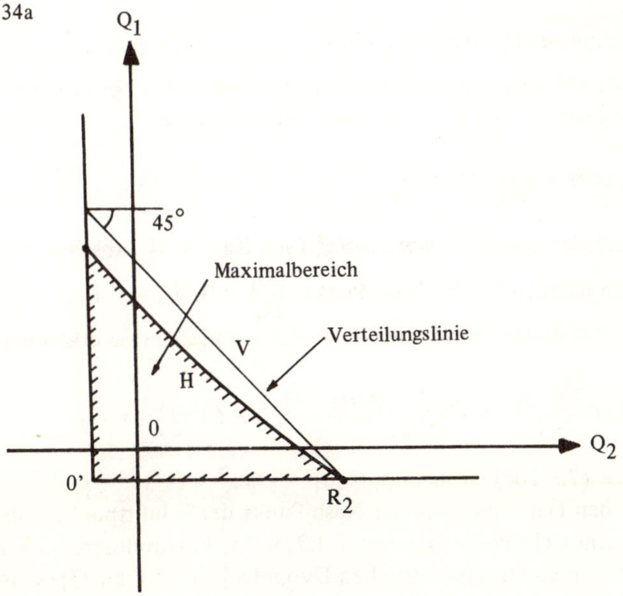

Fig. 7.3.34b

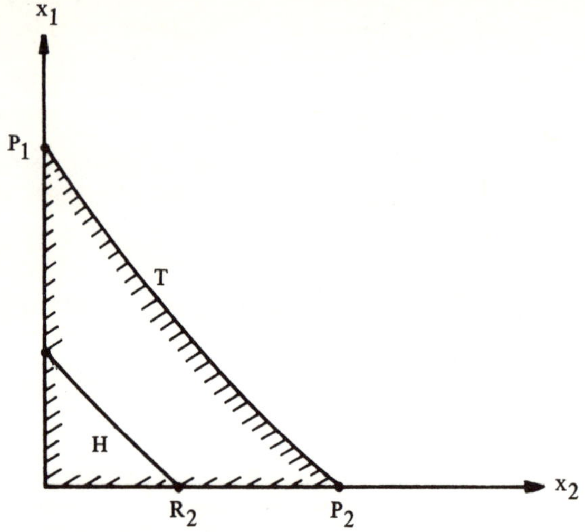

Dieser Lösungsbegriff umfaßt tatsächlich alles bei wirtschaftsfriedlichem Verhalten Denkbare (nicht allerdings alles bei Drohungs- und Kampfsituationen Mögliche). Gerade deswegen ist er aber für die praktische Oligopolanalyse wenig nützlich. Teilbereiche der Lösung (z. B. die Nichtproduktion und Punkte in einer Umgebung davon) werden bei sonst profitabler Produktion kaum vorkommen. Als Richtlinie für ein optimales Verhalten ist der Lösungsbegriff nicht anwendbar, weil er zu vieles zuläßt.

i. Der Nash-Gleichgewichtspunkt bei nicht-kooperativen Dyopolen

Dies ist der Punkt, von dem niemand abweichen würde, wenn der Gegenspieler seine Strategie beibehält. Nach (7.1.26) ist cr definiert durch

(7.3.35) $$Q_i(x^*) = \max_{x_i \in X} Q_i(x_i | x_j^*), \quad \forall\, i, j \in \{1, 2\}, i \neq j.$$

Er ist identisch mit der *Cournotschen Lösung* (vgl. Kap. 4, II. Abschnitt). Aus (7.3.35) ergibt sich nämlich für den Nash-Punkt: $\frac{\partial Q_i}{\partial x_i} = 0, \forall\, i \in \{1, .., n\}$. Setzt man lineare Preis- und Kostenfunktionen nach (7.3.1 und 2) an, so erhält man nach (7.3.5a):

(7.3.35a) $$x_i^* = \frac{2\alpha_i - \alpha_j}{3} = \frac{a_o - 2b_{1i} + b_{1j}}{3a_1}, \quad i, j \in \{1, 2\}, i \neq j$$

(vgl. (4.2.9d); nach (7.3.10c) ist dann $\beta_i = (\alpha_i - \xi^*)x_i^* = (x_i^*)^2$.

In der graphischen Darstellung ist der Nash-Punkt der Schnittpunkt C der Kammlinien, also der Cournotsche Punkt (vgl. Fig. 7.3.7, 8, 11, 12). In unserem Zahlenbeispiel (7.3.4a und b) erhält man im symmetrischen Dyopol $x_1^* = x_2^* = 3$ und $Q_1(x^*) = Q_2(x^*) = 8$, im asymmetrischen Dyopol $x_1^* = 2{,}83$; $x_2^* = 3{,}33$; $Q_1(x^*) = 7{,}03$; $Q_2(x^*) = 9{,}11$.

Lassen Kapazitätsbeschränkungen die Erreichung des Schnittpunktes C der Kammlinien nicht zu, so folgt der Gleichgewichtspunkt dem Schnittpunkt von Kapazitätslinie des einen und Kammlinie des anderen, läuft also auf der Linie R_1CR_2 in Fig. 7.3.7 und 8 bzw. fällt, falls auch dieser Linienzug nicht mehr erreichbar ist, mit der „Nordostecke" des kapazitätsmäßig erreichbaren Bereichs im Güterraum zusammen.

Wie man an der Fig. 7.3.11 und 12 sieht, ist die Lösung nicht pareto-optimal, und gerade das ist ihre Schwäche. Beide Dyopolisten könnten durch stillschweigende Kooperation ihre Situation verbessern. Warum sollten sie auch annehmen, daß der andere bei einer eigenen Aktion, die ihn schädigt oder begünstigt, nicht reagiert? So kann der Gleichgewichtspunkt kaum als Lösung des eigentlichen Dyopolproblems angesehen werden. Je größer aber die Zahl der Oligopolisten wird, umso eher wird dieser Punkt Lösungseigenschaften gewinnen, da der Einfluß eigener Verhaltensänderungen auf die übrigen Konkurrenten kleiner wird und allmählich unter die Schwelle der Fühlbarkeit fällt.

k. Eine entscheidungstheoretische Lösung des Dyopols

Es wird nach optimalem Verhalten einer Firma gefragt (hier der Firma 1), wenn sie Wahrscheinlichkeitsverteilungen über die mögliche Verhaltensweise der anderen Firma besitzt. Wo sie diese her hat, wird nicht weiter erörtert. Solche Wahrscheinlichkeitsverteilungen lassen sich allerdings aus Optimierungsansätzen ableiten, falls Wahrscheinlichkeitsverteilungen über die Grunddaten des Problems vorliegen.[1]

Wir wollen hier (anders als in (7.1.27ff)) von kontinuierlichen Wahrscheinlichkeitsverteilungen ausgehen. Gegeben ist dann (außer den sonstigen Daten des Problems nach (7.3.1–4)) für den *Fall der Nichtkooperation* eine Wahrscheinlichkeits-Dichtefunktion $w_1(x_2|x_1)$, definiert über $0 \leqslant x_2 \leqslant \overline{x}_2$, wenn $\overline{x}_2$ die Kapazitätsgrenze der Firma 2 angibt, so daß

$$\int_0^{\overline{x}_2} w_1(x_2|x_1)dx_2 = 1.$$

Sie gibt die Ansichten der Firma 1 über das Absatzverhalten der Firma 2 wieder,

---

1 Sei z. B. $Q_2(x_2|x_1, K_2(x_2))$ der Gewinn der Firma 2, falls Firma i die Menge x_i anliefert, $i \in \{1,2\}$, und falls für die Firma 2 die Kostenfunktion $K_2(x_2)$ gilt. Die Firma 1 kennt $K_2(x_2)$ nicht mit Sicherheit, sondern z. B. nur als diskrete Wahrscheinlichkeitsverteilung $w_\sigma(K_2^{(\sigma)}(x_2)) \geqslant 0$, $\Sigma w_\sigma(\cdot) = 1$, $\sigma \in S$. Dann ist die optimale Anliefermenge $x_2^{(\sigma)}$ der Firma 2 im Fall, daß die Kostenfunktion $K_2^{(\sigma)}(\cdot)$ gilt, bestimmt durch

$$x_2^{(\sigma)} \leftarrow \frac{\partial Q_2(x_2|x_1, K_2^{(\sigma)}(x_2))}{\partial x_2} = 0.$$

Diese Anliefermenge erscheint mit der Wahrscheinlichkeit w_σ für vorgegebenes x_1, beurteilt von Firma 1 aus.

wenn Firma 1 x_1 anliefert. Damit sind Gewinnerwartung[1] $\epsilon_1(Q_1|\{1\})$ und optimale Anlieferpolitik x_1^* der Firma 1 festgelegt durch

$$(7.3.36) \qquad \epsilon_1(Q_1|\{1\}) = \max_{x_1} \int_0^{\overline{x}_2} Q_1(x_1, x_2) \cdot w_1(x_2|x_1)dx_2.$$

Entsprechend existiert eine Auszahlungserwartung im *Fall der Kooperation,* d. h. eine Wahrscheinlichkeitsverteilung über das Ergebnis der Aushandlung mit dem Gegenspieler über die Verteilung des gemeinsam erreichbaren Gesamtgewinns (bei Ausgleichszahlungen) oder über den durch Koordination der Strategien erreichbaren eigenen Gewinn ohne Ausgleichszahlungen.

In (7.1.28a–c) haben wir beides getrennt behandelt. Hier fassen wir beides der Einfachheit halber zusammen. Sei $\overline{w}_1(z_1)$ die Wahrscheinlichkeitsdichte für die Auszahlung z_1 *bei Kooperation,* so ist die Auszahlungserwartung für Firma 1:

$$(7.3.37) \qquad \epsilon_1(Q_1|\{1, 2\}) = \int_{-\infty}^{\infty} z_1 \cdot \overline{w}_1(z_1)dz_1.$$

Falls $\epsilon_1(Q_1|\{1\}) > \epsilon_1(Q_1|\{1, 2\})$, werden gar keine Koalitionsverhandlungen begonnen. Falls $\epsilon_1(Q_1|\{1\}) < \epsilon_1(Q_1|\{1, 2\})$ werden Koalitionsverhandlungen vom Dyopolisten 1 angestrebt. Ob sie zustande kommen, hängt vom Dyopolisten 2 ab. Die optimale Verhaltensweise bei den Koalitionsverhandlungen wird hier nicht analysiert. Am Ende ergibt sich daraus die tatsächliche Gewinnverteilung $\overline{Q}_i(\{1, 2\})$. Diese darf nicht kleiner sein als der Erwartungswert $\epsilon_i(Q_i|\{i\})$ des Gewinns ohne Koalition, wenn die Koalition zustande kommen soll, $\forall\, i \in \{1, 2\}$.

Damit ist die Lösung (im Sinne von: optimaler Verhaltensweise) bei Zugrundelegung von Wahrscheinlichkeiten über die Verhaltensweise des Gegenspielers soweit bestimmt, wie das möglich ist, ohne in die Einzelheiten des Aushandlungsvorgangs zu gehen. Der Vorteil dieser Lösung ist die größere Wirklichkeitsnähe und die Anweisung, die sie für das optimale Verhalten der Firmen gibt. Diese Anweisung ist vollständig bis auf die Einzelheiten der Aushandlung. Die Nachteile sind – wie bei allen entscheidungstheoretischen Lösungen – die Einseitigkeit der Betrachtungsweise und die subjektiven Elemente, die, bisher ohne theoretische Ableitung, in die Analyse eingeführt werden mußten.

IV. Abschnitt

Dynamische spieltheoretische Lösungen des homogenen Dyopols (Oligopoltyp B)

1. Wechselseitig optimale Reaktionsfunktionen

Wir folgen hier zunächst den Gedankengängen Friedmans,[2] führen sie aber soweit fort, daß wir zu eindeutigen Reaktionsfunktionen gelangen.

---

1 $\epsilon_i(Q_i|C)$ mit $i \in C \subset X$ ist die Gewinnerwartung des zur Koalition C gehörenden Spielers i.

2 *J. W. Friedman,* Reaction Functions and the Theory of Duopoly, Rev. of Ec. Stud., 35 (1968), S. 257 ff.; vgl. auch II. Abschnitt dieses Kapitels, Gleichungen (7.2.1) ff.

Bei linearen Nachfrage-, Kosten- und Reaktionsfunktionen hat man nach (7.3.1 und 2) für den *Gewinn der Firma* i in der Periode t:

(7.4.1) $$Q_{it}(x_{1t}, x_{2t}) := -a_1 x_{it}^2 + (a_o - b_{1i} - a_1 - a_1 x_{jt})\, x_{it} - b_{oi},$$

$$= a_1 (\alpha_i - \xi_t) x_{it} - b_{oi} \text{ nach (7.3.5a)},$$

bzw. $$\beta_{it} = (\alpha_i - \xi_t) x_{it} \text{ nach (7.3.10c)},$$

und für die von der Firma i angenommene *Reaktionsfunktion* der Firma j (eine zunächst rein subjektive „Vermutung") gilt

(7.4.2) $$x_{jt} = c_{oj} + c_{1j} x_{i,t-1} =: \psi_j(x_{i,t-1}),\ i, j \in \{1, 2\}, i \neq j$$

bzw.

(7.4.2a) $$x_{i,t-1} = -\frac{c_{oj}}{c_{1j}} + \frac{1}{c_{1j}} x_{jt} =: \psi_j^{-1}(x_{jt}).$$

Hat Firma i einen endlichen Zeithorizont bis zur Periode T einschließlich und befindet sich die Firma am Ende der Periode T–1, so bleibt nur x_{iT} so zu bestimmen, daß Q_{iT} maximal wird. Diese *einperiodische Gewinnmaximierung* verlangt die Maximierung von

(7.4.3) $$Q_i^{(1)} := Q_{iT}(x_{1T}, x_{2T}),$$

so daß also

$$\frac{\partial Q_{iT}(x_{1T}, x_{2T})}{\partial x_{iT}} = 0,$$

was bei Einsetzen von x_{jT} aus (7.4.2) auf

(7.4.4) $$x_{iT} = d_{oi}^{(1)} + d_{1i}^{(1)} x_{i,T-1},\ d_{oi}^{(1)} = \frac{a_o - b_{1i} - a_1 c_o}{2a_1} = \frac{1}{2}(\alpha_i - c_{oj}),$$

$$d_{1i}^{(1)} = -\frac{c_{1j}}{2}$$

oder

$$x_{iT} = \lambda_i^{(1)}(x_{i,T-1})$$

führt (vgl. 7.2.4a').

Befindet sich die Firma am Ende der Periode T–2, so muß sie ihren Gewinn über zwei Perioden maximieren. Entsprechend (7.2.4b) bzw. (7.4.2b*) hat die Firma jetzt die Größe

(7.4.5) $$Q_i^{(2)} = Q_i(x_{1,T-1}, x_{2,T-1}) + \rho Q_i^{(1)}$$

mit Rücksicht auf $x_{i,T-1}$ zu maximieren, wobei $x_{j,T-1} = c_{oj} + c_{1j}x_{i,T-2} =: \psi_j(x_{i,T-2})$ zu substituieren ist. ρ ist ein Diskontfaktor, mit $0 < \rho < 1$. Analog zu (7.2.4b*) erhält man aus (7.4.5) für die *zweiperiodische Gewinnmaximierung:*

$$\frac{dQ_i^{(2)}}{dx_{i,T-1}} = \frac{\partial Q_i(x_{i,T-1}, \psi_j(x_{i,T-2}))}{\partial x_{i,T-1}} + \rho \frac{\partial Q_i(x_{iT}, \psi_j(x_{i,T-1}))}{\partial \psi_j(x_{i,T-1})} \cdot \frac{d\psi_j(x_{i,T-1})}{dx_{i,T-1}} = 0 \tag{7.4.6}$$

und bei Ausführung der Differentiation:

$$-2x_{i,T-1} + \alpha_i - c_{oj} - c_{1j}\ x_{i,T-2} - \rho c_{1j} d_{oi}^{(1)} - \rho c_{1j}\ d_{1i}^{(1)} x_{i,T-1} = 0.$$

Dies führt auf

$$\begin{aligned} x_{i,T-1} &= d_{oi}^{(2)} + d_{1i}^{(2)} x_{i,T-2}, \\ d_{oi}^{(2)} &= \frac{\alpha_i - c_{oj} - \rho c_{1j}\ d_{oi}^{(1)}}{2 + \rho c_{1j}\ d_{1i}^{(1)}}, \\ d_{1i}^{(2)} &= -\frac{c_{1j}}{2 + \rho c_{1j}\ d_{1i}^{(1)}} \end{aligned} \tag{7.4.7}$$

oder

$$x_{i,t-1} = \lambda_i^{(2)}(x_{i,T-2}).$$

Analog erhält man für das optimale $x_{i,T-2}$, das den Gewinn bis zur Periode T einschließlich maximiert, bei *3-periodischer Gewinnmaximierung:*

$$\begin{aligned} x_{i,T-1} &= d_{oi}^{(3)} + d_{1i}^{(3)} x_{i,T-3}, \\ d_{oi}^{(3)} &= \frac{\alpha_i - c_{oj} - \rho c_{1j}\ d_{oi}^{(2)}}{2 + \rho c_{1j}\ d_{1i}^{(2)}}, \\ d_{1i}^{(3)} &= -\frac{c_{1j}}{2 + \rho c_{1j}\ d_{1i}^{(2)}} \end{aligned} \tag{7.4.8}$$

oder

$$x_{i,T-2} = \lambda_i^{(3)}(x_{i,T-3})$$

usw.

Allgemein hat man also bei teilweiser Fortlassung der Indizes i und j die *Rekursionsformeln*

(7.4.9a) $x_{i,T-n} = \psi_n + \varphi_n x_{i,T-n-1}$

mit

(7.4.9b) $\psi_n = \dfrac{\alpha - c_o - \rho c_1 \psi_{n-1}}{2 + \rho c_1 \varphi_{n-1}}$,

(7.4.9c) $\varphi_n = -\dfrac{c_1}{2 + \rho c_1 \varphi_{n-1}}$

und

(7.9.4d) $n \geqslant 0, \varphi_{-1} = \psi_{-1} = 0, c_1 \neq 0, \quad 0 < \rho < 1.$

Wir setzen zur Abkürzung

(7.4.9e) $K: = \rho c_1^2.$

Es wird später vorausgesetzt:

(7.4.9f) $0 < K \leqslant 1.$

Falls die Folgen der φ_n und ψ_n für $n \to \infty$ konvergieren, d. h. falls es eine für unendlichen Zeithorizont optimale Produktionspolitik x_{it} des Oligopolisten i für die nächste Periode gibt, so konvergieren sie für $K \leqslant 1$ gegen[1]

(7.4.10a) $\varphi = -\dfrac{1}{\rho c_1}(1 - \sqrt{1-K})$

und

(7.4.10b) $\psi = \dfrac{\alpha - c_o}{2 + \rho c_1 (1 + \varphi)}$

oder bei Einsetzen von φ:

(7.4.10b') $\psi = \dfrac{\alpha - c_o}{1 + \rho c_1 + \sqrt{1-K}}.$

φ und ψ sind nur reell, falls

---

1 Bei Konvergenz ist nämlich nach (7.4.9c) $\varphi = -\dfrac{c_1}{2 + \rho c_1 \varphi}$ und nach (7.4.9b) $\psi = \dfrac{\alpha - c_o - \rho c_1 \psi}{2 + \rho c_1 \varphi}$, was auf (7.4.10a bzw. b) führt. Damit ψ und φ reell sind, also eine stationäre Lösung resultiert, muß $K \leqslant 1$ sein. – Es hat jeweils nur das + oder das – Zeichen vor der Wurzel eine ökonomische Bedeutung. Wir verzichten auf eine nähere Ausführung. Im folgenden ist jeweils nur das richtige Vorzeichen beibehalten. Alle Wurzeln sind positiv zu nehmen.

(7.4.10c) $1-K \geqslant 0$, oder $|c_1| \leqslant \sqrt{\frac{1}{\rho}}$;

dies wurde in (7.4.9f) vorausgesetzt.

Es läßt sich nun zeigen, daß die Folgen φ_n und ψ_n unter der Voraussetzung (7.4.10c) in der Tat konvergieren.[1]

1 Allerdings nur unter dieser Voraussetzung und nicht stets, wie es nach dem Friedmanschen Artikel zu sein scheint. Es existieren mehrere Beweise hierfür. Der folgende stammt im ersten Teil von *Dieter Coenen*, im zweiten Teil von *Walter Oberhofer*.

Zunächst wird die Konvergenz von

$$\varphi_n = -\frac{c_1}{2 + \rho c_1 \varphi_{n-1}}$$

untersucht. Dazu wird substituiert

(*) $$u_n := 2 + \rho c_1 \varphi_n \qquad (u_{-1} := 2).$$

Das gibt für $u_{n-1} \neq 0$ die Rekursionsformel

(**) $$u_n = 2 - \frac{K}{u_{n-1}} \; .$$

Angenommen, die Folge der u_n sei konvergent. Für $u = \lim\limits_{n\to\infty} u_n$ hat man dann $u = 2 - \frac{K}{u}$ oder $u^2 - 2u + K = 0$ und $u = 1 \pm \sqrt{1-K}$, d.h. $\underline{u} = 1 - \sqrt{1-K}$, $\bar{u} = 1 + \sqrt{1-K}$.

Wegen der Forderung $0 < K \leqslant 1$ sind beide Lösungen reell und es gilt

$$0 < \underline{u} \leqslant 1 \leqslant \bar{u} < 2.$$

Wann gilt nun $0 < u_{n-1} < u_n$, das heißt $u_{n-1} < 2 - \frac{K}{u_{n-1}}$? Wenn kurz u statt u_{n-1} geschrieben wird, so lautet das Problem: gibt es ein $\epsilon > 0$, so daß $u + \frac{\epsilon}{u} = 2 - \frac{K}{u}$ oder $u^2 - 2u + (K + \epsilon) = 0$? Das entspricht einer Vergrößerung des K in der Gleichgewichtsgleichung und ergibt für $K + \epsilon \leqslant 1$: $u = 1 \pm \sqrt{1-K-\epsilon}$.

Also ist $0 < u_{n-1} < u_n$ für $\underline{u} < u_{n-1} < \bar{u}$. Für $\epsilon < 0$ $(K+\epsilon > 0)$ ergibt sich ebenso $0 < u_n < u_{n-1}$ für $0 < u_{n-1} < \underline{u}$ oder $\bar{u} < u_{n-1} < 2$. Ferner ist für $u_{n-1} < 0$ immer $u_n > 2$, und für $u_{n-1} \geqslant 2$ ist $1 < u_n < 2$. Läßt man noch $u_{n-1} = 0$ zu, so wird $u_n = \pm\infty$ und $u_{n+1} \geqslant 2$, der Kreis ist geschlossen. Schließlich zeigt die Rekursionsformel unmittelbar, daß $\underline{u} < u_{n-1} < \bar{u} \rightarrow u_n < \bar{u}$ und $u_{n-1} > \bar{u} \rightarrow u_n > \bar{u}$ gilt.

Man kann das Ergebnis durch die Figur (7.4.10d) veranschaulichen. Man sieht: $\underline{u}$ ist ein abstoßender und $\bar{u}$ ein anziehender Fixpunkt der Abbildung $u_{n-1} \rightarrow u_n$, wobei $\bar{u}$ von keiner Seite überschritten wird, wenn ein Folgenglied u_n erst einmal größer $\underline{u}$ ist. Also konvergiert die Folge der u_n monoton gegen $\bar{u} = 1 + \sqrt{1-K}$, entsprechend φ_n gegen

$$\bar{\varphi} = \frac{\bar{u}-2}{\rho c_1} = \frac{1}{\rho c_1}(-1+\sqrt{1-K}).$$

Die Konvergenz von ψ sieht man wie folgt.

Man schreibt (7.4.9b) jetzt als

(***) $$\psi_n = \frac{d + e\psi_{n-1}}{u_{n-1}}, \text{ mit } d = \alpha - c_o,\ e = -\rho c_1,\ u_{n-1} \text{ nach (*)}.$$

Dabei ist $\lim\limits_{n\to\infty} \frac{e}{u_{n-1}} = \frac{e}{\bar{u}} = -\frac{\rho c_1}{1+\sqrt{1-K}}$, und wegen

Fig. 7.4.10d

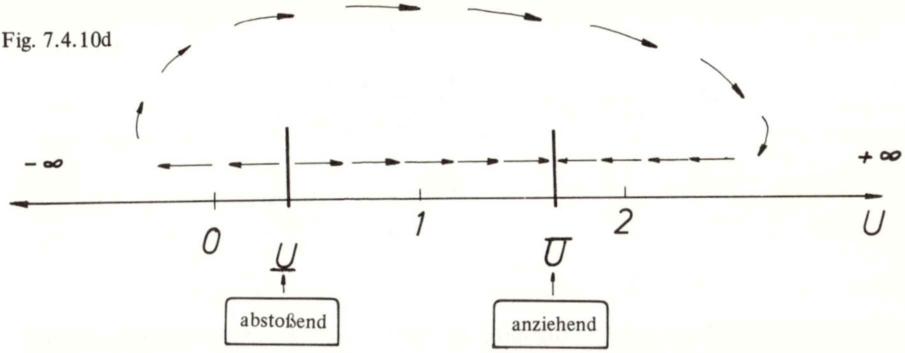

Somit existiert eine optimale Produktionspolitik für den Oligopolisten i bei unendlichem Zeithorizont, und sie lautet, wenn wir jetzt die Indizes i und j in (7.4.9b und c) wieder einfügen und dies durch $\psi^{(i)}$ bzw. $\varphi^{(i)}$ markieren:

(7.4.11) $$x_{it} = \psi^{(i)} + \varphi^{(i)} x_{i,t-1}, i \in \{1, 2\}.$$

Aus (7.4.11) erhält man die *Reaktionsfunktion des Oligopolisten i* bei unendlichem Zeithorizont nach (7.2.7) als

(7.4.12) $$x_{it} = \psi^{(i)} + \varphi^{(i)} \cdot [\psi^{(i)} + \varphi^{(i)}(-\frac{c_{oj}}{c_{1j}} + \frac{1}{c_{1j}} x_{j,t-1})],$$

was auf

(7.4.12a) $$x_{it} = g_o^{(i)} + g_1^{(i)} x_{j,t-1},$$

$$g_o^{(i)} = \psi^{(i)} + \psi^{(i)} \varphi^{(i)} - \frac{c_{oj}}{c_{1j}} (\varphi^{(i)})^2 = \psi^{(i)} \cdot (1+\varphi^{(i)}) - c_{oj}\, g_1^{(i)},$$

$$g_1^{(i)} = \frac{(\varphi^{(i)})^2}{c_{1j}}$$

Fortsetzung der Anm. 1 von der Vorseite

$\rho|c_1| = \sqrt{\rho K} < \sqrt{K} \leqslant 1$ und $\bar{u} = 1 + \sqrt{1-K} \geqslant 1$ gilt $|\lim_{n\to\infty} \frac{e}{u_n}| < 1$.

Es gibt also ein r mit $0 < r < 1$ und ein n_o, so daß für alle $n \geqslant n_o$ gilt

(****) $$|\frac{e}{u_n}| \leqslant r < 1.$$

Die explizite Lösung von (***) lautet

$$\psi_n = \frac{d}{e} \sum_{\nu=1}^{n} \prod_{\mu=0}^{\nu-1} (\frac{e}{u_{n-\mu-1}}) + \psi_o \prod_{\mu=0}^{n-1} (\frac{e}{u_{n-\mu-1}}).$$

Hieraus folgt in Verbindung mit (****), daß ψ_n sogar absolut konvergiert. Somit existiert $\lim_{n\to\infty} \psi_n = \psi$, und der Grenzwert ist (7.4.10b').

führt mit

$$\psi^{(i)} = \frac{\alpha_i - c_{oj}}{\rho c_{1j} + 1 + \sqrt{1-K_j}} = \frac{\alpha_i - c_{oj}}{2 + \rho c_{1j}\,(1+\varphi^{(i)})},$$

(7.4.12a') $$\varphi^{(i)} = -\frac{c_{1j}}{K_j}\,(1-\sqrt{1-K_j}) = -\frac{c_{1j}}{1+\sqrt{1-K_j}},$$

$$K_j := \rho c_{1j}^2 \,.$$

Es ist vernünftig, nur solche Oligopole zu betrachten, bei denen bei Optimierung mit unendlichem Zeithorizont ein *Gleichgewichtspunkt* (x_1^*, x_2^*) *in reinen Strategien* existiert.[1] Er errechnet sich nach (7.4.11) zu

(7.4.13) $$x_i^* = \psi^{(i)} + \varphi^{(i)} x_i^* \quad \text{oder}$$

(7.4.13a) $$x_i^* = \frac{\psi^{(i)}}{1-\varphi^{(i)}} \quad , i \in \{1, 2\},$$

wobei die x_i^* nicht-negativ und reell sein sollen.

Dasselbe Ergebnis erhält man aus (7.4.12a) bei der Lösung von

(7.4.13b) $$x_i^* = g_o^{(i)} + g_1^{(i)} x_j^*, \quad i, j \in \{1, 2\}, \; i \neq j.$$

An diesem Gleichgewichtspunkt maximiert jede Firma ihre Gewinnerwartung über einen unendlichen Horizont, wobei die tatsächliche Reaktion der Gegenseite auf eine eigene Anlieferänderung allerdings mit der vorgestellten und der Berechnung zugrunde gelegten Reaktionsfunktion in der Regel nicht übereinstimmen wird. Die Dyopolisten können sich in dieser Hinsicht irren.

Irren sich die Dyopolisten *nicht,* so müßten[2]

(7.4.14a) $$g_o^{(i)}(c_{oj}, c_{1j}) = c_{oi},$$

(7.4.14b) $$g_1^{(i)}(c_{1j}) = c_{1i}, \quad \forall\, i, j \in \{1, 2\}, \; i \neq j$$

sein, d. h. die tatsächliche Reaktionsfunktion, wie sie sich aus dem optimalen Verhalten jedes Oligopolisten ergibt, müßte gleich der vom Gegenspieler angenommenen Reaktionsfunktion sein, auf deren Basis die Oligopolisten ihr optimales Verhalten errechnen.

(7.4.14b) ergibt mit (7.4.12a)

1 Dies ist Friedmans Forderung.

2 Wir schreiben $g_o^{(i)} = g_o^{(i)}(c_{oj}, c_{1j})$ und $g_1^{(i)} = g_1^{(i)}(c_{1j})$.

$$(\varphi^{(i)})^2 = c_{1i}\, c_{1j}, \quad \forall\, i, j \in \{1, 2\}, i \neq j,$$

und somit

$$(\varphi^{(i)})^2 = (\varphi^{(j)})^2.$$

$\rho(\varphi^{(i)})^2 = \frac{K_j}{(1+\sqrt{1-K_j})^2}$ ist offensichtlich streng monoton wachsend mit K_j für $0 \leqslant K_j \leqslant 1$. Aus $(\varphi^{(1)})^2 = (\varphi^{(2)})^2$ folgt somit $K_1 = K_2 = :K$ und $c_{12} = \pm c_{11}$.

Aus $(\varphi^{(1)})^2 = c_{11}\, c_{12}$ folgt

(7.4.15) $$\rho(\varphi^{(1)})^2 = \rho c_{11}\, c_{12} = \pm K = \frac{K}{(1+\sqrt{1-K_j})^2}.$$

Diese Gleichung ist für K=0 erfüllt oder für K>0 nur mit dem + Zeichen, also $c_{12} = +c_{11} = :c_1$, und das auch nur, wenn der Nenner rechts $(1+\sqrt{1-K_j})^2 = 1$ ist, was K=1 ergibt. Das heißt also: es muß sein

(7.4.16) $$c_1 = \begin{cases} 0, \text{ d.h. } K = 0, \\ \pm\sqrt{\frac{1}{\rho}}, \text{ d.h. } K = 1, \end{cases}$$

und für K=1 ist wegen (7.4.12a') $\varphi^{(1)} = \varphi^{(2)} = \varphi(c_1) = -c_1$.
Ferner ist jetzt $g_1^{(1)} = g_1^{(2)}$.

a) Für $c_1 = 0$ hat man den *Cournot-Fall* der Nichtreaktion. Aus (7.4.12a' und 14a) ergibt sich dann wegen $\varphi^{(i)}(c_{1j}) = 0$[1]

(7.4.17) $$c_{oi} = g_o^{(i)}(c_{oj}, c_{1j}) = \psi^{(i)} = \frac{1}{2}(\alpha_i - c_{oj}),\ i, j \in \{1, 2\}, i \neq j,$$

und nach (7.4.2)

(7.4.18) $$x_i^* = c_{oi},$$

was auf

(7.4.19) $$x_i^* = \frac{2\alpha_i - \alpha_j}{3} = \frac{a_o - 2b_{1i} + b_{1j}}{3a_1}$$

führt. Dies ist aber gerade der Nash- und der Cournot-Punkt (vgl. 7.3.35a).

b) Die Fälle $c_1 = \pm\sqrt{\frac{1}{\rho}}$, d.h. K = 1 brauchen wir nicht weiter zu behandeln.

---

1 Nach (7.4.12a') ist $\varphi^{(i)}(c_{1j}) := \varphi^{(i)} = -\frac{c_{1j}}{1+\sqrt{1-K_j}}$, also $\varphi^{(i)}(0) = 0$. Ebenso ist wegen der Stetigkeit $\lim_{c_{1j}\to 0} \varphi^{(i)}(c_{1j}) = 0$.

Sie führen zwar auf eine Reaktionsfunktion ohne gegenseitigen Irrtum – was Friedman im Auge hatte –, aber der Mengen-Anpassungsprozeß aufgrund dieser Reaktionsfunktion konvergiert nicht mehr. Es handelt sich um instabile Gleichgewichtspunkte. Wir stellen sie später graphisch dar.

Die Instabilität sieht man wie folgt. Da $0 < \rho < 1$, ist $|c_1| > 1$. Die Reaktionsfunktionen sind nun nach (7.4.12a und 15)

(7.4.20) $$x_{it} = g_o^{(i)} + c_1 x_{j,t-1}$$

Wegen $|c_1| > 1$ konvergiert die Lösung nicht zum Gleichgewichtspunkt.

Es mag sein, daß sich diese Schwierigkeit durch andere Annahmen (z. B. durch nichtlineare Reaktionsfunktionen) beheben läßt. Jedenfalls ist die einfache Konsistenzforderung im Sinne von Friedman nicht geeignet, die Schwierigkeiten des Oligopols zu beseitigen.

Das folgende *Zahlenbeispiel* verdeutlicht die vorstehenden Gedankengänge. Wie in (7.3.4b) nehmen wir ein asymmetrisches Dyopol an mit den Werten $a_o=10$, $a_1=1$, $b_{o1}=b_{11}=1$, $b_{o2}=2$, $b_{12}=\frac{1}{2}$, $\rho=0{,}9$. Versetzen wir uns zunächst in die Lage der Firma 1 und nehmen wir an, sie glaube, die Firma 2 reagiere auf eigene Anlieferänderungen gemäß

(7.4.21) $$x_{2t} = 5 - x_{1,t-1},$$

also

(7.4.22) $$c_{o2}=5;\ c_{12}=-1 \text{ in } (7.4.2).$$

Dic folgendc Tabelle 7.4.23 gibt die Werte der Parameter $d_{o1}^{(n)}$ und $d_{11}^{(n)}$ bei n-periodischer Gewinnmaximierung gemäß (7.4.4–10) an, $n=1, 2, \ldots, \infty$. Es ist $d_{o1}^{(\infty)}=\psi$, $d_{11}^{(\infty)}=\varphi$. Man erhält also die „Eigenreaktion" der Firma 1:

(7.4.24) $$x_{1,T-n+1} = d_{o1}^{(n)} + d_{11}^{(n)} x_{1,T-n}.$$

Tabelle 7.4.23

n	1	2	3	...	∞
$d_{o1}^{(n)}$	2	3,75	5,21	...	$9{,}6 = \psi$
$d_{11}^{(n)}$	0,5	0,65	0,71	...	$0{,}76=\varphi$

Fig. 7.4.25

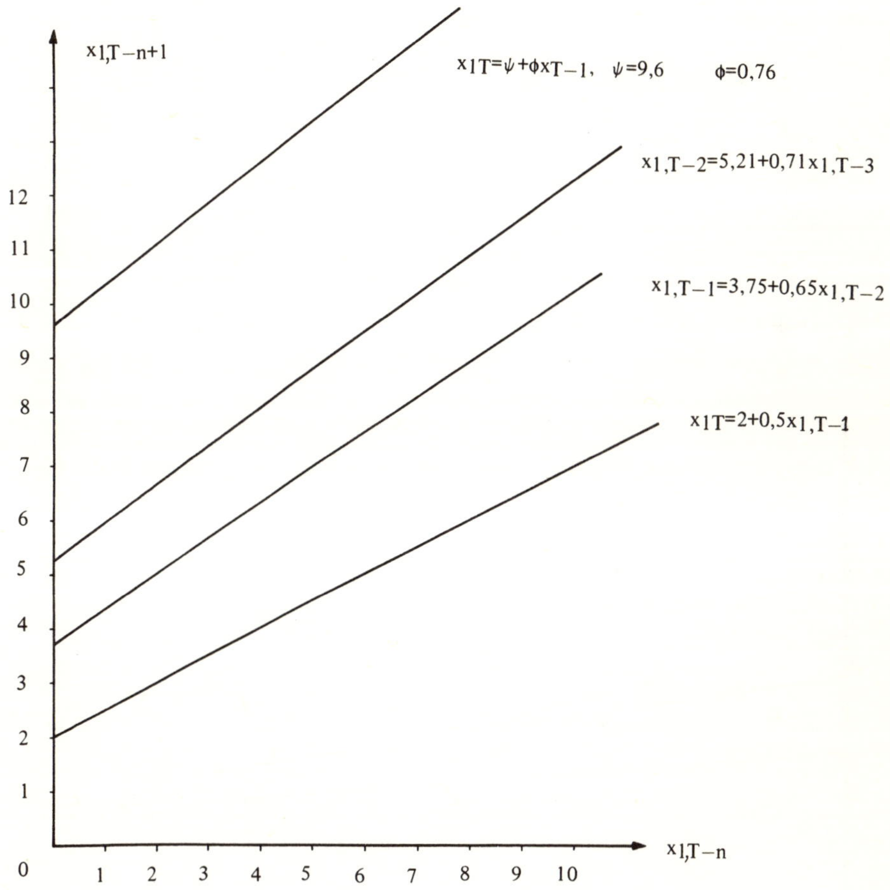

Fig. 7.4.25 zeigt den Verlauf der Funktion (7.4.24) graphisch.

Nach (7.4.12a) läßt sich für jede angenommene Reaktionsfunktion das tatsächliche Reaktionsverhalten eines Dyopolisten errechnen. Tabelle 7.4.26 zeigt, wiederum für die Firma 1, für drei angenommene Reaktionsfunktionen der Firma 2 das tatsächliche Reaktionsverhalten der Firma 1.

Tabelle 7.4.26

Fall Nr.	Angenommenes Reaktionsverhalten der Firma 2 nach (7.4.2): $x_{2t}=c_{o2}+c_{12}x_{1,t-1}$		Darauf basierendes tatsächliches Reaktionsverhalten der Firma 1 nach (7.4.12a): $x_{1t}=g_o^{(1)}+g_1^{(1)}x_{2,t-1}$	
	c_{o2}	c_{12}	$g_o^{(1)}$	$g_1^{(1)}$
1	5	–1	19,8	–0,58
2	5	–0,5	4,26	–0,14
3	5	–0,25	2,93	–0,07

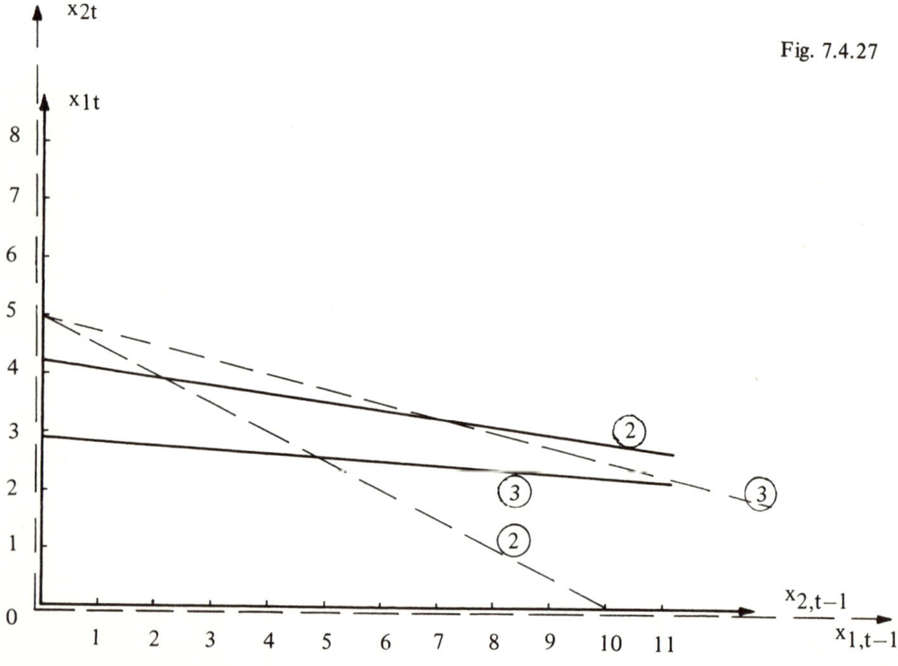

Fig. 7.4.27

Fig. 7.4.27 zeigt diese Abhängigkeit des tatsächlichen Reaktionsverhaltens der Firma 1 (durchgezogene Linien) vom angenommenen Reaktionsverhalten der Firma 2 (gestrichelte Linien) graphisch. Auf den Achsen sind jeweils zu verschiedenen Perioden gehörige Liefermengen aufgetragen; die durchgezogenen bzw. gestrichelten Linien beziehen sich auf die durchgezogenen bzw. gestrichelt gezeichneten Koordinaten. Wie man sieht, ändern die tatsächlichen Reaktionskurven ihre Neigung gleichlaufend zur angenommenen Neigung der Reaktionskurve der Gegenseite. Nur die Fälle 2 und 3 sind gezeichnet.

Nach diesen Vorbereitungen bestimmen wir nun die wechselseitig optimalen Reaktionsfunktionen und die zugehörigen Lösungspunkte. Wir beginnen mit dem Fall $c_1=0$. Die Reaktionsfunktionen lauten dann nach (7.4.2):

(7.4.28) $$x_i = c_{oi}\ ,\ \ i \in \{1, 2\}.$$

Am Gewinnmaximum ist $\partial Q_i/\partial x_i=0$, was nach (7.4.1) auf

(7.4.29) $$x_i = \frac{1}{2}(\alpha_i - x_j),\ i, j \in \{1, 2\},\ i \neq j$$

führt. Die Lösung ergibt x_i^* nach (7.4.18), nämlich

$$x_1^* = 2{,}83,\ x_2^* = 3{,}33.$$

Dies ist der *Cournot-Punkt.*

Fig. 7.4.30

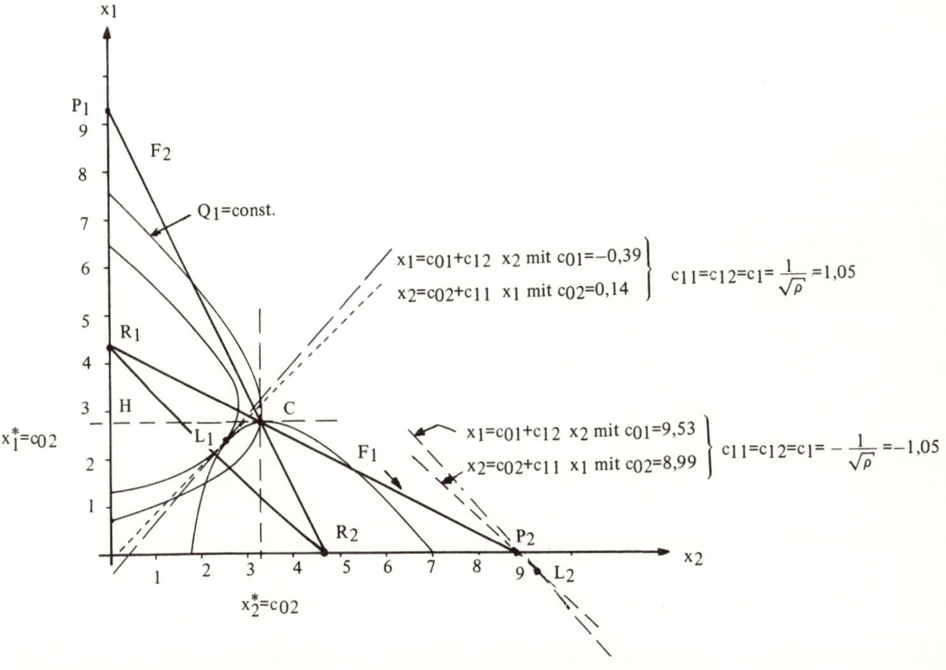

Fig. 7.4.30 zeigt ihn graphisch, analog zu Fig. 7.3.8. Wie man sieht, ist es für die Firma i, gegeben die feste Anliefermenge x_j^* der anderen Firma, optimal, x_i^* anzuliefern und umgekehrt. C ist ein *Nash-Gleichgewichtspunkt.* Die Reaktionskurven sind die gestrichelte senkrechte bzw. waagerechte Gerade.

Im Fall $c_1 = \frac{1}{\sqrt{\rho}}$ = 1,05409 und *im Fall* $c_1 = -\frac{1}{\sqrt{\rho}}$ erhält man die in Tabelle 7.4.31 ausgewiesenen Werte[1].

Tabelle 7.4.31

Größe	nach Formel	Zahlenwerte	
		Fall $c_1 = \frac{1}{\sqrt{\rho}}$	Fall $c_1 = -\frac{1}{\sqrt{\rho}}$
$\psi^{(1)}$	(7.4.12a')	4,54833	0,01968
$\psi^{(2)}$	(7.4.12a')	5,07535	–0,50724
φ	(7.4.10a)	–1,05409	1,05409
c_{o1}	(7.4.14a) mit (7.4.12a)	–0,39024	9,52603
c_{o2}	„	0,13676	8,99899
x_1^*	(7.4.13a)	2,21427	–0,36377
x_2^*	(7.4.13a)	2,47083	9,37597

1 Ich danke ***Walter Oberhofer*** für die Programmierung der numerischen Rechnungen. Man kann auch zuerst die Werte für c_{o1} und c_{o2} errechnen und daraus dann alle übrigen.

Wegen $\varphi = -c_1$ und $\rho c_1^2 = K = 1$ hat man

$$\psi^{(i)} = \frac{\alpha_i - c_{oj}}{2+\rho c_1 (1+\varphi)} = \frac{\alpha_i - c_{oj}}{1+\rho c_1},$$

$$g_o^{(i)} = c_{oi} = \psi^{(i)} (1-c_1) - c_{oj} \cdot c_1,\; g_1^{(i)} = c_1.$$

Durch Einsetzen von $\psi^{(i)}$ erhält man:

$$[c_{oi} + c_1 \cdot c_{oj}] \cdot (1 + \rho c_1) = (1-c_1)(\alpha_i - c_{oj}),$$

$$(1+\rho c_1)\, c_{oi} + \underbrace{[c_1 (1+\rho c_1) + 1 - c_1]}_{2}\, c_{oj} = (1-c_1)\alpha_i,$$

$$(1+\rho c_1)\, c_{oi} + 2c_{oj} = (1-c_1)\, \alpha_i .$$

Das ist folgendes Gleichungssystem:

Fig. 7.4.31a

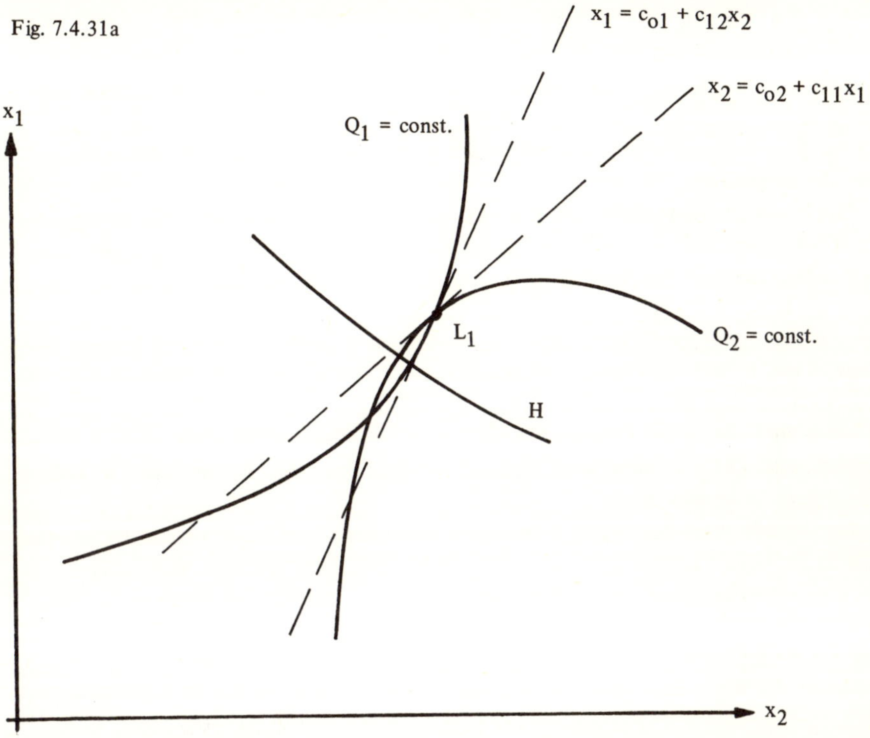

Die Lösungen (x_1^*, x_2^*) sind als Punkte L_1 (für $c_1 = \frac{1}{\sqrt{\rho}}$) und L_2 (für $c_1 = -\frac{1}{\sqrt{\rho}}$) in Fig. 7.4.30 eingetragen, ebenso die angenommenen und auch tatsächlichen Reaktionsfunktionen $x_1 = c_{o1} + c_{12}\,x_2$ bzw. $x_2 = c_{o2} + c_{11}\,x_1$ für diese Fälle. Leider gibt es bei L_2 negative Produktionsmengen, so daß dieser Punkt schon deswegen ausfällt. Bei beiden Punkten ist das Gleichgewicht, wie gezeigt, überdies instabil.

Fortsetzung der Anmerkung von der Vorseite

$$\begin{pmatrix} 1+\rho c_1 & 2 \\ 2 & 1+\rho c_1 \end{pmatrix} \begin{pmatrix} c_{01} \\ c_{02} \end{pmatrix} = \begin{pmatrix} (1-c_1)\alpha_1 \\ (1-c_1)\alpha_2 \end{pmatrix}$$

mit der Determinante $D = (1+\rho c_1)^2 - 4$ und der Lösung

$$c_{o1} = \frac{(1-c_1)\begin{vmatrix} \alpha_1 & 2 \\ \alpha_2 & 1+\rho c_1 \end{vmatrix}}{D} = \frac{1-c_1}{D}\,[(1+\rho c_1)\,\alpha_1 - 2\alpha_2],$$

$$c_{o2} = \frac{(1-c_1)\begin{vmatrix} 1+\rho c_1 & \alpha_1 \\ 2 & \alpha_2 \end{vmatrix}}{D} = \frac{1-c_1}{D}\,[(1+\rho c_1)\alpha_2 - 2\alpha_1].$$

Ich danke *Dieter Coenen* für diesen Hinweis.

Fig. 7.4.31a zeigt die Situation am Punkt L_1 symbolisch: Die Kurven konstanten Gewinns berühren jeweils die *eigene* Reaktionslinie; d. h. jede Firma realisiert den besten Punkt, den sie aufgrund ihres *eigenen* Reaktionsverhaltens erreichen kann, und wenn beide das tun, erreichen sie den gleichen Punkt. Dabei ist das eigene Reaktionsverhalten optimal in Bezug auf das tatsächliche Reaktionsverhalten der Gegenseite.

Doch das ist nicht eigentlich das, was man ursprünglich wollte. Die gegnerische Reaktionskurve sollte jeweils die eigene Kurve konstanten Gewinns am gemeinsamen Lösungspunkt berühren. In Fig. 7.4.31a sollten die Bezeichnungen $x_1 = c_{o1}+c_{12}x$ bzw. $x_2 = c_{o2} + c_{11}x_1$ an den Reaktionskurven vertauscht werden. Doch das trifft eben leider nicht zu. Gegeben die Reaktionskurven nach Fig. 7.4.31a könnte eben jeder, wenn er sich von *seiner* Reaktionskurve frei machte, noch besser fahren. Warum sollte er sich aber an seine eigene Reaktionskurve binden? So bleibt hier eine unbefriedigte Situation bestehen. Aber das ist bei diesem Fall nicht eigentlich das Gravierende. Diese Lösung wird dadurch unbrauchbar, daß sie zu einem instabilen Gleichgewichtspunkt führt.

Im Grunde wird durch den Friedmanschen Ansatz der Cournotsche Irrtum nur eine Stufe höher transferiert.[1] Der Dyopolist berücksichtigt zwar den Einfluß des eigenen Verhaltens auf den Gegenspieler, indem er die ihm bekannte Reaktionsfunktion des Gegenspielers zugrunde legt. Er berücksichtigt aber nicht die Tatsache, daß die Reaktionsfunktion des Gegenspielers ja selbst von seinem eigenen Verhalten abhängt: die Wahl der eigenen Reaktionsfunktion bestimmt die Reaktionsfunktion des Gegenspielers mit. Die oligopolistische Interdependenz ist zwar etwas weiter verfolgt, aber doch nicht voll erfaßt.

2. *Shubiks spezielles Dyopolmodell*[2]

Hier wird das früher dargestellte generelle Oligopolmodell[3] dadurch spezialisiert, daß nur zwei Oligopolisten angenommen werden (n=2), daß die Verhaltensparameter y_{it} Produktions- und Absatzmengen des Dyopolisten i in der Periode t bedeuten und daß die mit einem bestimmten Diskontfaktor auf die Gegenwart diskontierten Ausschüttungen aller Perioden von 1 bis ∞ maximiert werden sollen.

Shubik nimmt eine spezielle lineare Preisfunktion, quadratische Kostenfunktionen, bestimmte Anfangs-Kapitalbestände, Ruinniveaus und Liquidationsverluste an und rechnet das Modell unter dem folgenden Gesichtspunkt durch. Es werden drei Verhaltensweisen der Firmen untersucht:

---

1 Vgl. hierzu die Bonner wirtschaftswissenschaftliche Diplomarbeit von *Koll,* Dyopoltheorie auf spieltheoretischer Basis – James Friedmans Ableitung der Reaktionsfunktion, Bonn 1973.

2 *Shubik,* Strategy and the Market Structure, New York, London 1959, 10. Kapitel. Vgl. hierzu auch: *Burgermeister,* Gleichgewichtsstrategien im Dyopol, Diss. Bonn 1971, S. 45 ff.

3 Vgl. oben, II. Abschnitt dieses Kapitels.

a. Sofortige Liquidation;
b. Ruinierung des Gegenspielers auf eine genau bestimmte (optimale) Weise;
c. Gemeinsame konstante Produktion (y_1, y_2) in jeder Periode und sofortige Auszahlung der jeweiligen Gewinne.

Shubik bestimmt[1] die Menge der Punkte (y_1, y_2) nach c., die zumindest nicht schlechter sind im Sinne der Zielfunktion als ein Verhalten nach a. und b. Diese Punktmenge ist abgeschlossen und besitzt innere Punkte.

Diese Menge ist nun sicher nicht die Lösung des ursprünglichen spieltheoretischen Problems. Sie enthält wohl die Lösungspunkte, aber noch viele andere, nicht optimale dazu.

3. Burgermeisters spezielles Dyopolmodell.[2] Anwendung des Pontrjaginschen Maximumprinzips

Burgermeister kann – im Gegensatz zu Shubik – sein Oligopolmodell[3] für den Fall des Dyopols und linearer Preis- und Kostenfunktionen explizit lösen, so daß man einen Einblick in das Geschehen dieses Modellmarktes erhält. Wir geben hier sein Dyopolmodell und die sehr interessante Lösung ohne Beweise wieder.

Firmen 1 und 2 bieten auf einem Dyopolmarkt ein homogenes Produkt kontinuierlich mit den Momentan-Mengen x_{1t} bzw. x_{2t} im Zeitpunkt t an. Es besteht ein endlicher Zeithorizont T. Es gibt minimale bzw. maximale Geschwindigkeiten σ_i^- bzw. σ_i^+, mit denen die Angebotsmengen der Firma i geändert werden können:

(7.4.32) $$\sigma_i^- \leqslant \dot{x}_i(t) \leqslant \sigma_i^+$$

mit

(7.4.33) $$\sigma_i^- < 0 < \sigma_i^+$$

und

(7.4.34) $$2\sigma_i^+ + \sigma_i^- > 0,\ 2\sigma_i^- + \sigma_i^+ < 0, \quad \forall\, i \in \{1, 2\}.$$

Letztere Begrenzung besagt, daß die Maximal- und Minimalgeschwindigkeiten nicht zu weit auseinanderliegen sollen, und ist nur eingeführt, um langwierige und uninteressante Fallunterscheidungen zu vermeiden.

Der *gemeinsame Marktpreis* p(t) ist bestimmt durch beide Anliefermengen gemäß

---

1 Dabei unterlaufen *Shubik* einige Fehler. Vgl. hierzu *Burgermeister,* Gleichgewichtsstrategie Dyopol, a.a.O., S. 51, 52.

2 *Burgermeister,* Gleichgewichtsstrategien im Dyopol, a.a.O., S. 75 ff.

3 Siehe oben, II. Abschnitt dieses Kapitels.

(7.4.35) $p(t) = a_o - a_1 \cdot (x_1(t) + x_2(t)),\ a_o,\ a_1 > 0,$

die *Produktionskosten* der Firma i sind linear:

(7.4.36) $K_i^{Prod}(t) = b_{oi} + b_{1i}\, x_i(t),\ b_{oi},\ b_{1i} > 0,$

die *Produktionsänderungskosten* sind proportional dem Absolutwert der Änderung:

(7.4.37) $K_i(t) = b_{2i}|\dot{x}_i(t)|,\ b_{2i} > 0.$

Natürlich kann es keine negativen Produktionsmengen und Preise geben:

(7.4.38) $x_i(t) \geqslant 0,\ a_o - a_1(x_1(t) + x_2(t)) \geqslant 0,\ \forall\, i \in \{1, 2\}.$

Wir bezeichnen die Menge der zulässigen Produktionen mit M:

(7.4.38a) $M := \{x_1(t), x_2(t) | 0 \leqslant x_1(t) < \infty,\ 0 \leqslant x_2(t) < \infty,\ 0 \leqslant a_o - a_1(x_1(t) + x_2(t$

Jede Firma will den mit einer Diskontrate δ_i auf die Gegenwart diskontierten Gesamtgewinn in der Periode [0,T] maximieren:

(7.4.39) $\int_o^T [x_i(t)[a_o - a_1 \cdot (x_1(t) + x_2(t))] - K_i^{Prod}(t) - K_i(t)]\, e^{-\delta_i t}\, dt = \max_{x_i(t}$

unter den Nebenbedingungen (7.4.32–38).

Die Pontrjaginsche Maximumbedingung (7.2.14) nimmt jetzt die folgende sehr einfache Form an:

Sei:

$$l_i(x_1, x_2, t') := \int_{t'}^T [-2a_1 x_i(t) - a_1 x_j(t) + a_o - b_{1i}]\, e^{-\delta_i t}\,.$$

Dann sind Gleichgewichtsstrategien dadurch bestimmt, daß

(7.4.40)
$$\dot{x}_i(t') = \begin{cases} \sigma_i^-, \text{ falls } l_i(x_1, x_2, t') < -b_{2i}e^{-\delta_i t'}, \\ \in[\sigma_i^-, 0], \text{ falls } l_i(x_1, x_2, t') = -b_{2i}e^{-\delta_i t'}, \\ 0, \text{ falls } -b_{2i}e^{-\delta_i t'} < l_i(x_1, x_2, t') < b_{2i}e^{-\delta_i t'}, \\ \in[0, \sigma_i^+], \text{ falls } b_{2i}e^{-\delta_i t'} = l_i(x_1, x_2, t'), \\ \sigma_i^+, \text{ falls } b_{2i}e^{-\delta_i t'} < l_i(x_1, x_2, t') \end{cases}$$

ist für $i \in \{1, 2\}$ und alle $t' \in [0,T]$, für die $\dot{x}_i(t')$ existiert.

Fig. 7.4.41

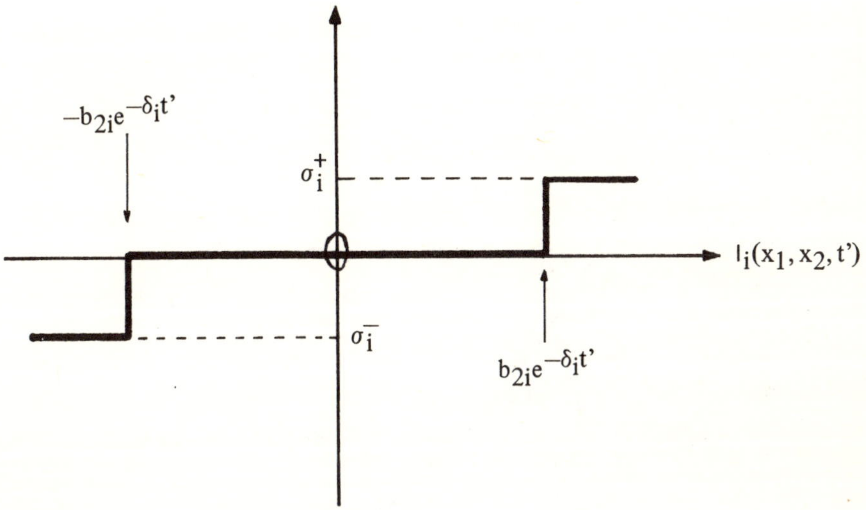

Fig. 7.4.42

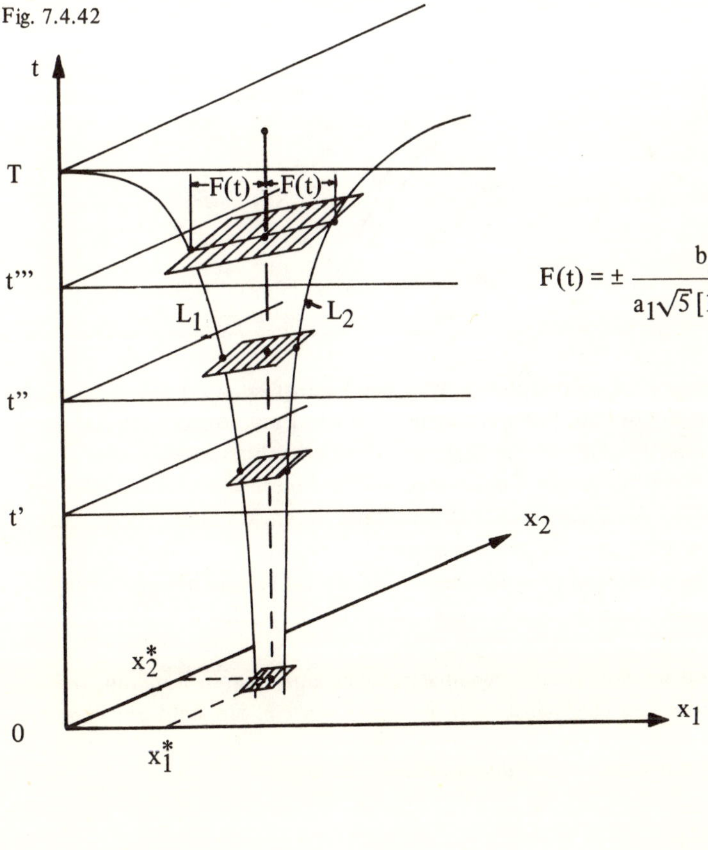

$$F(t) = \pm \frac{b_{2i}\delta_i}{a_1\sqrt{5}\,[1 - e^{-\delta_i(T-t)}]}$$

Fig. 7.4.43

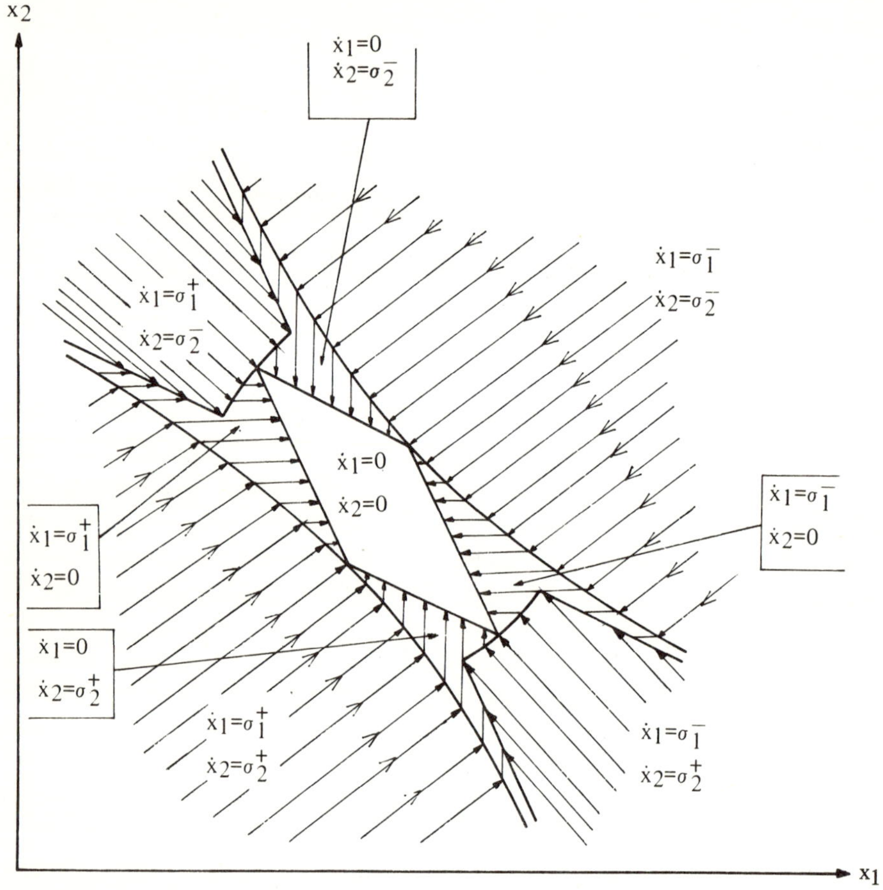

Fig. 7.4.41 zeigt (7.4.40) graphisch. Wie man sieht, liegt $\dot{x}_i(t)$ entweder bei 0 oder beim Maximal- oder Minimalwert. Jedes Paar von Funktionen $x_i(t)$, das den Bedingungen (7.4.40) genügt, ist ein Paar von Gleichgewichtsstrategien, und man erhält auf diese Weise alle solche Funktionen, die im Innern von (7.4.38a) liegen, außerdem einen Teil der übrigen, die auf dem Rand liegen. Und unter den Gleichgewichtsstrategien muß man die Lösung suchen.

Durch die Integration von (7.4.40), beginnend bei $x_i(T)$, erhält man die $x_i(t')$ für $t'<T$. Das Ergebnis dieser Rechnungen ist in den folgenden Figuren symbolisch dargestellt.[1]

Es gibt eine Menge von Gleichgewichtsstrategien mit inneren Punkten, bei denen die Anliefermengen überhaupt nicht geändert werden. Sie stellt ein Parallelo-

1 Die Rechnungen selbst sind bei *Burgermeister* nachzulesen.

gramm mit dem Zentrum (x_1^*, x_2^*) in der Mengenebene dar (vgl. Fig. 7.4.42). Mit Annäherung an den Zeithorizont T vergrößert sich das Parallelogramm ständig und nimmt bei T die ganze Fläche ein. Je näher man „an das Ende" kommt, umso weniger ist es möglich, die Kosten der Änderungen der Produktion durch spätere höhere Erlöse wieder hereinzuholen, so daß solche Änderungen immer mehr unterbleiben. Der Abstand F (t) der Begrenzungslinien einer Ebene durch den (x_1^*, x_2^*)-Strahl, die auf den Parallelogrammseiten senkrecht stehen, zu dem (x_1^*, x_2^*)-Strahl ist in der Fig. 7.4.42 angegeben. Fig. 7.4.43 zeigt die Projektion der Trajektorien außerhalb des Gleichgewichtsbereichs auf die (x_1, x_2)-Ebene. Wie man sieht, wird der Gleichgewichtsbereich von allen Seiten aus erreicht.

Dies Ergebnis entspricht demjenigen des hier entwickelten eigenen Oligopolmodells und dem des Shubik-Modells; bei allen diesen Modellen erhält man ausgedehnte Gleichgewichtsbereiche.

V. Abschnitt

Statische spieltheoretische Lösungen des inhomogenen Dyopols (Oligopoltyp A)

Die spieltheoretische Analyse, die im III. Abschnitt für das homogene Dyopol vorgenommen wurde, wird hier für das inhomogene Dyopol angestellt. Die Ergebnisse sind nicht einfach analog, andernfalls hätte man beides gemeinsam behandeln können. Trotzdem ergeben sich viele Parallelen.

Ebenso wie im III. Abschnitt legen wir lineare Nachfrage- und Kostenfunktionen zugrunde.

1. Allgemeiner Ansatz

Zwei Firmen 1 und 2 bieten ein substituierbares,[1] aber inhomogenes Produkt auf einem gemeinsamen Markt an. Sie fordern hierfür die Preise p_1 und p_2.

a. Wir nehmen zunächst an, daß *Firma j die auf sie zukommende Nachfrage x_j befriedigt,* d. h. daß $x_j \leqslant \overline{x}_j$, $\overline{x}_j$ die Kapazität der Firma j. Dann soll die Nachfrage bei der Firma i sein:

$$(7.5.1) \qquad x_i = a_{0i} - a_{ii}\, p_i + a_{ji}\, p_j,\ i, j \in \{1, 2\},\ i \neq j.$$

Dabei wird vorausgesetzt:

---

1 In den numerischen Berechnungen legen wir preissubstituierbare Produkte (als Regelfall des Oligopols) zugrunde. Die analytische Behandlung deckt auch den Fall preiskomplementärer Produkte.

$a_{oi}, a_{ii} > 0$

(7.5.1a) $$a_{ji} \begin{cases} > 0 \text{ bei preissubstitutiven Produkten,} \\ < 0 \text{ bei preiskomplementären Produkten.} \end{cases}$$

Wir legen hier preissubstitutive Produkte zugrunde:

$$a_{ji} > 0,$$

$$p_i, p_j \geqslant 0,$$

$$a_{oi} \geqslant \bar{x}_i\text{[1]},$$

$$x_i \geqslant 0.$$

Die Kosten der Firma i seien:

(7.5.2) $$K_i = b_{oi} + b_{1i}\, x_i, \quad b_{oi}, b_{1i} > 0,$$

so daß der Gewinn

(7.5.3) $$Q_i = x_i\, p_i - K_i, \; i \in \{1, 2\}$$

ist.

Wir setzen gelegentlich zur Abkürzung[2]

(7.5.4)
$$\bar{p}_i := p_i - b_{1i}, \quad i \in \{1, 2\},$$
$$\bar{a}_{ki} := \frac{a_{ki}}{a_{ii}} \quad, \; i \in \{1, 2\}, k \in \; 0, 1, 2\},$$
$$\bar{\alpha}_i := \bar{a}_{oi} + \bar{a}_{ji}\, b_{1j} - b_{1i}, \quad i, j \in \{1, 2\}, i \neq j,$$
$$\bar{\beta}_i := \frac{Q_i + b_{oi}}{a_{ii}} \; .$$

Dann hat man

(7.5.5a) $$x_i = a_{ii}(\bar{\alpha}_i + \bar{a}_{ji}\, \bar{p}_j - \bar{p}_i),$$

1 Es ist vernünftig anzunehmen, daß die Kapazität der Firma i nicht größer ist als die Nachfrage bei ihr, wenn Firma i und j den Preis Null verlangen.

2 Die Formeln dieses Abschnitts werden zum Teil in den ursprünglichen Variablen und Parametern, zum Teil in diesen transformierten Größen angegeben, je nachdem, in welcher Form sie einfacher sind; wo zweckmäßig, werden beide Formeln angeführt.

(7.5.5b) $$Q_i + b_{oi} = a_{ii}\overline{\beta}_i = x_i p_i - x_i b_{1i} = x_i \overline{p}_i,$$

(7.5.5c) $$\overline{\beta}_i = (\overline{\alpha}_i + \overline{a}_{ji}\overline{p}_j - \overline{p}_i)\overline{p}_i.$$

Ein Vergleich mit (7.3.5a und 10c) zeigt, daß $\overline{\beta}_i = \beta_i$ wird, falls man

(7.5.5d) $$\overline{\alpha}_i = \alpha_i,\ \overline{p}_i = x_i \text{ und } \overline{a}_{ji} = -1$$

setzt. Somit ist das Mengendyopol formal als Sonderfall des Preisdyopols aufzufassen.

b. *Befriedigt Firma j die auf sie zukommende Nachfrage x_j nicht* ($x_j > \overline{x}_j$), so soll der Bruchteil δ_i der bei Firma j unbefriedigt gelassenen Nachfrage zusätzlich bei der Firma i erscheinen. Damit kann man die Fälle a und b gemeinsam wie folgt erfassen. Die Nachfrage bei Firma i ist stets

(7.5.6) $$\begin{aligned} x_i =: x_i(p_1, p_2) &= a_{oi} - a_{ii}p_i + a_{ji}p_j + \delta_i(a_{oj} - a_{jj}p_j + a_{ij}p_i - \overline{x}_j) \\ &= a_{ii}(\overline{\alpha}_i - \overline{p}_i + \overline{a}_{ji}\overline{p}_j) + \delta_i a_{jj}(\overline{\alpha}_j - \overline{p}_j + \overline{a}_{ij}\overline{p}_i - \frac{\overline{x}_j}{a_{jj}}) \end{aligned}$$

mit

(7.5.6a) $$\delta_i = \begin{cases} 0, \text{ falls } x_j \leqslant \overline{x}_j, \\ [0,1], \text{ falls } x_j > \overline{x}_j, \quad i, j \in \{1, 2\}, \ i \neq j. \end{cases}$$

Wir nennen $p_{i,\min}(p_j)$ den Preis der Firma i, zu dem sie gerade eine solche Nachfrage x_i erzeugt, daß ihre Produktionskapazität voll ausgenutzt wird. Aus $x_i = \overline{x}_i$, x_i nach (7.5.6), folgt für p_i:

(7.5.7a) $$p_i =: p_{i,\min}(p_j) = \frac{a_{oi} + \delta_i(a_{oj} - \overline{x}_j) - \overline{x}_i}{a_{ii} - \delta_i a_{ij}} + \frac{a_{ji} - \delta_i a_{jj}}{a_{ii} - \delta_i a_{ij}}\, p_j.$$

Wir nennen $p_{i,\max}(p_j)$ den prohibitiven Preis der Firma i, bei dem sie gerade nichts mehr absetzt. Aus $x_i = 0$, x_i nach (7.5.6), folgt für p_i:

(7.5.7b) $$p_i =: p_{i,\max}(p_j) = \frac{a_{oi} + \delta_i(a_{oj} - \overline{x}_j)}{a_{ii} - \delta_i a_{ij}} + \frac{a_{ji} - \delta_i a_{jj}}{a_{ii} - \delta_i a_{ij}}\, p_j.$$

Man sieht, daß

(7.5.7c) $$p_{i,\min}(p_j) = p_{i,\max}(p_j) - \frac{\overline{x}_i}{a_{ii} - \delta_i a_{ij}}.$$

Aus ökonomischen Gründen ist

(7.5.7d) $$(a_{ji} - \delta_i a_{jj})/(a_{ii} - \delta_i a_{ij}) > 0$$

und $$a_{ii} - \delta_i a_{ij} > 0$$

vorauszusetzen.

Eine Preiserhöhung der Firma j, wenn sie vorher Nachfrage unbefriedigt gelassen hat, wird zwar die Übernachfrage verringern und damit auch den zur Firma i „überlaufenden" Teil dieser Nachfrage, aber der Preiserhöhungseffekt wird insgesamt mehr Kunden zur Firma i treiben, als durch Verringerung der Übernachfrage wegbleiben. Weiterhin wird bei $p_j = 0$ der prohibitive Preis für Firma i positiv bleiben. Das erklärt (7.5.7d) ökonomisch aus (7.5.7b).

Somit können bei der Preisgestellung der Firma i folgende Fälle eintreten:

(7.5.7e) $0 \leqslant p_i < p_{i,min}(p_j)$ → falls dies für *beide* Firmen gilt: auf dem Gesamtmarkt wird die Nachfrage x_i nicht voll befriedigt; es ist $x_i > \overline{x}_i$. Für den Absatz x_i^* gilt: $x_i^* = \overline{x}_i$.

(7.5.7f) $p_{i,min}(p_j) \leqslant p_i \leqslant p_{i,max}(p_j)$ → falls dies für zumindest eine Firma gilt: auf dem Gesamtmarkt kann die Nachfrage voll befriedigt werden; es ist $x_i \leqslant \overline{x}_i$.

(7.5.7g) $p_i \geqslant p_{i,max}(p_j)$ → $x_i = 0$. Aus dem Dyopol ist ein Monopol geworden.

Falls es eine Preiskonstellation $(p_1^*, p_2^*) \geqslant 0$ gibt, bei der *gerade beide Firmen ihre Kapazität voll ausnutzen,* so ist sie nach (7.5.7a) mit $\delta_i = 0$ bestimmt durch die Lösung des Systems:

(7.5.8) $$p_i = \overline{a}_{oi} + \overline{a}_{ji} p_j - \frac{\overline{x}_i}{a_{ii}}, \; i \in \{1, 2\}, \; i \neq j.$$

Damit ist die Nachfrage- und Kostensituation festgelegt. Sie soll im folgenden graphisch illustriert werden. Den Figuren liegen die folgenden Parameter zugrunde:

für die Nachfragefunktionen:

$a_{o1} = a_{o2} = 5$; $a_{11} = a_{22} = 0{,}75$; $a_{12} = a_{21} = 0{,}25$; $\delta_i = \delta_j = 0{,}166$;

für die Kostenfunktionen:

(7.5.9) $b_{o1} = b_{11} = b_{o2} = b_{12} = 1$;

damit erhält man (abgerundet): $\overline{a}_{o1} = \overline{a}_{o2} = 6{,}67$; $\overline{a}_{12} = \overline{a}_{21} = 0{,}33$;

$\bar{a}_{11}=\bar{a}_{22}=0{,}75;\ \bar{\alpha}_1=\bar{\alpha}_2=6;$

für die Kapazitätsbegrenzungen (falls solche angenommen werden):

$\bar{x}_1 = \bar{x}_2 = 2{,}75.$

Es genügt meist, das symmetrische Dyopol (mit gleichen Kosten- und Nachfragefunktionen beider Firmen) zu betrachten. Später werden wir auch das asymmetrische Dyopol einführen. Die Firmen haben nach (7.5.9) dieselbe Kostenfunktion wie beim homogenen Oligopol (vgl. 7.3.4a und b)). Auch die Gesamt-Nachfragekurve bei gleichem Preis $p=p_1=p_2$ der beiden Firmen stimmt bei den Parameterwerten (7.5.9) mit derjenigen beim homogenen Oligopol überein:

$$\xi := x_1 + x_2 = 10-p$$

(vgl. (7.3.4a)). Damit kann man die Ergebnisse vergleichen.

Wir betrachten zunächst den *theoretischen Normalfall* (7.5.1–5), wo *keine Kapazitätsbeschränkungen* in's Spiel kommen und jede Firma die auf sie zukommende Nachfrage befriedigt. Der Gewinn der Firma i ist dann:

(7.5.10) $$Q_i(p_1, p_2) = (a_{oi} + a_{ii}\, b_{1i} + a_{ji}\, p_j)p_i - a_{ii}\, p_i^2 - a_{ji}\, b_{1i}\, p_j - b_{oi} - b_{1i}\, a_{oi}$$

$$= a_{ii}\bar{\beta}_i - b_{oi}$$

mit

(7.5.10a) $$\bar{\beta}_i = (\bar{\alpha}_i + \bar{a}_{ji}\bar{p}_j - \bar{p}_i)\ \bar{p}_i \quad i,j \in \{1,2\},\ i \neq j.$$

Die *Kurven konstanten Gewinns* $Q_i = c_i$ bzw. $\bar{\beta}_i = \bar{c}_i$, $\bar{c}_i = \dfrac{c_i + b_{oi}}{a_{ii}}$ haben die Gleichung

(7.5.11) $$\bar{p}_i = \frac{1}{2}(\bar{\alpha}_i + \bar{a}_{ji}\bar{p}_j) \pm \sqrt{\frac{1}{4}(\bar{\alpha}_i + \bar{a}_{ji}\bar{p}_j)^2 - \bar{c}_i}\,.$$

Die *Kammlinien* F_1 bzw. F_2 sind dadurch charakterisiert, daß die Firma 1 bzw. 2 auf ihr den maximalen Gewinn erreicht, wenn die andere Firma ihren Preis festhält. Ihre Gleichungen sind bestimmt durch $\partial Q_i/\partial p_i = 0$ bzw. $\dfrac{\partial \bar{\beta}_i}{\partial \bar{p}_i} = 0$, was auf

(7.5.12) $$p_i = \frac{1}{2}(\bar{a}_{oi} + b_{1i} + \bar{a}_{ji}p_j)$$

bzw.

(7.5.12a) $$\bar{p}_i = \frac{1}{2}(\bar{\alpha}_i + \bar{a}_{ji}\bar{p}_j)$$

führt.

Die *Maximallinie* H und die *Minimallinie* (oder *optimale Drohungskurve*) T sind der geometrische Ort der Berührungslinien der Kurven konstanten Gewinns. Ihre Gleichung läßt sich nach (3.1.17) berechnen. Man erhält

mit $\bar{\beta}_{i,i} := \dfrac{\partial \bar{\beta}_i}{\partial \bar{p}_i} = \bar{\alpha}_i + \bar{a}_{ji}\bar{p}_j - 2\bar{p}_i,$

$\bar{\beta}_{i,j} := \dfrac{\partial \bar{\beta}_i}{\partial \bar{p}_j} = \bar{a}_{ji}\bar{p}_i$

aus $\bar{\beta}_{ii}\bar{\beta}_{jj} - \bar{\beta}_{ij}\bar{\beta}_{ji} = 0$ die Lösung

(7,5.13) $$\bar{p}_i = \widetilde{D}_j \pm \sqrt{\widetilde{D}_j^2 + \widetilde{E}_j}$$

mit $\widetilde{D}_j = \dfrac{1}{4\bar{a}_{ij}} (4\bar{p}_j + \bar{\alpha}_i\bar{\alpha}_j - 2\bar{\alpha}_j),$

$\widetilde{E}_j = \dfrac{1}{2\bar{a}_{ij}} (\bar{\alpha}_j - 2\bar{p}_j)(\bar{\alpha}_i + \bar{a}_{ji}\bar{p}_j), \quad i, j \in \{1, 2\}, i \neq j.$

Fig. 7.5.14

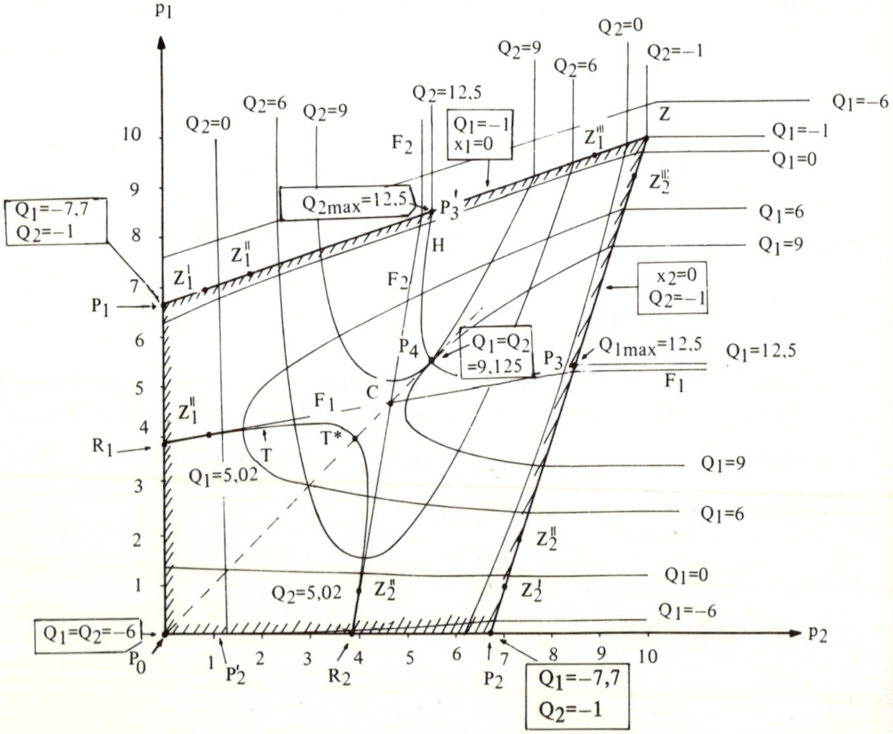

Fig. 7.5.15

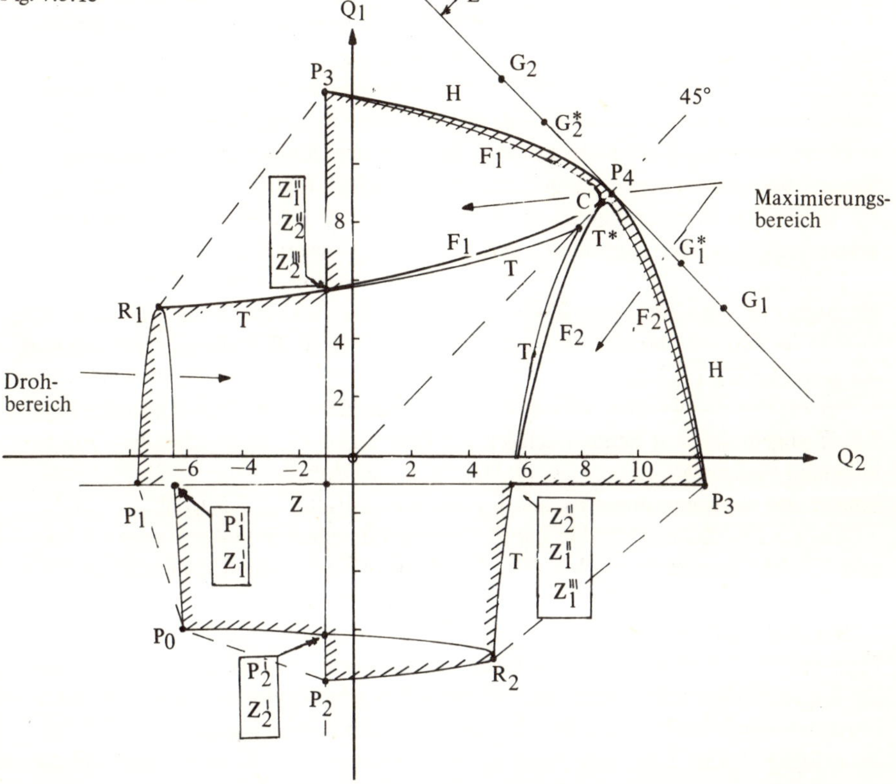

In Fig. 7.5.14 sind die so berechneten Kurven konstanten Gewinns Q_i = const., die Kammlinien F_1 und F_2, die Maximallinie H und die Minimallinie T für das symmetrische Dyopol mit den Parameterwerten (7.5.9) eingetragen. Der allein interessierende Bereich OP_1ZP_2 ist an den Rändern schraffiert. In ihm sind weder Preise noch Mengen negativ, d. h. dort gelten (7.5.1) und (7.5.1a) für beide Firmen. Die maximalen Gewinne $Q_{i,max}$, die die Firma i erreichen kann, sind durch die Punkte P_3 bzw. P'_3 bezeichnet. Sie liegen auf der Maximallinie gerade dort, wo sich die andere Firma durch einen zu hohen Preis selbst vom Markt ausgeschaltet hat.[1] Auf der Linie P_1Z ist $x_1=0$ und $Q_1=-1$, auf der Linie P_2Z ist $x_2=0$ und $Q_2=-1$.

1 Dieser maximale Gewinn ist jetzt niedriger als im analogen Fall des Mengendyopols (vgl. Fig. 7.3.7; hier 12,5, dort 19,25). Das liegt an der angenommenen Inhomogenität der Produkte: auch wenn die eine Firma ganz ausfällt, wächst der anderen nicht die gesamte Nachfrage zu. Der Punkt R_1 in Fig. 7.3.7 entspricht dem Punkt P_4 in Fig. 7.5.14, bei dem beide ihren Gewinn bei gleichem Preis maximieren. Würde nur *eine* Firma diese gesamte Menge anliefern und hätte sie die fixen Kosten der anderen Firma nicht zu tragen, würde sich jetzt der gleiche Gesamtgewinn von $2 \cdot 9{,}125 + 1 = 19{,}25$ ergeben wie in Fig. 7.3.7 am Punkt R_1.

Für die spieltheoretische Analyse muß diese Figur aus dem Entscheidungs- in den Gewinnraum übertragen werden. Fig. 7.5.15 zeigt das Ergebnis. Alle im Innern und auf dem Rande des durch Randschraffur deutlich gemachten Gebiets liegenden Gewinnkombinationen (Q_1, Q_2) können durch irgendwelche Konstellationen der Entscheidungsgrößen p_1, p_2 realisiert werden. Dieser zulässige Bereich ist, wie man sieht, nicht konvex. Er setzt sich, ähnlich wie der zulässige Bereich bei homogenem Oligopol und Mengenpolitik (vgl. Fig. 7.3.11 und 12) aus einem Maximierungsbereich (mit $Q_i \geqslant -1$, $\forall\ i \in \{1, 2\}$) und einem Drohbereich ($Q_i < -1$ für zumindest ein i, $i \in \{1, 2\}$) zusammen.

Läßt man gemischte Strategien (in der Form systematischen, verabredeten Wechsels der Entscheidungsgrößen) zu, so wird der zulässige Bereich konvex: alle Punkte im Innern oder auf dem Rand von $P_3R_1P_1P_0P_2R_2P'_3P_4$ sind zulässig (vgl. die gestrichelten Linien).

Im allgemeinen werden mehrere Punkte in Fig. 7.5.14 in *einen* Punkt der Fig. 7.5.15 abgebildet. Zur Bequemlichkeit des Lesers sind die entsprechenden Punkte in beiden Figuren gleich bezeichnet. Die optimale Drohungskurve T, die Maximallinie H und die Kammlinien F_1 und F_2 sind ebenfalls in Fig. 7.5.15 übertragen.

Aus zeichnerischen Gründen konnten einige Einzelheiten in den Figuren 7.5.14 und 15 nicht dargestellt werden. Fig. 7.5.16 und 17 zeigen die Umgebung des Punktes R_1 im einzelnen. Für R_2 ergibt sich eine analoge Figur.

Bei *Kapazitätsbeschränkungen* ($\overline{x}_1 = \overline{x}_2 = 2{,}75$) ergeben sich kompliziertere Figuren. Fig. 7.5.18 zeigt, wie die Kurven konstanten Gewinns für die Firma 1 durch die Kapazitätsbeschränkungen verzerrt werden gegenüber einer Situation ohne Kapazitätsbeschränkungen (vgl. Fig. 7.5.14). Oberhalb von $p_{1,max}(p_2)$ gilt (7.5.7g) für i=1 (d.h. Firma 1 hat sich durch zu hohe Preise selbst vom Markt ausgeschlossen); rechts von $p_{2,max}(p_1)$ gilt (7.5.7g) für i=2 (d.h. Firma 2 hat sich durch zu hohe Preise vom Markt ausgeschlossen). Zwischen $p_{2,min}(p_1)$ und $p_{2,max}(p_1)$ gilt (7.5.7f) für i=2 (dort befriedigt Firma 2 die auf sie zukommende Nachfrage voll), zwischen $p_{1,min}(p_2)$ und $p_{1,max}(p_2)$ gilt (7.5.7f) für i=1 (dort befriedigt Firma 1 die auf sie zukommende Nachfrage voll). Links von $p_{2,min}(p_1)$ läßt Firma 2 Nachfrage unbefriedigt (es gilt (7.5.7e) für i=2), unterhalb von $p_{1,min}(p_2)$ gilt das entsprechende für Firma 1, jeweils deshalb, weil die Kapazitätsgrenzen durch die Nachfrage überschritten werden. Werden sie nur bei *einer* Firma überschritten, so wächst der anderen Firma nach (7.5.6) Nachfrage zu, so daß sich die Gewinnlinien dieser Firma gegenüber dem sonstigen Zustand „verzerren" (vgl. die Kurven konstanten Gewinns im Bereich $S'_1P^*_1E_1D$). Die neue, in diesem Bereich geltende Kammlinie F^*_1 ist ebenfalls eingezeichnet, dazu zum Vergleich die alte Kammlinie F_1. Die „Verzerrung" der Kurven konstanten Gewinns ist beim Vergleich der Kurven ($Q_1 = 0$) und ($Q_1 = -1$) zu sehen, wie sie ohne Kapazitätsgrenzen verlaufen würden. Sie sind gestrichelt eingezeichnet. Punkt D gibt nach (7.5.8) die Preise an, bei denen beide Firmen gerade ihre Kapazitäten voll ausnutzen würden.

Beim Vergleich mit Fig. 7.5.14 sieht man, daß Teile der alten Maximallinie H jetzt abgeschnitten werden.

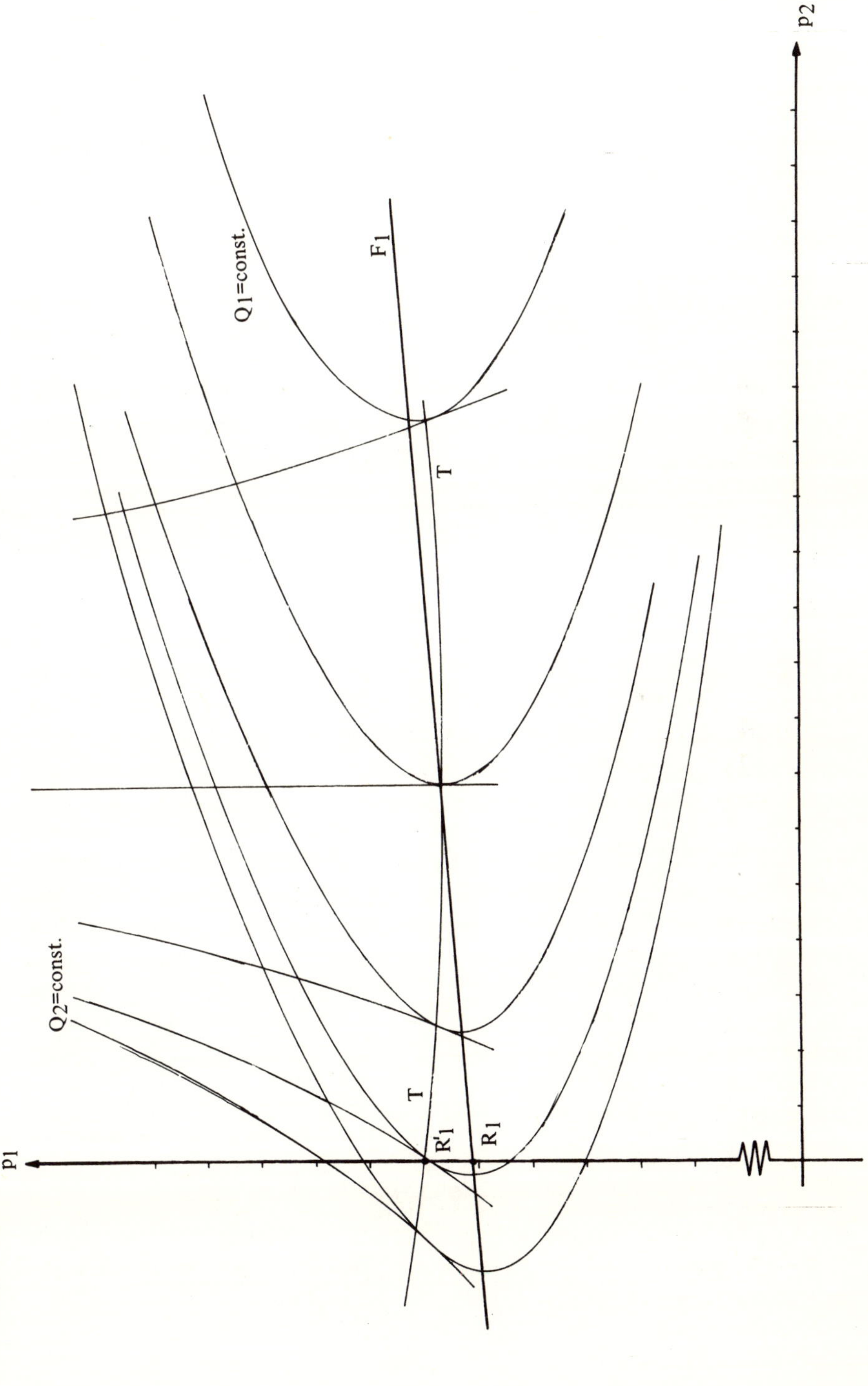

Fig. 7.5.16

Fig. 7.5.17

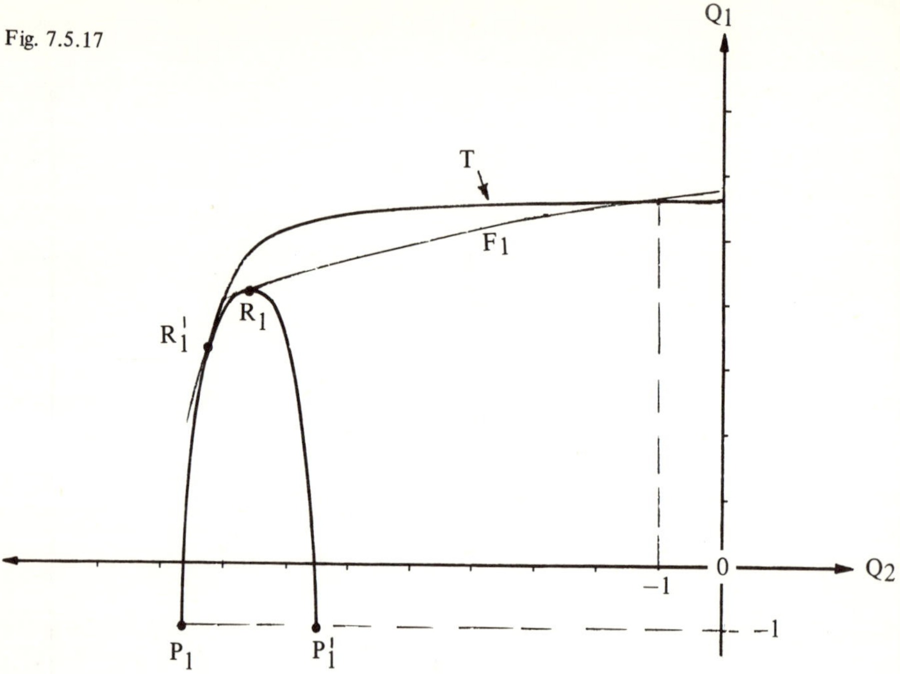

Fig. 7.5.18

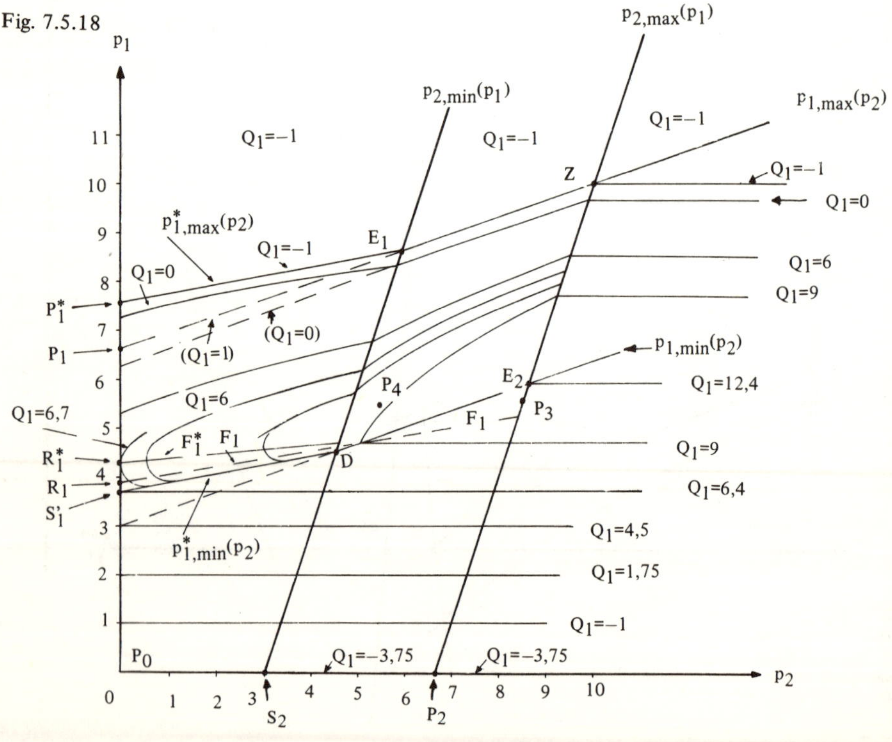

Zur Erleichterung des Vergleichs sind die anderen Punkte in Fig. 7.5.18 und 14 gleich bezeichnet.

Mit Hilfe der Fig. 7.5.18 lassen sich die Maximallinie H und die optimale Drohungskurve T bei Kapazitätsbeschränkungen konstruieren, indem man die gegengleich verlaufenden Kurven konstanten Gewinns Q_2 = const. dort einzeichnet und den geometrischen Ort der Berührungslinie der beiden Kurvenscharen feststellt (Fig. 7.5.19). Wie man sieht, ist nur der Teil der alten Maximallinie H zwischen S_1 und S_2 erhalten geblieben. Die Maximallinie folgt dann weiter den Linien $p_{2,min}(p_1)$ bzw. $p_{1,min}(p_2)$ (zwischen E_1 und S_1 bzw. E_2 und S_2). Die optimale Drohungskurve fällt mit der Kammlinie in den „neuen" Bereichen zusammen und besteht aus zwei Ästen $T=F_1^*$ und $T=F_2^*$. Fig. 7.5.20 zeigt die Gewinnräume ohne und mit verschiedenen Kapazitätsbeschränkungen. Die glatt durchgezogenen Kurven umschließen den möglichen Gewinnbereich ohne Kapazitätsbeschränkungen entsprechend Fig. 7.5.15. Der mit Schraffur umrandete Bereich zeigt die Beschneidung (bzw. an einigen Stellen auch Ausweitung) durch die Kapazitätsbeschränkung $\overline{x}_i \leqslant 2{,}75$; der gestrichelt bzw. gepunktet umrandete Bereich zeigt den Einfluß weiterer Kapazitätsbeschränkungen. Für $\overline{x}_i \Rightarrow 0$ zieht sich der Bereich schließlich auf den Punkt P zusammen.

Kapazitätsbeschränkungen brauchen die Lösung nicht zu verändern, können es

Fig. 7.5.19

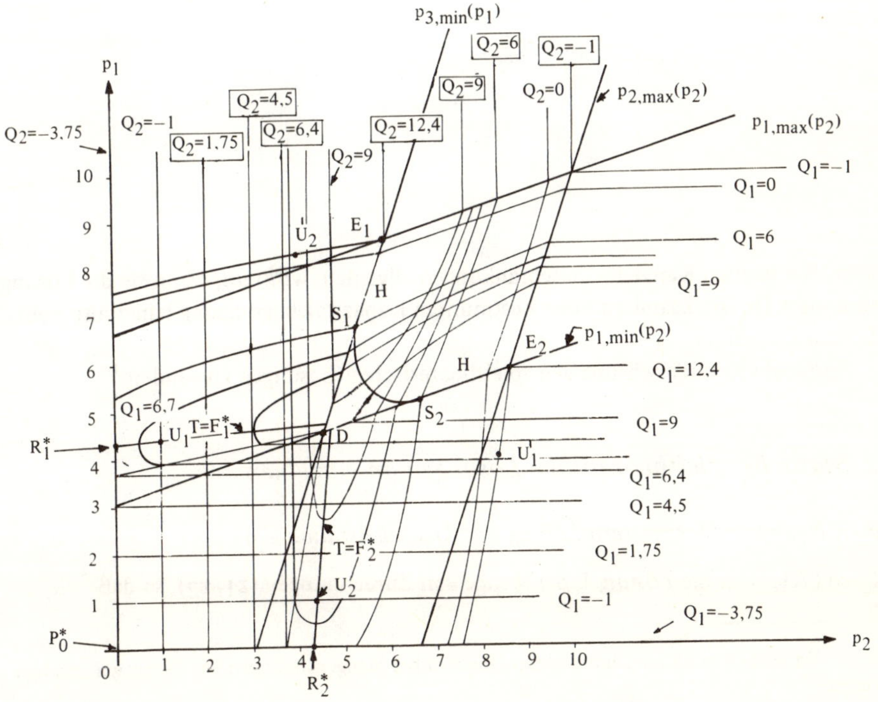

Fig. 7.5.20

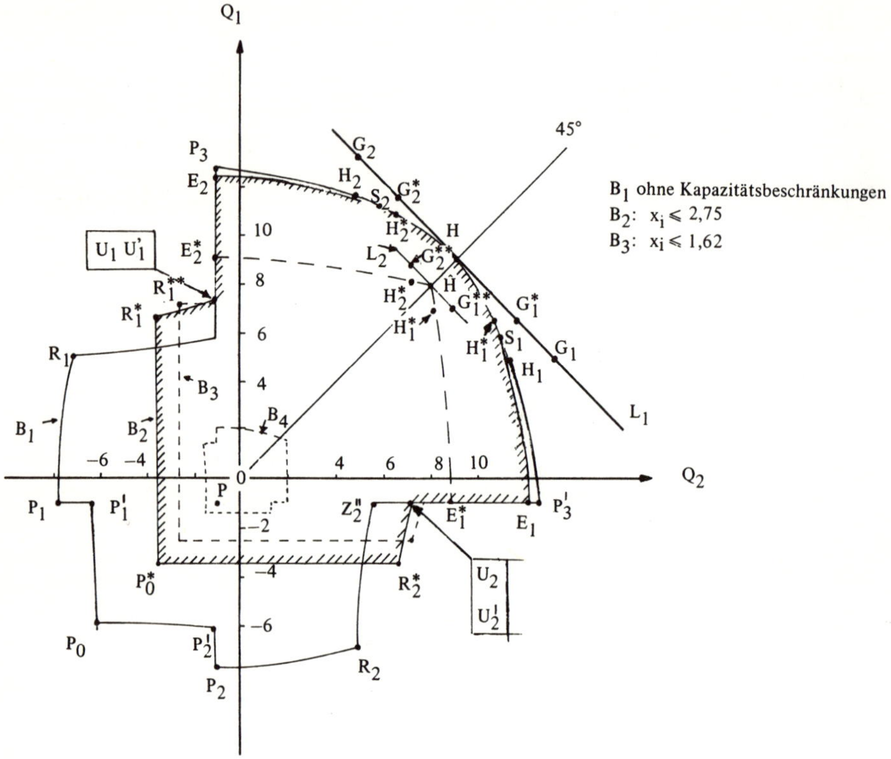

aber. Wir nennen Kapazitätsbeschränkungen allgemein *wirksam,* wenn sie die Lösung verändern.Die Wirksamkeit einer bestimmten Kapazitätsbegrenzung hängt also vom Lösungsbegriff ab.

Nunmehr können wir uns den spieltheoretischen Lösungen zuwenden.[1]

2. Statische spieltheoretische Lösungen im einzelnen

a. v. Neumann-Morgenstern-Lösung mit Ausgleichszahlungen

Nach (7.1.7) ist die *Lösung* L die Menge von Zurechnungen (z_1, z_2), so daß

---

1 Da vieles analog zum homogenen Oligopol bei Mengenstrategien ist, fassen wir uns hier kürzer.

(7.5.21) $$L:=\{z_1, z_2 | z_i \geqslant v(\{i\}), \forall\, i \in \{1,2\}, z_1 + z_2 = v(\{1,2\})\}$$

mit $$v(\{i\}) = \max_{p_i} [\min_{p_j} Q_i(p_1, p_2)], i, j \in \{1, 2\}, i \neq j$$

und $$v(\{1,2\}) = \max_{p_1, p_2} [Q_1(p_1, p_2) + Q_2(p_1, p_2)], p_i \geqslant 0.$$

Wir berechnen zunächst $v(\{i\})$. Wegen (7.5.1a) ist $Q_i(\cdot)$ minimal für p_j=0. Somit ist ein $\tilde{p}_i$ durch $\partial Q_i(p_i,0)/\partial p_i = 0$ zu bestimmen. Man erhält aus (7.5.3) mit (7.5.2) und (7.5.6):

(7.5.21a) $$\tilde{p}_i = \frac{a_{oi} + \delta_i(a_{oj} - \bar{x}_j)}{2(a_{ii} - \delta_i a_{ij})} + \frac{b_{1i}}{2}, \quad i, j \in \{1, 2\}, i \neq j$$

mit δ_i nach (7.5.6a).

Nach den Voraussetzungen (7.5.1a und 7d) ist $\tilde{p}_i > 0$. Ist nach (7.5.6) $x_i(\tilde{p}_i, 0) \leqslant \bar{x}_i$, so ist dies relative Gewinnextremum auch zu erreichen. Ist $x_i(\tilde{p}_i, 0) > \bar{x}_i$, dann ist nach (7.5.7a) mit $p_j = 0$ ein $\tilde{\tilde{p}}_i$ am günstigsten mit:

(7.5.21b) $$\tilde{\tilde{p}}_i = \frac{a_{oi} + \delta_i(a_{oj} - \bar{x}_j) - \bar{x}_i}{a_{ii} - \delta_i a_{ij}}.$$

Da eine Betriebsstillegung mit dem „Gewinn“ $-b_{1i}$ stets möglich ist, ist somit

(7.5.22) $$v(\{i\}) = \max\, [-b_{1i}, Q_i(\hat{p}_i, 0)]$$

mit

$$\hat{p}_i = \begin{cases} \tilde{p}_i, \text{ falls } x_i(\tilde{p}_i, 0) \leqslant \bar{x}_i, \\ \tilde{\tilde{p}}_i, \text{ falls } x_i(\tilde{p}_i, 0) > \bar{x}_i. \end{cases}$$

In unserem Zahlenbeispiel (7.5.9) ist *ohne wirksame Kapazitätsbeschränkungen:*

$\tilde{p}_i$ = 3,83 (Punkt R_1 in Fig. 7.5.14, 15 und 20), und $\tilde{p}_i = \hat{p}_i$;

mit Kapazitätsbegrenzungen ($\bar{x}_1 = \bar{x}_2$ = 2,75):

$\tilde{p}_i$ = 4,28 (Punkt R_1^* in Fig. 7.5.18, 19 und 20).

Man rechnet leicht nach, daß $x_i(\tilde{p}_i, 0) = 2{,}13 < \bar{x}_i = 2{,}75$, so daß $\tilde{p}_i = \hat{p}_i$. Somit wird in (7.5.22)

$$v(\{i\}) = \begin{cases} \max\, [-1; 5{,}0] = 5{,}0 \text{ ohne Kapazitätsbeschränkungen,} \\ \max\, [-1; 6{,}7] = 6{,}7 \text{ mit Kapazitätsbeschränkungen.} \end{cases}$$

Man rechnet ebenso leicht nach, daß in unserem Fall

$v(\{1, 2\}) = 18{,}25$ mit und ohne Kapazitätsbeschränkungen,[1]

wobei $x_i \leqslant 2{,}75$ (Punkt P_4 in Fig. 7.5.14 u. 7.5.18).

Im allgemeinen Fall erhält man $v(\{1, 2\})$ durch Lösung der Programmierungsaufgabe:

$$Q_1(p_1, p_2) + Q_2(p_1, p_2) = \max_{p_1, p_2}!$$

$$x_i \leqslant \bar{x}_i, \quad p_i \geqslant 0, \; i \in \{1, 2\}.$$

Damit ist in Fig. 7.5.15 die *Lösung ohne Kapazitätsbeschränkungen* die Menge aller Punkte auf der Pareto-Optimalitätslinie L, die zwischen den Punkten G_1 und G_2 liegen, *mit Kapazitätsbegrenzungen* $x_i \leqslant 2{,}75$ die Menge der Punkte, die zwischen G_1^* und G_2^* auf L liegen (die Punkte eingeschlossen). L ist die 45°-Linie, die H in P_4 berührt.

Mit zunehmenden Kapazitätsbeschränkungen verschiebt sich die Lösung immer mehr in Richtung des Punktes P in Fig. 7.5.20. Dort sind die Pareto-Optimalitätslinien ohne wirksame Kapazitätsbeschränkungen (L_1) und mit der Kapazitätsbeschränkung $x_i \leqslant 1{,}62$, $i \in \{1, 2\}$, (L_2) eingezeichnet. Die erzwingbaren Mindestgewinne sind durch die Punkte R_1, R_1^*, R_1^{**} bzw. R_2, R_2^*, R_2^{**} bezeichnet. Damit sind die Ordinaten bzw. Abzissen der Endpunkte der Lösungsbereiche auf L_1 und L_2, nämlich G_1, G_1^*, G_1^{**} bzw. G_2, G_2^*, G_2^{**} bestimmt. Die Lösung wird – im Gegensatz zum analogen Fall beim homogenen Oligopol mit Mengenpolitik – niemals eindeutig, außer im trivialen Fall $\bar{x}_i = 0$.

Eine Beurteilung der Lösung folgt im nächsten Unterabschnitt.

b. v. Neumann-Morgenstern-Lösung ohne Ausgleichszahlungen

Die Lösung L ist jetzt nach (7.1.13) die Menge aller Gewinne derart, daß der pareto-optimale Rand des durch Verabredungen erreichbaren Gewinnbereichs erreicht wird und keiner weniger erhält, als er gegen den anderen erzwingen kann:

(7.5.23)
$$L := \{Q_1(p_1, p_2), Q_2(p_1, p_2) \mid Q_i \geqslant v(\{i\}), \; \forall\, i \in \{1, 2\};$$
$$\text{es gibt keine } (p_1^*, p_2^*), \text{ so daß } Q_i(p_1^*, p_2^*) > Q_i(p_1, p_2) \text{ und}$$
$$Q_j(p_1^*, p_2^*) \geqslant Q_j(p_1, p_2), \; i\, j \in \{1, 2\}, \; i \neq j\}.$$

Die Firmen verabreden sich also, eine Preiskombination anzuwenden, so daß jeder zumindest seinen erzwingbaren Mindestgewinn erhält und keiner besser gestellt werden kann, ohne daß der andere schlechter gestellt wird.

1 Die angenommene Kapazitätsbeschränkung von $\bar{x}_1 = \bar{x}_2 = 2{,}75$ verhindert noch nicht die Erreichung des Punktes maximalen Gesamtgewinns.

Fig. 7.5.20 zeigt diese Lösungen für verschiedene Kapazitätsbeschränkungen. Ohne Kapazitätsbeschränkungen ist die Lösung die Gesamtheit aller Punkte von H_1 bis H_2 auf dem Rand des zulässigen Bereichs B_1; für die Kapazitätsbeschränkung $x_i \leqslant 2{,}75$ sind es die Punkte von H_1^* bis H_2^* auf dem Rand des zulässigen Bereichs B_2 (der hier mit dem Rand von B_1 zusammenfällt); für die Kapazitätsbeschränkungen $x_i \leqslant 1{,}62$ sind es alle Punkte von H_1^* bis H_2^* auf dem Rand von B_3.

Ebenso wie beim homogenen Oligopol grenzt die Theorie hier den Bereich des bei Verabredungen mit und ohne Ausgleichszahlungen Möglichen und Sinnvollen ab. Insofern hat sie einen nicht zu unterschätzenden Erkenntniswert. Auf der anderen Seite ist doch dieser Bereich noch so weit, daß demjenigen, der praktisch vor einem Problem der Preisbestimmung im Oligopol steht, kaum eine Hilfe geboten wird. Welchen Preis soll er denn verlangen? Wie soll er sich mit seinen Gegenspielern einigen? Soll er auf einer für ihn günstigen Lösung bestehen oder sich nachgiebig zeigen? Das alles bleibt offen.

c. Der Kern als Lösung

Wie beim Mengendyopol fallen auch hier die v. Neumann-Morgenstern-Lösung mit bzw. ohne Ausgleichszahlungen und der Kern zusammen, da kein Element der Lösung von Zurechnungen bzw. Gewinnkombinationen, die nicht zur Lösung gehören, dominiert wird. Das ist nach (7.5.21) bzw. (7.5.23) evident und aus der Fig. 7.5.20 unmittelbar ersichtlich.

d. Die Paretomenge

Hier fehlen die Begrenzungen $z_i \geqslant v(\{i\})$. Mit Ausgleichszahlungen ist die Lösung jetzt die Menge aller Punkte auf der 45° geneigten Geraden L_1 bzw. L_2 in Fig. 7.5.20, wobei diese ohne Begrenzung bis in das Unendliche laufen. Ohne Ausgleichszahlungen ist die Lösung die Gesamtheit aller Punkte auf dem „nordost-wärtigen" Rand der jeweiligen zulässigen Bereiche, in Fig. 7.5.20 also für den Bereich B_1: die Gesamtheit der Punkte von P_3 zu P'_3; für B_2: von E_2 zu E_1; für B_3: von E_2^* bis E_1^* usw.

Diese Bereiche sind sicher zu groß. Die v. Neumann-Morgenstern-Lösung ist der Paretomenge als Lösung vorzuziehen.

e. Nash-Lösung für das kooperative Dyopol ohne Ausgleichszahlungen

Der Grundgedanke ist, einen optimalen Drohpunkt D für beide Oligopolisten im Gewinnraum zu finden und von diesem Drohpunkt ausgehend dann den Lösungspunkt L auf dem pareto-optimalen Rand des zulässigen Gewinnbereichs, bei dem das Produkt der Gewinnzuwächse maximal ist. Dies ist gleichbedeutend mit der Forderung, daß die Steigung der Verbindungslinie DL ebenso groß ist wie die Neigung der Randkurve des zulässigen Bereichs im Punkte L (vgl. hierzu den Anhang).

Wir geben zunächst eine *allgemeine analytische Lösung* für den Fall des *asymmetri-*

schen Dyopols ohne wirksame Kapazitätsbeschränkungen an und veranschaulichen sie graphisch. Dann folgen Lösungen für das *symmetrische Dyopol ohne und mit Kapazitätsbeschränkungen.*

Die die Nash-Lösung bestimmenden Gleichungen (7.1.19, 20, 20a) werden jetzt[1] mit $Q_i(p)$ nach (7.5.10), $p = (p_1, p_2)$:

(7.5.24a) $$g(z) = p^{(d)} \leftarrow \max_{p_1^{(d)}} \left[\min_{p_2^{(d)}} \left[Q_1(p^{(d)}) - zQ_2(p^{(d)})\right]\right],$$

(7.5.24b) $$Q_1(p^*) - zQ_2(p^*) = Q_1(g(z)) - zQ_2(g(z)),$$

(7.5.24c) $$z = -f'(Q_2(p^*)).$$

Hierbei sind $p^{(d)}$ Drohstrategien, p^* Lösungsstrategien, und f' ist die Neigung des pareto-optimalen Randes des zulässigen Gewinnbereichs. Das Problem (7.5.24a–c) ist für vorgegebene Parameterwerte numerisch auf der Rechenmaschine zu lösen, und so sind die unten angegebenen Lösungen erreicht. Analytisch kann man aber auch weiterkommen, wenn man die Größen nach (7.5.4) transformiert.[2] Mit $\overline{\beta}_i$ nach (7.5.5c), $\overline{\beta}_{i,j}$ nach (7.5.13) wird (7.5.24a) in abgekürzter Schreibweise

(7.5.25a) $$\overline{M}(z) := \max_1 \min_2 (\overline{\beta}_1 - z\overline{\beta}_2).$$

Aus $\overline{\beta}_{1,k} - z\overline{\beta}_{2,k} = 0$, $k \in (1,2)$ erhält man die transformierten Drohstrategien $\overline{p}_1 = \overline{p}_1^{(d)}$ und $\overline{p}_2 = \overline{p}_2^{(d)}$ durch Lösung des Systems

$$\begin{pmatrix} 2 & -\zeta \\ \zeta & 2z \end{pmatrix} \begin{pmatrix} \overline{p}_1 \\ \overline{p}_2 \end{pmatrix} = \begin{pmatrix} \overline{\alpha}_1 \\ z\overline{\alpha}_2 \end{pmatrix}, \text{ mit } \zeta := \overline{a}_{21} - z\overline{a}_{12}.$$

Die Determinante ist $D := \zeta^2 + 4z$. Nach längerer Rechnung erhält man für

(7.5.25a') $$\overline{M}(z) = \frac{z}{D}(\overline{\alpha}_1^2 - \overline{\alpha}_2^2 z + \overline{\alpha}_1\overline{\alpha}_2\zeta).$$

Der Sonderfall des Mengendyopols ergibt sich hieraus wegen (7.5.5d) für $\zeta = z-1$. Damit wird $\overline{M}(z) = M(z)$, vgl. (7.3.29o).

(7.5.24a) läßt sich analog zu (7.3.29n) beim Mengendyopol und aus dem gleichen Grund wie dort in transformierter Form schreiben als:

---

1 Wir setzen voraus, daß ein Sattelpunkt in reinen Drohstrategien bei (7.5.24b) existiert, d.h. daß $\max_{p_1^{(d)}} \min_{p_2^{(d)}} [\cdot] = \min_{p_2^{(d)}} \max_{p_1^{(d)}} [\cdot]$. Den anderen Fall behandeln wir beim symmetrischen Dyopol.

2 Ich danke *Dieter Coenen* für die Durchführung dieser Rechnungen.

(7.5.25b) $\overline{R}(z) := \overline{\beta}_1(-z) - z\overline{\beta}_2(-z) = \overline{\beta}_1(z) - z\overline{\beta}_2(z) =: \overline{M}(z).$

Mit $\Delta := \eta^2 - 4z$, $\eta := \overline{a}_{21} + z\overline{a}_{12}$, erhält man nach längerer Rechnung

(7.5.25b') $\overline{R}(z) = \frac{z}{\Delta^2} \; [(\overline{\alpha}_2^2 z - \overline{\alpha}_1^2)\Delta + 2(\overline{\alpha}_2^2 z + \overline{\alpha}_1^2)\zeta\eta + \overline{\alpha}_1\overline{\alpha}_2\zeta(\eta^2 + 4z)].$

Der Sonderfall des Mengendyopols ergibt sich hieraus wegen (7.5.5d) für $\zeta = z-1$, $\eta = -(z+1)$, $\Delta = (z-1)^2$, $\alpha_1 = \overline{\alpha}_1, \alpha_2 = \overline{\alpha}_2$.

Dann ist $\overline{R}(z) = R(z)$, vgl. (7.3.29o).

$\overline{R}(z) = \overline{M}(z)$ liefert die Lösung $z = z^*$ nach längerer Rechnung als Lösung der Gleichung dritten Grades

(7.5.25c) $\overline{\alpha}_1^2(\overline{a}_{12}^2 z\Delta + 2\kappa\zeta\eta) - \overline{\alpha}_2^2(\overline{a}_{21}\Delta - 2\kappa z\zeta\eta) + \overline{\alpha}_1\overline{\alpha}_2\zeta(\kappa\Delta - 2D) = 0$

mit $\kappa := \overline{a}_{12}\overline{a}_{21} - 2.$

Der Sonderfall des Mengendyopols führt wegen (7.5.5d) für $\zeta = z-1$, $\eta = -(z+1)$, $\Delta = (z-1)^2$, $D = (z+1)^2$, $\kappa = -1$, $\overline{\alpha}_1 = \alpha_1$, $\overline{\alpha}_2 = \alpha_2$ auf die quadratische Gleichung (7.3.29p) in z.

Wir veranschaulichen das Ergebnis für das *asymmetrische Dyopol ohne wirksame Kapazitätsbeschränkungen.* Für Firma 1 sollen die Parameterwerte (7.5.9), ohne $\overline{x}_1$, weiter gelten. Für Firma 2 seien die Werte a_{o2}, a_{22}, a_{12} wie in (7.5.9), dagegen sei

(7.5.26) $b_{o2} = 2, \; b_{o1} = \frac{1}{2}$.

Ebenso ist $\overline{x}_2$ nicht definiert, und $\delta_1 = \delta_2 = 0$ in (7.5.9).

Die Firma 2 hat also höhere fixe, aber niedrigere variable Kosten. Die Symmetrie in den Nachfragefunktionen bleibt bestehen.

Fig. 7.5.27 zeigt die Maximallinie H und die Minimallinie T im Preisraum für dieses asymmetrische Dyopol (analog zu Fig. 7.5.14 für das symmetrische Dyopol); Fig. 7.5.28 zeigt die H- und T-Linie im Gewinnraum (analog zu Fig. 7.5.15). Die 45°-Linie ist eingezeichnet, um die Asymmetrie deutlich hervortreten zu lassen.

Die numerische Lösung[1] ergibt für unser Zahlenbeispiel die Lösungsstrategien (abgerundet)

$$p_1^* = 5{,}47; \; p_2^* = 5{,}28; \; z^* = 0{,}95.$$

Diese Lösung ist in Fig. 7.5.27 eingetragen (Punkt L).

---

1 Ich danke *Walter Oberhofer* für die Programmierung und numerische Rechnung. Hierbei wurde das Problem in der unmittelbar gegebenen Form (7.5.24a–c) gelöst.

Für den *Drohpunkt* hat man abgerundet

$$p_1^{(d)} = 3{,}94,$$

$$p_2^{(d)} = 3{,}74$$

(vgl. den Punkt D in Fig. 7.5.27).

Für die Koordinaten von Lösungspunkt und Drohpunkt im Gewinnraum erhält man abgerundet

$$(Q_1(p_1^*, p_2^*); Q_2(p_1^*, p_2^*)) = (8{,}91; 9{,}51),$$

$$(Q_1(p_1^{(d)}, p_2^{(d)}); Q_2(p_1^{(d)}, p_2^{(d)})) = (7.75; 8.29).$$

Fig. 7.5.27

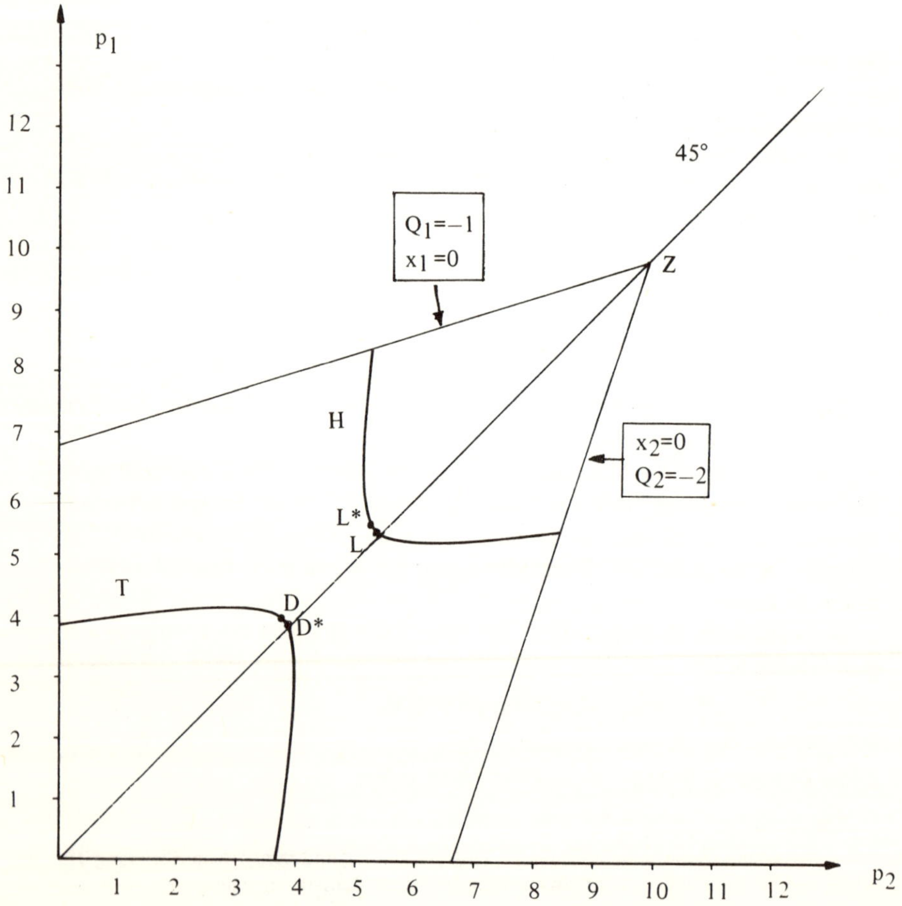

Fig. 7.5.28

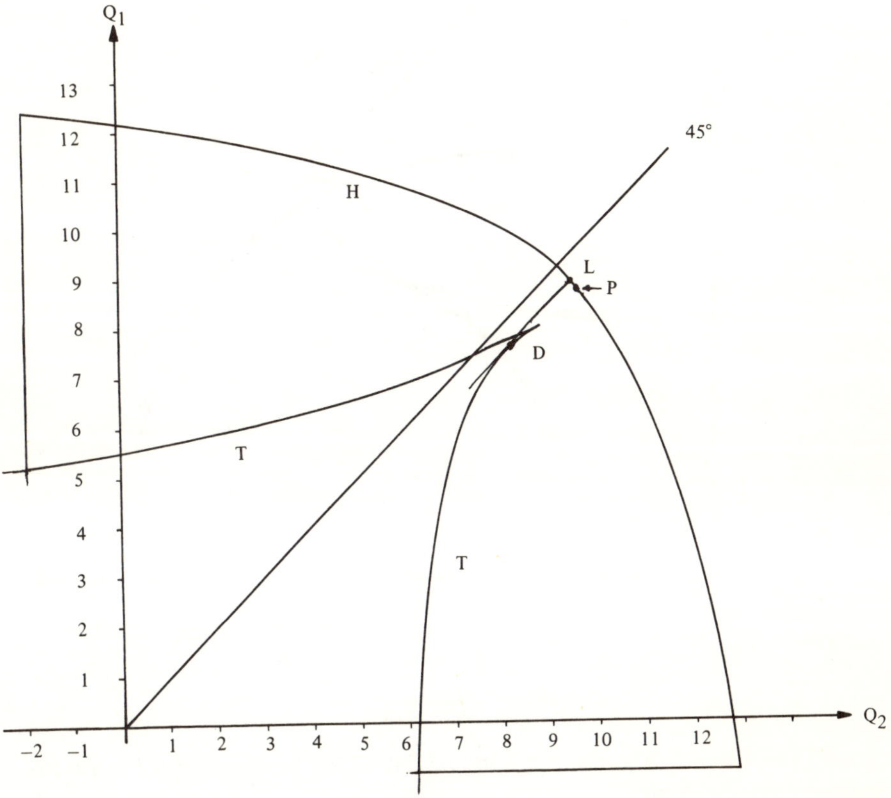

(vgl. Punkte L und D in Fig. 7.5.28 und 29; dort sind die Maximallinie H und die Minimallinie T im relevanten Bereich aus Fig. 7.5.27 in den Gewinnraum übertragen). Die Verbindungslinie von Lösungs- und Drohpunkt berührt wieder die optimale Drohungskurve, wie es nach dem Abschnitt III. 6 im Anhang sein muß, und die Steigung der Verbindungslinie in D ist dem Betrag nach gleich der Neigung der Tangente an H in L.

Intuitiv erscheint das Ergebnis vernünftig: die Lösungs- und Drohpreise der Firma mit den höheren Grenzkosten liegen höher als die der Firma mit den niedrigeren Grenzkosten. Dabei ist der Gewinn der letzten größer.

Für das *symmetrische Dyopol ohne Kapazitätsbeschränkungen* legen wir für beide Firmen die Parameterwerte (7.5.9) zugrunde, ohne $\overline{x}_1$ und $\overline{x}_2$; $\delta_1 = \delta_2 = 0$.

Aus Symmetriegründen liegen der optimale Drohpunkt und der Lösungspunkt auf dem 45°-Strahl im Gewinnraum (vgl. Fig. 7.5.15 und 20). Wir wissen also vorher, daß die Tangente an den zulässigen Gewinnbereich 45° geneigt ist (vgl.

Fig. 7.5.29

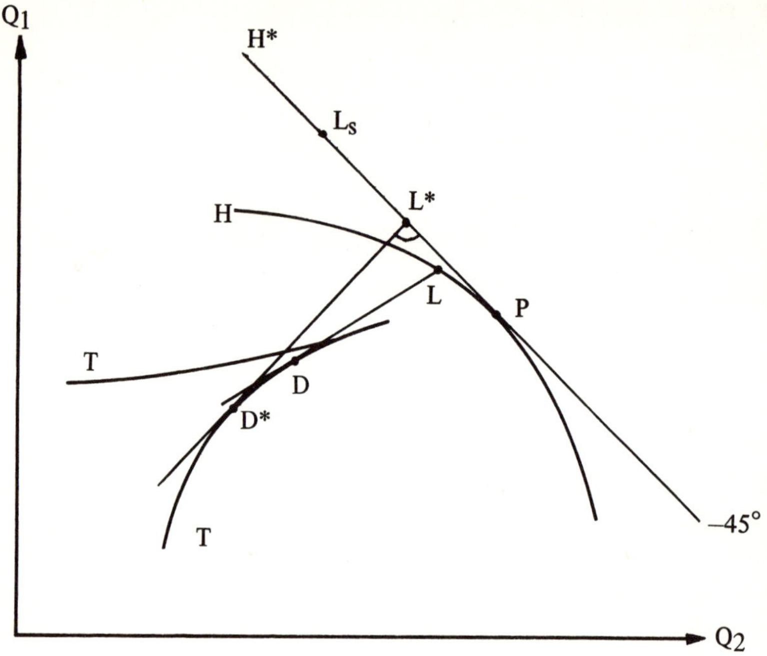

Linie L_1 in Fig. 7.5.20), also z = 1 in (7.5.24a–25c). Die *optimalen Drohstrategien* errechnen sich zu

$$p_1^{(d)} = p_2^{(d)} = 4, \text{ und es ist } Q_i(p_1^{(d)}, p_2^{(d)}) = 8, i \in \{1, 2\}.$$

Damit hat der *optimale Drohpunkt* T* die Koordinaten $Q_1 = Q_2 = 8$. In Fig. 7.5.14 und 7.5.15 ist der Punkt T* eingezeichnet. Wie man sieht, liegt er auf der optimalen Drohungskurve T.

Für die Lösungsstrategien erhält man

$$p_1^* = p_2^* = 5{,}5, \text{ und es ist } Q_1(p_1^*, p_2^*) = Q_2(p_1^*, p_2^*) = 9{,}125$$

(vgl. Punkt P_4 in Fig. 7.5.14 und 15). Wie man sieht, tangiert die Verbindungslinie von T* und P_4 die optimale Drohungskurve T in T*, wie es nach dem Abschnitt III. 6 im Anhang sein muß. Allerdings existieren nur die linksseitigen Ableitungen (vgl. Fig. 7.5.15).

Auch diese Lösung ist intuitiv akzeptabel: die Firmen verabreden sich, eine Preispolitik anzuwenden, so daß sie den maximalen Gesamtgewinn erreichen, und jede erhält dann genau die Hälfte davon. Dieser Gewinn fällt ihr ohne Ausgleichszahlungen bei dieser Verabredung von allein zu. Die „Drohung" hat hier mehr symbolische Bedeutung: das Drohpotential beider Firmen ist gleich, so daß die Lösung symmetrisch bleibt.

Beim *symmetrischen Dyopol mit wirksamen Kapazitätsbeschränkungen* soll wieder (7.5.9) gelten, wobei wir verschiedene Kapazitätsgrenzen annehmen werden (vgl. 7.5.19 und 20). Dann sind die Kurven konstanten Gewinns gerade an den Stellen $\min_{p_2}(Q_1-Q_2)$ bzw. $\max_{p_1}(Q_1-Q_2)$ (vgl. (7.5.24a) mit z=1) nicht überall differenzierbar. Eine einfache Analyse ergibt, daß $\min_{p_2}(Q_1-Q_2)$ für ein ge-

Fig. 7.5.30

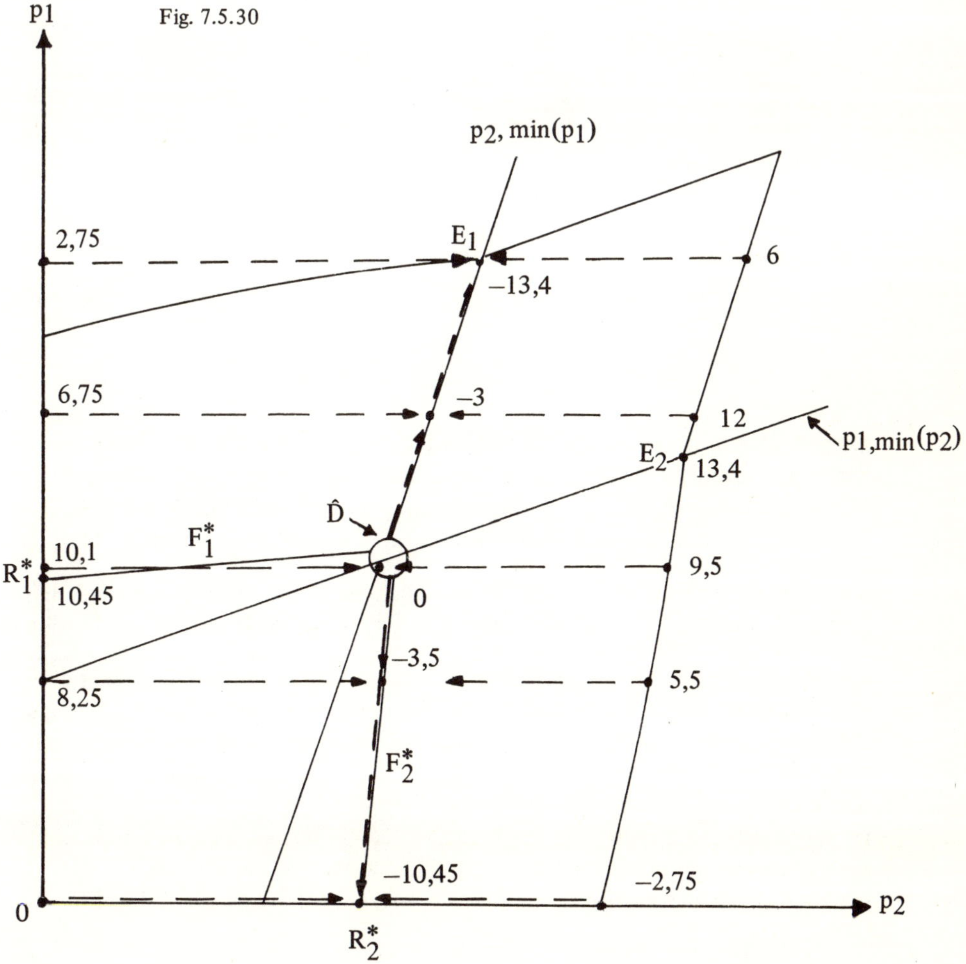

Fig. 7.5.31

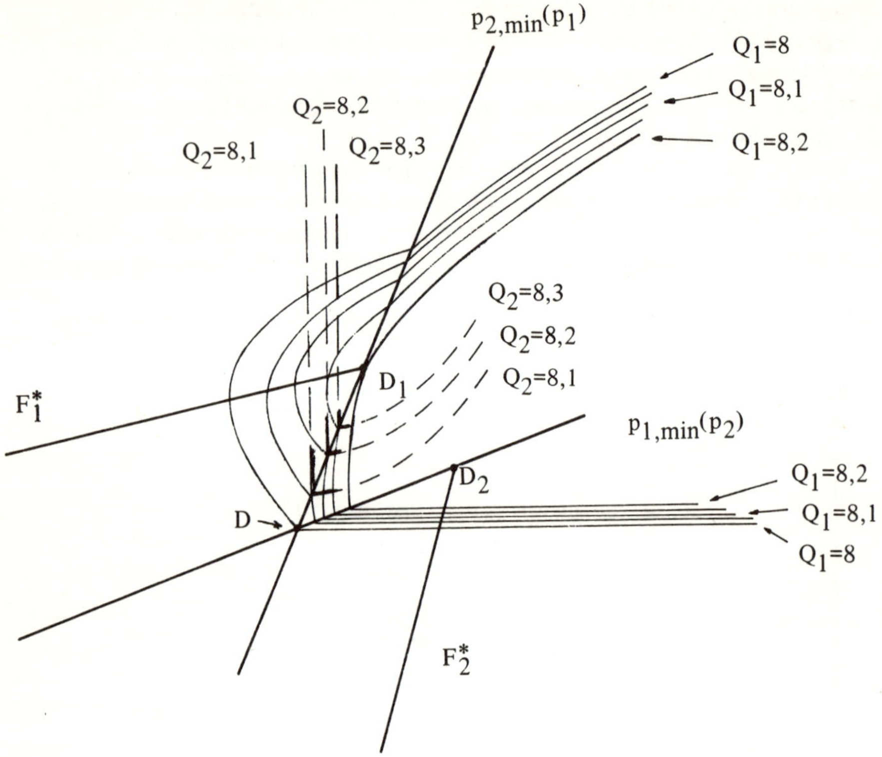

gebenes p_1 auf der Linie $E_1\hat{D}R_2^*$ eintritt (vgl. Fig. 7.5.30; dort sind Pfeile in Richtung fallender $Q_1 - Q_2$ eingezeichnet, und einige Werte von $Q_1 - Q_2$ sind für unser Zahlenbeispiel (7.5.9) eingetragen). Auf der Linie $E_1\hat{D}R_2^*$ fallen die Werte von $Q_1 - Q_2$ von $\hat{D}$ aus in beiden Richtungen, so daß $\max_{p2} [\min_{p1} (Q_1 - Q_2)]$ gerade in $\hat{D}$ eintreten würde – falls $\hat{D}$ tatsächlich ein Punkt wäre. Dann würde übrigens auch $\min_{p1} [\max_{p2} (Q_1 - Q_2)] = \max_{p2} [\min_{p1} (Q_1 - Q_2)]$ in $\hat{D}$ gelten, und $\hat{D}$ wäre der optimale Punkt. Leider ist $\hat{D}$ aber nur in der vereinfachten Darstellung der Fig. 7.5.30 ein Punkt; in Wirklichkeit ist die optimale Drohungskurve T dort geknickt (vgl. Fig. 7.5.19). Fig. 7.5.31 zeigt die Situation im Bereich $\hat{D}$ im einzelnen, was den Verlauf der Kurven konstanten Gewinns angeht. Man sieht, daß sie sich im Bereich DD_1 ebenfalls „von innen" berühren, wie es bei der optimalen Drohungskurve sein muß. Für den Bereich DD_2 gilt das analoge. In Fig. 7.5.32 sind die Größenordnungen von $Q_1 - Q_2$ eingetragen. Am Punkt D ist $Q_1 - Q_2 = 0$. Für $p_1 < \check{p}_1$ liegt die Lösung von $\min_{p2} (Q_1 - Q_2)$ auf der Kammlinie F_2^*. Für

Fig. 7.5.32

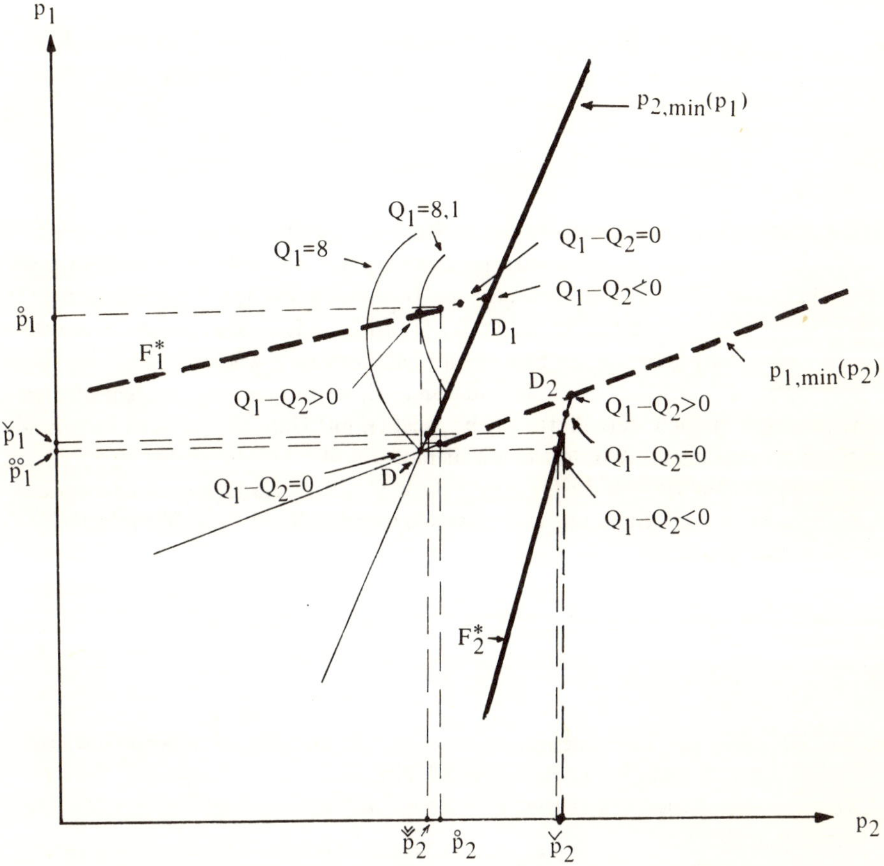

$p_1 = \check{p}_1$ hat $\min_{p_2} [Q_1(\check{p}_1, p_2) - Q_2(\check{p}_1, p_2)]$ *zwei* Lösungen, nämlich $\check{p}_2$ und $\check{\check{p}}_2$. $(\check{p}_1, \check{p}_2)$ liegt auf der Kammlinie F_2^*, $(\check{p}_1, \check{\check{p}}_2)$ aber auf der Linie $p_{2,\min}(p_1)$, und der Wert von Q_1-Q_2 ist beidemale gleich. Für $p_1 > \check{p}_1$ folgt das p_2 der Lösung $\min_{p_2}(Q_1-Q_2)$ der Linie $p_{2,\min}(p_1)$. Der Gesamtverlauf der Kurve $p_2(p_1)$, für die $\min_{p_2}(Q_1-Q_2)$ gilt, ist dick gezeichnet. Somit ist $\max_{p_1}[\min_{p_2}(Q_1-Q_2)] < 0$. Analog sieht man, daß $\min_{p_2}[\max_{p_1}(Q_1-Q_2)] > 0$ ist (vgl. Fig. 7.5.32; dort sind für $p_2 = \mathring{p}_2$ sowohl $\mathring{p}_1$ also auch $\overset{\circ\circ}{p}_1$ bestimmt durch $\max_{p_1} [Q_1(p_1, \mathring{p}_2) - Q_2(p_1, \mathring{p}_2)]$, und es ist $[Q_1(\mathring{p}_1, \mathring{p}_2) - Q_2(\mathring{p}_1, \mathring{p}_2)] = [Q_1(\overset{\circ\circ}{p}_1, \mathring{p}_2) - Q_2(\overset{\circ\circ}{p}_1, \mathring{p}_2)]$). Der Graph der Funktion $p_1 = f(p_2)$, so daß $p_1 \leftarrow \max_{p_1}(Q_1-Q_2)$, ist in Fig. 7.5.32 gebrochen und fett gezeichnet.

In unserem Zahlenbeispiel erhält man für

$$\check{p}_1 = 4{,}685, \qquad \check{p}_2 = 4{,}766,$$

$$\mathring{p}_1 = 4{,}766, \qquad \check{\check{p}}_2 = 4{,}561,$$

$$\mathring{\mathring{p}}_1 = 4{,}561, \qquad \mathring{p}_2 = 4{,}685.$$

Somit existiert kein Sattelpunkt in reinen Strategien, wohl aber einer in gemischten Strategien. Bei ihm muß (aus Symmetriegründen) $Q_1 - Q_2 = 0$ sein. Liegt der optimale Drohungspunkt T* auf T, so muß dort am Drohungspunkt $Q_1 = Q_2 = 8$ gelten (vgl. Fig. 7.5.15). Allerdings ist der Punkt D in Fig. 7.5.19 bzw. 7.5.27 kein Bildpunkt davon, weil keine reinen Strategien mehr gespiegelt werden.

Die optimalen gemischten Drohstrategien sind, wenn man das Problem diskretisiert (also nur endlich viele Preise p_1, p_2 zuläßt), mit Hilfe der linearen Programmierung zu errechnen.[1] Wir verzichten hierauf. Für die Lösung genügt es zu wissen, daß am optimalen Drohpunkt $Q_1 - Q_2 = 0$ ist. Damit ist als Lösung wiederum der Schnittpunkt der 45°-Linie mit dem pareto-optimalen Rand des zulässigen Gewinnbereichs bestimmt.

Die *Kapazitätsgrenzen* $\bar{x}_1 = \bar{x}_2 = 2{,}75$ sind nicht wirksam. Am pareto-optimalen Rand sind nämlich ohne Kapazitätsgrenzen die Lösungsstrategien

$$p_1^* = p_2^* = 5{,}5,$$

so daß die optimalen Liefermengen $x_1^* = x_2^* = 2{,}25$ und die maximalen Gewinne $Q_1^* = Q_2^* = 9{,}125$ sind (Punkt H in Fig. 7.5.20).

Dagegen sind *Kapazitätsgrenzen* $\bar{x}_1 = \bar{x}_2 = 1{,}62$ wirksam (vgl. Fig. 7.5.20). Die Lösungsstrategien sind

$$p_1^* = p_2^* = 6{,}76,$$

die optimalen Liefermengen entsprechen den Kapazitäten, und es ist $Q_1^* = Q_2^* = 8{,}33$ (Punkt $\hat{H}$ in Fig. 7.5.20).

Auch diese Lösung ist sinnvoll, wenn auch bei der angenommenen Symmetrie des Problems fast selbstverständlich. Die eigentliche Aussagekraft der Theorie ist beim asymmetrischen Dyopol zum Vorschein gekommen.

f. Nash-Lösung des kooperativen Dyopols mit Ausgleichszahlungen

Die Oligopolisten verabreden sich hier, eine solche Strategie zu spielen, daß ihr gemeinsamer Gesamtgewinn maximiert wird. Somit werden die anzuwendenden Preise p_1^* und p_2^* bestimmt durch $\max_{p_1, p_2} (Q_1 + Q_2)$. Im Zahlenbeispiel des *asymme-*

1 Vgl. z. B. *Krelle* und *Künzi*, Lineare Programmierung, Zürich 1958, S. 93 ff.

trischen Dyopols ohne wirksame Kapazitätsbeschränkungen (d. h. bei Geltung der Parameterwerte von (7.5.9), mit Ausnahme von $\overline{x}_1$, für Firma 1 und der dort angegebenen Werte für a_{o2}, a_{22}, a_{12} ebenfalls für Firma 2, während für sie sonst (7.5.26) gilt) erhält man dann für die Lösungsstrategien:

$$p_1^* = 5{,}5 \text{ und } p_2^* = 5{,}25$$

(vgl. Punkt L* in Fig. 7.5.27). Der Punkt liegt asymmetrisch, und zwar ist der optimale Preis für die Firma mit den höheren Grenzkosten höher, obwohl deren Fixkosten niedriger sind. Damit erreicht Firma 1 einen Gewinn von $Q_1 = 8{,}84$ und Firma 2 einen Gewinn von $Q_2 = 9{,}58$ (Punkt P in Fig. 7.5.28 und 29). Der gemeinsame Gesamtgewinn ist also $\overline{Q} = Q_1 + Q_2 = 18{,}42$. Er verbleibt aber nicht dort, wo er anfällt, vielmehr wird er nach dem Ergebnis einer Aushandlung umverteilt. Danach erhält jeder Dyopolist i den Betrag Q_i^*, so daß $Q_1^* + Q_2^* = \overline{Q}$. Die Koordinaten von Q_1^* und Q_2^* sind durch die Gerade H* in Fig. 7.5.29 wiedergegeben, die 45° geneigt ist und den pareto-optimalen Rand H in P berührt. Für das Ergebnis der Aushandlung ist der *Drohpunkt* ($p^{(d)}$) *maßgebend.* Er wird nach (7.5.24a) mit z=1 berechnet. Man kann nachprüfen, daß ein Sattelpunkt in reinen Strategien existiert. Man erhält als Lösung in unserem Zahlenbeispiel:

$$p_1^{(d)} = 3{,}9; \quad p_2^{(d)} = 3{,}75.$$

In Fig. 7.5.27 ist dieser Punkt mit D* bezeichnet. Errechnet man die dabei entstehenden Gewinne $Q_i(p^{(d)})$, $i \in \{1, 2\}$, so erhält man

$$Q_1(p^{(d)}) =: Q_1^d = 7{,}7 \text{ und } Q_2(p^{(d)}) =: Q_2^d = 8{,}2$$

(Punkt D* in Fig. 7.5.29). D* liegt natürlich auch hier auf der optimalen Drohungskurve T.

Die Gewinnverteilung (Q_1^*, Q_2^*) erhält man dann nach dem Prinzip der gleichen Aufteilung der Gewinnzuwächse von D* aus zufolge (7.5.24b), was jetzt als

$$\text{(7.5.33a)} \qquad \frac{Q_1^*-Q_1^d}{Q_2^*-Q_2^d} = 1$$

mit

$$\text{(7.5.33b)} \qquad Q_1^* + Q_2^* = \overline{Q} = 18{,}42$$

geschrieben werden kann. Man erhält als Lösung

$$Q_1^* = 8{,}96 \text{ und } Q_2^* = 9{,}46$$

(Punkt L* in Fig. 7.5.29). L* liegt auf H* und nicht auf H. Zur Verdeutlichung ist die Situation in Fig. 7.5.29 vergrößert, aber nicht maßstabsgerecht dargestellt. D* und L* liegen so auf T und H*, daß eine in L* auf H* errichtete Senkrechte die Kurve T gerade in D* berührt. So hätte man die Lösung auch graphisch erreichen können.

Wie man sieht, ist zwar die Firma 2 mit den niedrigeren Grenzkosten auch jetzt noch gewinnmäßig begünstigt, sie hat aber von dem bei ihr anfallenden Gewinn einen, wenn auch kleinen Teil an die Firma 1 abzugeben, sozusagen als Bestechung dafür, daß diese Firma in eine Preispolitik einwilligt, die den Gesamtgewinn maximiert, was sich zum Vorteil der Firma 2 mit den niedrigeren Grenzkosten auswirkt.

Wie ist die Nash-Lösung (mit und ohne Ausgleichszahlungen) zu beurteilen? Hier beim inhomogenen Oligopol lautet das Urteil nicht anders als beim homogenen Oligopol: die Lösung gibt eine Art Erwartungswert dafür, was bei Verhandlungen zur Herbeiführung einer Übereinkunft über die Preispolitik aufgrund der Drohpotentiale im Durchschnitt herauskommen wird. Sie gibt keinen Anhaltspunkt für das optimale Vorgehen bei Aushandlungen; sie läßt Bluffs außer Acht, setzt vollständige Information über die Gesamtsituation bei allen Beteiligten voraus und ist statisch. Trotzdem kann man die Vermutung aussprechen, daß das Ergebnis von vielen Aushandlungen dieser Art im Durchschnitt etwa am Nash-Lösungspunkt liegen könnte.

g. Der Shapley-Wert

Hier wird angenommen, daß sich die Dyopolisten verabreden, so daß sie die maximale Summe ihrer Gewinne erreichen. Die „Verteilung der Beute" ist so geregelt, daß jeder den Zugewinn erhält, den er einer bereits bestehenden Koalition (die auch aus einem Spieler bestehen kann) bringt, vorausgesetzt, er wird zugelassen. Zulassung und Nichtzulassung sind gleich wahrscheinlich, ebenso jede Art von Koalition. Nach (7.1.24) (vgl. auch den Abschnitt III. 8 des Anhangs), ist dann der Teil φ_i des gemeinsamen Gesamtgewinns, der auf den Dyopolisten i entfällt:

$$\varphi_i = \frac{1}{2} v(\{1, 2\}) + \frac{1}{2}[v(\{i\}) - v(\{j\})], \; i, j \in \{1, 2\}, \; i \neq j. \tag{7.5.34}$$

Jeder Dyopolist erhält zunächst einmal genau die Hälfte des maximal erreichbaren Gesamtgewinns, unabhängig von seiner Kosten- und Nachfragestruktur, und dazu noch die Hälfte der Differenz von dem, was er bzw. sein Gegenspieler, wenn sie alleine spielen, gegen den anderen erzwingen kann. Dieser Zusatz- (oder Abzugs-) betrag gibt die „relative Stärke" der beiden Partner wieder, gemessen in dem, was jeder gegenüber dem anderen erzwingen kann.

Beim *symmetrischen Dyopol* mit dem Zahlenbeispiel (7.5.9) erhält man dieselbe Lösung wie bei der Nash-Lösung für das kooperative Dyopol mit oder ohne Ausgleichszahlungen, nämlich $p_1^* = p_2^* = 5{,}5$ und $Q_1 + Q_2 = 18{,}25$, $\varphi_i = Q_i = 9{,}125$ (Punkt P_4 in Fig. 7.5.14 und 15). Beim *asymmetrischen Dyopol,* wobei für Firma q die Parameterwerte (7.5.9), für Firma 2 für a_{o2}, a_{12}, a_{22} ebenfalls diese Parameterwerte, im übrigen diejenigen von (7.5.26) gelten, sind die optimalen Preise p_1^* und p_2^* wiederum dieselben wie bei der Nash-Lösung für das kooperative Dyopol, nämlich $p_1^*=5{,}5$, $p_2^* = 5{,}25$, was einen Gesamtgewinn von $Q_1^* + Q_2^* = v(\{1, 2\}) = 18{,}42$ ergibt (Punkt P in Fig. 7.5.28 und 7.5.29). Die Gewinnverteilung ist jetzt aber anders als bei Nash. Es ist, wie man leicht nachgerechnet und für Firma 1 an Fig. 7.5.14 unmittelbar sieht, abgerundet $v(\{1\}) = 5{,}02$ und $v(\{2\}) = 5{,}13$. Somit ist nach (7.5.33) $\varphi_1 = 9{,}15$ und $\varphi_2 = 9{,}27$. Dies ist die Shapley-Lösung L_S. Sie liegt in Fig. 7.5.29 auf H* und nicht auf dem Pareto-Rand H ohne Ausgleichszahlungen und dort – jedenfalls für dieses Zahlenbeispiel – noch weiter entfernt vom Punkt P, der die Verteilung bei gemeinsamer Gewinnmaximierung ohne Drohungen und Ausgleichszahlungen wiedergibt, als die Nash-Lösung L* bei Drohungen und Ausgleichszahlungen. Die „stärkere" Firma ist diejenige mit den geringeren fixen Kosten. Sie ist bei der Shapley-Lösung noch mehr begünstigt als bei der Nash-Lösung bei Kooperation und Ausgleichszahlungen.

h. Aumann-Maschlers Aushandlungsmenge als Lösung

Hier ist die Lösung die Menge *M* aller stabilen Auszahlungskonfigurationen im Sinne von (A.3.65) im Anhang, d. h. aller solcher Auszahlungskonfigurationen,

Fig. 7.5.35

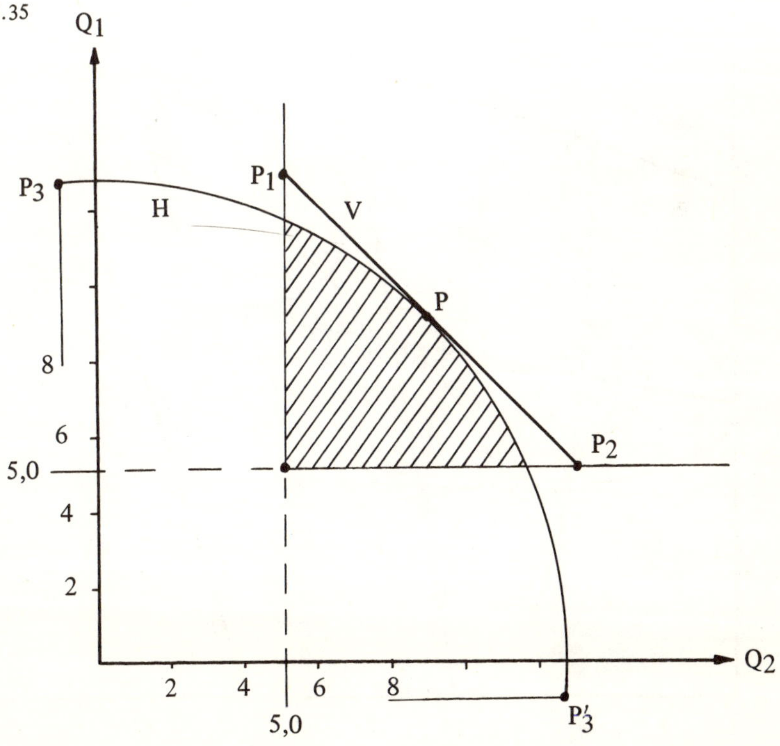

bei denen es für jeden Einwand einen Gegeneinwand gibt. In (7.1.25) ist diese Menge *M* definiert, wobei dort ϵ_i durch Q_i zu ersetzen ist, Q_i nach (7.5.3).

Für das symmetrische Dyopol ohne Kapazitätsbegrenzungen mit den Parameterwerten (7.5.9) ist nach (7.5.22) $v(\{i\}) = 5{,}0$; dies wird erreicht mit $p_i + 3{,}83$ und $p_j = 0$, $i, j \in \{1, 2\}$, $i \neq j$ (vgl. Punkt R_1 bzw. R_2 in Fig. 7.5.14). Weiterhin ist, wie ebenfalls im Anschluß an (7.5.22) gezeigt, $v(\{1, 2\}) = 18{,}25$, was bei $p_1^* = p_2^* = 5{,}5$ eintritt (vgl. Punkt 4 in Fig. 7.5.14 und 15).

Damit ist die Lösungsmenge *M* die Menge aller Gewinnkombinationen in dem schraffierten Bereich der Fig. 7.5.35, die Begrenzungen eingeschlossen, sowie die Menge aller Punkte auf der Geraden V von P_1 bis P_2 einschließlich. Fig. 7.5.35 entspricht Fig. 7.5.15 und 20.

Die Preiskonstellationen (p_1, p_2), die zu diesem Ergebnis führen, sind in Fig. 7.5.36 schraffiert. Hier ist natürlich die Verteilung des gemeinsamen Gewinns bei einer Koalition nicht einzuzeichnen. Fig. 7.5.36 entspricht Fig. 7.5.14.

Fig. 7.5.36

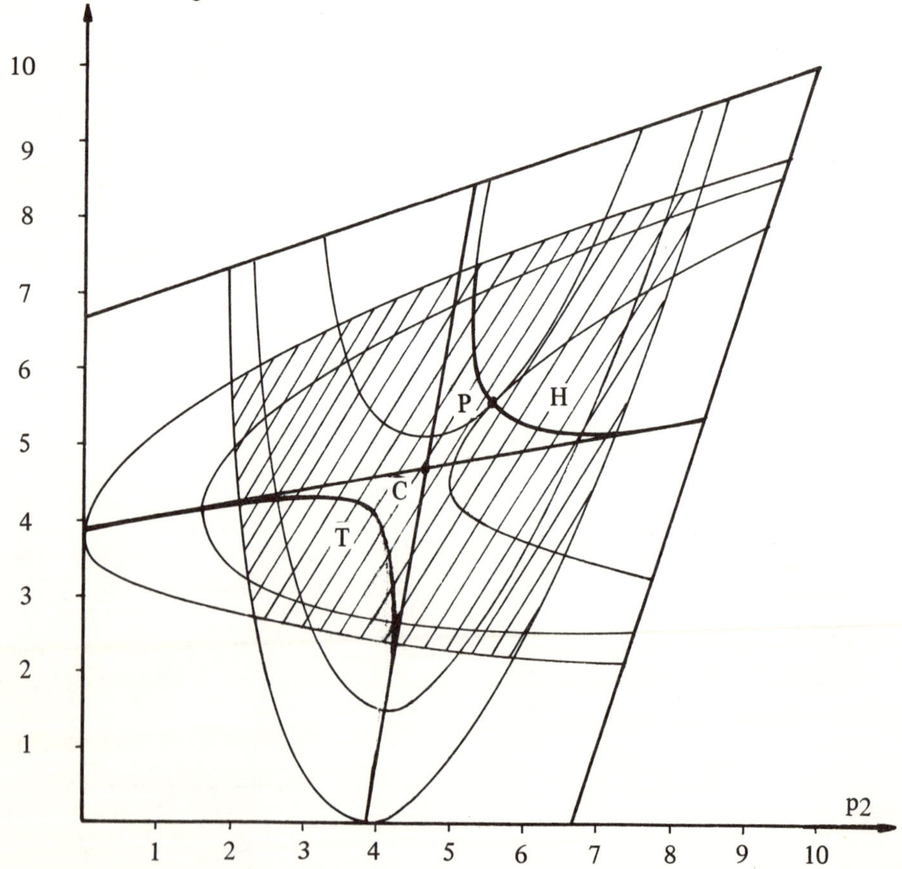

Die Aushandlungsmenge umfaßt sicher alle Ergebnisse, die man bei wirtschaftsfriedlichem Verhalten erwarten kann, schränkt sie aber so wenig ein, daß der Aussagewert relativ gering ist. Man erhält auch keinen Anhaltspunkt für optimales Verhalten innerhalb des Bereichs, der durch die Aushandlungsmenge abgesteckt ist. So ist die Aushandlungsmenge nur als erste, grobe Umschreibung dessen zu werten, was man im Dyopol erwarten kann.

i. Der Nash-Gleichgewichtspunkt bei nichtkooperativen Dyopolen

Dieser Lösungspunkt (p_1, p_2) ist dadurch definiert, daß niemand einen anderen Preis anwenden würde, vorausgesetzt, der andere hält an seinem Preis fest. Offensichtlich gilt dann $\partial Q_i/\partial p_i = 0$, $\forall\, i \in \{1, 2\}$, Q_i nach (7.5.10), wenn keine Kapazitätsbeschränkungen wirksam sind. $\partial Q_i/\partial p_i = 0$ definiert aber gerade die Kammlinie F_i, z. B. in Fig. 7.5.14. Somit ist der Nash-Gleichgewichtspunkt der Schnittpunkt C der Kammlinien. Er heißt auch *Launhardt-Hotelling Punkt* oder manchmal *Cournot-Punkt* (vgl. Kap. 6.2).

Nach (7.5.12) ist die Gleichung der Kammlinie F_i:

$$p_i = \frac{1}{2}(\bar{a}_{oi} + b_{1i} + \bar{a}_{ji}\, p_j),\ i, j \in \{1, 2\},\ i \neq j. \qquad (7.5.37)$$

Die Lösung des Systems (7.5.37) mit dem Zahlenbeispiel (7.5.9) ergibt für das homogene Dyopol $p_1^* = p_2^* = 4{,}6$ und damit $Q_i(p_1^*, p_2^*) = 8{,}75$. Dieser Punkt C ist in Fig. 7.5.14 und 15 eingezeichnet. Bei Kapazitätsbeschränkungen braucht nur ein Gleichgewichtspunkt in gemischten Strategien zu existieren, vgl. Fig. 7.5.19 und 32.

Wie man an den Figuren 7.5.14 und 15 sieht, ist die Lösung nicht pareto-optimal. Und das ist auch der Haupteinwand gegen diese Lösung. Nach einer gewissen Zeit werden die Dyopolisten bemerken, daß sie beide durch gemeinsames Abweichen vom Gleichgewichtspunkt einen höheren Gewinn realisieren können und werden das zu erreichen versuchen, z. B. durch eine stillschweigende Vereinbarung, indem sie sich einfach anders verhalten. So ist diese Lösung auch nicht als „endgültig“ anzusehen, jedenfalls nicht für das Dyopol oder Oligopol. Wächst allerdings die Zahl der Oligopolisten, so daß der Einfluß der Aktion eines Oligopolisten auf die übrigen unter deren Fühlbarkeitsschwelle liegt, so ist der Gleichgewichtspunkt als Lösung akzeptabel. Dann sind wir allerdings nicht mehr beim Oligopol.

k. Eine entscheidungstheoretische Lösung des Dyopols

Die viel zu vielen „Lösungen“ des Dyopolproblems legen ebenso wie grundsätzliche methodologische Überlegungen die Vermutung nahe, daß nicht alle für die Lösung notwendigen Daten vorgegeben wurden. Insbesondere wurde bisher die Unsicherheit über das Verhalten des Konkurrenten nicht berücksichtigt. Vielleicht kann man eine überzeugendere Lösung erreichen, die gleichzeitig auch eine Hilfe für die wirkliche Entscheidung bietet, wenn man dieser inhärenten Unsicherheit ausdrücklich Rechnung trägt? Man kann das auch so ausdrücken: vielleicht gehört die Persönlichkeit des Gegenspielers sozusagen mit zum Spiel? Damit kommt man zu *persönlichkeitsbestimmten Lösungen.*[1]

Versetzen wir uns in die Lage des Leiters der Firma 1. Er steht vor der Frage, ob er eine selbständige Preispolitik betreiben oder sich mit der Firma 2 zu einer gemeinsamen Preispolitik verabreden soll, wobei der gemeinsame Gewinn dann irgendwie aufgeteilt werden muß. Beginnen wir mit der Möglichkeit der *selbständigen Preispolitik* (d. h. spieltheoretisch der Nichtkooperation).

Da wir uns in der Statik befinden, muß die Situation so angenommen werden, daß die Firma 1 ihren Preis nur einmal festsetzen kann in Unkenntnis der entsprechenden Entscheidung des Gegenspielers und diese Entscheidung dann nicht mehr revidieren kann. Andernfalls sind wir bei einem dynamischen Ansatz. Den behandeln wir später. Anders als in (7.1.27–29) wollen wir hier von kontinuierlichen Wahrscheinlichkeitsverteilungen ausgehen.

Für jeden eigenen Preis p_1 der Firma 1 gibt es (im Urteil des Firmenleiters) eine Wahrscheinlichkeitsdichte $w_1(p_2|p_1)$ über die Preise p_2 der Konkurrenzfirma derart, daß die Wahrscheinlichkeit $w(\underline{p_2} \leqslant p_2 \leqslant \overline{p_2})$, daß der Preis p_2 zwischen $\underline{p_2}$ und $\overline{p_2}$ liegt, gegeben ist durch

$$(7.5.38) \qquad w(\underline{p_2} \leqslant p_2 \leqslant \overline{p_2}) = \int_{\underline{p_2}}^{\overline{p_2}} w_1(p_2|p_1)dp_2.$$

Der Leiter der Firma 1 fragt sich also, was geschehen würde, wenn er seinen Preis auf p_1 festlegen würde, und beantwortet dies aufgrund der Erfahrungen der Vergangenheit und seiner Kenntnis der entscheidenden Personen auf der Gegenseite mit einer Wahrscheinlichkeitsverteilung. Wie er diese Verteilung im einzelnen bildet, bleibt hier offen. Sie läßt sich z. B. aus einer Wahrscheinlichkeitsverteilung über die Kosten der Konkurrenzfirma bei bekannter Zielfunktion herleiten.

Nach (7.5.38) ist die Gewinnerwartung $\epsilon_1(Q_1|p_1; \{1\})$ der Firma 1, wenn sie den Preis p_1 verlangt und die Koalition $\{1\}$ besteht, also bei Nichtkooperation:

$$\epsilon_1(Q_1|p_1; \{1\}) = \int_0^\infty Q_1(p_1,p_2) \cdot w_1(p_2|p_1)\, dp_2.$$

Offensichtlich wird die Firma 1 bei Nichtkooperation den Preis p_1^* verlangen, für den

$$(7.5.39) \qquad \epsilon_1(Q_1|\{1\}): = \max_{p_1} \epsilon_1(Q_1|p_1;\{1\}) \rightarrow p_1^*$$

ist.

Bei *Kooperation* kommt es bei Ausgleichszahlungen auf die Gewinnverteilung, ohne Ausgleichszahlungen auf die Koordination der Preispolitiken an, welchen Gewinn die Firma 1 am Ende haben wird. Wir nennen diese Auszahlung bzw. diesen Gewinn z_1. Auch darüber soll im Urteil des Leiters der Firma 1 eine Wahrscheinlichkeitsverteilung existieren. Es sei $w(\underline{z_1} \leqslant z_1 \leqslant \overline{z_1})$ die Wahrscheinlichkeit, daß

1 Vgl. *Krelle,* Präferenz- und Entscheidungstheorie, Tübingen 1968, S. 267 ff.

die Auszahlung z_1 zwischen $\underline{z}_1$ und $\overline{z}_1$ liegt. Dann ist die Dichtefunktion $\overline{w}_1(z_1)$ dadurch bestimmt, daß

$$(7.5.40) \qquad w(\underline{z}_1 \leqslant z_1 \leqslant \overline{z}_1) = \int_{\underline{z}_1}^{\overline{z}_1} \overline{w}_1(z_1)\, dz_1,$$

und die Auszahlungserwartung bei Kooperation, d. h. wenn die Koalition $\{1, 2\}$ besteht, ist

$$(7.5.41) \qquad \epsilon_1(z_1 | \{1, 2\}) = \int_{-\infty}^{\infty} z_1 \cdot \overline{w}_1(z_1)\, dz_1.$$

Falls $\epsilon_1(z_1 | \{1, 2\}) < \epsilon_1(Q_1 | \{1\})$, werden keine Koalitionsverhandlungen aufgenommen, und p_1^* nach (7.5.39) ist der optimale Preis. Falls $\epsilon_1(z_1 | \{1, 2\}) \geqslant \epsilon\,(Q_1 | \{1\})$, wird versucht, Koalitionsverhandlungen aufzunehmen. Sie werden hier nicht im einzelnen analysiert. Das Ergebnis sei eine Auszahlung z_1^*. Es muß $z_1^* \geqslant \epsilon_1(Q_1 | \{1\})$ sein, andernfalls wird der Kooperationsvertrag nicht abgeschlossen.

Die entscheidungstheoretische Lösung umgeht das eigentliche Oligopolproblem, indem sie Wahrscheinlichkeitsverteilungen über die Reaktion der Gegenseite zugrunde legt. Diese müßten abgeleitet werden, wenn man die Lösung beurteilen wollte. Das aber geschieht nicht, und hier liegt die Schwäche. Hier hilft nur ein spieltheoretischer Ansatz weiter.

VI. Abschnitt

Dynamische spieltheoretische Lösungen des inhomogenen Oligopols (Oligopoltyp A)

Für das inhomogene Oligopol können dieselben spieltheoretischen Lösungsbegriffe benutzt werden wie für das homogene Oligopol. Da wir sie oben im I. Abschnitt allgemein und im IV. Abschnitt für das homogene Oligopol bereits ausführlich diskutiert haben, werden wir uns hier kurz fassen und nur die Theorie von Selten, die das Preisoligopol zugrunde legt, ausführlicher behandeln. Andere Theorien, wie die von Shubik und Burgermeister, sind auf das Mengendyopol zugeschnitten und nicht einfach auf das Preisdyopol zu übertragen.

1. Wechselseitig optimale Reaktionsfunktionen[1]

Die Friedmansche Theorie zur Ableitung solcher Reaktionsfunktionen (vgl. oben II. Abschnitt) benutzt ganz allgemeine Entscheidungsparameter y_{1t}, y_{2t} für die

1 Vgl. *Friedman*, Reaction Functions and the Theory of Duopoly, Rev. of Ec. Stud., 35 (1968), S. 257 ff.

Oligopolisten 1 und 2 in Periode t, die auch als Preise interpretiert werden können. Allerdings schränkt diese Interpretation den Erklärungsbereich insofern weiter ein, als nach (7.2.3c) Preisbereiche „jenseits" der Grenzkostenkurven ausgeschlossen sind.[1] Solche Bereiche existieren im Mengendyopol nicht. Diese Einschränkung ist aber nicht zu ernst, da diese Bereiche als Lösung ohnehin nicht in Frage kommen.

Nachdem aber schon in dem theoretisch einfacheren Fall des homogenen Dyopols mit Mengenpolitik die Friedmansche Theorie entweder zum altbekannten Cournotschen Punkt oder zu anderen instabilen Gleichgewichtspunkten mit fragwürdigen Eigenschaften führte, ist für das inhomogene Oligopol mit Preispolitik nichts günstigeres zu erwarten. Wir analysieren daher diesen Fall nicht weiter.

2. Seltens Theorie eines Preisoligopols mit Nachfrageträgheit[2]

Das Ziel dieser Theorie ist, dynamische Preisgleichgewichte eines nichtkooperativen Oligopols von n Firmen zu bestimmen. Hierzu muß das Modell so gewählt werden, daß der Nash-Gleichgewichtspunkt, dessen Bewegung in der Zeit die Lösung konstituiert, eindeutig ist und in reinen Strategien existiert. Das wiederum verlangt die Konstruktion eines besonders strukturierten Spiels bei perfekter Information. Das Modell ist daher relativ speziell.

Es seien n Firmen auf dem Markt, die ein nur wenig oder nicht differenziertes Produkt auf einem gemeinsamen Markt verkaufen. Durch „mangelnde Markttransparenz, Starrheit der Absatzwege, Kundentreue oder Beharrlichkeit der Einkaufsgewohnheiten" (Selten, a.a.O., S. 302) wirkt sich eine Preisänderung der *anderen* Firmen immer erst in der *nächsten* Periode auf den Absatz des eigenen Produkts aus, während sich die *eigene* Preisänderung sofort auswirkt. Eine alleinige Preisänderung bei einer Firma i wirkt sich auf ihren Absatz ebenso aus wie eine alleinige Preisänderung einer Firma j auf deren Absatz, $i, j \in \{1, \ldots, n\}$, $i \neq j$.

Produkte, für die dies zutrifft, nennt Selten „quasihomogen". Durch entsprechende Normierung der Geldeinheit kann man erreichen, daß eine alleinige Preisänderung um eine Einheit durch eine Firma in der gleichen Periode gerade eine Nachfrageänderung bei ihr um eine Einheit verursacht. Die Preisänderungen anderer Firmen wirken sich, wie gesagt, erst in der nächsten Periode aus und zwar als Parallelverschiebung der Nachfragekurve nach oben oder unten, je nachdem, ob der Preisdurchschnitt höher oder niedriger liegt als der Preis der betreffenden Firma. Die Nachfrage- und Kostenfunktionen sollen linear sein, und es gebe einen endlichen Zeithorizont T.

Diese Vorstellungen führen auf folgenden Ansatz. Die *Nachfragefunktion* für Firma i in Periode t sei:

1 In Fig. 6.1.27 sind dies die Bereiche zwischen der Kurve $\bar{K}'_2$ und der p_1-Achse sowie zwischen der Kurve $\bar{K}'_1$ und der p_2-Achse.

2 *Selten,* Spieltheoretische Behandlung eines Oligopolmodells mit Nachfrageträgheit, Zeitschrift f. d. ges. Staatsw., 121 (1965), S. 301 ff. und S. 667 ff.

(7.6.1) $x_{it} = a_{it} - p_{it}, i \in \{1, \ldots, n\}$.

a_{it} nennt Selten das „Nachfragepotential" der Firma i in Periode t. Es hängt vom exogen gegebenen durchschnittlichen Nachfragepotential a_t des Gesamtmarktes und einem „Vorsprung" v_{it} der Firma i in Periode t ab gemäß:

(7.6.2a) $a_{it} = a_t + v_{it}$

mit

(7.6.2b) $a_t = \frac{1}{n} \sum_{i=1}^{n} a_{it}$

und

(7.6.2c) $v_{it} = v_{i,t-1} + w(p_{t-1} - p_{i,t-1}),\ p_t{:} = \frac{1}{n} \sum_{i=1}^{n} p_{it}, \quad w > 0.$

Der „Vorsprung" des Oligopolisten i in Periode t hängt also vom Vorsprung der Vorperiode und von der Abweichung des Preises des Oligopolisten i vom Durchschnittspreis ab. Den empirisch gegebenen Koeffizienten w nennt Selten „Beweglichkeit der Nachfrage."[1] Sie ist umso größer, je kleiner die Nachfrageträgheit ist.

Sei 0 eine Basisperiode und sei a_t=a, so folgt aus (7.6.1 und 2a–c):

(7.6.3) $x_{it} = a + v_{io} + w\,(\sum_{\tau=0}^{t-1} p_\tau - p_{i\tau}) - p_{it}.$

Die Nachfrage bei Firma i in Periode t hängt also von der ganzen „Preisgeschichte" von Periode 0 bis Periode t–1 ab, sowie vom Preis der Firma i in Periode t.

Die Kostenfunktion der Firma i sei

(7.6.4) $K_{it} = k_{io} + k_i x_{it}.$

Kapazitätsgrenzen sollen nicht wirksam sein.

Der auf die Gegenwart diskontierte Bruttogewinn (ohne fixe Kosten k_{io}) der Firma i von der Periode t bis zum ökonomischen Horizont T ist dann:

(7.6.5) $G_{it}{:} = \sum_{s=t}^{T} r^{s-t}\, g_{is}$

mit

(7.6.5a) $0 < r \leqslant 1$ einem Diskontfaktor und
$g_{is}{:} = (p_{is} - k_i) x_{is}\,, \quad s \in \{t, t+1, \ldots, T\}.$

1 Dies Konzept weicht von dem oben und in der 1. Auflage der „Preistheorie" gegebenem Begriff gleichen Namens ab.

Jede Firma treibt nun eine Preispolitik p_{is}, $s \in \{1, \ldots, T\}$, indem sie unabhängig von den anderen Firmen zu Beginn jeder Periode ihren Preis festsetzt derart, daß die ihren diskontierten Gesamtgewinn G_{it} maximiert. Dies konstituiert ein nichtkooperatives n-Personenspiel (von Selten *„erweitertes Spiel“* genannt), dessen Lösung ein Gleichgewichtspunkt im Sinne von Nash ist, wenn er existiert. Dieser muß (wegen der Nichtkooperation und des Fehlens von Selbstbindungskraft) ein perfekter Gleichgewichtspunkt sein, wenn er als Lösung akzeptiert werden kann, überdies eindeutig und in reinen Strategien.[1]

Selten beweist nun, daß dies erweiterte Spiel stets einen eindeutigen perfekten Gleichgewichtspunkt hat, sobald

(7.6.6) $$0 < w \leqslant 2 \text{ (hinreichend)},$$

d. h. sobald die Nachfrage nicht zu beweglich ist. Die optimalen Preise sind dann

(7.6.7) $$p^*_{i\tau} = \bar{a}_\tau v_{i\tau} + \bar{b}_\tau + \bar{c}_\tau(k_i - k), \quad i \in \{1, \ldots, n\}, \tau \in \{t, \ldots, T\},$$

wobei die $\bar{a}_\tau$, $\bar{b}_\tau$, $\bar{c}_\tau$ rekursiv zu erreichnen sind[2] und $k = \frac{1}{n} \sum_{i=1}^{n} k_i$ ist. Die Gewinne G^*_{it} am Gleichgewichtspunkt lassen sich ebenfalls angeben.

Diese Lösung des erweiterten Spiels ist nicht unbedingt die Lösung des ursprünglichen Problems. Bisher waren die Nichtnegativitätsbedingungen außer acht gelassen, nämlich

(7.6.8) $$p_{it} \leqslant a_{it}$$

(andernfalls werden die Absatzmengen negativ, was sinnlos ist) und

(7.6.8a) $$a_{it} > k_i.$$

Letzteres ist nach (7.6.2a–c) eine Bedingung für die Preisgestellung aller Oligopolisten in der Vorperiode. Sie soll so sein, daß es jeder Firma i möglich sein soll, einen Preis zu fordern, der oberhalb der Grenzkosten liegt (Nicht-Negativität des Grenzgewinns). Es soll also nach (7.6.8a) gelten $a_{it} \geqslant p_{it} > k_i$, was auf (7.6.8b) führt. Andernfalls wäre das Oligopol sicher nicht auf die Dauer existenzfähig.

Mit (7.6.8a und 7.6.8b) wird aus dem erweiterten Spiel ein *Pseudospiel,* bei dem die Spieler ihre Strategien nicht mehr ganz unabhängig voneinander wählen können.

Selten beweist nun, daß unter gewissen Voraussetzungen der Gleichgewichtspunkt des erweiterten Spiels zugleich für das Pseudospiel zutrifft. Die Nichtne-

---

1 *Selten* stellt nicht die Anforderung an die Lösung, daß der Gleichgewichtspunkt nicht dominiert werden darf. Das impliziert, daß die Kooperationskosten höher sind als jeglicher möglicher Gewinn aus der Kooperation.

2 Die Formeln sind relativ umständlich und werden hier nicht reproduziert.

gativitätsbedingungen sind dann automatisch eingehalten, und (7.6.7) ist auch die Lösung des eigentlichen Problems.

Bei Übergang zu unendlichem Zeithorizont ist die Eindeutigkeit des perfekten Gleichgewichtspunkts nicht mehr gesichert. Selten zeigt aber, daß der von ihm für $T \to \infty$ abgeleitete Gleichgewichtspunkt als einziger „asymptotisch insensitiv" ist: die Differenz zwischen dem Gleichgewichtspreis (7.6.7) und diesem Gleichgewichtspreis geht nach Null für $T \to \infty$.

Diese Theorie ist sicher eine große Leistung. Ihre Bedeutung liegt nicht so sehr in der Analyse dieses sehr speziellen Modells als vielmehr darin, gezeigt zu haben, daß es auch bei dynamischen Problemen eindeutige, ökonomisch sinnvolle spieltheoretische Lösungen geben kann, die Optimalität für alle mit Stabilität vereinigen und ohne zusätzliche Voraussetzungen wie Reaktionsfunktionen auskommen. Offen bleibt das Problem der Dominanz des Gleichgewichtspunktes durch Nicht-Gleichgewichtspunkte.

VII. Abschnitt

Ein eigenes dynamisches Dyopolmodell auf spieltheoretischer Basis. Ableitung der Reaktionsfunktionen

1. Das Modell. Die Grundidee der Lösung

Wir betrachten zunächst das folgende Modell eines Dyopols bei perfekter Information. Firma i hat eine endliche Menge Y_i von Entscheidungsgrößen wie Preis, Produktion etc. zur Verfügung, aus der sie sich jeweils für ein $y_i \in Y_i$ zu entscheiden hat, $i \in \{1, 2\}$. Die Wahrscheinlichkeit, daß beide Firmen ihre Entscheidungsgrößen ohne Verabredung genau zum gleichen Zeitpunkt verändern, kann als Null angesehen werden. Wir nehmen also an, daß jede Firma ihre Entscheidung trifft in Kenntnis der vorhergehenden eigenen und fremden Entscheidungen und daß die Entscheidungen der beiden Firmen nie gleichzeitig fallen. Dabei gehen wir von einem *schon bestehenden Dyopol* aus; wir fragen also nicht, wie ein gerade z. B. durch Produktänderung neu entstehendes Dyopol sich verhalten sollte, sondern, was bei einem existierenden Dyopol, bei dem eine bestimmte Konstellation der Entscheidungsgrößen zum Zeitpunkt der Analyse immer bereits besteht, geschehen wird. Hier gibt es zunächst zwei Möglichkeiten: jede Firma zieht es vor, alles beim alten zu lassen, oder zumindest eine Firma ändert ihre Entscheidungsgrößen. Im ersten Fall bleibt der status quo erhalten. Die Entscheidung für den status quo ist also Teil des *Gesamtspiels.*

Wir nehmen ferner *einen endlichen Zeithorizont* von T Perioden an und formalisieren die Feststellung, daß nie beide Firmen gleichzeitig handeln. Z. B. kann ein Spiel Γ_i, das das Dyopol formalisiert, so definiert sein, daß ohne Verabredungen

Firma i zu Beginn der ungeraden Perioden 1, 3, . . . , Firma j zu Beginn der geraden Perioden 2, 4, . . . frei ist, ihre Entscheidungsgröße zu verändern, wobei, wie gesagt, auch Nichtänderung ein möglicher Entscheid ist; $i, j, \in \{1, 2\}$, $i \neq j$.[1]

Man kann gegen diesen Ansatz einwenden, daß es eine künstliche Festsetzung sei, dem Spieler i z. B. zu „verbieten", an geraden Perioden eine seiner Entscheidungsgrößen zu verändern, und entsprechend dem Spieler j, in ungeraden Perioden etwas an seinen Entscheidungen zu ändern. So darf man das Modell aber nicht interpretieren. Vielmehr fragt sich jeder Spieler, welches für ihn die beste Entscheidung sei unter Einrechnung der Tatsache, daß der Gegenspieler in der für ihn bestmöglichen Weise auf diese Entscheidung reagieren wird, worauf der Spieler aber wieder seine Entscheidung korrigieren könnte, was natürlich der Gegenspieler gleich in Betracht ziehen würde, usw. für eine endliche Zahl solcher Reaktionen.

Auf diese Weise werden zwar alle Berechnungen zu Anfang, vor der ersten Entscheidung, angestellt. Diese müssen aber berücksichtigen, daß solche Berechnungen vor jeder folgenden Entscheidung neu angestellt werden müssen, da sich die Grundlagen des Problems (die Parameter und der ökonomische Horizont) wegen neuer Informationen, die man in der Zwischenzeit erhalten hat, verschieben. In der Praxis wird es möglicherweise unterschiedlich lange dauern, bis eine Firma sich über ihre Reaktion schlüssig geworden ist (die von ihr aus betrachtet ja immer eine Aktion aufgrund veränderter Anfangsbedingungen ist). Da darüber aber nichts vorausgesetzt wurde, ist es vernünftig, für die Vorbereitung jeder Entscheidung über eine Reaktion die gleiche Zeitdauer anzunehmen. Das führt zu dem obigen Ansatz.

Sei nun y_{it} der Entscheid von Firma i zu Anfang der Periode t, wobei $y_{it} \in Y_i$ und $t \in \{1, . . . , T\}$, so hängt der auf die Periode 1 abdiskontierte Gewinn $\bar{Q}_i(1, T)$ der Firma i über die Planungsperiode (ohne Verabredungskosten) von allen diesen Entscheidungen, von den Anfangsbedingungen y_{1o}, y_{2o} und dem Diskontfaktor ρ ab (letzterer gelte für beide Firmen):

$$(7.7.1) \qquad \bar{Q}_i(1, T) = \bar{Q}_i(y_{1o}, y_{2o}; y_{11}, y_{22}, y_{13}, y_{24}, . . . , y_{kT}, \rho),$$

$$i, k \in \{1, 2\}, \; y_{it} \in Y_i.$$

Der Gewinn der Firma i in Periode t sei[2]

1 Der gleiche Ansatz findet sich bei *Cyert* und *De Groot*, Multiperiod Decision Models with Alternating Choice as a Solution to the Duopoly Problem, The Quart. J. of Ec., 84 (1970), S. 410 ff.

2 Wir nehmen also an, daß der Gewinn jeder Firma i in der Periode t nur von den Konstellationen der Entscheidungsgrößen beider Firmen in Periode t und t–1 abhängt, nicht auch von den weiter zurück liegenden Entscheidungsgrößen. Diese Vereinfachung wird zugunsten der expliziten Lösbarkeit des Problems in Kauf genommen.

Übrigens hängt wegen $y_{it} = y_{i,t-1}$, falls i in Periode t–1 am Zuge war, Q_i in (7.7.2) tatsächlich nur von drei Argumenten ab.

(7.7.2) $$Q_{it} = Q_i(y_{1t}, y_{2t}, y_{1,t-1}, y_{2,t-1}),$$

Q_i beschränkt für alle $y_{it} \in Y_i$, so daß also der auf die Periode τ abdiskontierte Gewinn der Firma i von Periode τ bis t für $\tau \leqslant t$ ist:

(7.7.2a) $$\overline{Q}_i(\tau,t) = \sum_{\vartheta=\tau}^{t} \rho^{\vartheta-\tau} \cdot Q_i(y_{1\vartheta}, y_{2\vartheta}, y_{1,\vartheta-1}, y_{2,\vartheta-1}),$$
$$i \in \{1, 2\}, \quad 0 \leqslant \tau \leqslant t \leqslant T.$$

Die Entscheidungsgrößen der Vorperiode sind auch als Argument angeführt, um eventuellen Änderungskosten[1] oder dynamischen Nachfrage- oder Angebotsbeziehungen Rechnung zu tragen. Der Entscheid y_{it} der Firma i in Periode t gilt jeweils für diese Periode und ohne Verabredungen auch für die folgende Periode t+1, also immer solange, bis Firma i wieder „am Zuge" ist.[2]

Für die folgende Periode t+1 und für alle weiteren Perioden bis zum ökonomischen Horizont T kann die Firma i, nachdem sie einen Entscheid $y_{i,t+1}$ für Periode t+1 getroffen hat, der Firma j allerdings eine *Verabredung der beiderseitigen Entscheidungen,* also der Größen $(\overline{y}_{1,t+1}, \overline{y}_{2,t+1}, \ldots, \overline{y}_{1T}, \overline{y}_{2T})$ *vorschlagen,* die bis zur Periode T realisiert werden sollen. Zugleich enthält der Vorschlag den Anteil $\overline{\alpha}_{i,t+1}$, den Firma i vom gemeinsamen Gesamtgewinn von Periode t+1 ab bekommen soll. $\overline{\alpha}_i$ kann so gewählt werden, daß faktisch keine Ausgleichszahlungen erfolgen. Wird das Kooperationsangebot angenommen, so gelten ab t+1 die verabredeten Größen $\overline{y}_{1,t+1}, \ldots, \overline{y}_{2T}$. Wird es abgelehnt, so gilt $y_{i,t+1}$, und Spieler j ist frei, $y_{j,t+1}$ zu wählen und seinerseits ein Kooperationsangebot zu machen (oder auch nicht).

Zunächst muß aber entschieden werden, ob Firma 1 oder 2 in der 1. Periode am Zuge ist. Die Lösung des Spiels kann davon abhängen (aber braucht es nicht).

Sei Γ_i das oben vorläufig erklärte Spiel, das entsteht, wenn Spieler i den ersten Zug hat, also in den ungeraden Perioden 1, 3, . . . am Zug ist. Tatsächlich braucht er natürlich am status quo nichts zu ändern; er kann auch durch „Nichtziehen" dem Spieler j den Vortritt lassen; für diesen gilt aber das gleiche, so daß der status quo bis zur Periode T erhalten bleiben kann.

Wir haben dann die Spiele Γ_1 und Γ_2 zu untersuchen. Nehmen wir an, sie hätten eine Lösung. Da bei beiden der status quo als Lösung resultieren kann und es in diesem Fall gleichgültig ist, ob Γ_1 oder Γ_2 gespielt wird, ist es günstig, hier nur

---

1 Mit jeder Änderung von Preisen, Lieferbedingungen usw. sind in der Regel Kosten durch die Berechnung der neuen Preise, durch das Drucken und Versenden neuer Preislisten, Verhandlungen mit und Benachrichtigung von staatlichen Stellen und Verbänden, aber auch unter Umständen durch Absatzverlust infolge Verärgerung der Kundschaft u. ä. verbunden. Sie sind also in den diskontierten Gesamtkosten $\overline{Q}_{i\tau}$ bereits enthalten.

2 Falls Firma i in der 1. Periode am Zuge ist, gilt also für die 1. Periode stets auch y_{jo}: der status quo bleibt, was die Entscheidungsgröße der Firma j angeht, in der 1. Periode bestehen.

Spiele $\hat{\Gamma}_1$ bzw. $\hat{\Gamma}_2$ und $\hat{\Gamma}_0$ zu betrachten, bei denen in $\hat{\Gamma}_i$ der Spieler i den ersten Zug hat und tatsächlich den status quo verändert, während in $\hat{\Gamma}_0$ keiner am status quo etwas ändert. Wenn die Lösungen der Spiele $\hat{\Gamma}_0, \hat{\Gamma}_1, \hat{\Gamma}_2$ für die Spieler 1 und 2 die in den Randzeilen bzw. -spalten von Fig. 7.7.3a angegebenen strengen Präferenzen ergeben, werden die in dieser Tabelle eingetragenen Spiele $\Gamma_1, \Gamma_2, \Gamma_0$ gespielt, weil dies im Interesse beider Spieler liegt. Γ_0 soll dabei heißen, daß es gleichgültig ist, ob Γ_1 oder Γ_2 gespielt wird, da ohnehin keiner etwas am status quo ändert. Falls ein Interessengegensatz besteht, wer zuerst anfängt, wie in den umrandeten, mit ① bis ③ bezeichneten Feldern, wollen wir jedem Spieler die gleiche Chance geben, der erste bzw. der zweite zu sein. In den Feldern ① wünscht jeder zu beginnen. In Feld ② wünscht jeder, daß der andere beginnt; es ist aber für beide besser, daß einer beginnt. In den Feldern ③ würde einer am liebsten den status quo erhalten; da er aber sicher ist, daß dann der andere beginnt, ist es für ihn günstig, selbst zu versuchen, der Erste zu sein.

Bei allen sonstigen Feldern ist der Entscheid klar. Vielleicht sollte die Situation in den Feldern ④ noch erläutert werden. Hier ist jeweils der status quo die beste Situation für den einen und die schlechteste für den anderen. Im übrigen besteht ein gemeinsames Interesse daran, daß derjenige, der am liebsten den status quo erhalten würde, mit dem Spiel beginnt. Tut er das nicht, würde der andere mit Sicherheit anfangen, so daß es im Interesse des ersten liegt, selbst zu beginnen, obwohl er sich dadurch gegenüber dem status quo verschlechtert. Andernfalls würde er ja noch schlechter dastehen.

Da die Symmetrie der Matrixeintragungen nicht ohne weiteres ersichtlich ist, sind die zueinander symmetrischen Felder, bei denen die Symmetrie nicht selbstverständlich ist, mit großen lateinischen Buchstaben gleich bezeichnet. Die Felder [1] bis [4] sind zu sich selbst symmetrisch.

Wenn wir die Indifferenz zulassen (und das wollen wir), so ergeben sich zusätzlich die Präferenzen nach Fig. 7.7.3b. Auch hier ist bei Interessengegensatz,

Fig. 7.7.3a

Präferenzordnung für: Spieler 2 / Spieler 1	$\hat{\Gamma}_1 \succ \hat{\Gamma}_2 \succ \hat{\Gamma}_0$	$\hat{\Gamma}_1 \succ \hat{\Gamma}_0 \succ \hat{\Gamma}_2$	$\hat{\Gamma}_2 \succ \hat{\Gamma}_1 \succ \hat{\Gamma}_0$	$\hat{\Gamma}_2 \succ \hat{\Gamma}_0 \succ \hat{\Gamma}_1$	$\hat{\Gamma}_0 \succ \hat{\Gamma}_1 \succ \hat{\Gamma}_2$	$\hat{\Gamma}_0 \succ \hat{\Gamma}_2 \succ \hat{\Gamma}_1$
$\hat{\Gamma}_1 \succ \hat{\Gamma}_2 \succ \hat{\Gamma}_0$	Γ_1	Γ_1	[1] Ⓛ ① Γ_1 mit W. 0,5		Ⓐ Γ_1	Ⓒ ③ Γ_1 mit W. 0,5
$\hat{\Gamma}_1 \succ \hat{\Gamma}_0 \succ \hat{\Gamma}_2$	Γ_1	Γ_1	Ⓛ [2] Γ_2 mit W. 0,5		Ⓑ Γ_1	Ⓓ Γ_2 mit W. 0,5
$\hat{\Gamma}_2 \succ \hat{\Gamma}_1 \succ \hat{\Gamma}_0$	[3] ② Γ_1 mit W. 0,5 Γ_2 mit W. 0,5	Ⓚ Γ_1	Γ_2	Γ_2	Ⓔ Γ_1	Ⓖ ④ Γ_2
$\hat{\Gamma}_2 \succ \hat{\Gamma}_0 \succ \hat{\Gamma}_1$	Ⓚ Γ_2	[4] Γ_0	Γ_2	Γ_2	Ⓕ Γ_0	Ⓗ Γ_0
$\hat{\Gamma}_0 \succ \hat{\Gamma}_1 \succ \hat{\Gamma}_2$	Ⓖ Γ_1 ④	Ⓗ Γ_0	Ⓒ Ⓓ ③ Γ_1 mit W. 0,5 Γ_2 mit W. 0,5		Γ_0	Γ_0
$\hat{\Gamma}_0 \succ \hat{\Gamma}_2 \succ \hat{\Gamma}_1$	Ⓔ Γ_2	Ⓕ Γ_0	Ⓐ Γ_2	Ⓑ Γ_2	Γ_0	Γ_0

wer das Spiel beginnt, jedem Spieler eine 50%ige Chance gegeben, der erste zu sein. Im übrigen ist angenommen, daß ohne positiven Anreiz jeder beim status quo (= Spiel Γ_0) verbleibt.

Die zueinander symmetrischen Felder sind jeweils mit gleichen großen lateinischen Buchstaben Ⓐ, Ⓑ, . . . bezeichnet. Die Felder [1] bis [7] sind zu sich selbst symmetrisch.

Fig. 7.7.3b

Präferenzordnung für: Spieler 2 / Spieler 1	$\hat\Gamma_1 \succ \hat\Gamma_2 \sim \hat\Gamma_0$	$\hat\Gamma_1 \sim \hat\Gamma_2 \succ \hat\Gamma_0$	$\hat\Gamma_1 \sim \hat\Gamma_0 \succ \hat\Gamma_2$	$\hat\Gamma_2 \succ \hat\Gamma_1 \sim \hat\Gamma_0$	$\hat\Gamma_2 \sim \hat\Gamma_0 \succ \hat\Gamma_1$	$\hat\Gamma_0 \succ \hat\Gamma_1 \sim \hat\Gamma_2$	$\hat\Gamma_0 \sim \hat\Gamma_1 \sim \hat\Gamma_2$
$\hat\Gamma_1 \succ \hat\Gamma_2 \sim \hat\Gamma_0$	Ⓐ Γ_1	Ⓑ Γ_1	Ⓒ Γ_1	[1] Γ_1 mit W. 0,5 Γ_2 mit W. 0,5	Ⓓ Γ_1 mit W. 0,5 Γ_2 mit W. 0,5	Ⓔ Γ_1	Ⓕ Γ_1
$\hat\Gamma_1 \sim \hat\Gamma_2 \succ \hat\Gamma_0$	Ⓖ Γ_1	[2] Γ_1	Ⓗ Γ_1	Ⓑ Γ_2	Ⓙ Γ_2	Ⓚ Γ_1	Ⓛ Γ_1
$\hat\Gamma_1 \sim \hat\Gamma_0 \succ \hat\Gamma_2$	Ⓜ Γ_0	Ⓙ Γ_1	Ⓝ Γ_0	Ⓓ Γ_1 mit W. 0,5 Γ_2 mit W. 0,5	[3] Γ_0	Ⓞ Γ_0	Ⓟ Γ_0
$\hat\Gamma_2 \succ \hat\Gamma_1 \sim \hat\Gamma_0$	[4] Γ_0	Ⓖ Γ_2	Ⓠ Γ_0	Ⓐ Γ_2	Ⓜ Γ_0	Ⓡ Γ_0	Ⓢ Γ_0
$\hat\Gamma_2 \sim \hat\Gamma_0 \succ \hat\Gamma_1$	Ⓠ Γ_0	Ⓗ Γ_2	[5] Γ_0	Ⓒ Γ_2	Ⓝ Γ_0	Ⓣ Γ_0	Ⓤ Γ_0
$\hat\Gamma_0 \succ \hat\Gamma_1 \sim \hat\Gamma_2$	Ⓡ Γ_0	Ⓚ Γ_2	Ⓣ Γ_0	Ⓔ Γ_2	Ⓞ Γ_0	[6] Γ_0	Ⓥ Γ_0
$\hat\Gamma_0 \sim \hat\Gamma_1 \sim \hat\Gamma_2$	Ⓢ Γ_0	Ⓛ Γ_2	Ⓤ Γ_0	Ⓕ Γ_2	Ⓟ Γ_0	Ⓥ Γ_0	[7] Γ_0

Damit steht, allerdings manchmal nur in Wahrscheinlichkeiten, fest, welches der Spiele Γ_1, Γ_2 oder Γ_0 (status quo) gespielt wird, sobald die Lösungen von Γ_1 und Γ_2 bekannt sind, nämlich die optimale Zugfolge $y_{i1}, y_{i3}, \ldots, y_{j2}, y_{j4}, \ldots$ Es gilt natürlich, wenn $\epsilon_i^*(\Gamma_k)$ die Auszahlung für Spieler i beim Spiel Γ_k bei optimaler Spielweise ist:

(7.7.3c)
$$\Gamma_k \underset{i}{\succ} \Gamma_l \leftarrow \epsilon_i^*(\Gamma_k) > \epsilon_i^*(\Gamma_l)$$
$$\text{und } \Gamma_k \underset{i}{\sim} \Gamma_l \leftarrow \epsilon_i^*(\Gamma_k) = \epsilon_i^*(\Gamma_l), \quad i \in \{1, 2\},$$
$$k, l \in \{0, 1, 2\}, \quad k \neq l.$$

Um die *Lösung* von Γ_1 und Γ_2 zu erhalten, müssen wir die Spiele zunächst genau definieren. Es genügt, das Spiel Γ_1 zu betrachten. In Γ_1 ist Firma 1 in den ungeraden Perioden t = 1, 3, 5, . . . am Zuge, Firma 2 in den geraden Perioden t = 2, 4, 6, . . Je nachdem, ob T ungerade oder gerade ist, hat 1 oder 2 den letzteren Zug. In Γ_1 hat Firma i in den Perioden $t\,(t \in \{1, \ldots, T\}$, falls t ungerade: i = 1, falls t gerade: i = 2) die folgenden Entscheide zu treffen:

a) Ob sie ein eventuell aus der Vorperiode (auch als Anfangsbedingung) vorliegendes Kooperationsangebot $(\bar y_{1t}, \bar y_{2t}, \ldots, \bar y_{1T}, \bar y_{2T}, \bar\alpha_{jt})$ der Firma j annehmen soll oder nicht. Wenn sie annimmt, wird die Konstellation $(\bar y_{1t}, \bar y_{2t}, \ldots, \bar y_{1T}, \bar y_{2T})$ der Entscheidungsgrößen bis zu Periode T realisiert, und der gemeinsame auf

Periode t abdiskontierte Gesamtgewinn von t bis T ist (ohne Berücksichtigung der Kooperationskosten):

$$(7.7.4) \qquad \overline{Q}(t,T) = \sum_{\tau=t}^{T} \sum_{i=1}^{2} \rho^{\tau-t} Q_i(\overline{y}_{1\tau}, \overline{y}_{2\tau}, \overline{y}_{1,\tau-1}, \overline{y}_{2,\tau-1})$$

$$\text{mit } \overline{y}_{i,t-1} := y_{i,t-1},\ i, j \in \{1, 2\},\ i \neq j,\ Q_{T+1} := 0.$$

Nun fallen in der Regel noch Kooperationskosten an. Es seien K_{jt}^{Ang} die Kosten, die ein Kooperationsangebot der Firma j in Periode t–1, gültig ab Periode t, für Firma j verursacht (diese Kosten werden der Periode t zugerechnet), und K_{it}^{Ann} die Kosten der Annahme dieses Angebots für Firma i. $K_{j,t}^{Ang}$ + K_{it}^{Ann} sind Kooperationskosten.[1] Dann ist der auf Periode t abdiskontierte gesamte Nettogewinn, wenn Firma j in Periode t–1 ein Kooperationsangebot macht, das Firma i in Periode t annimmt:

$$(7.7.4a) \qquad \overline{Q}_{j,i}^{netto}(t,T) = \overline{Q}(t,T) - K_{jt}^{Ang} - K_{i,t}^{Ann}.$$

Falls

$$(7.7.4b) \qquad K_{jt}^{Ang} = K_{it}^{Ann}$$

ist, schreiben wir statt $\overline{Q}_{j,i}^{netto}(t,T)$ einfach $\overline{Q}^{netto}(t,T)$, weil es dann für den diskontierten Gesamtgewinn gleichgültig ist, wer das Kooperationsangebot gemacht hat. Wir nehmen dies im folgenden häufig an.

Der gemeinsame Gewinn $\overline{Q}_{ji}^{netto}(t,T)$ wird so auf Firma i und j aufgeteilt, daß Firma i den Anteil $\overline{\alpha}_{it}$ und Firma j den Teil $\overline{\alpha}_{jt}$ erhält, mit $\overline{\alpha}_{jt} = 1 - \overline{\alpha}_{it}$. Falls

$$(7.7.5) \qquad \overline{\alpha}_{it} = \frac{\overline{Q}_i(t,T) - K_{it}^{Ann}}{\overline{Q}_{ji}(t,T)},$$

erhält jede Firma genau das, was sie selbst gewinnt. Bei diesem $\overline{\alpha}_{it}$ gibt es also keine Ausgleichszahlungen.

Falls Firma i ein solches Kooperationsangebot nicht annimmt oder falls ein solches nicht vorliegt, hat Firma i

b) ihre Entscheidungsgröße auf ein $y_{it} \in Y_i$ festzulegen. Diese Entscheidung gilt unwiderruflich bis zur Periode t+2, wenn i wieder am Zuge ist, es sei denn, Firma i mache ihrerseits ein Koalitionsangebot $(\overline{y}_{1,t+1}, \overline{y}_{2,t+1}, \ldots, \overline{y}_{1T}, \overline{y}_{2T}, \overline{\alpha}_{i,t+1})$ für die Perioden t+1 bis T und dies Angebot wird in Periode t+1 von Firma j angenommen. Dann gilt y_{it} nur für die Periode t.

1 Sie können von der Art des Angebots abhängen, z. B. davon, ob Ausgleichszahlungen vorkommen oder nicht. Doch sehen wir hiervon ab. – Die Kooperationskosten bestehen aus Kosten der Verhandlungsführung und des Vertragsabschlusses, Strafkosten, falls solche Absprachen illegal sind, oder Opportunitätskosten, weil durch die Vertragsbindung die Entscheidungsfreiheit eingeengt wird, später eventuell neu auftauchende günstige Gelegenheiten nicht wahrgenommen werden können oder überhaupt jede Bindung als nachteilig empfunden wird.

c) Weiter hat Firma i in diesem Fall zu entscheiden, ob sie ein Koalitionsangebot $(\bar{y}_{1,t+1}, \ldots, \bar{y}_{2T}, \bar{\alpha}_{i,t+1})$ machen will und wenn ja, welche $\bar{y}_{i\tau} \in Y_i$, $\tau \in \{t+1, \ldots, T\}$, $\bar{\alpha}_{i,t+1} \in \mathbb{R}^1$ sie vorschlagen soll.

Falls in den Perioden $\tau = t-1, t-2, \ldots$ bereits ein Koalitionsangebot angenommen wurde, bleibt die Firma i an den vorher verabredeten Entscheid $\bar{y}_{it}$ gebunden.

Es sei $A_{it}(r)$ die Menge der hiernach möglichen Entscheidungen für Firma i in Periode t, in der i am Zuge ist, wenn während der Vorperioden eine Sequenz r von Entscheidungen getroffen wurde, so daß die Ecke p_r des Spielbaums Γ_1 erreicht wurde. Wir nehmen zunächst an, daß $A_{it}(r)$ eine endliche Menge ist.

Damit ist der auf Periode 1 abdiskontierte Nettogewinn $\bar{Q}_i^{netto}(s)$ der Firma i, wenn eine bestimmte Sequenz $s \in S$ der T Entscheidungen realisiert wurde (S: = Menge der möglichen Sequenzen der Entscheidungen), so daß ein Endpunkt $p_S \in P_S$ des Spielbaums von Γ_1 erreicht wurde (P_S: = Menge der Endpunkte des Spielbaums), wobei in der Periode $\tau+1$ ein Koalitionsangebot angenommen wurde und (7.7.4b) gilt:

$$(7.7.6) \quad \bar{Q}_i^{netto}(s) := \bar{Q}_i(1,\tau) - \sum_{t=1}^{\tau} K_{it}^{Ang} \cdot \rho^{t-1} + \bar{\alpha}_{i,\tau+1} \cdot \bar{Q}^{netto}(\tau+1,T) \cdot \rho^{\tau}, \quad 0 \leq \tau \leq T.$$

Wir nehmen nun an, daß das Hauptentscheidungskriterium der diskontierte Nettogewinn $\bar{Q}_i^{netto}(s)$ ist. Bei gleichem Nettogewinn soll der geringere Aktivitätsgrad den Ausschlag geben (weil eine Aktivität für die meisten Menschen eine Anstrengung und eine zur Kooperation führende Aktivität eine Bindung bedeuten und in der Regel auch andere Ungelegenheiten bringen, so daß bei gleichem Nettogewinn die Nichtaktivität günstiger ist). Bei gleichem Nettogewinn und gleichem Aktivitätsgrad soll der Gewinn des Gegenspielers das Entscheidungskriterium abgeben. Weil der Gegenspieler der Konkurrent ist, wird dann ein Entscheid, der ihm einen geringeren Gewinn bringt, vorgezogen.[1]

Wir haben also eine *lexikographische Präferenzordnung* bezüglich der eigenen Nettogewinne, des Aktivitätsgrades und der Nettogewinne des Gegenspielers.

Nunmehr können die *Auszahlungen* an allen Endpunkten p_s des Spielbaums von Γ_1 wie folgt definiert werden.

Es sei P_S die Menge der Endpunkte, P_{i1} die Teilmenge davon, so daß den zu ihr gehörigen Endpunkten der größte Nettogewinn für Spieler i zugeordnet ist, P_{i2} die Teilmenge, deren Elemente (nämlich die Endpunkte) für Spieler i den zweitgrößten Nettogewinn bringen usw. bis P_{ik_i}, so daß also $P_{i1} \cup P_{i2} \cup \ldots \cup P_{ik_i} = P_S$, und alle Teilmengen disjunkt.

Wir sagen: Firma i hat k_i *Gewinnklassen.* Jede Teilmenge $P_{i\kappa}$, $\kappa \in \{1, \ldots, k_i\}$, kann nun wieder in drei disjunkte und insgesamt erschöpfende Unter-Teilmengen $P_{i\kappa}^o$, $P_{i\kappa}^1$, $P_{i\kappa}^2$ zerlegt werden, nach folgender Definition:

---

1 Auch eine umgekehrte Festsetzung ist möglich. Es kommt nur darauf an, daß jeder Spieler die Verhaltensweise des Gegenspielers sicher kennt oder zumindest zu kennen glaubt oder willens ist, eine bestimmte, dem Gegenspieler unterstellte Verhaltensweise seinen eigenen Entscheidungen zugrunde zu legen. Das Max-min-Prinzip führt z. B. auf die obige Festsetzung.

$P_{i\kappa}^{o}$: = Teilmenge der Endpunkte in $P_{i\kappa}$, bei denen keine Firma ihre Ausgangsentscheidung y_{io}, $i \in \{1, 2\}$, geändert hat.

$P_{i\kappa}^{1}$: = Teilmenge der Endpunkte $P_{i\kappa}$, bei denen zumindest eine Firma ihre Ausgangsentscheidung y_{io} geändert hat, aber kein Kooperationsangebot angenommen wurde.

$P_{i\kappa}^{2}$: = Teilmenge der Endpunkte in $P_{i\kappa}$, bei denen zumindest eine Firma ihre Ausgangsentscheidung y_{io} geändert hat und ein Kooperationsangebot angenommen wurde.

Wir nennen den oberen Index λ von $P_{i\kappa}^{\lambda}$, $\lambda \in \{0, 1, 2\}$, den *Aktivitätsgrad.*

Besteht eine Teilmenge $P_{i\kappa}^{\lambda}$ aus mehr als einem Element, so wird sie nach der Nettogewinnsituation des Gegenspielers j wieder in disjunkte und insgesamt erschöpfende Untermengen $P_{i\kappa}^{\lambda 1}, \ldots, P_{i\kappa}^{\lambda m}$ zerlegt, wenn es innerhalb der Teilmenge $P_{i\kappa}^{\lambda}$ gerade $m = m(i, \kappa, \lambda)$ Gewinnklassen von j gibt, wobei 1 die höchste, m die niedrigste Gewinnklasse ist. Hierbei ist:

$P_{i\kappa}^{\lambda\mu}$: = Teilmenge der Endpunkte in $P_{i\kappa}^{\lambda}$, bei denen $\overline{Q}_j^{netto}(s)$ zur Gewinnklasse μ gehört, $\mu \in \{1, \ldots, m\}$.

Wir nennen den oberen Index μ, $\mu \in \{1, \ldots, m(i, \kappa, \lambda)\}$ von $P_{i\kappa}^{\lambda\mu}$ die für die Teilmenge $P_{i\kappa}^{\lambda}$ relevante *Situation des Gegenspielers.* Besteht die Teilmenge $P_{i\kappa}^{\lambda}$ nur aus einem Element, so soll μ=0 sein. Damit ist jeder Endpunkt p_s von Γ_1 für jeden Spieler i Element genau einer Menge $P_{i\kappa}^{\lambda\mu}$, $i \in \{1, 2\}$, $\kappa \in \{1, \ldots, k_i\}$, $\lambda \in \{0, 1, 2\}$, $\mu \in \{0, \ldots, m(i, \kappa, \lambda)\}$.

Bei allen Endpunkten, die Elemente derselben Menge $P_{i\kappa}^{\lambda\mu}$ sind, sind der Nettogewinn für Spieler i, der Aktivitätsgrad λ und die Situation μ des Gegenspielers gleich. Letztere beiden werden durch Spieler i getrennt bewertet.[1] Das Ergebnis sei $L_{i\kappa}^{\lambda\mu} \in \mathbb{R}^1$ und $M_{i\kappa}^{\lambda\mu} \in \mathbb{R}^1$. Somit ist jedem Endpunkt p_s nach (7.7.6) ein *Nettogewinn* $\overline{Q}_i^{netto}(s)$ für Spieler i, $i \in \{1, 2\}$, zugeordnet, und ebenso eine *Bewertung* $L_i(s) \in \mathbb{R}^1$ *des Aktivitätsgrades* λ und $M_i(s) \in \mathbb{R}^1$ der *Situation des Gegenspielers* am Endpunkt p_s.

Die *Auszahlung* $\epsilon_i(s)$ für Spieler i am Endpunkt p_s des Spielbaums von Γ_1 soll sich nun additiv zusammensetzen aus dem *Nettogewinn* $\overline{Q}_i^{netto}(s)$ und den *Bewertungen* $L_i(s)$ und $M_i(s)$ durch Spieler i, so daß

$$\text{(7.7.7)} \qquad \epsilon_i(s) := \overline{Q}_i^{netto}(s) + L_i(s) + M_i(s).$$

Bezüglich der *Bewertung $L_i(s)$ des Aktivitätsgrades* λ nehmen wir an, daß Firma i *bei gleichem Nettogewinn* das Nichtstun der Aktion und die Nichtkooperation der Kooperation vorzieht, weil jede Aktion mit (zumindest geistigen) Anstrengun-

1 Die Annahmen hierüber werden gleich erörtert.

gen verbunden ist und jede Kooperation Schwierigkeiten, Reibungen und Kooperationsanstrengungen voraussehen läßt. Erreicht man sein Ziel (hier: einen bestimmten Nettogewinn) ohne solche Anstrengungen, so wird man dem einen positiven Wert beimessen. *Jeder höhere Nettogewinn schlägt aber diese Bewertungen.* In diesem Rahmen soll die Firma frei sein, Bewertungsziffern L_i zu wählen. Demnach nehmen wir an:

(7.7.8a) $$L_{i\kappa}^{0\mu} > L_{i\kappa}^{1\mu'} > L_{i\kappa}^{2\mu''}, \ \forall\, i \in \{1, 2\}, \ \forall\, \kappa \in \{1, \ldots, k_i\}, \ \forall\, \mu, \mu', \mu'' \in \{1, \ldots, m\},$$

und, falls $p_{s'}$ und p_s irgend zwei Endpunkte des Spielbaums Γ_1 sind, so daß

$$\overline{Q}_i^{netto}(s') > \overline{Q}_i^{netto}(s),$$

soll gelten:

(7.7.8b) $$\epsilon_i(s') > \epsilon_i(s), \ \forall\, s', s \in S, \ s' \neq s.$$

Bewertungsziffern, die (7.7.8a und b) genügen, geben zusammen mit (7.7.7) eine *lexikographische Präferenzordnung bezüglich der Nettogewinne und der Aktivitätsgrade* wieder.

Bezüglich *der Bewertungen* $M_i(s)$ der Situation des Gegenspielers nehmen wir an, daß Firma i bei gleichem Nettogewinn und gleichem eigenen Aktivitätsgrad einen geringeren Nettogewinn der Konkurrenzfirma j höher bewertet als einen größeren, daß aber ein niedriger eigener Aktivitätsgrad (bei gleichem Nettogewinn) und erst recht ein höherer Nettogewinn stets als besser angesehen werden als irgendwelche Gewinne oder Verluste der Konkurrenzfirma bei gleicher eigener Situation.

Demnach nehmen wir an:

(7.7.9a) $$M_{i\kappa}^{\lambda 1} < M_{i\kappa}^{\lambda 2} < \ldots < M_{i\kappa}^{\lambda m(i, \kappa, \lambda)}, \ \forall\, i \in \{1, 2\}, \ \kappa \in \{1, \ldots, k_i\}, \ \lambda \in \{0, 1, 2\},$$

und, falls $p_{s'}$ und p_s irgend zwei Endpunkte des Spielbaums Γ_1 sind, so daß

$$\overline{Q}_i^{netto}(s') + L_i(s') > \overline{Q}_i^{netto}(s) + L_i(s),$$

soll auch (7.7.8b) gelten für $\forall s', s \in S, \ s' \neq s$.

Nach (7.7.9a und 8b) besteht auch bezüglich des Aktivitätsgrades und der Gewinnsituation des Gegenspielers eine *lexikographische Präferenzordnung.*

Wegen (7.7.9a) ist Firma i nur indifferent bezüglich möglicher Ergebnisse des Spiels, wenn auch Spieler j indifferent ist:

(7.7.10) $\epsilon_i(s) = \epsilon_i(s') \leftrightarrow \epsilon_j(s) = \epsilon_j(s'),\ s,\ s' \in S.$

Bei allen übrigen Endpunkten gibt es keine Indifferenz.

Damit ist das Spiel Γ_1 vollständig definiert. Es handelt sich um ein *endliches 2-Personen-Nicht-Nullsummenspiel bei perfekter Information,* bei dem immer dann, wenn die Auszahlungen für einen Spieler an zwei Endpunkten gleich sind, sie auch für den Gegenspieler gleich sind.

Die *Lösung dieses Spiels* ist rekursiv (im Sinne der dynamischen Programmierung) zu errechnen (s. u.). Damit sind die Auszahlungen eindeutig bestimmt; die optimalen Züge sind gleichfalls entweder eindeutig bestimmt oder, falls nicht, derart, daß es jedem Spieler gleichgültig sein kann, welche von mehreren gleich vorteilhaften Zügen der Gegenspieler wählt.

Bei Umwandlung des Spiels in *Normalform* entsteht ein oder entstehen mehrere *perfekte Gleichgewichtspunkte in reinen Strategien* und möglicherweise zusätzlich noch *andere Gleichgewichtspunkte,* die ohne Bedeutung für die Lösung des ursprünglichen Spiels in extensiver Form (also des zugrundeliegenden Problems) sind; vgl. hierzu im Anhang Abschnitt IV.2.

Die folgende Figur 7.7.11 zeigt das Beispiel eines Spiels bei perfekter Information, das zu einer eindeutigen rekursiven Lösung führt (dick durchgezogener Streckenzug). Das zugehörige Spiel in Normalform (Fig. 7.7.11a) besitzt 5 Gleichgewichtspunkte in reinen Strategien (schraffiert), von denen die 4 symmetrischen, zwischen denen die Austauschbedingungen erfüllt sind, die Lösung charakterisieren. Der einzelne Gleichgewichtspunkt (A_2, B_1) ist keine Lösung des nichtkooperativen Spiels.

Das Spiel der Fig. 7.7.12 besitzt zwei Lösungen in den Zügen (dick ausgezogen), aber nur eine in den Auszahlungen. Fig. 7.7.12a zeigt dieses Spiel in Normalform. Es besitzt vier Gleichgewichtspunkte; je zwei gehören zu einem Lösungs-Streckenzug in Fig. 7.7.12. Ein anderer Gleichgewichtspunkt in reinen Strategien existiert nicht. Die Austauschbedingungen sind zwischen den Gleichgewichtspunkten nicht erfüllt.

Nur wenn *alle* Gleichgewichtspunkte in reinen Strategien denselben eindeutigen Lösungs-Streckenzug des Spiels in extensiver Form repräsentieren (also keine anderen Gleichgewichtspunkte existieren), sind, wie man sich leicht überlegen kann, zwischen ihnen die Austauschbedingungen erfüllt. Ein Beispiel dafür ist das Spiel von Fig. 7.7.11, wenn man dort den Auszahlungsvektor $\binom{5}{2}$ am weitesten rechts durch $\binom{5}{0}$ ersetzt. Dann verschwindet der Gleichgewichtspunkt (A_2, B_1) in Fig. 7.7.11a, weil in diesem Feld (ebenso wie in dem darüber stehenden) die Auszahlungen jetzt $\binom{\ \ 0}{5\ \ }$ werden, und die Austauschbedingungen sind erfüllt.

Da im Spiel Verabredungen zugelassen sind, kann der perfekte Gleichgewichtspunkt nicht von anderen Punkten dominiert werden, wenn dort die Kooperationskosten abgezogen sind. Damit ist die rekursive Lösung auch vom Standpunkt der Normalform eines Spiels aus als Lösung zu akzeptieren.

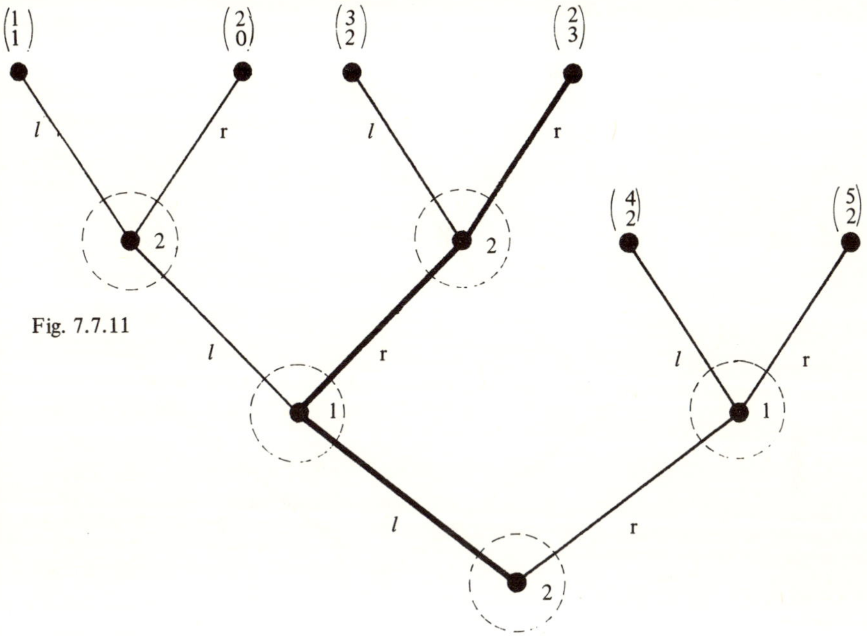

Fig. 7.7.11

Fig. 7.7.11a

Spieler 1 / Spieler 2 — Strategie:	Falls 2 im 1. Zug gewählt hat: r	l	B$_1$	B$_2$	B$_3$	B$_4$	B$_5$
1. Zug			r	*l*			
2. Zug: Falls 1 gewählt hat: r			/	r	r	*l*	*l*
l			/	r	*l*	r	*l*
A$_1$	r	r	5, 2	**2, 3**	**2, 3**	3, 2	3, 2
A$_2$	r	*l*	**5, 2**	2, 0	1, 1	2, 0	1, 1
A$_3$	*l*	r	4, 2	**2, 3**	**2, 3**	3, 2	3, 2
A$_4$	*l*	*l*	4, 2	2, 0	1, 1	2, 0	1, 1

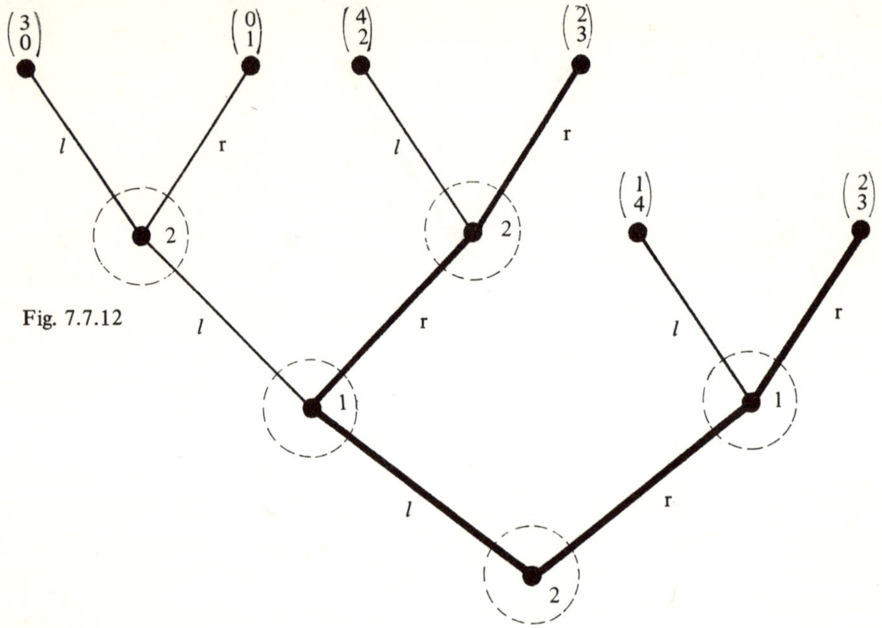

Fig. 7.7.12

Fig. 7.7.12a

Spieler 1 / Spieler 2

(Jede Zelle: unten links, oben rechts; umrandete, schraffierte Felder fett)

Strategie:	Falls 2 im 1. Zug gewählt hat: r	l	B1	B2	B3	B4	B5
1. Zug			r	l			
2. Zug: falls 1 gewählt hat: r			/	r	r	l	l
l			/	r	l	r	l
A_1	r	r	**2, 3**	**2, 3**	**2, 3**	4, 2	4, 2
A_2	r	l	**2, 3**	0, 1	3, 0	0, 1	3, 0
A_3	l	r	1, 4	2, 3	2, 3	4, 2	4, 2
A_4	l	l	1, 4	0, 1	3, 0	0, 1	3, 0

2. Ableitung der Reaktionsfunktionen

Die heuristischen Oligopoltheorien legen implizit oder explizit *Reaktionsfunktionen* zugrunde, mit deren Hilfe dann das optimale Verhalten von Oligopolisten abgeleitet werden kann. Diese Reaktionsfunktionen werden dort als Daten betrachtet, obwohl sie das eigentlich nicht sind: Sie können aus spieltheoretischen Ansätzen abgeleitet werden. Im folgenden leiten wir die Reaktionsfunktionen aus der Dyopoltheorie des vorhergehenden Abschnitts ab.

Wir gehen vom *Spiel in extensiver Form* aus. Die Reaktionsfunktion (im allgemeinen Fall: die Reaktionskorrespondenz) in einer dynamischen Theorie ist eine Zuordnung der Mengen optimaler Züge des Spielers, der an der betreffenden Ecke des Spielbaums am Zuge ist, zu dieser Ecke. Sei p_r eine beliebige Ecke des Spielbaums von Γ_1, an dem Spieler i am Zuge ist und die mit dem Anfangspunkt p_1 über die Ecken $p_2, \ldots, p_{r-1}$ und die diese Ecken verbindenden Kanten $a_{k_1,l_1}(1) \in A_1(1), \ldots, a_{k_{r-1},l_{r-1}}(r-1) \in A_{k_{r-1}}(r-1)$ verbunden ist. Hierbei ist $A_k(\tau)$ die Menge der Kanten, die von der k-ten Ecke in der τ-ten Stufe der Entscheidungen ausgehen, $\tau \in \{1, \ldots, T\}$, und $a_{k,l}(\tau)$ die l-te Kante, die von der k-ten Ecke in der τ-ten Stufe ausgeht. Dann ist die Ecke p_r auch als Vektor der zu ihr führenden Züge zu definieren:

$$p_r := (a_{k_1,l_1}(1), a_{k_2,l_2}(2), \ldots, a_{k_{r-1},l_{r-1}}(r-1)). \qquad (7.7.13)$$

Man betrachte das Teilspiel $\Gamma_1(p_r)$, das aus Γ_1 entsteht, wenn p_r der den Anfangspunkt des Teilspiels definierende Vektor ist. Diesem Anfangspunkt sei die Menge $A_m(r)$ von Zügen des Spielers i zugeordnet. Dieses Teilspiel hat die gleichen Eigenschaften wie Γ_1. Somit existiert eine *Lösung*, die dem Spieler i die Auszahlung $\epsilon_i^*(p_r)$ bringt und entweder den Anfangszug $a_{ml}^*(r) \in A_m(r)$ eindeutig bestimmt oder, falls mehrere optimale Anfangszüge existieren, die die Teilmenge $A_m^*(r) \subset A_m(r)$ der optimalen Anfangszüge definiert. Dann ist es sowohl für Spieler i als auch für Spieler j gleichgültig, welcher Zug $a_{ml}^*(r) \in A_m^*(r)$ vom Spieler i gewählt wird. Entsprechend ist dem Teilspiel $\Gamma_1(p_r')$ eine Menge $A_{m'}^*(r)$ optimaler Züge des dort am Zug befindlichen Spielers i zugeordnet usw. Allgemein hat man also die Zuordnung:

$$A_m^*(r) \leftarrow p_r. \qquad (7.7.14)$$

Diese Zuordnung heißt *Reaktionskorrespondenz.* Bestehen die Mengen $A_m^*(r)$, $A_{m'}^*(r), \ldots$, die zu allen möglichen Anfangspunkten $p_r, p_r', \ldots$, definiert durch die Vektoren gemäß (7.7.13), gehören, aus je einem Element $a_m^*(r), a_{m'}^*(r), \ldots$, so wird aus (7.7.14) die *Reaktionsfunktion*

$$a_m^*(r) = f_r(p_r). \qquad (7.7.14a)$$

Falls der optimale Zug $a^*_m(r)$ nur von den drei letzten Komponenten des Vektors p_r abhängt, die wir dann nach (7.7.13) als

$$a_{k_{r-1}, l_{r-1}}(r-1) =: a_j,$$

$$a_{k_{r-2}, l_{r-2}}(r-2) =: a^*_i,$$

$$a_{k_{r-3}, l_{r-3}}(r-3) =: a^*_j$$

schreiben, und wenn wir

$$a^*_m(r) =: a_i$$

setzen, so können wir (7.7.14a) als

$$(7.7.15) \qquad a_i = F(a_j, a^*_i, a^*_j), \quad i, j \in \{1, 2\}, i \neq j$$

schreiben, womit dann formal die Reaktionsfunktion des statischen Ansatzes für den Dyopolfall erreicht ist (vgl. (4.1.4) und (6.1.3)), allerdings abgeleitet aus einem dynamischen Modell.

3. Analytische Fassung der Theorie

Für die analytische Fassung sehen wir von der Diskretisierung der Entscheidungsgrößen wieder ab, machen dafür aber die folgenden vereinfachenden Annahmen:

1. Es existieren Reaktionsfunktionen nach (7.7.14a).
2. Die Änderungskosten sind Null und die Kosten- und Erlösfunktionen statisch, so daß die Gewinnfunktion (7.7.2) zu $Q_{it} = Q_i(y_{1t}, y_{2t})$, $i \in \{1, 2\}$, umgeformt werden kann.
3. Die Kosten der Abgabe und der Annahme eines Angebots sind in allen Perioden gleich: $K^{Ang}_{it} = K^{Ang}_i$, $K^{Ann}_{it} = K^{Ann}_i$, $i \in \{1, 2\}$.
4. Die Bewertungen einer Kooperation ($\lambda = 2$ in $L^{\lambda\mu}_{i\kappa}$, vgl. (7.7.8a)) sind unabhängig von der eigenen Gewinnhöhe und von der Art der Kooperation:

$$L^{2\mu}_{i\kappa} = -L_i < 0, \quad \forall \kappa \in \{1, \ldots, k_i\}, \forall \mu \in \{0, \ldots, m(i,\kappa,\lambda)\}.$$

5. Wenn ein vorhergehendes, fremdes Kooperationsangebot den gleichen Nettogewinn bringt wie ein eigenes späteres, wird das vorhergehende angenommen.

Wir formulieren die Theorie rekursiv und bezeichnen die Spieler so, daß Spieler 1 in Periode T am Zuge ist.

In Periode T ist bei einem einperiodischen Spiel, wenn Spieler 1 dort am Zuge ist und kein Kooperationsangebot aus T−1 vorliegt oder er es nicht annimmt, wegen $y_{2T} = y_{2,T-1}$ seine optimale Entscheidung y^*_{1T} bestimmt durch:

(7.7.16) $$y^*_{1T} \leftarrow \max_{y_{1T} \in Y_1} Q_1(y_{1T}, y_{2,T-1}).$$

Dies definiert die Reaktionsfunktion (7.7.14a) als

(7.7.16a) $$y_{1T} = f^1_T(y_{2,T-1}),$$

und Spieler k hat den Gewinn $\bar{Q}^o_{kT} := Q_k(f^1_T(y_{2,T-1}), y_{2,T-1}), k \in \{1, 2\}$. Liegt ein Kooperationsangebot $(\bar{y}_{1T}, \bar{y}_{2T}, \bar{\alpha}_{2T})$ vor, so erhält Spieler k den Gewinn $\bar{\bar{Q}}^1_{kT} := \bar{\alpha}_{kT} \cdot Q^*_T$, mit $Q^*_T = \sum_{k=1}^{2} Q_k(\bar{y}_{1T}, \bar{y}_{2T}) - K^{Ang}_2 - A^{Ann}_1$. Spieler 1 wird das Angebot annehmen, falls $\bar{Q}^1_{1T} \geqslant \bar{Q}^o_{1T} + L_1$, andernfalls ablehnen. Der durch diese Wahl von 1 für k entstehende Gewinn sei Q_{kT}. Er ist eine Funktion von $y_{2,T-1}$: $\bar{\bar{Q}}_{kT} = \bar{\bar{Q}}_{kT}(y_{2,T-1}), k \in \{1, 2\}$.

In Periode T−1 ist bei einem zweiperiodischen Spiel Spieler 2 am Zuge. Nehmen wir an, es liege kein Kooperationsangebot aus der Vorperiode vor (oder es wird abgelehnt) und 2 macht selbst kein Kooperationsangebot, so ist sein optimaler Zug $y^*_{2,T-1}$ bestimmt durch

(7.7.17) $$y^*_{2,T-1} \leftarrow \max_{y_{2,T-1} \in Y_2} [Q_2(y_{1,T-2}, y_{2,T-1}) + \rho Q_2(f^1_T(y_{2,T-1}), y_{2,T-1})].$$

Dies definiert die Reaktionsfunktion

(7.7.17a) $$y_{2,T-1} = f^2_{T-1}(y_{1,T-2}).$$

Damit hat Spieler k einen diskontierten Gesamtgewinn von

(7.7.17b) $$\bar{Q}^o_{k,T-1} := Q_k(y_{1,T-2}, f^2_{T-1}(y_{1,T-2})) + \rho\, \bar{Q}^o_{kT}, k \in \{1, 2\}.$$

Macht er ein Kooperationsangebot, so ist es (wegen der Angebotskosten) nur sinnvoll, ein solches zu machen, das auch angenommen wird. Das für 2 beste Angebot $(\bar{y}_{1T}, \bar{y}_{2T}, \bar{\alpha}_{2T})$, das 1 noch annimmt, wenn 2 dabei $y_{2,T-1}$ für Periode T−1 (und bei Nichtannahme auch für Periode T) festsetzt, ist bestimmt durch

(7.7.18) $$\bar{\alpha}_{1T} Q^*_T = Q_1(f^1_T(y_{2,T-1}), y_{2,T-1}) + L_1$$

$$\text{mit } Q^*_T = \max_{\substack{y_{kT} \in Y_k \\ k \in \{1,2\}}} \sum_{i=1}^{2} Q_i(y_{1T}, y_{2T}) - K^{Ang}_2 - K^{Ann}_1 \rightarrow (\bar{y}_{1T}, \bar{y}_{2T}).$$

Somit ist

(7.7.18a) $$\bar{\alpha}_{1T} = \frac{1}{Q_T^*}\,[Q_1(f_T^1(y_{2,T-1}), y_{2,T-1}) + L_1]\,.$$

Der optimale Zug $y_{2,T-1}$ ist dann dadurch bestimmt, daß der Gesamtgewinn für 2 (bei der sicheren Annahme des Angebots durch 1) maximal wird:

(7.7.19) $$\frac{\partial Q_2(y_{1,T-2}, y_{2,T-1})}{\partial y_{2,T-1}} + \frac{\partial}{\partial y_{2,T-1}}\,\rho\,(1-\bar{\alpha}_{1T})\cdot Q_T^* = 0\,,$$

$\bar{\alpha}_{1T}$ gemäß (7.7.18a), Q_T^* eine Konstante gemäß (7.7.18).

Das optimale $y_{2,T-1}$ sei $y_{2,T-1}^d$ (Index d für „Drohung", weil dieser Zug den Charakter einer Nötigung haben kann). Die Lösung von (7.7.19) ist dann die Reaktionsfunktion

(7.7.19a) $$y_{2,T-1}^d = f_{T-1}^{2d}(y_{1,T-2})\,.$$

Damit hat Spieler k einen diskontierten Gesamtgewinn von

(7.7.19b) $$\bar{Q}_{k,T-1}^2 := Q_k(y_{1,T-2}, f_{T-1}^{2d}(y_{1,T-2})) + \rho\,\bar{Q}_{kT}^1\,.$$

Liegt ein Kooperationsangebot $(\bar{y}_{1,T-1}, \bar{y}_{2,T-1}, \bar{y}_{1T}, \bar{y}_{2T}, \bar{\alpha}_{1,T-1})$ aus der Vorperiode vor und es wird angenommen, so hat Spieler k den diskontierten Gesamtgewinn

(7.7.20) $$\bar{Q}_{k,T-1}^1 = \bar{\alpha}_{k,T-1}\,Q_{T-1}^*$$

$$\text{mit } Q_{T-1}^* = \sum_{i=1}^{2}\sum_{\tau=T-1}^{T} Q_i(\bar{y}_{1\tau}, \bar{y}_{2\tau})\cdot\rho^{\tau-T+1} - K_1^{Ang} - K_2^{Ann}\,.$$

Damit wird 2 dann folgenden Entscheid treffen:

(7.7.21)

a) Das aus der Vorperiode vorliegende Kooperationsangebot wird angenommen, falls $\bar{Q}_{2,T-1}^1 \geqslant \bar{Q}_{2,T-1}^0 + L_2$ und $\bar{Q}_{2,T-1}^1 \geqslant \bar{Q}_{2,T-1}^2$.

b) Ein eigenes Kooperationsangebot wird abgegeben, falls $\bar{Q}_{2,T-1}^2 \geqslant \bar{Q}_{2,T-1}^0 + L_2$ und $\bar{Q}_{2,T-1}^1 < \bar{Q}_{2,T-1}^2$.

c) Es wird kein Kooperationsangebot angenommen oder abgegeben, falls $\bar{Q}_{2,T-1}^0 > \max(\bar{Q}_{2,T-1}^1, \bar{Q}_{2,T-1}^2) - L_2$.

Der so entstehende diskontierte Gesamtgewinn $\bar{\bar{Q}}_{k,T-1}$ ist eine Funktion der Anfangsbedingungen $y_{1,T-2}$: $\bar{\bar{Q}}_{k,T-1} = \bar{\bar{Q}}_{k,T-1}(y_{1,T-2})$.

In Periode $t=T-n$ ist bei einem n-periodischen Spiel Spieler 1 am Zuge, wenn n gerade ist. Liegt kein Kooperationsangebot aus der Vorperiode vor (oder wird es abgelehnt) und macht 1 kein Kooperationsangebot, so ist sein optimaler Zug y_{1t}^* bestimmt durch

(7.7.22) $$y_{1t}^{*} \leftarrow \max_{y_{1t} \in Y_1} [Q_1(y_{1t}, y_{2,t-1}) + \rho \bar{\bar{Q}}_{1,t+1}(y_{1t})],$$

und Spieler k erhält den diskontierten Gesamtgewinn $\bar{Q}_{kt}^{o}$. Dies definiert die Reaktionsfunktion

(7.7.22a) $$y_{1t} = f_t^2(y_{2,t-1}).$$

Im Falle, daß auch in t+1, . . . , T kein Kooperationsangebot gemacht wird, wird aus (7.7.21)

(7.7.22b) $$\begin{aligned} y_{1t}^{*} \leftarrow \max_{y_{1t} \in Y_1} & [Q_1(y_{1t}, y_{2,t-1}) + \rho \cdot Q_1(y_{1t}, f_{t+1}^2(y_{1t})) + \\ & + \rho^2 \cdot Q_1(f_{t+2}^1(f_{t+1}^2(y_{1t})), f_{t+1}^2(y_{1t})) \\ & \vdots \\ & + \rho^n \cdot Q_i(f_T^1(f_{T-1}^2(\ldots(f_{t+2}^1(f_{t+1}^2(y_{1t})))\ldots)), \\ & \quad f_{T-1}^2(f_{T-2}^1(\ldots(f_{t+1}^2(y_{1t}))\ldots)))]. \end{aligned}$$

Macht 1 ein Kooperationsangebot, so ist $\bar{\alpha}_{2,t+1}$ bestimmt durch

(7.7.22c) $$\bar{\alpha}_{2,t+1} = \frac{1}{Q_{t+1}^{*}} [\bar{\bar{Q}}_{2,t+1}(y_{it}^{d}) + L_2]$$

mit

$$Q_{t+1}^{*} = \max_{\substack{y_{k\tau} \in Y_k \\ k \in \{1,2\} \\ \tau \in \{t+1,\ldots,T\}}} \sum_{i=1}^{2} \sum_{\tau=t+1}^{T} Q_i(y_{1\tau}, y_{2\tau}) \rho^{\tau-t-1} - K_1^{Ang} - K_2^{Ann}.$$

Dies bestimmt $(\bar{y}_{1,t+1}, \bar{y}_{2,t+1}, \ldots, \bar{y}_{1T}, \bar{y}_{2T})$. $\bar{\bar{Q}}_{2,t+1}(y_{1t}^{d})$ ist definiert nach (7.7.25).

y_{1t}^{d} ist bestimmt durch

(7.7.23) $$\frac{\partial Q_1(y_{1t}, y_{2,t-1})}{\partial y_{1t}} + \frac{\partial}{\partial y_{1t}} \rho (1 - \bar{\alpha}_{2,t+1}) Q_{t+1}^{*} = 0.$$

Dies definiert die Reaktionsfunktion

(7.7.23a) $$y_{1t} = f_t^{1d}(y_{2,t-1}).$$

Der resultierende diskontierte Gesamtgewinn sei $\bar{Q}_{k,t}^{2}$.

Liegt ein Kooperationsangebot $(\bar{y}_{1t}, \bar{y}_{2t}, \ldots, \bar{y}_{1T}, \bar{y}_{2T}, \bar{\alpha}_{2t})$ aus der Vorperiode vor und wird es angenommen, so hat Spieler k den diskontierten Gesamtgewinn

$$(7.7.24)\qquad \overline{Q}^1_{k,t} = \overline{\alpha}_{kt} Q^*_t$$

$$\text{mit } Q^*_t = \sum_{i=1}^{2} \sum_{\tau=t}^{T} Q_i(\overline{y}_{1\tau}, \overline{y}_{2\tau})\, \rho^{\tau-t} - K_2^{Ang} - K_1^{Ann}.$$

Für die Entscheidung zwischen diesen Alternativen gilt (7.7.21), wobei dort T–1 durch t zu ersetzen und 1 und 2 zu vertauschen sind. Der so entstehende diskontierte Gesamtgewinn für Spieler k ist

$$(7.7.25)\qquad \overline{\overline{Q}}_{k,t} = \overline{\overline{Q}}_{k,t}(y_{2,t-1}) \begin{cases} = \overline{\alpha}_{kt} \sum_{i=1}^{2} \sum_{\tau=t}^{T} Q_k(\overline{y}_{1\tau}, \overline{y}_{2\tau})\rho^{\tau-t} - K_2^{Ang} - K_1^{Ann}, \\ \text{falls ein vorhergehendes Kooperationsangebot nach (7.7.21) angenommen wird;} \\ = Q_k(f_t^1(y_{2,t-1}), y_{2,t-1}) + \rho \overline{\overline{Q}}_{k,t+1}(f_t^1(y_{2,t-1})), \\ \text{falls nach (7.7.21) kein Kooperationsangebot angenommen wurde und auch keins abgegeben wird;} \\ = Q_k(f_t^{1d}(y_{2,t-1}), y_{2,t-1}) + \rho \overline{\overline{Q}}_{k,t+1}(f_t^{1d}(y_{2,t-1})), \\ \text{falls nach (7.7.21) ein eigenes Kooperationsangebot abgegeben wird.} \end{cases}$$

Auf diese Weise ist das Spiel rekursiv zu lösen.

4. Das Problem des Zeithorizonts

Die Theorie benötigt außer den natürlichen Daten wie den Gewinnfunktionen, den Kooperationskosten und den Anfangsbedingungen noch eine Zeit-Diskontrate und einen Zeithorizont. Die Diskontrate läßt sich noch als Marktzins und, soweit sie darüber liegt, als approximatives Maß für die Unsicherheit über die zukünftige Gewinnfunktionen und Kooperationskosten erklären. Der endliche Zeithorizont T erscheint willkürlich.

Diese Willkür hat allerdings in vielen Fällen keine große praktische Bedeutung.

1. Ist der Zeit-Diskontsatz groß genug und der Zeithorizont nicht zu nahe, haben die späteren Entscheidungen nur wenig Rückwirkungen auf die Entscheidungen zu Anfang.

2. Die Theorie hat vor allem die *erste* Entscheidung zu erklären. Der Zeithorizont T bleibt ja nicht fest, sondern verschiebt sich sozusagen mit den Entscheidungen selbst in die Zukunft: neue Informationen erhellen die Zukunft etwas weiter. Tatsächlich ist *jede* Periode, in der Entscheidungen getroffen werden, sozusagen die

erste. Unter diesem Gesichtspunkt interessieren die zukünftigen Entscheidungen, gesehen von jetzt aus, nur insoweit, als sie die Basis für die erste Entscheidung bilden.

Trotzdem sollte man versuchen, ohne festen Zeithorizont auszukommen. Das geht im Rahmen dieser Theorie, indem man den Zeithorizont T nach Unendlich gehen läßt und die Auswirkungen auf die *erste* Entscheidung untersucht. Konvergiert sie zu einem Grenzwert,und wenn ja: wie schnell konvergiert sie? Ist die Reihenfolge der Entscheidungen, also die Frage, wer beginnt, auch für den unendlichen Zeithorizont von Bedeutung? Ist die Konvergenz gut und der diskontierte Gesamtgewinn asymptotisch unabhängig von der Reihenfolge der Entscheidungen, so ist die Wahl von T ziemlich gleichgültig, sobald T nicht zu klein ist. Wir wenden uns diesen Problemen im nächsten Abschnitt zu. Hierzu vereinfachen wir das Modell noch weiter.

5. Das nichtkooperative Mengen-Dyopol. Der Spezialfall quadratischer Gewinnfunktionen und prohibitiver Kooperationskosten.

Wir betrachten ein Mengendyopol. Firma i liefert in Periode t die Angebotsmenge x_{it} eines homogenen Gutes auf den Markt, $i \in \{1, 2\}$, $t \in \{1, 2, \dots, T\}$. Die gemeinsame *Preisfunktion* sei

(7.7.26a) $$p_t = a_o - a_1(x_{1t} + x_{2t}), \quad a_o, a_1 > 0,$$

die Kostenfunktionen seien

(7.7.26b) $$K_{it} = b_{oi} + b_{1i}x_{it}, \quad b_{oi}, b_{1i} > 0.$$

Dann ist der Gewinn der Firma i in Periode t:

(7.7.27) $$Q_{it} = Q_i(x_{1t}, x_{2t}) = -a_1 x_{it}^2 + (a_o - b_{1i} - a_1 x_{jt})\, x_{it} - b_{oi}, \; i, j \in \{1, 2\}, \quad i \neq j.$$

Firma (= Spieler) 1 kann ihre Anliefermengen in den Perioden $t \in U := \{1, 3, 5, \dots\}$, Spieler 2 seine Anliefermengen in den Perioden $t \in G := \{2, 4, 6, \dots\}$ verändern, so daß also $x_{1,t+1} = x_{1t}$ für $t \in U$ und $x_{2,t+1} = x_{2t}$ für $t \in G$. T sei gerade.

Die *optimalen Entscheidungen* x_{1t}^*, x_{2t}^* und die *Reaktionsfunktionen* sind nach (7.7.16a, 17a, 22a) rekursiv zu errechnen.

Für ein *einperiodisches Problem* (Periode T) ergibt sich das optimale x_{2T} aus

$$\frac{\partial Q_2(x_{1,T-1}, x_{2T})}{\partial x_{2T}} = -2a_1 x_{2T} - a_1 x_{1,T-1} + a_o - b_{12} = 0,$$

(7.7.28)

mit $x_{1,T-1} = x_{1T}$

$$\rightarrow x_{2T} = \frac{a_o - b_{12}}{2a_1} - \frac{1}{2} x_{1,T-1} =: f_T^2(x_{1,T-1}).$$

Für ein *zweiperiodisches* Problem (beginnend mit T−1) ergibt sich das optimale $x_{1,T-1}$ aus

$$\frac{\partial}{\partial x_{1,T-1}} [Q_1(x_{1,T-1}, x_{2,T-2}) + \rho \cdot Q_1(x_{1,T-1}, f_T^2(x_{1,T-1}))] = 0$$

$$\rightarrow x_{1,T-1} = \frac{a_o - b_{11}}{a_1} \cdot \frac{1+\rho}{2+\rho} - \frac{a_o - b_{12}}{a_1} \cdot \frac{\rho}{2(2+\rho)} - \frac{1}{2+\rho} x_{2,T-2} =: f_{T-1}^1(x_2$$

usw.

Allgemein erhält man

(7.7.29)
$$x_{2,T-2\nu} = \alpha_{T-2\nu} + \beta_{T-2\nu} x_{1,T-2\nu-1} =: f_{T-2\nu}^2(x_{1,T-2\nu-1}),$$

$$x_{1,T-2\nu-1} = \alpha_{T-2\nu-1} + \beta_{T-2\nu-1}\, x_{2,T-2\nu-2} =: f_{T-2\nu-1}^1(x_{2,T-2\nu-}$$

$$\nu = 0, 1, 2, \ldots\ .$$

Unser Problem ist: Existiert ein Grenzwert von $x_{2,T-2\nu}$ und $x_{1,T-2\nu-1}$ für $\nu \to \infty$, und welches ist er? Gibt es also einen Gleichgewichtspunkt für $\nu \to \infty$, so daß an einer Ausgangssituation nichts geändert wird? Die Endperiode T wird also festgehalten, und man versetzt sich in immer *frühere* Perioden t (wobei die Periode $t = T-2\nu$ bzw. $T-2\nu-1$ auch negative Werte annehmen kann, so, als ob man die Jahre vor Christi Geburt mit negativen Zahlen bezeichnen würde). Damit wird die Zahl der Perioden von Beginn der Rechnung bis zum Zeithorizont T immer größer, und unser Problem ist, herauszufinden, ob dann die optimalen Entscheidungen $x_{2,T-2\nu}$ bzw. $x_{1,T-2\nu-1}$ auch in den ersten Perioden dahin tendieren, unverändert zu bleiben.

Um dies zu untersuchen, schreiben wir (7.7.27) in der Form

(7.7.30)
$$Q_{it} := Q_i(x_t) := a_1 q_{it} - b_{oi}$$

$$\text{mit } q_{it} := q_i(x_t) := -(c_i + \xi_t)\, x_{it},\ -c_i := \frac{a_o - b_{1i}}{a_1},$$

$$\xi_t := x_{1t} + x_{2t},\ x_t = (x_{1t}, x_{2t})'.$$

Wenn wir die Perioden so numerieren, daß Firma 1 in den Perioden t, t+2, t+4, . . . zieht und Firma 2 in den Perioden t+1, t+3, t+5, . . ., so kann man die Reaktionsfunktionen (7.7.29) wie folgt umschreiben:

(7.7.31) $x_{t+1} = B_{t+1}\, x_t + a_{t+1} =: f_{t+1}(x_t)$

$$\text{mit } B_{t+\tau} = \begin{pmatrix} 1 & 0 \\ \beta_{t+\tau} & 0 \end{pmatrix}, \quad a_{t+\tau} = \begin{pmatrix} 0 \\ \alpha_{t+\tau} \end{pmatrix}, \quad \text{falls } \tau \equiv 1 \text{ mod. } 2,$$

$$B_{t+\tau} = \begin{pmatrix} 0 & \beta_{t+\tau} \\ 0 & 1 \end{pmatrix}, \quad a_{t+\tau} = \begin{pmatrix} \alpha_{t+\tau} \\ 0 \end{pmatrix}, \quad \text{falls } \tau \equiv 0 \text{ mod. } 2.$$

Nunmehr hat Firma 1 die Aufgabe zu lösen:

(7.7.31a) $q_1(x_t) + \rho q_1(x_{t+1}) + \rho^2 q_1(x_{t+2}) + \ldots = \max!,$

wobei für $x_{t+\tau}$ jeweils nach (7.7.31) zurück zu substituieren ist auf x_t. Dabei ist $x_{2t} = x_{2t-1}$ aus der Vorperiode vorherbestimmt, also ein Parameter. Nach längerer Rechnung[1] erhält man für die β_t die Rekursionsformel

(7.7.31b) $1 + 2(1+\rho)\beta_t + 2\rho\beta_t\beta_{t+1} + \rho^2\beta_t\beta_{t+1}^2\beta_{t+2} = 0.$

Hierbei sind die Anfangswerte (wobei t+1 = T als Endperiode angenommen ist):

$$\beta_{t+2} = 0\,, \qquad \beta_{t+1} = -\frac{1}{2}\,.$$

Dann erhält man $\beta_t = -\dfrac{1}{2+\rho}$ usw.

Man sieht an (7.7.28), daß dies stimmt. Gleichzeitig erhält man für die α_t, falls Firma i zur Zeit t zieht, die Rekursionsformel

(7.7.31c) $(1+\rho)\, c_i\beta_t - \alpha_t + \rho\beta_t(1+\rho\beta_{t+1}\beta_{t+2})\alpha_{t+1} + \rho^2\beta_t\beta_{t+1}\alpha_{t+2} = 0.$

Hierbei sind die Anfangswerte für den Fall, daß t+1 = T die Endperiode ist und daß in der Periode t+1 die Firma 2 am Zuge ist:

$$\alpha_{t+2} = 0, \quad \alpha_{t+1} = -\frac{1}{2}c_2$$

und nach (7.7.31b): $\beta_{t+2} = 0, \quad \beta_{t+1} = -\dfrac{1}{2}\,, \quad \beta_t = -\dfrac{1}{2+\rho}\,.$

Damit erhält man nach (7.7.31c):

$$\alpha_t = \frac{1}{2+\rho}\left[-(1+\rho)c_1 + \frac{1}{2}\rho c_2\right], \text{ usw.}$$

Man prüft nach, daß dies mit (7.7.28) übereinstimmt. Mit den so errechneten α und β erhält man aus (7.7.31) z. B. für ρ=1 und t+1 = T:

---

1 Vgl. Anhang zu diesem Abschnitt, Ziff. A.

$$x_{2T} = 0 \cdot c_1 - \frac{1}{2} c_2 - \frac{1}{2} x_{1,T-1},$$

(7.7.32) $$x_{1,T-1} = -\frac{2}{3} c_1 + \frac{1}{6} c_2 - \frac{1}{3} x_{2,T-2},$$

$$x_{2,T-2} = \frac{14}{59} c_1 - \frac{85}{118} c_2 - \frac{18}{59} x_{1,T-3},$$

. . . .

Wie man sieht, ergibt sich eine etwas seltsame Folge von Koeffizienten für c_1, c_2 und $x_{i,T-\nu}$.

Die *Konvergenz des Differenzengleichungs-Systems* (7.7.31) bzw. (7.7.29) für $\tau \to -\infty$ bzw. $\nu \to +\infty$ verlangt zunächst die Konvergenz der $\beta_{t+\tau}$ zu einem Absolutwert kleiner als 1 und die Konvergenz der $\alpha_{t+\tau}$ zu einem endlichen Wert für $\tau \to -\infty$.

Man kann zunächst beweisen,[1] daß $-\frac{1}{2} \leqslant \beta_{t+\tau} \leqslant -\frac{1}{4}$ für $\tau = 1, 0, -1, \ldots$ (falls t+1 = T die Endperiode ist) und daraufhin, daß die Folge der $\beta_{t+\tau}$ konvergiert.[2] Aus (7.7.31b) erhält man (für $\beta_t = \beta_{t+1} = \beta_{t+2}$) den Grenzwert β als Wurzel der Gleichung

(7.7.33) $$f(\beta) := \rho^2\beta^4 + 2\rho\beta^2 + 2(1+\rho)\beta + 1 = 0.$$

Die folgende Tabelle[3] gibt einige abgerundete Werte von β als Funktion von ρ an:

Tabelle 7.7.34

	ρ=	0	0,5	0,6	0,7	0,8	0,9	1
1. reelle Wurzel:	β=	–0,5	–0,3844	–0,3642	–0,3452	–0,3274	–0,3109	–0,295
2. reelle Wurzel:			–1,495	–1,332	–1,214	–1,125	–1,056	–1
3. konjugiert komplexe Wurzel	Realteil		0,939	0,848	0,779	0,726	0,683	0,648
	Imaginärteil		–2,465	–2,237	–2,064	–1,927	–1,815	–1,721
4. konjugiert komplexe Wurzel	Realteil		0,939	0,848	0,779	0,726	0,683	0,648
	Imaginärteil		2,465	2,237	2,064	1,927	1,815	1,721

---

1 s. Anhang zu diesem Abschnitt, Ziff. B.

2 s. Anhang zu diesem Abschnitt, Ziff. C.

3 Ich danke *Reinhard Pfab* für die Programmierung zur Errechnung der Tabellen 7.7.34 und 7.7.41.

Von ökonomischem Interesse ist in diesem Zusammenhang nur die 1. reelle Wurzel. Wie man sieht, liegt sie im Absolutwert unter Eins.

Es läßt sich zeigen, daß die $\alpha_{T-2\nu}$ bzw. $\alpha_{T-2\nu-1}$ in (7.7.29) für alle ρ in $[0,1]$ beschränkt bleiben für $\nu \to \infty$[1] und daß die α_t zu zwei Grenzwerten konvergieren, je einem für $\alpha_{T-2\nu}$ und für $\alpha_{T-2\nu-1}$ für $\nu \to \infty$.[2]

Wir numerieren die Spieler so, daß Spieler 1 an ungeraden und Spieler 2 an geraden Perioden zieht und bezeichnen die Grenzwerte:

$$\alpha_g := \lim_{\nu\to\infty} \alpha_{T-2\nu} \qquad \text{(g für gerade)},$$

$$\alpha_u := \lim_{\nu\to\infty} \alpha_{T-2\nu-1} \qquad \text{(u für ungerade)},$$

$$\beta := \lim_{t\to-\infty} \beta_t .$$

Weiter setzen wir zur Abkürzung $\rho^2\beta^2 =: A$.

Dann erhält man aus (7.7.31c) für die Grenzwerte

$$(7.7.35) \qquad \begin{aligned} \alpha_u &= \beta(1+\rho)c_1 + (A+\rho)\alpha_g + A\alpha_u, \\ \alpha_g &= \beta(1+\rho)c_2 + (A+\rho)\alpha_u + A\alpha_g \end{aligned}$$

oder

$$(7.7.36) \qquad \begin{aligned} (1-A)\alpha_u - \beta(A+\rho)\alpha_g &= \beta(1+\rho)c_1, \\ -\beta(A+\rho)\alpha_u + (1-A)\alpha_g &= \beta(1+\rho)c_2 \end{aligned}$$

mit der Determinante

$$D = (1-A)^2 - \beta^2(A+\rho)^2 .$$

Die Lösung ergibt

$$(7.7.37) \qquad \begin{aligned} \alpha_g &= \frac{(1+\rho)\beta[c_1\beta(A+\rho)+c_2(1-A)]}{(1-A)^2-\beta^2(A+\rho)^2}, \\ \alpha_u &= \frac{(1+\rho)\beta[c_2\beta(A+\rho)+c_1(1-A)]}{(1-A)^2-\beta^2(A+\rho)^2}, \quad \text{mit } A = \rho^2\beta^2 . \end{aligned}$$

Geht man damit in (7.7.29) ein, wobei dort $\alpha_{T-2\nu} = \alpha_g$, $\alpha_{T-2\nu-1} = \alpha_u$, $\beta_{T-2\nu} = \beta_{T-2\nu-1} = \beta$, $x_{1,T-2\nu-1} = x_1$, $x_{2,T-2\nu} = x_{2,T-2\nu-2} = x_2$ zu setzen ist, so erhält man die *Konvergenzwerte*

1 s. Anhang zu diesem Abschnitt, Ziff. D.
2 s. Anhang zu diesem Abschnitt, Ziff. E.

(7.7.38) $$x_2 = \alpha_g + \beta x_1,$$

$$x_1 = \alpha_u + \beta x_2$$

mit der Lösung

(7.7.39) $$x_1 = \frac{\alpha_g\beta+\alpha_u}{1-\beta^2},$$

$$x_2 = \frac{\alpha_u\beta+\alpha_g}{1-\beta^2}.$$

Für den Fall des *einperiodischen Horizonts* (ρ=0, $\beta = \frac{1}{2}$) hat man $\alpha_g = -\frac{c_2}{2}$, $\alpha_u = -\frac{c_1}{2}$ und nach (7.7.39) unter Berücksichtigung von $c_i = \frac{b_{1i}-a_o}{a_1}$:

(7.7.40) $$x_1 = \frac{1}{3a_1}(a_o - 2b_{11} + b_{12}),$$
$$x_2 = \frac{1}{3a_1}(a_o - 2b_{12} + b_{11}).$$

Das ist der *Nash-Gleichgewichtspunkt* oder die *Cournot-Lösung.* Bei weiterem Horizont konvergiert die Lösung dagegen nicht mehr zu diesem Punkt, sondern zu einem anderen, gemäß (7.7.39).

Die folgende Tabelle 7.7.41 gibt die Werte für α_g und α_u nach (7.7.37) und für x_1 und x_2 nach (7.7.39) für verschiedene Werte von ρ an, wobei die Werte für β nach Tabelle 7.7.34 eingesetzt wurden und die auch früher benutzten Parameterwerte $a_o = 10$, $a_1 = 1$, $b_{11} = 1$, $b_{12} = 0{,}5$, also $c_1 = -9$, $c_2 = -9{,}5$ zugrunde gelegt wurden.

Tabelle 7.7.41

ρ =	0	0,5	0,6	0,7	0,8	0,9	1
α_g	4,75	4,751	4,740	4,727	4,713	4,697	4,681
α_u	4,5	4,370	4,333	4,295	4,257	4,219	4,181
x_1	2,833	2,985	3,006	3,024	3,040	3,053	3,065
x_2	3,333	3,604	3,645	3,683	3,717	3,748	3,775

Die Werte für ρ=0 sind die des Nash-Gleichgewichtspunktes oder der Cournot-Lösung und stimmen mit den aus (7.7.40) zu errechnenden überein. Wie man sieht, verschieben sich die Gleichgewichts-Produktionsmengen bei unendlichem Zeithorizont gegenüber der einperiodischen Gewinnmaximierung wie beim Cournot-Punkt umso mehr nach oben, je geringer der Zeitdiskont je größer also ρ ist.

Der Einschwingungsvorgang bei endlichem Zeithorizont wird im folgenden Abschnitt betrachtet. Ebenso werden dort allgemeine Folgerungen aus dem Ergebnis gezogen.

Anhang zu Abschnitt VII.5.[1]

A.

Der Rechengang kann im folgenden nur angedeutet werden. (7.7.31) wird verallgemeinert zu

[1] $x_{t+\tau} = B(t+\tau,t+1)\, x_t + a(t+\tau,t+1) =: f(t+\tau,t+1)(x_t),\ \tau = \{0, 1, 2, \ldots\},$

mit

[2] $$\begin{cases} B(t,t+1) = \begin{pmatrix} 1 & 0 \\ 0 & 1 \end{pmatrix}, \quad a(t,t+1) = \begin{pmatrix} 0 \\ 0 \end{pmatrix}, \\ B(t+\tau+1,t+1) = B_{t+\tau+1}\, B(t+\tau,t+1) = B_{t+\tau+1}\, B_{t+\tau}\, B_{t+\tau-1} \ldots B_{t+1}, \\ a(t+\tau+1,t+1) = B_{t+\tau+1}\, a(t+\tau,t+1) + a_{t+\tau+1}, \\ \qquad = B_{t+\tau+1} \sum_{\sigma=1}^{\tau} B(t+\tau,t+\sigma+1)\, a_{t+\sigma} + a_{t+\tau+1}, \quad \tau \in \{0, 1, 2, \ldots\}. \end{cases}$$

Damit ist z. B.

$$B_{t+1} = \begin{pmatrix} 1 & 0 \\ \beta_{t+1} & 0 \end{pmatrix}, \quad B(t+2,t+1) = \begin{pmatrix} \beta_{t+1}\beta_{t+2} & 0 \\ \beta_{t+1} & 0 \end{pmatrix},$$

$$B(t+3,t+1) = \begin{pmatrix} \beta_{t+1}\beta_{t+2} & 0 \\ \beta_{t+1}\beta_{t+2}\beta_{t+3} & 0 \end{pmatrix}.$$

Demnach gilt

[3] $$\begin{cases} B(t+\tau,t+1) = B(t+\tau,t+3)\, B(t+2,t+1) = \beta_{t+1}\beta_{t+2}\, B(t+\tau,t+3), \quad \tau \in \{3, 4, 5 \ldots\}, \\ a(t+\tau,t+1) = B(t+\tau,t+\sigma+1)\, a(t+\sigma,t+1) + a(t+\tau,t+\sigma+1), \quad 0 \leqslant \sigma \leqslant \tau. \end{cases}$$

---

1 Der Anhang (ebenso wie die daraus folgenden Ausführungen im Text) beruhen auf einer Ausarbeitung von *Dieter Coenen.* Das Ergebnis (7.7.31b) war auf anderem Wege zuerst von *Walter Oberhofer* erreicht worden, ebenso die Konvergenzbeweise (7.7.35b–40) im Text. Ich danke *Walter Oberhofer* und *Dieter Coenen* für ihre Hilfe.

Zur Ausführung der Extremalaufgabe (7.7.31a) ist es günstiger, zunächst allgemein die folgende 2 × 2-Matrix der Ableitungen zu betrachten:

$$[4] \quad R(x_t) := \left(- \frac{\partial}{\partial x_{k,t}} \sum_{\tau=0}^{T} q_i(x_{t+\tau}) \cdot \rho^{\tau} \right)_{i,k}, \quad i, k \in \{1, 2\},$$

$T \geqslant 3$ der Zeithorizont. Das Element $(\ )_{i,k}$ steht in der i-ten Zeile und k-ten Spalte der Matrix ( ). Dann ist, wenn der Operator ∂_k die partielle Ableitung nach der k-ten Stelle bedeutet:

$$(-\partial_k q_i(x))_{i,k} = \begin{pmatrix} c_1 + 2x_1 + x_2 & x_1 \\ x_2 & c_2 + x_1 + 2x_2 \end{pmatrix} =: C(x),$$

$$\left(\frac{\partial}{\partial x_{k,t}} x_{i,t+\tau} \right)_{i,k} = B(t+\tau, t+1) = B_{t+\tau} \ldots B_{t+1}$$

und damit nach der Kettenregel

$$[5] \quad \left(- \frac{\partial}{\partial x_{k,t}} q_i(x_{t+\tau}) \right)_{i,k} = \left(- \sum_{\lambda=1}^{2} \partial_\lambda q_i(x_{t+\tau}) \cdot \frac{\partial}{\partial x_{k,t}} x_{\lambda,t+\tau} \right)_{i,k},$$
$$= C(x_{t+\tau}) B(t+\tau, t+1).$$

Damit wird aus [4]

$$[6] \quad R(x_t) = \sum_{\tau=0}^{T} \rho^{\tau} C(x_{t+\tau}) B(t+\tau, t+1) = \begin{pmatrix} 0 & * \\ * & * \end{pmatrix}.$$

Wichtig ist, daß das erste Element $r_{11}(x_t)$ der Matrix $R(x_t)$ verschwindet.

Das erste Glied der Reihe [6] (mit $\tau = 0$) nimmt wegen der Anfangsbedingung $x_{2,t} = x_{2,t-1}$ (ein Parameter) eine Sonderstellung ein. Wegen $x_{1,t} = \beta_t x_{2,t-1} + \alpha_t$ und $x_{2,t-1} = x_{2,t}$ ist hier $x_{2,t} = \frac{1}{\beta_t} x_{1t} - \frac{\alpha_t}{\beta_t}$ zu setzen.

Wir definieren nun eine Matrix

$$\widetilde{C}(x) := C(x) - \begin{pmatrix} c_1 & 0 \\ 0 & c_2 \end{pmatrix} = \begin{pmatrix} 2x_1 + x_2 & x_1 \\ x_2 & x_1 + x_2 \end{pmatrix} =$$

$$= \begin{pmatrix} (x_1, x_2) \begin{pmatrix} 2 & 1 \\ 1 & 0 \end{pmatrix} \\ (x_1, x_2) \begin{pmatrix} 0 & 1 \\ 1 & 2 \end{pmatrix} \end{pmatrix} =: \begin{pmatrix} \zeta^{(1)}(x) \\ \zeta^{(2)}(x) \end{pmatrix},$$

so daß nach [1]:

$$[7] \quad \zeta^{(1)}(x_{t+\tau}) = x'_{t+\tau} \begin{pmatrix} 2 & 1 \\ 1 & 0 \end{pmatrix} = [a'_{(t+\tau,t+1)} + x'_t B_{(t+\tau,t+1)}] \begin{pmatrix} 2 & 1 \\ 1 & 0 \end{pmatrix}$$

und analog für $\zeta^{(2)}(x_{t+\tau})$.

Beginnt man nun die Reihe [6] mit x_{t+2} anstatt mit x_t und ersetzt dann x_{t+2} gemäß [11:

$$x_{t+2} = B(t+2,t+1)\,x_t + a(t+2,t+1)\,,$$

so stimmt diese neue Reihe bis auf den konstanten Faktor $\rho^2\beta_{t+1}\beta_{t+2}$ vom ersten Glied an mit der ursprünglichen Reihe vom 3. Glied an überein. Multipliziert man also die um 2 Perioden verschobene Reihe mit $\rho^2\beta_{t+1}\beta_{t+2}$ und zieht sie von der ursprünglichen Reihe ab, so heben sich alle Glieder mit dem Faktor ρ^τ, $\tau \geqslant 3$, bis zum Zeithorizont $T \geqslant 3$ fort.

Nun betrachten wir nur noch das Element $r_{11}(x_t)$ der Matrix [6]. Es sei $g_{11}^{(\tau)}(x_{t+\tau})$ das 1. Element von $C(x_{t+\tau})B(t+\tau,t+1)$, $\tilde{g}_{11}^{(o)}(x_{t+2})$ das entsprechende Element für die zwei Perioden später beginnende Reihe für $\tau = 0$. Dann ist, wenn b_j jeweils der Spaltenvektor der Matrix B_j ist, der nicht der Nullvektor ist:

[8] $$g_{11}^{(o)}(x_t) = (c_1 - \frac{\alpha_t}{\beta_t} + (2 + \frac{1}{\beta_t})\,x_{1t}\,,$$

[9] $$g_{11}^{(1)}(x_{t+1}) = (c_1,0)b_{t+1} + a'_{t+1}\begin{pmatrix}2 & 1\\ 1 & 0\end{pmatrix} b_{t+1} + x_{1t}b'_{t+1}\begin{pmatrix}2 & 1\\ 1 & 0\end{pmatrix} b_{t+1} =$$
$$= c_1 + \alpha_{t+1} + 2(1 + \beta_{t+1})x_{1t}\,,$$

[10] $$g_{11}^{(2)}(x_{t+2}) = (c_1,0)\,b(t+2,t+1) + a'(t+2,t+1)\begin{pmatrix}2 & 1\\ 1 & 0\end{pmatrix} b(t+2,t+1) +$$
$$+ \; x_{1t}b'(t+2,t+1)\begin{pmatrix}2 & 1\\ 1 & 0\end{pmatrix} b(t+2,t+1) =$$
$$= \; c_1\beta_{t+1}\beta_{t+2} + (2\beta_{t+1}\beta_{t+2}^2\alpha_{t+1} + 2\beta_{t+1}\beta_{t+2}\alpha_{t+1} +$$
$$+ \; 2\beta_{t+1}\beta_{t+2}\alpha_{t+2} + \beta_{t+1}\alpha_{t+2}) + 2\beta_{t+1}^2\beta_{t+2}\,(1+\beta_{t+2})x_{1t}\,,$$

[11] $$\tilde{g}_{11}^{(o)}(x_{t+2}) = (c_1 - \frac{\alpha_{t+2}}{\beta_{t+2}}) + (2 + \frac{1}{\beta_{t+2}})(\beta_{t+2}\alpha_{t+1} + \alpha_{t+2}) +$$
$$+ (2 + \frac{1}{\beta_{t+2}})\,\beta_{t+1}\,\beta_{t+2}\,x_{1t} =$$
$$= c_1 + \alpha_{t+1} + 2\beta_{t+2}\alpha_{t+1} + 2\alpha_{t+2} + (2\beta_{t+2} + 1)\,\beta_{t+1}x_{1t}\,.$$

Die Subtraktion der wie oben mit einem Faktor multiplizierten, verschobenen Reihe von der ursprünglichen Reihe führt nun auf die folgende Rekursionsformel der dynamischen Optimierung:

[12] $$g_{11}^{(o)}(x_t) + \rho g_{11}^{(1)}(x_{t+1}) + \rho^2\,[g_{11}^{(2)}(x_{t+2}) - \beta_{t+1}\beta_{t+2}\tilde{g}_{11}^{(o)}(x_{t+2})] = 0.$$

Betrachtet man hier die Glieder mit x_{1t}, so führt das nach Umrechnung auf (7.7.31b); betrachtet man die Glieder ohne x_{1t}, so führt das auf (7.7.31c) mit $c_i = c_1$.

B.

Man schreibt (7.7.31b) in der Form

[13] $$-\frac{1}{\beta_t} = 2(1+\rho) + 2\rho\beta_{t+1} + \rho^2\beta_{t+1}^2\ \beta_{t+2}\,.$$

Zu zeigen ist, daß

[14a] $$-\frac{1}{2} \leqslant \beta_t \leqslant -\frac{1}{4} \quad \text{für alle t}$$

oder

[14b] $$2 \leqslant \frac{1}{\beta_t} \leqslant 4\,.$$

Es sei angenommen, daß schon

[15] $$-\frac{1}{2} \leqslant \beta_{t+2}, \beta_{t+1} \leqslant -\frac{1}{4}$$

gilt.

Dann erhält man als untere bzw. obere Schranke für $-\frac{1}{\beta_t}$ mit $\beta_{t+1} = \beta_{t+2} = -\frac{1}{2}$ bzw. $-\frac{1}{4}$:

[16] $$2 \leqslant 2(1+\rho) - \rho - \frac{\rho^2}{8} \leqslant -\frac{1}{\beta_t} \leqslant 2 + \frac{3}{2}\rho - \frac{1}{64}\rho^2 \leqslant 3\frac{1}{2} < 4$$

für $0 \leqslant \rho \leqslant 1$. Nach (7.7.31b) ist aber $\beta_{t+1} = -\frac{1}{2}$, $\beta_t = -\frac{1}{2+\rho}$, so daß die Induktionsvoraussetzung [15] erfüllt ist.

C.

Nach (7.7.31b) bzw. [13] ist

[17] $$\frac{1}{\beta_t} - \frac{1}{\beta_{t-1}} = 2\rho(\beta_t - \beta_{t+1}) + \rho^2(\beta_t^2\beta_{t+1} - \beta_{t+1}^2\beta_{t+2})$$
$$= 2\rho(\beta_t - \beta_{t+1}) + \rho^2\beta_{t+1}[\beta_t^2 - \beta_t\beta_{t+1} + \beta_t\beta_{t+1} - \beta_{t+1}^2 + \beta_{t+1}^2$$
$$- \beta_{t+1}\beta_{t+2}]\,.$$

Legt man eine Zahl δ fest, so daß

[18] $|\beta_t - \beta_{t+1}| \leqslant \delta, \quad |\beta_{t+1} - \beta_{t+2}| \leqslant \delta,$

so hat man wegen [14a]: für alle $|\beta_t| \leqslant \frac{1}{2}$ gilt

[19] $\left| \frac{1}{\beta_t} - \frac{1}{\beta_{t-1}} \right| \leqslant 2\rho\delta + \frac{3}{4}\rho^2\delta < 3\delta$ wegen $0 \leqslant \rho \leqslant 1.$

Multiplikation von [19] mit $|\beta_{t-1} - \beta_t| \leqslant \frac{1}{4}$ ergibt

[20] $|\beta_{t-1} - \beta_t| < \frac{3}{4}\delta.$

Im nächsten Schritt hat man statt [18]:

[18a] $|\beta_{t-1} - \beta_t| \leqslant \frac{3}{4}\delta, \quad |\beta_t - \beta_{t+1}| \leqslant \delta,$

so daß man analog

[20a] $|\beta_{t-2} - \beta_{t-1}| < \frac{3}{4}\delta$ erhält.

Daraufhin hat man aber

[18b] $|\beta_{t-2} - \beta_{t-1}| \leqslant \frac{3}{4}\delta, \quad |\beta_{t-1} - \beta_t| \leqslant \frac{3}{4}\delta,$

so daß sich jetzt

[20b] $|\beta_{t-3} - \beta_{t-2}| < (\frac{3}{4})^2\delta$

ergibt usw. Nach je zwei Schritten erhält man so eine Verkleinerung der Schranke für $|\beta_t - \beta_{t+1}|$ um den Faktor $\frac{3}{4}$. Somit konvergiert die Folge der β_t.

D.

Nach (7.7.31c) ist

[21] $\alpha_t = (1+\rho)c_i\beta_t + \rho\beta_t(1+\rho\beta_{t+1}\beta_{t+2})\alpha_{t+1} + \rho^2\beta_t\beta_{t+1}\alpha_{t+2},$

wenn Firma i zur Zeit t zieht.

Seien c_o und A so gewählt, daß

[22] $c_o = \max(|c_1|, |c_2|), \quad |\alpha_{t+1}| \leqslant A, \quad |\alpha_{t+2}| \leqslant A.$

Dann folgt aus [21] und [14a] für $|\beta_t| \leqslant \frac{1}{2}$ für alle t:

$$|\alpha_t| \leqslant (1+\rho)c_o \cdot \frac{1}{2} + \rho\frac{1}{2}(1+\rho \cdot \frac{1}{4})A + \rho^2 \frac{1}{4}A$$

und wegen $0 \leqslant \rho \leqslant 1$ für $\rho = 1$:

[23] $|\alpha_t| \leqslant c_0 + \frac{7}{8}A.$

Dies ist $\leqslant$ A, falls $c_0 \leqslant \frac{1}{8}$ A. Die obere Schranke A ist also so zu wählen, daß

[24] $A \geqslant \max\,(8c_0, |\alpha_{t+1}|, |\alpha_{t+2}|),$

dann gilt

[25] $|\alpha_\tau| \leqslant$ A für alle $\tau \leqslant t$.

E.

Da nach Abschnitt C. die Konvergenz der β_t für beliebiges $\rho \in [0,1]$ bereits bewiesen ist, untersuchen wir die Konvergenz von $\gamma_t := \frac{\alpha_t}{\beta_t}$. Nach (7.7.31c) ist

[26] $$\gamma_t = (1+\rho)c_i + \rho\beta_{t+1}(1+\rho\beta_{t+1}\beta_{t+2})\gamma_{t+1} + \rho^2\beta_{t+1}\beta_{t+2}\gamma_{t+2}.$$

Dann ist

[27] $$\gamma_t - \gamma_{t-2} = \rho\beta_{t+1}(1+\rho\beta_{t+1}\beta_{t+2})\gamma_{t+1} - \rho\beta_{t-1}(1+\rho\beta_{t-1}\beta_t)\gamma_{t-1}$$
$$+ \rho^2\beta_{t+1}\beta_{t+2}\gamma_{t-2} - \rho^2\beta_{t-1}\beta_t\gamma_t.$$

Wir setzen zur Abkürzung

[28a]
$$\epsilon_1(t) := \rho\,[\beta_{t+1}(1+\rho\beta_{t+1}\beta_{t+2}) - \beta_{t-1}(1+\rho\beta_{t-1}\beta_t)],$$
$$\epsilon_2(t) := \rho^2[\beta_{t+1}\beta_{t+2} - \beta_{t-1}\beta_t].$$

Wegen der Konvergenz der β_t gilt dann

[28b] $$\lim_{t\to-\infty} \epsilon_1(t) = \lim_{t\to-\infty} \epsilon_2(t) = 0.$$

Dann ist

$$\gamma_t - \gamma_{t-2} = \rho\beta_{t+1}(1+\rho\beta_{t+1}\beta_{t+2})(\gamma_{t+1} - \gamma_{t-1}) + \epsilon_1(t)\cdot\gamma_{t-1} +$$
$$+ \rho^2\beta_{t+1}\beta_{t+2}(\gamma_{t+2} - \gamma_t) + \epsilon_2(t)\gamma_t.$$

Wegen $|\alpha_t| \leqslant$ A nach [25] und $|\beta_t| \geqslant \frac{1}{4}$ nach [14a] ist

$|\gamma_t| = |\frac{\alpha_t}{\beta_t}| \leqslant 4A =: M$. Also ist

[29] $$|\gamma_t - \gamma_{t-2}| \leqslant \frac{1}{2}(1+\frac{1}{4})|\gamma_{t+1} - \gamma_{t-1}| + \frac{1}{4}\ |\gamma_{t+2} - \gamma_t| +$$

$$+ [|\epsilon_1(t)| + |\epsilon_2(t)|] \cdot M.$$

Wir bestimmen nun ein ϑ so, daß

[30] $$|\gamma_{t+1} - \gamma_{t-1}| \leqslant \vartheta \text{ und } |\gamma_{t+2} - \gamma_t| \leqslant \vartheta;$$

dann ist mit

$$\epsilon(t) \geqslant (|\epsilon_1(t)| + |\epsilon_2(t)|) \cdot M:$$

[31] $$|\gamma_t - \gamma_{t-2}| \leqslant (\frac{1}{2} + \frac{1}{8} + \frac{1}{4})\vartheta + \epsilon(t) = \frac{7}{8}\vartheta + \epsilon(t)$$

mit $\epsilon(t) \to 0$ für $t \to -\infty$.

Nach Abschnitt C gilt, daß die Schranken für $|\beta_t - \beta_{t+1}|$ bei jedem zweiten Schritt auf das $\frac{3}{4}$ fache fallen. Somit wird bei geeigneter Definition von $\epsilon(t)$ ab einem bestimmten t_o für alle kleineren t gelten:

[32] $$\epsilon(t-2) \leqslant \frac{3}{4}\ \epsilon(t).$$

Somit konvergiert die Folge der $\frac{\alpha_t}{\beta_t}$ zu zwei Grenzwerten (für t gerade und t ungerade) und wegen der Konvergenz der β_t auch die Folge der α_t.

6. *Graphische Veranschaulichung der Lösung des nichtkooperativen Mengendyopols*

Die Ergebnisse des vorhergehenden Abschnitts führen zu folgenden Konsequenzen: beim *Mengendyopol und großen Kooperationskosten,* so daß die Kooperation unterbleibt, gibt es *bei unendlichem Zeithorizont* unter den oben gemachten Voraussetzungen einen *ausgedehnten Gleichgewichtsbereich,* von dem aus alle Anlieferänderungen unterlassen werden. Wir zeigen dies an einem Zahlenbeispiel.

Mit der Gewinnfunktion (7.7.27) und den auch früher für das asymmetrische Dyopol benutzten Parameterwerten $a_o = 10$; $a_1 = b_{o1} = b_{11} = 1$; $b_{o2} = 2$; $b_{12} = 0{,}5$ (vgl. (7.3.4b))erhält man in (7.7.35–37) für den Fall, daß die zukünftigen Gewinne *nicht diskontiert* werden[1] ($\rho = 1$):

---

1 Die Zahlen sind abgerundet.

$$c_1 = -9,\ c_2 = -9{,}5,\ \beta = -0{,}296,\ A = 0{,}0874.$$

Die charakteristischen Wurzeln sind also nach (7.7.36a) $\lambda_1 = 0{,}248$ und $\lambda_2 = 0{,}031$, liegen also im Einheitskreis, so daß der Prozeß konvergiert. Nach (7.7.37) und Tabelle 7.7.41 ist $\alpha_g = 4{,}681$, $\alpha_u = 4{,}181$. Somit gilt nach (7.7.38)

$$\begin{aligned} x_2 &= 4{,}681 - 0{,}296 x_1, \\ x_1 &= 4{,}181 - 0{,}296 x_2, \end{aligned} \qquad (7.7.42)$$

und die Anliefermengen konvergieren nach (7.7.39) zu

$$x_{1\infty} = 3{,}065,$$

$$x_{2\infty} = 3{,}775.$$

Nimmt man die Anfangswerte $x_{1o} = 2{,}5$, $x_{2o} = 3{,}8$ (= Punkt P_o in Fig. 7.7.44) an, so erhält man nach (7.7.42) die folgenden Anliefermengen

a) *wenn 1 beginnt:*

Periode	1	2	3	4	...	∞
x_1 =	3,015	3,015	3,032	3,032	...	3,065
x_2 =	3,8	3,742	3,742	3,737	...	3,775
Punkte in Fig.7.7.43	P_1	P_2	P_3	P_4	...	P_∞

b) *wenn 2 beginnt:*

Periode	1	2	3	4	...	∞
x_1 =	2,5	2,988	2,988	3,029	...	3,065
x_2 =	3,890	3,890	3,750	3,750	...	3,775
Punkte in Fig.7.7.43	R_1	R_2	R_3	R_4	...	P_∞

Wie man sieht, konvergiert der Prozeß recht schnell. Fig. 7.7.43 zeigt den Zeitverlauf der Anliefermengen graphisch. Fig. 7.7.44 zeigt dasselbe im Mengenraum. Wegen des unendlichen Zeithorizonts und der Nichtdiskontierung kann man bei der schnellen Konvergenz von den kurzen Einschwingungsvorgängen absehen. Es ist dann gleichgültig, wer beginnt. Somit werden alle Anlieferänderungen in dem an den Rändern schraffierten Gebiet A unterlassen. Dieser *Gleichgewichtsbereich* A ist definiert durch

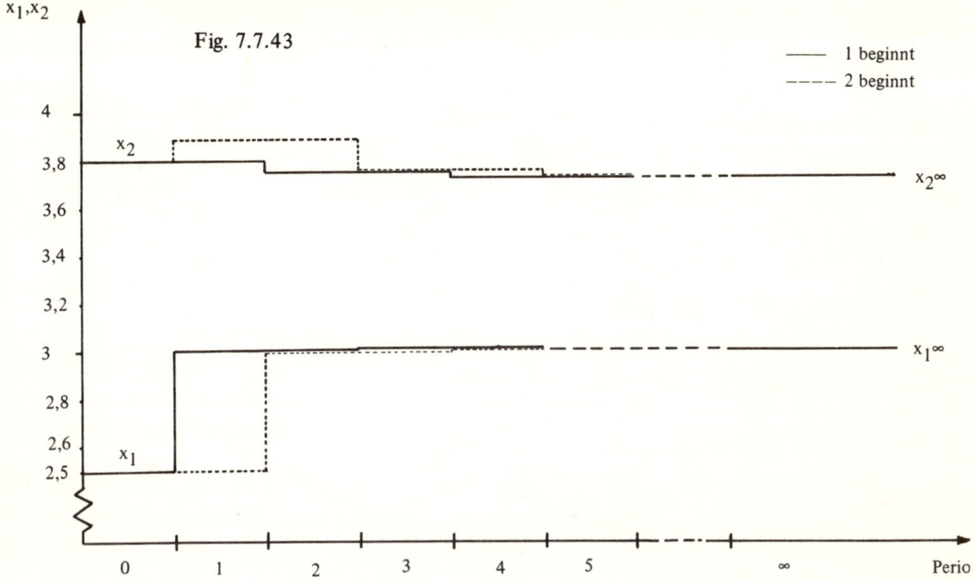

$$A := \{ Q_1, Q_2 | Q_i \geqslant Q_i(x_{1\infty}, x_{2\infty}), i \in \{1, 2\}\}.$$

Nach (7.7.27) hat man: $Q_1(x_{1\infty}, x_{2\infty}) = 5{,}766$; $Q_2(x_{1\infty}, x_{2\infty}) = 8{,}199$. Damit erklärt sich die Preisstarrheit auf Oligopolmärkten, ähnlich wie in der heuristischen Theorie.

Wie man sieht, liegt der Konvergenzpunkt P_∞ nicht auf der Maximallinie M. Er ist also nicht pareto-optimal. Durch Verabredungen ist, wenn die Verabredungskosten nicht zu groß sind, eine Verbesserung der Situation für beide zu erreichen. Wir haben aber hier gerade prohibitiv hohe Verabredungskosten angenommen.

Für *endlichen Zeithorizont* ohne Abdiskontierung der Zukunft ($\rho = 1$) erhält man nach (7.7.32)

a) für *einperiodischen Zeithorizont:*[1]

aa) wenn 1 beginnt

Periode	1
x_1 =	2,6
x_2 =	3,8

bb) wenn 2 beginnt

Periode	1
x_1 =	2,5
x_2 =	3,5

Bewegungen werden nur vom *Nash-Gleichgewichtspunkt* (oder *Cournot-Punkt*) C aus unterlassen. Seine Koordinaten sind nach (7.7.40) $x_1 = 2{,}833..$, $x_2 = 3{,}33..$

---

1 Man kann ihn auch durch r = 0 simulieren.

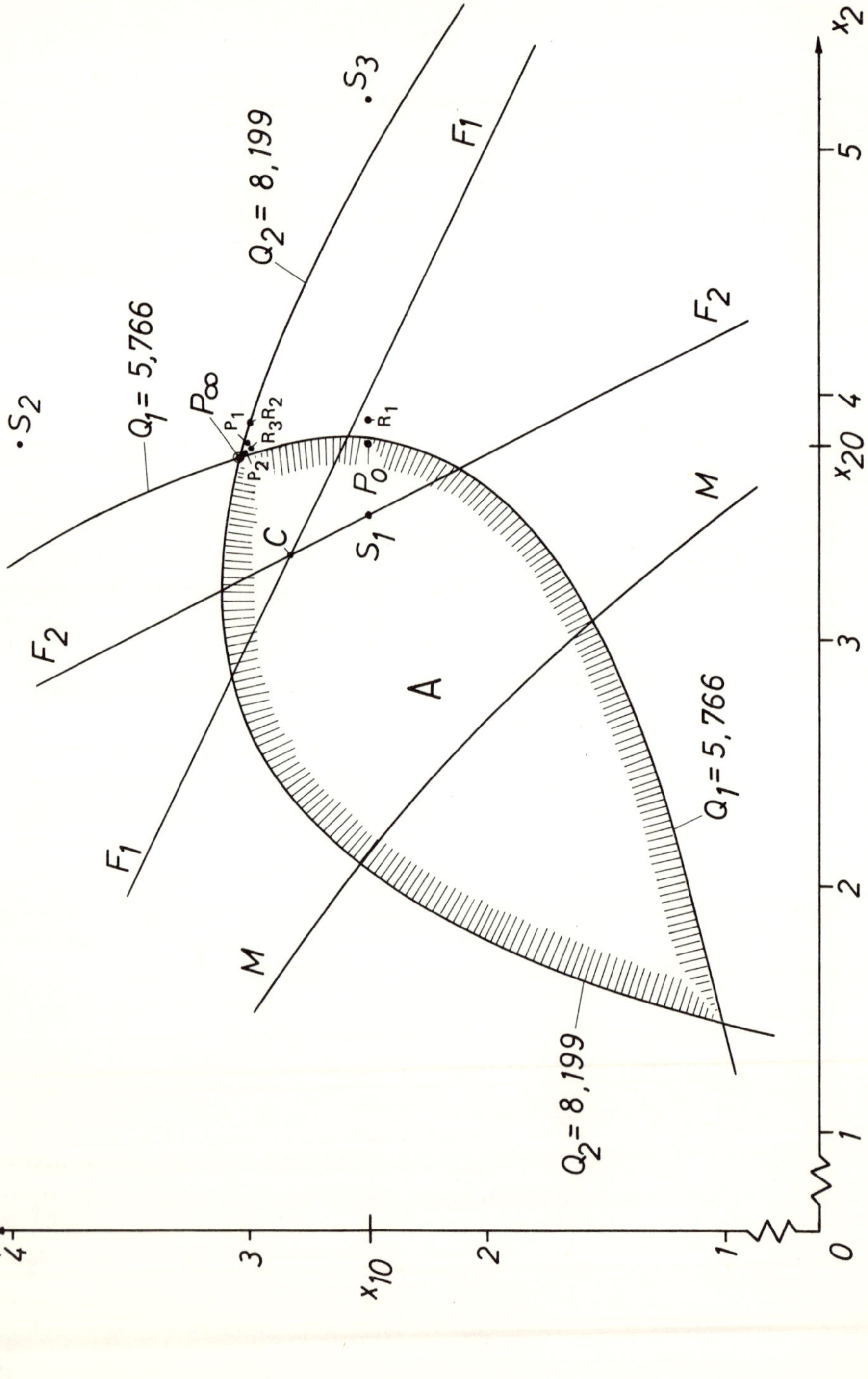

$Q_1 = 5,766$
$Q_2 = 8,199$
$Q_1 = 5,766$
$Q_2 = 8,199$
S_1
S_2
S_3
F_1
F_1
F_2
F_2
M
M
C
A
P_∞
P_0
P_1
P_2
R_1
R_2
R_3
x_1
x_{10}
x_2
x_{20}
0
1
2
3
4
5

Fig. 7.7.44

Bei so kurzem Zeithorizont ist das Gleichgewichtsgebiet also auf einen Punkt zusammengeschrumpft.

b) für *zweiperiodischen Zeithorizont*

aa) wenn 1 beginnt

Periode	1	2	Durchschnittgewinn pro Periode
x_1 =	3,150	3,150	$\bar{Q}_1 = 6{,}442$
x_2 =	3,8	3,175	$\bar{Q}_2 = 7{,}885$

bb) wenn 2 beginnt

Periode	1	2	Durchschnittsgewinn pro Periode
x_1 =	2,5	2,5	$\bar{Q}_1 = 5{,}250$
x_2 =	4	4	$\bar{Q}_2 = 10{,}000$

Der Durchschnittsgewinn $\bar{Q}_i = \frac{1}{2} \sum_{t=1}^{2} Q_{it}$ pro Periode, der nach (7.7.27) erreicht wird, ist jeweils am Ende der Tabellen angegeben. Offensichtlich will hier jeder beginnen, falls der dadurch erreichte Durchschnittsgewinn den Gewinn in der Ausgangssituation übersteigt. Keiner wird etwas ändern, wenn der Ausgangspunkt im Gleichgewichtsbereich A liegt:

$$A: = \left\{ (Q_1, Q_2) | Q_1 \geqslant 6{,}442, \quad Q_2 \geqslant 10{,}000 \right\}.$$

Das ist allerdings nicht der Fall . Der Ausgangspunkt $x_{1o} = 2{,}5$; $x_{2o} = 3{,}8$ erzeugt Durchschnittsgewinne, die nicht in diesem Bereich liegen, nämlich $Q_1(x_{1o}, x_{2o}) = 5{,}75$, $Q_2(x_{1o}, x_{2o}) = 10{,}16$. Somit hat 1 ein Interesse, anzufangen, damit aber auch 2. Wir geben jedem eine 50%-ige Chance, der erste zu sein, so daß die Gewinnerwartung für 1 den Betrag 5,846, für 2 den Betrag 8,942 ausmacht. Wie man sieht, verschlechtert sich 2 durch das Spiel. Das ist aber unvermeidbar, da 1 ein definitives Interesse hat, den status quo zu verändern.

c) *für einen dreiperiodischen Zeithorizont* hat man

aa) wenn 1 beginnt

Periode	1	2	3	Durchschnittsgewinn pro Periode
$x_1 =$	3,069	3,069	2,595	5,581
$x_2 =$	3,800	3,810	3,810	9,259

bb) wenn 2 beginnt

Periode	1	2	3	Durchschnittsgewinn pro Periode
$x_1 =$	2,5	3,102	3,102	5,939
$x_2 =$	3,945	3,945	3,199	8,654

Jetzt hat jeder ein Interesse, daß der andere anfängt. Jeder wird nur anfangen, wenn die Ausgangsposition nicht im Bereich

$$A: = \{(Q_1, Q_2) | Q_1 \geqslant 5{,}581, \ \ Q_2 \geqslant 8{,}654\}$$

liegt; dies ist jetzt der Gleichgewichtsbereich. Der status quo (Punkt P_o in Fig. 7.7.44) liegt im Gleichgewichtsgebiet, so daß von hier aus keine Bewegung beginnt.

So kann man fortfahren. Bei unendlichem Zeithorizont beeinflussen dann die Anfangsposition und die Reihenfolge des Beginnens das Ergebnis nicht mehr.

7. Das kooperative Mengendyopol mit quadratischen Gewinnfunktionen

In den vorhergehenden beiden Unterabschnitten wurde der Fall prohibitiver Kooperationskosten behandelt, so daß Verabredungen ausgeschlossen waren. In diesem Unterabschnitt wird der *Fall geringer Kooperationskosten* behandelt, so daß, jedenfalls von vielen Ausgangskonstellationen aus, *Verabredungen und Ausgleichszahlungen* vorteilhaft sind. Es gilt also der Ansatz (7.7.16–25). Zur Vereinfachung nehmen wir an

(7.7.45a) $$K_j^{Ang} = K^{Ang} = 1; \qquad K_i^{Ann} = K^{Ann} = 1;$$

$$\Delta_i = \Delta = 1, \qquad i, j \in \{1, 2\}:$$

die Kosten der Abgabe und Annahme eines Angebots und der notwendige „Anreiz“ zum Abschluß einer Vereinbarung sollen für beide Firmen gleich hoch sein;

(7.7.45b): Ein Kooperationsangebot aus der Vorperiode liegt als Anfangsbedingung nicht vor.

(7.7.45c): Es ist stets vorteilhaft, ein Kooperationsangebot abzugeben.

(vgl. hierzu (7.7.21)).

Die *Gewinnfunktionen* sollen wieder von der Form (7.7.27) bzw. (7.7.29) sein.

Wir geben hier nur die Lösung für die 1-, 2- und 3-periodische Optimierung. Für das *einperiodische Problem* (Periode T) ergibt sich gegenüber dem nichtkooperativen Fall kein Unterschied: Verabredungen sind ja immer nur für die *übernächste* Periode möglich, und die gibt es hier nicht. Somit gilt hier wie in (7.7.28 und 32):

(7.7.46) $$x_{2T} = \frac{a_o - b_{12}}{2a_1} - \frac{1}{2} x_{1,T-1},$$
$$= 0 \cdot c_1 - \frac{1}{2} c_2 - \frac{1}{2} x_{1,T-1} \quad \text{mit } c_i = \frac{b_{1i} - a_o}{a_1},$$
$$=: \alpha_o + \beta_o x_{1,T-1} =: f_T^2(x_{1,T-1}), \quad i \in \{1, 2\}.$$

Mit den *Parameterwerten* (7.3.4b) für das *asymmetrische Dyopol* erhält man

(7.7.46a) $$x_{2T} = 4{,}75 - 0{,}5 x_{1,T-2},$$

und mit den Anfangsbedingungen $x_{1o}=2{,}5$; $x_{2o}=3{,}8$ (Punkt P_o in Fig. 7.7.44):

(7.7.46b) $$x_{2T} = 3{,}5.$$

Dies ist der Punkt S_1 in Fig. 7.7.44. Er liegt auf der Kammlinie F_2. Der Gewinn von 2 ist dort: $Q_{2T} = 10{,}25$, der von 1 ist $Q_{1T} = 6{,}5$.

Beim *zweiperiodischen Problem* (beginnend mit T–1) hat 1 zu überlegen, welches Kooperationsangebot $(\bar{x}_{1T}, \bar{x}_{2T}, \bar{\alpha}_{2T})$ er an 2 für die letzte Periode machen will und welchen „Drohzug“ $x_{1,T-1}$ er in Periode T–1 realisieren soll. Wegen der Angebotskosten ist es für ihn nur sinnvoll, ein Kooperationsangebot zu machen, das von 2 auch angenommen wird. $(\bar{x}_{1T}, \bar{x}_{2T})$ ist dadurch bestimmt, daß die Gesamtsumme des Gewinns für beide maximal ist:

(7.7.47) $$(\bar{x}_{1T}, \bar{x}_{2T}) \leftarrow \max_{x_{1T}, x_{2T}} \sum_{i=1}^{2} Q_i(x_{1T}, x_{2T}) =: \bar{Q}.$$

Mit den Parameterwerten nach (7.3.4b) erhält man nach (7.3.17b):

(7.7.47a) $$\bar{x}_{1T} = 0; \ \bar{x}_{2T} = 4{,}75; \qquad \bar{Q} = 19{,}5625$$

und $Q_T^* = \overline{Q} - K^{Ang} - K^{Ann} = 17{,}5625$.

(7.7.18a) bestimmt dann $\overline{\alpha}_{2T}$ als Funktion des „Drohzuges“ $x_{1,T-1}$. Für ihn erhält man nach (7.7.19):

(7.7.48) $$\begin{aligned} x_{1,T-1} &= -\frac{2}{4+\rho}\,c_1 - \frac{\rho}{4+\rho}\,c_2 - \frac{2}{4+\rho}\,x_{2,T-2}\,, \\ &= \frac{-c_1 + \rho\beta_o c_2 + \rho\alpha_o(1+2\beta_o)}{2[1-\rho\beta_o(1+\beta_o)]} - \frac{1}{2[1-\rho\beta_o(1+\beta_o)]}\,x_{2,T-1}\,, \\ &=: \widetilde{\alpha}_1 + \widetilde{\beta}_1 x_{2,T-2} =: \widetilde{f}^{\,1}_{T-1}(x_{2,T-2})\,. \end{aligned}$$

Für $\rho=1$ und die Parameterwerte (7.3.4b) ergibt dies

(7.7.48a) $$\begin{aligned} x_{1,T-1} &= 5{,}5 - 0{,}4x_{2,T-2}\,, \\ &= 3{,}98 \text{ für die Anfangsbedingung } x_{2o}=3{,}8 \end{aligned}$$

(Punkt S_2 in Fig. 7.7.44).

Das optimale Teilungsangebot $\overline{\alpha}_{2T}$ ist dann nach (7.7.18a)

(7.7.49) $$\begin{aligned} \overline{\alpha}_{2T} &= \frac{1}{Q_T^*}\,[-a_1 x_{2T}^2 + (a_o - b_{12} - a_1 x_{1,T-1})x_{2T} - b_{o2} + \Delta] \\ &\text{mit } x_{2T} = -\frac{1}{2}c_2 - \frac{1}{2}x_{1,T-1}\,, \\ &= \frac{1}{Q_T^*}\,[a_1(\tfrac{1}{2}x_{1,T-1} + \tfrac{1}{2}c_2)^2 - b_{o2} + \Delta]\,. \end{aligned}$$

Hier ist nach (7.7.48) $x_{1,T-1} = \alpha_1 + \beta_1 x_{2,T-2}$ einzusetzen. Für die Anfangsbedingungen $x_{2o} = 3{,}8$ und die o.a. Parameterwerte erhält man

(7.7.49a) $$\overline{\alpha}_{2T} = 0{,}3768\,.$$

Damit bekommt also 2 nach dem Vorschlag von 1 in der T-ten Periode den Betrag $\overline{\alpha}_{2T} \cdot Q_T^* = 6{,}6176$. Bei Ablehnung hätte er mit $x_{1,T-1} = 3{,}98$ bei optimaler Politik $x_{2T} = 2{,}76$ gesetzt und damit nach (7.7.27) den Gewinn $Q_{2T} = 5{,}6176$ erhalten. Der zusätzliche Gewinn von $1 = \Delta$ ist gerade nötig, um ihn zu einer Übereinkunft zu bewegen.

Bei dieser zweiperiodischen Optimierung sind die Gewinne von i

in Periode T–1: $$Q_{1,T-1} = 3{,}8556,$$

$$Q_{2,T-1} = 4{,}536\,.$$

in der Periode T: $Q_{1T} = 10{,}9449,$

$Q_{2T} = 6{,}6176.$

Im *Durchschnitt der beiden Perioden* ist also $\overline{Q}_1 = 7{,}4003$; $\overline{Q}_2 = 5{,}5768$.

Beim *dreiperiodischen Problem* (beginnend mit T–2) bleibt als Angebot ($\overline{x}_{1,T-1}$, $\overline{x}_{2,T-1}$), gültig bis T, natürlich das frühere Angebot ($\overline{x}_{1T}$, $\overline{x}_{2T}$) nach (7.7.47 und 47a) bestehen. Pro Periode entsteht so wieder der Gewinn $\overline{Q} = 19{,}5625$. Zu verteilen ist also in den letzten beiden Perioden der Gesamtgewinn:

(7.7.50) $$Q^*_{T-1} = (1+\rho)\overline{Q} - K^{Ang} - K^{Ann} = 37{,}1250 \text{ für } \rho=1.$$

Der optimale „Drohzug" $x_{2,T-2}$ ist analog zu (7.7.19) bestimmt durch

(7.7.51) $$\frac{\partial}{\partial x_{2,T-2}} [Q_2(x_{1,T-3}, x_{2,T-2}) + \rho(1-\overline{\alpha}_{1,T-1})Q^*_{T-1}] = 0$$

mit $$\overline{\alpha}_{1,T-1} = \frac{1}{Q^*_{T-1}} [Q_1(x_{2,T-2}, \tilde{f}^1_{T-1}(x_{2,T-2})) + \rho\overline{\alpha}_{1T}Q^*_T + \Delta]$$

mit $\overline{\alpha}_{1T} = 1 - \overline{\alpha}_{2T}$, $\overline{\alpha}_{2T}$ nach (7.7.49) eine Funktion von $x_{1,T-1}$ und $x_{1,T-1}$ nach (7.7.48) eine Funktion von $x_{2,T-2}$.

Ausführung der Differentiation in (7.7.51) führt auf

(7.7.52) $$x_{2,T-2} = -\frac{2(4\rho+\rho^2)}{2[(4+\rho)^2+4\rho+\rho^2]} c_1 - \frac{(4+\rho)^2 + \rho(4\rho+\rho^2)}{2[(4+\rho)^2+4\rho+\rho^2]} c_2$$

$$- \frac{(4+\rho)^2}{2[(4+\rho)^2 + 4\rho+\rho^2]} x_{1,T-3}$$

$$= \frac{2\rho\tilde{\beta}_1c_1 - (2-\rho^2\tilde{\beta}_1)c_2 + \rho\tilde{\alpha}_1[2+\tilde{\beta}_1(4+\rho)]}{4-4\rho\tilde{\beta}_1(1+\tilde{\beta}_1)-\rho^2\tilde{\beta}_1^2}$$

$$- \frac{2}{4-4\rho\tilde{\beta}_1(1+\tilde{\beta}_1)-\rho^2\tilde{\beta}_1^2} x_{1,T-3}$$

$$=: \tilde{\alpha}_2 + \tilde{\beta}_2 x_{1,T-3} =: \tilde{f}^2_{T-2}(x_{1,T-3}).$$

Für $\rho = 1$ erhält man mit den üblichen Parameterwerten:

(7.7.52a) $$x_{2,T-2} = 6{,}25 - 0{,}4166 \cdot x_{1,T-3} = 5{,}2083 \text{ für } x_{1o} = 2{,}5$$

(Punkt S_3 in Fig. 7.7.44).

Damit erhält man für $x_{2,T-2} = 5{,}2083$ den Wert $\bar{\alpha}_{1,T-1} = 0{,}2853$, so daß Firma 1 für die beiden letzten Perioden den Gewinn $\bar{\alpha}_{1,T-1} Q^*_{T-1} = 10{,}5921$ bekommt, während 2 in diesen Perioden den Betrag $(1-\bar{\alpha}_{1,T-1}) Q^*_{T-1} = 26{,}5329$ einstreichen kann. Trotzdem ist die Annahme dieses Angebots für 1 vorteilhaft. Denn bei $x_{2,T-2} = 5{,}2083$ und Ablehnung des Angebots hätte 1, wenn er in der folgenden Periode seinerseits 2 ein Angebot $(\bar{x}_T, \bar{y}_T, \bar{\alpha}_{2T})$ nach (7.7.48a) und (7.7.49) gemacht hätte, in der Periode T–1 den Gewinn $Q_{1,T-1} = -a_1 x^2_{1,T-1} + (a_o - b_{11} - a_1 x_{2,T-2}) x_{1,T-1} - b_{o1}$, mit $x_{1,T-1} = \tilde{\alpha}_1 + \tilde{\beta}_1 x_{2,T-2}$, und in der Periode T den Gewinn $Q_{1T} = (1-\bar{\alpha}_{2T}) Q^*_T$ gemacht. Es ist $Q_{1,T-1} = 0{,}2813$, $Q_{1T} = 9{,}3108$. Zusammen hätte 1 also den Gewinn $Q_{1,T-1} + Q_{1T} = 9{,}5921$ erreicht. Der zusätzliche Gewinn von $1 = \Delta$ ist gerade nötig, um 1 zur Annahme des Angebots von 2 zu veranlassen. Im Durchschnitt für alle 3 Perioden ist also $\bar{\bar{Q}}_1 = 4{,}2738$, $\bar{\bar{Q}}_2 = 11{,}2882$.

So kann man fortfahren. Die Bildungsgesetze der $\tilde{\alpha}_\nu, \tilde{\beta}_\nu, \nu \in \{1, 2, \ldots\}$, sind leider kompliziert. Man kann vermuten, daß die $x_{1,T-2\nu-1}$ und $x_{2,T-2\nu}$ und die $\tilde{\alpha}_\nu, \tilde{\beta}_\nu$ konvergieren für $\nu \to \infty$ bei genügend kleinem $\rho > 0$. Dann konvergieren auch die Teilungssätze $\bar{\alpha}_{1,T-2\nu-1}$ und die $\bar{\alpha}_{2,T-2\nu}$. Dann wäre es gleichgültig, wer mit einem Angebot beginnt, was offensichtlich bei endlichem Zeithorizont nicht zutrifft.

Fig. 7.7.53 zeigt das *Ergebnis* dieser Beispielsrechnungen graphisch. Punkt $P=S_1$ ist das Ergebnis bei einperiodischem Horizont, wenn 2 beginnt. Punkt P zeigt die Durchschnittsgewinne bei zweiperiodischem Verhalten an, wenn 1 beginnt, $\bar{\bar{P}}$ die Durchschnittsgewinne bei dreiperiodischem Verhalten, wenn 2 beginnt. Die schraffierten Gebiete zeigen die Ausgangssituationen an, von denen beide eine Bewegung unterlassen würden. Die angenommene Ausgangssituation ist aber P_o, so daß hier stets eine Bewegung erfolgt.

8. Das Preisdyopol

Das Preisdyopol ist in der Praxis sicher die Regel, das Mengendyopol die Ausnahme. Legt man *quadratische Gewinnfunktionen* nach (7.5.10) zugrunde, so sieht man nach (7.5.5c), daß man bei Vereinfachungen statt auf (7.7.29) auf

$$\approx{Q}_i = p_i^2 + (c_i + d_i p_j) p_i$$

gelangen kann. Solange das allgemeine Problem (für $T \to \infty$) nicht einmal voll für das einfachere Mengendyopol gelöst ist, hat es keinen Sinn, dies schwierige Problem anzugreifen.–Natürlich macht die rekursive Lösung für endliche Perioden prinzipiell nach dem Ansatz (7.7.2 bis 25) keine Schwierigkeiten, wenn auch der Rechenaufwand beträchtlich ist.

Fig. 7.7.53

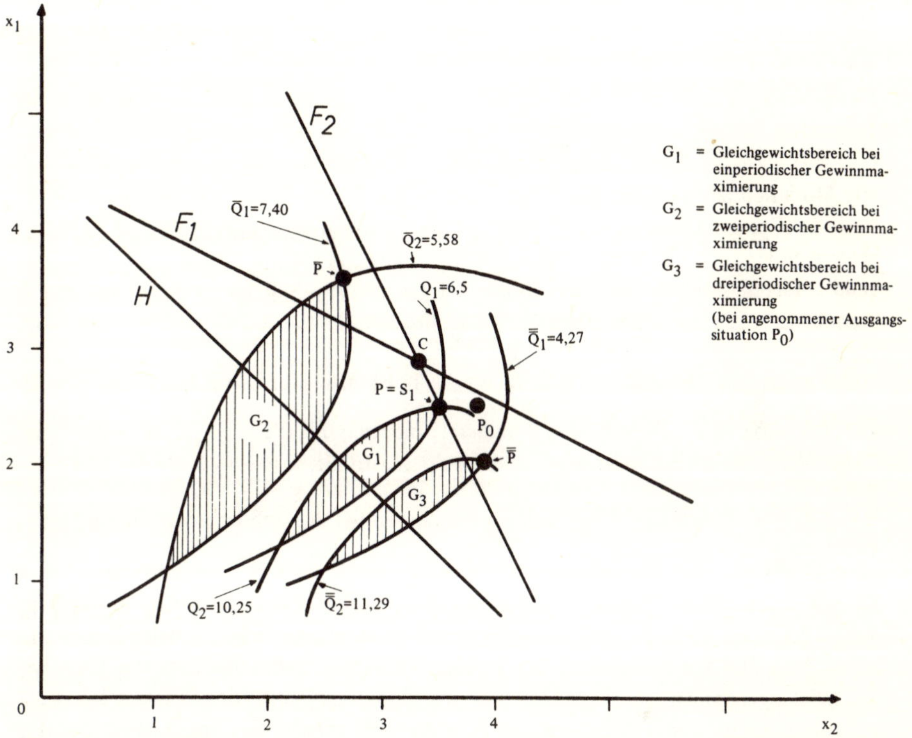

9. *Dyopoltheorie bei Unsicherheit*

Es ist klar, daß in der Regel weder die eigenen Auszahlungen noch die des Gegenspielers mit Sicherheit bekannt sind. Wir werden diesen Fall in Erweiterung des früher bereits verwandten Modells behandeln, bei dem die Verabredungskosten so hoch sind, daß Verabredungen ausgeschlossen sind (vgl. Abschnitt VII. 5 oben).

„Unsicherheit" ergibt noch keine ausreichende Spezifizierung eines spieltheoretischen Modells. Wir werden hier den Spezialfall des *Risikos* behandeln, in dem für unsichere Größen Wahrscheinlichkeiten existieren, und stets den *spieltheoretischen Fall* zugrunde legen, in dem (bis auf eine Ausnahme, die unten erklärt wird) alles, was dem einen Spieler bekannt ist, auch dem anderen bekannt ist. In diesem Rahmen werden wir *zwei Fälle* unterscheiden:

A. *Beide Spieler lernen nicht im Laufe des Spiels.*

Dies besagt, daß der Grad der Unsicherheit (festgelegt in Wahrscheinlichkeitsverteilungen) durch die Spielweise nicht verändert wird: kein Spieler kann aus der Spielweise des Gegenspielers zusätzliche Informationen gewinnen.

B. Beide Spieler lernen im Laufe des Spiels.

Dabei werden wir *Lernfunktionen* zugrunde legen, die beiden Spielern bekannt und während des Spiels nicht zu verändern sind.

Wir beginnen mit dem

Fall A: Beide Spieler lernen nicht im Laufe des Spiels.

Die Modellannahmen sind wie folgt.

Jeder Spieler i bzw. j, $i, j \in \{1, 2\}$, kennt die Auszahlungsfunktion $Q_i(\cdot)$ des Gegenspielers nur als diskrete Wahrscheinlichkeitsverteilung. Wir wollen, Harsanyi folgend,[1] sagen: nach Ansicht des Spielers 1 gebe es S mögliche „Typen" des Spielers 2, nämlich 21, 22, . . . , 2S, die mit den Wahrscheinlichkeiten $w_{21}, \ldots, w_{2S}$ auftreten, $w_{2s} > 0$, $s=1, 2, \ldots, S$, $\sum_{s=1}^{S} w_{2s} = 1$. Ebenso gibt es nach Ansicht des Spielers 2 R mögliche „Typen" des Spielers 1, nämlich 11, 12, . . . , 1R, denen Spieler 2 die Wahrscheinlichkeiten $w_{11}, \ldots, w_{1R}$ zuordnet, mit $w_{1r} > 0$, $r = 1, 2, \ldots R$, $\sum_{r=1}^{R} w_{1r} = 1$. Jeder „Typ" ist durch eine bestimmte Auszahlungsfunktion ($Q_{1r}(y_{1t}, y_{2t})$ bzw. $Q_{2s}(y_{1t}, y_{2t})$ charakterisiert, wobei y_{1t} bzw. y_{2t} die Entscheidungsgröße von Spieler 1 bzw. 2 in Periode t ist, mit $y_{it} \in Y_i \subset \mathbb{R}^1$, und die Planung beziehe sich auf T Perioden (t=1, . . . , T). Spieler 1 soll an den ungeraden, Spieler 2 an den geraden Perioden am Zug sein; T sei gerade. Die Wahrscheinlichkeiten w_{1r} bzw. w_{2s}, die der Gegenspieler den verschiedenen möglichen „Typen" des Spielers 1 bzw. 2 zuordnet, sollen von 1 bis T unverändert bleiben; gerade dies konstituiert den Fall A des „Nichtlernens". Unter den „Typen" befindet sich mit Sicherheit auch der wirkliche Spieler.

Alles,was bisher angegeben wurde, soll beiden Spielern gleichermaßen bekannt sein. Das einzige, was nur jeder Spieler allein kennt, ist seine eigene Identität, nämlich sein wirklicher „Typ". Der ist dem anderen Spieler völlig unbekannt; er kennt eben nur eine Wahrscheinlichkeitsverteilung über alle möglichen (endlich vielen) „Typen".

Nunmehr kann das Spiel rekursiv gelöst werden.

a) *In Periode T* ist 2 am Zug. Sei y_{1T} die für Periode T realisierte Entscheidung des Spielers 1 (von welchem Typ er auch sei). Wenn 2 vom Typ 2s ist, so wird er $y^*_{2s,T}$ dadurch bestimmen, daß

$$y^*_{2s,T} \leftarrow \max_{y_{2T} \in Y_2} Q_{2s}(y_{1T}, y_{2T}). \tag{7.7.54}$$

Das Maximum sei eindeutig und definiere (mit $y_{1T} = y_{1,T-1}$) für jeden Typ s die Funktion f_T^{2s} gemäß

1 *Harsanyi,* Games with Incomplete Information Played by „Bayesian" Players, Part I–III, Management Science, Vol. 14, Nr. 3, 5, 7 (1967/68).

(7.7.54a) $y_{2T} = f_T^{2s}(y_{1,T-1})$.

Sie gilt mit der Wahrscheinlichkeit w_{2s}.

b) *In Periode T–1* ist 1 am Zug. Wenn er vom Typ 1r ist und $y_{2,T-1}$ die für Periode T–1 von 2 realisierte Entscheidung ist, wird er $y^*_{1r,T-1}$ so bestimmen, daß[1]

(7.7.55)
$$y^*_{1r,T-1} \leftarrow \max_{y_{1,T-1} \in Y_1} [Q_{1r}(y_{1,T-1}, y_{2,T-1}) + \rho \sum_{s=1}^{S} Q_{1r}(y_{1,T-1}, f_T^{2s}(y_{1,T-1})) \cdot w_{2s}]$$

Das Maximum sei eindeutig und definiere (mit $y_{2,T-1} = y_{2,T-2}$) für jeden Typ r die Funktion f_{T-1}^{1r}:

(7.7.55a) $y_{1r,T-1} = f_{T-1}^{1r}(y_{2,T-2}, w_{21}, \ldots, w_{2S})$.

c) *In Periode T–2* ist 2 am Zug. Wenn er vom Typ 2s ist, wird er den Zug $y^*_{2s,T-2}$ spielen, der seine Gewinnerwartung maximiert:

(7.7.56)
$$y^*_{2s,T-2} \leftarrow \max_{y_{2,T-2} \in Y_2} [Q_{2s}(y_{1,T-2}, y_{2,T-2}) + \rho \sum_{r=1}^{R} Q_{2s}(f_{T-1}^{1r}(\cdot), y_{2,T-2}) \cdot w_{1r} + \rho^2 \sum_{r=1}^{R} Q_{2s}(f_{T-1}^{1r}(\cdot), f_T^{2s}(f_{T-1}^{1r}(\cdot))) \cdot w_{1r}].$$

Das Maximum sei eindeutig und definiere (mit $y_{1,T-2} = y_{1,T-3}$) die Funktionen f_{T-2}^{2s}:

(7.7.56a) $y_{2s,T-2} = f_{T-2}^{2s}(y_{1,T-3}, w_{11}, \ldots, w_{1R}, w_{21}, \ldots, w_{2S})$.

So bestimmt man die optimalen Züge aller möglichen Typen der Spieler 1 und 2 rekursiv bis zur Anfangsperiode 1. Für Periode 1 hat man analog

(7.7.57a) $y_{1r} = f_1^{1r}(y_{2,0}, w_{11}, \ldots, w_{1R}, w_{21}, \ldots, w_{2S})$.

Hier sind alle Argumente vorgegeben ($y_{2,0}$ ist Anfangsbedingung), und damit ist das Spiel vollständig gelöst. Die jeweiligen wirklichen Spieler verfolgen dann die optimale Zugfolge ihres Typs, und diese bleibt auch nach der Lösung optimal, weil nach Hypothese kein Spieler aus den tatsächlichen Zügen seines Gegenspie-

---

1 ρ ist wieder der Diskontfaktor.

lers auf dessen Identität rückschließt, die Wahrscheinlichkeiten w_{1r} bzw. w_{2s} also während des ganzen Spiels unverändert bleiben.

Durch „Fehlspielen" kann sich jeder offensichtlich nur verschlechtern, so daß wir dieses Phänomen nicht in Betracht zu ziehen brauchen.

Fall B: Beide Spieler lernen im Laufe des Spiels.

Jetzt verändern sich die Wahrscheinlichkeiten $w_{11}, \ldots, w_{1R}, w_{21}, \ldots, w_{2S}$ im Laufe des Spiels, weil die Spieler durch die vorgefallenen Züge Informationen erhalten, die ihnen ein besseres Urteil über die Wahrscheinlichkeiten der „Typen" des Gegenspielers gestatten. Die Wahrscheinlichkeiten müssen also jetzt ebenfalls mit einem Zeitindex versehen werden. Die *Lernfunktionen,* mit deren Hilfe die Spieler die neuen Wahrscheinlichkeiten bestimmen, stehen aber während des ganzen Spiels von Anfang an fest (wenn sie auch möglicherweise von Periode zu Periode verschieden sind) und sind beiden Spielern bekannt. Im übrigen ist das Spiel wie im Fall A definiert.

a) *In Periode T* ist 2 am Zug. (7.7.54) und (7.7.54a) gelten weiter wie im Fall A.

b) *In Periode T–1* ist 1 am Zug. (7.7.55 und 55a) gelten weiter, wenn dort w_{2s} durch $w_{2s,T}$ und $w_{21}, \ldots, w_{2S}$ durch $w_{21,T}, \ldots, w_{2S,T}$ ersetzt wird. Statt (7.7.55a) hat man also

(7.7.58a) $$y_{1r,T-1} = f^{1r}_{T-1}\,(y_{2,T-2}, w_{21,T}, \ldots, w_{2S,T}),\ r = 1, \ldots, R.$$

Die Wahrscheinlichkeiten $w_{2s,T}$, $s=1, \ldots, S$, werden mit Hilfe einer *Lernfunktion* $g^{2s}_T(\cdot)$ vom Spieler 1 aus den vorhergehenden Wahrscheinlichkeiten und dem tatsächlich gefallenen Zug $y_{2,T-2}$ der Vorperiode gebildet:

(7.7.58b) $$w_{2s,T} = g^{2s}_T\,(y_{2,T-2}, w_{21,T-2}, \ldots, w_{2S,T-2}),$$

wobei jede Lernfunktion die Eigenschaft hat:

$$g^{2s}_T(\cdot) \geqslant 0 \text{ und } \sum_{s=1}^{S} g^{2s}_T(\cdot) = 1.$$

Diese Lernfunktion ist beiden Spielern bekannt. Weiter unten wird eine solche Lernfunktion angegeben.

Aus (7.7.58a und b) erhält man

(7.7.58c) $$y_{1r,T-1} = F^{1r}_{T-1}\,(y_{2,T-2}, w_{21,T-2}, \ldots, w_{2S,T-2}).$$

c) *In Periode T–2* ist 2 am Zug. (7.7.56) bleibt bestehen, wenn man dort w_{1r} durch $w_{1r,T-1}$ ersetzt. Aus (7.7.56a) wird entsprechend

(7.7.59a) $$y_{2s,T-2} = f^{2s}_{T-2}(y_{1,T-3}, w_{11,T-1}, \ldots, w_{1R,T-1}, w_{21,T}, \ldots w_{2S,T}).$$

Die *Lernfunktion* $g^{1r}_{T-1}(\cdot)$ von Spieler 2, die wiederum Spieler 1 bekannt ist, leitet wieder die Wahrscheinlichkeiten $w_{1r,T-1}$ aus den vorher bestehenden $w_{1r,T-3}$, $r = 1, \ldots, R$, und aus dem tatsächlich vorher gefallenen Zug $y_{1,T-3}$ her:

(7.7.59b) $$w_{1r,T-1} = g^{1r}_{T-1}(y_{1,T-3}, w_{11,T-3}, \ldots, w_{1R,T-3}),$$

mit $g^{1r}_{T-1}(\cdot) \geqslant 0$ und $\sum_{r=1}^{R} g^{1r}_{T-1}(\cdot) = 1$.

Substitution von (7.7.59b) und (7.7.58b) in (7.7.59a), wobei in (7.7.58a) $y_{2,T-2}$ durch $y_{2s,T-2}$ ersetzt wird,[1] und Auflösung nach $y_{2s,T-2}$[2] ergibt:

(7.7.59c) $$y_{2s,T-2} = F^{2s}_{T-2}(y_{1,T-3}, w_{11,T-3}, \ldots, w_{1R,T-3}, w_{21,T-2}, \ldots, w_{2S,T-2}).$$

Dies ist der optimale Zug des Spielers 2s in Periode T−2, wobei das Modell das dadurch induzierte „Lernen" des Spielers gleich mitberücksichtigt; d. h. auch jede mögliche Form von „Betrug" des Gegenspielers ist im Modell eingerechnet, indem durch bestimmte Züge ein vorteilhaftes Bild des Gegenspielers über die Wahrscheinlichkeitsverteilung der eigenen „Spieltypen" erzeugt wird. Allerdings gilt umgekehrt das gleiche, so daß (mit Ausnahme der Bestimmung, wer den Anfangs- und Endzug hat) hier keiner im Vorteil ist.[3]

d) *In Periode T−3* erhält man für den optimalen Zug des Spielers 1r analog:

(7.7.60c) $$y_{1r,T-3} = F^{1r}_{T-3}(y_{2,T-4}, w_{11,T-3}, \ldots, w_{1R,T-3}, w_{21,T-4}, \ldots, w_{2S,T-4}),$$

und am Ende

e) *in Periode 1*

1 Der Spieler 2s wird als der wahre Spieler behandelt, der also den tatsächlichen Zug $y_{2,T-2}$ macht.

2 Wir nehmen an, daß diese Auflösung möglich ist.

3 Daß keiner einen möglichen Betrug durchschaut, ist eine Konsequenz der festgelegten Lernfunktion. Dies aber ist der Preis, den wir zahlen müssen, wenn wir im spieltheoretischen Modell bleiben wollen und nicht auf ein entscheidungstheoretisches Modell (bei dem alles subjektiv von einer Seite aus betrachtet wird) ausweichen wollen. Dieses „Opfer an Rationalität" (das ja auch sehr gering oder gar Null sein kann) entspricht dem Morgensternschen Dilemma, festlegen zu müssen, wer wen durchschaut, d. h. ein künstliches Ende in der Sequenz: Spieler 1 überlegt, was Spieler 2 meint, was Spieler 1 über ihn glaubt usf. setzen zu müssen. Dies geschieht hier, indem die Sequenz für beide Spieler in gleicher Weise nach der ersten Stufe abgebrochen wird. Kein Spieler hat also einen komparativen Vorteil.

(7.7.61c) $y_{1r,1} = F_1^{1r}(y_{2,o}, w_{11,1}, \ldots, w_{1R,1}, w_{21,o}, \ldots, w_{2S,o})$,

wobei jetzt alle Argumente (als Anfangsbedingungen) bekannt sind. Damit ist das Spiel vollständig gelöst.

Als *Lernfunktion* könnte z.B. benutzt werden

(7.7.61d) $$w_{n,t} = \frac{w_{n,t-2} \cdot v_{n,t-2}}{\sum_n w_{n,t-2} \cdot v_{n,t-2}},$$

wobei $w_{n,t}$ die Wahrscheinlichkeit bedeutet, die einem Spielertyp n in Periode t zugeordnet wird, und $v_{n,t-2}$ ein Maß für die Nähe der für den Spielertyp n errechneten optimalen Entscheidung $y^*_{n,t-2}$ an der tatsächlich gefallenen Entscheidung y_{t-2}. $v_{n,t-2}$ kann (bei entsprechender Normierung) interpretiert werden als Wahrscheinlichkeit, daß die tatsächlich gefallene Entscheidung y_{t-2} vom Spielertyp n stammt.

Diese Theorie besitzt, wie bereits erwähnt, die Schwäche, daß die Lernfunktionen vorgegeben werden müssen. Will man das nicht, muß man ein entscheidungstheoretisches Modell benutzen, alles von einer Seite aus betrachten und mit subjektiver Rationalität zufrieden sein. Das hier dargestellte Modell ist immer dann, wenn die Lernfunktion nicht zu unstabil, also genügend „träge", und der Anreiz zum „Betrügen" nicht zu groß ist, wohl ein brauchbares Hilfsmittel für die Analyse entsprechender Oligopolsituationen bei Unsicherheit. Aber sicher bleibt hier noch viel zu tun.